中国文化常识速读

聂万恒 著

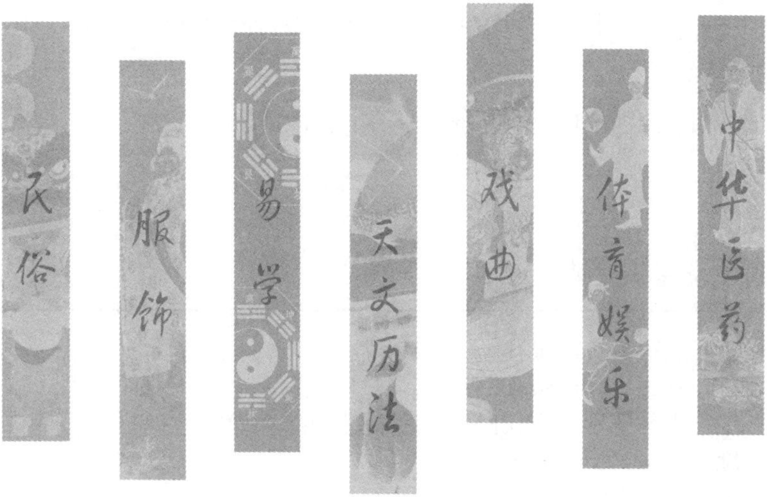

延边教育出版社

责任编辑：焦永坡

图书在版编目（CIP）数据

中国文化常识速读 / 聂万恒著 .—延吉：延边教育出版社，2022.9

ISBN 978-7-5724-1259-2

Ⅰ . ①中… Ⅱ . ①聂… Ⅲ . ①中华文化—通俗读物 Ⅳ . ① K203-49

中国版本图书馆 CIP 数据核字 (2021) 第 131841 号

中国文化常识速读

出　版：延边教育出版社
发　行：延边教育出版社
地　址：吉林省延吉市长白山东路 98 号（133000）
网　址：http：//www.ybep.com.cn
电　话：（0433）2913940　　（010）65953645
传　真：（0433）2913964
印　刷：北京天恒嘉业印刷有限公司
开　本：880 毫米 ×1230 毫米 1/32
印　张：21
字　数：379 千字
版　次：2022 年 9 月第 1 版
印　次：2022 年 9 月第 1 次印刷
书　号：ISBN 978-7-5724-1259-2
定　价：98.00 元

序　言

步入国学殿堂，一览华夏文明

今天，“国学”这一概念被人们不断提及。如果从网上搜索“国学”一词，便会出现“国学网”“国学论坛”“国学启蒙”“国学经典”“国学大师”等诸如此类的网站或词汇。

“国学”到底是一门怎样的学问？什么样的人才有资格被称为“国学大师”？不少人可能认为后一个问题是个很简单的问题。事实上，中国历史上的大学问家如孔子、董仲舒、朱熹等人都没有被称为“国学大师”，因为那时根本就没有“国学大师”一说。

不过，“国学”一词是古已有之的。“国学”本指国家一级的学校。《周礼》记载：“乐师掌国学之政。”《唐会要》中也记载：“贞观五年以后，太宗数幸国学、太学，遂增筑学舍一千二百间。”

近代意义的“国学”概念是清末民初的章太炎先生提出的，其所说的“国学”概念在二十世纪初曾几度引起人们的争议。而关于“国学”的定义，从严格意义上来说，迄今为止学术界还没有作出统一、明确的解释，各家众说纷纭、莫衷一是。

近代的国粹派代表人物之一邓实在1906年撰文说：“国学者何？一国所有之学也。有地而人生其上，因以成国焉，有其国者有其学。学也者，学其一国之学以为国用，而自治其一国也。”（《国学讲习记》，《国粹学报》第19期）其代表性的观点是：相对于新学，国学指旧学；相对于西学，国学指中学，引申而言，即中国传统学术。

胡适则指出：“中国的一切过去的文化历史，都是我们的‘国故’，研究这一切过去的历史文化的学问，就是‘国故学’，省称为‘国学’。”由于胡适当年在学术界的地位很高，因此他的观点影响范围最广。现代人对于“国学”的理解，大多参照胡适的这一说法。

现在，国学也可称“国故”。狭义的国学，是指以儒学为主的中国传统思想文化与学术记载。广义的国学，主要是根据胡适“中国的一切过去的历史文化”的说法而拓展外延、加深内涵，指以先秦经典及诸子学说为根基，涵盖两汉经学、魏晋玄学、隋唐佛学、宋明理学、明清实学和同时期的先秦诗赋、汉赋、六朝骈文、唐宋诗词、元曲、明清小说与历代史学等一套特有而完整的文化、学术体系。简而言之，国学就是中国学，是对数千年来中国人思维方式、行为方式、生活方式的高度总结。

我们袭用胡适的观点，以宏观的视角，从更宽广的范围来探讨、解说国学文化常识，举凡史学、思想、哲学、地理、政制、礼制乃至书画、戏曲、医药、服饰、天文、建筑等都是本书所涉及的范畴。

然而，放眼现实，不少人或对国学文化知识略知一二，却又不甚了解；或只知其然，却不知其所以然；或欲于闲暇时翻卷了解，却又因古书内容佶屈聱牙，望而却步……鉴于此，我们从博大精深的国学海洋中采撷了千余朵美丽的“浪花”，以问答的形式结集成书，同时配以精美的插图，让读者朋友们在饶有趣味的阅读中，步入国学的殿堂，一窥国学真容，一览悠悠五千年绚丽多姿的华夏文明的风貌！

目　录

第九辑　天文、历法、地理天文

第十辑　医药、科技

第十一辑　国学典故、行业杂谈

第十二辑　考古、娱乐

第一辑

文学、史学

中国最早的诗歌总集是哪部作品？

《诗经》在先秦时期被称为《诗》或《诗三百》，是中国最早的一部诗歌总集，收集了从西周初年到春秋中叶五百多年的诗歌，共三百零五篇（原三百一十一篇）。

“古者诗三千余篇，及至孔子，去其重……”（《史记·孔子世家》），据传《诗经》为孔子编订。《诗经》依据音乐的不同，分为“风”“雅”“颂”三大类，“风”为土风歌谣；“雅”为西周王畿的正声雅乐；“颂”为上层社会祭祀宗庙的舞曲歌词。《诗经》主要有赋、比、兴三种表现手法。风、雅、颂、赋、比、兴，合称为《诗经》的“六义”。

◇ 孔子

《诗经》开创了中国古代诗歌创作的现实主义的先河，并以其丰富的文化内容、广泛的创作题材和完美的艺术形式向我们展示了殷周时代的社会生活和历史形态，被誉为古代社会的人生百科全书。后来，《诗经》被儒家奉为经典，成为“六经”（《诗》《书》《礼》《乐》《易》《春秋》）及“五经”（无《乐》）之一。

如何辨别赋、比、兴这三种艺术手法？

赋、比、兴是《诗经》的主要表现手法。关于赋、比、兴的含义，历来众说纷纭，南宋朱熹的解释是比较有代表性的。朱熹曾说：“赋者，敷陈其事而直言之者也。”“比者，以彼物比此物也。”“兴者，先言他物以引起所咏之词也。”

（1）赋，即为了突出主题对象所作的描写。通常是一系列排比句式，而且多用骈文，看上去非常绚丽夺目。比如，《陌上桑》中：“行者见罗敷，下担捋髭须。少年见罗敷，脱帽著帩头。耕者忘其犁，锄者忘其锄。来归相怨怒，但坐观罗敷。”

（2）比，即比喻，以彼物比此物，起着将情感扩大或者缩小的作用，又或者是以较委婉的方式来表达不方便直接表达的感情。比如，李白的《蜀道难》中：“朝避猛虎，夕避长蛇。磨牙吮血，杀人如麻。”这是采用顾左右而言他的方式，以兽行来比拟人的作为，在略有夸张的同时，充分宣泄着诗人内心的愤懑。

（3）兴，即联想，触景生情，因物起兴。具体来说，即先言他物以引起所咏之词。从特征上讲，有直接起兴、兴中含比两种情况；从使用上讲，有篇头起兴和兴起兴结（触物以动情）两种形式。起兴主要有两种效用：一是提出中心，奠定全文的基调；二是“引起”读者的“兴趣”。

被称为“乐府双璧”的是哪两首诗歌？

继《诗经》和《楚辞》之后，在汉魏六朝文学史上出现一种能够配乐歌唱的新诗体，称为“乐府”。北宋郭茂倩编撰的《乐府诗集》是一部最完备的乐府歌辞总集，其中的民歌生动地反映了当时的社会生活和风土人情，分南歌、北歌两大部分。南歌，即南朝民歌，注重抒情、语言浮华、

◇ 花木兰

用词细腻、风格委婉。北歌，即北朝民歌，题材广泛，格调热烈质朴。

北朝民歌中的《木兰诗》与汉乐府民歌中的《孔雀东南飞》（又名《古诗为焦仲卿妻作》）合称长篇叙事诗的“乐府双璧”。

《木兰诗》约作于北魏迁都洛阳以后，记述了木兰女扮男装替父从军，征战沙场班师回朝，建功受封辞官还乡的故事，充满传奇色彩。《孔雀东南飞》则叙述的是刘兰芝和焦仲卿之间荡气回肠的生死之恋。善良而勤劳的刘兰芝与焦仲卿结婚后，夫妻俩互敬互爱，焦母却百般刁难儿媳，威逼焦仲卿将她逐出家门。焦仲卿迫于母命，无奈只得劝说刘兰芝暂避娘家。谁知刘兰芝回到娘家后，哥哥逼她改嫁太守的儿子。最后刘兰芝与焦仲卿二人履行“黄泉下相见”之约，双双殉情。

“赋”这种文学体裁有几种基本样式？

除了诗、词、曲之外，历史上还存在过一种具有诗歌特点的文体，那就是赋。最初的诗、词、曲都能歌唱，而赋却不能歌唱，只能朗诵。它外形似散文，内部又有诗的韵律，是一种介于诗歌和散文之间的文体。通常认为，赋有“骚体赋”和“散体赋”两种基本样式。

（1）骚体赋，直接由楚辞发展而来。它采用骚体句式，不用主客问答的形式，以抒情为主，因而更接近于诗；它的结尾往往有“乱”“讯”“歌”等更富于音乐性的部分，显示了它本来的音乐背景。

（2）散体赋，由隐语和战国散文演变而成。它采用主客问答的形式，句式灵活，韵散相间；以描写为主，也有理性部分；在段落开头常用“于是乎”“尔乃”“若夫”等标志性词语，显示出它的散文化特点。上述特征又决定了它在表现手段和审美方面的特征，如长于铺陈、文辞华美、篇末寄讽等，但这只是其次要的特征，不是判断文体的标志。

《离骚》为何又被称作《离骚赋》？

《汉书·艺文志》记载：“传曰：‘不歌而诵谓之赋，登高能赋可以为大夫。’”这里所说的“赋”，就是先秦典籍中谈到的赋诗。所谓不歌而诵，就是不配乐歌唱的口头诵读形式。所诵之诗赋，可以是即兴创作的作品，也可以是《诗经》中现成的诗篇。

西汉的司马迁在《报任少卿书》中说：“屈原放逐，乃赋《离骚》。”如果单从语言形式上看，《离骚》和楚歌没有什么区别。但楚歌是可以唱的，所以称作“歌”，而《离骚》是用来诵读的，因此称作“辞”或“赋”，而不称作“歌”。再者，屈原的《离骚》和《九章》等作品在汉朝都被称作“赋”，因此，后人有时也将《离骚》称作《离骚赋》。

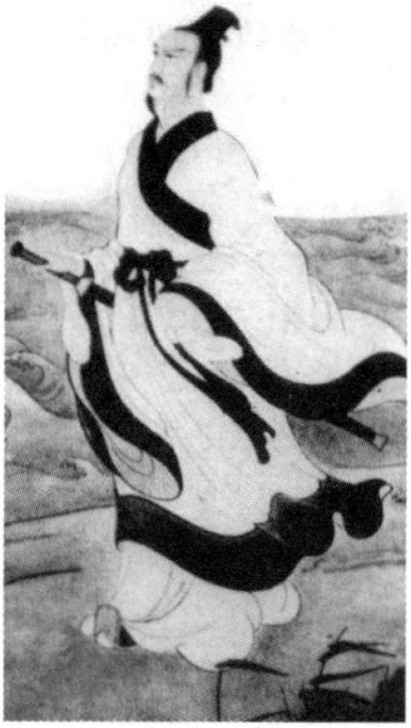
◇ 屈原

汉初贾谊模仿楚辞而作的凭吊屈原的作品，名为《吊屈原赋》。后来还有不少汉朝人也采用这种形式写赋。由于这些作品与

《楚辞》（《离骚》是《楚辞》的代表作）有渊源，因此被称作“骚体赋”。

《楚辞》是一部什么样的书？

楚辞，又称“楚词”，是战国时期楚国伟大的诗人屈原创造的一种诗体。作品运用楚地（今湖南、湖北一带）的方言声韵，叙写楚地的山川人物、历史风情，具有浓厚的地方特色。

西汉刘向把战国楚人屈原、宋玉的作品和汉代王褒、东方朔、淮南小山等人“承袭屈赋”的作品，及刘向自己的作品《九叹》编辑成集，名为《楚辞》。东汉王逸作《楚辞章句》，并增入一篇《九思》。如今，刘向编订的《楚辞》十六卷久已亡佚，只有王逸的十七卷本《楚辞章句》流传至今。后世称这种诗体为“骚体”或“楚辞体”。

《楚辞》是继《诗经》后对中国文学具有深远影响的一部诗歌总集，并且是中国第一部浪漫主义诗歌总集。现存的《楚辞》总集中，主要是屈原及宋玉的作品，其他人的作品大都未能流传下来。

“文章西汉两司马”中的“两司马”分别指的是谁？

◇ 司马迁

西汉文坛的文学形式主要是散文和赋。当时散文以司马迁的成就为最高，赋以司马相如的成就为最高，故后人有“文章西汉两司马”一说，以此表达二人在文学史上的杰出成就。

晚清名臣左宗棠在《题卧龙岗诸葛草庐》一诗中写道：“文章西汉两司马，经济南阳一卧龙。”意思是说，文章写得最好的要算西汉的司马迁与司马相如，而经邦济世的人才就当首推南阳的诸葛亮了。再有，鲁迅在《汉文学史纲要》中也列了“司马相如与司马迁”一篇，并说：“武帝时文人，赋莫若司马相如，文莫若司马迁。”

文学史上“建安风骨”有什么内涵？

建安风骨，又称“汉魏风骨”，指汉魏之际曹氏父子、建安七子等人诗文的骏爽刚健风格。汉末建安时期，文坛巨匠“三曹”（曹操、曹丕、曹植）、“七子”（孔融、陈琳、王粲、徐干、阮瑀、应玚、刘桢）和女诗人蔡琰继承了汉乐府民歌的现实主义传统，普遍采用五言形式，其诗文以风骨遒劲而著称，并具有慷慨悲凉的阳刚之气，形成了文学史上“建安风骨”的独特风格，掀起一个诗歌高潮，被后人尊为典范。代表作有曹操的《让县自明本志令》、曹丕的《燕歌行》、曹植的《美女篇》《赠白马王彪》、王粲的《七哀诗》等。

◇ 建安七子

“风骨”是中国文学批评史上的一个重要概念，自南朝至唐代，它一直是品评文学作品风格的主要标准。“风骨”一词最早大量应用于魏、晋、南朝的人物评论，大体上“风”偏重指精神气质，“骨”偏重指骨骼形态。后引用到书画理论和文学评论之中。“风”，就是文章的生命力，是一种内在的、能感染人的精神力量，有了“风”，文章才能鲜明而生动；“骨”，指文章的语言应准确、简练、明晰，从而使文章刚健有力。

建安风骨的内涵主要表现在以下几方面：

文风清峻，给人一种利落大家之感；通达脱俗，不拘小节，沉雄激荡；气盛词壮，畅所欲言；华靡。建安诗作的华靡之风自曹植始，七子滥觞于后，悲凉慷愤之中，亦有命运无常、人生短促的不安心境。

为什么宫体诗常被称为“亡国之音”？

所谓“宫体诗”，是指南朝梁后期、陈后主时期和隋炀帝时期所流行的一种诗歌流派。其肇始于南朝梁简文帝萧纲。宫体诗风格通常流于浮靡轻艳，大多以宫廷生活、闺阁情怀为题材，述女性之美，形式工巧，声律严整。

宫体诗虽出现于南朝梁，却源于晋宋以后的吴歌西曲。吴歌西曲颇多艳情之作，而由于播于管弦、流在人口，于是成为流行一时的歌曲。当时的上层贵族和文人耳濡目染，便竞相模仿，竟蔚为风气。轻艳的市井歌曲与浮华放浪的宫廷生活相结合，便产生了宫体诗。

宫体诗的主要作者为萧纲、萧绎以及聚集于他们周围的一些文人，如徐摛、庾肩吾、徐陵等，陈后主陈叔宝及其侍从文人，荒淫享乐的隋炀帝也可归入此类。由于宫体诗流行于三个短暂的王朝，而陈后主和隋炀帝又是所谓的亡国之君，故宫体诗也常被称为“亡国之音”。

古代哪三位作家被称为“北地三才”？

北魏至北齐时期，北朝出现了几位比较正统的诗文作家。他们模仿南朝诗文进行创作，虽然水平有限，难与南朝相比，但他们的创作却标志着北朝文学开始复苏，也迈开了南北文学融合的第一步。其中的佼佼者是温子昇、邢邵、魏收，号称“北地三才”。

从“北地三才”的现存作品来看，三人的创作明显表现出模仿南朝文风的共同特点，但其艺术成就远不及南朝文人。

“初唐四杰”是哪四位诗人的雅称？

从唐高宗到武后初年，中国诗坛上出现了四颗熠熠生辉的新星——王勃、骆宾王、杨炯、卢照邻，世称“初唐四杰”。《旧唐书》中说：“炯与王勃、卢照邻、骆宾王以文诗齐名，海内称为王杨卢骆，亦号为‘四杰’。”四杰是初唐文坛上新旧过渡时期的杰出人物，是唐诗史上勇于改革齐梁浮艳诗风的先驱。

唐太宗喜欢宫体诗，写的诗多为风花雪月之作，齐梁宫体诗色彩非常浓厚。大臣上官仪亦秉承陈、隋遗风，诗作风靡一时，致使士大夫们争相效仿，世号“上官体”。在齐梁形式主义诗风在唐朝诗坛仍占据统治地位时，王勃首先挺身而出，反对这种不正之风，接着其余三人也纷纷响应，并肩反对“上官体”的创作活动，试图用自己的创作实践改变齐梁时遗留下的不正诗风。四杰的诗文虽未能摆脱齐梁以来的绮丽余习，但已初步扭转当时的文学风气。他们的诗歌，从宫廷走向人生，题材较为广泛，风格也较清俊。

王勃：代表诗作有《送杜少府之任蜀州》（五律），名文《滕王阁序》。其渡海省亲，因溺水受惊而死。

卢照邻：代表诗作有《长安古意》《行路难》。其先后居太白山、龙门山、具茨山中学道服饵，终投颍水而死。

骆宾王：代表诗作有《在狱咏蝉》，骈文《代李敬业传檄天下文》（后人改题作《讨武曌檄》）。檄文采用抑彼扬此手法，很有战斗力和号召力。相传武则天读此文亦大加赞赏。

杨炯：代表诗作有《从军行》。四杰中，他的诗数量最少，成就也略小些。

什么是古体诗？《蜀道难》是古体诗吗？

古体诗是近体诗形成前除楚辞外的各种诗歌体裁的通称。古体诗形式比较自由，不拘对仗、平仄，押韵较宽，篇幅长短不限。从诗句字数看，有四言、五言、六言、七言和杂言诗。

四言诗。《诗经》中收集的上古诗歌以四言诗为主。汉、魏、晋仍有人写四言诗，曹操的《观沧海》、陶潜的《停云》都属于四言诗。

五言和七言古体诗作较多，简称五古、七古。五古最早产生于汉朝。《古诗十九首》都是五言古诗。汉朝以后，写五言古诗的人很多。南北朝时的诗大都是五言的，唐朝及其以后的古体诗中五言的也较多。到了唐朝，七古大量出现，唐人又称七古为长句。

六言诗。六言诗在《诗经》中已有萌芽，但都是散句，有单句，也有偶句。而《离骚》的上七下六句式及《楚辞》中大量出现的整齐的六言句，为六言诗走向成熟奠定了基础。直到建安时期，才出现了完整规范的六言诗，孔融、曹丕、曹植都曾写过六言诗。

杂言诗是古体诗所独有的。诗句长短不一，有一字也有十字以上，一般为三言、四言、五言、七言相杂，但以七言为主，故习惯上归入七古一类。《诗经》和汉乐府民歌中杂言诗较多。汉魏以来，乐府诗配合音乐，有歌、行、曲、辞等。唐人乐府诗多不合乐。唐宋时代的杂言诗形式多种多样：有七言中杂五言的，如李白的《行路难》；有七言中杂三言的，如张耒的《牧牛儿》；有七言中杂三言、五言的，如李白的《将进酒》；有七言中杂二言、三言、四言、五言乃至十言以上的，如杜甫的《茅屋为秋风所破歌》；有以四言、六言、八言为主杂以五言、七言的，如李白的《蜀道难》。

◇ 李白

◇ 杜甫

什么是近体诗？律诗和绝句是近体诗吗？

近体诗，是在唐朝时形成的律诗和绝句的通称，又称“今体诗”或“格律诗”，为有别于古体诗而有近体诗之名。律诗和绝句中又各包括五言和七言。近体诗规定，律诗是八句，绝句是四句。还有一种“长律”（又称“排律”），以五言为常见，一般限制在十二句，不过也有超出此数的。

近体诗除在字数和句数方面有限制外，在平仄、用韵和对仗（绝句不要求对仗）方面也都有严格的规定。

律诗的八句可分为四联。首句与次句合称为首联，三四句合称为颔联，五六句合称为颈联，七八句合称为尾联。每句必须平仄相间，同联的两句必须平仄相对，联与联之间必须平仄相粘，即“句内相间，联内相对，联间相粘”。除首尾二联外，中间几联必须要对仗。对仗细分的话，有工对（词性、词类和句型都相对）、借对（借音、借义相对）、扇面对、流水对等。唐诗中，以杜诗最工。

除了“诗仙”李白、“诗圣”杜甫外，称号带“诗”的还有谁？

唐朝大诗人李白的诗作，想象丰富奇特，风格雄浑奔放，色彩绚丽，语言清新自然，因此李白有“诗仙”之称；杜甫的诗紧密结合时事，思想深厚，境界广阔，世人称杜甫为“诗圣”。除此之外，还有一些诗人被誉为“诗骨”“诗杰”“诗狂”……

陈子昂的诗句意激昂，风格高峻，大有汉魏之风骨，因此他被誉为“诗骨”。

王勃的诗流利婉畅，宏放浑厚，独具一格，世人称其为“诗杰”。

贺知章秉性放达，自号“四明狂客”。因其诗豪放旷达，人称“诗狂”。

王昌龄七绝写得“深情幽怨，意旨微茫”，因而被时人推举为“诗家夫子”，又称“七绝圣手”。

孟郊作诗苦心孤诣，惨淡经营，元好问（金末元初人）曾称其为“诗囚”。

贾岛一生以作诗为命，好刻意苦吟，人们称其为“诗奴”。

刘禹锡的诗沉稳凝重、格调自然、格律粗切，白居易赠其“诗豪”的美誉。

王维的诗中有佛教意味，加之王维在唐朝诗坛上有着崇高的地位，因此人们称他为“诗佛”。

白居易写诗刻苦至极，正如他自己所说：“酒狂又引诗魔发，日午悲吟到日西。”由于过分地诵读和书写，竟到了口舌生疮、手肘成胝的地步，所以人们称他为“诗魔”。

李贺的诗词采诡丽，驰骋想象，善于运用神话传说创造鲜明形象，人们称他为“诗鬼”。

苏轼的诗挥洒自如、清新刚健、独树一帜，人们称其为“诗神”。

此外，还有些诗人因作诗别具特色亦赢得一些有趣的雅称。比如，杜牧曾写过《紫薇花》咏物抒情，借花自誉，人们称其为“杜紫薇”；温庭筠才思敏捷，每次入试，八叉手即成八韵，人称“温八叉”；崔珏曾赋《鸳鸯诗》，别具一格，人称“崔鸳鸯”。

◇ 贺知章

◇ 白居易

唐朝有“五言长城”称号的是哪位诗人？

唐朝诗人刘长卿擅长写五言诗，他的五言诗作占其全部诗作的十之七八，号称“五言长城”，意思是说别人难以胜过他。

刘长卿的五言诗中最为著名的是《逢雪宿芙蓉山主人》：“日暮苍山远，天寒白屋贫。柴门闻犬吠，风雪夜归人。”文字省净优美，意境幽远，弥漫着一层难以言说的冷清、寂寥的情思，透露出浓重的衰飒、索寞之气。

当时有位年长的隐居之人秦系与刘长卿关系极好，两人常常以诗相赠答。

有一天，一位朋友读了秦系应答刘长卿的五言诗之后，感到他们的诗各有千秋，不相上下，便打趣地说：“长卿自以为是‘五言长城’，坚不可摧，而秦系率部队从侧面发起了进攻。虽然他人老了，但威力不减壮年，还真够长卿抵挡一阵的。”

除高适和岑参外，唐朝哪些人还擅长写边塞诗？

唐朝边塞诗人中，最有代表性的诗人是高适和岑参。前者代表诗作有《别韦参军》《别董大》《燕行歌》等；后者代表诗作有《走马川行奉送封大夫出师西征》《轮台歌奉送封大夫出师西征》《白雪歌送武判官归京》等。

除高适和岑参外，王昌龄、王之涣、卢纶、王翰、崔颢、李颀的边塞诗也比较有代表性。

王昌龄被后人称为“七绝圣手”，其边塞诗有《从军行》《出塞》等。诗句“洛阳亲友如相问，一片冰心在玉壶”出自《芙蓉楼送辛渐》，为传诵名句。

王之涣的《凉州词》，流露出征人久戍思乡的哀怨；《登鹳雀楼》则暗含人生哲理。他的“欲穷千里目，更上一层楼”等诗句给人以无限的启示。

唐朝哪八位学者名人被誉为“饮中八仙”？

“饮中八仙”指唐朝嗜酒的八位学者名人，亦称“酒中八仙”或“醉八仙”。《新唐书 · 李白传》记载，贺知章、李琎、李适之、崔宗之、苏晋、李白、张旭、焦遂为“饮中八仙”。

一仙贺知章：知章骑马似乘船，眼花落井水底眠。

二仙汝阳王（李琎）：汝阳三斗始朝天，道逢曲车口流涎，恨不移封向酒泉。

三仙李适之：左相日兴费万钱，饮如长鲸吸百川，衔杯乐圣称避贤。

四仙崔宗之：宗之潇洒美少年，举觞白眼望青天，皎如玉树临风前。

五仙苏晋：苏晋长斋绣佛前，醉中往往爱逃禅。

六仙李白：李白斗酒诗百篇，长安市上酒家眠。天子呼来不上船，自称臣是酒中仙。

七仙张旭：张旭三杯草圣传，脱帽露顶王公前，挥毫落纸如云烟。

八仙焦遂：焦遂五斗方卓然，高谈雄辩惊四筵。

白居易、元稹是新乐府运动的主将吗？

乐府自西汉设置始，就具有多种功能：以诗合乐，以诗观风。“风”通过声诗的乐音感染，达到讽喻目的。古乐府（唐朝把南北朝以前的乐府诗统称为“古乐府”）确实都是些讽喻色彩强烈的作品，但自六朝以后逐渐消亡。唐朝贞元、元和之际，白居易、元稹等诗人或“寓意古题”，或效法杜甫“即事名篇”，以乐府古诗之体，改进当时民间流行的歌谣，发起新乐府运动。

所谓“新乐府运动”，指的是唐朝元和年间（806—820）发生的用通俗化的乐府体写时事和社会生活的诗歌运动。乐府诗的作者主要有白居易、元稹、李绅、张籍、王建等。白居易的代表作为《新乐府》五十首和《秦中吟》十首，元稹的代表作为《田家词》《织妇词》《和李校书新题乐府十二首》。白居易和元稹二人世称“元白”。李绅的代表作为《悯农》诗二首，张籍的代表作为《野老歌》《筑城词》《贾客乐》，王建的代表作为《水夫谣》《田家行》《簇蚕辞》。

白居易，字乐天，号香山居士，下邽（今陕西渭南东北）人，有“诗魔”和“诗王”之称。他在《与元九书》中提出：“文章合为时而著，歌诗合为事而作。”在《新乐府序》中，白居易全面提出了新乐府诗歌的创作原则：文辞质朴易懂，便于读者理解；说的话要直截了当，切中时弊，使闻者深诫；叙事要有根据，令人信服；词句通顺，合于声律，可以入乐。他宣称要为君、为臣、为民、为物、为事而作，不为文而作。

元稹，字微之，别字威明，洛阳人，为北魏鲜卑族拓跋部后裔。他是新乐府运动的倡导者之一，在诗歌形式上，他还是“次韵相酬”的创始者。元稹的诗中最有特色的是悼亡诗。此外，元稹还写有传奇《莺莺传》（又名《会真记》），其叙述的是张生与崔莺莺的爱情悲剧故事，文笔优美，刻画细致，成为唐人传奇中的名篇。

元和十年（815），白居易被贬为江州司马，新乐府运动因之受挫。不过，新乐府运动的精神，为晚唐诗人皮日休、聂夷中、杜荀鹤所继承。皮日休的《正乐府十篇》和《三羞诗》，聂夷中的《公子行》以及杜荀鹤的《山中寡妇》《乱后逢村叟》，深刻揭露了唐朝末年统治者的残暴、腐朽和唐末农民战争前后的社会现实。

唐朝的“大历十才子”都有谁？

“大历十才子”指的是唐代宗大历（766—779）年间的十位诗人，他们代表一个诗歌流派，其共同特点是偏重诗歌的形式与写作技巧。姚合《极玄集》和《新唐书》记载，“十才子”即李端、卢纶、吉中孚、韩翃、钱起、司空曙、苗发、崔峒、耿湋、夏侯审。其中钱起、卢纶成就较高。

他们大多是失意的中下层士大夫，也多半是权门清客，因而他们不像盛唐诗人那样有着兼济天下的宏图大志，其诗作多为投献应制之作（古代臣属奉皇帝之命而作的应酬诗称“应制诗”），歌颂升平、吟咏山水、称道隐逸是其诗歌的主旋律。但他们在仕途失意和战乱宦旅的生活中也偶尔写些反映现实的内容真实的诗作。他们都擅长写五言近体诗，其诗作多描写自然景物，抒发乡情旅思，语词优美，音律和谐，但题材风格比较单一。

“郊寒岛瘦”中的“寒”和“瘦”怎么理解？

“郊寒岛瘦”，是指唐朝两位著名的诗人孟郊和贾岛，二人以“苦吟”著称，因其平生际遇大体相当，诗风相似，被后人并称为“郊寒岛瘦”，又作“岛瘦郊寒”。

更明确地说，“郊寒岛瘦”形容的是中唐诗人孟郊和贾岛的诗风。“寒”指清寒枯槁，“瘦”指孤峭瘦硬，两者含义相似。孟郊、贾岛的诗风清奇悲凄、幽峭枯寂，格局狭隘窄小，缺乏韩愈、李贺等人的诗作的气势，破碎急促，且注重苦吟推敲，锤字炼句，往往给人以寒瘦、窘迫之感，故得此称。

早在宋初，欧阳修就在《书梅圣俞稿后》中说道：“孟郊、贾岛之徒，又得其悲愁郁堙之气。”苏轼在《祭柳子玉文》中评价元稹、白居易、孟郊、贾岛四人的诗风时指出：“元轻白俗，郊寒岛瘦。”苏轼之论一出，遂成郊、岛诗风之定评，且往往加以疵病。

后来，朱熹则作诗《次韵谢刘仲行惠笋》，诗中有“君诗高处古无师，岛瘦郊寒讵足差”二句，对孟郊、贾岛二人的诗风作出了和苏轼一样的评价。

清人郑板桥在《仪真县江村茶社寄舍弟》中也说道：“郊寒岛瘦，长吉鬼语，诗非不妙，吾不愿子孙学之也。”

◇ 孟郊

◇ 贾岛

以“孤篇盖全唐”的唐朝诗人是谁？

唐朝诗人张若虚，扬州（今属江苏）人，唐中宗神龙年间（705—

◇ 春江花月夜景色

707），他与贺知章、贺朝、万齐融、邢巨、包融等俱以文辞俊秀驰名于京都，与贺知章、张旭、包融并称为“吴中四士”。

张若虚的诗描写细腻，音节和谐，清丽开宕，富有情韵，在初唐诗风的转变中占有重要的地位。但受六朝柔靡诗风影响，他的诗常显露人生无常之感。其诗作大部分散佚，《全唐诗》仅录有两首，其一为《春江花月夜》，乃千古绝唱，是一篇脍炙人口的名作，有“孤篇盖全唐”之誉。闻一多在评价该诗时说：“以孤篇压倒全唐之作。”“诗中的诗，顶峰上的顶峰。”

俗文学“打油诗”的创始人是谁?

打油诗是旧体诗的一种，即俳谐体诗，内容和词句通俗诙谐，不拘于平仄韵律。

打油诗相传为唐朝人张打油所创。明朝杨慎的《升庵外集》中记载，唐朝张打油的《雪》诗中，有“江上一笼统，井上黑窟窿。黄狗身上白，白狗身上肿”几句。此诗描写雪景，由全貌而及特写，由颜色而及神态；通篇写雪，不着一“雪”字，而雪的形神跃然而出；遣词用字，十分贴切、生动、传神，所用的都是俚语，且颇为诙谐。

张打油的《雪》诗开创了一种崭新的打油诗体，后人遂将这类用语俚俗、本色拙朴、风致别然、格调诙谐幽默、轻松悦人的诗歌称为“打油诗”。

“泰斗”最初称颂的是哪位唐朝文人？

泰斗，是“泰山北斗”的简称。“泰”指泰山，泰山为中国五岳名山之首，其主峰位于山东省泰安市。“斗”指北斗，即大熊星座的北斗七星，因七颗星排列成斗形（斗，古人舀酒用的一种长柄的勺），且终年见于北天极，故称为北斗。“泰山北斗”一般用来称颂德高望重或有卓越成就而为众人所敬仰的杰出人物。《新唐书》中用“泰山北斗”称颂韩愈：“自愈没，其言大行，学者仰之如泰山、北斗云。”

骈文是什么文体？它有哪些别称？

骈文是我国古代的一种以字句两两相对而成篇章的文体，也称“骈体文”“骈俪文”或“骈偶文”。唐朝柳宗元在《乞巧文》中形容以四、六字句为主的骈俪文是“骈四俪六，锦心绣口”，而李商隐则称自己的骈文集为《樊南四六》，这样骈文又有了“四六文”之称。

骈文代表作家有徐陵（代表作《玉台新咏序》）、庾信（代表作《哀江南赋并序》）、谢伋（代表作《四六谈麈》）、王勃（代表作《滕王阁序》）等。骈文出现在汉末，形成于南北朝；中唐古文运动以后，稍告衰落；在元、明两朝成为绝响；至清初，文人接踵而起，以晚清诗人王运为最后一个骈文作家。

骈文的主要特点有：全篇以双句（俪句、偶句）为主，讲究对仗的工整和声律的铿锵；在声韵上，讲究运用平仄，韵律和谐，凡用骈体写的赋、箴、铭、赞、颂、诔词等，一般都是有韵的；在修辞上，注重藻饰和用典，骈文的作者往往是出于使文章典雅或彰显自己知识渊博的目的，而肆意追求多用典故，因此人们读起骈文来易产生如坠云雾之感。

中国文学史上第一部诗话作品的作者是谁?

诗话是评论诗人、诗作、诗派以及记录诗人议论、行事的著述。

南朝钟嵘的《诗品》评阮籍的诗的特点道:“言在耳目之内,情寄八荒之表。”“自致远大,颇多感慨之词,厥旨渊放,归趣难求。”评陆机古诗的特点时说:“文温而丽,意悲而远,惊心动魄,可谓几乎一字千金。”这些印象式的品评随意即兴,多真知灼见与真情实感。不过,从严格意义上说,北宋欧阳修的《诗话》才是中国文学史上第一部名副其实的诗话作品。

因欧阳修晚年自号“六一居士”,因此后人也称《诗话》为《六一诗话》《六一居士诗话》《欧公诗话》《欧阳永叔诗话》《欧阳文忠公诗话》等。全书共二十八条,以漫谈随笔形式评论诗歌,记录轶闻趣事和瞬间感想所得,有对诗歌规律、特性的探求,也有佳句赏析、掌故介绍、谬说更正等。

词为何又被称为“长短句”“诗余”?

词最初称为“曲词”或“曲子词”,别称有长短句、诗余、近体乐府、乐章、琴趣等。词起源于南梁,形成于隋唐,流行于宋,宋词历来与唐诗并称“双绝”。词是配音乐而歌唱的一种诗体,句的长短随歌调而改变,因此又称为“长短句”。后来词跟乐府一样,逐渐与音乐分离,而成为诗的别体,所以词又被称为“诗余”。

文人的词深受律诗的影响,所以词中的律句特别多。词是长短句,但是全篇的字数是一定的,每句的平仄也是一定的。词大致可分为三类:小令、中调和长调。一般认为,五十八字以内为小令,五十九字至九十字为中调,九十一字以上为长调。敦煌曲子词中,已经有一些中调和长调。宋初柳永写了一些长调。苏轼、秦观、黄庭坚等人继起,长调就盛行起来了。长调的特点，除了字数较多以外，就是用韵一般较疏。

为什么温庭筠被誉为花间派的鼻祖？

花间派是产生于中国晚唐五代时期的一个词派，也是中国第一个词派。五代后蜀赵崇祚选录唐末五代词人十八家作品五百首编成《花间集》（十卷），除温庭筠、皇甫松、和凝、孙光宪外，其余如韦庄、薛昭蕴、牛峤、张泌、毛文锡、牛希济、欧阳炯、顾敻、孙光宪、魏承班、鹿虔扆、阎选、尹鹗、毛熙震、李珣等，都是集中在蜀地的文人。《花间集》所收录词人的词风大体相近，多歌咏旅愁闺怨、合欢离恨、男女燕婉之私，格调不高，因而后人称之为“花间派”。

温庭筠作词，以浓艳之色彩、华丽之辞藻构成其“香而软”的写作风格，因而他被誉为花间派的鼻祖。据说，温庭筠叉手一吟便成一韵，八叉八韵即告完稿，时人称之为“温八叉”“温八吟”。其诗词兼工，诗与李商隐齐名，并称“温李”；词与韦庄齐名，并称“温韦”。大概温庭筠长相较为丑怪，所以时人亦称其为“温钟馗”。

苏轼是发豪放词之先声的第一人吗？

豪放派是宋词两大流派之一。因其词作的题材、风格、用调及创作手法等与婉约派多不相同，故被视婉约派为正统的词论家称为“异军”“别宗”“别派”。

范仲淹写《渔家傲》，发豪放词之先声。豪放派代表人物有苏轼、辛弃疾、岳飞、李纲、陈与义、叶梦得、朱敦儒、张元幹（干）、张孝祥、陆游、陈亮、刘过等。其代表作品有苏轼的《水调歌头·明月几时有》《念奴娇·赤壁怀古》等、辛弃疾的《西江月·夜行黄沙道中》《破阵子·为陈同甫赋壮词以寄之》《永遇乐·京口北固亭怀古》等。

豪放派词的特点是创作视野较为广阔，气象恢宏雄放，喜用诗文的手法、句法写词，语词宏博，用典较多，不拘守音律，然而有时失之平直。豪放派虽以豪放为主体风格，却也不乏清秀婉约之作。苏词《贺新郎·夏景》《水龙吟·次韵章质夫杨花词》、辛词《粉蝶儿·和晋臣敷文赋落花》《青玉案·元夕》等，均是可与婉约词相媲美的名篇。

◇ 苏轼

◇ 陈亮

◇ 李纲

哪四位词人被誉为“婉约派四大旗帜”？

明确提出词分婉约、豪放者，一般认为是明人张綖（綖）。词本为合乐而歌，娱宾遣兴，内容不外离愁别绪、闺情绮怨。五代即已形成以《花间集》和李煜词为代表的香软词风。北宋词家柳永、晏殊、欧阳修、秦观、周邦彦、李清照等承其余绪，虽在内容上有所开拓，运笔更精妙，并各具风韵、自成一家，但仍未脱离婉转柔美之风。故明人以婉约派来形容这一类型的词风。

婉约，顾名思义即婉转含蓄。其特点主要是内容侧重儿女风情，结构深细缜密，音律婉转和谐，语言圆润清丽，有一种柔婉之美。李清照（其词多抒写闺情绮怨，又被称为“易安体”）、晏殊（其词多抒写离愁别恨）、柳永（其词多抒写儿女情长）、李煜（其词多抒写亡国之悲）被誉为“婉约派四大旗帜”。由于长期以来词多趋于婉转柔美，人们便形成了以“婉约”为正宗词的观念。婉约派的代表作品有李清照的《如梦令·昨夜雨风疏风骤》《声声慢·寻寻觅觅》、柳永的《雨霖铃·寒蝉凄切》等。

“江西诗派”的成员全是江西人吗？

宋徽宗时，吕本中作《江西诗社宗派图》，自黄庭坚而下，列陈师道、潘大临、谢逸、洪刍、洪炎、洪朋、饶节、僧祖可、徐俯、林敏修、汪革、李錞、韩驹、李彭、晁冲之、江端本、杨符、谢薖（迈）、夏倪、林敏功、潘大观、何觊（刘克庄《江西待派总序》作何颙，今人或以为即何颉）、王直方、僧善权、高荷，共计二十五人。吕本中认为这些诗人与江西人黄庭坚是一脉相承的，但“江西诗派”的成员并非都是江西人，而是分属江西、江苏、湖北等地。后被人们归入“江西诗派”的诗人还有吕本中、曾几、陈与义等人。稍后，曾纮、曾思等人也被补入“江西诗派”。

“江西诗派”的诗歌理论强调“夺胎换骨、点铁成金”，即师承前人之辞意，崇尚瘦硬奇拗之诗风，追求字字有出处。该诗派成员多数学杜甫，宋末方回又把杜甫、黄庭坚（提倡“以俗为雅、以故为新”）、陈师道和陈与义称为“江西诗派”的“一祖三宗”。在“江西诗派”中，除了黄庭坚，就数陈师道的成就为最高了，因此，后人将二人并称“黄陈”。

北宋初刮起的学“白体”之风是怎么回事？

“白体”是北宋人的说法，指宋初诗坛流行的学白居易的诗。宋代学“白体”之风，始于太宗朝而盛于真宗朝，至仁宗朝前期余波尚存，后来“西昆体”渐成诗坛主流，“白体”消失。仁宗朝西昆体诗人中，杨亿、舒雅、刁衎、张咏、晁迥、李维、李宗谔、张秉等早年都曾学“白体”。

北宋人所谓学“白体”，其含义主要有三层：一是学白居易作唱和诗，切磋诗艺，休闲解颐；二是效仿白诗浅切随意、不求典实的做法；三是效法白居易旷达随性、乐天知足的生活态度，以及借诗谈佛、道义理。白体诗的特征是“顺熟”“容易”“浅切”，主要代表人为李昉、徐铉、王禹偁。其中，李昉主编有《太平御览》《太平广记》《文苑英华》（与《册府元龟》合称“宋四大书”）；徐铉与弟徐锴专于篆书，时称“二徐”，校订《说文解字》；王禹偁初写闲适唱和之作，后侧重写讽喻之作，写现实诗篇。

为什么说丞相诗人寇准是“晚唐体”诗派的盟主？

“晚唐体”是宋初的一个诗歌流派的诗人模仿唐朝贾岛、姚合诗风的一种诗体。由于宋人常常把贾岛、姚合看作晚唐诗人，因此名为“晚唐体”。

“晚唐体”派诗人中最恪守贾岛、姚合门径的是“九僧”。司马光的《温公续诗话》记载，九僧即希昼、保暹、文兆、行肇、简长、惟凤、宇昭、怀古和惠崇。当时西昆体盛行，九僧不满西昆体的浮艳诗风，崇奉晚唐贾岛、姚合的苦吟精神，互相唱和，作品多描绘清隽清幽的山林景色和枯寂淡泊的隐逸生活。其中惠崇不但能诗，画亦有名，世称“惠崇小景”。

另一个“晚唐体”派诗人群体是潘阆、林逋等人，他们并不囿于贾、姚一体，学习的对象还包括白居易、韦应物和晚唐诸家。其诗歌主要吟咏湖山胜景，抒写隐居不仕、孤芳自赏的心情，比如林逋的《秋日西湖闲泛》《小隐自题》。长于五律的林逋，写有八首咏西湖孤山梅花的七律，宋人称之为“孤山八梅”，其中最有名的是《山园小梅》

二首。

"晚唐体"派诗人中身份迥异的是官至丞相的寇准，他与上述两个诗人群体都有交往，因此成了晚唐体的盟主。

师法李商隐诗风的"西昆体"为何昙花一现？

"西昆体"是中国北宋初年出现的一种追求辞藻华美、对仗工整的诗体。宋初，杨亿、刘筠、钱惟演曾聚集于皇帝藏书的秘阁编纂《历代君臣事迹》，他们把在编书之余所写的酬唱诗结集为《西昆酬唱集》，"西昆体"由此得名。

《西昆酬唱集》收集了十七位诗人的250首近体诗，其中杨亿、刘筠、钱惟演的诗作就有202首。因此，最能代表"西昆体"的是杨亿、刘筠、钱惟演。"西昆体"诗人师法李商隐，兼学唐彦谦。"西昆体"诗的内容，有反映诗人们流连光景、优游岁月生活的，如《别墅》《夜燕》《直夜》；有咏前代帝王和宫廷故事的，如《始皇》《汉宣》《宣曲》；有咏男女爱情的，如《代意》《无题》；更多的是咏物诗，如《鹤》《梨》《柳絮》《萤》。

"西昆体"派诗人多善于在诗作中大量摭拾典故和前人的佳词妙语，以求意旨幽深。然而，由于他们大多社会地位较高，所写之诗多为酬唱之作，且刻板搬用李商隐的诗题、典故、辞藻，在当时引来不少文人的攻击。待欧阳修、梅尧臣等开创新诗风后，"西昆体"乃告衰歇。

"永嘉四灵"是指哪些人？其诗作有何特点？

"永嘉四灵"，指的是南宋四位浙江永嘉籍诗人徐照（字灵晖）、徐玑（号灵渊）、翁卷（字灵舒）、赵师秀（号灵秀）。由于四人字或号中都带有一"灵"字，故得"永嘉四灵"之名。这一诗派又称"四灵派”，代表南宋后期诗歌创作上的一种倾向。该派写诗专攻近体诗，尤其是五律，并以晚唐姚合和贾岛的苦吟创作为依据来反对江西诗派“资书以为诗”的做法，在一定程度上纠正了江西诗派“以学问为诗，专在书本上找材料”的风气。

赵师秀在四灵中声望、地位最高，被推为四灵之冠。赵师秀与其他三人一样，在炼句炼字上颇下功夫。“独、寒、苦、孤、冷、病”是四灵诗歌中最常用的字。四灵的得意之作为赵师秀的《约客》：“黄梅时节家家雨，青草池塘处处蛙。有约不来过夜半，闲敲棋子落灯花。”不过，四灵类似这样的佳作不多，大都平淡无奇，但诗中的警句却有不少，从而出现“有句无篇”的现象。

正读、倒读皆成章句的回文诗有哪些形式？

回文诗，顾名思义就是能够回环往复，正读、倒读皆成章句的诗篇。它是中国文人墨客卖弄自己文采的文字游戏，并无重大的艺术价值，但也不失为中国文学中的一朵奇葩。

回文诗有很多种形式，如“通体回文”“就句回文”“双句回文”“本篇回文”“环复回文”等。“通体回文”是指一首诗从末尾一字开始逐字读至开头一字另成一首新诗；“就句回文”是指一句内完成回复的过程，每句的前半句与后半句互为回文；“双句回文”是指下一句为上一句的回读；“本篇回文”是指一首诗词本身完成一个回复，即后半篇是前半篇的回复；“环复回文”是指一首诗的词语先从开头连续至尾，再从尾连续至开头。

中国第一个作回文诗的是谁？

朱存孝在《回文类聚·序》中指出：“自苏伯玉妻《盘中诗》为肇

端，窦滔妻作《璇玑图》而大备。”《盘中诗》是否就是回文诗人肇端，说法尚且不一，但如果说回文诗因《璇玑图》而“大备”，却是古今文人公认的事实。《璇玑图》摘录如下，从首至尾正读，从尾返首倒读，皆可成诗。

开篷一棹远溪流，走上烟花踏径游。
来客仙亭闲伴鹤，泛舟渔浦满飞鸥。
台映碧泉寒井冷，月明孤寺古林幽。
回望四山观落日，偎林傍水绿悠悠。

词牌名有哪些来源?

关于词牌名的来源，大致有以下几种情况：

（1）源于人名。例如：“念奴娇”，“念奴”是唐天宝年间的一位著名的歌女，她的歌音调高亢悦耳，这个词牌为纪念她而创；“虞美人”，为歌咏西楚霸王项羽宠爱的虞姬而创制。

（2）源于地名。例如：据说东汉明帝女儿沁水公主有座园林，曲径通幽，亭台轩榭，名为“沁园”，后来被外戚窦宪仗势夺去，有人作词咏此事，词牌“沁园春”也就产生了。

（3）源于故事。例如：“浣溪沙”，亦作“浣溪纱”，以春秋时西施浣纱的故事为背景而得名。

（4）源于诗词。例如：李白的《苏台览古》诗中有“只今惟有西江月，曾照吴王宫里人”的句子，因而产生了“西江月”这个词牌；“满庭芳”出自晚唐吴融的诗句“满庭芳草易黄昏”；“如梦令”出自后唐庄宗所写的“如梦，如梦，残月落花烟重”句子。

（5）源于乐曲名。例如：汉朝乐府有《采桑曲》，唐朝教坊有《采桑》，于是后来有“采桑子”的词牌；在“安史之乱”中，唐明皇颠沛流离，曾在蜀地栈道中遇雨闻铃声，悼念起杨贵妃，不由悲从心来，作《雨霖铃》曲，后来“雨霖铃”成了词牌名。

（6）直接用词的字数来命名。例如：“念奴娇”共有一百个字，因而又名“百字令”；“苍梧谣”共有十六个字，故又名“十六字令”。

（7）原来就是词的题目。例如：“浪淘沙”是咏淘金人的劳动生活的；“踏歌词”是一种合着脚步歌唱的曲调；“渔歌子”本来就是吟唱渔夫生活的词。它们后来都成了词牌名。

“元曲四大家”中包括王实甫吗？

“元曲四大家”指的是关汉卿、马致远、郑光祖、白朴这四位元朝杂剧作家，他们代表了元朝不同时期、不同流派杂剧创作的成就。明朝王世贞、王骥德等人为王实甫未被列入“元曲四大家”而提出非难，王骥德还提出“王实甫、关汉卿、马致远、白朴”之说。清朝李调元的《雨村曲话》中则有“马、王、关、乔（乔吉）、郑、白”之说，但未见流行。

近代王国维的《宋元戏曲史》指出：“元代曲家，自明以来，称关、马、郑、白，然以其年代及造诣论之，宁称关、白、马、郑为妥也。关汉卿一空倚傍，自铸伟词，而其言曲尽人情，字字本色，故当为元人第一。”

◇ 元曲四大家

值得一提的是，“元曲四大家”与元曲四大悲剧和四大爱情剧的作者并不是一一对应的。元曲四大悲剧是：关汉卿的《窦娥冤》、白朴的《梧桐雨》、马致远的《汉宫秋》、纪君祥的《赵氏孤儿》。元曲四大爱情剧是：关汉卿的《拜月亭》、王实甫的《西厢记》、白朴的《墙头马上》、郑光祖的《倩女离魂》。

明朝的七子派倡言过“文必秦汉，诗必盛唐”吗？

明朝七子派，又称“前后七子”。“前七子”是指明弘治、正德年间（1488—1521）兴起的一个文学流派中的李梦阳、何景明、徐祯卿、边贡、康海、王九思和王廷相七人，其中以李梦阳、何景明最为著名。明嘉靖、万历年间（1522—1620），外患日益深重，社会矛盾进一步复杂激化，明王朝的统治更是腐败不堪，于是，在文学上又出现了以李攀龙、王世贞、谢榛、宗臣、梁有誉、徐中行、吴国伦为代表的“后七子”。

七子派为扫荡台阁文风，振兴散文诗歌，标榜所谓的“复古”，倡言“文必秦汉，诗必盛唐”，认为写文章要模仿秦汉时期文章的风格，作诗歌则要遵照盛唐时代诗歌的气象。不过，他们的目的并未达成。究其原因，主要有二：一是他们以模仿为创作法门，因此作品缺乏独创的精神与风格；二是前后七子或互相标榜，或互相排挤，把持文坛，目空一切。洁身自好的人士对他们感到不满，甚至厌恶，又因前后七子的作品与古人雷同，缺乏新意，故在公安派、竟陵派的攻击下，渐渐失去驾驭当时文坛的能力。

明朝公安派提出了哪些文学主张？

公安派，是明神宗万历年间（1573—1620）兴起的以袁宏道（字中郎）及其兄袁宗道（字伯修）、弟袁中道（字小修）三人为代表的一个文学流派，因三人是湖北公安人而得名。“三袁”中，以袁宏道最为著名。这一派文人还有江盈科、陶望龄、黄辉等。

公安派所持的文学主张与前后七子的拟古主义针锋相对，认为文学是随着时代的变化而变化的，有不同的时代，即有各种不同的文学。因此，他们反对贵古贱今，反对模仿古人。他们提出“世道既变，文亦因之”的文学发展观，又提出“性灵说”，要求作品“独抒性灵，不拘格套”，能直抒胸臆、不事雕琢。他们的散文以清新活泼的笔触开拓了中国小品文的新领域。在晚明的诗歌、散文领域，以公安派的声势最为浩大，对清朝文学如郑燮的散文、袁枚的诗和诗论均有一定的影响。

明朝竟陵派有着怎样的创作风格？

竟陵派是明朝后期兴起的一个文学流派，因主要人物钟惺、谭元春都是竟陵（今湖北天门市）人，故被称为“竟陵派”，又称“竟陵体”或“钟谭体”。

明朝中叶后，前后七子拟古之风甚烈，“文必秦汉，诗必盛唐”成为他们评判诗文的准则。“竟陵”“公安”“唐宋”三派均对其给予抵制和抨击，反对拟古之风。此外，竟陵派又认为公安派作品俚俗、浮浅，因此他们倡导一种“幽深孤峭”的风格加以匡救。他们宣扬文学创作应“抒写性灵”，但他们主张的“性灵”和公安派的不同。

竟陵派所谓的“抒写性灵”，指的是学习古人诗词中的“精神”，这种“古人精神”，不过是“幽情单绪”和“孤行静寄”。他们所倡导的“幽深孤峭”风格，指文风求新求奇、不同凡响、刻意追求字意深奥。由此形成竟陵派的创作特点——刻意雕琢字句，求新求奇，这也导致竟陵派的文章语言佶屈聱牙，内容艰涩隐晦。

清朝诗坛上的“江左三大家”有什么来历？

诗人钱谦益（号牧斋）、吴伟业（号梅村）、龚鼎孳（号芝麓）三人皆由明臣仕清，籍贯都属旧江左地区，他们诗名并著，故时人称他们为“江左三大家”。所谓的“江左”，便是长江下游南岸地区，古人在地理上以东为左，以西为右，故江东又名江左。

钱谦益极口赞誉吴伟业的诗才，曾用“以锦绣为肝肠，以珠玉为咳唾”（《梅村诗集》钱谦益序）来形容吴伟业诗歌的风华绮丽。钱谦益、吴伟业当时在文坛上影响很大，龚鼎孳的成就和影响都不如他们。

钱谦益是明万历三十八年（1610）一甲三名进士，俗称“探花”。吴伟业是明崇祯四年（1631）一甲二名进士，俗称“榜眼”，又是该科会试的第一名贡士，俗称“会元”。龚鼎孳则是明崇祯七年（1634）进士，辈分较后，但官运却最亨通，入清后仕至左都御史、尚书，谥号“端毅”。

小说、史学

“小说”这一名称是怎么来的?

“小说”的名称最早见于《庄子》：“饰小说以干县令，其于大达亦远矣！”意思是把小说修饰一番用来求得高名和美誉。不难看出，这里的“小说”指的是卑微琐屑的言谈，含义与现在所说的“小说”并不相同。

汉朝的班固在《汉书·艺文志》中指出：“小说家者流，盖出于稗官。街谈巷语，道听途说者之所造也。”同时，他在书中还列出许多他认为是小说的作品。班固所说的“小说”含义与现在的小说含义相近。不过，汉朝的小说作品大都是“残丛小语”。魏晋南北朝时期，小说作品才有了初步的人物性格刻画和情节，结构趋于完整，从而独立于文学之林。小说在唐代叫作“传奇”，此时的小说题材广泛，篇幅加长，故事完整，情节委婉曲折，人物性格刻画细致鲜明。

现在的小说，一般采用第三人称或第一人称的叙述方式。按其篇幅的长短，分为长篇小说、中篇小说、短篇小说等；按其内容的不同，分为社会小说、神话小说、历史小说、科学小说、侦探小说等。

汉魏六朝的《搜神记》属于哪种文学体裁?

《搜神记》是直承《穆天子传》《山海经》影响而出现的一部记录古代民间怪异故事的小说集。书中共搜集了古代的四百多篇神异故事，开创了中国古代志怪小说的先河。其中的大部分故事在一定程度上反映了古代人民的思想感情。

从体裁上讲，《搜神记》属于志怪小说。所谓“志怪小说”，指汉魏六朝时期带有神怪色彩的小说，它们大多来源于巫师和方士的奇谈怪论。汉代以后，道教和佛教逐渐盛行，鬼神迷信的说教广为流布，所以志怪类型的书特别多。六朝作品中就有不少以“志怪”命名的，东晋初年干宝的《搜神记》便是其中的代表作。

唐传奇有哪些代表作？

传奇本是传述奇闻逸事的意思，唐传奇是指唐朝流行的文言短篇小说。唐传奇远继神话传说和史传文学，近承魏晋南北朝的志怪小说和志人小说，发展成为一种以史传笔法写奇闻逸事的小说体式。唐传奇内容更加丰富，题材更为广泛，艺术上也更成熟。唐传奇“始有意为小说”，标志着中国古代小说创作进入了一个新的阶段。

初唐、盛唐是唐传奇的发轫时期，也是由六朝志怪小说过渡到唐传奇的时期，作品数量较少，现存有王度的《古镜记》、无名氏的《补江总白猿传》、张鷟（鷟）的《游仙窟》。

中唐是唐传奇的鼎盛时期。这一时期作品颇丰，如陈玄祐的《离魂记》、沈既济的《任氏传》、李朝威的《柳毅传》、元稹的《莺莺传》、白行简的《李娃传》、蒋防的《霍小玉传》、陈鸿的《长恨歌传》等，内容题材涉及爱情、历史、政治、豪侠、志怪、神仙等。

晚唐是唐传奇的衰落时期。这一时期虽然作品数量不少，并出现了专集，如牛僧孺的《玄怪录》、皇甫枚的《三水小牍》、裴铏的《传奇》等，但内容较为单薄，艺术上也较为粗俗，不过豪侠题材的作品成就较高，如无名氏所作的《虬髯客传》（一说唐张说作，一说为裴铏《传奇》中的一篇）。

何谓章回体小说？何时出现首批章回体小说？

章回体小说是中国古典长篇小说的主要形式。首批章回体小说出现在明代初年，其中著名的有《三国演义》《水浒传》等。明代中叶以后，章回体小说的发展更加成熟，出现了《西游记》《金瓶梅》等著作。

章回体小说是由宋、元时期的“讲史话本”发展而来的。所谓“讲史”，就是说书的艺人讲述历代兴亡和战争的故事，艺人必须通过若干次讲述才能将故事讲完。每讲一次，就相当于章回体小说中的一回。讲说前，艺人要用题目向听众揭示主要内容，此即章回体小说回目的起源。章回体小说中常见的“话说”和“看官”等字眼，便反映出它与话本之间的继承关系。

章回体小说的特点是将全书分为若干章节，称为“回”或“节”。每回前用两句对偶的文字标目，概括本回的故事内容，称为“回目”。如《三国演义》第一回正文前标有“宴桃园豪杰三结义，斩黄巾英雄首立功”。每回末有“……如何，且看下文分解”。一回叙述一个较为完整的故事段落，具有相对的独立性，但又承上启下。

“三言二拍”包括哪些作品？

“三言二拍”，指的是明朝五本著名传奇短篇小说集的合称。

“三言”是明朝冯梦龙编纂的《喻世明言》《警世通言》《醒世恒言》三部小说集的总称。《喻世明言》亦称《古今小说》，但“古今小说”实为“三言”的通称。“三言”每集四十篇，共一百二十篇。笑花主人在《今古奇观序》中曾这样评价“三言”：“极摹人情世态之歧，备写悲欢离合之致。”

“三言”是一部辑录宋、元、明三代以来的文言笔记、传奇小说、戏曲、历史故事以及社会传闻，经冯梦龙再创作而成的白话短篇小说的总集。“三言”的出现，标志着中国古代白话短篇小说整理和创作高潮的到来。“三言”中为人们所熟悉的篇目有《施润泽滩阙遇友》《蒋兴哥重会珍珠衫》《杜十娘怒沉百宝箱》《卖油郎独占花魁》等。在“三言”的影响下，凌蒙初编著了《初刻拍案惊奇》和《二刻拍案惊奇》，各四十卷，人称“二拍”。

《金瓶梅》是“明代四大奇书”之一吗？

“明代四大奇书”是指《三国演义》《水浒传》《西游记》《金瓶梅》。所谓“奇”者，不仅指其内容或艺术的新奇，还包含着对它们所取得的创造性成就的肯定。《三国演义》是历史演义小说的代表；《水浒传》是英雄传奇小说的代表；《西游记》是神魔小说的代表；《金瓶梅》是世情小说的代表。由于下文对前三部有简要介绍，现仅扼要阐述《金瓶梅》。

《金瓶梅》是中国古代第一部由文人独创的长篇小说。它的成书年代大约在明代万历年间（1573—1620），作者署名兰陵笑笑生。《金瓶梅》的故事由《水浒传》中的“武松杀嫂”一节内容演化而来。全书以土豪恶霸西门庆发迹、淫乱、暴亡为中心情节线，多方面地描绘了上自封建最高统治机构，下至市井无赖构成的一个鬼蜮世界。遗憾的是，由于小说中淫秽描写太多，使其美学价值受到严重损伤，并为后世的小说创作开不良之先例。

◇ 《金瓶梅》插图

哪四部小说被鲁迅称为“晚清四大谴责小说”？

清朝末年，国势衰微到了极点，民族危机愈加深重，广大民众对腐朽无能的清政府已感到极度失望。具有改良思想的小说家纷纷通过撰写小说来抨击政府和时弊，提出挽救国家的主张，人们把这一时期出现的小说称为“谴责小说”。

曾朴的《孽海花》、李宝嘉的《官场现形记》、吴沃尧的《二十年目睹之怪现状》、刘鹗的《老残游记》代表了这类小说的最高成就，被鲁迅合称为“晚清四大谴责小说”。

“中国四大名著”分别是什么样的书？

“中国四大名著”是中国四部著名古典小说《三国演义》《水浒传》《西游记》《红楼梦》的统称。

其中，《三国演义》着重表现的主题是“智”，《水浒传》着重表现的主题是“义”，《西游记》着重表现的主题是“奇”，《红楼梦》着重表现的主题是“情”。

（1）《三国演义》全称《三国志通俗演义》，是中国第一部章回体古典小说，也是中国最有代表性的长篇历史演义小说。作者罗贯中，明朝人。该书从东汉末年黄巾起义写起，到西晋初年全国统一止笔，前后近一百年。它反映了三国时期的政治军事斗争和各类社会矛盾的渗透与转化，并成功塑造了一批叱咤风云的英雄人物形象。

（2）《水浒传》又名《忠义水浒传》。作者施耐庵，元末明初人。有一部分学者认为《水浒传》后三十回为罗贯中所作。该书通过叙述北宋末年一百零八条好汉聚义梁山泊与腐败政府对抗的故事，塑造了李逵、武松、林冲、鲁智深等身份不同、性情各异的梁山英雄形象。

（3）《西游记》又名《西游释厄传》，是中国古典小说中伟大的浪漫主义文学作品。作者一般认为是吴承恩，明朝人。该书在民间流传的唐僧取经的故事和有关话本及杂剧（元末明初杨讷作）的基础上创作而成。《西游记》前七回叙述孙悟空出世、大闹天宫等故事，之后写孙悟空随唐僧西天取经，一路除妖降魔、战胜困难的故事。书中唐僧、孙悟空、猪八戒、沙僧等形象刻画生动，宣扬了惩恶扬善的永恒主题。

（4）《红楼梦》原名《石头记》。前八十回由清人曹雪芹作，后四十回一般认为由高鹗所作。该书以林黛玉和贾宝玉的爱情故事为线索，叙述了贾、王、史、薛四大家族的衰败过程。《红楼梦》曾被评为中国最具文学成就的古典小说及章回小说的巅峰之作，被认为是“中国四大名著”之首，并在现代产生了一门以研究《红楼梦》为主题的学科——“红学”。

◇ 贾宝玉

◇ 林黛玉

中国四大名著的开篇词分别是什么？

中国四大名著的开篇词精美至极。

（1）《三国演义》：“滚滚长江东逝水，浪花淘尽英雄。是非成败转头空。青山依旧在，几度夕阳红。白发渔樵江渚上，惯看秋月春风。一壶浊酒喜相逢。古今多少事，都付笑谈中。”

（2）《红楼梦》：“满纸荒唐言，一把辛酸泪。都云作者痴，谁解其中味？”

（3）《水浒传》：“试看书林隐处，几多俊逸儒流。虚名薄利不关愁，裁冰及剪雪，谈笑看吴钩。评议前王并后帝，分真伪，占据中州，七雄扰扰乱春秋。兴亡如脆柳，身世类虚舟。见成名无数，图名无数，更有那逃名无数。霎时新月下长川，江湖变桑田古路。讶求鱼缘木，拟穷猿择木，恐伤弓远之曲木。不如且覆掌中杯，再听取新声曲度。”

（4）《西游记》：“混沌未分天地乱，茫茫渺渺无人见。自从盘古破鸿蒙，开辟从兹清浊辨。覆载群生仰至仁，发明万物皆成善。欲知造化会元功，须看《西游释厄传》。”

《红楼梦》在清代有哪些抄本和印本？

曹雪芹所著的《红楼梦》，传世最早的抄本（用手抄写下来的版本）有：“甲戌本”，题作《脂砚斋重评石头记》；“己卯本”，题作《脂砚斋重评石头记己卯冬月定本》；“庚辰本”，题作《脂砚斋重评石头记》。最早的《红楼梦》印刷本是1791年的“程甲本”和1792年的“程乙本”，都是由程伟元印的，书名是《绣像红楼梦》，萃文书屋活木字本。由程伟元作序，高鹗作跋，扉页上题有“新镌全部绣像红楼梦”“萃文书屋”字样，全书最后页上又有“萃文书屋藏版”字样。保存至今的“程甲本”，有青石山庄影印本流传。印本

◇ 曹雪芹

是经高鹗整理了前八十回，又补写了后四十回的完备本子，故又称为“一百二十回本”。

什么是通史？它可以理解为贯通的历史吗？

连贯地记叙各个时代的史实的史书称为“通史”，与断代体史正好相反。通史也可以理解为贯通的历史，即一个国家或地区或世界从最早文明到作者生存年代的历史。西汉司马迁的《史记》可称为通史，因为该书记载了上自传说中的黄帝时代下至汉武帝时代历时三千多年的史实。北宋司马光的《资治通鉴》也是著名的通史。

清代史学家章学诚认为通史有“六便”和“二长”八个优点。“六便”是：“免重复”“均类列”“便铨配”“平是非”“去抵牾”“详邻事”。“二长”是：“具翦裁”“立家法”。但也有“三弊”：“无短长”“仍原题”“忘标目”。

什么是国别史？具代表性的国别体史书有哪些？

“国别史”是国别体史书的简称，是分国记载史事的史书，以国家为单位，分别记叙历史事件，也称国别体，是史书的一种体裁。《国语》《战国策》《三国志》都是比较著名的国别体史书。

（1）《国语》。记载了周、鲁、齐、晋、郑、楚、吴、越八个国家的史事，时间上起西周中期，下迄春秋战国之交。《国语》是中国第一部国别史，大概成书于战国初期，由后人根据当时各国史官的记载整理加工而成。该书的显著特点是以记言为主，往往通过人物的言论（如对话和辩论等）来反映历史事件。它和以《春秋》为纲而记载春秋时期历史的编年体史书《左传》在内容上互相补充，因此后人将其与《左传》看作姊妹篇，称《左传》为《春秋内传》，《国语》为《春秋外传》。

（2）《战国策》。由西汉末刘向编订。全书按东周、西周、秦国、齐国、楚国、赵国、魏国、韩国、燕国、宋国、卫国、中山国依次分国编写，共三十三卷，约十五万字。它实际上是当时的纵横家游说之辞的汇编，也是中国古代记载战国时期政治斗争的一部最完整的著作。

（3）《三国志》。西晋陈寿编写的一部主要记载魏、蜀、吴三国鼎立时期的纪传体国别史，详细记载了从魏文帝黄初元年（220）到晋武帝太康元年（280）的历史。该书以曹魏政权为正统，所以将魏志排在第一。《三国志》与《史记》《汉书》《后汉书》并称“前四史”。

什么是纪传体？中国第一部纪传体史书是哪部书？

纪传体是通过记述人物活动反映历史事件的一种史书体裁，是本纪、世家、列传、书志、史表、载记和史论的综合。本纪，基本上是编年体，兼述帝王本人事迹；世家，主要是记载诸侯和贵族的历史；列传，是各方面代表人物的传记；书志，是关于典章制度和有关自然、社会各方面的历史；史表，有世表、早表、月表、世系表、人物表等多种名称，用来记述错综复杂的社会情况和无法一一写入列传的众多人物；载记，记载不属于正统王朝的割据政权的事迹；史论，大多是关于历史人物和历史事件的评论，包括卷首序和卷后论。

西汉司马迁撰写的《史记》是中国第一部纪传体史书。该书从传说中的黄帝写起，直到汉武帝太初年间结束，篇目分别为本纪、表、书、世家、列传。本纪以历代帝王为中心；表为大事年表；书记录礼制、官制及经济制度等；世家、列传记载各诸侯国和汉武帝以前的各类重要历史人物、少数民族、邻近国家的史实。刘向等人认为此书“善序事理，辩而不华，质而不俚”，鲁迅赞其为“史家之绝唱，无韵之《离骚》”。

什么是断代史？为何说《汉书》开创了中国断代体史书的先河？

所谓“断代史”，指的是以朝代为断限的史书，即记述一个朝代历史的史书。

东汉著名历史学家班固编撰的《汉书》（又称《前汉书》），仿照《史记》的体例记事，开创了中国纪传体断代史的先河。在它之后，历代的正史都采用这种体例，可见它对中国史学的贡献之大。后人常将《汉书》与《史记》并提，称为“史汉”。

西汉司马迁撰写的《史记》，只写到汉武帝太初年间，班彪为续补《史记》，曾作《史记后传》六十五篇。班彪死后，班固决心继承父业，在《史记后传》基础上编撰《汉书》，后得到明帝的准许与支持。班固前后经过二十余年勤奋不懈的努力，到章帝建初年中大体完稿。班固死后，他未完成的八表和《天文志》由其妹班昭和马续续成。该书记叙的史实上起汉高祖元年（前206），下至新朝王莽地皇四年（23），从政治、经济、文化、军事、民族等各个方面比较全面地反映了西汉王朝二百三十年的社会面貌。

什么是编年体？中国第一部编年体通史是哪部书？

编年体是一种以年代为线索编排有关历史事件的史书体裁。编年体史书以时间为中心，按年、月、日顺序记述史事，它以时间为经，以史事为纬，比较容易反映出同一时期各个历史事件之间的联系。因为编年体是中国最古老的历史体裁，故《隋书·经籍志》称其为“古史”。

中国现存最早的一部编年体史书是《春秋》，为春秋末年的孔子依据鲁国史官所记国史加以整理修订而成。《左传》则是中国古代一部叙事较为完备的编年体史书，相传是春秋末期的鲁国史官左丘明为解释孔子的《春秋》所著的，名为《春秋左氏传》，汉朝以后才称《左传》。

◇　司马光

它与《公羊传》《穀梁传》合称“春秋三传”。

《资治通鉴》是北宋司马光编撰的一部长篇编年体史书，也是中国第一部编年体通史，在中国史书中占有极重要的地位。全书共二百九十四卷，从公元前403年也就是周威烈王二十三年写起，一直到公元959年即五代后周世宗显德六年止笔。它是司马光以“为君亲政，贤明之道”为出发点而编撰成的一本巨著。

“二十四史”指的是哪二十四种史书？

“二十四史”是中国古代各个历史时期由不同的历史学家撰写的，被封建朝廷列入正史的二十四种史书的总称。

三国时期，社会上就已有了“三史”之称。“三史”通常指《史记》《汉书》和东汉刘珍等人编撰的《东观汉记》。范晔的《后汉书》出现后，取代《东观汉记》成为“三史”之一。“三史”加上陈寿的《三国志》，就有了“前四史”之说。

唐朝官修南北朝“八史”和《晋书》，再加上之前的“前四史”，就出现了“十三史”之说。到了宋朝，在“十三史”的基础上，加入《南史》《北史》《新唐书》《新五代史》，就形成了“十七史”之说。明朝又增以《宋史》《辽史》《金史》《元史》，合称“二十一史”。

清朝乾隆初年，刊行《明史》，加上先前的各史，总名为“二十二史”。后来又增加《旧唐书》，成为“二十三史”。在编撰《四库全书》的过程中，学者们又从《永乐大典》中辑录出来《旧五代史》，经乾隆皇帝钦定，也被列入正史，合称“钦定二十四史”。乾隆四年（1739）至四十九年（1784），由武英殿刻印的“钦定二十四史”是中国古代正史最完整的一次大规模汇刻。

“二十四史”记事始于传说中的黄帝，止于明朝崇祯十七年（1644），总计三千二百一十三卷，约四千万字，都是用统一的有本纪、列传的纪传体编写而成的史书。到了民国时期，人们又把《清史稿》容纳其中，于是，“二十四史”就又变成了“二十五史”。

《资治通鉴》的书名是怎么来的？

《资治通鉴》是一部编年体通史，最初书名并不叫《资治通鉴》。事实上，早在宋英宗治平元年（1064），司马光就已把自己编写的史书《历年图》二十五卷呈献给英宗，过了两年又呈上了八卷本的《通志》。英宗看后颇为满意，要他继续写下去，并下诏设置书局，供给费用，增补人员，专门进行《通志》的编写工作。

宋神宗即位后，认为《通志》比其他的史书更便于阅读，也易于借鉴，就召见司马光，大加赞赏，说该书“鉴于往事，有资于治道”，即以历史的得失作为鉴戒来加强统治，并亲赐书名为《资治通鉴》，还亲自为书作序。

《资治通鉴》编修期间，宋神宗还将颖邸旧书三千四百卷赏给司马光参考，司马光写书所需的笔墨纸砚以及伙食、住宿等费用都由朝廷供给，这给司马光提供了优厚的著书条件，同时也促进了这部史书的编修工作。到神宗元丰七年（1084），《资治通鉴》终于完稿。

“春秋”“战国”的名称是怎么来的？

春秋时期，鲁国的史官把当时各国发生的重大事件按照年、月、日记载下来，一年按春、夏、秋、冬四季的顺序编写，简单概括起来就把这部编年史称为《春秋》。孔子又对鲁国史官所编的《春秋》加以整理修订。《春秋》记载了从鲁隐公元年（前722）至鲁哀公十四年（前481）共二百四十二年的大事。

由于《春秋》一书所记历史的起止年代与一个客观的历史发展时期大体相当，所以历史学家们就把《春秋》这个书名作为这个历史时期的名称。春秋时期始于周平王迁都洛邑、东周开始的那一年（前770），止于公元前476战国开始前夕。

春秋以后，齐、楚、燕、韩、赵、魏、秦七大诸侯国连年争战，后人将这七大国互相混战的时期称为“战国”。西汉刘向编订《战国策》一书时，开始把“战国”作为特定历史时期的名称。战国时期始于公元前475年，止于公元前221年。

孤本、善本、珍本分别指什么书?

孤本是仅存一本的图书，也包括仅存一份的某书的某种碑刻的旧拓本和未刊刻的手稿等。唐代刻板印刷的《金刚经》卷本就是孤本，也是现存世界有年代可考的最早印刷物。

善本指精刻、精印、精抄、精校的难得的古书、珍贵的手稿、罕见的文献等。

珍本指具有文献、艺术价值的古代珍贵图书资料及稀见难得的近代文献。

至于珍本与善本的界定，历来为版本鉴定学家所争论。清末张之洞曾给善本提出了三条标准：一是“足本”，即无缺残、无删削之本；二是“精本”，即精校、精注本；三是“旧本”，即旧刻、旧抄本。张氏关于善本的“足、精、旧”三定义，归纳起来还是两条——无讹脱、传世旧本，与古人关于“善本”的概念并无本质区别。宋效先曾指出：

“珍本是比较稀见或比较珍贵之本，善本是凡内容有用，流传稀少，校刻精良，具有文物、学术或艺术价值之本。”

中国古代四部分类法中的“四部”是指哪四部？

四部分类法是中国古代的图书分类法，是分类大部分中国古籍的方法，分经、史、子、集四类，也有称为“甲、乙、丙、丁”四部的。“经部”指的是儒家学说，因为封建社会尊儒，视儒家思想为正统思想，所以儒家的著作被称为“经”，如“四书”“五经”“十三经”等；“史部”指的是记载历代兴废治乱和各种人物以及制度沿革等的历史书，如《史记》《汉书》之类；“子部”指的是记录诸子百家及其学说的书籍，如道家的《庄子》、法家的《韩非子》一类；“集部”指的是汇集几个作者或一个作者的诗文集，如《唐五十家诗集》《司马相如集》《漱玉集》等。

经、史、子、集只是四个大的部类，每个部类还有隶属于它的若干子目。作为中国传统的图书分类法，四部分类法对浩如烟海的中国古籍的分类起了相当大的作用。

经、史、子、集有哪些隶属子目？

如前所述，中国古代经典图书分为四部，即“经、史、子、集”，四部的名称和顺序是在《隋书·经籍志》中最后确定下来的。依照清朝《四库全书》的分类，经、史、子、集分别有以下隶属子目：

“经”是指古代社会中的政教、纲常伦理、道德规范的教条，经部收录了儒家的典籍及相关著作，分为易、书、诗、礼、春秋、孝经、五经总义、四书、乐、小学十类。

史部收录各种体裁的历史著作，分为正史、编年、纪事本末、别史、杂史、诏令奏议、传记、史钞、载记、时令、地理、职官、政书、目录、史评十五类。

子部收录诸子百家以及释道宗教的著作，分为儒家、兵家、法家、农家、医家、天文算法、术数、艺术、谱录、杂家、类书、小说家、释家、道家十四类。

集部收录历代作家一人或多人的散文、骈文、诗、词、散曲等的集子和文学评论、戏曲等著作，分为楚辞、别集、总集、诗文评、词曲五类。

散文、语言学

唐宋古文运动是怎么回事？

唐宋古文运动是指唐朝中叶及北宋时期以提倡古文、反对骈文为特点的文体改革运动。

韩愈最先提出“古文”这一概念。他把六朝以来讲求声律、辞藻、对偶的骈文视为俗下文字，认为自己的散文继承了先秦与两汉文章的传统，所以称“古文”。韩愈提倡古文，目的在于恢复古代的儒学道统，将改革文风与复兴儒学变为相辅相成的运动。他在提倡古文时，倡言以文“载道”“明道”，重视写真情实感，强调“惟陈言之务去”（见韩愈《答李翊书》）和“惟古于词必己出”（见韩愈《南阳樊绍述墓志铭》）的独创精神。

晚唐时期，古文运动趋于衰落，出现了讲究雕章琢句的不良文风。北宋时期，以欧阳修为代表的一些文人极力推崇韩愈、柳宗元，又掀起了一次新的古文运动，提倡继承韩愈的道统和文统，强调“文道统一，道先于文”的观点，写了大量平易自然、有血有肉的散文，以扫清当时文坛上流行的绮靡晦涩的文风，使散文创作走上平易畅达、反映现实生活的道路。

后人把唐朝的韩愈、柳宗元和宋朝的欧阳修、曾巩、王安石、苏洵、苏轼、苏辙并称为“唐宋八大家”，把在唐朝和宋朝先后兴起的两次古文运动称为“唐宋古文运动”。

“唐宋八大家”之首是韩愈，还是欧阳修？

“唐宋八大家”是唐宋时期八大散文作家的合称，即唐朝的韩愈、柳宗元和宋朝的苏轼、苏洵、苏辙、欧阳修、王安石、曾巩。那么，“唐宋八大家”的称号是怎么来的呢？明朝初期的朱右最初将上述八位作家的散文作品编选在一起刊行《八先生文集》，明朝中叶唐顺之在《文编》一书中也选录了这八位唐宋作家的作品。明末古文家茅坤对朱右、唐顺之编选的文集加以整理，重新编选，取名《唐宋八大家文钞》，共一百六十四卷，风靡海内，“唐宋八大家”从此得名。

◇ 韩愈

◇ 柳宗元

◇ 王安石

◇ 欧阳修

由于韩愈与柳宗元同为唐朝古文运动的倡导者，主张学习先秦与两汉的散文语言，破骈为散，扩大文言文的表达功能，宋朝的苏轼用“文起八代之衰”来称赞他，明人推他为“唐宋八大家”之首，与柳宗元并称“韩柳”，且有“文章巨公”和“百代文宗”之名。在思想上，韩愈尊儒反佛，是中国“道统”观念的确立者。

清朝桐城派的代表人物有哪些？

清朝文坛上的桐城派，又称“桐城文派”“桐城古文派”“桐城散文派”，因主要代表人物方苞、刘大櫆、姚鼐均系清朝安徽桐城人，并相继为领袖而得名。具体来说，方苞、刘大櫆、姚鼐被尊为“桐城三祖”，方苞为桐城派散文理论的创始者；姚鼐是桐城派的集大成者；戴名世是桐城派奠基者；梅曾亮、管同、方东树、刘开（后曾以姚莹取代刘开）被称为“姚门四杰”。

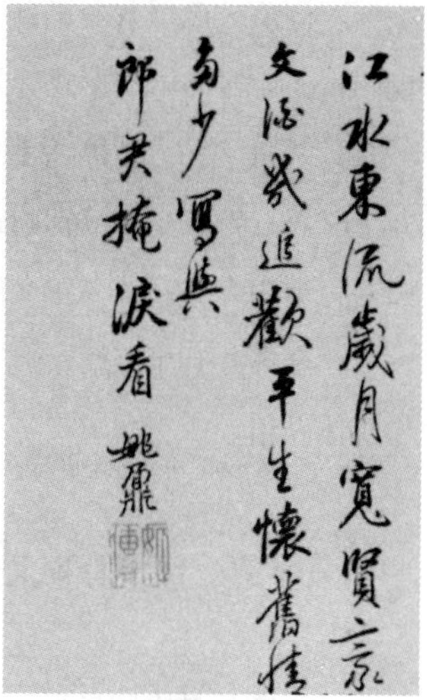

◇ 姚鼐书法

方苞从“义法”说出发，主张古文当以“雅洁”为尚，反对俚俗和繁芜。刘大櫆提出“因声求气”说，并认为“行文之道，神为主，气辅之”“神气者，文之最精处也”。姚鼐则强调“义理、考证、文章”三者合一，“以能兼者为贵”，被人称为“唐宋八大家”和清朝桐城派之间的一座桥梁，还被当时的人誉为“今之欧阳修”。

桐城派作家创作力求简明达意，因此他们所写的文章尤其是一些记叙文一般都清顺通畅，如方苞的《狱中杂记》《左忠毅公逸事》、姚鼐的《登泰山记》等，都是桐城派文章中著名的代表作品。姚鼐编选的《古文辞类纂》，流传甚广。

部首排检法起源于哪部著作?

部首排检法起源于《说文解字》。《说文解字》简称《说文》，是中国第一部系统地分析汉字字形和考究字源的字书，成书于汉和帝永元十二年（100）到安帝建光元年（121）年间，作者是东汉的经学家、文字学家许慎。该书改变了自周、秦到汉的字书的编纂方法，将所收字编成四言、七言韵语的形式，开创了部首排检法。

具体来说，许慎根据文字形体，创立五百四十个部首，将九千三百五十三个字分别归入五百四十部。五百四十部又据形、系、联归并为十四大类。该书正文便按这十四大类分为十四篇，卷末叙目另为一篇，全书共有十五篇。造字法上有“六书”学说，后文将对“六书”作具体介绍。

中国最早的一部解释词义的专著是哪部?

《尔雅》是中国最早的一部解释词义的专著，也是中国第一部按照词义系统和事物分类来编纂的词典。“尔”是“近”的意思，“雅”是“正”的意思，这里专指“雅言”，是某一时代官方规定的规范语言。“尔雅”就是使语言接近于官方规定的语言，即以雅正之言解释古汉语词、方言词，使之近于规范。

《尔雅》全书收词语四千三百多个，分为两千零九十一个条目。这些条目按类别分为《释诂》《释言》《释训》《释亲》《释宫》《释器》《释乐（yuè）》《释天》《释地》《释丘》《释山》《释水》《释草》《释木》《释虫》《释鱼》《释鸟》《释兽》《释畜》十九篇。《尔雅》前三篇，即《释诂》《释言》《释训》是专门解释字义、词义的，类似后世的语文词典。后十六篇根据事物的类别来分篇解释各种事物的名称，类似后世的百科名词词典。其中《释亲》《释宫》《释器》《释乐》四篇解释的是亲属称谓和宫室器物的名称。

《说文解字》提及的“六书”是哪些书？

古人将汉字的造字方法归纳为六种，总称“六书”。所谓“六书”，即指事、象形、形声、会意、转注、假借。

至于“六书”的名称，最早见于战国时的《周礼》。《周礼·地官》中记载：“保氏掌谏王恶，而养国子以道，乃教之六艺。一曰五礼，二曰六乐，三曰五射，四曰五御，五曰六书，六曰九数。”其中，“六艺”是周代教育贵族子弟的六种基本科目，“九数”是关于算术的知识，六书则是有关汉字的教学，但不一定是后来的六书理论。

《汉书·志》记载：“古者八岁入小学，故周官保氏掌养国子，教之六书，谓象形、象事、象意、象声、转注、假借，造字之本也。”这就把“六书”解释为造字的方法了。比班固稍后的许慎，在《说文解字·叙》中不仅指出了“六书”各书的名称，还给每一书下了定义，举了例子。后世对六书的解说，多以此为核心。

《说文解字·叙》记载：“周礼，八岁入小学，保氏教国子，先以六书。一曰指事。指事者，视而可识，察而见意，‘上’‘下’是也；二曰象形。象形者，画成其物，随体诘诎，‘日’‘月’是也；三曰形声。形声者，以事为名，取譬相成，‘江’‘河’是也；四曰会意。会意者，比类合谊，以见指抙，‘武’‘信’是也；五曰转注。转注者，建类一首，同意相授，‘考’‘老’是也；六曰假借。假借者，本无其字，依声托事，‘令’‘长’是也。”

“说文四大家”指的是哪些人？

“说文四大家”指的是清代研究许慎《说文解字》的四位大家：段

玉裁、桂馥、王筠和朱骏声。他们的主要著作分别为：段玉裁的《说文解字注》、桂馥的《说文解字义证》、王筠的《说文句读》《说文释例》、朱骏声的《说文通训定声》。

“小学”一词为何成为文字学的代名词？

“小学”一词初见于《大戴礼记·保傅》篇：“及太子少长，知妃色，则入于小学，小者所学之宫也……古者年八岁而出就外舍，学小艺焉，履小节焉。”

西周是中国奴隶社会的全盛时期，人分等级，当时能够享受教育的只有贵族子弟。贵族子弟满八岁，就要入“小学”学习“小艺”，“小艺”即六艺：一曰五礼（礼仪），二曰六乐（音乐舞蹈），三曰五射（射箭），四曰五御（驾驭马车），五曰六书（语文），六曰九数（算术）。又“乃教之六仪：一曰祀祭之容，二曰宾客之容，三曰朝廷之容，四曰丧纪之容，五曰军旅之容，六曰车马之容”。换句话说，在周代教育中，入“小学”学习指的是学习小艺（六艺）和小节（六仪）。

到西汉时期，“小学”的含义逐渐缩小至仅指六艺之一的“书”。“书”指的是“六书”，即指事、象形、形声、会意、转注、假借六种造字法。于是，“小学”一词顺理成章地成了文字学的代名词。

中国古代汉字书写为何偏爱竖行排列？

在中国，最初的汉字书写材料是龟甲、兽骨、木简、竹简等，书写工具是尖锐石器、金属刀具和毛笔，而木简、竹简一般狭窄而长，用从上到下的竖行排列方式书写显得比较美观。大凡练过毛笔书法的人，也都感到用毛笔从上往下书写更方便。因此，从上到下、从右往左书写，就自然而然地成了古人们的书写方式。在汉朝发明纸张，隋唐出现雕版印刷术，直至宋朝毕昇发明活字印刷术之后，人们仍然沿用这种书写方式。

中国汉字书写是何时采用横写方式的?

究竟从何时起，中国汉字的书写方式开始由相沿已久的竖写方式改为横写方式的呢？答案是清朝末年。当时，一大批留学和学习西方文化的学者、名流都竭力提倡使用拼音文字，并力主改变中国传统的书写方式，改用已在西方流行很久的从左到右的“横行”排列方式。有资料证明，在1909年中国已经产生了用“横行”排版的书籍，“横行”最早见于当时提倡文字改革的刘世恩所著的《音韵记号》一书。

中国从什么时候开始出现标点符号?

古时候人们写文章是不用标点符号的。随着时间的推移，人们渐渐感到这样写文章既不便又很吃力，人们还发现这也是对文章内容产生误解的原因之一。于是到了汉朝，人们发明了“句读”符号，语意完整的一小段为“句”；句中语意未完，语气可停顿的更小段落为“读”。宋朝使用“。”“、”来表示句读。元、明刻本小说多在句子的末尾加圈，也有一律用“、”或用“。”的。有些戏曲和启蒙读物也采用这种句读方法。此外，明刻本小说还增添了人名号和地名号，前者是在人名右边加一条直线，后者是在地名右边加两条直线。

上述这些就是中国最早的标点符号。“标点”两个字，始见于宋朝。《宋史·何基传》中记载：“凡所读无不加标点，义显意明，有不待论说而自见者。”这里的“标点”指的是人们在阅读古书时添加的句读符号，即所谓旧式标点。新式标点符号是模仿西方的书写习惯而借用的，在清代末年才开始使用。翻译家严复的《英文汉诂》（1904）是最早应用外国标点于汉语的著述。

“春秋三传”指的是哪三部作品？

《春秋左氏传》《春秋公羊传》《春秋穀梁传》，合称“春秋三传”。

《春秋》经文言简义深，如无注释，则无法了解。注释《春秋》的书，有左氏、公羊、穀梁三家，另有邹氏、夹氏二家，早在汉朝即已失传。所以自汉至今，学者们只凭借“三传”研读《春秋》。《春秋》是记事的史书，后多散佚，仅留下经孔子整理的鲁国的《春秋》。到了汉代，人们又重新编撰出“春秋三传”，即《春秋左氏传》《春秋公羊传》《春秋穀梁传》，它们都是编年体史书。

晋人范宁在评价“春秋三传”的特色时说：“《左氏》艳而富，其失也巫；《穀梁》清而婉，其失也短；《公羊》辩而裁，其失也俗。”当然，这只是一家之言。

第二辑

哲学、思想

《周易》是一本用来算卦的书吗？

一说到《周易》，很多人的第一反应就是算卦、看风水。如果到大街上走一走，我们就会发现，那些在大街小巷吆喝着给人算卦的人，大都称自己是用《周易》来给人算卦的。那么，《周易》到底是一本什么样的书？它就是用来算卦的吗？

我们现在所说的《周易》其实包括两部分，一部分是《易经》，另一部分是《易传》，这两部分合在一起统称为《周易》。从时间上看，《易经》恐怕是中国最古老的一本书了；从内容上看，这本书的直接目的显然是占卜。占卜，就是在遇到自己无法克服的困难，对未来的事情无法掌控的时候，通过演卦来预测吉凶，预测一下自己的运数，也就是我们今天所说的“算卦”。《易经》记录了六十四卦的卦象、卦辞和爻辞，传说是伏羲画出了八卦，周文王演为六十四卦。

“阴阳八卦”理论来源于哪部著作？

“八卦”源于中国古人对宇宙的生成、日月与地球之间的关系、农业社会和人生哲学的认识。关于八卦的最原始资料来源于《周易》，内容有六十四卦，但没有图像。

“阴阳”概念是中国古人在整个八卦的形象和蕴涵结构中最先形成的自然观。《易传》中记载：“易有太极，始生两仪。两仪生四象，四象生八卦。”两仪，即阴阳，可在不同时候引申为天地、昼夜、男女等。四象，即少阴、少阳、太阴、太阳，在不同时候可分别对应四方、四季、四象。青龙居东，春之气，少阳主之；朱雀居南，夏之气，太阳主之；白虎居西，秋之气，少阴主之；玄武居北，冬之气，太阴主之。四季养生也分别对应生、长、收、藏。八卦，即乾、坤、巽、兑、艮、震、离、坎。每卦由三爻组成，以“—”为阳，以“- -”为阴。

为什么说“易更三圣”？“三圣”分别指谁？

秦、汉以后，儒家学者一致认定，伏羲画出了先天八卦图，周文王总结出《周易》，把八卦演变成了六十四卦。孔子则写《易传》，评论《周易》，注解《周易》，并且把《周易》上升到了学问的地步，发扬易学精义。所以，后人有“伏羲画八卦，文王演周易，孔子作大传”一说。

由于画卦者为伏羲，演卦者为文王，传述者为孔子，所以又有“易更三圣”之说。事实上，文王演卦而作“卦辞”，他的儿子周公又将文王的思想发扬扩充，作了“爻辞”。可是，“三圣”之中却不提周公，这是为什么呢？据汉儒的解说，根据古代宗法的观念，父子相从，因此便不另外再提周公了。

◇ 周文王

◇ 周公

由伏羲画八卦开始，经过文王、周公、孔子的研究和著述，《周易》学术思想的系统才得以建立。因此严格地说，“易更三圣”一语应该是对于《周易》一书而言的。

八卦是谁创制的？为什么有“画卦”一说？

伏羲，华夏民族人文始祖，是中国古籍中记载的最早的王，所处时代约为旧石器时代中晚期。相传伏羲根据天地间阴阳变化之理创制了八卦，即以八种简单却寓意深刻的符号来概括天地之间的万事万物。

由于字是写出来的，卦是画出来的，所以我们常说伏羲画八卦。原始时代人类没有文字，中国的原始文字都是图画，像“鸟”字，原来就画成一只鸟的样子，日、月、山、水、鱼等文字都是图画。卦的图案，每个卦都有三画，我们称为三画卦，卦中的画叫“爻”。“爻者，交也”。为什么说“爻”就是“交”？这是卦在告诉我们，宇宙间万事万物时时都在互相交流，不停地发生联系，引起变化，所以叫作“爻”。

◇ 伏羲

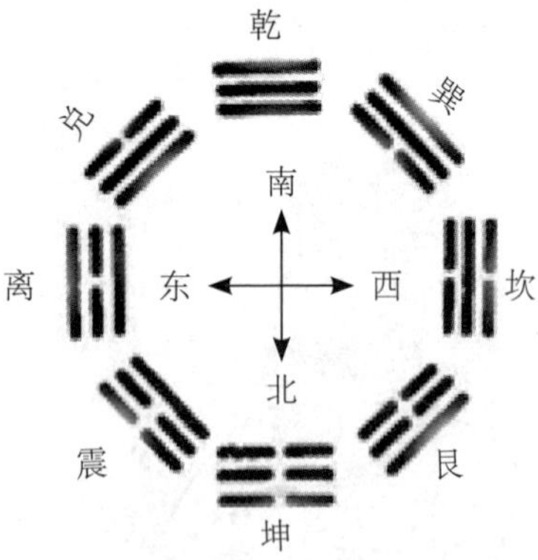

◇ 八卦方位图

八卦的最基本单位是什么？六十四卦又是怎么来的？

八卦的“卦”，是一个会意字，从圭从卜。圭，指土圭，一种古老的测量日影长短的工具，一开始是用泥做成的立于地面的土柱。卜，测度之意。立八圭测日影，即从四正四隅上将观测到的日影加以总结和记录，这就形成了八卦的图像。

八卦最基本的单位是爻，多是记述日影变化的专门符号。爻有阴阳两类，阳爻表示阳光，阴爻表示月光。每卦又有三爻，代表天、地、人三才。三才的天部，包括整个天体运行和气象变化，这些星象之学，古称“天文”；地部指通过观测日影的变化来计算年周期，以便了解自然事物生长和消亡的全过程；人部指把天文、地理和人事结合，以便按照这些规律进行生产和生活。每卦的次序是自下而上的，最下一横叫“初爻”，代表地；中间一横叫“二爻”，代表人；最上一横叫“三爻”，代表天。

由八个经卦中的两个为一组的排列组合，构成六十四卦，用来象征各种自然现象和人事变化。

八卦的卦象都有哪些具体含义？

卦象推演过程中的两个基本单位，一个是“—”（代表“阳”），另一个是“- -”（代表“阴”）。用三个这样的符号组成八种形式，叫作“八卦”。八卦的卦象并不具体指什么，在不同的场合、不同的时间会显示不同的含义，正所谓“随时而变，因地而化”。

八卦可以用来指代事物：乾代表天，坤代表地，坎代表水，离代表火，震代表雷，艮代表山，巽代表风，兑代表沼泽。

八卦可以用来指代抽象的数字：乾一，兑二，离三，震四，巽五，坎六，艮七，坤八。

八卦可以用来指代方位：乾指西北、坎指北、艮指东北、震指东、巽指东南、离指南、坤指西南、兑指西。

八卦可以用来指代五行：乾、兑表示金，震、巽表示木，坤、艮表示土，离表示火，坎表示水。

八卦可以用来指代旺衰：乾、兑旺于秋，衰于冬；震、巽旺于春，衰于夏；坤、艮旺于四季（指每个季节的后一个月），衰于秋；离旺于夏，衰于四季；坎旺于冬，衰于春。

人们为何把《易传》又称为《十翼》？

《易传》是对《易经》的解释和发挥。《易经》文风比较简朴，专门用来演卦预测吉凶。《易传》的文风就比较抽象，它已经不是用来占卜的了，而是通过解释《易经》中的卦象来阐发宇宙、社会、人生等方面的道理。

《易传》共分七种十篇：《彖》上下、《象》上下、《系辞》上下、《文言》《说卦》《序卦》《杂卦》。《易经》的成书时间比较久远，不容易读懂，只能借助《易传》来解读。如果说《易经》是本教科书，那么《易传》就是这本教科书的辅导工具书。所以，《易传》又称为《十翼》。要想读懂《易经》，就必须依靠《易传》提供的这十个“翅膀”。

据说，孔子读《易经》颇有心得，遂将自己的读书笔记汇编成册，定名为《易传》，以区别于《易经》。也有人认为《易传》形成于战国时代，当然这有待考证。

“一阴一阳谓之道”，首见于《易经》还是《易传》？

在《易经》中，只有“—”“- -”两爻，通过两爻的合成和重合演变出不同的卦象，然后再从卦象上看吉凶。据说伏羲演八卦的时候，用的是蓍草，根本没有文字，只能靠一双眼睛看（仅有其“象”，未见其“辞”）。直到周文王演六十四卦的时候，才配上文字（辞）。

在《易传》中，“阴”“阳”两个字开始出现了。此时“阴”和“阳”已经是概念了，而不再是用蓍草编成的“—”和“- -”。这其实已经上升到理论高度，正所谓“观变于阴阳而立卦，发挥于刚柔而生爻”。比《易经》更进一步的是，《易传》通过对卦象的解释最终得出了“一阴一阳谓之道”的观点，形成了对中国文化有着深远影响的“阴阳观”。翻开《易传》，我们看到的已经是“阴阳”“刚柔”“动静”“盈亏”“进退”这样一些相辅相成的概念了。

综上所述，对后来儒家和道家影响比较大的是《易传》，而不是《易经》。

《周易》里“三才之道”的内涵是什么？

“三才”，即“三材”，在《周易》中是指天、地、人。“三才之道”，在《周易》中专指天道、地道、人道，更明确地说，是指阴阳之道、刚柔之道、仁义之道。

《易传·说卦传》记载：“昔者圣人之作易也，将以顺性命之理。是以立天之道，曰阴曰阳；立地之道，曰柔曰刚；立人之道，曰仁曰义。兼三才而两之，故易六画而成卦。”大意是说，构成天、地、人的都是两种相互对立的因素，卦是《周易》中象征自然现象和人事变化的一系列符号，以阳爻、阴爻相配合而成，三个爻组成一个卦。“兼三才而两之”成卦，即这个意思。

什么是生辰八字？怎么排生辰八字？

“周易预测”中的龙头老大就是八字命理学，俗称“批八字”。那么，这个决定命运的八字是什么？其实“八字”并不神秘。

“八字”也叫“四柱”（年柱、月柱、日柱、时柱），每柱两字，上为天干（甲、乙、丙、丁、戊、己、庚、辛、壬、癸），下为地支（子、丑、寅、卯、辰、巳、午、未、申、酉、戌、亥），正好八个字，所以叫“生辰八字”，简称“八字”。

例如，一个1973年9月9日14时出生的女性，换成天干地支的计时方法来表达出生时间，就是癸丑年、辛酉月、戊申日、己未时出生。她的生辰八字就是癸丑、辛酉、戊申、己未，研究八字命理的人为了直观，通常会写成下面这种形式：

癸	辛	戊	己
丑	酉	申	未

“天行健，君子以自强不息”这句话出自哪部著作？

《周易》中说：“天行健，君子以自强不息（乾卦）；地势坤，君子以厚德载物（坤卦）。”表面的意思是，天（即自然）的运动刚强劲健，君子应刚毅坚卓，发愤图强；大地的气势厚实和顺，君子应增厚美德，容载万物。这句话意在强调：君子应该像天一样运行不息，即使颠沛流离，也不屈不挠；如果你是君子，度量要像地一样宽广，没有任何东西不能承载。

陈抟创绘的先天太极图隐藏了哪些奥秘？

先天太极图，又称“天地自然之图”“天地自然河图”“卦气图”，简称“先天图”“太极图”。据宋明易学家考证，此图出自陈抟之手。此图最早载于《六书本义》，其形状如阴阳两鱼互纠在一起，因而又被习称为“阴阳鱼太极图”。

先天太极图由阴阳鱼（阳阴鱼）和鱼目组成。图中黑白两条鱼形，乃阴阳二气环抱之状。阴鱼头在下为浊为降，阳鱼头在上为清为升。黑白两鱼头，左方表示阳起而追阴，阴避阳，回入中宫；右方表示阴起迎阳，阳避阴，回入中宫。黑白两鱼眼，表示阳中有阴、阴中有阳。黑白两鱼尾，表示阴阳二气初起。

八卦图则是在太极图周边列有八卦图像，有先天和后天之分，中间是S线的是先天八卦，中间是反S线的是后天八卦。

◇ 太极八卦图

太极图中的阴阳交界线为何画成 S 形？

“太”有“至”的意思，“极”有“极限”之义。“太极”就是“至于极限，无有相匹”之意。太极阴阳图由阴阳两部分组成，它们之间既是互相对立斗争的关系，又是相互滋生依存的关系，这正是物质世界运行的一般规律。

阴阳交界线的S形曲线，是由错开的两个半圆形形成的，“两个半圆形，可以组成一个圆形”。古人认为“天圆地方”，“圆”是象征

“天”的符号，而“天”又是“至于极限，无有相匹”的。所以“两个半圆形”形成的S形（反S形）曲线，暗含“至于极限，无有相匹”的大千世界，寓示着宇宙间万事万物之间“既互相对立斗争又相互滋生依存”的关系。

何谓“形而上者谓之道，形而下者谓之器”？

从现有的文字资料看，“形而上”与“形而下”之说出自“六经”之首的《周易》。《周易·系辞上》中说：“形而上者谓之道，形而下者谓之器。”这段话的意思是说，法则是无形的，称为“形而上”；器用之物是有形的，称为“形而下”。这对概念提出后，在中国哲学史上逐渐被哲学家们引申为表述抽象和具体、本质和现象、本原和派生物的范畴。汉唐以后，哲学家们曾就“形而上”与“形而下”的关系展开长期的争论。

河图、洛书是两本书，还是两幅图？

河图与洛书是中国古代流传下来的两幅神秘图案，历来被认为是河洛文化的滥觞、中华文明的源头，被誉为“宇宙魔方”。邵庸等先哲认为河图、洛书乃上古星图。

相传，上古伏羲氏时，洛阳东北孟津县境内的黄河中浮出龙马，背负河图，献给伏羲。伏羲依照河图演成八卦，后为《周易》来源。又相传，大禹时，洛阳西洛宁县洛河中浮出神龟，背驮洛书，献给大禹。大禹依照洛书治水成功，遂划天下为九州，又依照洛书定九章大法，治理社会，流传下来收入《尚书》中，名《洪范》。《周易·系辞上》说：“河出图，洛出书，圣人则之。”指的就是这两件事。

河图上，排列成数阵的黑点和白点，蕴藏着无穷的奥秘。洛书上，纵、横、斜三条线上的三个数字，其和皆等于十五，十分奇妙。

什么是九宫？它和《周易》有何关系？

汉代徐岳的《术数记遗》记载：“九宫算，五行参数，犹如循环。”北周甄鸾对之注解道：“九宫者，即二四为肩，六八为足，左三右七，戴九履一，五居中央。”由此我们即可得到九宫算图。

与此同时，古人还赋予了一至九数的五行和方位属性。五行属性：一、六为水，七、二为火，九、四为金，三、八为木，五为土。从图中看，一六→七二→九四→三八→五→一六……为一数字循环，而且是水克火→火克金→金克木→木克土→土克水的五行相克循环。方位属性：水数一居北，水数六居西北，火数七居西，火数二居西南，金数九居南，金数四居东南，木数三居东，木数八居东北，土数五居中央。

也就是说，九宫算图是与八卦相配后才与《周易》有所关联的。如果仅是九宫算图，就只是数字式图像，其含义不过是数与五行、方位的配合，与《周易》搭不上边。

◇ 九宫算图

如何理解古代的阴阳五行学说？

五行学说认为宇宙万物是由木、火、土、金、水五种基本物质的运行（运动）和变化所构成的。它强调整体概念，描绘了事物的结构关系和运动形式。

五行表述的是事物的五种运行状态，是从时间意义上对事物的运行状态进行的分析。木代表事物的萌发、成长阶段；火代表事物的鼎盛阶段；金代表事物的衰退阶段；水代表事物衰退到极点并终归于空无的阶段。根据太极原理，一切事物凡是终点也就必是起点。也就是说水是上一个时期的终结，也是下一个时期的孕育阶段。土是万物的归宿，又是起点，万物生于土，终归于土。

《周易·系辞上》中说："一阴一阳谓之道。"阴阳是事物的两个方面，有点类似于现在说的矛盾双方，这是从空间意义上对事物运行状态的概括。阳代表事物的刚性、外在、向上、运动、简明、积极的一面，阴代表事物的阴柔、内在、低下、静止、细腻、消极的一面。阴阳可以存在于同一系统两个相互独立的事物上，也可以共存于同一个事物上，而且阴阳是可以相互转化的，也是在不断地运动变化的。以人为例，男为阳、女为阴；一个人身上，前为阳后为阴，上为阳下为阴，外形为阳内部为阴。

如果说阴阳是一种古代的对立统一学说，五行则是一种原始的普通系统论。

孔子和《易经》有什么不解之缘？

儒家与《易经》的关系，可以从孔子和《易经》的关系说起。可以说，儒学的建构不仅受到了《易经》中所说的阴阳之间关系的影响，还受到了《易经》中所说的阴阳相交的运动变化法则的启发。没有前者，就没有所谓的以"仁"释"礼"的儒学；没有后者，也就没有儒家思想的灵魂——中庸之道。

孔子对《易经》的重视，在《论语·述而》中有明确的记载："子曰：'加我数年，五十以学《易经》，可以无大过矣。'"

由此看来，孔子是在五十岁以后才开始痴迷《易经》的（有人说孔子是在六十八岁时学《易经》的），可谓与《易经》相见恨晚。正如孔子所说，如果他能在五十岁的时候学《易经》，自己在人格修炼上还能再上一层楼。《史记·孔子世家》中也说：“孔子晚而喜易，序彖、系、象、说卦、文言。读易，韦编三绝。曰：‘假我数年，若是，我於易则彬彬矣。’”这些资料表明，孔子曾对《易经》做过精深的研究。

孔子认为研究《易经》有哪三种境界？

孔子研读《易经》后发现，“德”和“神灵”是相对立的力量，前者属于人自己，而后者属于人之外的神灵。“德”的取得要靠人自身的努力，而后者的取得要靠祭祀和祈祷。对外依赖越多，对自己的依靠也就越少。有道是“德行亡者，神灵之趋；知谋远者，卜筮之繁”。因此，孔子对卜筮持否定态度。

孔子认为卜师、祝巫研究《易经》是为了祈福避难，而自己研究《易经》是为了“求其德”。不仅如此，孔子还区分了研究《易经》的三种境界：赞、数、德。

（1）赞。仅仅知道按照《易经》中的规则演卦预测吉凶。从事这个行当的是“巫”。

（2）数。在研究《易经》的过程中，感受到无穷变化，看到数的推衍，领会到演卦作为一种游戏实在高深。能够领会到这一层次的是“史”。

（3）德。是从《易经》中的“微言”引申出来的“大义”，是最高的境界。领会其中道理的是君子，他们很少祭祀，而是靠德行求福；他们很少卜筮，而是以仁义求吉。

《易传》是孔子撰写的吗?

《易传》是一部解释和发挥《易经》的著作。然而,《易经》作为一部卜筮之书,在形式上沿袭了夏朝的《连山》、殷高之的《归藏》的形式,以卦、爻辞为基础预测人和事的吉凶祸福,指导人们的思想和行为活动。《易传》则作为一部解读《易经》的著作,如同一部借助《易经》的卦、爻辞符号系统阐述自己思想体系的哲学著作。实际上,《易传》在思路上走的是孔子"演德"的路线。在《易传》中,孔子语焉未详的阴阳、刚柔、上下都有了明朗的解释。

既然《易传》走的是孔子"演德"的路线,后来也被奉为儒家经典,那么《易传》是否出自孔子的手笔呢?对此众说纷纭、莫衷一是。我们赞同的是李镜池的说法:"到了秦汉,出现了伪托孔子作的《易传》七种十篇,这是秦始皇焚书坑儒之后,儒生们私相传授之作,打着说《易》的牌子,暗地里批评秦始皇严刑峻法。"《易传》写于秦亡之前,作者们对"焚书坑儒"心存余悸,不敢透漏真实姓名,后儒不明就里,遂认定《易传》为孔子所撰。

儒学

什么是儒学？儒学代表人物有哪些？

儒学，即儒家之学。《说文解字》中说："儒，柔也，术士之称。"早期的儒称为术士，收入低且地位低微，做事时要仰人鼻息，所以形成比较柔弱的性格，这就是儒的本意，即"柔"。据郭沫若考证，"儒"是墨家对孔门的蔑称，后来相沿成俗，成了孔家门派的学名。

儒学起源于春秋时期，自西汉武帝起，成为中国社会的正统思想。如果从孔子算起，儒学绵延至今已有两千五百余年的历史了。

儒学主要代表人物有孔子、孟子、荀子、董仲舒、扬雄、王充、王弼、孔冲远、韩愈、柳宗元、王安石、邵雍、周敦颐、张载、程颐、程颢、朱熹、陆九渊、王守仁、黄宗羲、顾炎武、王夫之、戴震、康有为等。

关于儒家派别的划分有多种。孔子死后，儒家分为八派：子张之儒、子思之儒、颜氏之儒、孟氏之儒、漆雕氏之儒、仲良氏之儒、孙氏之儒、乐正氏之儒。宋代以后又出现了几派，主要有以周敦颐为代表的"濂学"，以张载为代表的"关学"，以二程为代表的"洛学"，以朱熹为代表的"闽学"，以王艮为代表的"泰州学派"，以东林党为代表的"东林学派"，以及清乾隆到嘉庆年间的"乾嘉学派"。

为什么孔子说"智者乐水，仁者乐山"？

孔子以山、水形容仁者、智者，形象生动而又深刻。《论语》原文是："子曰：'知者乐水，仁者乐山；知者动，仁者静；知者乐，仁者寿。'"大意是说，孔子说："智者喜爱水，仁者喜爱山；智者好动，仁者好静；智者快乐，仁者长寿。"

"智者"，也就是聪明人。聪明人通晓事理，反应敏捷而又思想活跃，性情好动就像水不停地流一样，所以用水进行比拟。

"仁者"，也就是仁厚的人。仁厚的人安于义理，仁慈宽容而不易冲动，性情好静就像山一样稳重不迁，所以用山进行比拟。

有道是："水是眼波横，山是眉峰聚。欲问行人去那边？眉眼盈盈处。"山水各有千秋，"仁""智"都应该成为我们的追求，即使力不能及，也要心向往之，向着"仁""智"双全迈进。

"己所不欲，勿施于人"是什么意思？

"己所不欲，勿施于人"是孔子所主张的处世原则，亦是儒家文化的精华之处。孔子曾经对他的学生说过，他的所有主张都贯穿一个基本原则，它是人们终身都应该遵守、执行的。学生们都不理解孔子说的这个原则是什么，只有曾参理解，曾参说这个原则就是忠诚和宽恕。"己所不欲，勿施于人"就是忠诚和宽恕原则的表现之一。

"己所不欲，勿施于人"，指的是自己不想要的东西，切勿强加给别人。孔子还主张"己欲立而立人，己欲达而达人"，意思是说，自己要站稳，也要让别人站稳；自己要腾达，也要让别人腾达。

孔子所认为的"己所不欲，勿施于人"的处世原则，是实行仁义的重要途径。一个人如果能遵守并践行这一原则，就有可能成为一个具有仁义道德的人。"己所不欲，勿施于人"，简单地说就是要设身处地地替别人着想。一个人要办什么事，首先要想一想，假如自己处在这样的位置，将会怎么做？

孔子是首次区分“和”“同”这两个概念的人吗？

“和”“同”之辨是儒家学派关于和谐问题的主张。事实上，早在孔子之前，中国社会便已经出现了关于“和”与“同”的说法。

据《左传·昭公二十年》记载，晏婴在回答齐景公的问题时指出，“和”与“同”是两个不同的概念，“和”是不同因素的相互协调，好比调羹，水、火、盐等经厨师调配适度，烹出的鱼肉才好吃；“同”则好比不断添加同样的调味品，这样做不出好吃的食物。用于君臣关系，所谓“和”，也就是在君主说“是”的时候，臣子就应该指出其中的“非”；当君主说“非”的时候，臣子就应该指出其中的“是”，以补充君主的不足。

儒学继承了晏婴的这一主张，将“和”规定为君子应具有的一种美德：“君子和而不同，小人同而不和。”意思是说，君子相交，互相取长补短，求大同存小异，故“和而不同”；小人相交，必为共同谋利，为共同的卑贱目的而相聚，各怀损他利己之鬼胎，故“同而不和”。

这就告诉我们：作为君子，要善于与别人和谐相处，善于调和矛盾冲突，但自己要有不同于别人的独立见解，不能随波逐流；而小人由于缺乏主张，容易受别人影响，同流合污，一旦与他人发生利害冲突，便难以与他人融洽相处，自然就是“同而不和”了。

“君君、臣臣、父父、子子”是什么意思？

据《论语·颜渊》记载：“齐景公问政于孔子，孔子对曰：‘君君，臣臣，父父，子子。’公曰：‘善哉！信如君不君，臣不臣，父不父，子不子，虽有粟，吾得而食诸？’”

上述记载说的是：齐景公向孔子问政，孔子说：“君像君，臣像臣，父像父，子像子。”齐景公说：“说得好极了！如果君不像君，臣不像臣，父不像父，子不像子，即使粮食再多，我能吃到吗？”“君君、臣臣、父父、子子”通俗点说，就是做君主的要像君主的样子，做臣子的要像臣子的样子，做父亲的要像父亲的样子，做儿子的要像儿子的样子。

春秋时期，社会动荡不安，当时的社会等级秩序受到破坏，弑君弑父之事屡有发生，孔子认为这是导致国家动乱的主要原因。所以他告诉齐景公，“君君、臣臣、父父、子子”，恢复这样的等级秩序，国家就可以得到治理。

何谓“政治”？政者，正也。人人都正其位，安其事，才能叫“正治”。君臣失位，长幼失序，伦理失常，社会自然就动荡不安。

什么是孔门“十哲”“四科”？

孔门“十哲”，指的是中国儒家学派早期的十位学者，是对孔子门下最优秀的十位学生——子渊、子骞、伯牛、仲弓、子有、子贡、子路、子我、子游、子夏的尊称。

孔门“四科”，指的是“德行”“政事”“言语”“文学”。

《论语·先进》记载：“子曰：‘从我于陈、蔡者，皆不及门也。’德行：颜渊、闵子骞、冉伯牛、仲弓；言语：宰我、子贡；政事：冉有、季路；文学：子游、子夏。”

如何理解“而立”“不惑”“知天命”？

在《论语》中，孔子在谈到自己的精神修养发展过程时说：“吾十有五而志于学，三十而立，四十而不惑，五十而知天命，六十而耳顺，七十而从心所欲，不逾矩。”

在《论语》中，孔子说：“志于道。”又说：“朝闻道，夕死可矣。”孔子所说的“志于学”，就是“志于道”。道，即天道、道义。

孔子还说：“立于礼。”又说：“不知礼，无以立也。”孔子说“三十而立”，是指他此时懂得了礼，言行得当。

孔子说“四十而不惑”，是指他在这个时候已经成为智者。

孔子一生，到了四十岁时他也许仅认识到道德价值，但是到了五六十岁，他就认识到了天命，并且能够顺乎天命。孔子在做他所做的事情的时候，深信他是在执行天的命令，受到天的支持；他所认识的价值也就高于道德价值。

孔子认为自己到了七十岁时就能从心所欲，自己所做的一切似乎自然而然地正确。他的行动用不着有意的指导，也用不着有意的努力，这代表着圣人思想发展的最高阶段。

“三戒”“三乐”“三愆”分别指什么？

《论语·季氏》记载，“孔子曰：‘君子有三戒：少之时，血气未定，戒之在色；及其壮也，血气方刚，戒之在斗；及其老也，血气既衰，戒之在得。’”

这段记载的意思是说，作为一位有道德、有学问的君子，应该在三个阶段保持警惕和戒备：年轻的时候，身心尚未完全成熟，不能迷恋女色；等到壮年的时候，体魄强壮，精力旺盛，不能争胜好强；老年的时候，身心疲惫衰弱，不能贪得无厌。

此外，孔子还有关于“三乐”“三愆”的观点。孔子曰：“益者三乐，损者三乐。乐节礼乐，乐道人之善，乐多贤友，益矣。乐骄乐，乐佚游，乐宴乐，损矣。”“侍于君子有三愆：言未及之而言谓之躁，言及之而不言谓之隐，未见颜色而言谓之瞽。”

"三畏""三友"分别指什么?

孔子曰:"君子有三畏:畏天命,畏大人,畏圣人之言。小人不知天命而不畏也,狎大人,侮圣人之言。"

南怀瑾先生认为:"畏天命"包括了一些宗教信仰,一个人有所畏才能有所成,一个人如果无所畏是不会成功的;"畏大人",指的是对父母、长辈、有道德学问的人有所畏,这样才有成就,这里说的"大人"并不是指大官;"畏圣人之言",说的是要敬畏圣贤之人留下来的言论,它们都是圣贤之人的人生经验的提炼。

此外,孔子还有关于"三友"的观点。孔子曰:"益者三友,损者三友。友直,友谅,友多闻,益矣;友便辟,友善柔,友便佞,损矣。"

"男女授受不亲"原意是什么?

《孟子·离娄章句上》记载,"淳于髡曰:'男女授受不亲,礼与?'孟子曰:'礼也。'"

授,给予;受,接受。"男女授受不亲",旧指男女不能互相亲手递受物品,是儒家礼教之一。但孟子并不拘泥于此,而是对其采取灵活处理的态度。

战国时,齐国有个叫淳于髡的人问孟子:"既然是男女授受不亲,那么如果嫂子掉在水里快淹死了,该怎么办?"孟子回答说:"如果眼看嫂子要淹死了而不救,这真是豺狼了。男女授受不亲,这是'礼';嫂溺而援之以手,这是'权',两者都是需要的。"

这就是说,孟子虽然也主张"男女授受不亲",可是他也认为这一礼数在特殊情况下可以变通。不过,自汉武帝采纳了董仲舒提出的"罢黜百家,独尊儒术"的建议后,这句话就成了男女自由交往的禁忌。

“男女授受不亲”逐渐到了谈性色变的地步。

“老吾老，以及人之老”是谁最先提出的？

“老吾老，以及人之老；幼吾幼，以及人之幼”，这句话是孟子在与齐宣王讨论国家应如何治理时说的，出自《孟子·梁惠王章句上》。

“老吾老，以及人之老”一句中，第一个“老”字是动词，是“赡养”“孝敬”的意思，第二个及第三个“老”字是名词，是“老人”“长辈”的意思；“幼吾幼，以及人之幼”一句中，第一个“幼”字是动词，是“抚养”“教育”的意思，第二个及第三个“幼”字是名词，是“子女”“小辈”的意思。句中的两个“及”都有“推己及人”的意思。这句话的意思是说，在赡养、孝敬自己的长辈时，不应忘记其他与自己没有亲缘关系的长辈；在抚养、教育自己的孩子时，不应忘记其他与自己没有血缘关系的孩子。

“劳心者治人，劳力者治于人”的意思是什么？

孟子曰：“劳心者治人，劳力者治于人；治于人者食人，治人者食于人。”意思是，动用心思的人治理别人，动用体力的人被人治理；被人治理的人养活别人，治理人的人靠别人养活。

这句话的语境是：孟子说：“治理天下的事能边耕作边治理吗？君主有君主的事，小民有小民的事。再说，一个人所需的用品要靠各种工匠来替他制备，如果一定要自己制作而后使用，就会导致天下的人疲于奔走。所以说，有些人动用心思，有些人动用体力。”

联系上文语境，不难发现，孟子所说的“劳力者”和“劳心者”表示的是社会分工的不同，该句重点在于“劳心者”。在孟子看来，为“劳力者”着想的人，才能被称为“劳心者”。如果不为“劳力者”着想，谁都可以做“劳心者”，那也就必定会有“劳力者”推翻“劳心者”的事情发生。所以，孟子真实的观点是“为民众服务的人才是劳心者”。

“穷则独善其身，达则兼济天下”是谁的思想?

“穷则独善其身，达则兼济天下”出自《孟子·尽心章句上》。据《孟子·尽心章句上》记载：一天，孟子对宋勾践说：“你喜欢游说各国的君主吗？我告诉你游说的态度：别人理解也安然自得；别人不理解也安然自得。”宋勾践问：“怎样才能做到安然自得呢？”孟子说：“尊崇道德，喜爱仁义，就可以安然自得了。所以士人穷困时不失去仁义，显达时不背离道德。穷困时不失去仁义，所以安然自得；显达时不背离道德，所以老百姓不失望。古代的人，得志时恩惠施于百姓；不得志时修养品德立身在世。穷困时独善其身，显达时兼济天下。”

“穷则独善其身，达则兼济天下”，是古代文人最高的政治目标和人生境界。它体现出的入世与出世思想，让我们看到了古代文人两难的选择以及在“进”与“退”的人生旅途中显现出的超凡智慧。

“人人皆可为尧舜”有什么积极意义?

《孟子·告子章句下》记载：“人皆可以为尧舜……尧舜之道，孝弟而已矣。子服尧之服，诵尧之言，行尧之行，是尧而已矣；子服桀之服，诵桀之言，行桀之行，是桀而已矣。”意思是说，人人都可以做尧舜……尧舜之道，不过就是孝和悌罢了。你穿尧的衣服，说尧的话，做尧的事，那么你便是尧了；你穿桀的衣服，说桀的话，做桀的事，那么你便是桀了。

不难看出，这是一个植根于“性善论”而鼓励人人向善，人人都可以有所作为的命题。无论是君王从政治国，还是个人立身处世，都存在一个“不为”与“不能”的问题。认识到这一点后，我们就可以树立起立志向善的信心，从自己力所能及的事情做起，不断完善自己，最终成为一个有所作为的人。“人人皆可为尧舜”这句话的积极意义在于，它反对人们自惭形秽、妄自菲薄，要求人们自尊自贵。

孟子说“君子有三乐”，“三乐”指的是什么？

《孟子·尽心章句上》中说：“君子有三乐，而王天下不与存焉。父母俱存，兄弟无故，一乐也。仰不愧于天，俯不怍于人，二乐也。得天下英才而教育之，三乐也。”

“君子三乐”，就是指君子的三种人生乐趣：父母都健在，兄弟也都没有什么灾病事故，从而得以躬行孝悌，这是第一乐；为人处事合乎道义，上不愧对于天，下不羞对于人，对得起自己的良心，因而获得内心的安宁，这是第二乐；第三乐是君子传道、育人所获得的快乐，即能得到天下的优秀人才并对他们进行教育，从而使君子之道遍传天下、造福社会。

“君子”是儒家所尊崇的理想人格。孟子认为：“君子所以异于人者，以其存心也。君子以仁存心，以礼存心。”也就是说，君子和常人的不同之处在于，君子能够把道德和良知存放在自己心里，时刻不忘，而这是常人做不到的。因此，孟子所说的“君子三乐”是一种较高层次的道德境界上的主观内心体验，也就是说，这是君子才能获得的快乐。

如何理解“民为贵，社稷次之，君为轻”？

《孟子·尽心章句下》中说：“民为贵，社稷次之，君为轻。”

所谓“民为贵”，是指对于天子或将要成为天子的人来说，人民是他最宝贵的财富。“得乎丘民（即人民）而为天子，得乎天子为诸侯，得乎诸侯为大夫”，所以人民是最宝贵的。而天子要得到人民的信任，必须关心人民的生活问题，给人民以应有的生存条件。

在古代，每个诸侯国建立的时候，天子都要派遣使者，为诸侯建立社稷神坛。社稷神的责任，是保证风调雨顺，使农业丰收，从而保证国家的安全，因而社稷也是一个国家的象征。

假如人民按时祭祀社稷神，并且祭品也很丰盛，但是洪水、旱灾等仍然不断发生。这时，就要毁掉原来的社稷神坛，重新设置，因为人民是最宝贵的。

“君为轻”中的“君”，主要是指诸侯。诸侯的主要责任，就是保护国家的安宁。假如诸侯不好好履行自己的职责，使国家处于危险之中，危及社稷，那么就要撤换他们。

孟子所说的“三不孝”，具体包括哪些内容？

“不孝有三，无后为大”出自《孟子·离娄章句上》。原文是：“不孝有三，无后为大。舜不告而娶，为无后也，君子以为犹告也。”

《十三经注疏》中在“无后为大”下面注解道：“于礼有不孝者三事，谓阿意曲从，陷亲不义，一不孝也；家贫亲老，不为禄仕，二不孝也；不娶无子，绝先祖祀，三不孝也。三者之中无后为大。”用白话文解释就是：为人子女，不孝的三件事为，一味顺从，见父母有过错而不加以劝说，使他们陷入不义之中，这是第一种不孝；家境贫穷，父母年老，自己却不去当官获取俸禄以供养父母，这是第二种不孝；不娶妻生子，断绝后代，这是第三种不孝。这三种不孝中，无后代是最大的。

“浩然之气”是什么样的气势？

“浩然之气”是孟子提出的概念，指充实于人体之内的浩大、正直之气。

孟子对弟子说自己擅长修养自己的浩然之气，并这样解释浩然之气——难以描述。大致来说，这种气首先最浩大，也最刚强。另外，这种气是用正义和道德积累而成的。如果没有正义和道德存储其中，它也就消退无力了。这种气从人的自身中产生，是不能靠伪善或是挂上正义和道德的招牌而获取的。

由此可知，所谓“浩然之气”，就是刚正之气，就是人间正气，是大义、大德造就的一身正气。孟子认为，一个人有了浩气长存的精神力量，面对外界一切巨大的诱惑也好、威胁也罢，都能处变不惊，镇定自若，达到“不动心”的境界，也就是孟子曾经说过的“富贵不能淫，贫贱不能移，威武不能屈”的高尚情操。孟子还指出，修养浩然之气，要逐渐积累，如果不想逐渐积累，企图一下子就得到它，就是揠苗助长。

提出“性恶论”的是荀子，还是孟子？

荀子是战国后期儒家学说的集大成者。在人性问题上，他针对孟子的“性善论”提出了“性恶论”，认为人性本来是恶的，“其善者伪也”，即经过后天改造才变善。这本身仍是唯心主义。但他特别强调后天学习的重要性，反对“生而知之”的“先验论”是具有进步意义的。他认为人的知识、品德不是天赋，是经过后天礼义教化、学习改造获得的，主张“积善成德”。

荀子在政治上主张礼治和法治并用。他一方面仍很重视“王道”，提倡“礼义”，同时又主张“法后王”，同意用武力兼并天下，用法禁、刑赏治理国家。所以他的一些思想又为法家所汲取。

“天行有常，不为尧存，不为桀亡”是什么意思？

荀子的《天论》中有言：“天行有常，不为尧存，不为桀亡。”这段话的意思是，社会发展有其自然、特定的规律，它不会因为尧的圣明就存在，也不会因为桀的暴虐就不存在。这就彻底否定了“天有意志”的说法，把自然界的客观规律与人类社会的发展状况区分开来。此即“天人相分”。荀子进一步指出：“天不为人之恶寒也辍冬，地不为人之恶辽远也辍广，君子不为小人之匈匈也辍行。天有常道矣，地有常数矣，君子有常体矣。”

在“天人相分”的基础上，荀子大胆地提出“制天命而用之”。荀子认为，与其把天看得非常伟大而仰慕它，怎么不把天当作一种物来畜养它，控制它？与其顺从天而颂扬它，怎么不掌握和控制天的变化规律来利用它？与其仰望天时坐等它的恩赐，怎么不因时制宜，使天时为生产服务？此即荀子“人定胜天”思想精髓之所在。

什么是“三纲”“五常”？最早见于哪部著作？

“三纲”即“君为臣纲”“父为子纲”“夫为妻纲”；“五常”是指“仁、义、礼、智、信”。“三纲”“五常”这两个词，来源于西汉董仲舒的《春秋繁露》（可能经后人附益修改）一书。但作为一种道德原则、规范的内容，它源于先秦时代孔子提出的相关观念。

孔子曾提出“君君、臣臣、父父、子子”和“仁、义、礼、智”等伦理道德观念。孟子进而提出“父子有亲，君臣有义，夫妇有别，长幼有序，朋友有信”的“五伦”道德规范。董仲舒按照“贵阳而贱阴”理论，对“五伦”观念作了进一步的发挥，提出了“三纲”原理和“五常”之道。

董仲舒认为，在人伦关系中，君为主，臣为从；父为主，子为从；

夫为主，妻为从。亦即所谓的“君为臣纲，父为子纲，夫为妻纲”这“三纲”。君、父、夫体现了天的“阳”面，臣、子、妻体现了天的“阴”面；阳永远处于主宰、尊贵的地位，阴永远处于服从、卑贱的地位。董仲舒又认为，“仁、义、礼、智、信”这“五常”之道是处理君臣、父子、夫妻、上下尊卑关系的基本法则，治国者应该给予足够的重视。坚持“五常”之道，就能维持社会的稳定和人际关系的和谐。从宋代朱熹开始，“三纲”“五常”联用。

何谓“仁、义、礼、智、信”？

孔子曾将“智、仁、勇”称为“三达德”，又将“仁、义、礼”组成一个系统，并指出：“仁者，人也，亲亲为大。义者，宜也，尊贤为大。亲亲之杀，尊贤之等，礼所生也。”意思是，仁以爱人为核心，义以尊贤为核心，礼就是对仁和义的具体规定。

孟子在“仁、义、礼”之外加入“智”，构成“四德”或“四端”，并指出：“仁之实，事亲是也；义之实，从兄是也；智之实，知斯二者弗去是也；礼之实，节文斯二者是也。”

董仲舒又加入“信”，并将“仁、义、礼、智、信”说成是与天地一样长久存在的法则（“常道”），号“五常”。他说道：“仁义礼智信五常之道。”

“仁、义、礼、智、信”为儒家“五常”。这“五常”贯穿于中华伦理的发展过程中，成为中国价值体系中的最核心因素。从字面意思来看，能爱人即为仁；义者，人字出头，加一点，在别人有难时出手、出头，帮人一把，即为义；敬人即为礼；智者，知道日常的东西，把平时生活中的东西琢磨透了即为智；信者，人言也。进一步说，仁是仁爱之心；义是处事得宜、合理；礼是人际关系的正常规范，如礼仪、礼制、礼法；智（或作“知”）是明辨是非；信是言无反复、诚实不欺。

董仲舒提出的“天人感应”说是怎样的？

“天人感应”说是认为天和人相类相通，天能干预人事，人也能感应上天，自然界的灾异和祥瑞表示天对人们的谴责和鼓励的神秘学说。

在肯定“天亦有喜怒之气、哀乐之心”和“天人一也”的前提下，董仲舒认为“国家将有失道之败，而天乃先出灾害以谴告之；不知自省，又出怪异以警惧之；尚不知变，而伤败乃至”（《举贤良对策一》）。也就是说，天子违背了天意，不仁不义，天就会降下灾祸对其进行谴责和警告；如果政通人和，天就会降下祥瑞以示鼓励。

除此之外，董仲舒认为人有四肢，天有四时；人有五脏，天有五行。并且，天和人相互感应，天能干预人事，人亦能感应上天。比如，人君的某些行政措施，或人们用某些宗教仪式，也能感动上天，促使上天改变它原来的安排。

董仲舒以“天人感应”说作为其封建神学体系的基础。

“公羊三世说”是东汉哪个儒者的历史观？

“公羊三世说”是春秋公羊学派的学说。董仲舒首先提出《春秋》分十二世为三等，以孔子“有见、有闻、有传闻”为标准。何休在注解《春秋公羊传解诂》时，将它进一步发挥成“衰乱世”“升平世”“太平世”。

何休，中国东汉时期今文经学家、儒学大师。何休为人质朴多智，他曾精研“六经”，对“三坟五典、阴阳算术、河洛谶纬”莫不成诵。何休口讷，不善讲说，门徒有问者，则用书面作答。太傅陈蕃召请他参与政事。“党锢”事起，陈蕃被杀害，何休也遭禁锢。他闭门不出，用功十余年，著书立说。党禁解除，他被召为司徒，拜议郎，再迁谏议大夫。

按照何休的解释，春秋二百四十二年的历史，经过了所传闻的衰乱世、所闻的升平世和所见的太平世这样三个阶段。

韩愈第一个明确提出“性三品说”吗？

汉朝的董仲舒把人性分为上、中、下（善、中、恶）“圣人之性”“中民之性”“斗筲之性”。他认为“中民之性”可上可下、可善可恶，须“性待渐于教训，而后能为善”。这就是“性三品说”的基础。

继董仲舒以后，王充明确指出：本性有善有恶，是一般人的本性；孟子说的“性善”，是上等人的本性；荀子说的“性恶”是下等人的本性。

到了唐朝，韩愈作《原性》，明确提出“性三品说”。韩愈认为：人的本性（仁、义、礼、智、信）是与生俱来的，上品的人，有一条做得很好，其他四条也能做到；中品的人，有一条做得较差，其他四条则勉强可以做到；下品的人，对其中的一条会完全做不到，其他四条也常常违背。根据这种理论，韩愈提出对上品人用“教”的办法，对下品人用“制”的办法，使之“畏威”。教育可以使中品的人变好，但无法改变下品人的行为。

“民胞物与”是古代哪位大儒的观点？

张载，北宋理学家，曾侨居在今陕西省眉县横渠镇，故人称“横渠先生”。在《西铭》中，张载指出：“乾称父，坤称母……民，吾同胞；物，吾与也。”

◇ 张载

大概意思是，乾坤是天地的代称，天地是万物和人的父母，天、地、人三者混合，处于宇宙之中，因为三者都是“气”聚而成的物，人的本性同于天地万物的本性，因此，对于天地来说，人类是我的同胞，万物是我的朋友，万物与人的本性是一致的。

所以，张载要求爱他人如同爱同胞手足一样，并扩大到“视天下无一物非我”。但张载又认为，天下万物并非绝对平等，有严格的等级界限，这个等级界限是先天存在的，所以人应该承认并遵守这种等级秩序和其中涉及的伦理道德。这也是天经地义的事，是命运的安排，任何人都不能逃避。

后来，朱熹将张载的这一思想更加系统化。朱熹去世后，这种思想很快在南宋末年被统治者利用，直至元、明、清三代都一直被统治者作为统治思想使用，更加强化了以“三纲五常”为代表的封建伦理道德。

如何理解北宋大儒张载的“横渠四句”？

北宋大儒张载在《张子语录》中说：“为天地立心，为生民立命，为往圣继绝学，为万世开太平。”这四句名言最能表现出儒者的襟怀，也最能彰显儒者的器识与信念。那么，如何理解这历代流行不衰的“横渠四句”呢？

（1）为天地立心。指为社会建立一套以“仁”“孝”等道德伦理为核心的精神价值系统。天地本无心，只是生生之德的自然流行，并非有意生出这样一个大千世界。无心而有心，是人对天地生生之德的亲切理会，通过这种理会，天地生化万物的心得以显立。

（2）为生民立命。“生民”指民众，“命”指民众的命运。这涉及儒家一直关注的“安身立命”问题。有了“安身立命”之道，“百姓日用而不知”，就能潜移默化，加上伦常政教的实施，使民众的生活有了依循，生命得到护持，此即“为生民立命”。

（3）为往圣继绝学。“往圣”，指历史上的圣人。儒家所谓的“圣人”，其实就是指人格典范和精神领袖。儒家圣人之学，自两汉至隋唐，未能善续先秦儒家的学脉。唐末五代，中国文化更是萎缩、堕落到极点。北宋初期，天下再也找不出一个杰出的精神领袖。直到理学家问世，“为往圣继绝学”，才复活了先秦儒家的智慧，使天道性命（心性义理）之学、内圣成德之教重新彰显，从而将民族精神的领导权从佛教手里夺回。

（4）为万世开太平。儒家功能之大者，便是开出太平盛世。张载的不同凡响之处就在于此。张载不局限于当下的“太平”秩序，而是以更宽广的视野展望“万世”的“太平”基业问题。

“存天理，灭人欲”是谁提出的主张？

南宋朱熹是继孔子和董仲舒之后对中国影响非常大的古代思想家。因其长期居于福建建阳，故其学又称“闽学”。“存天理，灭人欲”是其著名观点之一。

“存天理，灭人欲”属于心性修炼的范畴。“天理”是公，是大善，是人的仁爱之心；“人欲”是私，是小恶，是人的自私之情。“存天理”存的是孟子说的“人之初，性本善”的“善”，是追寻天理，循道而行；“灭人欲”灭的是荀子说的“人之初，性本恶”的“恶”，就是去恶，克己省身，修身养性。简单来说，“存天理”就是向善，“灭人欲”就是去恶。通俗地理解朱熹的“存天理，灭人欲”，就是要防范个人欲望的过度膨胀，追寻维护社会、道德、政风和民风的和谐与美好。

◇ 朱熹

朱熹说的“存天理，灭人欲”不是对平民大众说的，不属于平民、世俗文化，而是针对上层统治阶级及立志成为杰出的知经识理的男子提出的，这些人都有条件、有可能沉迷于自己的“欲”，而忘了“天理”。

“宇宙便是吾心，吾心即是宇宙”是谁说的？

陆九渊，字子静，南宋著名的理学家、教育家，他依据“心即理”的哲学命题开创了中国“心学”。陆九渊的哲学以“发明本心”为宗旨，“本心”即、仁、义、礼、智之心，是善。

所谓“心即理”，就是把自然的普遍规律与封建纲常伦理合而为一。陆九渊说：“人皆有是心，心皆具是理，心即理也。”既然“理”与“心”是完全同一的，那么宇宙万事万物之“理”就是每个人心中之

“理”，所以他说“宇宙便是吾心，吾心即是宇宙”。

陆九渊说：“千古圣贤，若同堂合席，必无尽合之理。然此心此理，万世一揆也。”他认为，就人而言，人同此“心”，心同此“理”，人们虽然可能有不同意见，但人的先天的道德意识没有差异。与程颢、程颐和朱熹等人把“理”视为自然与社会最高的终极原则不同，陆九渊认为“理”的普遍必然性必须通过人“心”来证明，人心之理是宇宙之理最完满的体现。

◇ 陆九渊

名句“此花不在汝心之外”是谁说的？

王守仁，字伯安，世称“阳明先生”，故又称王阳明，明朝理学家、教育家。王阳明的著名观点是“心外无理”“心外无物”（《传习录》）。

“心外无理”，说的是当我们去探求各种“理”时，并不应该在对象上探求，而应该从自己的内心去考察。至于“心外无物”，王阳明有一段“看花论”：“先生游南镇，一友指岩中花树，问曰：‘天下无心外之物，如此花树在深山中自开自落，于我心亦何相关？’先生曰：‘汝未看此花时，此花与汝心同归于寂；汝来看此花时，则此花颜色一时明白起来。便知此花不在汝心之外。’”

这段“看花”论，表明花的存在与否，在你去看它之前，与你无关；当你

◇ 王阳明

去看的时候，花就和自己联系在一起，才显出它的存在。由此可以看出，王阳明并没有否认花的存在。这表明王阳明所说的“心外无物”并没有否定外在事物，而只是认为内心已经包含着万事万物（之理），所以在寻求事物之理时不必大费周章地向外物探求，只需回到内心就可以了。

“大同”“小康”的社会模式是什么样的?

“大同”一词，最早见于《庄子·外篇·在宥》。“大同”谓与天地万物融合为一，是指“养心”应当“忘物”。而用“大同”来描述“天下为公”这一理想社会的，则是在《礼记·礼运》中。《礼记》是孔门后学在解释《仪礼》时所作的记，阐述《仪礼》各篇之义理。“大同”思想为孔子首创。

在“大同”时代，人人都把公共利益放在首位，讲究信誉，和他人友好，使“矜寡孤独废疾者皆有所养”；财物不可以随便浪费，也不一定要属于自己；没有为社会贡献自己力量的人会感到遗憾。这样的时代，不需要智慧和谋略，也没有偷盗和抢劫，人们不用关闭门窗。

“小康”一词，最早见于《诗经·大雅·民劳》：“民亦劳止，汔可小康。惠此中国，以绥四方。”其意思是说，老百姓终日劳作不止，最大的希望就是过上小康生活。“小康”在《礼记·礼运》中得到较系统的阐述，成为仅次于“大同”的理想社会模式。

在小康时代，为政者以礼仪为标准，考察人们的行为，有功者赏，有过者罚，实行仁义，给人民以行为的规则；不这样做，就会被认为有罪，遭到大家的抛弃。

“身体发肤，受之父母”是什么意思?

《孝经·开宗明义》记载：“子曰：‘夫孝，德之本也，教之所由生也……身体发肤，受之父母，不敢毁伤，孝之始也。’”孔子指出，孝是道德的根本，人需要被教育的原因也在这里。我们的身体、毛发、皮肤，是父母给我们的，我们必须珍惜、爱护，因为健康的身心是做人和做事的最基本条件，所以珍惜它、爱护它就是行孝、尽孝的开始。

随后，孔子又指出：“立身行道，扬名于后世，以显父母，孝之终也。夫孝，始于事亲，中于事君，终于立身。”意思是说，让自己健康成长，按正确的原则做人、做事，让自己的名字为后人所景仰，就会让后世知道自己的父母教导有方，培养出了一个优秀儿女，这是人行孝、尽孝的终极目标。总体来说，行孝、尽孝的开始就是要孝顺父母，长大成人后就要忠于国家和君主，最终就是要对他人和社会有所贡献，实现自己应有的人生价值。

古代女子的“三从四德”是怎么回事?

《仪礼·丧服·子夏传》中说：“妇人有三从之义，无专用之道。故未嫁从父，既嫁从夫，夫死从子。”《周礼·天官·九嫔》中说：“九嫔掌妇学之法，以九教御妇德、妇容、妇言、妇功。”

“未嫁从父，既嫁从夫，夫死从子”，意思是说，女子在未出嫁之前要听从家长的教诲，不要胡乱地反驳长辈的训导，因为长辈们的社会见识丰富，有一定的指导意义；出嫁之后要礼从夫君，与丈夫一同持家执业、孝敬长辈、教育幼小；如果夫君不幸先己而去，就要坚守好自己的本分，想办法将孩子扶养成人，并尊重自己孩子的生活理念。

至于“妇德、妇容、妇言、妇功”，是说做女子的要拥有良好的品德（能正身立本）、相貌（指出入要端庄、稳重、持礼，不要轻浮随便）、言语（指与人交谈要会随意附义，能理解别人所言，并知道自己该言与不该言的话），并掌握治家之道（指相夫教子、尊老爱幼、勤俭节约等生活方面的细节）。

如何看待“君子喻于义，小人喻于利”？

《论语·里仁》中说：“君子喻于义，小人喻于利。”意思是说，君子懂得的是道义，小人懂得的是利益。“君子喻于义，小人喻于利”是儒学关于道义和利益关系的理论，这里说的“义”，就是“仁义”，而“仁义”则是当时国家和君主的长远利益；“利”，是指暂时的、局部的利益。

孟子首先集中论述了这个问题，他劝告梁惠王不要追求怎样对自己有利，而要追求仁义。因为作为君主去追求利益，臣子和百姓就会照此模仿，如果全国上下都追求自己的利益，必然会发生争夺利益的事，那样君主的地位就难保了；如果君主追求仁义，大家就会按照仁义的原则，安于自己的地位，臣子们不会想做君主，百姓们也不会发动叛乱，君主的地位就稳固了。因此，只有追求仁义，君主才有真正的利益。

之后的儒者大都主张做人和做事应该把追求仁义作为目标，而不应该追求利益。遵循天理去做事，不追求利益，利益自然就会到来；听从人欲的引导，追求的利益还未得到，危害就已经到来。

儒家“十三经”包括哪些著作？

“十三经”是指在南宋逐渐形成的十三部儒家经典，分别指的是《易经》《尚书》《诗经》《周礼》《仪礼》《礼记》《春秋左氏传》《春秋公羊传》《春秋穀梁传》《孝经》《论语》《孟子》《尔雅》。

“十三经”的形成过程为：汉朝立《诗经》《尚书》《易经》《礼记》《春秋》于学官，为“五经”；唐朝加《周礼》《礼记》《仪礼》，并将《春秋》分为《春秋左氏传》《春秋公羊传》《春秋穀梁传》，为“九经”，并以此取士；至唐文宗开成年间于国子学刻石，所镌内容除“九经”外，又加上了《孝经》《论语》《尔雅》，为“十二经”；五代时蜀主孟昶刻“十一经”，排除《孝经》《尔雅》，收入《孟子》，《孟子》首次跻身于诸经之列。南宋时期，《孟子》获官方认可，正式被列为经书，《孝经》《尔雅》重新被列为经书。至此，儒家十三部文献的经典地位得以确立。

四书五经指的是哪些作品？

四书五经是“四书”和“五经”的合称，是中国儒家的经典书籍，也是明、清两朝科举考试的命题范围。

“四书”，是《大学》《中庸》《论语》《孟子》四部书的合称。南宋大儒朱熹汇集众人的说法，对《论语》《孟子》进行了注释，还从《礼记》中摘出《大学》和《中庸》两篇分章断句，加以注释，写成一本《四书章句集注》，简称《四书集注》。“四书”之名由此流传开来。

至于“五经”，指的是《诗经》《尚书》《礼记》《易经》和《春秋》，简称为《诗》《书》《礼》《易》《春秋》。之前，还有一本《乐经》，简称《乐》，这六本书也被称作“六经”，但是《乐经》后来亡佚了，就只剩下了“五经”。

“慎独”是一种什么样的功夫？

“慎独”是儒家创造出来的修身方法，最先见于《礼记·中庸》：“道也者，不可须臾离也；可离，非道也。是故君子戒慎乎其所不睹，恐惧乎其所不闻。莫见乎隐，莫显乎微。故君子慎其独也。”这里强调的“道”是“慎独”得以成立的理论根据。

《大学·诚意》中说：“所谓诚其意者，毋自欺也。如恶恶臭，如好好色，此之谓自谦。故君子必慎其独也。”意思是说，心要诚实，不欺骗自己，要像厌恶臭气和喜欢美丽的颜色一样，这样才能说自己意念诚实、心安理得，所以有道德修养的人要谨慎独处的时候，使自己规行矩步。

更明确地说，“慎独”就是在个人独处的时候，也能自觉地严于律己，谨慎地对待自己的所思、所行，防止产生有违道德的欲念和行为。“慎独”是一种道德自律行为，不完全依赖外界条件的约束，也不自欺欺人地借修为的幌子而专做给别人看。

如何理解“忠恕之道”？

《论语》记载：“樊迟问仁，子曰：‘爱人。’”孔子又对子贡说：“夫仁者，己欲立而立人，己欲达而达人。”孔子认为，仁就是推己及人的忠恕之道。所以，曾子指出：“夫子之道，忠恕而已矣。”

忠恕之道在《大学》里被称作“絜矩之道”。《大学》中说：“所恶于上，毋以使下；所恶于下，毋以事上；所恶于前，毋以先后；所恶于后，毋以从前；所恶于右，毋以交于左；所恶于左，毋以交于右。此之谓絜矩之道。”这就是“己所不欲，勿施于人”的忠恕之道。其实质是仁慈博爱，要求人们做到“我不欲人之加诸我也，吾亦欲无加诸人”（《论语·公冶长》）。

《中庸》继承并发扬了孔子的忠恕之道和《大学》的絜矩之道。它进一步提出了“以人治人”的说法，要求人们用爱自己的心去爱他人，用责备他人的心来责备自己，用自己的真诚忠恕去感召人、感化人、塑造人。只要坚持忠恕之道，人们就会相安无事、和平共处，就会达到“素其位而行”（安于所处的地位去做自己该做的事）、“无入而不自得焉”（无论处在什么情况下都能安然自得）、“上不怨天，下不尤人”的思想境界。

“中庸之道”的内涵是什么？

中庸之道，亦即君子之道，是儒家修行的法宝。

中庸之道的内涵是什么？有道是“不偏之为中，不易之为庸”。“中庸”之“中”，表征为一个恰切的“度”，是指在面对复杂情况时精确把握处理事情的“分寸”。“中”强调的度既不能过（过分），又不能不及（达不到）。这一合适的“度”非同小可，不可小看。“中庸”实际上强调的是“凡事有度，过犹不及”的理念，也就是说超过和不足都不可取，无论做什么事情，都要在“过”与“不及”之间寻找到平衡点。

把中庸之道看作“和稀泥”“折中主义”，其实是一种误解。折中主义最大的弊端就是缺乏原则性。孔子所强调的中庸之道则与此不同，“中”还意味着合乎一定的标准或法则。“中庸”是“执两用中，和而不同”，即中和，两方面有不同的意见，应该使它们能够中和，保留其对的一面，舍弃其不对的一面，这才是正确的中庸之道。

《大学》中所说的“三纲领”指的是什么？

中国古代儒家经典《大学》中提出了“三纲领，八条目”的治国平天下准则。“三纲领”指的是“明明德”“亲民”“止于至善”。其具体意义简释如下：

（1）“明明德”，即彰明内心善良光明的德性。明德是一个人禀受于天，至灵而没被污染的本性，它能够与天地相沟通。人之行善避恶，有内在本然的基础。道德实践的价值是由内而发的，人性是向善的。

（2）“亲民”，意为亲近爱抚民众，教化民众，使民众向善。在明晓自身本性的善德之后，要帮助其他人去除污染心灵的东西，使他们能够达到与自己的心灵同样的境界。“明明德”之后，就必须“亲民”，“亲者新也，日新又新”，使自己无时无刻不在行善之路上前进。

（3）“止于至善”，是指《大学》想要达到的最高目标，让所有人都能在道德修养上达到至善的境界。“明明德”和“亲民”的一切方向是“止于至善”。以“止于至善”为方向或目标，是永无止境的期许。

《大学》中所说的“八条目”指的是什么？

中国古代儒家经典《大学》中提出了“三纲领，八条目”的治国平天下准则。“八条目”指的是格物、致知、诚意、正心、修身、齐家、治国、平天下。其具体意义简释如下：

（1）格物。就是要求人们亲历其事、亲操其物、即物穷理、增长见识，在读书中求知，在实践中求知，而后明辨事物，尽事物之理。

（2）致知。就是从推致事物之理中，探明本心之知。如一面镜子，本来全体通明，只被事物昏蔽，暗淡不清，现在逐渐拭去灰尘，使之恢复光明，获得真知。

（3）诚意。就是要意念诚实，在“慎独”上下功夫，严格要求自己，修养德行，知至而后意诚。

（4）正心。就是要除去各种不安的情绪，不为物欲所蔽，保持心灵的安静。意不自欺，则心无不正。心得其正，则公正诚明，不涉感情，无所偏倚。故意诚而后心正。

（5）修身。就是要不断提高自己的品德修养。只有自己品德端正，无偏见，无邪念，才能为人民所拥护。修身是“格物、致知、诚意、正心”的落脚点，又是“齐家、治国、平天下”的始发点。心正而后身修，身修而后家齐。

（6）齐家。就是要梳理好家庭关系，只有教育好自己的家庭成员，才能教化人民。

（7）治国。就是要以德理政，实行德治，布仁政于国中。君主要像保护初生的小孩那样保护人民，以至善之德教化人民，使人民除旧布新，日新又新。统治者要使“仁、敬、孝、慈、信”的仁爱之风充满全国，国治而后天下太平。

（8）平天下。就是要布仁政于天下，使天下太平。平天下最重要的是要求君主具有“以度己之心度人”的崇高品质，作为天下人的榜样。由于平天下是多方面的，这就要求君主尊老兴孝、敬长兴悌、恤孤爱民、布行仁政。君主要实行恕道（己所不欲，勿施于人），坦诚至公，以德为本，举拔贤臣，提倡忠信，开源节流，以义为利，如此则能臻天下太平之境界。

为何说《礼记》最能体现儒家思想?

《周礼》《仪礼》《礼记》合称“三礼”。

《周礼》又名《周官》，是“三礼”之首。该书搜集了周王朝及各诸侯国的官制与制度，以儒家的政治理想加以增减取舍汇编而成。

《仪礼》记载了周代的冠、婚、丧、祭、乡、射、朝、聘等典礼的详细仪式，阐述了春秋战国时期流行于士大夫阶层的礼仪，提倡一种有等级的人伦礼仪。

《仪礼》主要记载和论述先秦的礼制、礼仪，解释《仪礼》，记录孔子与其弟子之间的问答，记述修身做人的准则。

《礼记》是战国至秦汉年间儒家学者解释说明经书《仪礼》的文章选集，据传其中的多数篇章是孔子的七十二弟子及其学生们的作品，还兼收先秦的其他典籍。

这部九万字左右的著作内容涉及政治、法律、道德、哲学、历史、祭祀、文艺、日常生活、历法、地理等诸多方面，包罗万象，集中体现了先秦儒家的政治、哲学和伦理思想。

综上所述，不难看出，在“三礼”中，《礼记》最能体现儒家思想。

儒学属于入世哲学吗？

史料记载，孔子到六十三岁时，已两次被鲁国驱逐。在宋国时，司马桓又砍倒大树恐吓威胁他。后来他在卫国时，被错捕入狱。在陈、蔡两国之间，他又被楚军包围，被围困近七日。对此，孔子丝毫不计较，“饭疏食，饮水，曲肱而枕之，乐在其中矣”。

孔子主张“心斋”，即通过意念专一、呼吸细长、耳之不闻、唯心能觉，达到神气合一、清静纯一的境界。孔子认为，“心斋”是修身的关键，不但可以使人足不出户而知天下，还能使人延年益寿。也正因为有了这种认识，无论是在困境中还是在顺境中，孔子都能保持宁静豁达的心态。事实上，这种心态正是儒家所提倡的修身方式的成果。

儒家修身方式最突出的特点是，将正常的生活、道德修养和练功融为一体，目的是为了更积极地入世和更好地治国。《大学》中说：“古之欲明明德于天下者，先治其国；欲治其国者，先齐其家；欲齐其家者，先修其身；欲修其身者，先正其心；欲正其心者，先诚其意；欲诚其意者，先致其知。致知在格物。格物而后知至，知至而后意诚，意诚而后心正，心正而后身修，身修而后家齐，家齐而后国治，国治而后天下平。”因此，儒学是一种讲求入世的哲学。

中国古代的哪次会议致使儒家思想进一步神学化？

自汉武帝接受大儒董仲舒提出的“罢黜百家，独尊儒术”的建议之后，儒家思想逐渐成为汉朝的统治思想。但由于儒学各学派传承不同，各派对于儒家经典的版本、内容多有争议。汉宣帝曾召开“石渠阁会议”，对各派争议加以统一，但经历王莽新朝的战乱，各派争议再次抬头。

东汉光武帝刘秀于中元元年（56），把谶纬之学正式确立为官方的统治思想。为了使儒学与谶纬之学进一步结合，建初四年（79），章帝召集各地著名儒生于洛阳白虎观，讨论“五经”异同，这就是历史上有名的“白虎观会议”。

这次会议由章帝亲自主持，参加者有魏应、淳于恭、贾逵、班固、丁鸿等。会议由五官中郎将魏应秉承章帝旨意发问，侍中淳于恭代表诸儒作答，章帝亲自裁决。这样考详同异，连月始罢。会后，章帝命班固把讨论结果编成《白虎通义》，作为官方典籍公布。这次会议把当时流行的谶纬迷信与儒家学说糅合为一，使儒家思想进一步神学化。

什么是道家？有哪些代表人物？

以先秦老子、庄子关于“道”的学说为中心的学派。《汉书·艺文志》上有“道家”表述，列为“九流”之一。老子是道家的创始人，庄子继承和发展了老子的思想。早期道家学说以老庄自然天道观为主，强调人们在思想、行为上都应遵循“道”。道家思想对中国的政治、思想、科技、文化、艺术等方面都有深刻影响，是中国传统文化的重要组成部分。主要著作有《老子》《庄子》等。

后来，道家思想与名家、法家相结合，成为黄老之学，为汉初统治者所重。到汉武帝推行独尊儒术后，黄老渐衰，道家不再是中国的主流思想。与此同时，道家思想流入民间，对东汉末年农民运动中道教思想的产生有所影响。

魏晋间玄学盛行，王弼、何晏辈（等）以老庄解释儒家经文，促成儒、道融合。佛学传入中国后，学者用老庄诠释佛典，又有释、道合流之势。

宋、明理学家力倡儒家道统，佛、老并斥，但对道家思想仍有某些吸收。

道家“三经”包括哪些著作？

《道德经》《南华经》《冲虚经》被称为道家的“三经”（另有说法《道德经》《南华经》《文始经》为道家“三经”）。其中，《道德经》为大经，《南华经》与《冲虚经》为小经，后来修道的人，把这三经列为做功夫的必读之书。

《道德经》，又称《道德真经》《老子》《五千言》《老子五千文》，传说是春秋时期的老子撰写的。它是中国历史上首部完整的哲学著作，分《道经》《德经》两篇。

《南华经》，本名《庄子》，为战国中期庄子及其后学著，到了汉代，道教出现后便尊之为《南华经》。唐玄宗天宝元年（742）二月，庄子被封为“南华真人”。《汉书·艺文志》载《庄子》五十二篇，今存三十三篇，分为三部分：内篇七、外篇十五、杂篇十一。

相传战国列御寇著。《汉书·艺文志》著录《列子》八篇，早佚。今本《列子》八篇，可能是晋人作品，内容多为民间故事、寓言和神话传说，其中有“愚公移山”、“歧路亡羊”等故事。唐玄宗时诏号为《冲虚真经》，列为道教的经典。

在老子看来，“道”是如何生出万物的？

“道生一，一生二，二生三，三生万物。万物负阴而抱阳，冲气以为和。”这是老子《道德经》第四十二章的首句，是对宇宙起源的一种探索和认识。

在老子看来，“道”实质上是“无”；“一”代表由精神性的“道”产生具体万物之前的一种混沌未分的物质整体，即阴阳未分的宇宙混沌本体；“二”代表由宇宙元气分成的阴、阳二气；“三”代表阴气、阳气和冲气。三气变化而为天、地、人三才，三才具备，就可以生出万物了。

具体来说，这一论题有两层意思：其一，天下万物由“道”演变而来；其二，万物不论如何演化，其中都存有最原始的“道”。换句话说，“道”是万物存在和运行的根本。

“道”是可以言说的吗？

◇ 老子

老子认为，“道”是产生世界万物的本原，万物都是“道”的派生者，“道”是天地之根、万物之母、万物之宗。他说：“道可道，非常道；名可名，非常名。无名，天地之始；有名，万物之母。”这就是说，万物是可以言说的，而产生万物的“道”，却是不可言说的。可以言说的“道”，不是恒常不变的“道”；万物是可以命名的，给万物命名的“道”，却是不可以命名的。“天下万物生于有，有生于无。”所以，无名之“道”才是天地产生的始基。

不难看出，老子所说的“道”就是“无”，它是不具有任何具体物质属性和形象的。老子说：“道冲，而用之或不盈。渊兮，似万物之宗。”也就是说，“道”这个东西是空虚无形的，可是它永远也用不尽，非常渊深，是万物的祖宗，是天地产生的总根源。

“无为而治”是什么意思？

“无为而治”是老子提出的政治思想，是相对于政治上的“有为”而言的。所谓“无为而治”，就是通过无为而达到天下大治。

老子指出，“有为”政治带来的祸患十分严重。他说“天下多忌讳，而民弥贫”“法令滋彰，盗贼多有”，意思是说，防禁越多，人民越陷入贫困；法令越森严，盗贼越增加。统治者越是强作妄为，人民越是难以管理。

老子指出，统治者正确的做法是“无为而无不为”，统治者在表面上应该少一点欲望，少一点作为，对人民顺其自然，这样统治才能得到巩固。

老子所说的无为，不是什么也不做，并非无所作为，而是以无为实现有为。老子认为，虚无的东西才是最有用的东西。例如车轮，如果没有中间的圆洞，就不能转动了；茶杯、瓷碗等器皿，如果没有空的地方，就不能装东西；门户如果没有空处，就不能出入；房屋如果没有空处，也不能住人。所以，“无”和“空”才是有用的。我们对待事情采取“无为”的态度，正是为了有所作为。

老子如何阐释“柔弱胜刚强”的道理？

老子赞成柔弱，反对刚强。他说：“人之生也柔弱，其死也坚强。草木之生也柔脆，其死也枯槁。故坚强者死之徒，柔弱者生之徒。”意思是说，人在世时质体柔弱，死后则变得僵硬。草木欣欣向荣时，质体是柔软的，死后就变得僵硬了。所以坚强的东西属于死亡的一类，柔弱的东西属于生长的一类。在老子看来，刚强的东西已失去生机，柔弱的东西则充满活力。

除此之外，老子还认为，只有柔弱的东西才能承受外力，刚强的东西则容易被摧折。比如，高大强壮的树木容易引人砍伐，也很容易被大风摧折，而柔弱的小草却能随风飘摇，永远不会折断。

老子又以水为例说明柔弱的力量：天下最柔弱的水，却能攻击坚强的事物，没有任何东西能战胜它。柔弱战胜坚强，是天下人都知道的事，但是没有一个人甘居柔弱。接下来老子指出，只有真正守弱，才能真正强大，告诫人们要学会以“柔弱胜刚强”。因此，如果说孔子是阳刚的进取派，那么老子就是阴柔的进取派。

福与祸有着怎样的哲学关系？

《老子》第五十八章中说："祸兮，福之所倚；福兮，祸之所伏。"意思是说，祸是造成福的前提，而福又含有祸的因素，它们之间并不是永恒不变的。在一定条件下，好事和坏事是可以相互转化的。《淮南子》一书中所记载的"塞翁失马"的故事，就很形象地说明了这一道理。

老子认为，事物是相反相成的，并认为物极必反。有和无是彼此相生的，难和易是彼此相成的，长和短只有彼此比较才出现，不同的声音前后相互对立而有了顺序。不过，需要补充说明的是，事物两方面的转化是有条件的，必须经过一系列的中间状态，事物才会向相反的方向转化。

所以，在汲取老子"祸兮福之所倚"的生存智慧时，我们还应该重视人的主观能动性发挥的作用，不能纯粹以"无为"而等待良好结果的发生，否则无异于是守株待兔的愚人之举。

"涤除玄览"是老子的认识论吗？

老子认为，要认识最高本体的"道"，必须从复杂多样的耳闻目见的感觉经验中挣脱出来，要站在更高处去认识。这便是"涤除玄览，能无疵乎"的通俗解释。

"玄览"，指在心灵深处，以道镜自鉴自察，除去污垢。"玄览无疵"，就是把内心这面镜子打扫干净，不让它留有一点灰尘，即人的内心不染外物，保持最大的空虚和安静，这样万物就会自然呈现在人们的面前，被人们所认识。

老子反对认识客观世界的具体事物，更反对用人的感官接触客观事物，以至于取消感性认识。他说："五色令人目盲，五音令人耳聋，五味令人口爽。”也就是说，人追求物质欲望，接触各种颜色、声音、味道等，会使人眼瞎、耳聋、口味败坏。

老子的这种观点，与当时的天文学有着密切的联系。观察天文，只能采用从旁静观的办法；而探求天道运行的规律，光靠“观”是不行的，还要靠“玄览”，即用宽广的思维去考察。“玄览”是用思想而不是用感官去览，是一种神秘的感观。

“小国寡民”是怎样的社会状态？

《老子》第八十章中说：“小国寡民。使有什伯之器而不用；使民重死而不远徙；虽有舟舆，无所乘之；虽有甲兵，无所陈之；使民复结绳而用之。甘其食，美其服，安其居，乐其俗。邻国相望，鸡犬之声相闻，民至老死不相往来。”

这段话的意思是说，国家要小，百姓也要少，使百姓有了效率高达十倍百倍的机器也不使用；使百姓看重生命，不到处搬迁。即便有船车，却没地方乘坐它们；即使有武器装备，却没地方陈列它们。使人民再用结绳的方法来记事，使人民有吃有穿，能够安居乐业。邻近的国家互相望得见，鸡鸣和狗叫的声音互相听得见，而人民直到老死也不相往来。

由上可知，“小国寡民”是老子心目中的理想的社会和国家形态。老子认为，人们欲望的过多、对知识的追求、讲究虚伪的仁义道德以及法令的繁多，是社会混乱和争战的根源，要使天下太平，没有争夺，就得取消知识、道德以及新颖的器具和财货。

老子把社会的发展分为“道”“德”“仁”“义”“礼”五个阶段：人类社会的最初发展阶段是由“道”统治的，一切纯任“自然”，是完全“无为”的；以后的社会分别由“德”“仁”“义”“礼”统治；每后一阶段与前一阶段相比，离“无为”越远，美的、善的东西越少，丑的、恶的东西越多，因而离他的“小国寡民”的政治理想就越远。

老子为什么反对“为天下先”？

老子认为，人应有“居后不争”之心，反对“为天下先”。他曾说道：“我恒有三宝，持而宝之。一曰慈，二曰俭，三曰不敢为天下先。夫慈，故能勇；俭，故能广；不敢为天下先，故能成器长。”大意是说，只有仁慈、俭朴、谦让、不争的人，方能具备道德勇气，进而博施于人，受人尊敬和拥护而成大器。

老子以江海为喻，认为江海处于低洼之地，所以能使百川归流。在他看来，“处下”“不争”的人生态度，又称作“守雌”。圣人具有“处下”“不争”的品格，所以能够处于人民之上，而人民并不感到负累受害，乐于拥护他而不厌烦他；圣人因为“不争”，所以天下没有人与他争，也不会招来怨恨和罪过；圣人因为不敢居于天下人之前，所以能成为万物的首长。

所以，老子告诫人们：不要自恃聪明，锋芒太露，只有舍弃争先、争胜之心，保持“以退为进”的处世态度，方能达到“夫唯不争，故天下莫能与之争”的境界。

典故“紫气东来，老子出关”说的是什么？

西汉刘向的《列仙传》记载：“老子西游，关令尹喜望见有紫气浮关，而老子果乘青牛而过也。”

相传，老子很有学问，在周王朝担任主管图书典籍的官职。在他七十多岁时，诸侯为争夺地盘和权位，互相争战。老子预想天下将发生更大的战乱，遂辞官不做，骑着一头青牛，离开洛阳向西而去。

一天清晨，函谷关善观天象的关令尹喜突然看到东方紫气氤氲，知有圣人将至，便出关相迎。不久，他果然看见一位仙风道骨的老者骑着一头青牛悠悠而来，这位老者就是老子。尹喜把老子留下来，请他写篇文章再走。老子就写了一篇专门讲“道”和“德”的文章，五千字左右，后来人们把这篇文章印成书，书名就叫《老子》，又叫《道德经》。

◇ 紫气东来

老子写完文章后，骑着青牛继续向西走，后来不知所终，遂有“紫气东来”之说。在民间，传说骑青牛、御紫气的老子渐渐成为仙人，世人尊他为“太上老君”。

用来泛指多数的“三”与老子有何关系？

在古文中，“三”和“九”有着非常重要的地位，往往不是表示“三”和“九”这两个具体的数字，而是泛指多数。古人为什么常用“三”和“九”来泛指多数呢？

春秋时期的老子曾用“道”来说明宇宙万物的本原、构成、变化。《老子》中说：“一生二，二生三，三生万物。”“三”就是指天、地、人，它的含义非常广大。“三”又“生万物”，所以，“三”泛指多数、多次。而“三三得九”，“九”又属老阳，是最大的阳数，在一到九的基本数中，“九”是最大的数，是数的终了。因此，“九”代表物之广、阳之极，有“极多”的意思。

清人汪中在《述学·释三九上》中说：“凡一二之所不能尽者，则约之三，以见其多；三之所不能尽者，则约之九，以见其极多。”因此，我们在看到古代文献里的“三”和“九”时，还真是要分辨一下它们究竟是指实数还是指虚数。

与“三”有关的词汇为何多含贬义？

稍加注意，我们就会发现词汇中跟“三”扯上关系的，大多含贬义。比如，“瘪三”，成语“朝三暮四”“不三不四”“丢三落四”“推三阻四”“三心二意”“三天打鱼，两天晒网”等。我们为什么跟“三”过不去？

“三”在汉语里是数字极限的意思。《老子》中说：“一生二，二生三，三生万物。”讲到三就不往下说了，后面就是无穷大。一个人如果坏事、错事做得多了，人们就把“三”摆出来做丑角。

此外，这也与我们的“恋双情结”有关。我们喜好成双成对，待客上菜必成双，送礼要送“四合礼”，这是由我们观察到的世间万物无不“一分为二”、对立统一而来：人分男女，气有阴阳，人体的眉、眼、耳、鼻孔、手、足、臂、腿皆左右对称。人们认识到偶数的合理性与美好，因而赋予它以吉祥意趣。而“三”是奇数，不齐整、不规矩、不饱和。

“南华真人”指的是庄子还是老子？

庄子，名周，战国时宋国蒙（今河南商丘东北）人。

庄子的学问与老子有着密切的联系。庄子继承和发展了老子的学说，创立了一套讲究同一、主张自然的理论。东汉时期出现的道教，尊老子为教祖，后来又给了老子很多封号，民间流传最广的是“太上老君”，由此庄子也受到了优厚待遇。据《旧唐书·玄宗本纪》记载：“庄子号为南华真人……所著书改为真经。”唐玄宗封他为“南华真人”，他所著的《庄子》也被列为经典，人称《南华真经》。

鲁迅说：“其文则汪洋辟阖，仪态万方，晚周诸子之作，莫能先也。”（《汉文学史纲要》）《庄子》中的名篇有《逍遥游》《齐物论》《养生主》等。《养生主》中的“庖丁解牛”故事尤为后世传诵。

“庄周梦蝶”透露出什么样的玄机？

◇ 庄周梦蝶

《庄子·齐物论》中有一段妙语：“昔者庄周梦为胡蝶，栩栩然胡蝶也，自喻适志与！不知周也。俄然觉，则蘧蘧然周也。不知周之梦为胡蝶与，胡蝶之梦为周与？周与胡蝶，则必有分矣。此之谓物化。”

上述记载的大意是，庄子一天做梦梦见自己变成了蝴蝶，梦醒之后发现自己还是庄子，于是他不知道自己到底是梦到庄子的蝴蝶呢，还是梦到蝴蝶的庄子。这是表现庄子齐物思想的名篇。庄子认为人们如果能打破生死、物我的界限，则无往而不快乐。

庄子借“庄周梦蝶”的故事阐明关于人类生死的问题。梦境象征死亡，蝴蝶象征死后的庄子。醒时是庄子，那么就只想作为庄子该想的事情，做好作为庄子该做的事情。梦里是蝴蝶，那么就只想作为蝴蝶该想的和该做的事情。引申到生死问题上，就是生和死都是人所必经的不同阶段，没有必要去为另一个阶段的你操心。活着就安心做好自己，至于死后将如何？留到死后再操心吧。

庄子为什么在妻子死后“鼓盆而歌”？

《庄子·外篇·至乐》记载：“庄子妻死，惠子吊之，庄子则方箕踞鼓盆而歌。惠子曰：‘与人居，长子、老、身死，不哭亦足矣，又鼓盆而歌，不亦甚乎！’庄子曰：‘不然。是其始死也，我独何能无概然！察其始而本无生；非徒无生也，而本无形；非徒无形也，而本无气。杂乎芒芴之间，变而有气，气变而有形，形变而有生。今又变而之死，是相与为春秋冬夏四时行也。人且偃然寝于巨室，而我噭噭然随而哭之，自以为不通乎命，故止也。’”

庄子认为，“道”使得天地万物相通为一，知道它们相通为一，就是得道，得道者不必贪生怕死。因为人的生死乃是气的聚合与流散，犹如四季的更替。所以他在妻子死后仍“鼓盆而歌”，知行合一，顺应人由生至死的自然变化。

“骷髅叹”表现出庄子怎样的生死观？

庄子认为，生老病死是自然规律，生不足喜，死不足忧，生死如一。庄子提醒人们应该在死亡面前保持平和的心境，正确对待人生的挫折和痛苦，正确把握自己的命运以及人生中的名与利。庄子的这一生死观可以从下面的故事中窥见一斑。

庄子去楚国，途中见到一个骷髅。庄子用马鞭从旁边敲了敲，问：“先生是贪求生命，失却真理而死的呢？还是遇到亡国大事，遭受刀斧的砍杀而死的呢？还是有了不好的行为，担心给父母和妻儿留下耻辱羞愧而死的呢？还是遭受寒冷与饥饿的灾祸而死的呢？还是享尽天年而死的呢？”庄子说完，拿过骷髅，当成枕头睡着了。

半夜，骷髅给庄子显梦说：“你像是个能言善辩的人，看你所说的那些话，全属于活人的拘累。其实人死了，就没有你说的那些忧患了。人一旦死了，在上没有国君的统治，在下没有官吏的管辖，也没有四季的操劳，从容安逸地把天地的长久看作时令的流失，即使是君王的快乐，也不过如此啊。”

庄子认为骷髅在空谈，遂激而言之：“我让主管生命的神恢复你的形体，让你重新长出骨肉和肌肤，返回到你所熟知的人群中去，你愿意吗？”骷髅皱着眉头说：“我怎能放弃这君王一般的快乐而重新去承受人世间的劳苦呢？”

“骷髅叹”的故事载于《庄子·至乐》中。庄子一连串地对死者死因的追问，似乎表露出庄子评价人生的标准也有世俗的道义成分。其实庄子在这里只是自我设问，意在引出骷髅对“生人之累”的阐释，借此表达他的生死观。

“相濡以沫，不如相忘于江湖”中的“江湖”指什么？

在中国文化中，“江湖”一词拆开各自可指地理上的三江五湖。但“江湖”作为一个合成词，最早是由庄子提出的，出自《庄子·大宗师》：“泉涸，鱼相与处于陆，相呴以湿，相濡以沫，不如相忘于江湖。”庄子所说的“江湖”，指的是广阔逍遥的适性之处。

这段记载的大意是：泉水干涸后，两条鱼未能及时离开，受困于陆地的小洼，为了生存，两条小鱼相互吐沫来润湿对方。这样的情景也许令人感动，但是这样的生存环境并不是正常的，甚至是令人感到无奈的。对于鱼儿而言，最理想的情况是：海水终于漫上来，两条鱼也终于回到属于它们自己的天地，最后它们相忘于江湖，在自己最适宜的地方快乐地生活，忘记对方，也忘记那段相濡以沫的生活。

“子非鱼，安知鱼之乐”说的是什么？

《庄子·秋水》记载：“庄子与惠子游于濠梁之上。庄子曰：‘鲦鱼出游从容，是鱼之乐也。’惠子曰：‘子非鱼，安知鱼之乐？’庄子曰：‘子非我，安知我不知鱼之乐？’惠子曰：‘我非子，固不知子矣；子固非鱼也，子之不知鱼之乐，全矣！’”

这段记载的大意是：庄子和惠子在濠梁上观鱼。庄子说：“鲦鱼游得从容自在，这是鱼的快乐呀。”惠子说：“你不是鱼，怎么知道鱼的快乐呢？”庄子说：“你不是我，怎么知道我不知道鱼的快乐呢？”惠子说：“我不是你，本来就不知道你。而你也不是鱼，那你肯定不知道鱼的快乐。”

该段对话的结论是，人是不可能知道鱼的快乐的，事物是不可认识的，最终得出了不可知论。既然事物是不可认知的，那么人们没有必要去自找苦吃，耗费精力去追求知识了。如果一定要去追求无限的知识，就必然会使自己陷入无穷的烦恼之中。

由上可知，庄子看到了人们认知的局限性，却又把这种局限性片面地夸大了。

庄子借助“沉鱼落雁”的故事意在阐明什么道理？

“沉鱼落雁”典出《庄子·齐物论》，原文如下：“毛嫱、丽姬，人之所美也；鱼见之深入，鸟见之高飞，麋鹿见之决骤，四者孰知天下之正色哉？”

这段话的意思是：毛嫱和丽姬是战国时代众人欣赏的大美女，可是鱼儿见了她们却深深地潜入水底，鸟儿见了她们却高高地飞向天空，麋鹿见了她们却撒开四蹄飞快地逃离了。这是为什么呢？它们谁知道天下真正的美色是什么呢？

鱼儿见了美女潜入水底，不是因为羞愧，而是因为害怕；鸟儿见了美女高飞，不是因为内疚，也是因为害怕；麋鹿见了美女逃跑，同样是因为害怕。鱼儿、鸟儿和麋鹿不仅不会欣赏人类的美丽，还会害怕被人伤害，所以它们都逃跑了。

“沉鱼落雁”的故事其实是说，美是相对而言的，人与动物的审美观迥异，人与人之间的审美观也不尽相同。依照庄子的原意，人人都可以导致“沉鱼落雁”。庄子借助“沉鱼落雁”的寓言故事，意在阐明：一切事物都是相对的，世上并无真正的是非美丑。

庄子为什么宁愿做“自由之龟”？

庄子看透了功名利禄，他认为与其受累于功名利禄，还不如以平民的自由之身遨游江湖。

一天，庄子正在濮水垂钓。楚王专门派两位大夫前来，想用千金俸禄请他做楚国的令尹。两位大夫说：“吾王久闻先生贤名，欲以国事相累。深望先生欣然出山，上以为君王分忧，下以为黎民谋福。”

庄子持竿不顾，淡然地对两位大夫说：“我听说楚国有只神龟，被杀死时已三千岁了。楚王用竹箱珍藏它，用锦缎覆盖它，将它供奉在庙堂之上。请问两位大夫，此龟是宁愿死后留骨而贵，还是宁愿生时在泥水中潜行曳尾呢？”

两位大夫道：“自然是愿活着在泥水中摇尾而行啦。”

庄子说：“拿千金让我去当令尹，与披锦绣、系彩带让我去做牺牲品，并没有什么区别。两位大夫快走吧！不要再玷污我了。我宁愿像龟一样自由自在地在污泥中摇曳，也不愿意去牺牲自己做一个披锦挂彩的人。”

伴君之难，由此可见一斑。庄子认为人生应该追求自由。

庄子的“逍遥游”是一种什么样的境界？

《庄子·逍遥游》一文中，运用许多著名的寓言故事，阐明庄子所提倡的人生境界——自由自在地遨游，不受任何约束和任何条件的限制。

庄子以“鲲鹏变化”的寓言加以说明。寓言说的是北冥有条大鱼，名叫鲲，体型大得不知道有几千里。它一变而成为鸟，叫作鹏，鹏的背也不知道有几千里大。鹏奋起飞翔，乘着海水震荡飞往南海，先用翅膀激起三千里宽的海浪，掀起旋风，然后盘旋而上，飞到九万里的高空，六个月后才在南海下落。小雀听后嘲笑大鹏："飞那么远干吗？我向上飞腾不过几丈高就落下，在蓬草和香蒿中间愉快地翱翔，这已达到飞翔的顶点，还要飞到哪去呢？"

庄子认为，小雀、大鹏的飞腾只是高低远近之别，到头来均要受空间所限。所以，它们的自由也是有所限制的，这就是"有所待"。

还有一个叫列子的人，能驾着风飞行，一直飞行十五天才返回来。但在庄子看来，列子虽然不必用脚走路，却仍要凭借风力，也是"有所待"。

庄子理想中的最高境界是"无待"，即一种绝对自由的境界——逍遥游。庄子认为，只有那种顺着自然的本性，能够驾驭天地间的阴、阳、风、雨、晦、明六种气的变化，能不受时间、空间的限制而任意遨游的人，才是"无所待"的。

"白驹过隙，忽然而已"反映出庄子怎样的人生观？

《庄子·知北游》中说："人生天地之间，若白驹之过隙，忽然而已。"其意思是说，人活在天地之间，像是骏马飞奔，越过缝隙，一眨眼的时间就过去了。这反映了庄子的人生观和生死观。

世间万物（包括人），没有一个不是蓬勃地出生，没有一个不是萧条地死去。有生命的东西为此而哀伤，有情感的人类为此而悲痛。与其如此，还不如解开那自然造成的束缚，随物旋转，魂魄游到哪里，自己就随之到哪里，不要过于执着。此即人和万物的最终归宿。

这段言论主要包含以下几层意思：

（1）人生十分短暂，只是大道变化中的一个瞬间而已。大道流变就像骏马飞奔，人生在世就像飞马过隙。

（2）生死是大道流变的自然过程、生物变化的自然程序，人皆如此，在世的人没有谁能够避免死亡。

（3）人皆有生死，人们应从对死亡的哀伤和悲痛中解脱出来，顺应生物的自然变化，生而不喜，死而不悲，生死不动于心，始终保持内心的平静。唯有如此，才能通晓至理，回归大道，达到完美人生。

（4）通晓至理、回归大道的人，将生死来去视为一体，将有形与无形划为同一。

典故“庖丁解牛”蕴含了什么样的养生和处世之道？

《庄子·养生主》中讲述了一个“庖丁解牛”的寓言故事。

庖丁为文惠君宰牛，站在一旁的文惠君赞扬道：“你宰牛的技艺竟能如此精湛啊！”

庖丁放下刀回答：“我所追求的是宰牛的道理啊，道理要比技艺更高一筹。一个好的庖丁，一年换一把刀，因为他用刀去割肉，时间长了刀就钝了。一个普通的庖丁，一个月要换一把刀，因为他用刀砍骨头，用不了多久刀就钝了。而我这把刀已经用了十九年了，所解的牛已有数千头，可刀刃却像是新磨的一样。要知道，牛的骨节中间是有空隙的，而刀刃却是没有厚度的。拿没有厚度的刀刃刺入有空隙的牛骨间，游走那刀刃，一定是大有余地可行的。正因为这样，十九年了我的刀刃还像新磨的一样。”

文惠君听后感叹道：“善哉，吾闻庖丁之言，得养生焉！”

庖丁讲述解牛的道理，文惠君却说懂得了养生之法。因为养生与解牛有相似性——忌做危害自身的事。刀刃要保持长久的锋利，就不要去碰牛体的硬骨；人的身体要想长存，就不能触及那些有伤于己的硬东西。再者，庖丁能顺着自然的纹理去肢解筋骨盘结的牛，所以他在解牛时能做到游刃有余，这就告诉我们：世事、世物虽然复杂，但只要能顺着事物的内在规律去做，困难便可迎刃而解。这说明了处世勿强行、勿妄为这样一个道理。

典故“螳螂捕蝉，异鹊在后”表现出什么样的生存智慧？

“螳螂捕蝉，异鹊在后”（一作“螳螂捕蝉，黄雀在后”）的典故表现出庄子在利益面前的取舍智慧。

《庄子·山木》记载了这样一则故事：一天，庄子在栗子园外游玩，突然飞来一只奇异的大鸟——翅膀有七尺长，眼睛有一寸大，落在栗林中。庄子加快脚步，进入栗林中，拿出弹弓，准备把它打下来。到了鸟的近前，庄子明白了，大鸟之所以到此，没看见他，是为了捕捉一只螳螂。栗林中有一只蝉，正在树荫下休息，忘了自己处境的危险，结果被后面的一只螳螂捉住。捉住蝉的螳螂自鸣得意，没有看见一只大鸟俯冲下来要啄食它。而这只大鸟一心要啄食螳螂，所以没看见庄子。当庄子要用弹弓打它时，它仍然不知道自己处境的危险。

庄子感慨这些小动物为了一点蝇头小利而不顾惜自己的生命，由此联想到物欲对生命的危害。这时，庄子忽然想到自己也可能正被别人当作猎物，于是他赶忙跑出栗子园。果然不出庄子所料，那在守庄园的人把他当成偷栗子的人，正要抓他！

庄子借助这则故事告诉人们：无私是人的立身之本。人一旦有了私欲，就会利欲熏心；利欲熏心就会迷惑自己的心志；心志一旦被迷惑住了，连自己的生命都难保住，更别提什么事业了！

庄子讲述“河伯见北海若”的故事意在阐明什么？

秋天来临时，水流汇集到一处，河流变得更加宽阔。河中的神灵河伯开始自大起来，觉得自己伟大至极、无与伦比。可是，当河伯顺流而下，到达北海时，面对无边无际、烟波浩渺的大海，感到惘然若失。这时，北海神灵北海若对河伯说："我和你比较起来，的确大得无可比拟，但若和无限的宇宙比起来，我就像大山中的小石子、小树苗。"

这段故事见于《庄子·秋水》。该文展现了一幅秋水应时而降的景象，河伯见而自喜。后来，河伯见到浩瀚的北海景象，自识其丑。北海若以自然之广大、宇宙之无穷开导河伯，使之开阔眼界，不敢自满。与宇宙相比，北海也微不足道，故北海若也不敢自满。

庄子通过河伯（代表庄子思想的对立面）与北海若（代表庄子思想）这两个虚构人物之间的对话展开说理，意在阐明：在无限广大的宇宙中，个人的认知和作为都要受到主、客观条件的制约，因而是非常有限的；人的认知既然是有限的，就不能囿于个人有限的见闻而自满、自足，而应保持虚心的态度，不断开阔眼界，不断学习。

庄子是如何阐释"只可意会，不可言传"的？

在庄子看来，思想和语言是两回事，很多时候，思想只可意会，不可言传，因为语言是僵死的。庄子把语言与思想、意识加以分割，完全忽视了语言作为表情达意工具的效用。不过，庄子的高明之处在于，他发现了语言作为人际交流工具的有限性。庄子所主张的言和意之间的关系，可通过下面这段齐桓公与老木匠之间的对话体现出来。该段对话载于《庄子·天道》中。

一天，齐桓公在堂上看古代经典。一个名叫轮扁的老木匠在公堂下干活，他看见齐桓公在专心致志地读书，便走上前来问："请问，大王您读的是什么书啊？"齐桓公回答："我读的是圣人写的书。"

轮扁又问："写这些书的圣人现在还活在世上吗？"齐桓公回答："他们早就死了。"

轮扁笑道："既然写这些书的圣人早就死了，那么您现在所读的只是些古人的糟粕罢了，哪里值得您这样专心致志地阅读呢？"齐桓公气愤地说："我读古代圣人的书，你一个做车轮子的木匠有什么资格评论？今天你要是能够说出些道理来，就罢了。否则，你难逃死罪。"

轮扁赶忙解释说："大王息怒，我是用我自己做车轮子的经验来类比的。做车轮子是一件细致、微妙的活儿，砍削木头时慢了，做出来的车轮就会因辐条松动而不坚固；砍削木头时快了，又会因辐条滞涩而难以嵌入轮孔。要做到恰到好处，即不慢不快，才能得心应手，这其中自有奥妙。但这种奥妙只可意会，不可言传，我没办法把这样的绝技传授给我的儿子，我的儿子也没有办法从我这里学到这样的绝技，所以，我现在都七十岁了，由于找不到接班人，只好还在这里为大王做车轮子。由此类推，古代的圣人死了，他们高妙的思想因为不可言传而随着圣人一起消失了，因此您现在所读的经书，只不过是圣人的糟粕罢了！"

庄子所说的"心斋"是什么意思？

《庄子·人世间》记载："（颜）回曰：'敢问心斋。'仲尼曰：'若一志，无听之以耳而听之以心；无听之以心而听之以气。听止于耳，心止于符。气也者，虚而待物者也。唯道集虚。虚者，心斋也。'"

这段话的大意是，颜回向孔子请教关于"心斋"的道理，孔子告诉颜回：人应该把自己的注意力集中在一起，不要胡思乱想。等到注意力集中起来之后，就可以用"听"字法诀，但又不是用耳朵去听，而是用心去听；再深一层来讲，也不是用心去听，而是用"气"去听。到了这样的境界，耳听的作用早已停止了，心也与气合而为一，没有后天知觉了。"气"的本质是虚的，正因"虚"所以才能容纳物体，只有"道"才能把"虚"集合在一起。如果能做到心同太虚，也就到达"心斋"之境了。

孔子和颜回的这段谈话完全出自假托，它所表达的其实是庄子的“心斋”思想。庄子认为，人只有放弃对心耳口鼻的执着，进入凝寂虚空的境界，才是真正的斋，即心斋。

如何理解庄子的“坐忘”思想？

在《庄子·大宗师》篇里，庄子假托孔子与颜回的对话，谈及“坐忘”的问题。

颜回去见孔子，说自己达到了“坐忘”的境界。原文为：仲尼蹴然曰：“何谓坐忘？”颜回曰：“堕肢体，黜聪明，离形去知，同于大通，此谓坐忘。”

颜回的意思是说，不知四肢形体的存在，弃却耳聪和目明，分离身形，去掉智慧，同于大通之道，便是坐忘之境。孔子对颜回大为赞叹。

由此可知，“坐忘”并不仅仅指静坐的姿态，也不仅仅指所谓的“忘”的状态，更不是一种自我陶醉或麻醉，它应该是一种用身心求证到的实有的生命状态，是一种超越了现实世界的种种规则之后心无挂碍的状态。“坐忘”的深层含义，在于通过“坐”的沉思默想进入“忘”的境界，达到“解心释神”与“致道”的终极目标。所谓“解心释神”，即要求世人从自己的内心深处自觉地解除与自然本性无关的诸多精神上的烦恼；而“致道”则是怀着一颗透明澄澈的心以求得道德上的升华，最终达到“逍遥”的至高境界。

一言以蔽之，“坐忘”是否成功，悟道与否是最好的衡量标准。

庄子认为“贫穷”“潦倒”是一回事吗？

庄子能言善辩，尤其善用寓言和小故事来表达自己的观点，嘲弄那些追名逐利的小人。《庄子·山木》记载了庄子的一段关于“贫穷，但不潦倒”的言论，其中充满了尖酸、刻薄的讽刺和挖苦，令人瞠目结舌，却又拍案叫绝。

一次，庄子身穿粗布且带补丁的衣服，脚着用草绳系住的破鞋，去拜访魏王。

魏王见到庄子，说：“先生怎么如此潦倒啊？”

庄子纠正道：“是贫穷，不是潦倒。士有道德而不能体现，才是潦倒；衣破鞋烂，是贫穷，不是潦倒，此所谓生不逢时也！大王您难道没见过那腾跃的猿猴吗？如在高大的楠木、樟树上，它们则攀缘其枝而往来其上，逍遥自在，即使善射的后羿、逄蒙再世，也奈何不了它们。可是在荆棘丛中，它们只能危行侧视，怵惧而过了，这并非因其筋骨变得僵硬不柔灵了，乃是处势不便，未足以逞其能也。现在我处在昏君乱象之间而欲不潦倒，怎么可能呢？”

庄子的经典语录有哪些？

庄子的经典语录主要有：

（1）吾生也有涯，而知也无涯。以有涯随无涯，殆已；已而为知者，殆而已矣。

——我们的生命是有限的，而知识却是无限的。要想用有限的生命去追求无限的知识，便会感到很疲倦；既然如此还要不停地去追求知识，便会弄得更加疲困不堪！

（2）名也者，相轧也；知也者，争之器也。二者凶器，非所以尽行也。

——名是人们相互倾轧的根源；智是人们相互斗争的手段。两者是凶器，是不可以尽行的。

（3）天下有道，圣人成焉；天下无道，圣人生焉。方今之时，仅免刑焉。福轻乎羽，莫之知载；祸重乎地，莫之知避。

——天下有道，圣人可以成就事业；天下无道，圣人只能保全性命。现在这个时代，仅仅可以避开刑戮。幸福不过像羽毛那样轻，不知怎样才可以去承受；祸患重得像大地一样，不知怎样才能避免。

（4）人皆知有用之用，而莫知无用之用也。

——人们都知道有用的用处，但不懂得无用的更大用处。

（5）夫大块载我以形，劳我以生，佚我以老，息我以死。故善吾生者，乃所以善吾死也。

——大自然给我形体，用生使我操劳，用老使我清闲，用死使我安息。所以称善我生存的，也同样称善我的死亡。

（6）故跖之徒问于跖曰："盗亦有道乎？"跖曰："何适而无有道邪？夫妄意室中之藏，圣也；入先，勇也；出后，义也；知可否，知也；分均，仁也。五者不备而能成大盗者，天下未之有也。"

——因此盗跖的门徒问盗跖："做大盗的也有法则吗？"盗跖回答："哪个地方会没有法则呢？凭空猜想屋里储藏着多少财物的，是聪明；带头先进入屋里的，是勇；最后退出屋子的，是义；能够预测计划可否成功的，是智；分赃均等的，是仁。这五种不具备而成为大盗的，天下绝不会有的。"

（7）故绝圣弃知，大盗乃止。

——抛弃仁圣知识，才不会出现窃国大盗。同理："圣人不死，大盗不止！"所谓"圣人"，就是为世间立下行为规范，成为人类楷模的人。

此外，庄子的经典语录还有"彼窃钩者诛，窃国者为诸侯。""吾以天地为棺椁，以日月为连璧，星辰为珠玑，万物为赍送。吾葬具岂不备邪？""巧者劳而知者忧，无能者无所求。饱食而敖游，汎若不系之舟，虚而敖游者也。"

什么是“玄学”？主要有哪些代表人物？

所谓“玄学”，即中国魏晋时期出现的一种崇尚老庄哲学的思潮，通常特指魏晋玄学。

“玄”最早见于《老子》：“玄之又玄，众妙之门。”玄学理论的奠基人王弼在《老子指略》一书中指出：“玄，谓之深者也。”玄学即研究幽深玄远问题的学说。魏晋人注重《老子》《庄子》《易经》，称之为“三玄”。

魏晋玄学的主要代表人物有何晏、王弼、阮籍、嵇康、向秀、郭象等。

魏晋玄学的产生有其深刻的社会背景和思想文化背景。简而言之，它是在汉代儒学衰落的基础上，为弥补儒学之不足而产生的，是由汉代的道家思想、黄老之学演变发展而来的，是汉末魏初士大夫的清谈直接演化的产物。

魏晋玄学的基本特点有哪些？

大致说来，魏晋玄学的基本特点有以下几个方面：

（1）以“三玄”为主要研究对象，并以《老子》《庄子》注解《易经》。

（2）以辩证“有无”问题为中心。以何晏、王弼为代表的玄学贵无派把“无”作为世界的根本和世界统一性的基础；崇有论者裴頠则认为“有”是自生的，自生之物以有为体。

（3）以探究世界本体为基本内容。贵无派把“无”视为“有”的存在根据，并提出“以无为本”的本体论思想；郭象则主张“独化说”，认为“有”是独自存在的，不需要“无”作为自己的本体。

（4）以解决名教与自然的关系问题为目的。王弼用“以老解儒”

的方法注解《易经》和《论语》，把儒、道调和起来，认为名教是“末”，自然是“本”，名教是自然的必然表现，两者是本末体用的关系。郭象则提出了“名教即自然”的理论，认为道家所说的自然与儒家的名教是一致的。阮籍、嵇康提出“越名教而任自然”的主张，表现出反儒的倾向。

（5）以“得意忘言”为方法。针对汉儒支离烦琐的解释问题的方法，王弼、郭象等强调在论证问题时应注意把握义理，反对执着于言、象，提出“得意忘言”“寄言出意”的论证问题的方法。

（6）以“辨名析理”为思维形式。玄学家重名理之辨，善作概念的分析与推理，辨析名理是其思维形式的基本特征之一。

玄学贵无派的代表人物王弼有哪些主张?

王弼，三国时曹魏名士、玄学家，字辅嗣，山阳（今河南焦作）人。他抛弃了两汉以来烦琐的经学和谶纬迷信，采用思辨哲学的形式，以探讨宇宙本体问题作为其思想体系的核心。王弼认为万物统一于一个共同的最高本体——“道”或“无”。

王弼把老子“有生于无”的思想引向“以无为体”“以有为用”的本体论，认为在自然界之上有一个非物质性的实体，这个实体是宇宙万物存在的根据，由此建立起“以无为本”的唯心主义本体论学说，又称“贵无论”。

在自然与名教的关系上，王弼主张以自然为本，名教为末，根据“自然”“无为”的原则对待名教，只要符合这个原则，名教则完全是必要的。这表现出了他调和自然与名教的倾向。

王弼的“圣人有情”说的主要观点是：圣人能体现自然之道，以“无”为体，但圣人的“五情”与众人同，故圣人不能没有哀乐的感情。圣人与众人的区别仅在于“应物而无累于物”。

王弼的主要著作有《周易注》《周易略例》《老子注》《老子指略》《论语释疑》等。

如何理解郭象的“独化”“玄冥之境”？

郭象，西晋玄学家，字子玄，河南洛阳人。官至黄门侍郎、太傅主簿，好老庄、善清谈，著有《庄子注》，流传至今。

郭象哲学有两个重要独特的名词，一个是“独化”，另一个是“玄冥之境”。

（1）独化论。郭象认为天地万物都是独自生成变化的，没有统一的根据。

（2）“玄冥”一词语出《庄子·大宗师》：“于讴闻之玄冥，玄冥闻之参寥。”郭象在《庄子·大宗师》注中进一步解释说：“玄冥者，所以名无而非无也。”意思是说，“玄冥”是指一种“无”的状态，但尚未超出言表而至于无名、无始。他进一步提出“玄冥之境”的概念，并将其作为万物“独化”的场所和境界。

郭象在《庄子·齐物论》注中明确指出：“是以涉有物之域，虽复罔两，未有不独化于玄冥之境者也。”作为“独化”的场所，“玄冥之境”是“物各自造”“自化”的场所；作为一种精神境界，“玄冥之境”又表现为“内放其身而外冥于物，与众玄同”。所以，“玄冥之境”是一种抹杀差别、取消是非、不分彼此、自满自足的境界。

魏晋玄学崇有派的领袖是谁？

裴頠，西晋哲学家，字逸民，河东闻喜（今属山西）人。曾任散骑常侍、国子祭酒兼右军将军、尚书左仆射等职位。

裴頠反对王弼、何晏的“贵无论”，提出“崇有论”。在裴頠看来，万有的整体是最根本的“道”，万有不是由“无”产生的，而是“自生”的，“自生而必体有”。他还认为万物的生化有其规律。从“崇有论”出发，他重视现实存在的事物，对轻视事功的旷达风气极为不满，试图论证封建等级制的合理性。

裴頠在当时影响很大，被认为是崇有派的领袖。裴頠著有《崇有论》，《晋书》将其完全载入裴頠的传中。黄玉顺有一首《咏裴頠》：“裴頠逸民称谈薮，何王贵无我崇有。无为乃是君王事，臣子安得拱其手！”

“竹林七贤”都是谁？又因何而得名？

“竹林七贤”是魏晋时期七位名士的合称，即嵇康、阮籍、山涛、向秀、刘伶、王戎和阮咸。他们常聚在当时的山阳县（今河南焦作修武县）竹林中，喝酒唱歌，肆意酣畅，因此世人称他们为“竹林七贤”。他们大都“弃经典而尚老庄，蔑礼法而崇放达”。

◇ 竹林七贤

在文章创作上，以阮籍、嵇康为代表。阮籍的《咏怀》的五言诗八十二首，多以比兴、寄托、象征等手法隐晦、曲折地揭露出统治阶层的罪恶，讽刺虚伪的礼法之士，表现了诗人在政治恐怖氛围下的苦闷情绪。嵇康的《与山巨源绝交书》，以老庄崇尚自然的论点，公开表明了自己不与司马氏合作的政治态度。阮籍的《大人先生传》、刘伶的《酒德颂》、向秀的《思旧赋》等，也是可读之作。

在政治上，嵇康、阮籍、刘伶均对司马氏集团持不合作态度，嵇康因此被杀。山涛、王戎等先后投靠司马氏，成为司马氏政权的心腹。“竹林七贤”最后各散东西。

阮籍的“青白眼”是怎么回事?

阮籍十分鄙视礼法之士。所谓“礼法之士”，主要指的是投靠司马氏父子的人物。这些人多是文人，他们为虎作伥，仰承司马氏父子的意旨，鼓吹“唯法是修，为礼是克”。阮籍对付这些礼法之士，最有名的就是他的“青白眼”。

所谓“青白眼”，指的是社会生活中常见的看人的两种不同眼光。“青眼”，指的是以黑眼珠对人，表示对人的正视与尊重；“白眼”，指的是把黑眼珠翻上去只以白眼珠对人，表示对人不屑一顾。

《晋书·列传》记载：“裴楷往吊之，籍散发箕踞，醉而直视……及嵇喜来吊，籍作白眼，喜不怿而退。喜弟康闻之，乃赍酒挟琴造焉，籍大悦，乃见青眼。”这段话说的是阮籍的母亲去世后，嵇康的哥哥嵇喜前来致哀，但因为嵇喜是在朝为官的人，也就是阮籍眼中的“礼法之士”，于是他也不顾守丧期间应有的礼节，就给嵇喜一个大白眼。后来，嵇康带着酒、夹着琴前来，他大喜，马上由白眼转为青眼。

后世遂以“青眼”表示对人尊重，“白眼”表示对人轻视。

道教创建于何时?经历了哪些流变?

学术界通常认为，《太平经》是道教的第一部正式经典。因为它完成于东汉，故将东汉视为道教的创建时期。道教正式有道教实体活动是在东汉末年，以太平道和五斗米道的出现为标志，而《太平经》《周易参同契》《老子想尔注》三书是道教信仰和理论形成的标志。

◇ 天师真人

东汉末年，张角成立太平道，后率黄巾军起事失败，太平道走向没落。与此同时出现的“五斗米道”（后更名为天师道，即正一道）却发展起来。

南北朝时期，北朝道教经由寇谦之改造，南朝道教经由葛洪、陆修静、陶弘景改造，并得到了皇帝的支持，有了较大发展。其中，以陶弘景为代表的上清派是这一时期的著名道派。

隋唐时期，道教发展出众多小道派，修炼方式由修炼外丹向修炼内丹转化。

金元时期，道教又产生了一个较大教派——全真教。此后，各派之间逐渐融合。

明清时期，正一道成为符箓派的代表，全真道则成为丹鼎派的代表。

民国后，由于连年战火，道教受到冲击，宫观多被毁，其势渐微。

近年来，道教“天人合一”的思想受到人们的关注，并引起欧美人士的兴趣。

张陵创立的五斗米道是一种什么样的宗教?

五斗米道又称“正一道”“天师道”，是道教最早的一个派别。史书记载，东汉顺帝时期，宦官、外戚专权，朝野黑暗，人民灾难深重，反抗情绪激烈，于是沛国丰邑（今江苏丰县）人张陵（又称张道陵）弃官隐居洛阳之北邙山，学道于鹤鸣山，并结合民间原始宗教信仰，著作道书，改革当地民族原有的巫道，开创五斗米道。因其最初主要以道术祷祝和赳鬼，并以符水为人治病，故被称为道教符箓派。

据《后汉书》《三国志》记载，凡入道者须出五斗米，故得此名，因而又称为“米巫”“米贼”“米道”。因教徒尊张道陵为天师，故又称为“天师道”。

五斗米道以老子为教主，经典是《老子》和张陵编写的《老子想尔注》。五斗米道承袭古代关于天官（天帝）赐福、地官（地祇）赦罪、水官（水神）解厄的神话传说，用天、地、水三官手书来治病，以长生成仙为最高目标。

道教属于一神教还是多神教?

道教，或以“道”名教，或言老庄学说，或言内外修炼，或言符箓方术，其教义就是以“道”或“道德”为核心，认为天地万物都由“道”而生，有道是“一生二，二生三，三生万物”，人与社会都应法“道”而行，最终回归自然。具体来说，道教是从“天”“地”“人”“鬼”四个方面展开教义系统的。

（1）天，既指现实的宇宙，又指神仙所居之所。天界号称三十六天，天堂有天门，内有琼楼玉宇，居有天神、天尊、天帝，骑有天马，饮有天河，侍奉有天兵、天将、天女。其奉行者为天道。

（2）地，既指现实的大地和万物，又指鬼魂受难之地狱。其运行受之于地道。

（3）人，既指总称人类，也指个人。人之一言一行当奉行人道、人德。

（4）鬼，指人之所归。人能修善德，即可阴中超脱，脱离苦海，姓氏不录于鬼关，是名鬼仙。

除“天”“地”“人”“鬼”外，神仙也是道教教义思想的偶像的体现。

不难看出，道教是一个多神教，沿袭了中国古代对于日月星辰、河海山岳以及祖先亡灵奉祖的信仰和习俗，构成了一个包括天神、地祇、人和鬼的复杂的神灵系统。

道教的“三官大帝”是怎么回事？

三官大帝，即天官、地官、水官，亦称“三官”，又称“三元大帝”“三元帝君”“三界爷”等，为道教早期供祀的神灵。一说天官为唐尧，地官为虞舜，水官为大禹。道经称：天官赐福，地官赦罪，水官解厄。在道教神灵系统中，有几位出现时间比三清尊神还早的尊神，天、地、水三官就是其中的三位。

◇ 三官大帝

对三官大帝的信仰源于中国古代先民对天、地、水的自然崇拜。在原始社会，天、地、水是人们生产、生活的必要条件，没有它们，人类无法生存、生活，因此人们对天、地、水常怀敬畏之心，对它们虔诚地顶礼膜拜。

玉皇大帝是道教神还是佛教神?

道教称天界最高主宰之神为“玉皇大帝”，认为其总管三界（天上、地下、空间）、十方（四方、四维、上下）、四生（胎生、卵生、湿生、化生）、六道（天、人、魔、地狱、畜生、饿鬼）的一切阴阳祸福。通俗地说就是，玉皇大帝犹如人间的皇帝，上掌三十六天，下握七十二地，掌管一切神、仙、圣和人间、地府之事。

玉皇大帝亦称为天公、天公祖、玉帝、玉天大帝、玉皇、玉皇上帝。究其由来，据《高上玉皇本行集经》记载：“光明妙乐国王子舍弃王位，在晋明香严山中学道修真，辅国救民，渡化众生，历亿万劫，终为玉帝。”

◇　玉皇大帝

每年腊月二十五，玉皇都要亲自下界，巡视查看各方情况，依据众生道俗赏善罚恶。正月初九为玉皇圣诞，俗称“玉皇会”，传言天上地下的各路神仙在这一天都要隆重庆贺，玉皇在其诞辰日的下午回銮返回天宫，是时道教宫观内均要举行隆重的庆贺科仪。

城隍庙中供奉的城隍爷是何方“神圣”?

在中国，可以看到许多城隍庙，里面供着城隍爷。每年，人们还会在几个特定的时间祭拜城隍爷、赶庙会。那么，城隍爷究竟是何方“神圣”呢？它是怎样逐渐发展而来的呢？

古代传说守护城池的神称为城隍，它是神鬼世界中的一城之主，它的职权范围相当于人世间的县官。道教把城隍当作“剪恶除凶，护国保邦”之神，说它能应人所请，旱时降雨，涝时放晴，保谷丰民足。

据史料文献记载，早在三国时，芜湖就有了城隍庙，其他地方并没有。后来，城隍庙才逐渐遍布全国各地。

城隍虽属道教之神，但历代帝王却多重视它的作用，屡次给以加封。后唐末帝李从珂封之为王，元文宗又封及其夫人。

城隍本无姓名，自宋代后多以殉国而死的忠烈封为本城城隍。《宋史·苏缄传》记载：“缄殉节于邕州，交州人呼为苏城隍。”

道教徒分几类？道教有哪些仪式？

道教徒大致有两种，分别是神职教徒和一般教徒。

（1）神职教徒，即“道士”。唐《道典论》卷二“道士”条引《太上太真科经》：“凡开辟之初，圣真仙人，皆宜道炁，立法相传，同宗太上，俱称学士，以道为事，故曰道事。道事有功，故号道士。”道士按地域可分为茅山道士、罗浮道士等；从师承可分为“正一”道士、“全真”道士等；按宫观中教务可分为“当家”“殿主”“知客”等。

（2）一般教徒，通常被称为“居士”或“信徒”，即信奉道教的俗家信众。

宫观是道士修道、祀神和举行仪式的场所。道教另有一些经济组织（如素食部、茶厂等）、教育组织（道学班、道教经学班等）、慈善组织（安老院、施诊给药部等）。

至于道教仪式，除了日常的早晚功课外，还有大型的功德法事，统称“斋醮”。“斋”就是齐，祭祀前，整洁身心；“醮”就是设坛修建祈禳法事。道教斋醮又分为黄箓、金箓、玉箓三类。其中，黄箓专用于超度亡灵；金箓除用于超度亡灵外，还用来助人延寿受生；玉箓专用于消灾祈福，祈求国泰民安。

其他诸子之学

历史上的“百家争鸣”是怎么回事？

百家争鸣的局面发生在春秋战国时期。“家”，指一种学说或是一个学术派别；“百家争鸣”，是说诸学派各抒己见、相互辩驳。汉史学家将其分门别类，归为十家。

儒　家　代表人物：孔子、孟子、荀子。作品：《论语》《孟子》。

道　家　代表人物：老子、庄子、杨朱。作品：《老子》《庄子》。

墨　家　代表人物：墨子。作品：《墨子》。

法　家　代表人物：韩非、李斯、商鞅。作品：《韩非子》。

名　家　代表人物：邓析、惠施、公孙龙、桓团。

阴阳家　代表人物：邹衍。

纵横家　代表人物：苏秦、张仪。主要言论传于《战国策》。

杂　家　代表人物：吕不韦。作品：《吕氏春秋》。因“兼儒墨、合名法”“于百家之道无不贯综”而得名。

农　家　代表人物：许行。因注重农业生产而得名。此派出自上古管理农业生产的官吏，他们认为农业是衣食之本，应放在一切工作的首位。

小说家　代表人物：虞初。采集民间传说议论，借以考察民情风俗。《汉书·艺文志》中说：“小说家者流，盖出于稗官。街谈巷语，道听涂说者之所造也。”

墨子为何不热衷于恢复周礼？

墨子出生在宋国一个以木工为谋生手段的手工业者家庭。当时的社会是一个“处工就官府”的社会，工匠处于官府的严格控制之下，隶属和服务于官府，社会地位十分低下，经常被人称作“布衣之人”或“贱人”。

受出身、地位的影响，墨子考虑问题的出发点并不是改造人性、恢复周礼，这些似乎是只有吃饱了饭、无事可做以后才会思考的问题。墨子更多地关注现实生活中人民的苦难，考虑更多的是如何填饱肚子的事情。墨子讲究实用主义，以对现实是有用还是无用、有利还是无利作为考虑问题的出发点，并认为一切不能落实到现实操作上的都是空谈。

怎么理解墨子的“兼相爱、交相利”主张？

在墨家代表人墨子的救世方略中，除了先进的军事防御术外，最引人注目的莫过于他提出的“兼相爱、交相利”的思想主张了。

什么是“兼相爱、交相利”呢？墨子说：“视人之国若视其国，视人之家若视其家，视人之身若视其身。是故诸侯相爱则不野战，家主相爱则不相篡，人与人相爱则不相贼，君臣相爱则惠忠，父子相爱则慈孝，兄弟相爱则和调。天下之人皆相爱，强不执弱，众不劫寡，富不侮贫，贵不敖贱，诈不欺愚。凡天下祸篡怨恨可使毋起者，以相爱生也，是以仁者誉之。”

墨子认为，先秦社会之所以失范，在于人与人之间不相爱，“是故诸侯不相爱则必野战，家主不相爱则必相篡，人与人不相爱则必相贼，君臣不相爱则不惠忠，父子不相爱则不慈孝，兄弟不相爱则不和调”。与此相伴，自私自利亦是乱世之因，如“亏父而自利”“亏子而自利”“亏兄而自利”“亏弟而自利”“亏君而自利”“亏臣而自利”“乱异家以利其家”“攻异国以利其国”等皆为自私自利之结果。

一言以蔽之，违反“兼爱互利”原则，则“强必执弱，富必侮贫，贵必敖贱，诈必欺愚”。

墨学最终为何没落了？

墨子创立的思想路线（墨学）及其追随者聚合而成的学派（墨家），在先秦诸子中可谓气势夺人、不同凡响，成为与孔孟儒学比肩而立的两大思想流派之一，号称“显学”，红极一时。然而，自秦汉以来墨学却日渐衰微。究其原因，主要有以下几个方面：

墨学“尚贤”，主张平等，不分贵贱地唯才是举。墨家的这种选举国君及各级官员的主张彻底打破了封建帝王家族世袭的体制，倘若任其发展下去，将会对封建统治者的权力及地位造成致命的威胁，加上墨家主张“兼爱”“非攻”，坚决反对战争，因此墨家成为秦王嬴政在“并六国、王天下”的过程中首先要消灭的对象。

汉武帝采纳董仲舒的建议，“罢黜百家，独尊儒术”，使儒家思想渐渐成为封建社会的主导思想，此后墨学就逐渐式微了。

如何理解申不害的“藏于无事，示天下无为”？

申不害，亦称申子，战国时期郑国人，法家代表人物之一。韩国灭掉郑国后，韩昭侯重用他为丞相，在韩国主持改革，十五年间使韩国强盛起来。申不害以“术”著称于世。他最典型的“术”就是“藏于无事，示天下无为”。要求君主装作听不见、看不见、不知道事情真相，避免暴露自己，使大臣摸不清君主的底细，没办法投其所好，也就没法掩盖他们自己的缺陷，而君主则可以看得明白，辨别出忠臣和奸佞小人。韩非认为，“术”是必要的，但只讲“术”而忽视“法”，会导致法令前后矛盾，给人可利用的机会。所以，韩非批评申不害是只懂得“术”而无“法”，所以改革成效不大。

谁提出了“不法古，不循今”的主张？

“不法古，不循今”是商鞅的变法理论，代表了法家思想，要求反对保守的复古思想，主张锐意改革。法家人士认为，历史是向前发展的，一切的法律和制度都要随历史的发展而发展，既不能复古倒退，也不能因循守旧。于是，商鞅明确地提出“不法古，不循今”的主张，意思是说，治国之道，只要对国家有利，不一定拘守古法。他还举例说，“汤武不循古而王；夏殷不易礼而亡”，说得秦孝公颔首称善，决心变法。韩非则进一步地发展了商鞅的主张，提出“时移而治不易者乱”。

“民一于君，事断于法”是谁的思想？

“民一于君，事断于法”，意思是说，百姓、百官听从于君主的政令，而君主做事必须完全依法行事。这是慎到的思想。慎到还认为，立法权也要集中于君主之手，各级的官吏只能严格地遵守法律和执行法律，即“以死守法”，百姓则要接受法令的规定，按法做事，即“以力役法”，只有这样才能实行法治，并取得功效。

慎到，战国时期赵国人，是从道家中分离出来的法家代表人物。他反对儒、墨的尊贤、尚贤，认为“多贤，不可以多君；无贤，不可以无君”。慎到著有《慎子》。该书不仅讲“势”，而且讲“法”，书中虽未提出“术”的概念，但有部分内容是论“术”的，法家思想“法”“术”“势”在书中初具规模，为后期法家之源。遗憾的是，现存《慎子》只有七篇，即《威德》《因循》《民杂》《德立》《君人》，《群书治要》里有《知忠》《君臣》，是否为原作，存在争议。

“法”“术”“势”相结合是什么意思?

韩非以前的法家有三派:

其一重“法”，以商鞅为宗。他的特殊政略是以严刑厚赏来推行法令，使凡奉法遵令的人无所缺赏，凡犯法违令的人无所逃罚。

其二重“术”，以战国中期的申不害为宗。“术”，即人主操纵臣下的方法，比如，声色不露而辨别忠奸、赏罚莫测而切中事实的妙算。

其三重“势”，以赵人慎到为宗。“势”，即威权。这一派要求把政府的威权尽量扩大而且集中在人主手里，使他形成威势的形象，好镇压臣下。

韩非把荀子的“礼”改造成“法”，整合上述三种观点，建立了“法”“术”“势”相结合的法家体系，从而成为集大成者。明君如天，执法公正，这是“法”；君王驾驭人时，神出鬼没，令人无法捉摸，这是“术”；君王拥有威严，令出如山，这是“势”。“法”“术”“势”三者，“不可一无，皆帝王之具也”。

如何理解名家邓析的“两可之说”?

名家代表人物之一邓析的诡辩论，又被称为“两可之说”，意思就是，正着说有道理，反着说也有道理。

《吕氏春秋·离谓》记载，郑国一个富翁被淹死了，他的尸体被别人打捞去。富翁家人要赎之，但对方给出的价格不合理，富翁家人便去找邓析。邓析说:“别急，他若不卖给你，还能卖给谁呢?”捞到富翁尸体的人也去找邓析帮忙，邓析说:“别急，他若不找你买，还能找谁呢?”这个“两可”的故事实际上包含着一个无法付诸实施的悖论。

实际上，死者家属和得尸者都只看到对自己不利的一面，而邓析却只看到了对他们有利的一面。双方的“着急”与“不着急”都是相对的。得尸者急于出卖死者的尸体，因此，死者家属就可以“不急”；同时，死者家属急于赎回尸体，因此，得尸者又可以“不急”。在“着急”与“不着急”之间，实际上存在着一个奇异的逻辑循环。这种奇异的逻辑循环，正是邓析构建悖论式论证的认识论基础。

“天与地卑，山与泽平”是谁的思想？

惠施是继邓析之后名家最有代表性的人物。

惠施也像其他名家一样，努力钻研世界万物构成的原因。据说，南方有个奇人叫黄缭，曾向惠施询问天地不塌、不陷落以及风雨雷霆产生的原因，惠施不假思索应对，所说的就是他的核心思想“遍为万物说”，但“遍为万物说”的具体内容已不可考。

《汉书·艺文志》著录的《惠子》一篇已失传，只有在《庄子·天下》中保存有惠施的十个主要命题，称为“十事”。这“十事”是：

（1）至大无外，谓之大一；至小无内，谓之小一。

（2）无厚，不可积也，其大千里。

（3）天与地卑，山与泽平。

（4）日方中方睨，物方生方死。

（5）大同而与小同异，此之谓“小同异”；万物毕同毕异，此之谓“大同异”。

（6）南方无穷而有穷。

（7）今日适越而昔来。

（8）连环可解也。

（9）我知天下之中央，燕之北、越之南是也。

（10）泛爱万物，天地一体也。

“白马非马”是谁说的？

春秋战国时期的名家代表人之一的公孙龙有许多有趣的诡论，尤以“白马非马”论突出。据典籍记载，有一天，公孙龙骑着一匹白马要进城，该城门的守门官说，依照规定马不可以进城。于是，公孙龙就开始演说他的“白马非马”论——“马”指的是马的形态；“白马”指的是马的颜色，而形态不等于颜色，所以白马不是马（白马非马）。最后，公孙龙成功说服守门官，骑着他那“非马”的“白马”进城去了。

公孙龙的论证利用“歧义”来混淆事实。所谓“歧义”是说，一个词可以有两个或两个以上的意义，在一个讨论中，若某个字的两个不同意义同时被使用，则可能会造成这种（歧义）类型的谬误。

“是”字可以被用来表达“属于”的关系，例如，白羊是羊。“是”字亦可被用来表达“等于”的关系，例如，孔子是至圣先师。守门官的意思是：“马不可进城，白马是马，所以白马不可以进城。”在这里，“是”表达的是“属于”关系。当公孙龙论证“白马不是马”时，“是”表达的是“等于”的关系。也就是说，二人谈论的并非同一件事。

中国的兵家鼻祖是谁？

姜太公，姜姓，吕氏，名望，字敞，一说字子牙。纵观姜太公的一生，在军事、政治、经济等方面，都有卓越贡献，其中尤以军事方面的贡献最高。西汉司马迁在《史记·齐太公世家》称：“后世之言兵及周之阴权皆宗太公为本谋。”姜太公堪称兵家之鼻祖，军事之渊薮。

唐太宗即位后，为了达到“安人理国”的目的，自称是姜太公的化身，并在磻溪建立太公庙。唐玄宗时，敕令天下诸州各建一所太公庙，并要求以张良配享，每当发兵出师或各将领及文武举人应诏，都要先去

◇ 姜太公

太公庙拜谒，后来唐肃宗又追谥姜太公为“武成王”。明万历年间，许仲琳创作小说《封神演义》，从此，姜太公由人变成了神，并且为民间广为信奉，尊为“神上神”。

除此之外，儒、道、法、纵横诸家皆追尊姜太公为本家人物，尊其为“百家宗师”。

兵家的“奇正相生”是什么意思？

诸子百家之一的兵家，其代表人物有春秋时期的孙武、司马穰苴，战国时期的孙膑、吴起、尉缭、赵奢、白起，汉初的张良、韩信等。今有兵家著作《孙子兵法》《孙膑兵法》《吴子兵法》《六韬》《尉缭子》等。

《孙子兵法》中说：“凡战者，以正合，以奇胜。故善出奇者，无穷如天地，不竭如江海……奇正相生，如循环之无端，孰能穷之哉！”又说：“乱生于治，怯生于勇，弱生于强。”

上述言论的意思是，大凡作战，一般是以正兵挡敌，以奇兵取胜。善于出奇制胜的统帅，其战法如天地般变化无穷，如江河般奔流不竭。奇正之间相互依存、转化，其变化却不可穷尽。在一定条件下，乱治、勇怯、强弱之间可以相互转化，即是说优势可转化为劣势，劣势也可转化为优势，因而在战术上要“顺势而为”。

纵横家从事什么活动？鬼谷子是纵横家吗？

“纵横”，即合纵连横。所谓“纵横家”，是指战国时期以从事政治、外交活动为主的一派，是诸子百家之一。鬼谷子，姓名传说不一，相传为战国时楚人，因隐居在云梦山鬼谷，故自称鬼谷先生，为纵横家之鼻祖。

纵横家的杰出代表人物有苏代、苏秦、张仪、公孙衍。纵横家被《汉书·艺文志》列为“九流”之一。《韩非子》记载：“从者，合众弱以攻一强也；而衡者，事一强以攻众弱也。”纵横家们朝秦暮楚，事无定主，反复无常，划谋多从主观的政治要求出发。

合纵派的主要代表人物是苏秦，连横派的主要代表人物是张仪。二人均师从于鬼谷子。苏秦游说燕、赵、韩、魏、齐、楚六国，建立“合纵抗秦”联盟，任从约长，兼佩六国相印，威风八面。但好景不长，“合纵抗秦”联盟瓦解，苏秦在齐国遇刺受伤，最后死于车裂极刑。张仪受苏秦“提携”，做了秦国客卿，后被秦惠文王封为相国。苏秦死后，张仪立刻推行他的“连横”术，以“横”破“纵”，为秦国统一天下奠定了理论基础。

阴阳家邹衍“五德终始说”的核心思想是什么？

邹衍，也作驺衍，齐国人，战国末期思想家、阴阳家。建立于阴阳五行基础上的“五德终始说”是他学说的核心所在。

邹衍认为，从天地剖判以来的人类社会都是按照五德（即五行之德）转移的次序进行循环的，而五德转移是仿照自然界的五行相克，即土克水、木克土、金克木、火克金、水克火的规律进行的，人类社会的历史变化同自然界的变化一样，也是受土、木、金、火、水五种物质元素支配的，历史上每一王朝的出现都体现了一种必然性。

刘歆的《七略》中说：“邹子有终始五德，从所不胜，土德后，木德继之，金德次之，火德次之，水德次之。”邹衍的“五德终始”论，即“水德克火德，火德克金德，金德克木德，木德克土德，土德克水德”，实际上是一种循环论和命定论。

《吕氏春秋》的杂家称谓是怎么来的?

《吕氏春秋》是战国末年约公元前239年前后由秦国丞相吕不韦组织属下门客集体编撰而成的，又名《吕览》。全书共分二十六卷，一百六十篇，分为十二纪、八览、六论。该书内容驳杂，有儒、道、墨、法、名、农、阴阳等各家思想，所以《汉书·艺文志》将其列入“杂家”。

该书对先秦诸子的思想进行了总结性的批判。《不二》篇中说：“老聃贵柔，孔子贵仁，墨翟贵廉，关尹贵清，子列子贵虚，陈骈贵齐，阳生贵己，孙膑贵势，王廖贵先，儿良贵后。”并认为这些不同的思想应当统一起来，“一则治，异则乱；一则安，异则危”。《用众》篇指出：“天下无粹白之狐，而有粹白之裘，取之众白也。”由此可知，该书也是集各家之精华，成一家之思想。

杂家的特点是“采儒墨之善，撮名法之要”。

著有《淮南子》的刘安是何许人也?

刘安曾“招致宾客方术之士数千人”，集体编写了《鸿烈》（后称该书为《淮南鸿烈》或《淮南子》）一书，该书包罗万象，兼具史学和文学价值。《汉书·艺文志》把《淮南子》列入“杂家”，大概是因为《淮南子》和《吕氏春秋》一样，成于众人之手。

刘安，汉高祖刘邦之孙，淮南王刘长之子。公元前174年，刘长图谋造反，事情败露被拘。汉文帝废其王号，谪徙蜀郡严道（在今四川荥经西），途中刘长不食而死。公元前164年，汉文帝把原来的淮南国一分为三，封给刘安兄弟三人，十六岁的刘安以长子身份袭封为淮南王。

刘安聪颖好学，善于文辞，乐于鼓琴。后来刘安奉汉武帝之命著成《离骚传》，该书是中国最早的对屈原及其《离骚》作高度评价的著作。刘安素有政治野心，元狩元年（前122），有人告发刘安图谋叛乱，汉武帝将此事交给丞相公孙弘和廷尉审理。刘安恐阴谋败露，决定先发制人，但被谋士告发。刘安自杀，淮南国被废，改置九江郡。

为何说“男左女右”的习俗源于古代的阴阳观？

“男左女右”是一种中国传统习俗，比如在结婚照上，总是新郎在左，新娘在右。中医在为病人把脉时，也是遵循“男左女右”的规则：男患者先搭左手，探其气脉；女患者先搭右手，探其血脉。大夫们说如果不遵循这一规则，就会出现“阴差阳错”的现象，万万不可颠倒。

“男左女右”的习俗和中国古代的阴阳观关系非常紧密。“阴阳”最初指物体面对日光的方向：朝着太阳的一面叫阳，背着太阳的一面叫阴。中国古代的阴阳观认为，宇宙中的万事万物是相互对立的，同时又是此消彼长的，自然界的一切物体都可以用阴阳来解释，比如，天与地、日与月、山的两侧、水的两岸等。

抽象地讲，大小、长短、上下、左右都在阴阳之数，其中大、长、上、左为阳，小、短、下、右为阴。从男女两性性情来说，一般男性的性情刚烈，被定为阳，排左；而女性的性情比较温柔，被定为阴，排右。久而久之，形成了“男左女右”的习俗。

被誉为“小说家之祖”的虞初有哪些作品？

《汉书·艺文志》记载：“小说家者流，盖出于稗官。街谈巷语，道听途说者之所造也。”意思是说，小说家所做的事以记录民间街谈巷语并呈报上级等为主。然而小说家虽然自成一家，却被视为不入流者。刘歆列“九流十家”，唯小说家不在“九流”之列，影响甚小。但由于小说家从侧面反映了古代平民思想，是其他九流学派所无法代替的，故有“九流十家”之说。

虞初，西汉小说家，著有《周说》。据东汉人应劭说，“其说以《周书》为本”，意指虞初是根据《周书》写成小说《周说》的。东汉末仲长统主张“百家杂碎，请用从火”，要把小说全部烧掉。这时的小说接近民间文学，与上层文士不相容，自然就会遭到他们的憎恨，虞初的小说《周说》也不例外，最终被“从火”了。

虞初所著的《周说》虽然失传，但其对中国古代小说创作的影响是不可磨灭的。后世称虞初为小说创作的鼻祖。张衡在《西京赋》中说：“小说九百，本自虞初。”后人有用虞初为小说命名的，如《虞初志》《续虞初志》《虞初新志》等。

“与民并耕而食，饔飧而治”是谁提出的主张？

许行，约与孟子生活在同一时期，战国时期楚国人，为诸子百家之一的农家代表人物。他依托远古神农氏“教民农耕”之言，主张“种粟而后食”“贤者与民并耕而食，饔飧而治”，主张贤君要身体力行、为民办事。许行的主要言行记述于《孟子·滕文公》等著作中。

《孟子·滕文公上》记载，孟子在滕国时，许行偕弟子数十人亦自楚至滕。他与孟子不同，不求高官厚禄，只要求滕文公给他一块土地，从事耕种。滕文公允诺，许行便与其弟子数十人，穿着麻布衣服，靠打草鞋、编席子为生。儒家陈良之徒陈相与其弟陈辛自宋来到滕，“见许行而大悦，尽弃其学而学焉”。可见许行倡导的农家学说，在当时有很大的社会影响，其徒众多，连儒家门徒也弃儒而改拜许行为师。

在许行看来，像滕君那样“仓廪府库”“厉民而以自养”，靠残酷、剥削的手段压榨人民，养肥自己，这样的国君就算不上“贤君”，是人民所反对的。这是一种朴素的原始农业思想，保存了远古神农氏学说的精神，故许行号称“有为神农之言者”。西汉武帝“独尊儒术”后，农家思想成为非主流思想。

中国佛教产生宗派的原因是什么？

中国大乘佛教分为天台宗、三论宗、唯识宗、华严宗、律宗、密宗、禅宗、净土宗八大宗派。如果加上小乘佛教的俱舍、成实二宗，就是十大宗派。

◇ 释迦牟尼佛

佛教自古印度传入中国后，经过历代佛教人士的苦心研习，佛典翻译日益昌盛，各佛典的思想体系与义理各有独到之处，加上佛门师承各有法脉，所着重之经论互异，于是依其特色分为十宗。所谓分宗，就和大学分科系的道理一样，学生对哪一科系有兴趣就修哪一科系的课程。一位佛教信徒若在有生之年，学习所有佛典，不但没有效果，也没有那么多的时间和精力。

再者，在佛教看来，一切佛教宗派皆可引导众生成佛。然而，众生各自的佛学根基和喜好有差别，所以，佛陀契合众生的情况，因材施教设立教法。比如，同样是去河对岸办事，有人选择坐船，有人选择走桥，还有人选择游泳，个人根据自己的喜好选择过河的方式。中国大乘、小乘佛法共有十个宗派，修习者当随各自根性拣择，以明了佛法奥义。

中国佛教的八大宗派具体指哪八派？各自因何得名？

中国佛教出现过许多派别，主要有八宗：一是三论宗（又名法性宗），二是法相宗（又名唯识宗），三是天台宗，四是华严宗，五是禅宗，六是净土宗，七是律宗，八是密宗。这就是通常所说的性、相、台、贤、禅、净、律、密八大宗派。

（1）三论宗。因依《中论》《十二门论》和《百论》三论立宗，故名。

（2）法相宗。因剖析一切事物（法）的相对真实（相）和绝对真实（性）而得名。又因强调不许有心外独立之境，亦称“唯识宗”。创始者为唐玄奘及其门人窥基，又因窥基常住慈恩寺，世称“慈恩大师”，故又称“慈恩宗”。

（3）天台宗。因创始人智𫖮住在浙江天台山而得名。其教义主要依据《法华经》，故也称“法华宗”。

（4）华严宗。因以《华严经》为根本典籍，故名。又因实际创始人法藏号“贤首大师”，也称“贤首宗”。

（5）禅宗。主张修习禅定，故名。又因以参究的方法以彻见心性的本源为主旨，亦称“佛心宗”。

（6）净土宗。因依《无量寿经》《阿弥陀经》《往生论》，专念“阿弥陀佛”名号，以期“往生”西方“净土”（“极乐世界”）故名。因其始祖慧远曾在庐山建立莲社提倡“弥陀净土法门”，故又称“莲宗”，实际创立者为唐代善导。

（7）律宗。因着重研习及传持戒律而得名。实际创始人为唐代道宣。因依据五部律中的《四分律》建宗，也称“四分律宗”。复因道宣住终南山，又有“南山律宗”或“南山宗”之称。

（8）密宗。亦称“密教”“瑜伽密教”“真言宗”等。因该宗依理事观行，修习三密瑜伽而得名。

八大宗派的特点可以用一偈浅而概之：密富禅贫方便净，唯识耐烦嘉祥空。传统华严修身律，义理组织天台宗。

西藏的喇嘛教是怎么一回事？

喇嘛教是大乘佛教中密宗的衍生宗教，又称“西藏佛教”，其实西藏的各派喇嘛教都自称为密宗，喇嘛教则是外人加给西藏密宗的名称。

641年，文成公主与西藏王松赞干布通婚。文成公主是个虔诚的佛教徒，她陪嫁至西藏的嫁妆中就有佛经与佛像，当时松赞干布的一位尼泊尔妻子亦为虔诚的佛教徒，佛教自此传入西藏。在佛教传入西藏之前，西藏人民信奉传统的苯教，苯教徒不只反对佛教的发展，更采取行动来压制佛教，佛教被压制得几乎销声匿迹。直到一个世纪后，这种情况才有所改变。755年，墀松德赞登上西藏王位，这位一出生就皈依佛教的西藏王促成了佛教在西藏的复兴。

墀松德赞自印度请来大乘佛教学者寂护及佛教大师莲花生，二人遂开始在西藏大传密宗。尤其是莲花生高僧，他精通密宗，不仅为赤松德赞创立了一套僧侣的修炼课程，还建造了西藏第一座僧院。因此，喇嘛教可视为兼具大乘教、小乘教，但以大乘教为主，其中又以密宗为重的西藏佛教。

“菩提本无树，明镜亦非台”是什么意思？

“菩提本无树，明镜亦非台”出自《六祖坛经》，乃六祖惠能的禅悟之言。《六祖坛经》是后人根据六祖惠能的话编著而成的。

惠能师兄神秀曾作一偈：“身是菩提树，心如明镜台。时时勤拂拭，莫使染尘埃。”六祖惠能感觉神秀的禅悟不彻底，于是随口吟出：“菩提本无树，明镜亦非台。本来无一物，何处惹尘埃？”从字面上讲，意思是菩提树是空的，明镜台也是空的，身与心俱是空的，本来无一物的空，又怎么可能惹尘埃呢？

山川草木，皆有佛性，真理就隐含在普通的自然事物中。“菩提”不“菩提”，不在于树，更不在于什么树，而在于自己有没有一棵菩提之心。若菩提心在，岂不树树皆为菩提之树！反之，若只迷信于外在物相，即便是坐于菩提树下，也是没有用的。

五祖弘忍大师认为惠能作的偈比神秀作的偈要好，遂把衣钵传给了惠能大师。

如何理解天台宗的教义“一念三千”？

“一念三千”是中国佛教天台宗的基本教义之一。“一念”指“一心”，即众生心念活动的一刹那间。“三千”，是世间和出世间一切人、物差别的总称。“一念三千”即一念心具三千诸法，包容现象界的全体。

天台宗创始人智𫖮认为，世间万物之别存在于一念之偶动中，“三界无别法，一切唯心造”“夫一心具十法界，一法界又具十法界、百法界。一界具三十种世间，百法界即具三千种世间，此三千在一念心。若无心而已，介尔有心即具三千。”

“十法界”出自《华严经》，即地狱、饿鬼、畜生、阿修罗、人、天、声闻、缘觉、菩萨、佛。前六者都在迷妄中，称为“六凡”；后四者是觉悟的境界，称为“四圣”。每一法界各有“十如是”，即“如是性”（本性）、“如是相”（现象）、“如是体”（实体）、“如是力”（功能）、“如是作”（活动）、“如是因”（主要条件）、“如是缘”（辅助条件）、“如是果”（直接的果）、“如是报”（间接的果）、“如是本末究竟”。“世间”有三，即众生世间、国土世间、五阴世间。一法界即有十界，一界即具有三十种世间，百界就具有三千种世间。

“一念三千”论的提出，目的在于教人观照当下一念之心，不论此心落于何种法界，都须就此一念观其实相，即空、假、中三谛。

华严宗的“四法界”是什么意思？

“四法界”是华严宗观察差别无限的宇宙后设立的四种法界，即事法界、理法界、理事无碍法界、事事无碍法界。

（1）事法界，即差别的现象界。一切有生有来有差别的事物现象，无论是精神的还是物质的，全统摄于事法界之中。

（2）理法界，即无差别性的宇宙真理，也就是真如、佛性、法性、实相等。指一切众生色心等法，虽有差别，而体性为一，同于一理。

（3）理事无碍法界，认为理与事之间是共性与个性、本体与形相关系。指理由事显，事揽理成，理事交络，无碍自在。

（4）事事无碍法界，谓宇宙间各种事物之间都互相包容而无妨碍。指事事融通，法法无碍，即入自在。

四法界是修入无尽法界的四重观门，其中事法界是后三法界之所依。

如何理解禅宗所说的“即心即佛”？

“即心即佛”，据记载是马祖道一禅师提出来的。《祖堂集·马祖传》记载：“道一每谓众曰：‘汝今各信心是佛，此心即是佛心。’”另外，《道一禅师塔鸣并序》亦记载：“道一常说：‘佛不远人，即心而证。’”

马祖道一，又称洪州道一，唐代著名禅师，汉州什邡县（今属四川省）人。马祖道一所说的“即心即佛”，是指每个人都有佛性，所谓不假他求，要相信自己。换句话说，不要向外去寻求佛，佛就在每个人的心里，你能明心见性，你自己就是佛。在禅师眼里，佛也曾是人，人与佛应该是平起平坐的。

马祖道一的禅法具有独特的内涵，其逻辑推演与理论阐释层层递进。针对修行者而言，有三个层面：首先，“即心即佛”是思想基础，使人自信自立；其次，“非心非佛”是解脱关键，让人破除妄念偏执；最后，“平常心是道”是修行的根本目的，要回归本性，保持平常心，坚持应世利人。

寺、庙、祠、观、庵最初是什么建筑？

现实生活中，我们常会看到寺、庙、祠、观、庵等建筑。那么，它们有什么区别呢？

（1）寺。《说文解字》中说：“寺，廷也。”这里的“寺”是指宫廷的侍卫人员。西汉建“三公九卿”制，三公的官署称为“府”，九卿的官署称为“寺”，九卿中有大鸿胪，职掌布达皇命、应对宾客，其官署即“鸿胪寺”。相传东汉明帝时，天竺僧人以白马驮经东来，最初住在洛阳“鸿胪寺”，后来鸿胪寺改建，取名“白马寺”。此后，寺成为僧人住所的通称。隋唐以后，寺作为官署越来越少，而逐步成为中国佛教建筑的专用名词。

（2）庙。本是供祀祖宗的地方。《礼记》中说：“天子七庙，诸侯五，大夫三，士一。”“太庙”是帝王的祖庙。汉代以后，庙逐渐与原始的神社混在一起，蜕变为阴曹地府控辖江山河渎、地望城池之神社。作为祭鬼神的场所，它还常用来敕封、追谥文人武士。

（3）祠。为纪念伟人名士而修建的供舍。这点与庙有些相似，因此人们也常常把同族子孙祭祀祖先的处所叫“祠堂”。祠堂最早出现于汉代。东汉末年，社会上兴起建祠抬高家族门第之风，甚至活人也为自己修建“生祠”，由此祠堂日渐增多。

（4）观。《释名》中说："观，观也，于上观望也。""观"就是古代天文学家用来观察星象的天文观察台。史载从汉武帝在甘泉宫建造延寿观以后，各地建观迎仙蔚然成风。据传汉朝道士汪仲都因治好汉元帝顽疾而被引进皇宫内的昆明观。从此，道教徒感激皇恩，把道教建筑称为"观"。

（5）庵。古时是一种小草屋，即所谓的"结草为庵"。旧时文人的书斋亦称"庵"，如"老学庵""影梅庵"。汉朝以后，社会上建了一些专供佛徒、尼姑居住的庵堂，于是"庵"也就成了女子出家行佛事的专用建筑名称了。

"中国第一古刹"白马寺的名称有什么来历？

"中国第一古刹"白马寺，位于古都洛阳城东，北依邙山，南望洛水，殿阁峥嵘，宝塔高耸，钟声常鸣，呈现出佛门净土特有的清幽、肃穆和神圣气象。

白马寺是佛教传入中国后由朝廷斥资兴建的中国第一座寺院。关于白马寺得名的原因众说纷纭，其中一种是，相传，东汉永平七年（64），明帝派郎中蔡愔，博士弟子秦景等赴西域拜求佛法。永平十年，天竺高僧摄摩腾、竺法兰应汉使之请，以白马驮载佛经、佛像同返洛阳。翌年，明帝诏命于雍门外兴建寺院，为铭记白马驮经之功，命名为"白马寺"。白马寺建成后，摄摩腾、竺法兰二高僧住在其内，译出中国第一部汉文佛经《四十二章经》。

从此，白马寺逐渐成为中国佛教活动中心，并吸引日本、朝鲜、越南等国僧人来拜佛求法。由于白马寺的兴建，佛教文化广为传播，对中国人的道德观念、思想文化以及国际文化的交流产生了重大影响。因此，千百年来，白马寺一直被东亚文化区域奉为"释源""祖庭"。

汉族佛寺中常见的“十八罗汉”的名字分别叫什么？

汉族佛寺中常见的十八尊罗汉像，有一种说法是十六罗汉加二尊者。“罗汉”即阿罗汉的简称。

据经典说，有十六位佛陀的弟子受了佛陀的嘱咐，不入涅槃。2世纪时，师子国（今斯里兰卡）庆友尊者著的《法住记》中，记载了“十六罗汉”的名字和他们所住的地区。这部书由玄奘法师译出之后，“十六罗汉”便普遍受到中国佛教徒的尊敬。后来画家画出了“十八罗汉”，学者推测画家原意可能是把《法住记》的作者庆友和译者玄奘也画在一起，因而画成了“十八罗汉”。也有学者认为，“十八罗汉”的出现，可能与中国文化中对十八的传统偏好有关。

至于“十八罗汉”的名字，分别是：降龙罗汉、坐鹿罗汉、举钵罗汉、过江罗汉、伏虎罗汉、静坐罗汉、长眉罗汉、布袋罗汉、看门罗汉、探手罗汉、沉思罗汉、骑象罗汉、欢喜罗汉、笑狮罗汉、开心罗汉、托塔罗汉、芭蕉罗汉、挖耳罗汉。

佛教的重要法器木鱼有什么来历？

木鱼，是佛教的重要法器，古代又称“木鱼鼓”“鱼鼓”“鱼板”。《敕修百丈清规》卷八记载：“相传云，鱼昼夜常醒，刻木象形击之，所以警昏惰也。”

木鱼的形状，最初是挺直的长鱼形，通常称为“梆子”。这种梆子悬挂在寺院的斋堂或者库房的走廊下，在集合大众时敲击它。后来又演变出一种圆形的木鱼，这种木鱼被放置在寺院的殿堂里，在赞诵时敲叩它，以便节制声调，并提醒心神。后又出现一身二头的龙形木鱼，取“鱼化成龙”“转凡成圣”之意。

敲击木鱼的姿势：左手拿鱼，右手拿椎。执鱼是以拇指、食指和中指拿住，执椎也是以拇指、食指和中指拿住，鱼椎头与木鱼头相对，好像两手合掌的样子，这叫作“合掌鱼子”。大的木鱼，放在桌垫上敲击；小的木鱼，拿在手里敲叩。

佛教为什么对莲花情有独钟？

在佛教文化中，佛国称为“莲界”，寺庙称为“莲舍”，佛像的坐台称为“莲花宝座”，和尚的袈裟称为“莲服”，和尚行法手印称为“莲花合掌”，和尚使用的“念珠”也由莲子穿成。佛教为何对莲花情有独钟呢？

（1）莲花的特性与佛教追求的境界相同。莲生在污泥之中，犹如人生在浊尘的世界，与污浊一起，自然会受到邪恶、污秽事物或力量的侵扰，佛教称其为“魔”。人要做到“出尘而不染”，并非易事，需要相当高的觉悟和定力，这就需要修持和守戒，开发佛性，消除魔性。佛性增强不仅能抵住魔的干扰，还能降魔成佛，进而从生、老、病、死之苦中解脱出来。莲花“出淤泥而不染，濯清涟而不妖”的特性，与人世间的佛教信徒希望自己不受尘世污染的愿望相一致，佛教信徒希望自己保持洁净，以便顺利进入净土佛国。

（2）佛教诞生地印度的人们自古有爱莲的风气。在印度，莲花被视为神的象征，是印度的国花。文献中有关印度莲花女神的记载，最早见于印度的吠陀文献，说莲神生于莲花，站在莲花上，戴着莲花的花环。因此，我们所见的佛像中，净土佛国的圣贤都以莲花为座，或坐或站，都在莲花台上，以代表其清净庄严。

“男戴观音女戴佛”的说法正确吗？

“男戴观音女戴佛”实际上是民间的一种祈愿，在佛教里并没有这种说法。

“男戴观音”，主要是因为过去经商的、赶考的等都是男子，常年出门在外，并且男子往往性情较为冲动，而汉传佛教的观音菩萨都是女身，是慈悲、柔和的象征，“男戴观音”是希望男子能够柔和。

“女戴佛”的“佛”指的并不是释迦牟尼，而是弥勒佛，并且是大肚弥勒佛的造型像。因为古代女性地位不高，而大肚弥勒佛的造型像是笑脸大肚，寓意“快乐”“有度量”，“女戴佛”是希望女人能够多一些平心静气，乐观开朗。

如来与释迦牟尼是一回事吗？

如来与释迦牟尼不能完全等同，释迦牟尼固然可称如来，但其他的佛也可称如来。

“如来”一词是从梵语Tathāgata译出来的。“如”字就是“真如”，即事物的真实状况，它又包含“如实”的意义。佛经对“如来”的解释是：“如来者，乘如实道来成正觉。”“如来”是一个通用名词，它是“佛陀”的异名。例如，释迦牟尼佛，可以称释迦牟尼如来；阿弥陀佛，可以称阿弥陀如来。

释迦牟尼是佛教创始人，本名悉达多，意为“义成就者”（旧译“义成”），姓乔达摩。因其父为释迦族，成道后被尊称为释迦牟尼，意为“释迦族的圣人”，其他称号有佛陀（觉者）、世尊、释尊等。

进入禅定，为何要求“六根清净”？

“六根”是眼、耳、鼻、舌、身、意。六根所接触的物件，称为“六尘”。“六识”（眼识、耳识、鼻识、舌识、身识、意识）是六根接触“六尘”（色尘、声尘、香尘、味尘、触尘、法尘）而产生的判别力与记忆力。

佛教认为，六根是六识的工具，作善、作恶固然是出于六识的主张，但造成善恶行为的事实，却在于六根的作用。人之所以流转于生死轮回的苦海之中，就是由于六根不曾清净，自从无始以来的一切罪业，均由六根所造，比如，眼根贪色，耳根贪声，鼻根贪香，舌根贪味，身根贪细滑，意根贪乐境；有贪，必有嗔，贪与嗔由无明烦恼而来。合起来就是“贪、嗔、痴”三毒交加，恶多善少，永无出离生死苦海的日子。

一个凡夫，除了进入禅定的境界外，就不能没有妄想，妄想是促成六根造业的导火索。佛教的戒律，就是妄想的灭火器。在戒律的防卫之下，妄想就难以滋生，六根才能渐渐清净，一旦到了六根清净的程度，也就快要接近超凡入圣的境界了。

佛教所说的“七情”“六欲”分别指什么？

儒家所说的“七情”指的是喜、怒、哀、惧、爱、恶、欲。佛教所说的“七情”与儒家所说的“七情”大同小异，指的是“喜、怒、忧、惧、爱、憎、欲”七种情愫。

《吕氏春秋·贵生》首先提出“六欲”的概念：“所谓全生者，六欲皆得其宜也。”那么“六欲”到底是什么呢？东汉高诱对此作了注释，认为是六欲是生、死、耳、目、口、鼻之欲。可见六欲泛指人的生理需求或欲望。人要生存，生怕死亡，要活得有滋有味、有声有色，于是嘴要吃，舌要尝，眼要观，耳要听，鼻要闻，这些欲望与生俱来，不用人教就会。后来有人把这些欲望概括为“见欲、听欲、香欲、味欲、触欲、意欲”六欲。但佛家的《大智度论》中关于“六欲”的说法与此相去甚远，认为“六欲”是指色欲、形貌欲、威仪姿态欲、言语音声欲、细滑欲、人相欲，基本上把六欲定位于俗人对异性天生的六种欲望，也就是现代人常说的“情欲”。

为何人们把出家男子称作“和尚”？

和尚，是梵文Upādhyāya的不确切音译，这个字到了西域被读成“乌阇”，到了汉地又读成“和尚”，它的意思就是“师”。

和尚本是一个尊称，要有一定资格堪为人师的人才能够称和尚，不是任何人都能称和尚的。这个称呼并不限于男子，出家女子有资格的也可以称和尚。

然而，后来习俗上这个词被用作对一般出家人的称呼，而且一般当作出家男子专用的名词，这与“和尚”最初的意思是有出入的。

和尚不能吃肉是谁立的规矩？

中国和尚不吃肉是南朝的梁武帝萧衍首立的规矩，这位皇帝好佛，一部《大般涅盘经》手不释卷，烂熟于心。萧衍见经书里规定“戒杀生”，心想，干脆不准人们吃肉！一经决定，立即行动，他紧急传旨：臣民提倡吃素；和尚一律不准吃肉；天地神明祖宗，享受和尚待遇。何谓和尚待遇？即祭祀天地神明祖宗的供品，不准再用猪头，统统改成用面粉做的“猪头”。萧衍“金口”一开，一呼百诺，一时间，素食者“天下户口，几去其半”。可见，和尚不准吃肉完全是萧衍从“不杀生”的观点演化出来的规定。

出家人所谓的“看破红尘”是什么意思？

“红尘”，是由“红”与“尘”两个字组成的。

中国传统文化是尚红的，逢年过节的喜庆日子，人们都少不了以红色挂彩。红色代表世间的种种诱惑，象征着人生的追求和世人的欲望。

说到“尘”，我们即想起尘埃污浊。在东方的传统风俗里，人们进入庙宇必先脱鞋，为的是不把鞋底的尘埃带入庙宇。用佛教的教义来说，即不把自己的烦恼带进神圣的庙宇。

看破红尘，即知道、明了、体悟世间的实相。佛教认为世界的本质是不圆满的，是苦的，世间一切皆无常。当世人深入了解了无常现象后，就能体悟到“无我”即是一切万物的实相。

佛教认为，看破红尘是洞悉与体悟世间的实相，人要追求永恒的愉悦，就应该看破红尘。看破红尘不是冷漠无情、六亲不认，而是在理性上体悟世间的本质：苦、无常、无我；在情感上不因执着而起烦恼。

“小品”与禅有什么不解之缘？

“小品”一词本属佛教用语。鸠摩罗什翻译《般若经》，将较详的二十七卷本称作《大品般若》，较略的十卷本称作《小品般若》。可见，“小品”与“大品”相对，指佛经的节本。

因为小品的篇幅短小，语言简约，便于诵读和传播，故备受人们的青睐。《南齐书》记载，张融“遗令建白旌无旒，不设祭，令人捉麈尾登屋复魂曰：‘吾生平所善，自当凌云一笑。’三千买棺，无制新衾。左手执《孝经》《老子》，右手执小品《法华经》”。晚明夏树芳在《香林牍》自序中说：“长夏居毗山，日礼《莲花小品》，殿最名香，略摭成篇。”晚明文人嗜佛成风，但只是逃于禅、隐于禅，大多数人只是为逃避政治祸患，并未真的遁入空门，故无耐心钻研深奥、玄秘的佛典，只对“小品”情有独钟。

随着“禅悦”之风的兴盛，文人士子们将“小品”概念移植到文学中，这也便成为很自然的事了。

第三辑

姓氏、称谓

姓和氏究竟有什么区别？

谈到姓，人们很容易就想到氏。大家都觉得姓和氏是一回事。其实，在先秦时期，姓和氏有严格的区别，不能混淆。

姓是代表有共同血缘关系的族号，是氏族的标记，它标志着一个人由哪个氏族生出。《说文解字·女部》里说：“姓，人所生也。”我们看“姓”字从“生”、从“女”，表明了出生的血缘关系，清楚地说明同姓的人都是一位女性祖先的子孙，这正是远古母系社会制度的反映。

氏是由姓衍生出来的分支。在古代，同一姓族的人，由于人口繁衍迁居到各地，加上身份、职业的变化，同一祖先的后代子孙便逐渐分成一些支派，每支又用一个特殊的号来做标志，这就是“氏”。

随着宗法制度的崩溃，氏族贵族日趋瓦解，一个具体表现就是战国时期姓、氏制度变得混乱。秦始皇统一天下，基本结束了西周的宗法制度，旧的氏族及姓氏制度也被清除殆尽，姓和氏开始合二为一。西汉司马迁在作《史记》时，干脆把姓和氏混为一谈；在“本纪”中讲到秦始皇时就说“姓赵氏”，讲到汉高祖时就说“姓刘氏”。

古人怎么起名和字？有何讲究？

现在的人，大多数有“名”无“字”，所以当我们说到“名字”的时候，通常指的仅仅是人的名，或姓名。可是在古代，多数人尤其是做官的和知识分子既有“名”又有“字”，有些人名、字之外还有

“号”。它们之间有何差别？

在古代，“名”是个人在社会上的特称，即个人在社会上所使用的符号。“字”往往是名的解释和补充，是与“名”相表里的，所以又称“表字”。名与字可意义相近，如诸葛亮字孔明，明与亮都有光线充足之意；名与字也可意义相反，如吕蒙字子明，蒙与明意思相反，蒙为不明。古人常自称其名以表示谦称，称人之字以表示对人尊称，名字连称亦是对人尊称。

《礼记》的注疏上有写道：“始生三月而始加名，故云幼名，年二十，有为父之道，朋友等类不可复呼其名，故冠而加字。”由此可知，“名”是幼时起的，供长辈呼唤。男子到了二十岁时行冠礼，取字。女子长大后也要离开母家而许嫁，未许嫁的叫“未字”，亦可叫“待字”，故有“待字闺中”之说。十五岁许嫁时，举行笄礼，也要取字，供朋友呼唤。

古人的“号”是怎么来的？

古人的名字中除了姓、氏、名、字外，还经常有个“号”。

“号”也叫“别称”“别字”“别号”，可分为自号和赠号。称别人的号是为了表示尊敬，自己称号一般只用于自己的作品中。命号之风至唐宋间尤为盛行。

自己命号主要有三种情况：（1）以居住地环境自号。如李白，自幼生活在四川青莲乡，故自号“青莲居士”。（2）以旨趣抱负自号。如欧阳修，晚年自号“六一居士”，即一万卷书，一千卷古金石文，一张琴，一局棋，一壶酒，一老翁；南宋画家郑思肖，在南宋亡后自号“木穴国人”，表示不忘故国。（3）以生辰、年龄、文学意境、形貌特征等自号。如辛弃疾，自号“六十一上人”。

别人赠号主要有三种情况：（1）以其轶事特征为号。如李白，人称“谪仙人”；宋代贺铸因写了“一川烟草，满城风絮，梅子黄时雨”的好词句，人称“贺梅子”。（2）以官职、任所或出生地为号。如王安石，人称“王临川”；杜甫，人称“杜工部”。（3）以封爵、谥号为号。如诸葛亮封武乡侯，人称“武侯”；岳飞，谥号“武穆”。

中国姓氏来源大致有哪些？

中国是世界上最早使用姓的国家，大约在五千年前，姓就被定为世袭，由父系传递。至于姓氏的来历，几千年来变化很多，说法不一，但归纳起来大概有以下几方面：

（1）在母系氏族社会，以母亲为姓。传说上古时代炎帝的母亲叫女登，所以那时许多姓都是女字旁，如姬、姜、妫、姒等。

（2）以出生地、居住地为姓。春秋时期，齐国公族大夫分别住在东郭、南郭、西郭、北郭，便以东郭、南郭等为姓；郑国有位大夫住在西门，便以西门为姓。

（3）以古国名为姓。商朝在泾渭之间有个阮国，其后代便姓阮。

（4）以封地为姓。周昭王的庶子被封于翁地，因而姓翁。

（5）以官职为姓。古代有五官，即司徒、司马、司空、司士、司寇，他们的后代便以这些官职为姓。

（6）天子赐谥，以谥（古时在人死后按其生前事迹评定褒贬给予的称号）号为姓。周穆王死了一个宠姬，为了表示哀痛，赐她的后代姓痛。

（7）以祖辈的字为姓。郑国公子偃，字子游，其子孙便姓游。

（8）以神话中的传说为姓。传说舜时有纳言（即负责宣达帝命的官）是天上龙的后代，其子孙便以龙为姓。

（9）因避讳或某种原因改姓。战国时期的田齐襄王法章的后代本姓田，齐国被秦灭了，其子孙不敢姓田而改为姓法。汉明帝讳“庄”字，凡姓庄的都改姓严。

（10）以技艺为姓氏。如巫、卜、陶、匠、屠等。

（11）随着历史的发展、民族的复杂化，有些姓则是民族语言的译音。匈奴首领单于的子孙就有不少姓单于。

中国最古老的“风”姓是怎么来的?

伏羲之后，以风为氏。《帝王世纪》记载：“伏羲氏，风姓也。”《竹书纪年》中说：“太昊伏羲氏，以木德王，为风姓。”《三坟》中说：“伏羲氏，燧人子也，因风而生，故为风姓。”因此，“风”姓是中华第一个姓。

伏羲氏是中国上古时期著名的部族首领。史载，伏羲生于成纪（今甘肃静宁县治平乡刘河村），建都于陈。淮阳自古就被称为“太昊之墟”，就是传说中的陈都。可以说中国万姓同根，根在伏羲氏，而羲皇故都淮阳，正是中国诸姓氏的发源地。

伏羲氏对中华民族的贡献颇多，比如“正姓氏，通媒妁，制嫁娶”。在原始社会之初，人们群居杂婚，难免近亲婚育，伏羲氏认识到这种危害，制定了一套“同姓不婚”的嫁娶礼仪制度，从而避免了血亲通婚，实现了中华民族的优生繁衍。

姓作为“远禽兽，别婚姻”的符号，是中华民族文明进步的重要标记。中国的姓氏大部分代代相传，成为中华民族生生不息的血缘纽带。

古时哭长城的“孟姜女”姓“孟”吗?

孟姜女并不姓孟，“孟”为兄弟姐妹中排行老大的意思，“姜”才是其姓氏。“孟姜女”实际的意思是“姜家的大女儿”，而且，“孟姜女”不是单指一个人，而是一类人的通称。《毛传》和陈奂的《诗毛氏传疏》等文献记载，先秦时期，“孟姜”一般是称齐国国君之长女，亦通指世族妇女。也就是说，当时很多齐国公室的贵族妇女都可称“孟姜”。此点除有文献记载作证据外，还有文物洹子孟姜壶为证。

古时女子姓前为何冠以“伯、仲、叔、季”？

在先秦时期，姓不但是女子能否与男方婚配的重要标志，而且还具有区别女子结婚与否的重要作用。因为那时的女子虽有名字，但限于周礼“男女非有行媒，不相知名”的规定，于是女子的姓便担负起社会通用的名的作用。未婚姑娘为了加以区别，一般在姓前冠以孟（伯）、仲、叔、季，用来表示老大、老二、老三、老幺这种排行。如古书所记孟梁、仲子、叔姬、季某，意即梁家的大女儿、子家的二女儿、姬家的三女儿、某家的四女儿。

女子嫁出去以后，一般将丈夫和娘家的姓并列称某某氏，如一位姬姓女子嫁给卫国大夫孔圉做妻子后，就叫孔姬氏；若是孙姓女子嫁给李姓男子，婚后只能称为李孙氏。

同时，伯、仲、叔、季还指兄弟长幼的次序。辞典的解释为：“兄弟排行的次序，长兄为伯，次为仲，又次为叔，最幼为季。若兄弟三人，则称孟、仲、季。”

古人在什么情况下会改姓？

中国有句俗语：“行不更名，坐不改姓。”貌似古人是不轻易改姓的，但事实并非如此。追溯中国的姓氏史，常可发现一些改姓的情况，大致说来，主要有以下几种：

（1）有意回避。在古代，触犯尊长的名讳是绝对不允许的。当某个姓与帝王、长辈、名人的姓重合时，就必须换掉。如东汉明帝叫刘庄，为避圣讳，姓庄的就改为姓严（严、庄同义）。还有的人为躲避仇家追杀而改姓。如明代燕王朱棣在靖难之役中处死黄子澄，黄氏子孙只好改姓田，用于避难。

（2）化繁为简。这较多地发生在少数民族进入中原后，为了和汉族更好地融合，改原姓为汉姓。如北魏迁都洛阳，拓跋氏改姓元，唐代文学家元德秀、元稹等都是拓跋氏的后代。还有一些姓氏在读音不变的前提下，改为更简便的字。

（3）赐姓。帝王为奖励其臣子，有时赐另一个尊贵的姓（通常为皇姓）给臣子。如汉高祖因项伯在鸿门宴上对他有救命之恩，便赐其刘姓。反之，如果某人犯了罪，帝王会迫使其姓一个凶姓或带侮辱性质的姓。如南朝宋刘诞因反抗朝廷被孝武帝所杀，刘诞及其家族贬姓留。

（4）因事、因封地改姓。古人会因事改姓。汉武帝时有位丞相叫田千秋，因劳苦功高、年事已迈，汉武帝特别恩准他乘车出入宫禁，人称“车丞相”。田千秋为感谢皇恩，干脆就改姓车了。也有因封地而改姓的，如战国时期的公孙鞅，曾因功被封于商，号商君，故又称“商鞅”。他的后代就以封地商为姓氏。

（5）因迁徙而区别他姓改姓。如汉代山东诸县葛姓迁到沂水，为了和当地葛姓区分开，改称“诸葛”。

（6）求富贵吉利等。如南北朝时有祭姓人，认为祭姓不吉利，而“訾”字有资财之意，表示富有和充裕，便改为訾姓。

古代统治阶级把姓氏作为尊卑屈辱的象征，把赐姓作为奖惩臣民的手段，认为姓氏的好坏关系到家族的兴盛、地位的升贬、后世子孙的发展等。正因为如此，才会出现上面各种改姓的情况。

中国古代帝王赐姓大致有哪些情况？

赐姓，即帝王赐给臣民姓氏。大致来说，主要有以下几种情况：

（1）赐国姓。古代姓氏有高低贵贱之分，皇帝的姓最为尊贵，称为国姓。赐国姓是帝王对臣民的最高精神奖励，只有对国家做出重大贡献者才能获此殊荣，获赐者将被附入皇室属籍。赐国姓的主要作用有三：安抚降将；羁縻外蕃；褒奖有功，以示恩宠。

（2）赐他姓。除赐国姓外，还有赐予他姓的情况。此外，还有赐汉字单姓以代替少数民族复姓的情况。如唐天宝年间（742—756），唐玄宗以外家姓“窦”赐宁远国王阿悉烂达干。外戚之姓，一旦受赐，就与外戚同族。被赐予这种姓，也是一件很荣耀的事情。

（3）赐恶姓。帝王赐姓并不都是为了褒扬臣民，还有的是带有贬损之意的，那就是赐恶姓，即将恶字赐为姓。这种赐姓常带有强烈的感情色彩和人身攻击意味。赐恶姓是一种极其严厉的处罚，往往与危及统治利益的人和事有关，或是出自帝王感情好恶。如武则天夺得皇后之位后，将高宗的原皇后王氏和宠妃萧淑妃分别改姓为蟒和枭。蟒，意为大毒蛇；枭，意为枭首。

（4）因嫌恶而赐姓。这种情况往往都是帝王觉得臣下的姓不吉利，于是赐姓改之。如南唐时一位名叫哀愉的臣子在朝贺时，南唐皇帝嫌“哀”字不祥，于是就赐他衷姓。

（5）因特殊技艺而被赐姓。如南唐歙州著名工匠李廷珪，善于制墨，“自宋以来，推为第一”，其本姓奚，被南唐主赐姓为李。

（6）其他种类的赐姓。其一，继嗣赐姓。其二，臣下主动要求赐姓。如唐朝一些节帅藩镇出于种种原因，上表奏请赐姓，而朝廷对他们有所顾忌，一般情况下都会迁就他们的请求。其三，追赠赐姓。追赠是在臣下死后追加的荣誉。如李君羡，贞观被诛，天授中，武则天追尊武姓，诏复官爵。

古人将避讳皇帝姓名的现象称作什么？

所谓“避讳”，就是指人们在说话或者写文章的时候不能乱用、乱写，遇到应该忌讳的人物的名字时，必须设法避开，用音同或音近的字来代替，或用其他办法来改说、改写。

由上可知，避讳有两种。一种是说话时，遇有犯忌触讳的事物，不直接说出该事物，而用其他的话来表述，如把“死了”说成“走了”。另外一种避讳，即人物姓名的避讳，具体地说，是避帝王、圣人、长官、父母、祖父母以及其所尊者的名字。

人物姓名的避讳，主要有三种：一种是对于皇帝的名字全国上下的臣民都要避讳，这叫作“国讳”，也叫作“公讳”；另一种是对于父母或祖父母的名字全家后代的人都要避讳，这叫作“家讳”，或者叫“私讳”；还有一种是对于既非皇帝又非尊亲，而是周公、孔子一类圣人的名字，也要避讳，这叫作“圣讳”。

“国讳”要避的主要是皇帝本人的名讳，进而还要避皇帝的字、皇后及皇帝父祖的名讳，推而广之，连帝后的谥号、皇帝的陵名以及皇帝的生肖和姓氏也都要避讳。

孩子为什么从父姓？有过从母姓的时期吗？

姓氏是人类社会体制的产物。随着生产力的发展，私有财产也在发展。社会上的人逐渐分化成阶级，于是产生了财产和权利的传承问题。这样就需要明确血缘关系，子女从父姓或从母姓成了最直接的手段。

人类社会发展的最初阶段即原始社会，先后为母系社会和父系社会。在母系社会中，多数男性都在家族之外狩猎，在家时间很短，女人在家养牲畜和种粮食。因为工具落后，男人打的猎物往往比女人的收获少，女性是一个家族的传承者，故孩子从母姓。那时，人们“只知其母，不知其父”。后来，随着生产力的发展，先进工具的使用，家庭开始以男性为主，社会向父系社会过渡。此时，男性是一个家族的传承者，故孩子从父姓。

孩子从父姓，其实是为了规定孩子的权利和义务指向父系家族。孩子的姓氏标明他具有哪个家族遗产的继承权，对哪个家族的事务负有责任和义务。古代绝大部分家庭的遗产来自父系，因此绝大部分的孩子都从父姓以标明遗产继承权。女儿将来是要从夫姓的，失去姓氏的同时，也失去了遗产继承权和义务。这就是孩子从父姓的根本原因。

古代人名与地名有何不解之缘？

古时，人们往往在姓名前或后冠以地名，这一文化习俗被称为“地望”。如周幽王宠妃褒姒，姓姒，褒是其出生地（国）。可见，在中国历史上，姓、氏、人名与地名早在西周时期便已结下了不解之缘。

汉魏以后，姓与氏合二为一，姓亦称氏。汉末以后，受门阀士族制度的影响，有些家族世居某地，或因人才辈出，或因战功卓著，长期受封加爵，形成当地的代代相袭的世家大族，深受众人仰望，人称“郡望”。这时，单以姓氏不足以表示等级，必系以郡望。姓氏、郡望除了作为象征血缘关系的符号，还有别长幼、明贵贱、分尊卑的作用，出现了“国姓”“郡姓”“州姓”“县姓”等不同等级。郡望甚至还成了婚嫁的根据。豪门世家非望族不嫁，非望族不娶，否则便是自降身价。

唐初五姓，即李、崔、卢、郑、王，“自持郡望，耻与他人为婚”。当时社会上仍流行在姓前冠以郡望的习俗。韩愈世居颍川（今河南禹州），其先世郡望自称“昌黎人”，韩愈总以“郡望昌黎”自称，还将自己的诗文集题名为《昌黎先生集》。也有人在姓名前冠以故乡地名，或任过官的地名，遂约定俗成。唐朝文学家柳宗元系河东

（今山西运城西南）人，曾任柳州刺史，世称“柳柳州”，亦称“柳河东”。

明清时期，“地望热”减退，但仍有用籍贯代替人名的习俗。如广东南海人康有为，又被称为“康南海”。

古人的“字”中隐藏着哪层关系的密码？

行辈是中国古代以血缘关系为基础的宗法制度及其观念的产物。行辈起名法，可分为一般的兄弟排列和严格的字辈（族谱）排列两大类。之所以说古人的“字”中藏着兄弟关系的密码，是因为古人以兄弟排行起名主要表现在用字上。

（1）用有排列意义的字取名。古时以伯、仲、叔、季取字，表示兄弟为一、二、三、四的排列次序。例如孔丘，字仲尼，即孔家老二；画家唐伯虎，则是家中的老大。后来，又增添了长、元、次、少、幼、稚等形容字。

（2）单名沿用偏旁（或字头）取名。如三国时期刘表的两个儿子，一个叫刘琦，一个叫刘琮，都带斜“王”旁；又如著名唐宋八大家中的苏轼、苏辙兄弟，都有“车”字旁。

（3）双名沿用一字取名，即除姓之外的第二个字相同，或是第三个字相同。

古人按照辈分取名的习俗是怎么回事？

按辈分取名法，即同族不同辈分的人选用不同的字，并严格固定下来。凡属同一辈的人，都必须按选定的辈分字取名。

晋以后，人们的行辈意识显著加强。齐武帝的儿子，除长子外名都嵌有“子”字，字都用“云”字，如萧子良字云英、萧子卿字云长等。又如齐武帝之弟萧嶷的六个儿子，名也都嵌“子”字，但字一律用“景”字，以表示与武帝之子同辈不同父，是从兄弟，如萧子廉字景蔼、萧子云字景乔等。

这种一家一户的行辈意识，逐渐演变成凡是同一祖先的族姓，便共同商定出若干个好听的字，排定顺序，依次使用。这样，同族同辈的人都有一个“共名”，即行辈区别字，此外又各有自己的专名，只要一看这个行辈区别字，便可知他是哪一辈的人。

比如，孔子家族，在1774年经清乾隆皇帝批准，孔子后裔的三十字辈依次是：希言公彦承，弘闻贞尚衍，兴毓传继广，昭宪庆繁祥，令德维垂佑，钦绍念显扬。其中，希字是孔子家族的第五十六代。由上可知，孔繁森是孔子家族的第七十四代。

需补充说明的是，在家族按字辈取名时，有的仅以男性为准则，女子的名字是不入谱的（个别除外）。因此，古人男尊女卑的思想也反映在取名上。

古人起名为何逐渐从单名转向了双名？

《说文解字》中说：“名，自命也。从口，从夕。夕者，冥也。冥不相见，故以口自名。”由此可知，起初人们取名只是为了联系起来方便，名只是一个代号，并没有什么深刻的内涵，所以，人们的名多为单名。

虽然起初人们的名多是单名，但人们在命名时仍然要遵循一定的“约定俗成”的规则。《左传·桓公六年》记载了鲁国大夫申繻论述的五种命名原则：“名有五：有信，有义，有象，有假，有类。以名生为信，以德命为义，以类命为象，取于物为假，取于父为类。”申繻又提出了命名的“六不”：“不以国，不以官，不以山川，不以隐疾，不以畜牲，不以器币。”

除了有命名规则的约束外，古人在起单名时还会遇到许多问题。

（1）单名不易表达起名者的思想愿望。单名如孙权、周瑜等，不如檀道济、王镇恶等双名能充分表达出一个人的志向、抱负和愿望。

（2）随着社会的发展，人口的增加，命名取字方式越来越复杂，取材越加广泛。如引用经书、使用典故、袭用古人用字，单名不及双名方便。

（3）随着社会的发展，通过名字把血缘和行辈关系表达出来的观念逐渐强化，并且还出现了行辈区别字，另外还需要再选一个代表自己的字。

以上种种，都促成了双名的发展。

《百家姓》为何以“赵钱孙李”起首？

《百家姓》是中国汉族姓氏总集，原先载有四百一十一个姓氏，后来增补至五百零四个。《百家姓》的排序每句只有最后一个字讲究押韵，琅琅上口，其他姓氏的位置没有特别讲究，但首句“赵钱孙李、周吴郑王”的选择却是有缘故的。

关于《百家姓》的作者，说法不一。南宋学者王明清认为是“两浙钱氏有国时小民”，清人王相认为是宋初的“钱塘老儒”。钱塘即今浙江杭州，五代十国时属于吴越国。北宋建立以后，吴越国依附了宋朝，得以继续存活了十几年。

（1）首句“赵钱孙李”四姓，宋朝皇帝姓赵，作为当朝国姓的“赵”，理所当然列为首姓；“钱”是吴越国国主的姓氏，得以排列第二位；“孙”是时任吴越国国主的钱俶正妃之姓，排第三位；“李”即五代时南唐国主之姓，也是江南大族之姓，排第四位。

（2）次句“周吴郑王”四姓，都是吴越国开国以来历代后妃们的姓氏。

由此不难看出，“赵”姓被冠以首位，乃是出于“尊国姓”。“赵钱孙李、周吴郑王”被排为首句，打上了强烈的权力烙印。

为什么中国许多姓氏起源于河南省?

有学者经过考证后得出结论：河南是中国姓氏资源第一大省，海内外华人的祖根大半在河南。河南为何在中国姓氏中占有如此重要的位置呢？原因如下：

（1）河南是中国姓氏诞生时期人类活动的重要地区。

（2）当今中国一百二十个大姓多数属于黄帝族，少部分属于炎帝族和东夷族，而河南是这三族长期活动的中心，因此，这三族的姓氏也多数是在河南境内形成的。

（3）夏、商两代，奴隶制从兴起到全盛，这一时期也是中华姓氏得以发展的时期，而这两个朝代活动的中心地带均在今河南省。

（4）西周虽建都于镐京（今陕西西安市长安区沣河以东），但在立国初期便营建了东都洛邑（今河南洛阳），至平王东迁，洛邑成为东周的统治中心。据初步考证，从周初到战国时期的诸侯国，分布于今河南境内的六十多个大小诸侯国基本上都演变成为姓氏。

此外，北魏孝文帝拓跋宏于494年率领贵族、文武百官及鲜卑士兵迁都河南洛阳后，进行汉化改革，令鲜卑人改姓并自称河南洛阳人。鲜卑人改姓的数量，仅见于《魏书·官氏志》中的即有一百一十四个，其中被列入当今一百二十个大姓的就有二十五个，加上河南自身历史悠久、人口密集、建都频繁，这些都构成了其成为中华姓氏主要发源地的条件。

为何君主都不用自己的姓氏作国号?

中国历史悠久，朝代更迭频繁。稍加观察，便不难发现，中国古代王朝的开国君主大都不用自己的姓氏作为国号。这是为什么呢？

古语有云："名不正则言不顺。"一个王朝确立了国号就名正了，代表一个新的王朝从此诞生。每个朝代的号都是经过慎重考虑而选择的，同时也是有说法的。据《史记·五帝本纪》记载："自黄帝至舜、禹，皆同姓而异其国号，以章明德。"

◇ 曹操

实际上，中国古代君主也有以自己的姓氏作为国号的，只是不多罢了。比如，南北朝时期的陈朝，就是以姓氏为国号，开国皇帝是陈霸先。汉献帝曾封曹操为"魏公""魏王"爵位，曹丕代汉后便改国号为"魏"，因为皇室姓曹，历史上又称"曹魏"。

历代国号更多的是采用创建者原有封号、爵位或创建者原始政权统治的区域为号，还有的国号是为了寓意吉祥。比如，隋文帝之父杨忠，曾被北周封为"随国公"，隋文帝认为"随"有"走"的意思，恐不祥，遂将"随"改为"隋"。从金、元开始，少数民族的朝代则喜欢采用中原文化进行取意，立国号时多从《易经》中取字。

国号的由来大致有几种情况？

国号，即国家的称号，或一个朝代的名称。在中国古代，国家或朝代创建者办的第一件事就是确立国号。在奴隶制和封建制时代，国号的由来大致有以下四种情况：

（1）根据发迹的地名定国号。如汉朝的国号是因其创建人刘邦曾被项羽封为汉王，活动在巴、蜀、汉中一带而来；宋朝的国号是因其创建人赵匡胤在后周时曾为宋州节度使而来。

（2）根据所封爵号定国名。这种国号直接来自创建人的爵号，而爵号又往往和某一地名相一致。隋朝的国号来自创建人杨坚称帝前曾承袭其父杨忠的随国公之爵。

（3）根据发迹地的特产定国号。契丹人耶律阿保机所建王朝名辽，辽意为“镔铁”，因耶律阿保机的发迹地产镔铁，即用以为国号，取其坚固之意，以象征国家政权如铁之坚。

（4）根据文义定国号。元朝的国号取《易》中的“大哉乾元”之意。

忽必烈为什么将国号“大蒙古国”改为“大元”？

《元史》记载：“元”的命名，是元世祖忽必烈根据中原文人的建议而定的。

自从成吉思汗统一蒙古各部落以后，一直用族名充当国名，称“大蒙古国”，没有正式建立国号。忽必烈登上蒙古汗位后，建年号为“中统”，仍然没有立国号。随着统治的日益巩固，忽必烈决定在“附会汉法”方面再迈一步。

◇ 忽必烈

1271年12月，忽必烈采纳刘秉忠、王鹗等儒臣的建议，从《易经》“大哉乾元，万物资始，乃统天”句中取一“元”字作国号，意思是大、首，是对无始无终、无边无际的浩大的宇宙的赞叹。自此，忽必烈正式建国号“大元”，并颁布《建国号诏》。忽必烈建国号“大元”，明确表示他所统治的国家已经不只包含蒙古一个民族，而是中国历代封建王朝的延续。

元朝自成吉思汗起历经十五帝一百六十三年，自忽必烈定国号起，历经十一帝九十八年。

但也有人认为，“元”与蒙古人的风俗和图腾有关，有人还认为“元”与佛教有关。

朱元璋靠明教起家而定国号为“大明”是真的吗？

◇ 朱元璋

据史料记载，明朝开国皇帝朱元璋早年参加郭子兴的起义军，因作战勇敢受到郭子兴的重用。郭子兴信奉白莲教，并加入白莲教组织。白莲教宣称“黑暗即将过去，光明将要到来”，借以鼓舞人民反对黑暗的元朝统治，所以又称“光明教”。白莲教的首领韩山童自称“明王”，他的儿子韩林儿自称“小明王”，其称号都体现了白莲教教义的宗旨。所以，朱元璋在夺取天下后，将国号定为“大明”。

登上皇帝宝座的朱元璋，深知秘密教派的厉害，便下诏取缔白莲教、明教等教派，并把取缔“左道邪术”这一规定写进《明律》，用法律形式固定下来。其后，白莲教以各种支派的形式变换名称继续发展，明教却逐渐衰落。到明清之际，明教在中国完全消失。

皇太极为何把国号“后金”改为“清”？

皇太极为何把国号由“后金”改为“清”？“清”的意思又是什

◇ 皇太极

么？由于皇太极和清朝史料对此都没有作出解释，因此，学界便只能根据自己的理解来诠释了。

据说，当年努尔哈赤在逃难时骑一匹大青马，他跑得很急，把马累死了。努尔哈赤对马很有感情，于是他对死去的马说："大青啊，大青啊，你是为我累死的，将来我得了天下，我这个国号就叫大青。""清"跟"青"是谐音。这是传说，不足为信。除此之外，至少有以下五种诠释：

（1）"清"和"金"在满语里发音相近，所以皇太极用"清"字作国号。

（2）在皇太极之前，中国历朝历代都没有用"清"字作国号的，所以皇太极用"清"字作国号。

（3）明朝的"明"，左边为"日"字，日是火；"清"字左边为三点水，水克火，清要灭明，故用"清"字。

（4）在萨满文化里，"清"就是"青"，且二者同音，青天是通天、吉祥的意思。

（5）皇太极原来用"后金"作国号，但要进兵中原，考虑到中原人一看到这个"金"字就想起南宋了，一提起金人就想起岳飞了。为了在问鼎中原时减少阻力，皇太极于是舍"后金"，改用"清"字作国号。

洪秀全为何定国号为"太平天国"？

据考证，洪秀全将国号定为"太平天国"，一方面是受到中国历代农民起义的影响，尤其是受清初“天地会”农民起义的影响，另一方面是受到基督教的影响。

“天地会”自创立以来，就一直向往建立一个“天下太平”的社会。“天地会”的聚会地点叫作“太平圩”，办事的公堂称作“太平庄”，开会的地方称作“太平广场”。

洪秀全创立“拜上帝会”，还吸取了基督教《圣经》中的“千载太平”之意。

“太平天国”的中“天”，是“顺天”的意思，表示太平天国真正受命于天，同时还糅合了基督教的“天父上帝”的教义。至于太平天国中的“国”，则意为代表上帝做人间的天王，居于天下之中。因此，“太平天国”这个名称反映了当时广大农民要求建立人间天堂的美好愿望。

庙号、谥号、年号的含义是什么？

在中国古代，帝王死后要在太庙立室奉祀，并追尊某祖、某宗的名号，称庙号。始于殷代。庙号的特点是皇帝死后才有，皇帝死后要进太庙、家庙或奉先殿。庙里放一个木牌位来祭祀他，因而要给他一个称号，即庙号。历代庙号并无严格规定，也并非每位皇帝一定都享有庙号，比如女皇武则天就没有庙号。

一般来说，庙号的选字并不参照谥法，但是通常也选择具有美好意义的字，例如“太”“世”“高”“神”“圣”“仁”“睿”“明”“章”等。唐朝以后，王朝开国皇帝的庙号通常为“太祖”，第二代帝王的庙号常常为“太宗”。如果王朝帝系发生变化，则其庙号为“世祖”或“世宗”。《礼记》亦云：“祖有功，宗有德。”

谥号就是帝王、贵族、大臣、士大夫死后依其生前事迹给予的称号。即人死了之后要给他一个评价、一个称号，叫作谥号。文人可以有谥号，但不能有庙号。谥法中，常选择有特定含义的字以表死者之善恶。在称呼时，庙号常常放在谥号之前，同谥号一道构成已死帝王的全号。

年号则是中国古代封建帝王用于纪年的名号。

中国历史上第一个和最后一个使用年号的皇帝分别是谁？

中国历史上的第一个年号出现在西汉汉武帝刘彻时期，此前的帝王只有年数，没有年号。清朝赵翼的《二十二史札记》记载，中国历史上的年号纪年是在汉武帝十九年（前140）首次出现的，年号为“建元”（前140—前135）。汉武帝一生所用的年号共有十一个，它们依次是“建元”“元光”“元朔”“元狩”“元鼎”“元封”“太初”“天汉”“太始”“征和”“后元”。

中国历史上最后一个使用年号的皇帝是清末的溥仪。他的年号是“宣统”。至于民国初年袁世凯所用的年号“洪宪”和后来溥仪在复辟及担任伪满洲国“皇帝”时所用的年号，均不为史学家所承认。

◇ 汉武帝

◇ 溥仪

综上所述，中国历史上使用年号的时间为公元前140年到1912年（虽然民国是1911年革命成功的，但溥仪是1912年才退位的），共计两千零五十二年。

袁世凯称帝为何改年号为“洪宪”？

黄浚的《花隋人圣庵摭忆》记述了袁世凯称帝时所用的年号“洪宪”的来历：

“当时袁将改元，群下议年号，佥思绾洪合武，于是有洪宪、宪武之拟称。盖利用思明覆清之心理，故于尊袁通谱之谀词，亦乐闻之。”

朱元璋推翻元朝，建立明朝，建年号“洪武”。袁世凯及其追随者妄图利用人们的思明覆清心理“绾洪合武”，故改元“洪宪”。

孔子在历朝历代的封号有哪些？

孔子于公元前479年逝世，鲁国哀公亲制诔文悼念孔子，诔文中称孔子为“尼父”。这是有别于封号的尊称。

孔子有封号始于公元元年，汉平帝追封孔子为公爵，称孔子为“褒成宣尼公”。北魏孝文帝于太和十六年（492）改称孔子为“文圣尼公”。隋文帝杨坚于开皇元年（581）尊孔子为“先师尼父”。

唐太宗李世民于贞观二年（628）尊孔子为“先圣”，十一年又改称“宣父”。乾封元年（666），唐高宗诏赠孔子“太师”封号。天授元年（690），武则天执政时恢复公爵之封，封孔子为“隆道公”。开元二十七年（739），唐玄宗升孔子为王爵，谥号“文宣”，称“文宣王”。

宋真宗于大中祥符元年（1008）加号孔子为“玄胜文宣王”，大中祥符五年又改称“至圣文宣王”。

清顺治二年（1645），封孔子为“大成至圣文宣先师”。

中国古代的册封是怎么回事?

在中国古代社会中，凡帝王祭告天地宗庙、选立后妃、任命诸王大臣，或向异姓王、宗族、嫔妃授予爵位及名号时，均要举行一套相应的典礼仪式。由此而形成中国古代社会政治生活中的册封制度，或称“册命制度”。事实上，早在殷商时期，册封制度就已经产生。在殷墟考古中出土的甲骨、卜辞上，就有“用再册”的记载。

古代帝王在对藩属、诸侯、宗族、妃嫔与功臣等人进行封爵时，皆举行一定仪式，对受封者宣读授给封爵名号的诏书，简称“册”。宣读册文后，将册文连同印玺授给被封人，称“册封”。清立皇后之礼称“册立”，余称“册封”，立皇后与封皇贵妃、贵妃、亲王、亲王世子皆用金册、金宝（印玺），封郡王及郡王福晋皆用银制饰金的册、印，封嫔有金册而无印，封郡王长子、贝勒、贝子及郡主、郡君、县主、县君则皆用纸册。由此可见，在册封制度中，因册封对象的地位不同，封册亦有质地材料的区别。

古人称呼他人有几种方式？

古人在称呼他人时，一般有以下几种方式：

（1）直称姓名。自称姓名或名；用于介绍或给别人作传；称所厌恶、轻视之人。

（2）称字。对平辈或尊辈出于礼貌和尊敬，称字。

（3）称号。一般只用于自称，以显示某种志趣或抒发某种情感；对人称号是种敬称。

（4）称谥号。古代王侯将相、高级官吏、著名文士等死后被追加的称号叫谥号。

（5）称斋名。指用斋号或室号来称呼，如称蒲松龄为“聊斋先生”，称梁启超为“饮冰室主人”。

（6）称籍贯。如北宋王安石是江西临川人，故人称“王临川”。

（7）称郡望。如韩愈虽系河阳（今河南孟州南）人，但因昌黎韩氏为唐代望族，故韩愈常以“郡望昌黎”自称，世人遂称其为“韩昌黎”。

（8）称官名。把官名用作人的称谓。如林觉民在《与妻书》中说：“司马青衫，吾不能学太上之忘情也。”句中的“司马”指白居易，白居易曾任江州司马。

（9）称爵名。如诸葛亮曾封爵武乡侯，故后人以“武侯”相称。

（10）称官地。指用任官之地的地名来称呼。如贾谊曾被贬为长沙王太傅，世称“贾长沙”。

古人对自己或他人有哪些谦称?

古人在说话时非常注意称谓，说自己时用谦恭之词。比如，古代君主自称“孤”“朕”“寡人”“不穀”等；一般人自称“臣”“仆”“愚”“蒙”“不佞”“不敏”“不肖”“不才”“在下”“下走”“下官”“鄙人”“小人”“小可”“后生”“晚生”等；女子自称“妾”“奴”等；对他人称自己的妻子为“拙荆”“贱内”“内人”“山荆”“荆屋”“山妻”等。归纳起来，古人的谦称主要有以下几种：

（1）“家”。用于对别人称比自己的辈分高或年纪大的亲戚。如称父亲为“家父”“家尊”“家严”“家君”；称母亲为“家母”“家慈”。

（2）“舍”。用于对别人称比自己的辈分低或年纪小的亲戚。如“舍弟”“舍妹”“舍侄”。

（3）“小”。谦称自己或与自己有关的人或事物。如“小儿”“小女”“小弟”（男性在朋友或熟人之间的自称）；“小人”（地位低的人自称）；“小店”（谦称自己的商店）。

（4）“老”。谦称自己或与自己有关的事物。如“老粗”（谦称自己没有文化）；“老朽”（老年人谦称自己）；“老身”（老年妇女谦称自己）。

（5）“敢”。表示冒昧地请求别人。如“敢问”（用于问对方问题）；“敢请”（用于请求对方做某事）；“敢烦”（用于麻烦对方做某事）。

（6）“愚”。用于谦称自己。如“愚兄”（向比自己年轻的人称自己）；“愚见”（称自己的见解）；也可单独用“愚”谦称自己。

（7）“拙”。用于对别人称自己的东西。如“拙笔”（谦称自己的文字或书画）；“拙著”“拙作”（谦称自己的文章）；“拙见”（谦称自己的见解）。

（8）“敝”。用于谦称自己或跟自己有关的事物。如“敝人”（谦称自己）；“敝处”（谦称自己的房屋、处所）。

（9）“鄙”。用于谦称自己或跟自己有关的事物。如“鄙人”（谦称自己）；“鄙意”（谦称自己的意见）；“鄙见”（谦称自己的见解）。

另外，古人还谦称自己的家为“寒舍”，谦称自己的儿子为“犬子”，谦称自己“笨鸟先飞”（表示自己能力差，恐怕落后，比别人先行一步），谦称自己的意见主张为“浅见”，谦称自己的功夫称为“三脚猫”，在发言、表演前不忘说“献丑”“抛砖引玉”（谦称用自己粗浅的、不成熟的意见引出别人高明的、成熟的意见）等。

古人对他人有哪些尊称?

尊称和谦称正好相反，多数用表示美好、高贵、高尚的字眼来表示。

古人称对方父母为“令堂”“令尊”，称对方子女为“令爱”“令郎”。此处“令”的本意是“美好”的意义。称兄为“兄台”，称弟为“贤弟”。贤，用于称平辈或晚辈，如“贤家”（称对方）；“贤郎”（称对方的儿子）。称别人的妻子为“尊夫人”，称别人的徒弟为“高徒”，称别人的家为“府上”“雅舍”。

古人尊称老师为“夫子”“师父”“先生”“先哲”。称别人的意见为“高见”“高论”，称别人的文章为“大作”。称同辈友人中长于自己的人为“仁兄”，称地位高的人为“仁公”等。除此之外，还有“尊上”（称对方父母）；“尊公”“尊君”“尊府”（以上三词皆称对方父亲）；“尊堂”（称对方母亲）；“尊亲”（称对方亲戚）；

“尊驾”（称对方）；“尊命”（称对方的嘱咐）；“尊意”（称对方的意思）等尊称。

古人称对方为“公”“子”（“子”原为五爵之一，后演变为尊称，如孔子、孟子）“君”“足下”“阁下”。臣子称君王为“陛下”，称太子为“殿下”（“陛下”原意是台阶下，“殿下”是“宫殿下”，臣子们称呼皇上、太子时不能直呼，所以用“陛下”“殿下”来代替，以此来表示敬意）。君王称臣子为“卿”“爱卿”。

古人称和尚为“大师”“高僧”“圣僧”“法师”“上人”，称住持为“长老”“方丈”“禅师”，称尼姑为“师太”“尼师”，称道士为“道长”“仙翁”（对老年道士的尊称）、“仙长”（对一般道士的尊称），称道姑为“仙姑”。对于死者，前面要加上“先”字，如称已死的皇帝为“先帝”，称已死的父亲为“先考”“先父”，称已经死去的母亲为“先慈”“先妣”，称已死去的有才德的人为“先贤”。

古人避讳主要有哪些方法?

避讳字，是指中国古代回避君主和尊长的名字而改写的字。避讳的对象通常有四类：帝王、长官、圣贤、长辈。古人避讳主要有以下几种方法：

（1）用同义字或近义字代替。秦始皇名政，秦代人为避“政”字，把阴历一月由“政月”改为“正月”；汉高祖名邦，汉代人便以“国”代替“邦”；东汉光武帝名秀，东汉人为避“秀”字，把“秀才”改为“茂才”。

（2）用同音字或近音字代替。南朝宋范晔的父亲名泰，故范晔作《后汉书》时改称郭泰为郭太，郑泰为郑太。清圣祖名玄烨，清代人便以“元”代“玄”，以“煜”代“烨”。

（3）缺笔。唐太宗名李世民，唐代人就把“世”缺笔写作

“卅”。

（4）拆字。一个汉字是由几个部分组成的，为了不犯君主的讳，人们便只取字的某一部分以避开原字。五代后晋的君主是石敬瑭，姓敬的人便改姓“文”。

（5）删字。有的人是双名，如果其中一字犯了讳，便把它删去变为单名。如南朝齐开国皇帝叫萧道成，一个叫萧道渊的人便把自己名字里的“道”去掉，改为“萧渊”。

（6）用形似字代替。五代后周君主名郭威，一个叫郭彦威的人用“成”代“威”。

（7）改读。除了写文章时遇到君主或尊亲的名字不能直接写出外，说话时也不能直接说出。孔子名丘，因此，过去读书人便把“丘”读成“某”的读音。

（8）增加偏旁，构成新字。如为了避孔子的名讳，凡是“丘”作地名或姓氏，一律改为“邱”，以与孔子名讳区别。

古人对于亲属关系有哪些称谓？

古人将凡血缘相近的同姓本族和异姓外族都称作亲属。具体称谓如下所示：

祖、王父、祖父：父之父。祖母、王母：父之母。曾祖父、母：祖之父、母。高祖父、母：曾祖之父、母。上五世：即从本位起，上及父、祖、曾祖、高祖。曾孙：孙之子。玄孙：曾孙之子。来孙：玄孙之子。下五世：即从本位起，下至玄孙。

世父、伯父：父之兄。叔父：父之弟。世母、伯母：世父之妻。叔母、婶：叔父之妻。姑、姑母：父之姊妹。姑父：姑之夫。从祖父、伯祖父、叔祖父：父之伯叔。从祖母、伯祖母、叔祖母：父之伯母、叔母。堂伯、堂叔：父之从兄弟。堂伯母、堂叔母：父之从兄弟之妻。族曾祖父、族曾王父：祖父的伯叔。族兄弟：族父之子。

嫂：兄之妻。弟妇：弟之妻。从子、侄：兄弟之子。从女、侄女：兄弟之女。从孙：兄弟之孙。甥、外甥：姊妹之子。女婿、子婿、婿：女之夫。中表、姑表：父之姊妹之子女。外祖父、外王父：母之父。外祖母、外王母：母之母。外曾王父：外祖父之父。外曾王母：外祖父之母。

舅、舅父：母之兄弟。舅母、妗子：舅之妻。从母、姨母、姨：母之姊妹。姨父：姨母之夫。中表、姨表：姨之子女。从母兄弟姊妹、姑表兄弟姊妹、姨表兄弟姊妹：母之兄弟姊妹的子女。外舅、岳父、岳丈、丈人、泰山、岳翁：妻之父。外姑、岳母、丈母、泰水：妻之母。

姨、姨子：妻之姊妹。妻侄：妻之兄弟之子。舅、嫜、公：夫之父。姑、婆：夫之母。姑嫜、舅姑：夫之父母（俗称公婆）。伯叔、大伯、大叔子：夫之兄弟。小姑子：夫之妹。娣妇：夫之弟妇。姒姆：夫之嫂。娣姒、妯娌：古之弟妇与嫂的简称。连襟、襟兄、襟弟、两乔：两婿互称。

古人形容朋友关系的称谓有哪些?

古人通常把心意相投、相知很深的朋友叫“神交”。“神交”也指彼此慕名而未见过面的朋友。不同的朋友之间，称谓亦有所差别。

金兰之交：指情意契合、亲如兄弟的朋友。

贫贱之交：指在贫贱而地位低下时结交的朋友。

患难之交：指在遇到磨难时结成的朋友。

刎颈之交：指同生死、共患难的朋友。

莫逆之交：指情投意合、友谊深厚的朋友。

竹马之交：指从小一块长大的异性好友。

布衣之交：指以平民身份相交的朋友。

忘年之交：指辈分不同、年龄相差较大的朋友。

车笠之交：指不因贵贱的变化而改变深厚友情的朋友。

君子之交：指在道义上彼此支持的朋友。

古人对男子的配偶有哪些称谓？

小君、细君：最早用来称呼诸侯的妻子，后来作为妻子的通称。

皇后：皇帝的妻子。

梓童：皇帝对皇后的称呼。

夫人：古代诸侯的妻子称“夫人”，明清时一二品官的妻子封夫人，近代用来尊称一般人的妻子。现在多用于外交场合。

荆妻：旧时对人谦称自己的妻子，又谦称“荆人”“荆室”“荆妇”“拙荆”“山荆”“贱荆”。

娘子：古人对自己妻子的通称。

糟糠：形容贫穷时共患难的妻子。

内人：对他人称自己的妻子。书面语也称“内人”“内助”。尊称别人的妻子为“贤内助”。

内掌柜：旧时称生意人的妻子为“内掌柜”，也有称“内当家”。

太太：旧社会一般用来称官吏的妻子，有权有势的富人对人也称自己的妻子为“太太”。

妻子：指的是妻子和儿女。早期有“妻子”“妻室”，也单称“妻”，有的人为了表示亲爱，在书信中常称“贤妻”“爱妻”。

继室、续弦：妻子死后又另娶的。

旧时对妾的称呼有“侧室”“偏房”“小星”“如夫人”等。

古代男子丧妻再娶称作“续弦”与谁有关？

相传春秋时期，俞伯牙善鼓琴，其妻很赞赏他的琴技，常让俞伯牙弹给她听。后来俞伯牙的妻子得了重病，俞伯牙请医熬药精心侍奉，但总不见效。俞伯牙为此忧愁不已，无心弹琴。有一天，俞伯牙的妻子突然感到身体好多了，精神也好了，于是她就让俞伯牙给她弹琴。

俞伯牙忙取琴调弦，“铮铮淙淙”地弹奏起来，好让病中的妻子从美妙的琴声中得到欢快和慰藉。他不顾劳累，弹了一曲又一曲。当他弹得雅兴正浓时，突然“嘣”的一声，琴弦断为两截。这时，妻子也无声音了。俞伯牙急忙到床前一看，发现妻子已经咽气了。俞伯牙抱头痛哭了一阵后，就招呼家人料理后事，从此不再弹琴了。

一年后，有个亲戚从外地给俞伯牙说了一门亲事。俞伯牙本不打算再娶，但禁不住众人的劝说，只好勉强答应先去女方家相看后再定。女方一眼就相中了俞伯牙，但她要求亲耳聆听俞伯牙弹琴，而后再定亲。俞伯牙也看中了女方，虽还在怀念故妻，但他又想到人死不能复生，便回家把搁放了一年多的琴取来，拆去一直没心思接的断弦，续了一根新弦后，在众人面前弹奏起来。一曲曲悠扬动听的雅韵，大家听得如痴如醉，琴声停后好一阵才回过神来，接着就是一阵喝彩声。这位女子当下就答应了这门婚事。

这个故事很快在民间传开了，后来人们便把男子在妻子死后再娶称作“续弦”。

古代男子为何要谦称妻子为“拙荆”？

荆，原为植物名，枝条柔韧，可用来编织篮筐，有牡荆、黄荆、紫荆等种类。用荆木制成的荆条，古代用来作刑杖。在古代，妇女还会将荆枝制成髻钗，称为“荆钗”，是贫家妇女常用的发钗。如唐朝李山甫的《贫女》诗中说道：“平生不识绣衣裳，闲把荆钗亦自伤。”而“拙荆”一词的由来就和“荆钗”有关了。

“拙荆”一词，出自《太平御览》载《列女传》：“梁鸿妻孟光，布裙荆钗。”意思是说，梁鸿的妻子孟光，以粗布为裙，荆枝作钗，生活俭朴。而“拙”原意是愚笨，此指谦称“自己的”。因此，“拙荆”就被用来谦称自己的妻子，又可称为“拙妻”“拙内”。

“糟糠之妻”有什么来历?

更始二年（24），刘秀巡行河北邯郸时，遭到假冒汉成帝遗子、伪称帝号的算命先生王郎（本名王昌）的追杀。当时，刘秀力量薄弱，由北向南日夜奔逃。争斗中，刘秀手下的大将宋弘不幸负伤。当逃到饶阳境内时，宋弘举步维艰，后面追兵又紧，刘秀不得不将宋弘托付于郑庄一户姓郑的人家养伤。

姓郑的这户人家很同情刘秀，而且非常善良，待宋弘亲如家人，端茶送水，让宋弘吃好喝好，很是周到。特别是郑家女儿，长得虽不很漂亮，但为人正派，聪明大方，待宋弘像亲人一样，煎汤熬药，嘘寒问暖。宋弘非常感动，日久两人生情。等宋弘伤好后，两人便结为夫妻。

后来宋弘跟随刘秀南征北战，屡立战功，终于帮刘秀得了天下，还先后为汉室推荐和选拔贤能之士三十多人，有的甚至官至相位。刘秀对他甚为信任和器重。

刘秀的姐姐湖阳公主新寡，刘秀有意将她嫁给宋弘，便与湖阳公主共论朝臣。

湖阳公主说：“宋公（指宋弘）威容德器，群臣莫及。”刘秀听后正中下怀，于是召来宋弘。刘秀对宋弘说：“谚言贵易交，富易妻，人情乎？”宋弘觉察到刘秀话里有话，便答道：“臣闻贫贱之知不可忘，糟糠之妻不下堂。”意思是：我听说，贫穷卑贱的知心朋友不可忘记，共患难的妻子不可抛弃。

刘秀听后，知道宋弘不会休了自己的妻子而另攀高门，于是打消了给自己姐姐说媒的事。

后人根据这个故事，将与自己生死相依、同甘共苦的妻子称为“糟糠之妻”。

为什么元配有“结发夫妻”之称?

在中国古代，不论男女都要蓄留长发。男子到二十岁时要行“冠礼”，即把头发盘成发髻，叫作“结发”，再戴上冠（帽子），表示成年了。所以，男子二十岁也称“弱冠”。女子到十五岁时要行“笄簪子礼”，即把头发盘成发髻，再插上簪子，表示长大成人了。所以，女子十五岁也称“及笄”。可见，“结发”原指男女年轻所行的成人礼。

当女子订婚后，即用丝缨束住发辫，表示她已经有了对象，到成婚的当夜，由新郎解下。《仪礼·士昏礼》记载：“主人入，亲说妇之缨。”宋代孟元老的《东京梦华录》记载：“凡娶媳妇……男女各争先后对拜毕，就床女向左，男向右坐……男左女右，留少头发，二家出匹缎、钗子、木梳、头须之类，谓之‘合髻’。”此种礼仪是结发的变种，盛行于唐、宋以后。新婚夫妇，在饮交杯酒前各剪下一绺头发，绾在一起表示同心。

后来，人们就称首次结婚为“结发夫妻”，即原配夫妻。

丈夫为什么称妻父为“泰山”“岳父”？

古代帝王常登临名山绝顶，设坛祭祀天地，以显示自己的威仪，史称“封禅”。封禅时，还要封赏公侯百官。据说，将妻父称为“泰山”，与“封禅”有关。

据《酉阳杂俎》记载，唐玄宗李隆基到泰山封禅，丞相张说担任封禅使，他把女婿郑镒也带去了。按旧例，随皇帝参加封禅者，丞相以下的官吏都可以升一级。郑镒本是九品官，张说利用职权，让他连升了四级。在宴会上，唐玄宗看到郑镒穿着五品官服走来走去，觉得蹊跷，便去问他。郑镒支支吾吾，一时答不上来。这时，黄播绰讽刺地说："此泰山之力也！"后人据此称妻父为"泰山"。

由上可知，"泰山"之称大致始自唐代。后来，由于泰山古称东岳，为五岳之首，所以人们又转而把妻父称作"岳""岳翁""岳父""岳丈"等。据文献记载，这些称谓大致始自宋代。妻母则称作"岳母"，在书面文献中，也有称作"泰水"的。

夫妻为什么也叫"两口子"？

据传，明朝洪武年间，一日南方某地书生高文敬外出，在河中救出一名唤作路春花的女子。两人一见钟情，私订终身。谁知路春花被恶少罗大公子抢走纳为小妾。后依靠丫鬟小玉，高、路二人出逃，但被罗大公子追上，相互撕扯中罗坠崖身亡。罗家势力强大，高、路二人被打入死牢候斩。洪武帝朱元璋得知此事，亲自审问，真相终于大白。于是朱元璋便免除高、路二人的死刑，将二人分别发配到湖北的桃园口和安徽的金山口。虽远隔千里，但二人两情如旧，当地人都很敬重他们，称他们为"两口子"。

另外一个版本则是清朝的事儿。说的是乾隆年间，山东有一个叫张继贤的才子，偶识本地恶少石万仓的妻子曾素箴。二人一见钟情，遂私下往来。石万仓是个嗜酒成性的人，一次因酗酒过度而一命呜呼。石家人怀疑他是被曾素箴害死的，就告到县衙，说曾素箴因奸杀死亲夫。县官便将张继贤和曾素箴两人判为死罪。乾隆皇帝在阅案时，无意中看到张继贤的供状文笔不凡，十分惊讶，有心救他。因此，乾隆御批将张继贤和曾素箴分别发配到微山湖的卧虎口和黑风口，免于一死。况且发配的两地相距不远，可以互相往来，张、曾二人喜出望外。此后，他们经常来往于“两口”之间，渐渐地就被人们称为“两口子”。

后来，人们就用“两口子”泛指“夫妻俩”了。

称丈夫为“老公”始自何时?

在中国民间，夫妻之间常互称“老公”“老婆”。相传此称呼最早出现于唐代，至今已有一千多年了。关于“老公”“老婆”名称的由来，还有一个有趣的故事。

唐代有一个名士，名叫麦爱新，他看到自己的妻子年老色衰，便产生了嫌弃老妻、再纳新欢的想法，并写了一副上联：“荷败莲残，落叶归根成老藕。”麦爱新将上联放在案头，他的妻子看到了，从联中看出了丈夫弃老纳新的念头，于是便提笔续了一副下联：“禾黄稻熟，吹糠见米现新粮。”这副下联，以“新粮”对“老藕”，不仅十分工整贴切，新颖通俗，而且“新粮”与“新娘”谐音，饶有风趣。麦爱新读了妻子的下联，被妻子的敏捷才思和拳拳爱心打动，便放弃了弃旧纳新的念头。妻子见丈夫回心转意，不忘旧情，乃挥笔写道：“老公十分公道。”麦爱新也挥笔写道：“老婆一片婆心。”

从此以后，“老公”“老婆”的说法广泛传播开来，成为男女对配偶的称呼。

为什么称妻子出轨是给丈夫戴“绿帽子”?

《礼记》记载：“夏后氏尚黑……殷人尚白……周人尚赤。”秦灭周而尚黑；汉灭秦后，武帝改为尚黄。到了魏晋，天子和群臣要按春、夏、季夏、秋、冬五个时节依次穿戴青、朱、黄、白、黑五种朝服。

隋唐时期，人们正式把服饰的颜色作为区别贵贱尊卑的一种依据。

太宗贞观年间规定：皇帝就穿黄色的龙袍；百官中，三品以上着紫服，四品、五品着绯（深红）服，六品、七品着绿服，八品、九品着青服。以后各朝代均大体沿袭此法。可见，绿色、青色排名最后，在官场上是低贱的代表。在民间，这两种颜色也象征着低贱的行业。比如元明两代，乐人、娼妓必须着绿服、青服、绿头巾。《元典章》更是规定：娼妓之家长和亲属男子须裹青头巾。

由此，“青头巾”就与娼妓的男性亲属有了联系，后来指妻子有不贞行为的男人。由于青、绿二色比较接近，又同属贱色，而现在人们也不戴头巾，改戴帽子，于是便逐渐演变成称呼妻子不忠于丈夫的行为是给丈夫戴“绿帽子”。

姐妹的丈夫之间雅称“连襟”有何讲究？

在中国民间，人们把姐妹们的丈夫俗称为“一担挑”或“一条绳”，在西北地区又称“担子”，而书面语言则雅称为“连襟”。

“一担挑”，挑的当然是女婿。谁来挑呢？挑者只能是老丈人。决定称呼的基点，不是姐妹们自己，而是其男性长辈。再看“一条绳”，决定该称呼的基点表面上看是绳子，而实际上却是姐妹们之间的关系。因此，对于“一条绳”，我们既可以理解为几个男人被一条绳子拴在一起，也可以理解为一条绳子上拴着几个男人及其各自的妻子。“连襟”既克服了“一担挑”以父辈为参照的弯弯绕绕，又不像“一条绳”用绳拴人那样过于“庸俗”，从而产生雅俗共赏之效果。该词还将老丈人与女婿的关系表现得恰到好处，既形象贴切，又含蓄蕴藉。

“连襟”一词最早出现在杜甫的诗《赠李十五丈别》中：“孤陋忝末亲，等级敢比肩。人生意颇合，相与襟袂连。”事实上，用衣襟说事，古已有之。如古时连襟之间可以互称“襟兄”“襟弟”，古典诗词中带“襟”字的丽词佳句也不乏其例。这无形中给这个称谓增添了一些历史内涵和文化底蕴。

嫉妒恋人另寻新欢为何戏称“吃醋”？

◇ 房玄龄

在男女两性关系方面，如果产生嫉妒的情绪，可能会出现争吵甚至打架的现象，俗称“吃醋”或“捻（拈）酸吃醋”。那么，为什么把嫉妒和食醋联系在一起呢？

话说唐朝时期，一天，唐太宗看到重臣房玄龄的脸上有伤痕，随即问起缘由。房玄龄无奈之下只好道出真相：是被妻子抓破的。太宗大怒：“天下竟有如此悍妇，伤朕爱卿，罪不可赦。”唐太宗当即召房玄龄之妻上殿，对她说：“爱卿日夜操劳国事，汝不能尽伺候之责，反如此凶悍。朕今赐美女以侍爱卿，汝当领旨。”

房妻表示不能接受。太宗龙颜大为不悦，便对房妻说：“若宁不妒而生，宁妒而死？”意思是，若要嫉妒就选择死，并给她准备了一壶“毒酒”。性子刚烈的房妻没有多加犹豫，面无惧色地接过“毒酒”一饮而尽，以示为维护感情“宁死而妒”。但奇怪的是，毒性却久久没有发作。太宗哈哈大笑，原来杯中盛放的只是醋，太宗以醋来代替毒酒，目的仅在于吓唬房妻而已。由此，“吃醋”一词沿用至今，已成为男女嫉妒对方另觅新欢的代名词。

房事称为“云雨”来源于哪里？

人们把男女缠绵情爱之事称作“巫山云雨”，最早见于春秋战国时期的楚辞《高唐赋》《神女赋》等古赋中。这些古赋写的是楚襄王和宋玉一起游览云梦台的故事。

楚襄王与宋玉在游览云梦台时，宋玉说：“先王曾经游览此地，玩累了便睡着了，在梦中见到一位美女。美女自称是巫山之女，愿意献出自己的枕头、席子给楚襄王享用。楚襄王知道她弦外有音，非常高兴，立即宠幸了巫山女。巫山女临别之时告诉楚襄王：如果想她的话，就来巫山找她，早晨是‘朝云’，晚上是‘行雨’。”

后来，“云雨”一词越来越多地见于各种诗文辞赋中。久而久之，“云雨”一词被人们所接受。人们认为用“云雨”一词形容男欢女爱，既生动形象，又文雅贴切，于是“云雨”便成了古代小说中描写男女房事的常用词语。

人们为什么爱用“鸳鸯”指称相爱的男女？

在中国古代，最早是把鸳鸯比作兄弟的。晋人郑丰在《答陆士龙诗·鸳鸯》序中说：“鸳鸯，美贤也，有贤者二人，双飞东岳。”这里的鸳鸯是比喻陆机、陆云兄弟的。

唐代诗人卢照邻在《长安古意》一诗中，用“愿作鸳鸯不羡仙”赞美了男女的美好爱情，是最先用鸳鸯比作夫妻的人。此后文人竞相仿效。

于是，在人们心目中，鸳鸯成了永恒爱情的象征，是一夫一妻、白头偕老的表率，人们甚至认为鸳鸯一旦结为配偶，便陪伴终生。若一方先亡，另一方会选择孤独、凄凉地度过余生。其实，这只是文人、墨客的美好愿望，鸳鸯在生活中并非总是成对生活的，配偶也非终生不变。

为什么未婚少女被称为“黄花闺女”？

南北朝刘宋时，宋武帝有位女儿寿阳公主，生得十分美貌。有一天，寿阳公主在宫里玩累了，便躺卧于宫殿的檐下，当时正逢梅花盛开，一阵风吹过来，梅花片片飞落，有几瓣梅花恰巧掉在她的额头。梅花渍染，在寿阳公主额头留下斑斑花痕，寿阳公主因此被衬得更加娇柔妩媚，宫女们见状，都忍不住惊呼起来。从此，爱美的寿阳公主就常将梅花贴在前额。

寿阳公主的这种打扮被时人称为“梅花妆”，传到民间，许多富家大户的女儿都争着效仿。但梅花是有季节性的，于是有人想出了法子，设法采集其他黄色的花粉制成粉料，用于化妆。这种粉料，人们便叫作“花黄”或“额花”。由于用于花妆的粉料是黄色的，加之采用这种妆饰的都是没有出阁的女子，慢慢地，“黄花闺女”一词便成了未婚少女的专有称谓了。

“冠盖”为何成了仕官的代称？

在古代，官员佩戴的冠冕是区别官员品级的主要依据之一，官员出行乘坐的官车车盖同样体现了等级制。

西汉景帝曾颁布官车使用的规定：（1）不同官员车驾马匹数量有差，马匹越多官爵越高。（2）车厢两旁用于遮蔽尘土的屏障，官吏年俸禄六百石以上至千石的可以将左边车厢漆成红色，两千石以上的可以将两边车厢都漆成红色。车辆上用来避雨、遮阳的车盖，平民乘车只许用青布盖，官吏年俸禄两百石以下的用白布盖，三百石以上的用皂布盖，千石以上的方可用皂缯覆盖。

就这样，冠冕连同车盖合称“冠盖”，成了仕官的代称。

古代的“乌纱帽”为什么是官职俸禄的象征？

“乌纱帽”也叫乌纱，其前身是古代男子裹头发用的幞头。东晋皇帝让在宫廷中做事的官员戴用黑纱制成的帽子，叫“乌纱帽”。南朝刘宋时，刘休仁制造了一种用黑纱抽边的帽子，也叫“乌纱帽”，当时无论官民、贫富，均可佩戴这种帽子。

隋朝时，“乌纱帽”真正成为等级制度的标志。史料记载，隋朝文武官员的服饰有四种，乌纱帽上的玉饰也按官职大小而定：一品官乌纱帽上面的玉饰有九块，二品官有八块，三品官有七块，四品官有六块，五品官有五块，六品以下的官员乌纱帽上不准装饰玉饰。

宋朝对乌纱帽的形状加以改变。宋太祖赵匡胤为防止大臣在朝廷上交头接耳，就下诏在乌纱帽两边各加一个一尺有余的翅，并装饰不同的花纹以示官阶。

明朝以后，乌纱帽正式成为做官的代称。《明史·舆服志》记载：“洪武三年定，凡常朝视事，以乌纱帽、团领衫、束带为公服。”从此，乌纱帽变成了当官的“专利”品。官阶越大，纱帽的双翅越窄，反之则越宽。

清初顺治帝入关时，为笼络人心，收服明朝降臣，允许不少地方官员仍穿明朝朝服，戴明朝乌纱帽，等到清朝统治巩固后，才下令将官员戴的乌纱帽改为红缨帽。但人们仍沿用“乌纱帽”一词，久而久之，“乌纱帽”便成为官职俸禄的象征了。

人们为何常用“领袖”指称最高领导人？

“领袖”一词最早见于《晋书·魏舒传》。西晋魏舒官至司徒，善断大事，持身清素。“文帝深器重之，每朝会坐罢，目送之曰：‘魏舒堂堂，人之领袖也。’”魏舒仪表庄严，气度不凡，堂堂正正，晋文帝以“领袖”之词赞赏魏舒为朝臣之表率。后来，“领袖”就成了正在进行或曾经进行某项较为有影响力活动的最高领导人的称谓（一般为褒义）。

人们为何常用“领袖”一词指称最高领导人呢？原因有三：（1）古人制衣时，领口、袖口均单独用料，并镶以金边。因此衣领、衣袖处于醒目关键处，含居于首位之意。（2）衣领、衣袖是衣服的提挈处，象征着提携拔擢人才的权位。（3）“领”谐音“引领”之“领”，“袖”谐音“优秀”之“秀”。“领袖”者，顾名思义，就是居于引领地位的特殊优秀人物。

旧时百姓为何尊称州县长官为“父母官”？

“父母官”是旧时老百姓对州、县地方长官的尊称。宋初王禹偁的《谪居感事》诗中说：“万家呼父母。”其自注为“民间呼令为父母官”，这便是将地方官比作父母官的最早出处。那么，“父母官”这一称呼是由何而来的呢？

《汉书·循吏传》记载，西汉元帝时，南阳郡（今河南南阳）太守召信臣为政勤勉，“其治视民如子”“好为民兴利”，他亲自指导百姓进行农耕，经常出没于田间，住宿农家，鲜有闲暇。因此，“吏民亲爱信臣”，尊称其为“召父”。时光荏苒，至东汉光武帝刘秀时期，南阳郡百姓又幸运地遇到了新太守杜诗。《后汉书·杜诗传》记载，杜诗爱民如子，事事替百姓做主，全郡百姓家家粮丰衣足。百姓将他与此前的召信臣相比，说“前有召父，后有杜母”。这时“父母”一词已经有了地方官的含义。

此外，“父母官”也指家乡的地方官。古人为官先是通过孝廉、贤良、方正等名目的举荐，后来主要通过科举考试，一旦成为朝廷的命官，出于避嫌，常常是异地为官，这样他们就离开了家乡父老。而那些朝中的大官，除了本身祖籍就在京城的，大多数人的父母都在地方，所以这些人对那些家乡的官也称为“父母官”，这就是我们常说的“家乡父母官”。

古代的帝王有哪些自称?

中国古代的帝王分为皇帝和国王。皇帝从秦始皇开始，把原先每个人都能自称的“朕”定为皇帝的专称。但有特例，那就是至尊若皇太后也可以自称“朕”。中国古代的国王（主要是秦以前的国王和后来分封的诸侯国王）则自称“孤”“寡”“寡人”“不穀”等等。“孤”，谓自己不能得众；“寡人”，即“寡德之人”；“穀”，可以养人，为善物，不穀即不善。这些都是帝王的谦称。《老子》中说：“贵以贱为本，高以下为基，是以侯王自谓孤、寡、不穀。”显然，古代帝王自谦的背后蕴含着笼络人心以巩固一己统治的深意。

古代的皇帝为何被称为“九五之尊”？

“九”“五”两个数字与封建宫廷生活的各个方面包括建筑都有着密不可分的联系，有着至高无上的象征意义，只有封建帝王才能享有。这是为什么呢?

一种简单的说法为：中国古代把数字分为阳数和阴数，奇数为阳，偶数为阴。阳数中“九”为最高，“五”居正中，因而以“九”和“五”象征帝王的权威，称为“九五之尊”。

古代的君主为何有“天子”“万岁”“陛下”等称呼?

古代的帝王称“君主”，又简称“君”。“君”字古体从“群”字，意即“群下之所归心也”。除此之外，君主还有“天子”“万岁”“陛下”等称呼。

（1）天子。“天子”即“天之骄子”，他拥有的权力是上天赋予的，因此“天子”的地位是至高无上的。

（2）万岁。“万岁”一词本是古时人们在举行喜庆活动时发出的欢呼语。据史料记载，冯谖替孟尝君烧掉债券，“民皆呼万岁”。秦汉以后，臣子朝见国君，拜恩庆贺，以呼“万岁”为常，“万岁”一词又契合了国君长生不老的心理，于是“万岁”一词成为帝王的代称。

（3）陛下。“陛下”一词本指侍卫在宫殿台阶下的国君近臣或侍卫人员。群臣与国君说话，不敢直呼国君，恐有渎圣颜，故呼其身旁侍卫帮助传话。“陛下”遂成为对国君的尊称。与此相适应，用“殿下”称呼皇子、亲王、皇太后、皇后等。

（4）上、上主、皇上。由于皇位高高在上，故以“上”字代替皇帝。“上主”指贤明的君主。“皇上”也是臣下对皇帝的称呼。

（5）圣、圣人、圣上、天王、天辟、人主、至尊。这均是对皇帝的尊称。“官”“官家”是对皇帝的敬称，“天囚”则是对皇帝的蔑称。

古人如何称呼与皇帝有关的事情?

皇帝即位称作“践阼”“践祚”“登极”“登庸”“御极”。

皇帝发出的指示，“命为制，令为诏”，后也称“旨”“圣旨”“玉音”。

皇帝的文告称“皇榜”。清代皇帝的批示或文书称“朱批”“朱谕”“上谕”。

臣下谄颂皇帝的诏令为“丝纶”“纶音”。

皇帝的容貌称“龙颜”；戴的帽子称“冕”；穿的衣服称“龙衮”，亦称“龙袭”“龙袍”。

皇帝乘的车称“辇”，外出称“行幸”。

皇帝所作所为与所用之物称“御某某”。

皇帝直接参与或授意的行为称“钦”，所用之印称“玺”。

侍奉皇帝称“尚”，如“尚衣”“尚食”“尚书”。

皇帝死了称“驾崩”，其坟墓称“陵”。

从何时起“王”被用作最高统治者的称谓？

“王”在古代是对国家最高统治者的称谓。在原始社会，“王”是“首领”“头目”的意思，所谓“占山为王”就是这个意思。原始社会中部落的首领就叫“王”。在中国五千年的文明史中，有记载的“王”是从夏王朝开始的。嬴政一统六国建立秦朝后，将“王”改称“皇”，以后历朝历代的君王都称为“皇帝”。

古代的太后或皇后在什么情况下可称作“哀家”？

《三侠五义》第十五回中写道：“娘娘不觉失声道：‘嗳哟！包卿！苦煞哀家了！’”在古代，“哀家”是死了丈夫的太后或皇后的自称。需要强调的是，只有在丈夫去世以后，太后或皇后方可自称为“哀家”。比如，咸丰在世之时，慈禧太后是无论如何都不能自称“哀家”的。另外，如果不是贵为太后或皇后，也是不能自称“哀家”的。自称“哀家”的含义是可怜之人，无夫之哀（古时候的妇女以夫为纲）。

古代的皇后、太后为何都用“后”来称呼？

在中国古代宫廷里，皇帝拥有众多的妻室。皇帝的正妻称为“皇后”，也有古籍简称为“后”，皇帝的母亲称为“皇太后”，皇帝的祖母则尊称为“太皇太后”。这些尊称中为什么都带“后”字呢？“后”又有什么特殊的意义？

“后”最初指母系社会中的女性酋长。进入父系社会后，部族中的最高主宰转变为男性，但仍沿用“后”这个称呼。比如，夏商时期的最高统治者为男性，但仍被称为“夏后”“商后”。周朝以前，天子之妻皆称为“妃”，从周朝开始则称为“后”，最高统治者则以“君”“王”“天子”等取代之前的“后”。就这样，“后”这个字转而指女性中地位、权力最高者，比如“王后”“太后”“太皇太后”。

“老佛爷”是慈禧太后的特称吗？

有些历史小说将慈禧太后称作“太后老佛爷”。实际上，“老佛爷”的称号不是慈禧专用的，清代历届皇帝的特称都叫“老佛爷”。

历史上的帝王除了有“庙号”“谥号”“尊称”以外，有些帝王还有特称。如宋代皇帝的特称叫“官家”，明代皇帝的特称叫“老爷”。

清代帝王的特称为什么叫“老佛爷”？这是因为女真族首领最早特称为“满柱”。“满柱”是佛号“曼珠”的转音，是“佛爷”“吉祥”之意。因此，女真首领历代相传，特称“满柱”。后来，有的家族显赫、世居高位的首领，起名就叫“满柱”。

◇ 慈禧

所以清朝建立以后，将满语“满柱”汉译为“佛爷”，成为清朝历代皇帝的特称。慈禧让别人也称她为“老佛爷”，目的就是把自己比作和皇帝一样。

古时人们为什么把帝王的女儿称为“公主”？

从战国时期起，君王的女儿称“公主”。这个称呼是怎么来的呢？

在中国古代民间，女儿出嫁是由她的父亲主婚的。但是天子的女儿下嫁时，天子是不能主婚的，于是找诸侯中同姓的人去代替天子主婚，而且这个任务只有地位仅次于天子的“公”才可以胜任。

到秦汉以后，即由朝廷里的“三公”主管这件事。

这就是古时人们称呼帝王女儿为“公主”的由来。

“太上皇”这一称谓开始于哪个朝代？

汉高祖刘邦尊呼其父为“太上皇”，这是这一称呼的开始。之后，“太上皇”的称呼在各个朝代的使用情况均有所不同。有的是老皇帝主动传位于其子，如宋高宗传位孝宗、孝宗传位光宗等；有的是儿子称帝，逼迫前皇帝引退，如唐肃宗称帝，迫唐玄宗退位；还有的是老皇帝勉强让位给儿子，心中不愿意也不得不让出帝位，如唐高祖传位唐太宗。

历史上的太上皇们，因授受之际情况不同，各自境遇也有所差异：有的仍操持朝政，有的悠游度日，有的成为阶下之囚。历史上名副其实的有尊位、有权势的太上皇，要算清高宗（乾隆）了。他自恃“天威远震，武功十全”，宣称只做六十年皇帝（因其祖父康熙做了六十一年皇帝，不敢超越），自诩为“十全老人”。晚年兴建宁寿宫，刻“太上皇之宝”玉玺。八十五岁时，他正式当上了太上皇，但仍然掌握大权。

乾隆为何自诩为“十全老人”？

清乾隆帝曾自我总结一生有“十全武功”，因此自诩为“十全老人”。“十全武功”指的是清乾隆时期的十次重大军事行动，《御制十全记》记载：“平准噶尔为二，定回部为一，扫金川为二，靖台湾为一，降缅甸、安南各一，二次受廓尔喀降，合为十。”其中，两平准噶

◇ 乾隆

尔及平回部之乱最名副其实，此三役不但铲除了自康熙年间就为祸西北的准噶尔部，而且将新疆并入中国版图。

乾隆五十六年（1791），廓尔喀（今尼泊尔）再次侵入西藏。是年冬，清政府命福康安等率兵入藏增援。次年五月，清军进抵廓尔喀境内，六、七月间逼近阳布（今加德满都）。廓尔喀军受挫，乃请降。当清军凯旋之际，乾隆帝欣然回忆自己即位后五十七年间在边疆地区建立的“十大武功”，于是作《御制十全记》，并令翻写满、汉、蒙、藏四种文体，建碑勒文，以纪其事。

孔子为什么被称为“素王”？

在先秦文献中，“素王”本指远古帝王，还用于指有帝王之德而未居其位的人。

第一次将孔子与“素王”联系起来是在西汉文帝时期。刘安在《淮南子》中指出，孔子虽然才智出众，勇力过人，但“专行教道，以成素王”。提倡“独尊儒术”的董仲舒则说：“孔子作《春秋》，先正王而系万事，见素王之文焉。”这一观点得到了西汉儒者的普遍赞同。

西汉的司马迁虽然没有使用“素王”一词称呼孔子，但实际上他也是同意董仲舒观点的，这也正是他在撰写《史记》时把孔子列入“世家”的关键。再有，西汉刘向在《说苑・贵德》中也提到，孔子历七十二君而不遇，于是退而作《春秋》，“明素王之道，以示后人”。

综上所述，不难看出，孔子的“素王”之称，实际上是指孔子为思想文化领域的无冕之王。

国立孔庙为何被称为“文庙”？

众所周知，国立孔庙是列入国家祀典的礼制庙宇。文庙，作为国立孔庙的另一名称起源于明朝。唐玄宗于开元二十七年（739）封孔子为“文宣王”，因此，人们称国立孔庙为“文宣王庙”，又称夫子堂、宣尼庙等。

明代以前，国立孔庙名称与孔子本庙相同，但从明代开始，文庙就成为其正式名称。

◇ 曲阜孔庙大成殿

北京的街巷为什么叫“胡同”？

“胡同”一词的本意为蒙古语“水井”的意思，其最初的发音为“忽洞”。现在内蒙古地区用“井”做地名的也有很多，如“赛因忽洞”（好的井）、“哈业忽洞”（双井）。因为城镇居民生活离不开水井，所以有人居住的地方就必有水井，于是“井”便成为人们居住地的代称。蒙古人建立元朝后，也将此语带入中原，于是人们将“忽洞”逐步谐音为“胡同”。

人们为何用“鼻祖”称赞创始人？

“鼻祖”指最早的祖先、某领域的创始人。要想解释清楚为何将创始人称为“鼻祖”，首先得从“鼻”字说起。

“鼻”的本字为“自”字。甲骨文和金文中的“自”字都像人的鼻子的模样。“自”在古文中一般用作第一人称代词，即解为自己。既然“自”字作了人称代词，那么要写“鼻子”的“鼻”时，又该用哪个字呢？为了与“自”字加以区分，人们便又另造了一个形声字“鼻”。从此，“自”字和“鼻”字就有了不同的分工。

“自”的本义是“鼻子”，还可以引申为介词“从”“自”，再引申为动词“始”。《说文解字》里有“今俗以始生子为鼻子”的说法，把某个家庭生的第一个儿子称作“鼻子”。这里的“鼻”字即第一、最初或开始的意思，这个意义正是从“自”演变来的。所以人们就把最早的祖先或某领域的创始人称作“鼻祖”。

为什么一个人夸口说大话被称为“吹牛”？

人们常把一个人好说大话比作“吹牛”或“吹牛皮”。这是为什么呢？

据传在很久以前，黄河河套地区既没有桥，也没有船，人们常用的水上交通工具是筏子。这种筏子大多是用牛皮制成的，人们便称之为“牛皮筏子”。

“牛皮筏子”不是公用物，而是人们日常的家备交通工具，平时不用的时候，收放在家中；需用的时候，才往“牛皮筏子”里吹足气，使它能载人漂流于水面。但是，“吹牛皮筏子”是一件很费劲的事，一般都得几个人通力合作才能吹胀一只牛皮筏子。因此，当时凡遇说大话的人，总有人以“好大的口气，简直可以吹胀一只牛皮筏子”的话来回敬。这样，“吹牛皮筏子”就很自然地与“说大话”联系在一起。久而久之，“吹牛皮筏子”就变成了“说大话”的同义语。

“吹牛皮筏子”常被略称为“吹牛皮”或“吹牛”。显然，“吹牛皮”或“吹牛”说起来更为顺口。这样，“吹牛皮”或“吹牛”就被作为“说大话”的同义语流传至今。

关于“吹牛”，还有一种有趣的说法，这种说法认为它与游牧民族的生活有关。游牧民族逐水草而居，他们最看重的财产就是牛、马。因此，人们聚在一起时总喜欢谈论自己的牛、马，其中就难免有夸大的成分。天长日久，“吹牛”之说流传开来，就有了说大话的意思。

说话不算数为何又称“食言”？

《左传·哀公·哀公二十五年》记载：春秋时，鲁国大夫孟武伯说话一贯无信，鲁哀公对他很不满。有一次，鲁哀公举行宴会，孟武伯照例参加。有个名叫郭重的大臣也在座，这郭重长得肥胖，平时颇受鲁哀公宠爱，因而常遭孟武伯的嫉妒和讥辱。这次孟武伯借着向鲁哀公敬酒的机会，又向郭重道：“你吃了什么东西这样肥胖啊？”鲁哀公听了，想起孟武伯屡次违背诺言、不肯接自己回国的事情，便指桑骂槐地替郭重答道：“食言多也，能无肥乎！”意在讽刺孟武伯惯于说话不算数。孟武伯顿时面红耳赤，在群臣面前感到万分难堪。

后来，人们便将说话不算数称为“食言”。《尔雅》亦云：“食，言之伪也……言而不行，如食之消尽，后终不行，前言为伪，故通称伪言为食言。”

北方人为何将争辩称为“抬杠”？

“抬杠”是一种借着机灵巧诈的嘴上功夫指责别人，同时也闪避别人指责的说话习惯。“抬杠”可视作耍嘴皮。人们为何将“争辩”称为“抬杠”呢？这还得从我国北方地区“抬杠会”的习俗说起。

在我国北方地区，每年农历正月十五元宵节这一天，就会有身强力壮的人抬着竹杠，竹杠上面有轿子，一个伶牙俐齿的丑角官坐在里面。他们抬着竹杠和轿子在人群里穿梭，围观的人则和那个丑角官随机式地比赛斗嘴，甚至用花言巧语来对骂。久而久之，人们就把类似斗嘴的对话称为“抬杠”。

这种“抬杠会”在满族进入中原后成了中国人“抬杠”的起源。满族作家文康在其所著的通俗小说《儿女英雄传》第三十三回里写道：“只看孟子合告子两个人抬了半生的硬杠，抬到头来，也不过一个道得个‘食色性也’，一个道得个‘乃若其情，则可以为善矣’。”

“王八”为什么会成为骂人的话呢？

“王八”，是乌龟或鳖的俗称，是日常生活中人们经常用来骂人的话，泛指品行极为卑鄙、龌龊的坏人。那么，它为什么会成为骂人的话呢？

相传，“王八”最初并不指乌龟或鳖，而是指一个人，就是五代前蜀主王建，因他排行第八，所以人称“王八”。王建在唐朝末年因镇压农民起义有功，被封为蜀王，后来自己称帝。他年少时是个泼皮无赖，惯于偷盗，专干屠牛、盗贩私盐的事，邻里人对他恨之入骨，称呼他为“贼王八”。这是“王八”被赋予骂人含义的开端，慢慢地就固定成骂人的话了。

恭维为何被称作“戴高帽”？

恭维被称作“戴高帽”，这个典故出自古代笔记体作品《笑林》里的一则趣闻。

《笑林》里有这样一个关于“戴高帽”的笑话：有个门生出京去做地方官，在临行前他去和老师告别。老师对门生说：“出外做官，很不容易，千万要谨慎小心！”门生回道：“请老师放心，门生已经预备好高帽子一百顶，每人各送一顶，管叫地方上人人高兴！”老师发怒道：“我们应以忠直之道对待别人，何须如此呢？”门生装作无可奈何的样子说：“天下像老师这样不喜欢戴高帽的人，能有几个呢？”老师听了很高兴地点头说：“你说得也不错！”门生出来后对朋友说：“我的一百顶高帽子，只剩下九十九顶了！”

“糊涂虫”为何被称为“二百五”？

“二百五”是个感情色彩很浓的贬义词，常用来形容那些脑子缺根弦的“糊涂虫”，这种说法来源于这样一则历史趣闻。

战国时期，著名的纵横家苏秦在齐国很受齐闵王宠爱。齐国大夫中有许多人和苏秦争宠，派人刺杀苏秦，未遂。于是，齐闵王派人到处捉拿凶手，却始终没有抓到。苏秦受伤过重，自知自己时日不多，临终前对齐闵王说：“我马上就要死了，请您在人口集中的街市上把我五马分尸示众，就说‘苏秦为了燕国在齐国谋乱’，这样便能抓到刺客。”

苏秦死后，齐闵王便吩咐左右把苏秦的头割下来，悬挂在城门上，然后在下面贴了一道悬赏榜。榜上写道：“苏秦乃内奸，杀了他是为我们齐国除了大害，当赏黄金千两，望除奸的壮士前来领赏。”结果，榜文一上墙，马上就有四个人前来，声称苏秦是自己亲手所杀的，要求齐闵王明查后赐赏。

齐闵王听后大声说道："你们四位是真正的'勇士'吗？一千两黄金，你们四个人分，每人分多少呢？"四人不约而同答道："每人二百五。"话音刚落，便听见齐闵王"啪"的一声拍案，大怒道："来人，把这四个'二百五'推出去斩了！"

从此，"二百五"的说法就流传开了，成为一个颇带贬义色彩的词语。

代人作文为何称为"捉刀"？

古人把代人作文称为"捉刀"，这与三国时期的曹操有关。

曹操统一北方后，声威大振，各少数民族部落纷纷前来依附。北匈奴派使者送来了大批奇珍异宝，使者请求面见曹操。曹操将声姿高扬、眉目疏朗的崔琰招来，命他代为接见匈奴使者。崔琰正中端坐，接受了匈奴使者的拜贺。曹操则扮作侍卫模样，手握钢刀，挺立在坐榻旁边。接见完毕后，曹操派人询问匈奴使者印象如何。匈奴使者不假思索地说："魏王俊美，丰采高雅，而榻侧捉刀的那个人气度威严，非常人可及，是为真英雄也！"

后来，人们便称代他人做事为"捉刀"，而用得最多的是称谓代人作文，如"捉刀代笔"。

请人修改作品为什么称"斧正"？

《庄子·杂篇·徐无鬼》记载：楚国一郢人和石匠各有一套绝技，郢人在鼻尖上用白粉涂上苍蝇翅膀似的薄薄一层，石匠能用斧子把这层白粉轻轻削去。石匠表演时，态度从容，抡起大斧，顺着郢人的鼻尖削下，只听得斧子在空中"呼"的一声，白粉就被完全削掉。而郢人的鼻子却丝毫不受损伤，郢人也脸不变色。

后人由此引申出“斧正”一词，意思是请人像石匠抡起斧头削白粉那样，帮助自己删削文章。“斧正”，又称“削正”“郢政”“斧政”，是对修改文章者使用的敬语，以此赞其水平高，修改起文章来，犹如石匠用大斧削去郢人鼻尖上的白粉一般干净利索，恰到好处。

史书为何又被称为“汗青”？

南宋文天祥曾有诗云：“人生自古谁无死？留取丹心照汗青。”这里的“汗青”指的是史书。古人用“汗青”指称史书，与中国古代的书写材料关系密切。中国古代在纸张没有普及之前，人们用于书写的主要材料是竹简、木简。书写前，要先将竹简、木简放在火上烤，去掉水分，这个程序就称为“汗青”。烤干后的竹简、木简，既容易书写，又不易生虫。后来，人们便用书写材料代称书写结果，用“汗青”代称著作，后来特指史册。

如今，人们常将影视作品拍摄完成称作“杀青”，也与古代书写用的竹简、木简有关。古代人著书，每一篇文章或一本书的草稿往往先写在青竹的表皮上，青竹的表皮比较光滑，需要修改时，很容易将原来的字迹擦掉。待定稿后，再写在加工好的竹简、木简上。“杀”字的意思是削、刮，因此，人们称著作定稿为“杀青”。后来，又将“杀青”扩展到影视行业中。

为什么没有根据地编造被称为“杜撰”？

人们常说那些无中生有、凭空捏造出来的故事或文章是杜撰的，或说是由某人杜撰的。那么，为什么要说“杜撰”而不说“张撰”“李撰”“赵撰”呢？“杜撰”一词的由来是否与一个姓杜的人有关呢？

说法一：相传，古时候有个叫杜默的人，喜欢作诗。但是他写的诗内容空乏，不着边际，毫无真情实感。而且他的诗不讲韵律，有人说他写的东西，诗不像诗，文不像文，实在是不伦不类。因此，人们每逢看到不像样的诗文就脱口而出："这是杜默撰写的。"后来，这句话逐渐简化为"杜撰"，再后来，"杜撰"就成为不真实地、没有根据地编造的代名词了。

说法二：老子在汉代被奉为道教教主，被尊为太上老君。李唐王朝又认老子为族祖，这时道教成为国教。然而，佛教已在中国发展壮大，道教若想快速发展就得与佛教相抗衡，扩大道教在人们心中的影响力。越是具象的、新奇的事物，传播越容易，所以，杜光庭为维护道教，就编撰神话故事以阐扬道教，如《太上老君说常清静经注》《墉城集仙录》《广成集》等。其中很多都是神仙怪异的内容，没有任何根据。后来，人们就说那些没有任何事实根据、信手胡乱编写的著作或胡诌的故事是"杜撰"的。

为什么用"桃李"指称老师培养出的学生？

"桃李满天下"用来形容老师教的学生很多，遍布各地，"桃李"是学生的代称。

春秋时期，魏国大臣子质学富五车，由于得罪了魏文侯，他就跑到北方一旧相识家里躲避。子质不愿意加重朋友的生活负担，便想开个学馆，收一些学生教读，借以糊口。朋友便腾出两间空房作为教室。子质收学生不分贫富，只要愿学的都可以拜他为师。

凡是来上学的学生都跪在桃树和李树下认先生。子质指着已结果的两棵树教导学生们说："你们都要刻苦学习，要像这两棵树一样开花结果。只有学问高，才能为国家做出一番大事业。"在子质的严格管教下，学生们发奋读书，学到不少真本领。后来，这些学生先后成为栋梁之材。为了感念子质的教诲，他们便在自己的住处亲手栽种桃树和李树。子质到各国游历时，碰到了在各国当官的学生们，并看到了学生们栽的这两种树，便自豪地说："我的学生真是桃李满天下啊！一个个都很有作为！"

从此，当先生（老师）的就以"桃李"代指学生，并把学生多称作"桃李满天下"。

古人为什么常把故乡称作"桑梓"？

在中国古代，桑、梓是与人们的生活关系极为密切的两种树。桑树的叶可以用来养蚕，果可以食用和酿酒，树干及枝条可以用来制造器具，皮可以用来造纸，叶、果、枝、根、皮皆可以入药。而梓树的嫩叶可食，皮是一种中药（名为梓白皮），木材轻软耐朽，是制作家具、乐器、棺材的好材料。此外，梓树是一种速生树种，在古代还常被作为薪炭用材。正是因为桑树和梓树与人们的衣、食、生活有着如此密切的关系，所以古代的人们经常在自己家的房前屋后植桑栽梓，而且人们对父母先辈所栽植的桑树和梓树也往往心怀敬意。

久而久之，桑树和梓树就成了故乡的象征，"桑梓"也就成了故乡的代称。

"黎民""百姓"最初是指普通大众吗？

距今大约4600年前，当炎帝被九黎首领蚩尤追到涿鹿求助轩辕黄帝，与黄帝结成部落大联盟共同攻打蚩尤时，并不是人人都有姓，一个部落中只有几个姓，但作为一个部落联盟，其姓的数量比较可观。古人以百而言多，故称这种军事大联盟中的人群为"百姓"，而将战败被俘的九黎人称作"黎民"，以与"百姓"相区别。

当时的“百姓”含义不同于后世所说的“百姓”，是有一定社会地位的贵族的总称。《国语·楚语下》中记载：“民之彻官百，王公之子弟之质能言能听彻其官者，而物赐之姓，以监其官，是为百姓。”而“黎民”或简称为“民”的则是奴隶。随着时间的推移、历史的演变，“百姓”和“黎民”之间的差别越来越小，都代表被统治的平民。

最终，“黎民”与“百姓”联在一起，统作普通人民的一种称谓了。关于“百姓”的称谓，古代常见的有“布衣”“黔首”“黎民”“生民”“庶民”“黎庶”“苍生”“黎元”“氓”等。

“胡椒”“胡萝卜”中的“胡”是怎么来的?

“胡”是中国古代中原人对从外域传来的物品的称呼。以前，中原人称塞北、西域的人为“胡人”“五胡”“三胡”，也称呼西方更远地方的人为“胡人”，从这些地区传进中原的事物与中原的不同，于是就在前面加一个“胡”字以示区别，如“胡服”“胡椒”“胡萝卜”“胡乐”“胡舞”。

“五官端正”中的“五官”是怎么来的?

相传黄帝战胜蚩尤后，定都涿鹿城（今属河北），并开始了治世大业。黄帝任人唯贤，量才使用，经过挑选，他任用了一些适于办理国家大事的官员，令他们各司其职。他封驯服七种野兽、大败蚩尤的马师皇为牧政官，管理衣食住行、驯服六畜；封在战场上救死扶伤和采集治创良药的炎帝为医政官，管理医药，为百姓治疾；封理财有方的嫘祖为财政官，专管国家的经济和出纳；封屡立战功的力牧大将军为军政官；封联系各部落有功的伏羲氏为行政官。

在朝任职的这五位官员都做出了很大的贡献，因而得到黄帝的嘉奖。黄帝指着五位官员说："多亏了五官的臣子相助，方使得我脸上增了光彩呀！"后来，人们称脸上的口、鼻、眼、眉、耳为"五官"。

"六亲不认"中的"六亲"指哪六亲？

自古以来，关于"六亲"的说法有好几种。

西汉贾谊在《新书·卷八·六术》中指出："人之戚属，以六为法。人有六亲。六亲始曰父，父有二子，二子为昆弟；昆弟又有子，子从父而昆弟，故为从父昆弟；从父昆弟又有子，子从祖而昆弟，故为从祖昆弟；从祖昆弟又有子，子从曾祖而昆弟，故为从曾祖昆弟；曾祖昆弟又有子，子为族兄弟。备于六，此之谓六亲。"由此得出，"六亲"之始是"父"，六亲都是一个族内同宗的亲属，一共涉及六代人。

《汉书·传·贾谊传》中出现过"六亲"这个词语，而且有好几处，不过，给这段文字作注解的人却提供了不同的解释。其中一个说法称，"六亲"包括父、母、兄、弟、妻、子。还有一个说法综合了其他几种说法，认为"六亲"包括叔伯、舅舅、姑姑、妻子的家属、丈夫的家属、本人的兄弟。

额前的头发为什么称为"刘海"？

人们常把额前垂下的短发叫作"刘海"，各式各样的刘海是千变万化的发型中不可缺少的一部分。据说，额前的头发之所以被称为"刘海"，与神仙刘海有关。

相传，古时有位仙童叫刘海，在民间传说中，他的额前总是垂下一绺整齐的短发，显得童稚、可爱。后代画师所画的仙童肖像常以刘海为原型。在著名的民俗画《刘海戏金蟾》中，刘海额前垂发，骑在蟾背上，手舞一串铜钱，显得天真活泼。此后，小孩或妇女额前留的短发便称为“刘海”。古时的刘海一般只有孩童和妇女才留，男子通常是没有刘海的。

此外还有一种说法，认为刘海原本是“留孩”，即指小孩子所留的头发。由于“刘海”与“留孩”古时发音基本相同，而“留孩”又本为口语俗称，不太雅观，故书面文字就常把它写作“刘海”。

黑发有哪些别称?

古人把黑发称为“青丝”。在古汉语中，“青”有“黑”的意思，所以“青丝”有“黑发”的意思。此外，还有“乌丝”之说，与“青丝”意同，“乌”也指“黑”的意思。“青黛”也可兼用表示黑发的意思，但多用于女性。其中，“青”“黛”都是“黑”的意思。再有，南北朝时期北朝民歌的代表作《木兰诗》中说：“当窗理云鬓，对镜贴花黄。”这里的“云鬓”亦有秀发乌黑之义，其他带有引喻的还有“三千烦恼丝”。

古人为什么把旅费称为“盘缠”?

我们在前人典籍、文字中常见到的“盘缠”一词，大多专指旅费，原因如下。

中国古时大部分朝代，民间都是使用中间有孔的铜钱作为货币的。如果要出行，就得多带些铜钱，于是人们便用细绳把铜钱穿起来，这种细绳叫“贯”。通常把穿在一起的一千钱叫“一贯钱”或“一吊钱”。古时没有银行支票、信用卡，就算纸币也是后来才有的。于是，人们在出远门办事、探亲之时，只能带上笨重的成串铜钱上路。把铜钱盘起来缠绕腰间，既方便携带，又安全，还便于计算，因此，古人将这又“盘”又“缠”的旅费称作“盘缠”。现在仍可将旅费说成“盘缠”。

怎样的喜事可以被称为“弥月之喜”？

婴儿出生后，满一个月时称为“弥月”。弥月礼俗最重要的有下面三件事：

（1）祭拜祖先。满月之日，准备油饭、鸡、酒等丰盛祭品祭拜祖先，并将孩子的出生时辰与姓名告知祖先，以求取庇佑。除祭拜祖先外，有的人也会设宴请客，大肆庆祝。

（2）外家礼赠答。满月之日，婴儿的外婆家会送礼物给外孙，称为送“头尾”。所谓“头尾”，就是礼物需涵盖婴儿“从头到尾”的用品，通常包括帽子、衣裤、鞋袜和饰物。此外，较讲究的人家还会加送香蕉、红龟粿、红蜡烛等礼品。婴儿父母则以油饭、米糕、酥饼、团子等回赠。

（3）亲朋好友报喜讯。婴儿父母通常会准备礼物，常见的有油饭、红蛋。米做的油饭表示繁殖之意，红蛋除因蛋形象征圆满无缺外，又取“蛋可孵鸡，鸡又生蛋”生生不息的吉祥之意，因此，由蛋做成的食物都是弥月之礼中最重要的表征。

为何办事不成叫“黄了”？

为什么事情没办成，人们往往叹息着说“黄了”呢？这还得从古时的人们做生意说起。古时人们做生意，在开张那天门外要贴喜报，大红纸上要写“开张大吉”四个字。如果买卖没经营好，或者掌柜的要转行做别的生意，门外也要贴告示。这时候，掌柜就要用黄纸写上“收市大吉”四个字并贴在门上。由此，人们就将别人店面关门或生意失败说成

“黄了”。久而久之，“黄了”的适用范围更广了，凡是事情没有办成都说成“黄了”。

古代男子的一生可分为哪九个年龄阶段?

古人以十年为单元，将男子的一生大致分为九个阶段，分别是“幼”“弱”“壮”“强”“艾”“耆”“老”“耄”“期”。

《礼记·曲礼上》载：“人生十年曰幼，学。二十曰弱，冠。三十曰壮，有室。四十曰强，而仕。五十曰艾，服官政。六十曰耆，指使。七十曰老，而传。八十、九十曰耄……百年曰期，颐。”

这段记载大致的意思是，男子十岁称幼，开始入学读书；二十岁称弱，举冠礼后就意味着成年了；三十岁称壮，就可以娶妻生子、成家立业了；四十岁称强，即可踏入社会工作了；五十岁称艾，能入仕做官；六十岁称耆，可发号施令、指挥别人了；七十岁称老，此时年岁已高，应把经验传给世人，将家业交付子孙管理了；八十岁、九十岁称耄……百岁称期，到了这个年龄，就该有人侍奉，颐养天年了。

成年人在古代都有哪些称谓?

在中国古代，成年人有以下一些称谓：

冠者：指成年人。

待年、待字：指女子成年待嫁的阶段。

有室、有家：男子娶妻、女子出嫁之年。《孟子·滕文公章句下》中说：“丈夫生而愿为之有室，女子生而愿为之有家。”《幼学琼林·卷二·夫妇》中说：“男以女为室，女以男为家。”

怨女：指年龄大而没有结婚的女子。《孟子·梁惠王章句下》中说：“内无怨女，外无旷夫。”

旷夫：指年龄大而没有结婚的男子。

老人在古代都有哪些称谓?

《礼记·王制》记载："五十杖于家，六十杖于乡，七十杖于国，八十杖于朝；九十者，天子欲问焉，则就其室。"因此，古人以"杖家之年"指称"五十"，以"杖乡之年"指称"六十"，以"杖国之年"指称"七十"，以"杖朝之年"指称"八十"。

此外，古代的老人还有以下一些称谓：

斑白：老人。

黄发：指长寿老人。

皓首：白头，指年老。

眉寿：人老了眉毛长，所以称眉寿。

姥：年老的妇人。

暮齿：晚年、暮年。

遐龄：指人长寿高龄。

儿童在古代都有哪些称谓?

中国古代的儿童主要有以下一些称谓：

童孺：儿童。

垂髫：指儿童。儿童垂发叫"髫"。

髫年：童年。

髫龄：童年。

龆年：童年。龆，儿童换牙。

束发：指青少年。

稚：称年龄小的人为稚。

膝下：幼年，言子女幼年仅能依附父母的膝下。

孺子：儿童。《孟子·离娄章句上》："有孺子歌曰：'沧浪之水清兮，可以濯我缨。'"也用作老人对年轻后生的称呼。

"主席"是如何演变为官位的？

中国古代没有桌椅，人们席地而坐。席地而坐也颇讲究，先铺上房间那么大的席子，这叫"筵"，然后铺上给每个人坐的小垫子，这叫"席"（跟现代的椅垫和蒲团差不多）。现在大家常说的"酒席""筵席""酒筵"几个词意思相近，是根据大小不同的筵、席来定名酒宴的。古人进屋，先脱鞋，再走过筵，坐在席上。入席时，客人有客座，主家中的长辈独自坐在正位或主家席位，叫作"主席"。"主席"的称谓从此叫开，慢慢演变成现在主持会议的人的称谓，或是国家、团体、公司最高领导人的职位名衔了。

第四辑

学制、科举

两汉时期的征辟制是怎么回事？

征辟制是在汉武帝时开始推行的一种自上而下选拔官吏的制度。东汉沿袭西汉，在任官制度上实行察举制、征辟制和任子制。下面着重介绍征辟制。

“征辟”，可以分为“征”和“辟”两类：（1）皇帝特征士人，为“征召”，如《汉书·纪·武帝纪》记载，汉武帝特征《诗经》专家鲁申公，“遣使者安车蒲轮，束帛加璧，征鲁申公”；（2）长官自行辟除士人，为“辟除”，如《汉书》记载：“孙宝字子严，颍川鄢陵人也。以明经为郡吏。御史大夫张忠辟宝为属，欲令授子经，更为陈舍，设储偫。”

西汉时期，既有“征召”，也有“辟除”，二者合称“征辟”。东汉亦如此。

察举制是从哪个皇帝起成为选官常制的？

察举制是中国古代选拔官吏的一种制度，主要特点是由地方长官在辖区内随时考察、选取人才并推荐给上级或中央，经过试用考核再任命官职。

汉高祖刘邦首下求贤诏，要求郡国推荐具有治国才能的贤士大夫，开察举制先河。汉惠帝、吕后诏举“孝弟力田”，察举开始有了科目。严格地说，察举制度是从汉文帝开始的，他下诏要求“举贤良方正直言极谏”者，并且定下了“对策”（考试）和等第。汉武帝时察举制已经很完备，有了统一的选才标准和考试办法，成为选官常制。

考试是汉代察举制度中的重要一环。被举者经考试后，由政府量才录用，这样既保证了选才标准能得到贯彻实行，选出真正的人才，还能保证竞争的相对公平，令下层人士有进入国家管理层的可能。隋唐以后，这种考试制度发展成延续一千三百多年的科举制度。

哪个朝代的科举制分为常科和制科两类?

汉朝为适应国家统治的需要，建立了一整套选拔官吏的制度，名为察举制。察举是自下而上推选人才的制度，也叫“选举”。

汉代察举科目分为制科和常科。制科是不定期的临时由皇帝下诏实行的科目，其中以“贤良方正”最为重要。常科则是定期实行且有具体名额和规定的科目。汉武帝元光元年（前134），根据董仲舒的建议，“初令郡国举孝廉各一人”，这是中国历史上岁举科目的开始。汉代察举的常科有“孝廉”“茂才（秀才）”“察廉（廉吏）”“光禄四行”，但实行最为普遍、察举人数最多的还是“孝廉”科。

汉文帝时要求举贤良方正，汉武帝时要求举“孝廉”。然而，后来的史实表明，仅仅考察德行，并不能公正地选拔人才。“举秀才，不知书。察孝廉，父别居。寒素清白浊如泥，高第良将怯如鸡”。这一东汉民谣生动反映了察举制的名不副实。

古代的孝廉和秀才是什么身份?

“孝廉”之设，始于汉武帝元光元年（前134）。“孝”是指孝敬父母，“廉”是指清廉勤政。“孝廉”出身的官吏，更被认为是“正途”“清流”，在当时很被看重。

察举常科之一的“秀才”，东汉时为避光武帝刘秀讳，改作“茂才”。汉武帝于元封五年（前106）下诏，“其令州郡察吏民有茂材异等”，这是此科之始。茂才多为现任官吏，这些现任官吏被举为茂才后，因本身资历高，多起用为县令。

被举的“廉吏”，最初都是小官，大概是他们能忠于职守，特别是为官清廉，才被“举主”看中作为察举对象的。

“光禄四行”的选拔标准则是四种品行：质朴、敦厚、逊让、有行（或作节俭）。

以科举取人才始于何时？终于何时？

中国历史上通过考试选拔官员的科举制度，源于汉朝，创始于隋朝，确立于唐朝，完备于宋朝，兴盛于明、清两朝，废除于清朝末年，历经隋、唐、宋、元、明、清六朝。

隋文帝杨坚统一天下后，为了使各地的人才脱颖而出，采取了考试的方法。有一种说法是，587年，隋文帝规定，每州每岁贡士三人，州县保荐贡士的标准是文章华美者。598年，隋文帝又以“志行修谨（有德）”“清平干济（有才）”两科举人。这个制度到了其子隋炀帝杨广执政时又有所发展。605年，隋炀帝定十科举人，其中有“文才秀美”一科，即进士科，提倡文人以诗赋获取功名。

1903年，袁世凯、张之洞等奏请立停科举，以便推广学堂，咸趋实学。清政府诏准自1906年开始，所有乡试、会试一律停止，各省岁、科考试亦即停止。

倘若从隋朝大业元年（605）的进士科算起，科举制在存在一千三百余年后退出历史舞台。

古代的武举制度起于何时？又废于何时？

在中国古代的科举制度中，专门为选拔军事人才而设的武举，始于唐代武则天长安二年（702）。当时规定，凡是平时习练武艺者，均可参加武举考试，考试项目有五——射箭、武技（拳术、格斗）、体力（长跑、举重、负重行走）、相貌、身材、辩才（对策），兵部将录取者的成绩分为三等，然后量才授官。

明宪宗成化十四年（1478），始设武科乡试、会试。乡试在各省城举行，录取者称“武举人”，第一名称“武解元”。会试在乡试后的次年春天在京城举行，乡试合格者才能参加，录取者称“武贡生”，第一名称“武会元”。明思宗崇祯四年（1631），开始举行武科殿试，由皇帝在京都太和殿亲自主持考试，因此也叫“廷试”，只有会试录取者才能参加。殿试及格者均称“武进士”，其中第一名称“武状元”。

清代增设武科试，又称“武岁考”，录取者称“武秀才”，分内、外场。外场考试科目有马箭、步箭、弓、刀、石等；内场考《武经》，外场合格者才可入内场。清光绪二十七年（1901），武科举被废止。

唐代盛行的“投卷”“荐举”是怎么回事？

唐开元二十九年（741），担任礼部侍郎的韦陟认为，以往科举取士皆以考场中考生所答试卷的优劣来录取考生，难以充分考察一个人的实际才学，从而开创“投卷”之风。唐代有许多著名人物便是通过“投卷”“荐举”等方式参与科举进入仕途的，诗人王维便是一例。

唐代科举允许人们向主考官推荐优秀的人才，应考进士科的考生可以将自己的文学创作择优编成长卷，投献给达官显贵或文坛名人，从而提高自身知名度和及第机会。这就是应试考生的“投卷”。其中，向礼部投献称为“投公卷”，向达官贵人投献称为“投行卷”。

参加科举的考生为了得到达官贵人的赏识，并由此向知贡举官推荐，便纷纷向他们呈送行卷。大诗人白居易的诗句“离离原上草，一岁一枯荣。野火烧不尽，春风吹又生”，便是其向前辈官员顾况所投的行卷作品。此外，为了加深行卷给达官显贵、文坛大师留下的印象，考生往往会过一段时间再去拜谒对方，呈送新作。

什么是童生试？孔乙己是“老童生”吗？

童生试简称“童试”，亦称“小考”“小试”，是明、清时期读书人取得生员（秀才）资格的考试。考生只有在取得生员资格后，才能参加科举考试。

应试者不分年龄大小都称“童生”，亦称作“儒童”“文童”。鲁迅笔下的孔乙己一辈子也没有通过童生试，因此被戏称为“老童生”。

童生试包括县试、府（或直隶厅、州）试与院试三个阶段。每三年举行两次。丑、未、辰、戌年为岁考，寅、申、巳、亥年为科考。院试录取者为生员，送入府、县学宫，称“入学”。岁考、科考则为考核已入学生员的考试。

古代科举制度中的乡试为何又称为“秋闱”？

“秋闱”，是对科举制度中乡试（最低级别的考试）的叫法。考试的试场称为“贡院”。乡试是由南、北直隶和各布政使司举行的地方考试，地点在南京和北京府、布政使司驻地。明、清两代定为每三年一次，逢子、午、卯、酉年举行，考期多在秋季八月，故又称“秋闱”，也称“乡闱”。

每闱三场，分别于八月九日、十二日和十五日进行，每场三昼夜。第一场考的是八股文，是从“四书五经”里边选择材料来出题的；第二场考的则是官场应用文，分上下往来的公文和根据提供案例来撰写的司法判文两种；第三场考策问，考的是具体的国计民生问题，要求考生给出对策和办法。由于中间两次换场，因此考试时间实际为九天七夜。开考后号舍就会上锁，其间无论发生什么事，即便是发生火灾烧死考生也不能开锁。

乡试考中的称“举人”，俗称“孝廉”，第一名称“解元”。唐伯虎乡试第一，故称“唐解元”。乡试中举叫“乙榜”，又叫“乙科”，取得参加会试的资格。发榜之时正值桂花飘香，故又称“桂榜”。发榜后，由巡抚主持鹿鸣宴，席间唱《鹿鸣》诗，跳魁星舞。

从何时起殿试成为科举考试的必经程序？

殿试是由唐朝女皇武则天创立的，又称“御试”“廷试”，指皇帝亲自出题主持考试。殿试虽在唐朝时就已出现，但在当时并非定制。

宋开宝六年（973）的一天，赵匡胤在讲武殿接见数十名新科进士。交谈中，赵匡胤发现有两人表现得才疏学浅，一怒之下下令将二人开除，并问责贡举二人的官员。事后，又有落榜士子徐士廉击登闻鼓（古代帝王为彰显自己亲民纳谏的形象，悬鼓于朝堂之外，允许臣民击鼓直接反映问题），投诉考场不公。赵匡胤当即命令整理落选考生名册，表示择日将亲自阅卷。经过重新考试，徐士廉成功翻身，被录为进士。

从此以后，由皇帝亲自面试考生成了科举考试的必经程序，这道程序被称为“殿试”。皇帝亲自出题，考核会试中选之人，最后由皇帝钦定排名。这样，既能区分个人的水平档次，又能把蒙混过关、不学无术之人揪出来。

状元、榜眼、探花是殿试后才产生的吗？

殿试，是中国古代的科举制中最高级别的考试，由皇帝在殿廷上对在会试中被录取的贡士亲自策问，以定甲第。录取分三甲：一甲三名，赐进士及第，第一名称“状元”，第二名称“榜眼”，第三名称“探花”，合称“三甲鼎”；二甲若干名，赐进士出身；三甲若干名，赐同进士出身。

古代朝廷在对三甲进士授予官位时有何区别？

前文已提到，科举考试中张榜公布进士名单时，分三甲（有时称“甲”为“榜”）。其中第一甲只写前三名，这三人赐进士及第，习惯上称第一名为“状元”，第二名为“榜眼”，第三名为“探花”；第二甲赐进士出身；第三甲赐同进士出身。

以上三甲都算进士，不过在授予官位时却有区别：第一甲进翰林院；第二甲好些的可以进翰林院，一般的要么到中央各机关当主事，要么在翰林院当庶吉士，再学几年，然后当官；第三甲大部分直接被派到各地当知县、县丞、教谕。

明代正式科举考试分为哪三级？

明代正式科举考试分为乡试、会试、殿试三级。

乡试是由南、北直隶和各布政使司举行的地方考试。地点在南、北京府、布政使司驻地。每三年一次，逢子、午、卯、酉年举行，又叫“乡闱”。考试的试场称为“贡院”。考期在秋季八月，故又称“秋闱”。凡本省科举生员与监生均可应考。考试分三场，分别于八月九日、十二日和十五日进行。乡试考中的称“举人”，俗称“孝廉”，第一名称“解元”。

会试是由礼部主持的全国考试，又称“礼闱”。于乡试的第二年即逢辰、戌、未年举行。全国举人在京师会试，考期在春季二月，故称“春闱”。会试也分三场，分别在二月初九、十二、十五举行。主考官称“总裁”，又称“座主”“座师”。考中的称“贡士”，俗称“出贡”，别称“明经”。

殿试在会师后当年举行，时间最初是三月初一。明宪宗成经八年起改为三月十五。应试者为贡士。殿试由皇帝亲自主持，殿试毕，于次日读卷，又次日发榜。录取分三甲：一甲三名，赐进士及第，第一名称“状元”，第二名称“榜眼”，第三名称“探花”，合称“三鼎甲”。二甲赐进士出身，三甲赐同进士出身。二甲第一名称“传胪”。一、二、三甲通称“进士”。

“连中三元”的“三元”分别指什么？

“连中三元”一语源于封建社会科举制度。科举制度经过长期的演变和改革，逐步固定为乡试、会试、殿试三级的形式。乡试由各省在省城主持，考中的称为“举人”，第一名称为“解元”；会试由礼部在京城主持，考中的称为“贡生”，第一名称为“会元”；殿试由皇帝亲自主持，考中的称为“进士”，第一名称为“状元”，也称“鼎元”“殿元”。

科举考试以名列第一者为元。一个人在乡试、会试、殿试中都获得第一名，便是“连中三元”。据统计，在中国古代科举制度实行的一千三百年中，连中三元的只有十七人。清代的钱棨在乾隆年间连获乡、会、殿试第一名，乾隆爱才，亲赋《三元诗》致贺。

“连中三元”一语由此而来。

科举考试中的“甲榜”“乙榜”是怎么回事？

清人赵翼的《陔余丛考》记载：“今世谓进士为甲榜，以其曾经殿试，列名于一二三甲也。举人谓之一榜，后以进士有甲榜之称，遂以一为乙，而以举人为乙榜。”明人吴应箕的《杭州书某孝廉事》记载：“士以制义起家，阅三年有春秋二试，别以乡、会之目，隽于会试者曰甲榜。”

“榜”，是古代科举考试后用于揭晓考生名次的公告。“乙榜”是科举制度中取中举人的别称，亦称“一榜”。发榜之时，正值桂花飘香，故又称“桂榜”。“甲榜”是科举制度中由举人考中进士的别称，或称“甲科”。因举人、进士各为一榜，也叫“两榜”，这是相对于“乙榜”而言的。

进士榜用黄纸书写，故叫“黄甲”，也称“金榜”，中进士称“金榜题名”。

乡试中举称“乙榜”，殿试考中称为“甲榜”。凡是通过“乙榜”中举人，再通过“甲榜”中进士而做官的人，叫作“两榜出身”。

“新郎官”的称谓与科举制度有联系吗？

“新郎官”现泛指新婚的男子，与“新娘”相对称，合起来叫“新人”。事实上，“新郎官”最早指的是新科进士。

“郎”，是中国汉代中央官署里侍从官的通称，唐代被用作官阶的一个泛称，六品以下的分别称为“某某郎”。旧时官贵民贱，这个范围内的官员，百姓们尊称他们为“郎官”或“郎君”。科举选官制度从隋朝开始，到唐代更趋完备。进士科中试的人，就具有做官的资格了，按官阶来说都属于“郎”的范围，所以人称新科进士为“新郎官”或“新郎君”。再者，封建社会男婚女嫁被当作人生的头等大事，男子娶妻被看作和考进士得中同样荣耀，美称“小登科”，于是袭用了“新郎官”的称呼。

什么是八股文？八股指的是什么？

八股文是明清时期科举考试的一种文体，也称“制艺”“制义”“时文”，因该文中有四联，两两相对，好比人有两股，故称“八股”。可能有人觉得“股”字不雅，又称八股文为“八比文”。其起源于宋、元的经义，成熟于明。

八股文的基本特点，大致有以下几方面：（1）题目一律用“四书五经”中的原文；（2）内容必须以程朱学派的注释为准；（3）体裁结构有一套固定的格式，首先是破题，其次是承题，再次是起讲、入手，最后便是四股，即起股、中股、后股、束股。四股又分为八股，就是逐条分析正面如何、反面如何等，可以说就是正文。其中，每两股必须成为一副对联，共四联，需要词性相对，平仄相对。文末是收合，收场结束语一般在八句之内。

八股文专讲形式，没有内容，段落要死守固定的格式，连字数都有一定的限制，考生只是按照题目的字义敷衍成文。八股文除用于应付科举之外毫无实用价值。清末废八股。

唐、宋童子科对童生年龄有何限定？

唐、宋的童子科，面向的对象为年幼、聪慧的童子。童子年龄的限定前后有所变化。唐初规定为十岁以下，即“凡童子科，十岁以下能通一经兼《孝经》《论语》，卷诵文十，通者予官；通七，予出身”。大中十年，因诸道所荐送的童子多年齿已过，故又将年龄限制在十二岁以下。宋制，童子登科的年龄限制在十五岁以下。

唐、宋童子科登第者的入仕情况较为复杂，律令中未见规定。学者根据史料记载推知，唐、五代童子登第后一般都授虚官，也有登第后至弱冠才授官的。童子科是唐、宋科举制下常科科目中的一个小科目，虽然与进士、明经等科相比，童子科并不占重要地位，但童子科的设置对童蒙教育和唐、宋科举制的繁盛均起到了积极作用。

进士是什么样的人才?

在中国古代科举制度中，通过最后一级考试者称为“进士”。也就是说，进士是中国古代科举殿试及第者之称，意为“可以进授爵位之人”。

隋炀帝大业年间始置进士科目。唐亦设此科，凡应试者谓之“举进士”，中试者皆称“进士”。元、明、清时，贡士经殿试后及第者皆赐出身，且分为三甲：一甲三人，赐进士及第；二甲、三甲分别赐进士出身、同进士出身。

据统计，在中国一千三百多年的科举制度史上，考中进士的人的总数近十万。古代许多著名文人都是进士出身，如唐代的贺知章、王勃、宋之问、王昌龄、王维、岑参、韩愈、刘禹锡、白居易、柳宗元、杜牧等，宋代的范仲淹、欧阳修、司马光、王安石、苏轼等。考中进士，一甲即授官职，其余二甲参加翰林院考试，学习三年后再授官职。

形容一个人考中进士都有哪些词语?

在中国古代，一个人考中了进士，人们常用以下词语来形容：

（1）“披宫锦”。唐朝进士及第披宫袍，后称中进士为“披宫锦”。如袁枚的《祭妹文》中有“逾三年，予披宫锦还家”一句，这里“披宫锦”即指中进士。

（2）“登科”。指科举时代应考人被录取，也特指考中进士，也说“登第”。

（3）“登龙门”。“鲤鱼跳龙门”，意指龙门之难登，但只要登上龙门，就可成“龙”，故有“一登龙门，升价十倍”之说。于是，古代的人们把因得到名流推荐而提高声誉的人称为“登龙门”。由于唐代科举很依赖名流推荐，于是人们又把考上进士称为“登龙门”。

（4）“烧尾”。据上述“鲤鱼跳龙门”的典故，当鲤鱼跳上龙门时，就会“天火自后烧其尾，乃化为龙”。所以，唐代的举子考中进士后，烧鲤鱼是其举行的盛宴中的一道必备菜，这种宴会被称为“烧尾宴”，故又有人称中进士是“烧尾”。

（5）“折桂”。郤诜曾在与晋武帝的一次对答中，用月亮中的桂树枝来比喻出众的人才。后来，白居易在祝贺其弟考中进士时写诗赞道：“折桂一枝先许我，穿杨三叶尽惊人。”就是用“折桂”一词来比喻其中进士的。

（6）“及第”。后文再详细阐述。

古人考中进士是否有资格说“及第”？

“及第”，指科举考试应试中选，因榜上题名有甲、乙次第，故名。隋唐只用于考中进士（贡士参加殿试录为三甲都叫进士）。明、清两代只用于殿试之一甲三名，即状元“及第”、榜眼“及第”、探花“及第”。与“及第”相对应，应试未中的叫“落第”“下第”。

唐朝诗人郑谷上写有《送举子下第东归》一诗：“夫子道何孤，青云未得途。诗书难舍鲁，山水暂游吴。野绿梅阴重，江春浪势粗。秣陵兵役后，旧业半成芜。”此外，他还写有《送太学颜明经及第东归》一诗：“平楚干戈后，田园失耦耕。艰难登一第，离乱省诸兄。树没春江涨，人繁野渡晴。闲来思学馆，犹梦雪窗明。”这两首诗虽然针对的情景不同，一为“下第”，一为“及第”，但都将古代学子“数年寒窗苦读”的寂寥和艰辛体现得淋漓尽致。

古代的应试举人为什么又被称为“公车”？

早在汉代，中国便有了以公家车马送应试举人赴京赶考的传统。皇帝征召官吏、臣民上书也都动用公车接送。《史记·七十列传·滑稽列传》记载：“朔（东方朔）初入长安，至公车上书，凡用三千奏牍。”

后来，满洲贵族入主中原后，为笼络知识分子，在顺治八年（1615）规定：举人公车，由布政使给予盘费。即应试举人的路费由政府的布政使供给，路费的多少因路程远近而不同。广东琼州府最多，每名三十两白银；山东最少，每名只有一两白银；其余地区，三两至二十两白银不等。另外还规定，云南、贵州和新疆的应试举人除了每人发给白银三两，还发给火牌，凭牌供给驿马一匹，车上插一面“礼部会试”黄布旗。

这样，“公车”就成了应试举人的代称了。后来，也特指入京会试的人上书言事。

“金榜题名”中的“金榜”是怎么来的?

所谓“金榜”，即科举殿试结束后用于公布录取的考生名单的公告，又称“黄榜”。所谓“题名”，即写上名字，指科举得中。在中国古代，黄色是帝王的专用色，象征着皇权，殿试录取之后，朝廷发的进士榜即用黄纸填写，表里二层，犹如黄灿灿发光的金子，因此又称为“金榜”。封建时代，“金榜题名”是所有读书人的愿望。

清代科举考试的最高规格是殿试，即皇帝亲自主持考试。殿试成绩揭晓的榜称为“金榜”，黄纸墨字，以皇帝诏令的形式下达。“金榜”分大、小两种，大“金榜”加盖皇帝的玺印，用于张挂；小“金榜”不用印，供皇帝御览和举行典礼时宣布名次使用。

“金榜”有名者则高中，用“金榜题名”喻指进士登第再形象不过了。

明朝的“南北榜案”是怎么回事？

明朝沿袭唐、宋的科举考试制度。洪武三十年（1397）发生了“南北榜案”，即著名的“刘三吾科举案”，又称“春夏榜案”。

是年春，礼部会试，由翰林学士刘三吾和王府纪善、白信蹈等人主考。发榜时，榜中五十一人皆为南方人。北方落第的举人们议论纷纷，并向朱元璋告发说主考官刘三吾是南方人，有意拔擢其乡人。朱元璋闻此大怒，命令侍读张信等十二人复查试卷，但北方人还是没有合格的。这时又有人告发张信等人受刘三吾等人的嘱托，故意将低劣的试卷呈报。朱元璋更加恼怒，将白信蹈、张信等处死。因刘三吾年老，免死充军。六月初一那天，朱元璋命翰林儒臣于下第卷中择文理优长的六十一人，复廷试。廷对中擢韩克忠等六十一人（北方之士及陕西、四川之人）赐进士、出身有差，时称“春夏榜”，亦称“南北榜”。

事实上，北方经过长期战争的破坏，生产水平、教育和文化的发展程度都低于南方。考卷又都是密封的，刘三吾等尽管取的都是南方人，但并不存在南北之见。因此，朱元璋从政治角度出发，将一榜及第的都取为北人，白信蹈、张信等人死得实在冤枉。

清朝的县试是怎么回事？

县试，亦称“县考”，童生试第一阶段考试。在清朝是由各县县官主持的考试，试期多在二月。要取得出身的童生，须先向本县礼房报名，填写姓名、籍贯、年岁、三代履历，并取得本县廪生的担保，保其无冒籍、匿丧、顶替、假捏姓名，身家清白，非优倡皂隶之子孙，方准应考。约试五场，各场分别试四书文、试帖诗、经论、律赋等。事实上，第一场录取后即具备参加上一级府试的资格，以下各场续考与否，听凭自愿。

商衍鎏的《清代科举考试述录》记载："顺治时，县、府试取额有定，照入学名数，县考取二倍，府考取一倍，以送院考。康熙三十九年，令府、州、县考取童生不必限数，倘滥送由学政参覆。"

"倒霉"一词与科举制度有何关系？

"倒霉"一词本是江浙一带的方言，指事不顺利或运气坏。这一词语产生的时间算来不长，大约在明朝末年。那时候，由于八股取士的科举制度严重限制了广大知识分子聪明才智的发挥，加之考场舞弊之风甚盛，所以一般的读书人要想中举是极不容易的。为了求个吉利，考生们在临考之前一般都要在自家门前竖起一根旗杆，当地人称之为"楣"。考中了，旗杆照竖不误；考不中，就把旗杆撤去，叫作"倒楣"。后来，这个词被越来越多的人用于口语和书面语中，直到现在还在使用着。值得一提的是，在运用这个词语的过程中，人们也常把这两个字写作"倒霉"。

古代读书人在参加科考的当天为何吃枣粽？

粽子的传统形式为三角形，一般根据内瓤命名，包糯米的叫米粽，米中掺小豆的叫小豆粽，掺红枣的叫枣粽。枣粽谐音为"早中"，所以吃枣粽的最多，意为读书的孩子吃了可以早中状元。过去，读书人在参加科举考试的当天，早晨都要吃枣粽。

中国历史上第一位和最后一位状元分别是谁？

中国历史上第一位状元为唐高祖武德五年（622）壬午科的状元孙

伏伽，最后一个状元为清光绪三十年（1904）甲辰科的刘春霖。

孙伏伽，生年不详，贝州武城人。早年在隋朝时考中进士，隋炀帝大业末年迁万年县法曹参军，隋亡后入唐做官。武德五年（622），孙伏伽因上疏而被免官。当时科举制度尚未完备，故孙伏伽能以免官之身应进士科考试，考中第一，官授刑部郎中。贞观十四年（641）拜大理寺卿，成为朝廷重臣，显庆三年（658）病逝于家中。

刘春霖，1872年出生于直隶肃宁县（今河北肃宁）。1903年，刘春霖参加科举考试意外落榜。科举取士一般为三年一科，次年适逢慈禧太后七十大寿，朝廷特加甲辰科，并称为“甲辰恩科”。1904年，刘春霖再度参加殿试，得中状元。1905年，慈禧迫于社会舆论的压力，宣布自1906年开始停止科举考试，在中国历史上延续了一千三百多年的科举制度正式被废除。科举制度的废除，使刘春霖成为中国历史上的最后一个状元，所谓“第一人中最后人”。后刘春霖因心脏病突发，于1942年（一说1944年）去世。

女状元的由来是怎样的？

在中国历代封建王朝中，妇女从无资格参加科举考试，当然不会有女状元产生，直至太平天国开科考选妇女，才有傅善祥考中女状元一事。事实上，远在太平天国之前，便已有“女状元”一词流传了。

唐朝时，邛州（今属四川）有一司户参军，名叫黄崇嘏，邛州刺史周庠见他丰采英俊、办事干练，爱他才貌出众，要把自己的爱女嫁给他为妻。黄崇嘏作了一首七律献给周庠，后四句为：“立身卓尔青松操，挺志铿然白璧姿。幕府若容为坦腹，愿天速变作男儿。”周庠见诗大为惊讶，立即把黄崇嘏传来询问，才知道她是黄使君的女儿。因她献诗时自称“乡贡进士”，所以世俗便讹传为“女状元”了。

中国历史上唯一的女状元是谁？

◇ 傅善祥

中国有副歌咏傅氏历史名人的对联："学士科举列榜首，巾帼鼎甲第一名。"上联指清代密书院大学士傅以渐，曾在顺治年间考取进士第一名；下联指清代太平天国恩赏丞相傅善祥。傅善祥是中国历史上第一位也是唯一的一位女状元。

傅善祥，清末金陵（今南京）人，自幼熟读经史。1853年，太平天国定都南京后，洪秀全颁布诏书，开甲取士，同时打破常规，破例增加"女科"。洪秀全之妹洪宣娇做主考官。据说洪宣娇为抨击男尊女卑的封建陋习，以经义命题"唯女子与小人难养也"，考才女的胆识和学识。

在应试的三百多名女子中，金陵妙龄才女傅善祥才思敏捷，引古论今，列举历代巾帼英雄的丰功伟绩，有力地批驳了"女子难养"的谬论。这份卓有见识的试卷，博得洪氏兄妹的称赞。经评议，傅善祥成为太平天国也是中国历史上的第一位女状元。考中状元后，傅善祥在东王杨秀清府里供职。1856年天京陷落后，傅善祥下落不明。

古代的状元为什么手持魁斗站在鳌头亮相？

传说古代有个秀才，才高八斗，出口成章，可是奇丑无比，长了满脸麻子，而且一条腿还瘸了所以殿试屡屡落第。但由于文采斐然，他又在乡试、会试中一次次高中榜首。

等到参加殿试时，皇帝问他："你的脸怎么了？"他回答："回圣上，这是‘麻面映天象，捧摘星斗’。”皇帝又问：“你的瘸腿呢？”他又回答：“回圣上，这是‘一脚跳龙门，独占鳌头’。”皇帝又问：“你如实回答朕，当今天下谁的文章写得最好？”他想了想说：“天下文章属吾县，吾县文章属吾乡，吾乡文章属舍弟，舍弟请我改文章。”

皇帝大喜，阅读完他的文章后更是拍案叫绝：“不愧天下第一！”于是钦点他为状元。这个丑文人的才学、智慧及其发愤苦读的精神，使他后来升天成为魁星，主管功名禄位。“魁”字拆开来，一半是“鬼”，呼应魁星的面目丑陋；另一半是“斗”，象征魁星才高八斗，也象征北斗星座。

从此，皇宫正殿台阶正中的石板上雕有龙和鳌的图案，一只魁斗放在旁边。殿试完毕发榜时，应试者都聚到皇宫门前，进士们站在台阶下迎榜，状元则手持魁斗，站在鳌头上亮相，表示“一举夺魁”“独占鳌头”。

古代的科举考试有哪些防作弊措施？

古代统治者在科举考试中主要采取以下一些防作弊措施：

（1）锁院制度。主持考试的知贡举（考官）一经任命，必须立即入住贡院，断绝与外界的一切来往，直到发榜为止。在大约五十天的锁院期间，知贡举不得回家，不准见亲友或与院外臣僚交往。后来，负责各类解试的考官也需与知贡举一样锁宿。

（2）实行具保连坐制度。考生在参加考试之前要填写包括姓名、籍贯、三代家世及自己的体貌特征等基本信息。乡试以前都要五人连坐同保，派廪生具保。考生五人中如有违反规定者，五人连坐，廪保黜革治罪。

（3）实行考官回避制度。唐宋时期，朝廷对考官亲属实行“别头试”制度。清朝规定，入场的官员必须对其子弟、同族中人、姻亲之人进行回避，“匿报查出，本官革职”。

（4）严肃考场纪律。据余秋雨的《十万进士》描述，清朝考生进入考场后，考场即封号栅，须等三天考完之后方才打开。三天之中，考生吃喝拉撒全在两平方米左右的号房（即考场）内解决。天热之际，号房内屎尿泗流，臭气熏天。

（5）实行程序化的试卷校阅制度。具体程序是：经过外帘官的纳卷、弥封、誊录和对读，再交由内帘同考官及主考官校阅。内外帘官彼此处于隔绝状态。

（6）实行复试、磨勘等复查制度。《清史稿·志》记载：“首严弊幸，次检瑕疵。字句偶疵者贷之。字句可疑，文体不正，举人除名。”

古代的科举考试也实行封卷吗？

在中国古代，朝廷在举行科举考试时，为防止考官作弊，凡试卷皆糊其姓名，即把考卷上的考生姓名、籍贯等糊封隐没，使考官不知某卷为某人所作。此即“糊名考校法”，又称作“糊名”“弥封”“封弥”，最早始于武则天当政之时。

《隋唐嘉话》记载：“武后以吏部选人多不实，乃令试日自糊其名，暗考以定等第。”但这时的糊名，还只是用于吏部考查官吏，尚未适用于礼部选士（各级科举考试）的全过程，而且还遭到一些世族主司的反对，不久即废除。

到了宋太宗赵光义淳化三年（992），始“令糊名考试，第其优劣，以分等级”“苏易简知贡举，受诏即赴贡院，仍糊名考校，遂为例”（《宋史》）。但那时的考试糊名，还只限于殿试，尚未普及礼部省试及各府州县的科举考试。宋真宗赵恒咸平二年（999），又下诏令进士科礼部省试采用密封制。

古代朝廷通过考试选拔人才有惩罚措施吗?

史载，北齐朝廷曾下过命令：在考试时对“成绩滥劣者”罚喝墨水。喝多少墨水，按考生成绩滥劣的程度决定。梁武帝时朝廷规定“差谬者罚饮墨汁一斗”。《隋书·志·卷四》里也规定，士人应试时，凡书迹滥劣的要罚饮墨水一升；甚至当秀才、孝廉等在参加会试时，监考官发现有“书迹滥劣”的，也要叫他到专设的房间里去喝一升墨水。

罚考生喝墨水的荒唐法规沿袭了几个朝代，后来虽不实行了，但用“喝墨水”多少来形容一个人所拥有的知识的多少，却在词汇世界中得以保留。在现实生活中，稍加注意我们便会听到一些人说“我这人可没喝过多少墨水”，表示自谦。

“帖经”主要考的是什么题型?

“帖经”是古代科举考试的内容，于唐、宋两个朝代均有出现。唐朝时的科举分“明经科”和“进士科”，“明经科”的考试内容主要包括“帖经”和“墨义”（关于经文的问答）；“进士科”的考试主要是要求考生就特定的题目创作诗、赋，有时也会加入“帖经”。

《旧唐书·本纪》记载：“其进士举宜先试帖经，并略问大义，取经义精通者放及第。”另《通典·卷十五》记载：“帖经者，以所习经掩其两端，中间开唯一行，裁纸为帖。凡帖三字，随时增损，可否不一，或得四、得五、得六者为通。”

由此可知，“帖经”重视记忆，类似于今天语文考试的填充题，试题一般是摘录经书中的一句并遮去其中几个字，考生需填充缺少的字词。由于应试者越来越多，又必须加以淘汰，所以“帖经”题越来越偏。考生为应付考试，便于记忆，遂创造出“帖括”之法，即把生僻、难记的经文概括成诗赋歌诀的形式。

中国古代儿童启蒙读物《千字文》的编纂者是谁？

《梁史》记载："上以王羲之书千字，使兴嗣韵为文。奏之，称善，加赐金帛。"故事说的是，南朝梁武帝时期，散骑侍郎周兴嗣奉皇帝之命，从王羲之的书法作品中选取一千个不重复的字编纂成有内容的韵文，是为《千字文》。唐人笔记小说《尚书故实》记述，周兴嗣用了一夜时间编完千字文，累得须发皆白。

周兴嗣编纂的《千字文》以儒学理论为纲，穿插诸多常识，用四字韵语写出，很适于儿童诵读。宋、明以后，直至清末，《千字文》与《三字经》《百家姓》一起构成了中国古代儿童最基础的"三、百、千"启蒙读物。《千字文》是中国古代教育史上最成功的启蒙教材，已被公认为世界教育史上流传最久、影响最大的识字课本。

有史记载的中国首个进行胎教的人是谁？

《史记》记载，中国古代第一个对孩子进行胎教的是周文王的母亲太任，效果还不错，周文王出生后很聪明伶俐。周文王的孙子周成王也是在接受过胎教之后出生的，长大后亦智力超常。到了汉朝，各种书籍中出现了大量胎教的内容，初步形成了胎教学说。宋代名医陈自明的《妇人大全良方》中就有专篇"胎教论"。贾谊的《新书》中也有专门的《胎教》篇。《颜氏家训》中也记载了相关的内容：皇后怀孩子三个月时，就要搬出皇宫，让她住在别宫里，眼不看不该看的东西，耳不听不该听的东西，所听音乐和所嗜口味等都要按礼仪进行节制。到了明代，胎教学说进一步得到完善，内容更全面。清代陈梦雷等人把历代的胎教学说汇集在一起，归入《古今图书集成·医部全录卷》，立为“小儿未生胎养门”。古人曾总结道：“训子须从胎教始，端蒙必自小学初。”

汉代蒙学称“书馆”还是“经馆”？

汉代私学分为“蒙养教学”与“经师讲学”两级。

（1）蒙养教学。它相当于现在的中小学。蒙学又称“书馆”，教师称为“书师”，专职、兼职均有。蒙学教学一般分为两段（也有分三段的）：第一段为“蒙学”，以识字为主，使用的教材是字书；第二段学习《论语》《孝经》，接受封建道德教育。前一段学生八岁入学，相当于现在的小学教育。后一段有的人认为是小学教育，有的人认为是中学教育。蒙学结束后，学生便可“得试为吏”，或进入更高层次的教育阶段进行学习。

（2）经师讲学。它是私学的高层次——大学教育阶段，又称“经馆”，学生人数远远超过了官学——太学里的学生人数。究其原因，其一是官学数量有限，入学资格审查较严；其二是私人办学比官学既灵活又认真；其三是社会动荡不安，政治斗争复杂，名儒不愿入仕而退为授徒，著书立说；其四是教学内容与官学一致，学成后照样有入仕资格。

“著录弟子”“及门弟子”分别是什么意思？

汉代的“经馆”“精舍”“精庐”等多属于专经研习阶段的私学，这类私学，有的设在经师家里，也有经师带领弟子在外教授的。有些私学经师的名气很大，很多人慕名欲拜其为师，但又难于亲往门下直接接受教育，便只能在经师门下著录上自己的名字，这些人就是“著录弟子”。亲自前往经师门下接受教育的称为“及门弟子”。

一些著名的经师，弟子数量颇多，为了便于教授知识，他们采用了先由自己教先来的高足弟子，再由高足弟子分头去教其他弟子的教学方式。如此一来，就可以二传、三传乃至更多，是为“次相授受”或“转相传授”。西汉大儒董仲舒是最早采取这种教学方式的。

“次相授受”法可以使一个经师通过逐次相传的方式教授众多弟子，大大扩展了教学的范围和成效。不足之处在于弟子难以直接得到经师的教诲，有的弟子甚至长期见不到经师一面，传授的内容也难免走样。

中国古代的家教读物《弟子规》何人所作?

《弟子规》原名《训蒙文》，原作者李毓秀是清朝康熙年间的秀才，采用《论语》“学而篇”第六条“弟子入则孝，出则悌，谨而信，泛爱众，而亲仁。行有余力，则以学文”的文义，分为孝、悌、谨、信、爱众、亲仁、学文七个部分，具体列述弟子在居家、外出、待人、接物与学习时应该恪守的守则规范。后来，清朝的贾存仁修订改编《训蒙文》，并将其改名为《弟子规》，它是一本启蒙养正，教育子弟敦伦尽分、闲邪存诚、养成忠厚家风的最佳读物。

“弟子”是指一切圣贤人的弟子，“规”取“夫见”之意，指大丈夫的见解，所以它是每一个学习圣贤经典、效仿圣贤言行的人都应该学习的。《弟子规》中的守则规范没做到，学习别的经典就很难得到真智慧。《弟子规》共三百六十句（一千零八十个字），以精练的语言对儿童进行早期启蒙教育，灌输儒家文化的精髓。该书在古代影响之大、读诵之广，仅次于《三字经》。

史上何时开始设立“五经博士”？

“博士”最早是一种官名，始见于战国时期，博士官负责保管文献档案、编撰著述、掌通古今、传授学问、培养人才。秦朝时，博士官掌管全国古今史事以及书籍典章。

汉武帝设立“五经博士”。从春秋战国到西汉，几百年间语言文字发生了很大的变化，一般人已经不大能看得懂古书了，需要有专门的学者来讲解。而西汉统治者力图用儒家的经典来巩固统治，于是尊《诗》《书》《礼》《易》《春秋》为五经，每经置一博士。由此，博士成为专门传授儒家经学的学官。

唐朝时，中央设有国子学、太学、四门学、律学、书学、算学等六学，各学分设博士、助教主管施教。博士为教授官之称，而非中央官学传授儒经学官的专称。

宋朝时，服务性行业的服务员也称为“博士”。比如，孟元老的《东京梦华录》中记载：“凡店内卖下酒厨子，谓之‘茶饭量酒博士’。”这种情况多见于江浙一带。

宋代的三舍积分制怎样评定学生成绩？

在太学三舍创设的积分制，是宋代学校教育中最具特色的一项制度。神宗熙宁四年（1071）十月，立太学三舍法。太学生分为上舍、内舍、外舍三个等级。

元丰二年（1079）又订《学令》，外舍生每月考核“行”“艺”。所谓“行”，主要指遵法守纪的品行。所谓“艺”，主要指每月由学官出题考试（私试），学生在考试中所取得的成绩。各个学生的考试成绩记为学分，连同品行表现按月登记，到季度末进行检查，学分积累较多又没有严重违反纪律的学生可以获得“季选”（季度评定）。

到年终，综合学生的“季选”选出积累学分最多的一百人予以“校定”（年度评定）。

朝廷每年派官员到太学出题对外舍生进行一次考试，称为“公试”。公试成绩位列第一、第二等并获得校定者，可升入内舍。内舍生每月考核“行”“艺”，每季进行“季选”，每年对三十名积分最多的内舍生进行“校定”，分为“优”“平”两等。朝廷每两年派官员到太学为内舍生举行一次“公试”，考试合格者亦分为“优”“平”两等。如果公试成绩与校定均获优等者，即可升为“上舍上等”，立即释褐授官，称为“两优释褐”；如果公试成绩与校定一优一平者，即可升为“上舍中等”，继续学习，待科举考试时免解试及省试，直赴殿试；如果公试成绩和校定均为平等或一优一否者，即可升为“上舍下等”，继续学习，待科举考试时免解试，直赴省试。

宋代的这种以积分的方法对太学的学生成绩进行综合评定的制度，实际上就是学分制。由于它能比较客观全面地对学生的成绩进行考核而被后世所沿用。

称老师为“西席”与哪位古代皇帝有关？

古人除了尊称老师为“夫子”“先生”“恩师”等外，何以还经常将其尊称为“西席”呢？这与汉明帝刘庄有关。

《称谓录》卷八记载：“汉明帝尊桓荣以师礼，上幸太常府，令荣坐东面，设几。故师曰西席。”汉明帝是光武帝刘秀的继承人，他当太子时就拜桓荣为老师，登上皇位后对桓荣仍十分尊敬。他常常到桓荣住的太常府内拜访，请桓荣坐向东的位子，并替桓荣摆好桌案和手杖，手拿经书听桓荣讲解经文。

汉明帝为何让老师向东而坐呢？原来，汉代室内的座次是以靠西而坐，即面向东方为最尊。“西席”，就是“坐西面东”的座次。汉明帝这样安排是表示自己对老师的尊敬。由于皇帝安排老师坐西席，于是人们就把家庭教师甚至所有老师尊称为“西席”了。

“师范”的古今词义有差别吗？

“师”的名称，在夏、商、周时就出现了。而“师”字最早出现在甲骨文中，甲骨文中有“文师”之称。之后，西汉的董仲舒用了“师”一词，司马迁用了“师表”一词，他们都强调了“师”的表率作用。

西汉末年，思想家、文学家扬雄在他的言论集《法言·学行》中说：“师者，人之模范也。”这是第一次将“师”和“范”联系起来，明确强调了教师负有塑造教育对象的重大责任。

南朝范晔在他的《后汉书·文苑列传下》中说：“君学成师范，缙绅归慕。仰高希骥，历年滋多。”这是第一次使用“师范”一词。

南朝刘勰在他的《文心雕龙》中说：“相如好书，师范屈宋。”意思是说司马相如以屈原、宋玉为师范——学习的榜样。

现代的“师范”一词，指培养教师的学校，是为培养“堪为人师而模范之”的人才而设立的学校。由此可见，“师范”一词的涵义古今无异。

“先生”还有其他指称吗？

历史上各个时期，“先生”这个称呼是针对不同对象的。第一次用“先生”一词称呼教学者的，始见于《礼记·曲礼》：“从于先生，不越路而与人言。”其注解说：“先生，老人教学者。”今称教学者即教师为“先生”，即来源于此。

《论语·为政》中说：“有酒食，先生馔。”其注解说：“先生，父兄也。”这里的“先生”和《战国策》中“先生坐，何至于此”里的

"先生"，均是称呼有德行的长辈。汉代，"先生"前加上一个"老"字。清初称相国为"老先生"，到了乾隆朝以后，官场中已少用"老先生"这个称呼了。辛亥革命后，"老先生"这个称呼又盛行起来，在交际场合中，人们彼此见面，对老成的人一律称呼为"老先生"。

现在，妻子多称呼丈夫为"先生"，有时候德高望重的女性也被称为"先生"，如"宋庆龄先生""冰心先生"。在有些地方，医生也被称为"先生"。

中国古代对老师有哪些称呼？

师：先秦至清末老师的通称。

老师：古时称年辈最尊的学者为老师。

师傅：先秦时代对老师的称谓。

师资：先秦时代对老师的敬辞。

师保：古代教导贵族的学官。

师父：对工、商、戏剧等行业传授技艺的人的尊称。

夫子：古代对老师的一种尊称，尤其流行于旧时私塾中。

教师：宋元称教授歌曲、戏剧、武术技艺的人为教师。

博士：先秦以来的国学老师。

祭酒：汉代始作官学中老师的称谓。

司业：古代教音乐的老师。

助教：国子监老师。

先生：先秦时代的国学老师。多用于对"门馆""私塾"老师中年长者的尊称。

门馆先生：宋元时代对家塾老师的称谓。

门客：宋元时代对家塾老师的另一个称谓。

教谕：宋代京师设立的小学老师。

教习：明朝入选翰林院的进士之师称“教习”，到清末学堂兴起后，教师仍用其名。

教职：原是周礼小宰六职之一，清代时沿用为教师之称。

学官、学政：分别为汉代和宋代太学的老师。

学正：宋、元、明、清国子监老师。

监学：清学堂以上设监学，管学生功课及考勤之事。

监丞：明清时期对太学中国子监老师的称谓。

讲郎：东汉太学老师。

讲师：讲授武事或讲解经籍的老师谓“讲师”。

训导：明清时府设教授，州设学正，县设教谕，掌教育生员。其副职皆称训导。

“有教无类”“因材施教”是谁最先提出的？

孔子之前，“学在官府”，只有贵族子弟有权受教育，有资格当官。孔子体会到生活于社会下层中的平民百姓子弟接受教育的难处，遂开设私塾广招平民子弟进行教育。在教育的对象问题上，孔子明确提出了“有教无类”的思想。“有教无类”的本义，是指不分贵族与平民，只要有心向学都可以入学受教。

“有教无类”思想的理论基础是孔子“性相近也，习相远也”的人性论。“性相近”说明了人皆有成才、成德的可能，而“习相远”又说明了实施教育的重要性。正是基于“人皆可以通过教育成才、成德”的认识，孔子才作出了“有教无类”的决断。

孔子所说的“因材施教”，是指针对学生的不同情况采取灵活多变的教育方法。在这一点上，孔子的教育也是分类的。孔子说：“中人以上，可以语上也；中人以下，不可以语上也。”这体现出了孔子的分层次教学的思想。

正式设立国子监的是晋武帝还是隋炀帝?

严格地说,国子监是在中国隋代出现的中央官学,为中国古代教育体系中的最高学府。

国子监学生相当于秀才,分文、武两种,文称“文生”,武称“武生”。凡依照惯例规定缴纳一定数额的钱给朝廷者,即可称为“例监生”,他们有资格去见县官,但并无实权。

晋武帝于咸宁二年(276)设立国子学,设博士五人,正五品上。北齐改国子学为国子寺。隋文帝改寺为学,不久废国子学,唯立太学一所。隋炀帝即位后,改太学为国子监。

◇ 国子监

唐朝国子监有六学:国子学、太学、四门学、律学、书学和算学。

进入宋朝后,国子监成为掌管全国学校的总机构,还设书库,刻印经史书籍,供朝廷索取、赐予以及本监出售之用。国子监所印书籍称“监本”,一般刻印精美,居全国之冠。

至清代,国子监变为只管考试不管教育的考试机构,到清末则成为卖官机构。

国学大师王国维治学有哪“三境界”?

在《人间词话》中,国学大师王国维以哲学家的顿悟,串联了晏殊

《蝶恋花·槛菊愁烟兰泣露》、柳永《凤栖梧·伫倚危楼风细细》、辛弃疾《青玉案·元夕》中的词句，自成“王氏三境界”。王国维认为，古今之成大事业、大学问者必须经三种境界。

第一境界：昨夜西风凋碧树，独上高楼，望尽天涯路。

第二境界：衣带渐宽终不悔，为伊消得人憔悴。

第三境界：众里寻他千百度，蓦然回首，那人却在，灯火阑珊处。

王国维所引之词句，本是描写相思之句，但王国维却用于表现“悬思—苦索—顿悟”的治学三重境界。王国维巧妙运用三句中蕴含的哲理意蕴，把词句由爱情领域延伸至治学领域，从而赋予词句以崭新的内涵。

谁首倡以“鸿儒”为教育培养的最高目标?

唐朝诗人刘禹锡在《陋室铭》中说：“谈笑有鸿儒，往来无白丁。”那么，什么样的人算是“鸿儒”呢?

“鸿儒”一词，最早见于东汉王充的《论衡·卷十三·超奇》中。王充认为，“鸿儒”是最高级、最理想的知识分子，是“世之金玉”。

王充将学经之士分为“儒生”“通人”“文人”“鸿儒”四种。能够解说一本经书的，即“儒生”；能够解说两本以上经书又博通古今的儒士，即“通人”；不仅通古达今、熟悉经传，而且能够研究现实问题，提出自己的看法和建议的人，即“文人”；能够深入思考古今各种问题并作出系统概括，提出自己的理论体系，写就高水平的专著的人，即“鸿儒”。

王充把“鸿儒”当成教育培养的最高目标，反对经学教育所培养的“章句之生”。在他看来，孔子、董仲舒都属于“鸿儒”，“鸿儒”的特点就是能够“立义创意”“眇思自出於胸中”，能著书立说，在理论上有所创见。王充还认为，“儒生过俗人，通人胜儒生，文人逾通人，鸿儒超文人”。

近代教育家蔡元培首倡的“美育”为何物？

中国近代著名教育家蔡元培先生在中国首倡“美育”，在其作品《对于新教育之意见》中，“美育”首次被定为基本的教育方针。蔡元培明确指出：“美育者，应用美学之理论于教育，以陶冶感情为目的者也。”

蔡元培还认为：“吾国古代教育，用礼、乐、射、御、书、数之六艺。乐为纯粹美育；书以记实，亦尚美观；射御在技术之熟练，而亦态度之娴雅；礼之本义在守规则，而其作用又在远鄙俗；盖自数之外，无不含有美育成分者。其后若汉魏之文苑、晋之清谈、南北朝以后之书画与雕刻、唐之诗、五代以后之词、元以后之小说与剧本，以及历代著名之建筑与各种美术工艺品，殆无不在于非正式教育中行其美育之作用。”

陈望道在《美学纲要》中说：“中国之有美学，实以蔡元培先生提倡为最早。中国人素讲智、德、体三育；近人更倡群育、美育，而并称为五育。美育即蔡元培先生所主倡。”

古代品德高尚、博学多才者是学士还是硕士？

“学士”名称最早出现在周代，是指那些在学校读书的贵族子弟，后来逐渐变成官名，为有学问的人以及久入学者的泛称。魏晋以后，学士正式成为以久学技艺供奉朝廷的官吏。唐时学士地位大大提高，甚至能参与朝政。其中的翰林学士为众学士之首，是皇帝的顾问和秘书官，有“内相”之称。入宋后，一经授翰林学士，即有当宰相之望。清朝的大学士地位显赫，官阶为正一品，为文职官吏之首。

“硕士”名称起源于五代，有史料记载：“前后左右者日益亲，而忠臣硕士日益疏。”宋代散文家曾巩在《与杜相公书》中说：“当今内自京师，外至岩野，宿师硕士，杰立相望……”硕士，古代指品德高尚、学问渊博者，但一直不是官职。古人说：“硕者，大也。”古代常用的与硕士含义相似的是“硕老”“硕儒”。

古人一般都怎么称呼学校？

中国早在四千年前就有了学校，那时学校的名字叫“庠”。高一级的大学叫“上庠”，低一级的小学叫“下庠”。夏朝时的学校按级别分为四种：“学”“东序”“西序”“校”。殷商时期，又把这四种学校的名字分别称为：“学”“右学”“左学”“序”。后来的朝代还有在王府里设立的学校，叫“辟雍”“成均”等。

在汉代，最高一级的学校称作“太学”，其下面的学校分别称作“东学”“西学”“南学”“北学”。再后来，“太学”前前后后被改为“国子学”“国子寺”“国子监”。汉代的学校分为“官学”与“私学”两种。其中，私学的书馆亦称“蒙学”，系私塾性质，相当于现在的小学。

至明清时期，“国子监”已经不是学校的性质了，而成为国家专门管理教育的机构。这时候，一般的学校称为“书院”“书堂”“私塾”等。

孔子是中国古代开办私学的第一人吗？

西周以前，“学在官府”，奴隶主贵族垄断文化教育。后来出现“学术下移”现象，一些有识之士以个人身份授徒讲学，这就是中国历史上最初出现的私学。

人们通常认为，孔子是第一个打破“学在官府”局面的私立学校的创办者。但有学者考证，在孔子以前以及与孔子同时从事私人讲学的，还有少正卯、王骀、壶丘子林、邓析、常枞、詹何、老子、列子、伯昏无人、柳下惠等人。

史料记载，公元前675年，周王室发生内乱，大量资料流出周王室，分散到各诸侯国。由于文史资料和文史人员的大扩散，出现了“官学失守”，诸侯各自为学、各自为教的局面，私学开始出现。换句话说，早在孔子诞生前一百年左右，中国就出现私学了。孔子到处求官不行，才开始以开办私学为生。说孔子“首创”私学，是不符合历史的。

中国最早的专科学校出现于何时？

汉灵帝光和元年（178）二月，“鸿都门学”创立。它是中国最早的专科学校，因校址在洛阳鸿都门而得名。

“鸿都门学”是统治阶级内部斗争的产物，即宦官派为了培养拥护自己的知识分子而与士族势力占据的太学相抗衡的产物，是宦官派借汉灵帝酷爱辞、赋、书、画的缘由创办而成的。因此，“鸿都门学”所招收的学生的身份和教学内容都与太学相反。学生由州、郡择优选送，多数是士族看不起的、社会地位不高的平民子弟。“鸿都门学”开设辞赋、小说、尺牍、字画等课程，在“独尊儒术”的汉代打破了专习儒家经典的惯例。

至明清时期，除鸿都门学外，中国还曾设立过律学、医学、武学、阴阳学、算学、书学、画学、玄学、音乐学、工艺学等各领域的专科学校。这些学校培养出不少专业人才，对中国自然科学、法学、文艺等的发展起了很大的促进作用。

中国古代有专收孤寒儿童的免费学校吗？

义学，也叫义塾，多属小学办学形式，为中国古代含慈善性质的地方教育场所。靠公产创办或由私人捐赠兴办，专收无力缴纳学费进私塾的孤寒儿童入学。产生于北宋，盛行于元、明、清。

北宋名臣范仲淹在家乡创办义学，自己招聘名儒，在乡梓兴学施教，救恤族亲、邻里，教化子弟。《义学记》称："范文正公尝建义宅，置义田、义庄，以收其宗族，又设义学以教，教养咸备，意最近古。"当年建在苏州天平山的范氏义学，后来被各地官员、士人群起仿效，成为宋代教苑中的一朵奇葩。

义学有的由官员、地主出资在家乡开办，有的靠祠堂地租或私人捐款设立。学生年龄为六到十一岁，学习读书、写字。康熙二十二年（1683），知县樊际盛带头捐俸，加上乡伸助捐，创义学于梅子岭下，内设有讲堂、学舍、亭台及义仓。

康熙五十一年（1712），"令各省府州县多立义学，聚集孤寒，延师教读"。

中国古代四大书院分别是哪四座书院?

岳麓书院、白鹿洞书院、嵩阳书院、应天书院，合称"中国古代四大书院"。

（1）岳麓书院。宋初著名书院之一。北宋开宝九年（976）潭州太守朱洞创建，大中祥符八年（1015）真宗赐名赐书，清光绪二十九年（1903）改为湖南高等学堂，辛亥革命后相继改为湖南高等师范学校、湖南公立工业专门学校。1926年在旧址上组建湖南大学。从古老的书院到湖南大学，一脉相承，弦歌不绝，被当世学者誉为罕见的"千年学府"。其大门前悬挂有一副楹联，上写"惟慧有才，于斯为盛"八个字。

（2）白鹿洞书院。在江西庐山五老峰东南。唐贞元年间，李渤在此读书，并养一白鹿。该鹿通人性，常跟随李渤左右，故时人称李渤为"白鹿先生"，称其居所为"白鹿洞"。李渤任江州刺史后，在读书旧址创建台榭。南唐时，官府在此办起学校，称“庐山国学”，此即白鹿洞书院的前身。宋初改名白鹿洞书院。其后屡废屡建，直到清末。清宣统二年（1910）曾改为江西林进学堂。现为全国重点文物保护单位。

（3）嵩阳书院。始建于北魏太和八年（484），初名嵩阳寺。宋景祐二年（1035）重修太室书院时赐名嵩阳书院，是重要的儒学传播圣地，在历史上以理学著称。北宋理学大师程颢、程颐在此聚众讲学，使书院名声大振。北宋名儒司马光、范仲淹、韩维、李刚、朱熹、吕晦叔等也曾在此讲学。

（4）应天书院。又名“睢阳书院”“南京书院”，其前身是后晋的杨悫所办的私学。宋真宗将该书院赐额为“应天府书院”，宋仁宗时又更名为“南京国子监”，使之成为北宋的最高学府之一。范仲淹就曾在此任教。北宋末被毁，2003—2006重修。

◇　岳麓书院

第五辑

礼制、民俗

作揖因对象不同而分为哪些揖礼？

作揖，是汉族传统礼仪中的一种相见礼。《周礼》记载，根据双方的地位和关系，作揖有土揖、时揖、天揖、特揖、旅揖、旁三揖之分。

具体来说，土揖是拱手前伸而稍向下；时揖是拱手向前平伸；天揖是拱手前伸而稍上举；特揖是一个一个地作揖；旅揖是按等级分别作揖；旁三揖是对众人一次作揖三下。重礼可于作揖后鞠躬。双方相见时，开口第一句话多问“食味”，用现在的话说就是“吃了吗”。

此外，还有长揖和高揖。长揖，即拱手高举，自上而下向人行礼；高揖，即手抱拳高举过头作揖，无须弯腰俯身，在古代多作为平辈间辞别时的礼节。

这些作揖也有共同之处，即两手相握向前举。宋代陆游在《老学庵笔记》中说：“古所谓揖，但举手而已。”清人阎若璩在对《论语·述而》所作的注释中说道：“古之揖，今之拱手。”由此可见，作揖到清朝其实已简化，所谓“拱手”是也，既讲究礼貌，也方便易行。

拱手抱拳之礼是怎么一回事？

拱手，又称“捧手”。行礼时，双腿站直，两手抱拳稍拱，以示敬意。《礼记·曲礼》记载：“遭先生于道，趋而进，正立拱手。”《论语·子路从而后》记载：“子路拱而立。”

有学者指出，拱手抱拳的姿势，由模仿戴手枷的奴隶的形象而来，以此表示自谦，表明自己愿意做对方的奴仆，供其驱使。古人的自谦语中常有一个“仆”字，意思就是“奴仆、奴隶”，似乎是对这种说法的一个佐证。

在古时，路遇不相识之人问路，直接询问显得不太礼貌，因而拱手示敬，然后发问。因为不相识，估计对方与自己的身份地位不相上下，只要行这种拱手礼略表敬意就可以了。街头卖艺者，为了表示对围观者的尊敬，希望众位多多关照，也多行这种拱手礼。

习武之人在比武之前，“先礼而后兵”，有互相拱手抱拳行礼的习俗，略表礼意，然后开打。《儿女英雄传》中讲述：清代“讲那打拳的规矩：各自站了地步，必是彼此把手一拱，先道一个‘请’字，招呼一声。那拱手的时节，左手拢着右手，是让人先打进来，右手拢着左手，是自己要先打出去”。

左手为掌、右手为拳的抱拳礼是吉拜吗?

抱拳礼，以左手抱右手，自然抱合，松紧适度，拱手于胸前微微晃动，不宜过烈、过高。抱拳不能乱抱，男子尚左，也就是男子用左手握右手，这称作“吉拜”；相反则是不尊重对方的“凶拜”，多用于吊丧。见面作揖抱拳弄错了方向，是极其不礼貌的。比如，在过年时给人来上一个右手握左手的礼，就是触人霉头了。

行礼的具体方法是：并步站立，左手四指并拢伸直成掌，拇指屈拢；右手成拳，左掌心掩贴右拳面，左指尖与下颏平齐；右拳眼斜对胸窝，置于胸前屈臂成圆，肘尖略下垂，拳掌与胸相距二十到三十厘米；头正，身直，目视受礼者，面容举止自然大方。反方向，如法操作。

“三叩九拜”是叩拜九次吗？

古代行礼有“三叩九拜”之说。古书记载，九拜分为稽首、顿首、空首、振动、吉拜、凶拜、奇拜、褒拜、肃拜。其最初是人们在祭祀鬼神时所用的礼节，后来演变为君臣、长幼、尊卑间所用的礼节，并非指连续叩拜九次或长时间跪拜。

稽首，跪下后，两手着地，拜头至地，停留一段时间，是拜礼中最重者；顿首又称“稽颡”“叩颡”，也单称“颡”，引头至地，稍顿即起，为拜礼中次重者；空首，两手拱地，引头至手而不着地，是拜礼中较轻者。这三拜是正拜。

振动，两手相击，振动其身而拜；吉拜，先拜（男左手在外，女右手在外）而后顿首，即将额头触地；凶拜，先顿首而后再拜（男右手在外，女左手在外），头触地时表情严肃；奇拜，奇为单数，即一拜，又称“雅拜”；褒拜，是行拜礼后为回报他人行礼地再拜，也称“报拜”；肃拜，也称“手拜”，是妇人的常拜礼，行礼时，施礼者双膝跪下以后，两手先到地，再拱手，同时低下头去，到手为止。这几种拜礼都是正拜的变通。

“顶礼膜拜”“折腰”分别是什么样的？

现在，人们常常用“顶礼膜拜”一词来形容对某人佩服得五体投地。那么，“膜拜”是一种怎样的拜礼呢？所谓“膜拜”，即行礼时两手放在额上，长时间下跪叩头。原专指人们在礼拜神佛时所用的一种敬礼，后泛指表示极端恭敬或畏服的行礼方式。

“折腰”，即拜揖，鞠躬下拜，表示屈辱之意。《晋书·陶潜传》记载，陶渊明曾为彭泽县令，州郡太守派督邮巡视至县，县吏劝陶渊明束带迎见，他感叹地说：“吾不能为五斗米折腰，拳拳事乡里小人邪！”唐朝大诗人李白在诗作《梦游天姥吟留别》中写道：“安能摧眉折腰事权贵，使我不得开心颜！”后来，“折腰”这一拜礼引申为倾倒、崇拜之意。如毛泽东在《沁园春·雪》中写道：“江山如此多娇，引无数英雄竞折腰。”

古人在结婚时所行的“三拜礼”是哪“三拜”？

古时候，新人结婚有拜堂的习俗。拜堂，又称“三拜礼”，即一拜天地、二拜月老、三拜高堂和夫妻对拜。也有的将拜天地、拜高堂、夫妻对拜统称为拜堂。“三拜礼”是由古代的祭天、祭地的仪式发展演变而来的。

中国古代思想家把世界上的事物概括为天、地、人三类。天和地是人类生存的自然环境，对人类的繁衍和社会发展至关重要。人在天地间生存，要依靠天地化生的万物。自然环境好，风调雨顺，土地肥沃，物产丰富，空气清新，河水纯净，没有任何污染。在这样的天地环境中生存，能得到大自然的恩赐，做事也容易成功，生儿育女也比较顺利。

月老、父母和夫妻包含在“人”的因素中。“无媒不成婚”，月老是证婚之人，是婚姻建立的纽带；结婚是男女长大成年的标志，父母有养育之恩，且传统文化又极其重视尊长和孝道；夫妻是建立新的家庭的基本要素，提倡夫妻互敬互爱。因此拜月老、父母和夫妻对拜也就自然是结婚礼仪中的重要部分了。

古人出门拜谒先投“刺”，何谓“刺”？

拜谒，即“拜访”的古称。拜谒又细分为请谒（请托求见）和干谒（有所求而请见）。

古人遵照社交往来规则和礼俗的要求，在求见或拜谒某人时先投

“刺”。“大历十才子”之一的司空曙有诗云：“莫使祢生刺，空留怀袖中。”这祢生就是祢衡，诗句表露了作者希冀名片送进便能受到对方接见的心情。

“刺”，又称“名刺”，因为最早是用木片削制而成的，故称。清朝赵翼的《陔馀从考》记载：“古者削木以书姓名，故谓之刺；后世以纸书，谓之名帖。”除在“刺”上书写姓名外，也有书写衔名者。

清朝民间多称“名刺”为“拜帖”“飞帖”。当时还流行一种“拜盒”，就是将用红色硬纸片制成的拜帖放入锦盒中送给对方以示隆重。后来，逐渐出现了便于接受名帖的“门簿”，又叫“接福”或“代仆”，颇似现代挂在家门口的信箱。造访者将拜帖投入“门簿”之后，主人便会知道有客造访，视情况决定在家等候与否。

拜访他人的“见面礼”古时称什么?

“见面礼”，古称“执贽”。古人依照拜谒的礼节，在拜访他人时是不能没有“见面礼”的。“见面礼”除了表示社交礼貌外，还有一个非常重要的功能——表明个人身份。

《汉书·高帝本纪》记载，汉高祖刘邦在做泗水亭长的时候，听说善相面的吕公宿于沛县县令家，便分文不带前往拜贺，而主事的萧何却宣布“贺不满千钱，坐之堂下”，刘邦在“谒”上写上“贺钱万”三个字，吕公看后大惊，亲自迎出门来。

吕公为什么如此吃惊呢？因为一万钱在当时是个天文数字。吕公亲自出门迎接，显然把刘邦看得很重。

古人在拜访他人时，必带“见面礼”。主人在回拜时，也应回赠客人礼物。如果有来无往，就会被看成很失礼的表现。但回拜时是禁忌将原物送还对方的，只有在拒绝收受对方馈赠时才如此处理。

“八拜之交”中的“八拜”究竟是哪八拜?

我们常听人说“某某和某某是八拜之交”。古时人们在拜把子、认兄弟时要行八拜之礼。一般人都认为“八拜之交”是行八次下拜（冲着东、南、西、北、东南、东北、西南、西北八个方位磕头）之礼，其实这八拜，拜的也是八份感天动地的友情。

第一拜：俞伯牙、钟子期的知音之交。

第二拜：廉颇、蔺相如的刎颈之交。

第三拜：陈重、雷义的胶漆之交。

第四拜：范式、张劭的鸡黍之交。

第五拜：羊角哀、左伯桃的舍命之交。

第六拜：刘备、关羽、张飞的生死之交。

第七拜：管仲、鲍叔牙的管鲍之交。

第八拜：孔融、祢衡的忘年之交。

不过，有人认为感人的友情还应包括：刘备、诸葛亮的鱼水之交；介子推、重耳（晋文公）的切肤之交；以宋江为代表的梁山一百单八将的忠义之交；以秦叔宝、罗成为代表的“贾柳楼四十六友”的合志之交。但不管指哪种友情，都是因为其令人感动，才值得去拜的。

“八拜之交”是兄弟结拜的礼仪吗?

《紫钗记》记载：“俺二人以八拜之交，同三军之事。”《冻苏秦衣锦还乡》记载：“你不知，这张仪和我是八拜交的朋友。”可以看出，“八拜之交”就是兄弟结拜的重要礼仪。

关于“八拜”，邵伯温在《邵氏闻见录》中记载了这样一个故事：

文彦博听说国子博士出身的李稷待人甚是傲慢，心中不悦，于是对人说：“李稷的父亲曾是我的门人，按辈分李稷应该是我的晚辈，他如此傲慢，我非得教训教训他。”一天，文彦博任北京守备，李稷听说后便上门来拜谒。文彦博故意让李稷在客厅坐等，过了好久才出来会见他。文彦博见了李稷后说：“你父亲是我的朋友，你就对我拜八拜吧。”李稷因辈分低，只得向文彦博拜了八拜。文彦博以长辈的身份挫了李稷的傲气。

旧时人称异姓结拜（如桃园三结义的刘备、关羽、张飞）的兄弟是“八拜之交”。自发生文彦博事件后，人们也常用“八拜之交”表示世代有交情的两家弟子拜谒对方长辈时所行的礼节。

叩手礼相传与古代哪位皇帝有关？

中国的叩手礼，具体来说，即将一只手的大拇指、食指和中指略微弯曲，指尖捏合在一起，轻轻叩打桌面几下，即代表古代最隆重的“三跪九叩首”之礼。

叩手礼是从叩头礼演变简化而来的。

传说乾隆皇帝下江南，因他着微服察访，扮作贫民模样，随从人员在朝见他或向他请旨问安时，不便施行“三跪九叩首”的礼节，否则会暴露身份，惹来不必要的麻烦。然而在封建社会中，君臣之礼乃人生之大伦，岂可废弃？正在众人感到为难之际，一名聪明的臣子想出一个妙法：以“手”代“首”行“三跪九叩首”礼。这样，“叩首”为“叩手”所代替，三个指头弯曲即表示“三跪”；指头轻叩九下，表示“九叩首”。

这个意见被乾隆皇帝采纳，且逐渐流传到民间。至今还有不少地方，每当主人给客人斟茶时，客人便以叩手礼表示诚意。

古人在学艺前为何先行拜师礼？

《宋史》记载，杨时、游酢相约拜师于程颐，因天公作“美”而成就一段“程门立雪”的佳话。为何古人在学艺之前要先行拜师礼呢?

韩愈在《师说》中说：“古之学者必有师。师者，所以传道授业解惑也。”传统的师徒关系仅次于父子关系，即俗谚所谓的“生我者父母，教我者师傅”“投师如投胎”。有的行业，学徒一入师门，全由师傅管教，父母无权干预，甚至不能与自己的孩子见面。建立如此重要的关系，自然需要有隆重的风俗礼仪加以确认和保护。所以，旧时人们行拜师礼是司空见惯的事情。

一般拜师礼分成以下几个步骤：（1）拜祖师，拜行业保护神。表示对本行业敬重，虔诚从业，同时也是祈求祖师爷“保佑”，使自己学业有成；（2）行拜师礼。一般是师傅、师母坐上座，学徒行三叩首之礼，然后跪献投师帖等；（3）师傅训话，宣布门规及赐名等。训话一般是教育学徒尊祖守规，勉励学徒做人要清白、学艺要刻苦等。

中国传统礼仪具体可分为哪五礼?

传统的说法把中国礼仪划分为吉礼、嘉礼、宾礼、军礼、凶礼五类，称为“五礼”，这一说法源于《周礼·春官·大宗伯》，后来为历代礼学家所沿用。另外，五礼还指五种等级的礼，即天子、诸侯、卿大夫、士、庶民五等之礼。

吉礼是五礼之冠，主要是祭祀天神、地祇、人鬼的典礼。其主要内容有：

（1）祀天神：祀昊天上帝；祀日月星辰；祀司中、司命、雨师。

（2）祭地祇：祭社稷、五帝、五岳；祭山林川泽；祭四方百物，即诸小神。

（3）祭人鬼：祫祭先王、先祖；禘祭先王、先祖；春祠、秋尝、享祭先王与先祖。

嘉礼是关于人际关系、沟通、联络感情的礼仪。嘉礼的主要内容有：饮食之礼；婚、冠之礼；宾射之礼；飨燕之礼；脤膰之礼；贺庆之礼。

宾礼就是天子、诸侯接待宾客的礼仪，其名目有六种，“春见曰朝，夏见曰宗，秋见曰觐，冬见曰遇，时见曰会，殷见曰同”。

军礼是师旅操演、征伐之礼。军礼包括大师之礼、大均之礼、大田之礼、大役之礼、大封之礼五种。

凶礼是哀悯、吊唁、忧患之礼。凶礼的内容有“以丧礼哀死亡，以荒礼哀凶札，以吊礼哀祸灾，以禬礼哀围败，以恤礼哀寇乱”。

古代祭祀中的“三牲”具体指什么？

“三牲”，从最早的含义开始就是指三个不同的活牲畜，并没有特指哪三个。古代的牲畜都有应用等级，两两不同，所以，“三牲”也可以理解为组合祭祀、大型组合宴会中使用的“三个不同等级”的牲畜。“一神”或者“一人”肯定只占一个等级，因此，古代“一神对应一畜”“一人对应一畜”，“三牲”就意味着为“三个等级”或者“泛指多个等级”的组合准备“多种活的牲畜”。

最早的“三牲”是马、牛、羊，其具体要求是：

第一等：马为骝驹，即两岁的黑鬃黑尾红马。

第二等：牛为黄牛，即三岁的土黄色公黄牛。

第三等：羊为羝羊，即三岁的黑色公绵羊。

这是汉朝典籍中记录的先秦、东周时期祭祀五方上帝之一的白帝的礼节。

后来，“三牲”一指古代用于祭祀的牛、羊、猪，后来也称鸡、鱼、猪为小“三牲”；一指夏、商、周三代所用牺牲（古代祭祀或祭拜用品。色纯为“牺”，体全为“畜牲”）的总称。

在道家文化中，以獐、鹿、麂为“玉署三牲”。

古代祭祀用品“太牢”“少牢”的区别在哪里？

古代祭祀所用的牲畜，在行祭前需先饲养于“牢”，故这类牲畜称为“牢”；又根据牲畜搭配的种类不同而有“太牢”“少牢”之分。古代帝王在祭祀社稷时，牛、羊、豕（猪）全备为“太牢”。在《礼记》中，“太牢”指“大牢”。“少牢”只有羊、豕，没有牛。

由于祭祀者和祭祀对象不同，所用牲畜的规格也有所区别：天子祭祀社稷用“太牢”，诸侯社稷祭祀用“少牢”。

由于在周朝初建立时，牛还是从雅利安人那里引入的新鲜物种，比较珍稀，故被用作最高级别祭品；羊当时亦为从藏族引进的新物种，数目亦较少，故次之；豕（猪）为华夏族人最先驯养的最普通的家畜，故为最下。

◇ 祭祀图

“五祀”中的户、灶、门、行、中溜分别代表什么？

“五祀”指五种小祀，即户、灶、门、行、中溜等家居之神，祭之以报出入饮食之德。“五祀”的常祭，在春、夏、秋、冬四季的孟月举行，与五行之神相配；“五祀”的散祭，则是平时出入饮食，随事而祭，没有固定的时间。

《礼记·曲礼》中有“祭五祀”的说法。郑玄对此作注解说：“门、户、中溜、灶、行也。”“五祀”即祭户神、灶神、土神（中溜）、门神、行神。所谓“路头”，即“五祀”中之行祀，五路指东、西、南、北、中，意为出门五路，皆可得财。

逢年过节为什么要祭拜祖先？

中国远古时期，人们的思想中存在祖先崇拜观念，逢年过节时人们总要祭拜死去的先人，供奉食物或鲜花以表心意。祭祖的形式或许会由于种种原因而不同，但纪念祖先的意义却是相同的。大致来说，祭拜祖先有六个目的：一是慎终追远；二是奉行孝道；三是感恩报德；四是维系亲属关系；五是求祖先赐福；六是怕祖先降灾。

这种讲仁义、情谊，重视家庭关系的祭祀文化，体现了“身体发肤，受之父母”“父母养育之恩浩荡无极”的古老孝道理念。按照民间的观念，自己的祖先和天、地、神、佛一样是应该受顶礼膜拜的，因为列祖列宗的“在天之灵”时时刻刻地在关心和注视着后代的子孙们，尘世的人要通过祭祀来祈求和报答先人的庇佑。

春节也不例外，必须祭祖，缅怀先人，但各地习俗不一：有在年夜饭之前祭祖的；有在除夕夜子时前后祭祖的；有在初一早上开家门前祭祖的；中国台湾地区则是在除夕午后进行一年中的最后一次祭祖；有的地方初一在家里祭拜后，还要去祠堂祭祖；也有上坟祭祖的，俗称墓祭，主要是在坟地烧香、上供、叩拜。

用来祭祖的灵位牌有何来历？

在古装影视剧中，我们常常看到剧中人物家中供奉着亡亲的灵位牌。它是怎么来的呢？

古书记载：“丁兰者，河内人也，少丧考妣，不及供养，乃刻木为人……”大意是，相传东汉时期有个叫丁兰的人，是个不孝子，平常对母亲的态度甚为恶劣。一天，他在山上砍柴，看见羊羔跪着吃母羊的奶，大受感动，并对自己的不孝行为深感后悔，决心洗心革面，做个孝子。那天，丁兰的母亲照常到山上给他送午餐，丁兰远远看见母亲，为了不让母亲辛苦爬上山，便飞奔下山去接她。

平时，母亲给丁兰送饭，早到、晚到都会被儿子骂。母亲看到丁兰不知何故冲下山来，甚为恐惧，想到有如此不孝儿，伤心欲绝，便跳湖自尽了。丁兰见状赶至湖边，要抢救已来不及了，且连母亲的尸体也没找到。丁兰伤心之余，从湖里捡了一块木头回家，刻上母亲的名字，以木为母，日夜祭拜。

丁兰这一孝举流传民间，渐渐形成了日后人们通过“灵位牌”祭祖的习俗。

古代帝王的封禅祭祀活动是怎么回事?

封禅，作为宗教祭祀的专用名词，特指中国古代帝王为祭拜天地而举行的活动。

“封”，就是天子登上泰山筑坛祭天；“禅”是在泰山南的梁父山除地、祭地，向天地宣告人间太平。史料记载：“此泰山顶上筑土为坛以祭天，报天之功，故曰封。”“此泰山下小山上除地，报地之功，故曰禅。”古代帝王为何一定要到泰山封禅呢?其原因并不复杂，“天高不可及，于泰山上立封禅而祭之，冀近神灵也”。

战国时，齐鲁有些儒士认为，五岳中泰山为最高，帝王应到泰山祭祀。秦始皇、汉武帝等都曾在泰山举行过封禅大典。《五经通义》记载：“易姓而王，致太平，必封泰山，禅梁父，何?天命以为王，使理群生，告太平于天，报群神之功。”故封禅活动实质上是古代帝王强调君权神授的手段。

民初疑古派的史家认为，封禅纯粹是战国至秦汉间齐地儒士凭空杜撰，并为好大喜功的君主巩固政权、夸赞政绩的活动。但从近年的考古资料来看，其起源或可追溯到新石器时代先民筑坛祭祀的习俗。

古代帝王举行的封禅祭祀活动起源于什么？

相传，黄帝出巡泰山时，大象驾辕，六龙拉车；群鬼列侍保驾，众神簇拥陪行；风伯扫道，雨师洒道；蟒蛇伏地，凤凰覆上。黄帝登临泰山之巅，诏鬼神议国事，定大位，划疆域，祭天神，并作清角之音，似两凤双鸣，如二龙齐吟。玉皇大悦，天女起舞。

这则传说从侧面反映了原始社会人类的祭山活动。封禅祭祀起源于夏、商、周时的郊祀活动。有史记载："自郊祀天地而下，复有名山大川之祭。"那时，帝王在都城近郊祭天，在地神祠祭地。天地是直接影响人类生存的重要自然条件，悠悠苍天，广博后土，神秘莫测，于是人们就对大地自然神产生了崇拜。高山大川生云化雨、猛兽出没、物产丰富，人类对高山大川产生敬畏感，于是不断举行崇拜山神、河伯的活动。

自夏朝至战国时期，泰山的祭祀活动频繁，形式多样。公元前219年，秦始皇封禅于泰山，从而成为有史记载的在泰山封禅的首位帝王。

中国历史上有哪些皇帝到过泰山举行封禅祭祀活动？

泰山是中国历代帝王举行封禅祭祀活动的圣地。相传上古时期就有七十二代君王曾封禅泰山。自秦至清，史籍上确切记载的到泰山举行封禅祭祀活动的皇帝共有十二位。

秦始皇嬴政（前219），二世胡亥（前209）；

西汉武帝刘彻（前110—前89，前后八次祭祀泰山）；

东汉光武帝刘秀（56），章帝刘炟（85），安帝刘祜（124）；

隋文帝杨坚（595）；

唐高宗李治（666），玄宗李隆基（725）；

宋真宗赵恒（1008）；

清圣祖玄烨（1684、1703，两次祭祀泰山），高宗弘历（1748—1790，前后十次祭祀泰山）。

残暴的秦二世胡亥，妄图通过封禅亲身体验其父当年的威风，挽回秦王朝的颓势，结果还是因自身无道成为亡国之君。相比之下，唐太宗李世民虽然由于种种原因未能到泰山封禅，却照样成为治世明君。其实，真正的有德之帝是不需要这种劳民伤财的“噱头”的。

古代的释奠礼是用来祭祀谁的？

中国古代的祭祀对象，最引人注目的有两类：一类是天地、日月等，属于自然崇拜；另一类是血缘亲属，属于祖先崇拜。但还有一类，既非自然神祇，也非血缘亲属，而是文明的先驱，如先农、先蚕、先医、先师等。

释奠礼，原是古人为纪念有德行的先师而举行的一种仪式。《礼记》记载，早在周朝时，学校每年都要按四季释奠“先圣”“先师”，来表示尊师重道之意。释、奠都有陈设、呈献的意思，指的是在祭典中陈设音乐、舞蹈，并且呈献牲、酒等祭品。到了隋朝，孔子被尊称为“先师”，之后，释奠礼便成为祭孔典礼的专属名称了。

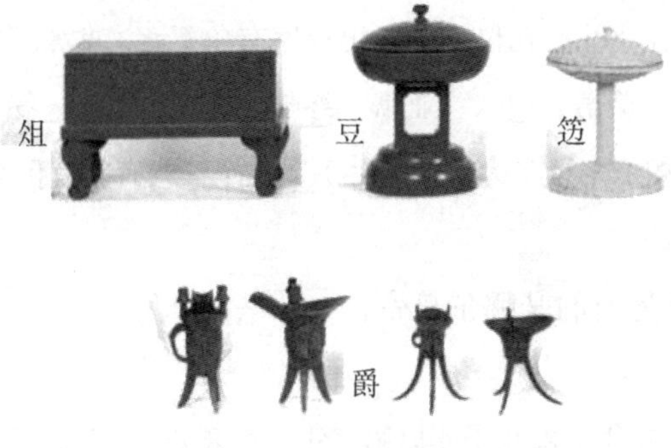

◇ 释奠祭器

释奠礼上所用的祭器有樽（酒樽，绘有牛的图案的为牺樽，绘有象的图案的为象樽）、爵（供奉酒的器皿）、簠（用于供奉大米、糯米糕）、簋（用于供奉大米、糯米糕）、笾（用于供奉鲷鱼）、豆（用于供奉白菜、萝卜等蔬菜）、俎（用于供奉牛肉、鲤鱼）。

古代一年有几次祭孔活动？祭孔活动分哪些程序？

在中国古代，最初祭孔活动每年只有秋季一次，后增为春、秋两次。后来，在农历八月二十七日举行大祭。参加祭孔活动的人员，最初只限孔氏直系子孙。后来，祭孔活动被当作国家大典，家祭仍照常进行，国祭则多由皇帝专门指定的大臣、地方官或皇帝自己亲至曲阜阙里孔庙致祭。

从晋明帝太宁三年（325）开始，一年有四大祭。以后历代加增，每年的祭孔活动大小达五十多次。主要有："四大丁"，在每年春、夏、秋、冬的丁日举行；"四仲丁"，在大丁后的第十日举行；"八小祭"，在清明、端阳、中秋、除夕、六月初一、十月初一、孔子生日与忌日举行。此外，每月初一、十五有祭拜，一年二十四节气还有二十四祭。但在所有祭孔活动中，历来以春、秋两次大祭为主，尤以秋祭为重。后来将每年的大祭定在农历八月二十七日孔子诞辰日举行，再后来改为在公历的九月二十八日举行。

传统的释奠礼祭孔仪式，祭祀程序有条不紊，非常严格，分为瘗毛血、迎神、奠帛、初献、亚献、终献（即三献礼）、撤馔、饮福受胙、送神、望燎（秋冬为"望瘗"），整个仪式有礼有乐有舞。

开帝王祭孔先河的是哪位皇帝？

公元前478年，即孔子死后第二年，鲁哀公下令在曲阜阙里孔子的旧宅立庙，将孔子生前使用的衣、冠、车、琴、书册等保存起来，并且按岁时祭祀。这是诸侯祭孔的开始。

公元前195年，汉高祖经过鲁国，以“太牢”祭祀孔子。这是帝王祭孔的开始。

汉元帝时期，朝廷征召孔子第十三代孙孔霸为帝师，封关内侯，号褒成君，赐食邑八百户，以税收按时祭祀孔子。这是封孔子子孙为侯以奉祀孔子的开始。

29年，东汉光武帝派遣大司空宋宏到曲阜阙里祭祀孔子。这是帝王派遣特使祭孔的开始。

在此以前，所有祭孔典礼都在曲阜孔庙举行，直到59年，即东汉明帝永平二年，始于太学及郡县学祭祀周公、孔子。从此，中央政府所在地及各地方政府也都在学校中祭孔，祭孔成为全国性的重要活动。

72年，汉明帝赴曲阜，祭祀孔子及七十二弟子。这是祭孔有配享的开始。祭祀孔子的礼仪称“正献礼”，祭祀配享者的礼仪称“分献礼”。

乾隆何以成为中国古代祭孔次数最多的皇帝?

从西汉武帝推行“罢黜百家，独尊儒术”的政策之后，直至清朝，先后有多名皇帝亲临曲阜祭祀孔子。其中，清朝乾隆皇帝到曲阜祭孔次数最多。这是为什么呢?有人指出，除发扬儒学以更好地维护统治外，还有一个重要原因，即乾隆的女儿嫁入了孔府。

相传，乾隆有一女儿，为孝贤皇后所生。乾隆甚是宠爱此女，不料她脸上长有黑痣。相术上说这块黑痣主灾，破灾的唯一方法是公主要嫁给比王公大臣更显贵的人家，这样就只有山东曲阜的孔家了。因为只有衍圣公可以在皇宫的御道上与皇帝并行，而皇帝到曲阜后，也要向衍圣公的祖先孔子行“三跪九叩首”的大礼，这是别的王公贵族都无法企及的。

乾隆鉴于清王朝“满汉不能通婚”的规定，便将女儿寄养在一个叫于敏中的汉族大臣家中。女儿长大后，乾隆便以于家闺秀之名将女儿嫁给了第七十一代衍圣公孔宪培。这位公主被孔府后人称为“于夫人”。于敏中一家亦随之搬入孔府居住，并世世代代居住于此。

需强调的是，乾隆与孔府的这层“姻亲”关系未见正史记载。

民间为何“男不拜月，女不祭灶”？

农历七月初七，相传是天上牛郎与织女在银河相会的日子，俗称“七夕节”，又称“女儿节”“乞巧节”等。这天晚上，女子竞相在阳台、庭院，陈设果品、糕点，点燃香烛，向月祷拜。这是妇女的节日，男人当然不应参与。还有人认为，男不拜月与中国传统的阴阳五行之说有关。古人认为，月神嫦娥、月兔都主阴，女属阴，男属阳，故男不拜月。

农历腊月二十三又称“小年”，是民间祭灶的日子。灶要生火，灶神管火为阳。因女人属阴相克，因此祭灶王爷时只限于属阳的男人能给灶王爷烧香磕头，女的不能祭灶。灶王爷神像边的对联是“上天言好事，回宫降吉祥”，横批是“一家之主”。灶王爷是一家之主，所以只有“一家之主”的男人才有资格祭灶。另有一说，相传灶王爷长得像个“小白脸”，怕女人祭灶，有“男女之嫌”。

“打牙祭”是哪个地方的祭祀习俗？

“打牙祭”，原指每逢月初、月中吃一顿有荤菜的饭，后泛指吃肉或偶尔享用丰盛的菜肴，反映的是四川人的祭祀习俗。此词在四川等地区使用十分广泛，究其来源，有多种说法，总结起来主要有三种：

（1）旧时厨师供的祖师是易牙，每逢农历初一、十五要用肉向易牙祈祷，称为“祷牙祭”，后来讹传为“打牙祭”。

（2）旧时祭神、祭祖次日，衙门供职人员可分吃祭肉，故称祭肉为“牙（衙）祭肉”。

（3）“牙祭”本是古时军营中的一种制度。古时主将、主帅所居住的营帐前面往往竖有用象牙做装饰的大旗，称为“牙旗”。每逢农历初二、十六，便要杀牲畜来祭“牙旗”，称为“牙祭”。而祭“牙旗”的牲畜肉（又称为“牙祭肉”）不可白白扔掉，往往是将士们分而食之，称为“吃牙祭肉”。

三月三祭拜盘古是哪里的习俗？

在河南南阳市的桐柏山中有座名山，叫“盘古山”，山上有盘古庙。庙内有盘古爷与盘古奶塑像。盘古头生双角，方面大耳，身披兽皮，腰缠树叶，赤脚坐在神坛上。

传说人类的祖先盘古大神就在此山上休息。盘古开天辟地之时，砍开了飘来飘去的大气包，气包下沉变成了大山。玉帝的三闺女下凡和盘古结为兄妹，打猎捕鱼，构木为巢，共同生活。后来，洪水泛滥，天塌地陷，盘古兄妹被石狮子搭救得以生存。兄妹俩共同补好天上的漏洞，又由石狮子做媒，滚石磨磨盘相合而结为夫妻，繁衍子孙，是为人类之始。

至今，每年农历的三月三为盘古会，持续五天，盘古山一带的人们都要祭祀盘古。人们会以唢呐作为向导，抬着整猪、整羊等祭品，焚香燃烛，齐聚山顶盘古庙举行祭祀活动。

中国民间祭虎的习俗可追溯到什么时候？

在汉族的传统文化中，被人们尊奉为“百兽之王”的虎，常被视作威仪与力量的象征。自古以来，人们便对虎怀有敬畏之感。虎亦居“四方神”（东青龙、西白虎、南朱雀、北玄武）之列，被古人奉为祭拜的神灵对象之一。

早在周朝时期，年终大祭万物时就包括祭祀虎。《礼记》中已出现这样的记载：“迎虎，为其食田豕也。”中国先民认为，虎是农业生产的保护神，祭祀虎是因为它能吃祸害庄稼的野猪。除此之外，我国民间还有在门上画虎，给小孩子穿虎鞋、戴虎帽等习俗。因为虎是百兽之王，能吃鬼魅，镇邪避祟。

1957年，在安徽阜南县出土了一件商朝青铜器，名叫龙虎尊。龙虎尊的肩部饰以三条蜿蜒向前的龙，腹部纹饰为一个虎头、两个虎身，虎口下有一人形，人头衔在虎口中。有学者指出，龙虎尊“虎口衔人”的纹饰应是巫师作法的情景纪实。张开的虎口在古代是分割生死两界的象征，虎口下的人很可能就是巫师，巫师在祭祀中通过虎的帮助而表现出一种能够通天地、感鬼神的能力。虎在中国先民祭祀活动中的作用，由此可见一斑。

古时男女议婚为何要看属相八字？

属相之说由来已久，古人认为十二生肖之间相生相克。相生者，可以白头偕老，如鼠配牛、虎配猪、龙配鸡、蛇配猴、马配羊、兔配狗都是上等婚姻，还有“蛇盘兔，必定富”等说法。相克者，就不易结成连理枝了。有一个流传甚广的俗语口诀：“白马怕青牛，羊鼠一旦休。蛇虎如刀割，龙兔泪交流。金鸡怕玉犬，猪猴不到头。”至于结婚具体日期又多依双方属相确定，如鸡、兔相宜正月、七月嫁娶；蛇、猪相宜六月、腊月嫁娶。

古时男女两家议婚时要交换生辰八字。八字不合，生时相克，不可通婚。据五行说，木生火，火生土，土生金，金生水，水生木；水克火，火克金，金克木，木克土，土克水。

看属相、看八字都是从周制婚礼中的“问名”演变而来的，尽管方式已非占卜，但都是“婚姻天定”的观念。

新娘为什么要蒙上“红盖头”？

古时候新郎、新娘在举行婚礼时，新娘头上都会蒙着一块别致的大红绸缎，称为“红盖头”，这块红盖头在新郎、新娘入洞房后由新郎揭开。

最早的“红盖头”约出现在南北朝时的齐代，当时的妇女用“红盖头”避风御寒，仅仅盖住头顶。到唐朝初期便演变成一种从头披到肩的帷帽，用于遮羞。

据传，唐朝开元、天宝年间，唐明皇李隆基为了标新立异，有意突破旧习，指令宫女以“透额罗”罩头，也就是妇女在唐初的帷帽上再盖一块薄纱遮住面额，作为一种装饰物。

从后晋到元朝，“红盖头”在民间流行不废，并成为新娘不可缺少的喜庆装饰。

用秤杆挑起新娘红盖头有什么用意？

新娘的“红盖头”多由娘家人给蒙在头上，到婆家在拜天地、入洞房后由人挑去。挑红盖头者以新郎为多。挑“红盖头”的物品，通常称为“喜秤”，其实就是秤杆。

新郎用秤杆挑去新娘的“红盖头”，取意“称（秤）心如意”。也有的地方习俗是由公公用秤杆挑去新娘的“红盖头”，取“公平”之意，表示儿媳对公婆、公婆对儿媳都要公平；公公在挑去新娘的“红盖头”时也不忘将“红盖头”揣进婆婆的怀里，以表示希望婆媳一条心。

新娘的“红盖头”何以要用秤杆来挑，这其实还有另外一种含义：秤杆在传统文化中象征“龙”，而新娘佩戴的凤冠霞帔则是“凤”，所以挑红盖头的意思就是“鸾凤和鸣”“龙凤呈祥”。

除此之外，据说秤杆上标明斤两的星星，由天干、地支配合而成，南斗六星，北斗七星，再加上福、禄、寿三星，恰合十六之数（旧制十六两为一斤），用以挑盖头是大吉大利。

民间举行婚礼时为什么会在门窗上张贴“囍”字？

在中国民间，凡遇举行婚礼、办喜事时，人们会在门窗上、房间内张贴“囍”字。这源于如下传说：

北宋政治家、文学家、思想家王安石在二十三岁那年赴京赶考，路过马家镇时，偶见马员外家挂的走马灯上闪出“走马灯，灯马走，灯熄马停步”的对子，显然是在等人对出下联。次日，王安石在考场交了头卷，主考官见他聪明，指着厅前的飞虎旗说：“飞虎旗，旗虎飞，旗卷虎藏身。”王安石信口对出：“走马灯，灯马走，灯熄马停步。”主考官对他大加赞赏。

◇ “囍”字剪纸

王安石离开考场，想起走马灯对他的帮助，便又回到马员外家。马员外让他对下联，王安石随口对出：“飞虎旗，旗虎飞，旗卷虎藏身。”马员外见他才华出众，便将女儿许配给他，原来，走马灯上的上联是马小姐为选婿而出的。

成婚之日，正当一对新人拜堂时，传来“王大人金榜题名”的喜讯。马员外重开酒宴，王安石喜上加喜，在红纸上大书“囍”字贴在门上。

从此，“囍”字被贴在办喜事的千家万户的门上。

新婚夫妻喝交杯酒在古代被称为什么？

喝交杯酒是中国婚礼程序中的传统仪式之一，在古代又称作“合卺”。“合卺”，就是指新婚夫妻在洞房之内共饮合欢酒。“卺”是“瓠”之意，把一个匏瓜剖成两个瓢，新郎、新娘各拿一个，用于饮酒，就叫“合卺”。

“合卺”之礼始于周代，后代相卺用匏，而匏是苦的，用来盛酒必是苦酒。所以，夫妻共饮“合卺”酒，不但象征夫妻合二为一，自此已结永好，而且也含有新娘、新郎同甘共苦之意。

到了唐代，已经有“交杯酒”这一名称。

宋代以后，“合卺”之礼演变为新婚夫妻共饮“交杯酒”。在礼仪上，盛行用彩绸或彩纸将两只酒杯相连，并绾成同心结之类的彩结，夫妻互饮一盏，或夫妻传饮，象征此后夫妻便连成一体，合二为一。夫妻饮过“交杯酒”之后，把杯子掷于床下，以卜婚姻和谐与否，如果酒杯恰好一仰一合，就象征男俯女仰，美满结合，天覆地载，这阴阳和谐之事显然是大吉大利的了。

民间在举办婚礼时为何在新房里放置石榴？

石榴为多籽果实，古人把它当作子孙繁盛的象征物。古人称石榴“千房同膜，千子如一”。民间在举办婚礼之时，常于新房案头或他处放置皮被切开、露出浆果的石榴。

据史书记载，北齐文宣帝高洋很宠爱自己的侄子安德王高延宗。高延宗娶李祖收之女为妃。文宣帝来到李妃的娘家，李妃母亲呈献两个石榴。文宣帝不解其意，这时皇子的老师魏收说：“石榴房中多子，王新婚，妃母欲子孙众多。”文宣帝听了很高兴，并赐给李母美锦。

此外，民间还有以石榴图案祝子孙繁盛的习俗。人们常用“连着枝叶、切开一角、露出累累果实的石榴”的图案象征多子多孙，谓之“榴开百子”，是新婚时窗花、帐幔、枕头等新房陈设中常见的图案。“榴开百子”还有一种图案是一群婴孩嬉戏于石榴树旁。

如何理解婚俗中的“结发”“合髻”？

“结发”与“合髻”是中国古代婚礼中的两个重要仪式。两者都是以新婚男女的头发作为婚姻结合的信物，只是在处理形式上有所差别。

所谓“结发”，就是在婚礼上将新郎、新娘的头发依男左女右扎在一起；或者将新郎左前额头发剪下一绺，扎在新娘的头发中；还有的将新郎、新娘的头发各剪下一绺，打成一个同心结，然后烧成灰搅在一起。“与君初婚时，结发恩义深”（曹植《种葛篇》）、“结发为君妻，席不暖君床”（杜甫《新婚别》）之类的诗句，说的就是这种“结发”婚礼仪式。

所谓“合髻”，则是新婚男女各自剪下一绺头发，绾在一起作为信物。此外，《曲礼》云：“女子许嫁，缨。”“缨”是一种丝绳，女子许配人家以后，便用它来束发，以此表示她有了对象：“示有从人之端也。”直到她成婚时，那条丝绳才由新郎亲手从她的头发上解下。

“媒婆”“红娘”的名称有什么来历？

中国婚姻文化中自古就有“天上无云不下雨，地下无媒不成亲”的说法。自周秦以来，大多男女是通过介绍人缔结姻缘的。由于婚姻介绍人促成男女结合，故被赋予古老的雅称“媒”。“媒”在古代有“谋略”之意，故在“三教九流”中享有一席之地。

《诗·卫风·氓》中说：“匪我愆期，子无良媒。”由此引出另一称呼“媒妁”。《淮南子》中说：“媒妁誉人，而莫之德也。”“媒妁”意为对两姓两家从中谋和、斟酌，促其合成“两姓之好”。后来，“媒婆”指以做媒为职业，专门包办婚姻的妇女，也有人将之戏称为“红媒”。

“红娘”之称始于明朝。“红娘”一词出自《西厢记》，是促成张生与崔莺莺婚事的侍女的称谓，如今用作帮助别人结成美满婚姻者的代称。暗中为男女双方撮合的人也被称作“牵线人”。

“洞房”这一美称是怎么来的?

古时候，人们习惯把新人完婚的新房称作“洞房”。这一美称是怎么来的呢?

相传在远古时期，尧当上部落联盟首领后，很关心放牧人的生活。一天，他亲临牧区，忽然飘来一阵幽香，远处有位美女手执火种飘然而过。尧急忙问牧民，才知该女子是鹿仙女。从此，尧食不甘味，一心惦记着鹿仙女。一天，尧决计下山寻找鹿仙女。

尧带领四个大臣寻访鹿仙女于晋南“仙洞沟”，忽见一俏丽梅花鹿悠然从姑射仙洞中走出来。尧知是鹿仙女，便迎上前去，一条大蟒突然蹿出，尧措手不及。只见鹿仙女用手一指，大蟒顿时颤抖不已，仓皇而逃。

尧身材魁梧，玉树临风，鹿仙女则楚楚动人。两人一见钟情，一段美好的佳缘就喜结成了。他们在姑射仙洞中完婚，一时祥云缭绕，百鸟和鸣。傍晚结鸾时，一簇神火燃于洞顶，耀眼夺目，光彩照人。

从此，人世间也就有了把新婚夫妻的房子称作“洞房”，把新婚之夜称作“洞房花烛夜”的习俗了。

闹洞房的习俗是怎么来的?

关于闹洞房习俗的由来，中国民间有两种说法。

说法一：源于驱邪避灾。相传在很早以前，有一日紫微星下凡，在路上看到一个披麻戴孝的女子尾随在一列迎亲队伍的后面。他看出这是魔鬼想伺机作恶，遂跟踪到新郎家。只见那女子已先到了，并躲进洞房。当新人拜完天地要进入洞房时，紫微星守着门不让进，说里面藏着魔鬼。他说：“魔鬼最怕人多，人多势众，魔鬼就不敢行凶作恶了。”于是，新郎请客人们在洞房里嬉戏说笑，用笑声驱走魔鬼。五更时分，魔鬼逃遁。

说法二：闹洞房习俗首先在北方出现，而且主要是闹新郎。有学者认为，这大概与北方民族的生活习性有关。北方民族以狩猎和游牧为生，男子非常剽悍，在新婚时忍受棒打可以证明一个男人是合格的大丈夫。世界上有些落后民族的男人以自残和被虐来表明自己具有男人资格，甚至拿猎取到的人头作为信物求偶，恐怕同出一义。古时的闹洞房保留了这一原始习俗。

结婚习俗“三书六礼”中的“三书”具体指什么？

“三书六礼”，是中国传统的婚姻习俗礼仪。“三书”是指在施行“六礼”的过程中所用的文书，包括聘书、礼书和迎书；“六礼”是指在议婚至完婚的整个结婚过程中所应用的六种礼节，即纳采、问名、纳吉、纳征、请期和亲迎（本书他处有详细介绍，在此不赘述）。

结婚过程中所用的“三书”，可以说是古时保障婚姻的有效文字记录，分述如下：

聘书：定亲文书，是在纳吉（男女订立婚约）时男家交给女家的书柬。

礼书：在过大礼时所用的文书，列明过大礼的物品和数量。

迎书：迎娶新娘的文书，是在迎接新娘过门时男方送给女方的文书。

结婚习俗“三书六礼”中的“六礼”是指哪六礼？

《五礼通考》曾指出，自后齐以来，不论天子、庶民，婚礼“一曰纳采，二曰问名，三曰纳吉，四曰纳征，五曰请期，六曰亲迎”。这就是古代婚礼所分的六个阶段，俗称“六礼”，分述如下：

纳采：男家派人送礼品到女家，表示愿和女家结亲。女家如不同意，便拒绝收礼。

问名：男家托媒人询问女家，或修书与女家询问女方的生辰年月。

纳吉：男家将探询的结果卜问于祖先、祖神。如得凶签，便止婚。

纳征：亦称纳币，如果卜的是吉兆，男家便遣使者带财币去女家家订立婚约。这项成婚礼又俗称“完聘”“大聘”“过大礼”等。聘礼的多少及物品数目取双忌单。

请期：男家确定婚期后，就将日期写在帖上，备上礼物通知女家。女家若收下礼物，说明女家同意这个婚期，若不收，婚期只好另择。

亲迎：新婿亲往女家迎亲的仪式。结婚当日男方先去女家，女方父亲在门外迎接，带女婿去祠庙拜祭祖先。车或花轿停在大门外，女方来到车（轿）旁，男方长揖，请女方上车（轿）与之同归。

古代人所说的“七出”具体指什么？

“七出”是中国古代法律、礼制和习俗中规定夫妻离婚时需具备的七种条件，当妻子符合其中一条时，丈夫及其家族便可要求休妻（离婚）。

“七出”一词到唐代以后才正式出现，但其内容完全源自汉代记载于《大戴礼记》中的“七去”。内容如下：“不顺父母去，无子去，淫去，妒去，有恶疾去，多言去，窃盗去。”唐朝将“七出”规条入律，将“七出”顺序改变为“无子、淫、不事舅姑（公婆）、口舌、盗窃、妒忌、恶疾”。清朝又改为：“无子、不事舅姑、淫、嫉妒、恶疾、多言舌、盗窃。”

抛绣球选夫婿是哪个民族的婚俗？

抛绣球选夫婿，实际上是壮族的婚俗。这一婚俗，在宋、元时期就已出现。抛物活动最早记载于两千年前古人绘制的花山壁画上，但当时用于甩投的是用青铜铸制的古兵器“飞砣”，这个“飞砣”多在狩猎中应用。后来，人们将“飞砣”改制成绣花布囊，互相抛接娱乐。

入宋后，这一游戏逐渐演变成壮族青年男女表达爱情的方式，盛况如日中天，甚为时行。

据宋代朱辅的《溪蛮丛笑》记载：土俗岁极日，野外男女分两朋，各以五色彩囊、豆粟往来抛接，名“飞砣”。用古兵器“飞砣”命名的五色彩囊，便是后来的“绣球”了。宋人周去非的《岭外代答》有更详细的记载：“男女目成，则女受砣而男婚已定。”

现在，抛绣球的婚俗仍在广西百色、柳州、南宁、河池等地区广泛流传。

生男生女在古代有特别的称谓吗？

古时，人们把生男孩子叫作“弄璋之喜”，生女孩子叫作“弄瓦之喜”。“弄璋、弄瓦”典出《诗经·小雅·斯干》，“乃生男子，载寝之床。载衣之裳，载弄之璋……乃生女子，载寝之地。载衣之裼，载弄之瓦”。“璋”指好的玉石，“瓦”指纺车上的零件。《诗经·小雅·斯干》中的“载弄之瓦”句，唐代孔颖达注解为：“瓦，纺砖，妇人所用。”《辞源》“纺砖”条引清人王应奎的《柳南随笔》，对“纺砖”之用作了具体解释。宋代朱熹在《诗集传》中解“瓦”之意为“弄之瓦，习其所有事也”，即从小就教女孩知道纺线一类的事，“养舅姑、缝衣裳”，乃闺内本分。

“丧事”为何称作“白事”？

在中国传统文化中，白色是无血色、无生命的表现，象征着死亡与凶兆。古人信奉阴阳五行学说，西方为白虎，属于刑天杀神，主肃杀之秋，因此古人常在秋季征伐不义、处死犯人，以顺应天时。白色也因此成为古代的禁忌色。这些便是古人在服丧期间要穿白色孝服，“丧事”被婉转地称作“白事”的关键所在。此外，主家还要设白色灵堂，吃“白饭”（米饭），出殡时打白幡、撒白纸钱。

如此一来，和白色有关的词语也有了不吉利的意味，比如，将带来厄运的人称作“白虎星”，骂人智力低下为“白痴”。甚至白色还象征着奸邪、阴险，如戏剧中奸邪之人一般扮为“白脸”，曹操就是这类的典型。

古代丧服制度中的“五服”指哪五服？

“五服”制度是中国礼治中一种为死去的亲属服丧的制度。它规定，血缘关系亲疏不同的亲属在服丧时所穿的丧服不同，亲属由亲至疏依次是：“斩衰”“齐衰”“大功”“小功”“缌麻”。

（1）“斩衰”：“衰”（cuī）就是指不缝缉的意思。凡诸侯为天子、臣为君、男子及未嫁女为父母、媳为公婆、承重孙为祖父母、妻为夫服丧时，都要穿“斩衰”，这是最重的孝服。

（2）“齐衰”：是用本色粗生麻布制成的丧服。自此制以下的丧服，凡剪断处均可以收边。孙子、孙女为其祖父、祖母穿丧服，重孙、重孙女为其曾祖父、曾祖母穿丧服，玄孙、玄孙女为高祖父、高祖母穿丧服，均遵守“齐衰”的礼制。

（3）“大功”：是用粗熟麻布制作的丧服。为堂兄弟、未嫁的堂姐妹、已嫁的姑、姐妹服丧，以及已嫁女为伯叔父、兄弟服丧，都要穿这种“大功”丧服。

（4）“小功”：是用稍粗的熟麻布制作的丧服。这种丧服是为从祖父母、堂伯叔父母、未嫁堂姑、已嫁堂姐妹、兄弟之妻、从堂兄弟、未嫁从堂姐妹、外祖父母、母舅、母姨等服丧而穿的。

（5）“缌麻”：是用较细的熟布做成的丧服。现多用漂白的布，称为“漂孝”。凡为族伯叔父母、族兄弟、未嫁族姐妹、外姓表兄弟、岳父母服丧，都穿这种丧服。

此外，古代还有一种叫作“袒免”的服丧方式。史料记载：朋友之间，如果在他乡，“袒免”即可。袒，指袒露左肩；免，指不戴冠，用布带缚髻。

安葬亲人时人们为何要披麻戴孝？

以前，人们在安葬逝去的老者时，总要最亲的人三步一跪，五步一拜。送葬的人也得穿一身黑衣，再用一个麻袋弄成披风样式，从头顶披到腰间。为什么要这么打扮呢？

相传，古时有个老婆婆对两个不孝顺的儿子说：“我死了，你们用破草席把我一卷扔了就行。不过你们要看看槐树上的乌鸦和山树林里的猫头鹰是怎样过日子的。”后来，兄弟俩注意到乌鸦与猫头鹰都细心喂养它们的孩子。

从此，兄弟俩改变了对老婆婆的态度。没过多久，老婆婆就死了，兄弟俩后悔莫及。安葬老婆婆那天，他们模仿乌鸦羽毛的颜色，穿一身黑衣，模仿猫头鹰毛色，披一件麻衣，并下跪拜路（三步一跪，五步一拜）。

此后，这个风俗就逐渐流传开来。有的地方百姓比较穷，买不起黑布做衣服，于是就裁一条黑布戴在胳膊上。

古人在居丧期间需要遵守哪些制度？

古人在居丧期间，除了要穿丧服、按时祭祀以外，还要遵守一些制度，称为“守制”。主要遵守以下内容：

（1）在家守孝。做官的要解除官职（“丁忧”），一般人也要谢绝应酬，在外地工作的都要赶回家中奔丧守孝。按照古礼，除父母之丧外，祖父母、叔伯父母、兄弟姐妹之丧也要奔丧。后世改为只限子女为父母，承重孙为祖父母奔丧守制。官员因为怕解除职务而隐匿亲丧，会被认为是大不孝，要受到严厉的惩罚。

（2）禁止婚娶。居丧期间进行婚娶是违背礼制的。《曰知录·卷十五》引《东观奏记》，唐宣宗时有位进士杨仁赡在居丧期间办理其妹的婚事，被“宪司纠论，贬康州参军，驰驿发遣”。

（3）禁止饮宴。《史记·七十列传·魏其武安侯列传》记载，丞相武安侯对灌夫说：“我想同你一起去拜访魏其侯，赶上你正有丧服在身，怎么办？”可见灌夫在服丧期间依礼是不能赴宴的。

（4）禁止赴考。科举制度兴起以后，读书人在居丧期间不得赴考。

历代的封建统治者都大力推行居丧制度，有的朝代为此还制定了严格的法律。

白居易“丁母忧去职”是什么丧俗？

唐朝诗人白居易在长安做校书郎时，“丁母忧去职”，在长安附近的渭村住了四年。“丁母忧去职”，是说母亲去世了，按照古礼，做儿子的三年内不得为官，要在家守孝。

《宋史·礼表二十入》记载：“诏任三司馆阁执事丁忧，并令持服。”也就是说，在“遭逢居丧”时，儿女们会忧伤，会居丧，会遵循一定的民俗和规定守制。

严格地说，丁忧期限三年，要吃、住、睡在父母坟前，不喝酒、不洗澡、不剃头、不更衣，并停止一切娱乐活动。丁忧期限为何是三年？因为小孩初生，三年不离母身，时刻都要父母照料，因此父母亡故后，孩子也应还报父母、为父母守孝三年。

依照古礼，官员的父母去世，官员必须停职守制。丁忧期间，丁忧的人不准为官，如无特殊原因，国家也不可以强招丁忧的人为官，因特殊原因国家强招丁忧的人为官，叫作“夺情”，又叫“起复”，这说明居丧之礼是可以改变的——居丧期间，家礼要服从国事。

为什么人们喜欢在墓地周围种柏树?

三国时期，诸葛亮死后，后主刘禅亲自下诏，在他的坟前种了五十四株柏树，象征着诸葛亮终年五十四岁，以志不朽。这些古柏，树干高大，挺拔苍翠，为诸葛亮的墓地增添了肃穆的气氛。

人们为什么喜欢在墓地周围种植柏树呢?

古人讲究死后如生，松柏是常绿植物，象征万古长青，精神不死。另外，松柏的寿命极长，代表死者子孙绵延之意。

此外，还有这样一种传说。古代有一种恶兽，名为魍魉，性喜盗食人的尸体，每到夜间，它就出来挖掘坟墓取食尸体。此兽灵活，行迹神秘，神出鬼没，令人防不胜防，但其畏虎怕柏，所以古人为避这种恶兽，常在墓地立石虎、植柏树。

古代帝王的坟墓是从何时开始被称作“陵”的?

“陵”原为大土山之意。《左传》记载：“殽有二陵焉。”意思是说殽地有两座大山。《周礼》记载：“掌凡邦墓之地域。”在周朝以前，帝王的坟墓都称“墓”，不称“陵”。

据《史记》记载，中国帝王的坟墓开始称为“陵”，大约是在战国中期以后，首先出现于赵、楚、秦等大国中。将帝王的“墓”称作“陵”是当时王权不断增强的结果。为表现最高统治者至高无上的权威，其坟墓占地广阔，封土之高如同山陵，因此帝王的坟墓又称“陵”。

依规定，帝王的“墓”可建九丈高，但帝王“陵”的高度一般超过这个高度。到了汉代，皇帝坟墓称为“陵”已成为定制。另外，还有生前没有当过皇帝但其子孙做了皇帝，死后被追尊为帝的，其坟墓也被称为“陵”。如晋武帝司马炎因篡魏政权当了皇帝，追谥他的父亲司马昭为太祖文皇帝，其坟墓称为“崇阳陵”。

而妃子的坟墓，称为“园寝”；官宦的墓地，称为“九源”；民间的坟墓，称为“穴”“坟”“冢”“茔”。

武则天为什么要给自己立无字碑？

“人过留名，雁过留声”，自古以来，多少人费尽心机为自己竖碑立传。可一代女皇武则天却出人意料地为自己立了一块无字碑。其位于陕西乾县的乾陵，乾陵是唐代第三个皇帝高宗李治和武则天的合葬墓，墓道上并列着武则天碑和唐高宗碑，西侧的一块碑叫“述圣碑”，碑文歌颂了唐高宗的文治武功，东侧的一块碑就是武则天的无字碑。

对于无字碑，后人有许多猜测：

有人认为，武则天立无字碑是为了夸耀自己的功德，因为她在位时政通人和、国富民强，对外号称“大周帝国”，说明她的功绩不是文字所能表达的。

有人认为，武则天立无字碑是自知罪孽太大，明智的做法还是不写碑文。

有人认为，武则天立无字碑是个聪明的做法，功过是非让后人去评说。

还有少数人认为，武则天立无字碑是因为她觉得自己死后与唐高宗合葬，称呼自己是皇帝还是皇后都难落笔，因为武则天的这种想法不管是出于骄傲还是出于谦虚，她曾君临天下是不可回避的事实。因此，武则天在经过权衡之后，觉得还是立无字碑更合适。

中国最后实行“人殉”制度的是哪个朝代？

所谓“人殉”，简单地说就是以活人作为死者殉葬品的葬俗（葬制），以卑者殉尊者为常见。在中国古代，帝王贵族死后，“人殉”现象比较普遍，大多将其妻妾、侍仆或奴隶等随同埋葬。

早在龙山文化时期，就已出现“人殉”现象。商朝男女贵族墓中有大量的“殉人”，但没有夫妻合葬、妻妇殉夫的现象。到晚商时期，商王和贵族的大型墓室中的“殉人”可达百人之多。秦、汉时期有所收敛，往往代之以木俑、陶俑。汉朝以后，“人殉”恶俗慢慢消失，至唐朝则已非常罕见。

明太祖朱元璋恢复“人殉”制度。1464年，明英宗朱祁镇遗言，废除“人殉”制度。其继任皇帝明宪宗在临终前亦强调不要殉葬，以表达自己对先帝决定的尊重，从而给明朝的“人殉”画上了句号。

十七世纪，代明而起的满洲贵族在入关前仍实行“人祭”“人殉”制度。清朝摄政王多尔衮的生母大妃纳喇氏就是在清太祖努尔哈赤死后被逼殉葬而死的。但清入关统治全国后，“人殉”制度即被废除。因此，严格来说，明朝是中国历史上最后实行“人殉”制度的朝代。

古人对于“死”有哪些称谓？

古人对于“死”有许多称谓，主要有：

（1）天子、太后、公卿、王侯之死称：崩、薨、晏驾、山陵崩等。称大夫之死为“卒”。称士人之死为“不得”。

（2）父母之死称：见背、孤露、弃养等。“失估”是自言父亲之死。“失侍”是自言母亲之死。

（3）佛道徒之死称：涅槃、圆寂、坐化、羽化、仙游、仙逝等。“仙逝”现也用于称被人尊敬的人物的死。

（4）一般人的死称：亡故、长眠、长逝、逝世、去世、过世、谢世、寿终（“寿终正寝”用于称成年男子特别是老年男子的正常死亡。“寿终内寝”用于称成年女子特别是老年妇女的正常死亡），以及殒命、捐生、就木、作古、溘逝、长逝、老、故、逝、终等。

此外，“见阎王”“上西天”，谓做过坏事的人之死，含贬义；称因被迫害或发生意外而死为“遇难”；称亲朋好友之死为“永别”。

“翘辫子”与“死”有何联系？

在江浙一带的方言中，常用“翘辫子”指称“死亡”。它们之间是怎么联系起来的呢？

原来，清朝时国人都留一条长长的大辫子，这辫子在人活着时是下垂的，而在人死后则要编结起来，置于头部上方，末端竖起。再者，清朝处决犯人，为行刑方便，在行刑之前用胶水把犯人的辫子黏结成一根棍儿，辫子干后直挺挺地向上翘着。因此，“翘辫子”就成了“死”的同义词。被砍下的犯人的脑袋又经常是用辫子绑着挂在城门口示众的，在这整个过程中，辫子都是上翘的。这便是人们用“翘辫子”指称“死亡”的由来。

汉族传统的四大节日是哪些节日？

中国汉族的四大传统节日分别指：春节、清明节、端午节、中秋节。

（1）春节：从阴历腊月二十三过小年开始，经过除夕、春节，到正月十五元宵节结束。其主要节日活动有操办年货、做新衣、掸尘、祭灶、祭祖、贴春联、挂年画、吃团圆饭、守岁、互相拜年、放爆竹、吃年糕（饺子、元宵）、舞狮、扭秧歌、玩花灯等。

（2）清明节：阴历三月间，即阳历四月五日前后。其主要节日活动有扫墓、插柳、踏青、射柳、放风筝、荡秋千等。

（3）端午节：阴历五月初五。其主要节日活动有赛龙舟、吃粽子、挂钟馗像、挂香袋、饮雄黄酒、插菖蒲、采药等。

（4）中秋节：阴历八月十五。其主要节日活动有祭月、赏月、吃月饼、吃团圆饭、舞龙灯等。

为什么元宵节这天人们要吃元宵？

正月是农历的元月，古人称夜为“宵”，所以称正月十五为“元宵节”。吃元宵，是元宵节最主要的活动之一。古时候，人们把元宵这种食品叫作“汤圆”“汤团”“团子”。

为什么元宵节这天人们要吃元宵呢？因为元宵节这天定在正月十五，是阴历年的第一个月圆的日子，元宵的形状是圆形，又含着一个

“圆”字的同音字，象征着家庭团圆、美满、吉祥、和睦，所以人们多取其意，要吃元宵。还有一种说法，相传与汉武帝有关。

汉武帝时，宫中有一位宫女，名叫“元宵”，她长年幽居宫中，思念父母，终日以泪洗面。大臣东方朔见后，决心帮助她。于是，东方朔对汉武帝谎称，火神奉玉帝之命于正月十五火烧长安，要逃过劫难，唯一的办法是让元宵姑娘在正月十五这天做很多火神爱吃的汤圆，并由全体臣民张灯供奉。汉武帝准奏。

正月十五这天，长安城里张灯结彩，游人众多。宫女元宵的父母也带着元宵的妹妹进城观灯。当他们看到上面写有“元宵”两字的大宫灯时高喊：“元宵！”元宵终于和家人团聚。如此热闹了一夜，长安城果然平安无事。汉武帝大喜，便下令以后每到正月十五都做汤圆供奉火神君，全城照样挂灯、放烟火。因为元宵姑娘做的汤圆最好吃，人们就把汤圆叫“元宵”。

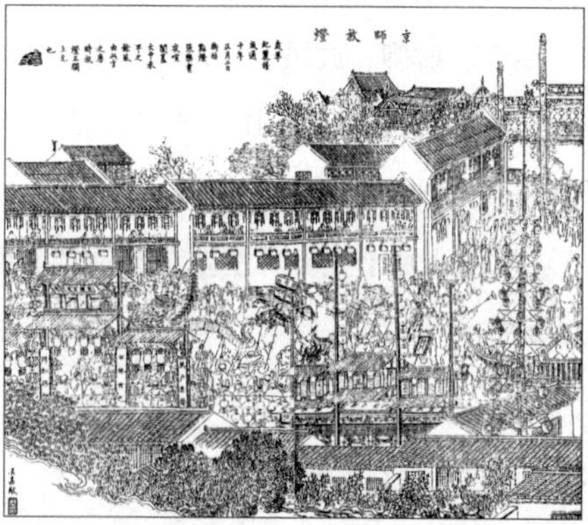

◇　京师放灯

元宵节燃灯、赏灯的习俗是怎么来的？

关于元宵节燃灯、赏灯习俗的由来，大致有以下几种说法：

说法一：始于东汉明帝时期。明帝提倡佛教，听说佛教有正月十五僧人观佛舍利、点灯敬佛的做法，就下令于正月十五这天夜晚在皇宫和寺庙里点灯敬佛，令士族、庶民都挂灯。以后，这种佛教礼仪节日逐渐演变成民间盛大的节日。

说法二：源于道教的“三元说”：正月十五为上元节，七月十五为中元节，十月十五为下元节。主管上、中、下三元节的分别为天、地、人三官，天官喜乐，故上元节要燃灯。

说法三：汉文帝时为纪念“平吕”事件而设。汉高祖刘邦死后，吕后独揽大权。朝中老臣、刘氏宗室深感愤慨，但都敢怒不敢言。吕后病死后，诸吕在上将军吕禄家中密谋作乱，想夺取汉朝江山。齐哀王刘襄为保刘氏江山，起兵讨伐诸吕，最终平定“诸吕之乱”。平乱之后，刘邦的第二个儿子刘恒登基，称汉文帝。汉文帝深感太平盛世来之不易，便把平息“诸吕之乱”的日期——正月十五定为与民同乐日，这一天家家张灯结彩，普天同庆。

正月初七是什么节日？有何风俗？

农历正月初七，是汉族传统节日之人日节。人日节亦称“人胜节”“人庆节”等。相传女娲创世之初，女娲在造出了鸡、狗、猪、牛、马等动物后，第七日造出了人，因此，这一天被认为是人类的生日。

从汉朝开始，有人日节的习俗，魏晋以后，人日节开始受到社会的重视。古代的人日节中，人们有戴“人胜”的习俗。“人胜”是一种头饰，又叫“彩胜”“华胜”。从晋朝开始，人们剪彩为花、剪彩为人、镂金箔为人贴屏风上，或戴在头发上。此外还有登高赋诗的习俗。唐代之后，人们更加重视这个节日。每至人日节，皇帝赐群臣彩缕“人胜”，又登高大宴群臣。如果正月初七天气晴朗，则喻义一年人口平安、出入顺利。

“龙抬头”为什么定在农历二月初二？

中国民间有“二月二，龙抬头”的说法，这与中国的节令有关。农历二月初一前后为“惊蛰”。青蛙、蛇、蚯蚓等动物，一到冬天便进入冬眠状态，这便是“入蛰”。到了转年农历二月前后，天气回暖，冬眠的动物们会陆续出来活动。由于传说中的龙是在蛇、蚯蚓等的基础上由先人想象加工出来的，因而人们又称蛇为“小龙”。二月二前后，蛇、蚯蚓等动物结束冬眠，开始出来活动，故曰“二月二，龙抬头”。

由于国人喜欢双数，常用双数命名节日（如五月五端午节、七月七鹊桥会），二月二正为双数，因此人们取名为“二月二，龙抬头”。至于抬头的为何是龙，又为何只与二月二有关，说法和故事就多了。民间认为，龙系吉祥之物，主管云雨，而二月二则是龙欲升天开始活动的日子。“二月二，龙抬头；大仓满，小仓流”。“龙抬头”，意味着风调雨顺、五谷丰登。

据《易经》的说法，农历二月初二前虽然已属春天，但龙还蛰伏着，称为“潜龙在渊”。这一天之后，阳气上升，春意隐约可见，故曰“见龙在田”。顾名思义，龙出现了，一切都显露出崭新的气象，北方的迎春花开始露出笑脸，告诉人们：春天真的来了。

农历二月初二“龙抬头”，民间有“剃龙头”的说法。这一天，理发店生意很火。

二月二炒豆与武则天有什么关系？

农历二月初二，又叫“春龙节”。关于这一节日，在中国北方民间流传着这样一个神话故事。

相传，女皇武则天自立周朝，面南称帝，惹怒了玉帝，玉帝降旨：龙王三年内不许在周界降雨。龙王不忍心看见生灵受苦，降下大雨。气愤的玉帝将龙王压在山下治罪，并在山上立碑，碑上写道：“龙王降雨犯天规，当受人间千秋罪。要想重登灵霄阁，除非金豆开花时。”

人们为了拯救龙王，到处寻找开花的金豆。到了第二年农历二月初二这天，人们翻晒金黄的黄豆，有人突然想到：这黄豆就像金豆，炒开了花，不就是金豆开花吗？这人把自己的想法告诉了大家，于是家家户户炒黄豆，并在院里设案焚香，供上“开花的金豆”，专让龙王和玉帝看见。龙王知道这是百姓在救它，就大声向玉帝喊道：“金豆开花了，放我出去！”玉帝一看人间家家户户院里金豆花开放，只好传谕让龙王回到天庭，继续给人间兴云布雨。

从此以后，民间形成了一个习惯，每到二月初二这一天，人们就炒黄豆，也有爆玉米花的。有的地方在院子里用灶灰撒成一个个大圆圈，将五谷杂粮放于中间，称作“打囤”或“填仓”，其意是预祝当年五谷丰登、仓囤盈满。

农历三月初三是什么节日？

农历三月三，在古时称为“上巳节”，又称“女儿节”。农历三月初三为上巳日。“上巳”一词最早出现在汉初的文献中。《周礼》郑玄注：“岁时祓除，如今三月上巳如水上之类。”据记载，春秋时期，“上巳节”已经流行。“上巳节”是古代人民举行“祓除畔浴”活动的重要节日。

相传农历三月初三是王母娘娘开蟠桃会的日子，还是黄帝的诞辰，中国自古有“二月二，龙抬头；三月三，生轩辕”的说法。中国古代帝王在这天会组织人员行祭天、祭祖之事。

农历三月初三这天，民间百姓也喜好把荠菜花铺在灶上及坐、睡之处，认为这样做可除蚂蚁等虫害；把荠菜花、桐花藏在衣服内，认为这样做衣服可以不被虫蛀；妇女把荠菜花戴在头上，认为这样做可以不犯头痛病，晚上睡得特别香甜。人们还会举行流杯、流枣、乞子和戴柳圈、探春、踏青、吃青精饭以及歌会等活动。此外，还发展出河畔嬉戏、男女相会、插柳赏花等民俗活动，也有吃地（荠）菜煮鸡蛋的习俗。

古时的花朝节是几月几日？

花朝节，简称“花朝”，俗称“花神节”“百花生日”“花神生日”“挑菜节”。在中国古代，花朝节是一个非常重要的民间岁时节日。

花朝节是纪念百花的生日，因为古时候有“花王掌管人间生育”的说法，故又是生殖崇拜的节日。由于中国古代的农耕、渔猎全靠人力完成，人数越多，才越能显出生产力的强盛，所以在古代，人们是希望子孙繁衍、人口众多的。

在中国，花朝节的节期因地而异，流行于东北、华北、华东、中南等地，一般于农历二月初二、二月十二或二月十五、二月二十五举行。这种现象可能与各地的气候以及花信的早迟有关。节日期间，人们结伴到郊外游览赏花，姑娘们剪五色彩纸粘在花枝上，各地还有“装狮花”“放花神灯”等风俗。

花朝节盛行于哪个朝代？

花朝节在全国盛行，据传始于唐朝武则天执政时期。

武则天嗜花成癖，每到夏历二月十五花朝节这一天，她总要令宫女采集百花，和米一起捣碎，蒸制成糕，用花糕来赏赐群臣。上行下效，从官府到民间就开始流行花朝节活动。在那时，正月十五的元宵节，二月十五的花朝节，八月十五的中秋节，这三个月半节被视为同等重要的传统佳节。但到了宋代，不同地区的花朝节的日期被提前到二月初二或二月十二。

据《广群芳谱·天时谱》引《诚斋诗话》："东京二月十二日花朝，为扑蝶会。"又引《翰墨记》："洛阳风俗，以二月二日为花朝节。士庶游玩，又为挑菜节。"可见花朝节日期还因地而异。到清代，北方一般以二月十五为花朝节，而南方则以二月十二为花朝节。中国南北气候条件不同，南方比北方提早几天过节日是合理的。

浴佛节是怎么来的？有何风俗？

浴佛节，又名"佛诞节"。顾名思义，佛诞即佛祖释迦牟尼诞生之日。据说，公元前623年农历四月初八，佛祖释迦牟尼从摩耶夫人的肋下降生时，一手指天，一手指地，说"天上天下，唯我独尊"。于是大地为之震动，九龙吐水为之沐浴。因为这一典故，便有了庆祝的重要内容之一：置铜佛于水中，以水沐浴佛身，以纪念佛祖的诞辰。

佛诞节，是从一种求福灭罪的宗教要求衍生而来的，东汉时仅限于寺院举行，到魏晋南北朝时流传至民间。浴佛时间在史籍中有不同记载。蒙古族、藏族地区以农历四月十五为佛诞日，即佛成道日、佛涅槃日，故在这天举行浴佛仪式。汉族地区的浴佛仪式在北朝时多在农历四月初八举行，后不断变更、发展，北方改在农历十二月初八（腊八节）举行，南方则仍为农历四月初八举行，相沿至今。傣族的泼水节在傣历六月中旬（夏历四月中旬），泼水节期间同时举行浴佛活动：清晨，男女老幼沐浴更衣，到佛寺赕佛，就带有浴佛的性质。

清明节墓祭的习俗是怎么形成的？

清明节作为二十四节气之一，现在成了人们祭扫墓地、缅怀先人的重要节日。

最初，在中国古代，只有贵族有墓，老百姓并没有墓。秦汉时期，封建等级不再那么严格，老百姓葬后开始有墓地。那时贵族的墓地称“墓”，有碑；平民的墓地叫“坟”，只是一个土包。开始时，墓祭是贵族活动，百姓不举行墓祭，只举行家祭。墓祭分春、秋两祭，有春祈秋报之义。汉代以后，墓祭逐渐形成风俗。

专家判断，“寒食墓祭”大约是在南北朝时形成的习俗。《旧唐书》记载：“寒食节上墓拜扫礼经无文，但近代相沿，积久成俗，士庶之家，每逢寒食节无不祭扫。”鉴于此俗形成已久，唐玄宗就于开元二十年（732）下诏：“士庶之家，宜许上墓，编入五礼，永为常式。”于是“寒食墓祭”作为国家礼俗被确定下来。

后来，寒食节与清明节合一，清明节祭祀遂成习俗。如果清明节不祭扫先人墓地，就会被认为是“断后”。因此人们不管多穷，这天都要到祖坟上去压一张黄表纸。

哪三大节日并称为中国的“鬼节”？

中国有三大“鬼节”：清明节、中元节、寒衣节。清明节前已介绍，下面只介绍中元节和寒衣节。

中元节。中元（农历七月十五）本是民间祭祖的日子，后定为地宫圣诞，而地宫掌管地狱之门，这一天地宫打开地狱之门，已故祖先可回家团圆，因此又称“鬼节”。中元节是中国三大“鬼节”中最重要的一个，设有道场，放馒头给孤魂野鬼吃，这一天要祭祖、上坟，点荷灯为亡者照亮回家之路。道观举行盛大的法会，于吉祥道场祈福，内容是为死者的灵魂超度。

寒衣节。每年农历十月初一，谓之“十月朝”，又称“祭祖节”。为免先人们在阴曹地府挨冷受冻，这一天，人们要焚烧五色纸，为其送去御寒的衣物，并连带着给孤魂野鬼送温暖。“十月一，烧寒衣”，寄托着今人对故人的怀念，承载着生者对逝者的悲悯。

为什么寒食节禁止生火？

春秋时期，晋文公在外流亡十九年，历尽艰辛回国即位后，重赏跟他一起流亡的随从、大臣。因一时疏忽，晋文公把赤胆忠心的介子推忘了。介子推不愿争功请赏，就背着老母到绵山隐居。后来晋文公要封赏介子推，但绵山郁郁苍苍，不知介子推在山中何处，便试图放火烧山逼出介子推。结果大火烧了三天三夜，仍不见介子推出山。当人们发现介子推母子二人时，他们已经被火烧死了。

晋文公为了永远不忘介子推，把绵山所在县改为介休县，并令人砍下一段未烧焦的柳木带回宫中，做成木屐。晋文公一穿上木屐，就想起介子推，叹息道："悲哉足下！""足下"一词传开后，成了同辈之间相互尊敬的称呼，后来又演变成称呼朋友的敬辞。

介子推死的时候，正值清明节的前一天。因为他是被火烧死的，晋国人为了纪念他，就在他逝世那天家家户户都不生火做饭，只进冷食，称为"寒食"。后来，人们干脆把它定为寒食节。到了唐朝，寒食节与清明节合并，寒食禁火习俗逐渐消失。

端午节的来历大致有哪些说法？

关于端午节的来历，归纳起来，有以下几种说法：

（1）纪念屈原。此说最早出自南朝梁代吴均的《续齐谐记》和宗懔的《荆楚岁时记》中的记载。据说，屈原于农历五月初五自投汨罗江，世人哀之，投五色丝粽子于水中喂鱼虾，以免鱼虾伤害屈原的躯体。

（2）纪念伍子胥。春秋时吴国忠臣伍子胥含冤而死后，吴王夫差派人取伍子胥的尸体装在皮革里，于农历五月初五投入江中。世人哀而祭之，故有端午节。

（3）纪念孝女曹娥。此说出自东汉的曹娥碑。曹娥是东汉上虞人，父亲溺于江中，数日不见尸体，当时曹娥年仅十四岁，昼夜沿江号哭。过了十七天，曹娥在农历五月初五这天也投江，五日后抱出父尸。

（4）龙的节日。农历五月初五是古代吴越地区“龙”的部落举行图腾祭祀的日子。

（5）恶日。古代普遍认为农历五月是个毒月，初五是恶日。在不吉祥之日插菖蒲、艾叶以驱鬼，熏苍术、白芷和喝雄黄酒以避疫，是顺理成章的事。

“端午”是什么意思？

“端午”亦称“端五”，是中国的传统节日之一。“端”的意思和“初”相同，称“端五”也就如称“初五”；“端五”的“五”字又与“午”字相通，按地支顺序推算，五月正是午月。由于午时为“阳辰”，所以“端五”也叫“端阳”。农历五月初五，月、日都是五，因此又有“重五”“重午”的称呼。

还有一种说法是，五月是毒月，初五是毒日，五日的中午又是毒时，居三毒之端。因此，端午节又叫“五月端”。五月是整个热天的开端，五毒开始活跃，魑魅魍魉也会猖獗，这些都会给人尤其是无所顾忌又无抵抗能力的孩子带来灾难，必须在“五月端”这天集中为孩童消灾防毒。因此，人们又把端午节说成“小孩节”或“娃娃节”。

端午节民间都有哪些习俗？

在端午节这天，民间比较普遍的习俗主要有以下几种：

（1）赛龙舟。赛龙舟的风俗，相传起源于战国末期楚国人因舍不得贤臣屈原投江死去，许多人沿江划船争着要捞出屈原的躯体。他们争先恐后，追至洞庭湖时仍不见屈原的躯体。之后，人们在每年农历五月初五这天举行划龙舟活动，以纪念屈原，同时借划龙舟驱散江中的鱼，以免鱼吃掉屈原的身体。

（2）吃粽子。据记载，早在春秋时期，人们用菰叶（茭白叶）将黍米包成牛角状，称“角黍”；用竹筒装米密封烤熟，称“筒粽”。晋朝时，粽子被正式定为端午节食品。

（3）佩香囊。端午节小孩佩香囊，传说有避邪驱瘟之意。

（4）悬挂艾叶、菖蒲。民谚说：“清明插柳，端午插艾。”在端午节这天，民间家家都洒扫庭院，挂艾叶，悬菖蒲，洒雄黄水，饮雄黄酒，激浊除腐，杀菌防病。所以也说端午节是“卫生节”。

（5）悬钟馗像。用以镇宅驱邪。

（6）躲五。古时称五月为“恶月”，并认为农历五月初五是不吉利的日子。这一天父母要将未满周岁的儿童带到外婆家躲藏，以避不吉。

（7）送时。古时端午节到来之际，中原地区凡新嫁姑娘之娘家，在节前或节日里要给男方送草帽、雨伞、扇子、凉席等物，供男方防热防雨之用，故端阳节又称“送时节”。

（8）驱五毒。在门上贴用纸剪成的蝎子、蜈蚣、毒蛇、蟾蜍、壁虎五毒图像，以避其毒。

除此之外，端午节民间的习俗还有挂荷包、拴五色丝线、煮大蒜（艾草、菖蒲和蒜被称为“端午三友”，主要用于驱鬼）、剪彩葫芦（用彩色纸剪成葫芦状，于端午节倒贴于门首，取将毒气倒出之意）等。

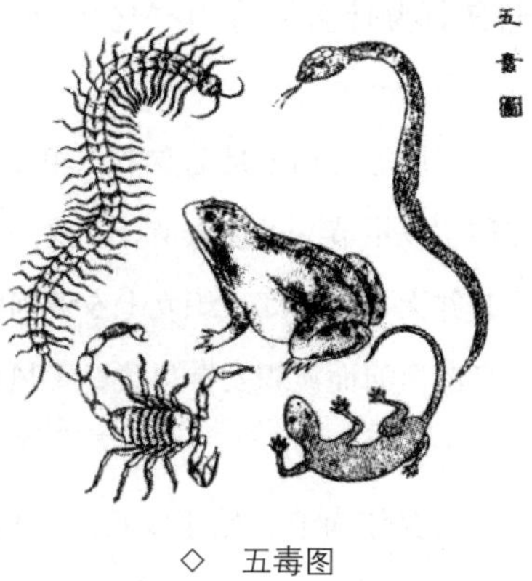

◇ 五毒图

称农历六月初六为“回娘家节”有何来历?

农历六月初六，称“回娘家节”“天贶节”“姑姑节”等。节日活动主要是藏井水、晒衣、晒经书、妇女回娘家、人畜洗浴、祈求晴天等活动。

关于回娘家，汉族有一个传说。春秋战国时期，晋国大臣狐偃骄傲自大，气死亲家赵衰。有一年晋国遭受灾害，狐偃出京放粮，狐偃女婿想乘狐偃过生日之时，为父亲报仇，杀死狐偃。狐偃女儿知道后，星夜赶回娘家报信，让父亲有个准备。狐偃放粮回城，深知自己办了坏事，悔恨不已。他不仅不怪女婿，还改正了自己的毛病。事后，每年农历六月初六狐偃都把女婿、女儿接回家里，合家团聚。这件事后来传到民间，农历六月初六逐渐成了妇女回娘家的节日。

在江苏淮安民间，旧时有“晒红绿”的习俗，相传此俗源于唐代。玄奘从西天（印度）取佛经回国，过海时经文被海水浸湿，玄奘于农历六月初六将经文取出晒干，后此日变成吉利的日子。自此开始，皇宫内于此日为皇帝晒龙袍，以后这一做法又从宫中传向民间，家家户户都于这日在大门前曝晒衣服，以后此举成俗。

七夕节为什么又称为“乞巧节”?

农历七月初七是七夕节，相传这天为牛郎、织女双星相会之日，故亦称“双星节”“情人节”。这一传说虽在《诗经》中就已肇其端，但当时并无关于牛郎、织女七夕渡河相会的记载。汉代《淮南子》中始有“乌鹊填河而渡织女”之说，《风俗通义》中亦有“织女七夕当渡河，使鹊为桥”之说。

七夕作为节日始于汉代，节俗是晒经书及衣裳，向双星乞愿和穿针乞巧。晋周处《风土记》曰：“七月初七日，其夜洒扫于庭，露施几筵，设酒醽时果，散香粉于筵上，以祈河鼓、织女。言此二星辰当会，守夜者咸怀私愿。”（太平御览·时序部·卷十六）原本属在白昼举行的曝衣、曝书等节俗淡化了，而守夜乞愿、穿针乞巧成为农历七月初七晚上的民俗习惯。

◇ 牛郎、织女鹊桥相会

晋周处的《风土记》中记述乞愿有乞富、乞寿、乞子等内容，此后才以乞子和乞巧为主，故又称为“巧节”“乞巧节”等。唐五代时，北方民间多以农历七月初六为七夕，宋太宗曾颁布诏令恢复古制，但至今仍有在农历七月初六过七夕节的。

为什么在中秋节人们要赏月、吃月饼？

史书记载，中国古代就有“春天祭日，秋天祭月”的礼制，并将农历每季中的每个月按次序称为“孟”“仲”“季”。农历八月十五日属于秋季的正中，古文称为“仲秋节”或“中秋节”。

古时候，人们由于对宇宙缺乏科学的了解，便将“月缺月圆”作为悲欢离合的象征，由此联想到月宫里一定有什么神仙在关怀他们、保佑他们；同时，也由于人们对美满生活的向往，常将自己美好的理想寄托于天上月亮中的月神，以求其降赐幸福，这就有了“嫦娥奔月”“吴刚伐桂”“玉兔捣药”“广寒宫玉蟾”以及“唐明皇游月宫”等传说故事。

于是，在民间就逐渐形成了祭月、拜月的仪式和赏月、吃月饼的风俗习惯。中秋节从此成为中国重要的传统节日之一。

九九重阳节的由来有哪些说法？

农历九月初九是我国传统的节日重阳节。关于重阳节的来历，大致有以下三种说法：

说法一：《续齐谐记》记载，汉代桓景随易学大师费长房游学多年。一天，费长房对桓景讲，农历九月初九那天应系茱萸登高，桓景及家人因听从师言幸免于难，而未及撤离的家畜全部患瘟疫死亡。故人们于每年农历九月初九这天外出登高，躲避灾难，日久相沿成习。

说法二：源于汉代的道学。道家奉为经典的《易经》中，把奇数视为阳数，偶数视为阴数，阳数中“九”又被视为“极阳”，农历九月初九是两个“极阳”相遇，所以称作“重阳”。阳又表示刚，重阳是“二刚相逢”而相克，所以被视为厄日，登高和系茱萸是为了“解厄”，重阳习俗由此而来。

说法三：源于春秋战国时期的齐景公。农历九月初九这天，齐景公带了很多人登高山，爬城垣，感到秋高气爽，心旷神怡，于是认定这天是个吉日。以后，每年这天他都要外出登高。后人仿之，形成习俗。

重阳节这天人们为何要头插茱萸或佩戴茱萸？

在重阳节这天，按照中国民间风俗，人们除登高望远、畅饮菊花酒外，还要头插茱萸或佩戴茱萸香囊。重阳节与茱萸的关系，最早见于南朝梁人吴均的《续齐谐记》：汝南人桓景随费长房学道。一日，费长房对桓景说，农历九月初九那天你家将有大灾，其破解办法是叫家人各做一个彩色的袋子，里面装上茱萸，缠在臂上，登高山，饮菊酒。农历九月初九这天，桓景一家人按照费长房所说的去做了，傍晚回家一看，家中的鸡犬牛羊都已死亡，而全家人因外出而安然无恙。于是，茱萸“辟邪”的说法便流传下来。

重阳节这天人们头插或佩戴“辟邪翁”茱萸的习俗在唐代很盛行。王维的诗作《九月九日忆山东兄弟》中写道：“遥知兄弟登高处，遍插茱萸少一人。”杜甫的诗作《九日蓝田崔氏庄》中写道：“明年此会知谁健？醉把茱萸仔细看。”人们认为在重阳节头插茱萸能避难消灾，因此或佩戴茱萸于臂，或做茱萸囊佩戴，还有将茱萸插在头上的，大多是妇女、儿童佩戴茱萸，有些地方男子也佩戴茱萸。

腊八节这天人们为什么要煮腊八粥？

为什么人们在农历腊月初八这天喜好煮腊八粥呢？民间流传着两种说法。

说法一：明太祖朱元璋小时候家里穷，靠给地主放牛为生。一天，饥肠辘辘的朱元璋在一间小屋内发现了一个老鼠洞，于是伸手掏了进去，居然掏出了大米、豆子、粟米、红枣等。他把这些粮食煮了一锅粥，喝下去后感觉回味无穷。后来朱元璋当了皇帝，一天他想起从老鼠洞里掏粮食煮粥的事来，便传命御厨以各色五谷杂粮进食。这一天正是农历腊月初八，朱元璋吃后大悦，因此就将此粥赐名为“腊八粥”。

说法二：佛教的创始人释迦牟尼入山修行，寻求人生真谛。有一天，他又累又饿，倒在河边。有个牧女看见后，将一碗用各种谷米混煮成的粥送给他喝。释迦牟尼喝完后，顿觉精神焕发，沐浴后打了一会儿盹，终于大彻大悟，得道成佛了。这一天正是农历腊月初八。从此以后，每逢腊月初八这天，寺院都要举行仪式，熬腊八粥敬佛。

祭灶节有哪些习俗？

农历腊月二十三日（或二十四日），民间称为“过小年”，是祭祀灶君的节日。

灶君，在夏朝就已经成了民间尊崇的一位大神。《论语》记载：“与其媚于奥，宁媚于灶。”先秦时期，祭灶位列“五祀”之一。祭灶时要设立神主，用丰盛的酒食作为祭品，要陈列鼎俎，设置笾豆等等。

至于灶君本人，早期有炎帝、祝融之说。后来，既有灶君爷爷，又有灶君奶奶。

灶君神像，贴在锅灶旁边正对风匣的墙上；两边配联多为“上天言好事，下界保平安”，下联也有写成“回宫降吉祥”的；中间是灶君夫妇神像；神像旁边往往画两匹马作为坐骑。祭灶时要陈设供品，供品中最突出的是糖瓜，现在统称“麻糖”。该食品既甜又黏，取意灶君顾了吃，顾不了说话，上天后嘴被粘住，免生是非。

除夕夜民间都有哪些习俗？

除夕夜，是指每年农历腊月最后一天的晚上，它与春节（农历正月初一）首尾相连。“除”是“去、易、交替”的意思，“除夕”即“月穷岁尽”。届时，人们要除旧迎新，有“旧岁至此而除，来年另换新岁”的意思。

除夕的习俗融合了祭祀、驱邪、喜庆等内容，主要活动有贴年画、贴春联、贴福字、贴挂签、贴门神画、点蜡烛、祭祖、守岁、包饺子、放鞭炮、吃年夜饭等。此日贴门神画和对联，须等家人回来齐了，在申时之前贴好。此外，南方还有吃馄饨的习俗，是取其开初之意——传说世界生成以前是混沌状态，盘古开天辟地，才有了宇宙四方。

值得一提的是，在除夕夜，幼辈要给长辈叩头拜年，连磕三个头，跪着等待长辈给“压岁钱”，不能站起，给了之后再磕一头才能起来；再有，子时一到，燃放鞭炮；还会吃煮饺（谐音“主角”）。除夕夜包饺子时，在其中的几个饺子里放几枚硬币，谁吃到了硬币预示着要发财。家人常常先让老人与孩子吃到象征吉祥的饺子，举家欢乐。

◇ 写春联

为什么“福”字要倒过来贴？

过春节时，人们喜欢在门窗上倒贴“福”字。关于“福”字倒贴这一习俗，还有两个有意思的传说呢。

传说一：明太祖朱元璋当年用“福”字作暗记准备杀人。好心的马皇后为消除这场灾祸，令全城的百姓在天明前在自家门上贴上“福”字。有户人家不识字，把“福”字贴倒了。次日，朱元璋派人查看，发现家家门上都贴了“福”字，还有一家把“福”字贴倒了。朱元璋听说后大怒，立即命人把那家满门抄斩。马皇后说：“他们知道您今日派人来访，故意把福字贴倒了，意思是‘福到’了。”朱元璋听了觉得有道理，便放了人。从此，人们便将“福”字倒贴，求个吉利。

传说二：“福”字倒贴的习俗来自清代恭亲王府。一年春节前夕，恭王府的大管家照例写了许多个“福”字，让人贴于库房和王府大门上，有个家丁不识字，误将大门上的“福”字贴倒了。恭亲王福晋很恼火，大管家求饶说：“奴才常听人说，恭亲王寿高福大造化大，如今大福真的到（倒）了，乃吉庆之兆。”福晋听罢心想，吉语说千遍，金银增万贯，于是重赏了管家和那个贴倒“福”字的家丁。

春联和桃符是怎么扯上关系的？

史料记载，春联的原始形式是桃符。

在中国古代神话中，相传有一个鬼蜮的世界，当中有座山，山上有一棵覆盖三千里的大桃树，树梢上有一只金鸡。每当清晨金鸡长鸣的时候，夜晚出去游荡的鬼魂必赶回鬼界。鬼界的大门坐落在桃树的东北，门边站着两个神人，名叫神荼、郁垒。如果鬼魂在夜间干了伤天害理的事情，神荼、郁垒会立即发现并将它捉住，用芒苇做的绳子把它捆起来送去喂虎。因而天下的鬼魂都畏惧神荼、郁垒。

于是，民间就用桃木刻成神荼、郁垒的模样，放在自家门口，以避邪防害。后来，人们干脆在桃木板上刻上神荼、郁垒的名字，以镇邪去恶。这种桃木板后来就被叫作桃符。到了宋代，人们便开始在桃木板上写对联，一则不失桃木镇邪的意义；二则表达自己的美好心愿；三则装饰门户，以求美观。后来，又发展成在红纸（象征喜气吉祥）上写对联，在新春之际贴在门窗两边，用以表达人们祈求来年风调雨顺、事事顺利的美好心愿。

中国有文献记载的第一副春联是什么？

春联，也叫“对联”“门对”“春贴”等，可以写在纸上、布上、竹子上、木板上，也可以刻在木头上、石头上。总之，只要两联平仄协调、对仗工整，就可以作为对联。

春联是由五代时期后蜀国君孟昶开创的。史料记载，964年除夕，后蜀国君孟昶令学士辛寅逊题词于其卧室门上的桃木板，“以其非工，自命笔题云：‘新年纳余庆，嘉节号长春’”。这便是中国有文献记载的第一副春联，由此开启了每逢新春佳节，家家户户在家门两旁张贴节庆祝福祝词的习俗。

到了宋朝，春联被广泛应用。北宋王安石的《元日》诗描绘了当时的百姓张贴春联的情景：“爆竹声中一岁除，春风送暖入屠苏。千门万户曈曈日，总把新桃换旧符。”由此可知，直到宋代，春联仍称桃符。

宋、元时期，宫廷、宦门、寺庙等也出现了镌刻于木柱上的对联，后人称之为楹联（楹就是柱子），同时，寿联、挽联等也开始产生。

明代，桃符改称春联。

过年时人们为什么要贴门神像?

门神源于远古时期的庶物崇拜。殷商天子祭五祀，门即为其一，周代祭五祀于宫门。相传门神为天神，奉黄帝之命统辖人间鬼怪。故逢农历十二月三十晚上，人们用桃木雕两神像置于大门两边，以御鬼怪、消灾难，后来人们又画两神像于门上，遂为门神。

唐太宗时，秦叔宝、尉迟恭成为宫门门神，而民间取为镇邪之用。宋、元之后，民间的门神更是变化多端。其中较为流行的有秦叔宝、尉迟恭、岳飞、赵云、孙膑等古代忠臣名将。人们认为武将战绩显赫，更能镇鬼驱邪，使恶鬼邪祟无法越过门槛，门户更加安全。

春节长辈包给孩子的红包为何叫压岁钱?

每到除夕之夜，小孩子就会得到长辈包给的红包——压岁钱。为什么过春节的时候长辈要给孩子包压岁钱呢?这里有一个流传很广的故事。

传说古时候有个叫“祟”的小妖，会在大年三十夜里用手摸熟睡的孩子的头部，导致孩子发烧。等退烧后，孩子就变傻了。人们怕“祟”来害孩子，就点灯团坐不睡，称为“守祟”。

有一户姓管的人家，在大年三十夜晚怕“祟”来害孩子，就逼着孩子玩。孩子用红纸包了八枚铜钱，拆开包上，包上又拆开，一直玩到睡下，包着的八枚铜钱就放到枕头边。夫妻俩挨着孩子“守祟”。半夜里，大风吹开房门，吹灭灯火，“祟”用它的手摸孩子的头时，孩子的枕边发出一道亮光，“祟”急忙缩回手尖叫着逃跑了。

管氏夫妇把用红纸包八枚铜钱吓退“祟”的事告诉了大家。大家也都学着在年夜饭后用红纸包上八枚铜钱交给孩子放在枕边，果然以后“祟”就再也不敢来害小孩子了。原来，这八枚铜钱是由八仙变的，暗中帮助孩子把“祟”吓退。因而，人们把这钱叫“压‘祟’钱”，又因“祟”与“岁”谐音，后来就称其为“压岁钱”了。

节日放爆竹的习俗是怎么形成的？

中国民间有“开门放爆竹”一说。即在新的一年到来之际，家家户户开门的第一件事就是燃放爆竹，以“噼里啪啦”的爆竹声除旧迎新。爆竹为中国特产，亦称“爆仗”“炮仗”“鞭炮”。

南朝梁宗懔的《荆楚岁时记》记载：“正月一日，是三元之日也，《春秋》谓之端日，鸡鸣而起，先于庭前爆竹、燃草，以辟山魈恶鬼。”这段记载说明爆竹在古代是一种驱瘟避邪的工具。

据《神异经》说，古时候，人们途经深山露宿，晚上要点篝火，一为煮食取暖，二为防止野兽侵袭。可是，山中有一种叫“山臊”的动物，经常趁人不备偷食东西。人们遂在火中燃爆竹，用爆竹的爆裂声将其吓走。这样即驱逐瘟邪，又得吉利平安。

到了唐初，瘟疫四起，李田把硝石装在竹筒里，点燃后使其发出更大的声响和更浓烈的烟雾，驱散了山岚瘴气，制止了疫病流行。这便是装硝爆竹的雏形。火药出现后，人们将硝石、硫黄和木炭等填充在竹筒内燃烧，产生了“爆仗”。到了宋代，民间普遍用纸筒和麻茎裹火药编成串做成“编炮”，即鞭炮。

“红得发紫”与古时的朝服有何关系?

在中国封建时代，官职品级不同，衣服颜色也各异，这种制度就是“品色衣”制度。“品色衣”制度起始于北周，形成于唐朝。

唐朝时，官分九品，衣色为：三品及三品以上紫色，四品深红，五品浅红，六品深绿，七品浅绿，八品深青，九品浅青。那些穿红着紫的达官贵人可以经常出入朝廷。于是，人们便以颜色作为发达的标志，而达到紫色则是位居三品及三品以上的高官了。所以，通常情况下人们用“红得发紫”来比喻那些官运亨通、仕途畅达的人。

“黄袍”成为皇权的象征源自何时?

“黄袍”，往往被看作古代帝王服装的象征，它作为帝王专用衣着始于唐朝。

黄色服饰在中国古代一直比较流行。进入唐朝以后，皇帝已不乐意自己和一般人同着“黄袍”了，唐高祖就曾“禁士庶不得以赤黄为衣服杂饰”，唐高宗又重申“一切不许着黄”。但这时的规定并不严格，一般百姓着黄衣仍然较多见。

960年，在“陈桥驿兵变”中，众军士以“黄袍”加在赵匡胤身上，拥立其为帝，赵匡胤率军回京，正式登基，从而使“黄袍”成为皇权的象征。宋仁宗时还规定：一般人士衣着不许以“黄袍”为底或配制花样。从此，不仅“黄袍”为皇帝所独有，连黄色亦为皇帝专用。

古代皇帝的龙袍上绣的九条龙分别在什么位置?

◇ 龙袍

中国古代皇帝的龙袍上绣的九条龙，有四条正龙绣在前胸、后背及两肩，前后衣襟则各绣有两条行龙。不过算一算，这样前后才只有八条龙，另一条龙呢?原来这一条龙绣在衣襟里面，掀开外面的衣襟才能看得到，所以龙袍上共有九条龙，正好符合象征至尊的九五之数。

龙袍上除绣有九条主龙外，在云领、腰部、袖口上也绣有体态较小的龙纹。而龙袍下摆斜排着许多弯曲的线条，称为“水脚”，在“水脚”上还绣有许多翻滚的波浪及挺立的山石宝物，称为“海水江涯”，蕴含着福山寿海、绵延不绝、江山一统、万世升平之意。

龙袍上的图纹主要是龙纹，还有凤纹、富贵牡丹纹、八宝纹等，在龙纹间也绣有五彩云纹、红色蝙蝠纹、十二章纹等象征祥瑞的图纹。当然这些图纹也都富有深意，五彩云纹是龙袍上常用的装饰纹样，有陪衬作用和象征吉祥之意；红色蝙蝠纹就是红蝠，取其谐音“洪福”，也是龙袍上不可或缺的装饰纹样。

蟒袍和龙袍是一回事吗?

蟒袍是古代文武官员最常用的礼服，因袍上绣有蟒纹而得名。关于蟒和龙的区别，历来没有明确的答案。一般根据《万历野获编》中“蟒衣为象龙之服，与至尊（即皇帝）所御（龙）袍相肖，但减一爪耳”，及《大清会典》中“凡五爪龙缎立龙缎团补服……官民不得穿用。若颁赐五爪龙缎立龙缎，应挑去一爪穿用”的禁例，得出五爪为龙、四爪为蟒的结论。其实不尽然，因为人们在各个时期对蟒和龙的所下的定义并不是固定的。

龙不完全是五爪，蟒也不完全是四爪。到了清代，尽管在名称上将龙、蟒划分得十分清楚，但在图像的反映上往往是一致的。地位高的官吏照样可以穿五爪蟒袍，而一些贵戚得到特赏也可以穿四爪龙袍。在封建时代，社会等级制度比较严格，龙被视为帝王的化身，除帝后及贵戚外，其他人不得“僭用”，所以同样是一件五爪龙袍，用于皇帝的可称为龙袍，而用于普通官吏时只能叫蟒袍。在颜色使用上，只有皇族可用明黄、金黄及杏黄，普通人一般用蓝色及石青色。

成语“衣冠禽兽”与哪朝官员的服饰有关？

成语“衣冠禽兽”最初来源于明朝官员的服饰。

史料记载，明朝规定：文官官服上绣禽，武官官服上绘兽。品级不同，官服上所绣的禽和兽也不同，其具体规定如下：

文官：一品绯袍，绣仙鹤；二品绯袍，绣锦鸡；三品绯袍，绣孔雀；四品绯袍，绣云雁；五品青袍，绣白鹇；六品青袍，绣鹭鸶；七品青袍，绣鸂鶒；八品绿袍，绣黄鹂；九品绿袍，绣鹌鹑。

武将：一品、二品绯袍，绘狮子；三品绯袍，绘老虎；四品绯袍，绘豹子；五品青袍，绘熊；六品、七品青袍，绘彪；八品绿袍，绘犀牛；九品绿袍，绘海马。

因此，当时“衣冠禽兽”是赞语，颇有一番令人艳羡的味道。到了明朝中晚期，由于宦官专权，政治腐败，文官爱钱，武将怕死，他们欺压百姓、作恶多端，老百姓视其为匪盗瘟神，于是“衣冠禽兽”就演变成了一个形容他人为非作歹、如同禽兽的贬义词。

“唐装”是唐朝人所穿的服装吗？

现在流行的“唐装”，其实并不是唐代的服装，基本上是清末的中式着装。

“唐装”的称谓，其实源于海外。唐代是中国古代的一个辉煌的盛世王朝，声誉远及海外，所以海外各国称中国人为“唐人”。《明史》记载：“唐人者，诸番呼华人之称也，凡海外诸国尽然。”美国、东南亚乃至欧洲的华人居住区都被称为“唐人街”，所以外国人把住在“唐人街”的华人穿的中国传统风格的服装称为“唐装”。

如今，“唐装”已经成为国际公认的中国人的服装称号。二十世纪初，在当时“中西服装并行不悖”的社会大背景下，中国粤、港、澳一带的同胞就是以“唐装”“西装”来区别中西打扮的。

旗袍是根据哪个民族的服装改制的？

旗袍是从满族的古老服装演变而来的。旗袍满语称“衣介”，古时泛指满洲、蒙古、汉军八旗男女穿的衣袍。

清初旗袍式样的特点是：无领、箭袖、左衽、四开衩、束腰。箭袖是窄袖口，上加一块半圆形袖头，形似马蹄，又称马蹄袖；马蹄袖平日挽起，出猎、作战时则放下，覆盖手背，冬季可御寒；四开衩，即袍下摆前后左右开衩至膝；左衽和束腰，紧身保暖，腰带一束，行猎时可将干粮、用具装进前襟；男子穿的旗袍多是蓝、灰、青色，女子穿的旗袍多为白色。满族旗袍还有一个特点，就是在旗袍外套上坎肩。坎肩有对襟、捻襟、琵琶襟、一字襟等。人穿上坎肩骑马驰骋显得非常精干利索。

清统一中国后，发起“剃发易服”的浪潮，律令之严性命攸关，以致传统的冠戴衣裳几乎全被禁止，相传千年的上衣下裳的服饰形制只被保留在汉族女子在居家时所穿的着装中。后来，旗袍被汉族女子吸收，并不断被革新。辛亥革命的风云是旗袍流行全国的前奏。

中山装的造型与《易经》有何联系？

中山装是中国的特产，它的由来与中国民主革命的先驱者孙中山先生密切相关。

孙中山在任广州革命军政府大元帅时，以当时南洋华侨中流行的“企领文装”上衣为基样，在立领上加上一条反领，以代替西装衬衣的硬领；又将“企领文装”上衣的三个暗袋改为四个明袋，衣袋上再加上软盖；与此同时，还设计了与上衣相配的裤子。在黄隆生的裁制下，第一套中山装问世了。

1912年，民国政府通令将中山装定为礼服，修改中山装造型，并根据《易经》中记载的周代礼仪等内容寓以意义——前身四个口袋表示礼、义、廉、耻；门襟五粒纽扣代表五权分立；袖口三粒纽扣表示三民主义（民族、民权、民生）；后背不破缝，表示国家和平统一之大义。

此外，袋盖为倒笔架形，寓意为以文治国；衣领定为翻领封闭式，显示严谨治国的理念。中山装就这样在1912年被定了型。

中国传统的裙子是谁发明的？

这一问题众说纷纭，其中一种说法是中国传统裙子的发明要归功于武则天。

武则天的腿偏于肥胖，再穿上绫罗绸缎的裤子，走起路来很容易擦来擦去，裤子“哧哧”作响，旁人会不由自主地去寻找发声源。这种事无法怪罪别人，武则天觉得很难堪。一天，武则天瞧着自己过于肥胖的双腿，再不忍心看下去了，干脆用一块缎子遮挡住双腿。如此一来，武则天反而开窍了。她拿了块缎子在镜子前上下左右比画起来，后来干脆用缎子前后一裹，把双腿全围起来了。

武则天试着走起路来，既飘逸潇洒又好看，该叫它什么名字呢？武则天左思右想，认为人们平时穿的各种衣服都有个“衣”字旁，自己是一国之君，干脆给“君”字加个“衣”字旁，叫“裙子”好了，这也可以说明“裙子”是像自己这样的女皇帝发明的。

古代女子青睐的石榴裙是什么样的？

在唐代，石榴裙是年轻女子极为青睐的一种服饰款式。这种裙子色如石榴之红，不染其他颜色，往往使穿着它的女子俏丽动人。唐代的万楚在《五日观妓》中说：“眉黛夺将萱草色，红裙妒杀石榴花。”韦庄也在《赠姬人》中唱道：“莫恨红裙破，休嫌白屋低。”白居易在《琵琶行》中曾描写了那位弹琵琶的女子色艺惊人：“曲罢曾教善才服，妆成每被秋娘妒……钿头银篦击节碎，血色罗裙翻酒污。”这“血色罗裙”即是石榴裙。

石榴裙流传的时间很久远，明代的唐寅在《梅妃嗅香》一诗中写道：“梅花香满石榴裙，底用频频艾纳熏。”可以看出在当时的现实生活中，此种款式的裙子仍为年轻女子所珍爱。由于石榴裙经久不衰，于是俗语中将男人被美色所征服称为“拜倒在石榴裙下”，至今仍被应用。

女子缠足的习俗起源于什么时候？

关于女子缠足习俗的起源，众说纷纭，莫衷一是。

一说源于夏商时期的大禹之妻或者纣王之妃妲己。传说大禹治水时，曾娶涂山氏女为后，生子启。而涂山氏女是狐精，其足小。又说商末纣王的妃子妲己也是狐精所变的，但她的脚没变好，就用布帛裹了起来。由于妲己受宠，宫中女子便纷纷效仿。

一说始于隋朝。相传隋炀帝选美，一个名叫吴月娘的女子被选中。她痛恨隋炀帝暴虐，便让做铁匠的父亲打制了一把长三寸、宽一寸的莲瓣小刀，并用长布把刀裹在脚底下，尽量把脚裹小。又在鞋底上刻一朵莲花，走路时印出莲花。隋炀帝见后，召她想玩赏一下小脚。吴月娘慢慢解开裹脚布，突然抽出莲瓣刀向隋炀帝刺去，但行刺失败，月娘随后投河自尽。民间女子为纪念月娘而纷纷缠足。

“对镜贴花黄”中的“花黄”是什么装饰?

“花黄”是古代流行的一种女性额饰，又称“额黄”“鹅黄”“鸭黄”等。旧时女子根据自己的爱好，把黄金色的纸剪成各式装饰图样贴在额上或脸颊上，或是在额间涂画上各种黄色花纹。这种梳妆打扮的方式起源于秦代，至南北朝时开始成为流行的妇女面饰，当时佛教盛行，爱美求新的女性从涂金的佛像上受到启发，将额头涂成黄色，渐成风习。

南朝梁简文帝萧纲在《美女篇》中说：“约黄能效月，裁金巧作星。”诗中的“约黄”指的就是“额黄”。唐朝时期，“额黄”愈加盛行，诗人们也纷纷写诗加以称赞，如卢照邻题诗“片片行云着蝉鬓，纤纤初月上鸦黄”，皮日休题诗“半垂金粉知何似，静婉临溪照额黄”，郑史题诗“最爱铅华薄薄妆，更兼衣著又鹅黄”。经过五代到宋代时，“额黄”还在流行。

除“花黄”外，古时还流行过一阵由“额黄”发展而成的佛妆，张芸叟在《使辽录》中说：“胡妇以黄物涂面如金，谓之佛妆。”不过，这种佛妆并未在汉地大范围地流行。

“巾帼不让须眉”中的“巾帼”指的是什么?

史料记载，古时候的贵族妇女，常在举行祭祀大典时戴一种用丝织品或发丝制成的头饰，这种头饰便叫“巾帼”。

“巾帼”上还装缀着一些用金珠玉翠制成的珍贵首饰。“巾帼”的种类及颜色有多种，如用细长的马尾制作的叫“剪氂帼”，用黑中透红颜色制作的叫“绀缯帼”。

在四川彭山崖墓出土的一件摄裳行走状的女俑，头上戴着如冠的首饰，罩在前额，勒于后脑，形象完整，这就是“巾帼”。另有在汉墓中出土的一件哺乳妇女文物，头戴“巾帼”，也很美观。

由于“巾帼”这类物品是古代妇女佩戴的高贵装饰，人们便称女中豪杰为“巾帼英雄”。后来，人们又把“巾帼”作为妇女的尊称。宋代抗金女将梁红玉，近代民主革命家秋瑾，都被人们称赞为“巾帼英雄”“巾帼豪杰”。

古代女子平时可以霞帔加身吗？

霞帔亦称“霞披”“披帛”，因其艳丽如彩霞，故名。霞帔以一幅丝帛绕过肩背，交于胸前，又叫“帔子”。《事林广记》记载：“晋永嘉中，制绛晕帔子，令王妃以下通服之。”宋代定为命妇冠服，非恩赐不得服。

霞帔出现在南北朝时期，宋代将它列入礼服行列之中。明代始为命妇品级的服饰，自公侯一品至九品命妇，皆服用不同绣纹的霞帔。

霞帔在古代是宫廷命妇的着装，平民女子在身为正室出嫁时，虽然可以穿霞帔（俗称“借服”），但这件霞帔并不是真正的霞帔。

先秦时期人们穿什么样的衣服和鞋履？

商周时期，人们的服饰形式主要采用上衣下裳制，衣用正色，即青、赤、黄、白、黑等五种原色；裳用间色，即以正色相调配而成的混合色。服装以小袖为多，衣长通常至膝盖。衣服的领、袖及边缘都有不同形状的花纹图案，腰间则用条带系束。

春秋战国时期，一种名为“深衣”的新型服饰开始出现。这是一种连体服饰。“深衣”的出现，改变了过去单一的服饰样式，因此深受人们喜爱，不仅被用作常服、礼服，且被用作祭服。

战国时期，胡服的传入打破了服饰的旧样式。胡服的短衣、长裤和革靴的设计，便于骑射，便于活动，在军队里广为流行。

先秦时期的鞋履，主要有履、舄、鞋、靴等几种形式。诸履之中，以舄为贵。周朝君王所穿的舄有白、黑、赤三种颜色，分别在不同场合穿。鞋是一种高帮的便履，以皮革制成。靴则来自西域，是胡人骑马射箭时的穿着，后来为汉族人所接纳。

“胡服骑射”中的“胡服”是什么模样?

赵武灵王（赵雍）是战国时期赵国的一位奋发有为的国君。他为了抵御北方胡人的骚扰，实现富国强兵之梦，决心取胡人之长补中原人之短，颁布“着胡服”“习骑射”的命令，史称“胡服骑射”。具体内容包括：穿胡人的服装，学习胡人骑马、射箭的作战方法。其服上褶下绔，有以貂、蝉为饰的武冠，有以金钩为饰的具带，足上穿靴，便于日常活动与骑射。

最初，“胡服骑射”的命令遭到很多皇亲国戚的反对。赵武灵王力排众议，带头穿胡服、习骑马、练射箭，亲自训练士兵，使赵国军事力量日益强大，从而西退胡人，北灭中山国，成为“战国七雄”之一。相传，河北省邯郸市西的插箭岭就是当年赵武灵王实行“胡服骑射”、训练士兵的场所。

秦、汉、南北朝的衣冠服饰有何特点?

秦始皇统一天下后，兼收六国的车旗服御，创立了衣冠服饰制度。秦朝的服饰仍然是连体式，宽袖、大袍，服饰制度严格。

汉朝服饰的职别等级，主要是通过冠帽及佩绶来体现的，不同的官职有不同的冠帽。因此，汉朝服饰中的冠制特别复杂。汉朝的鞋履也有严格的制度：祭服穿舄，朝服穿履，出门穿屐；女子出嫁，应穿木屐，还需在屐上画上彩画，系上五彩的带子。

南朝时期男子多穿袍衫而低敞衣襟，女子则多穿褂襦，杂裾双裙。北朝的服饰则以合身的裤褶装、短袍衫，各式的靴子为特点，服装窄短，裙腰略微高提。女子的服装多以簪花、珠翠及各种花冠为点缀。

古人称女婿为“金龟婿”与官员佩饰有何关系？

古人将女婿称为“金龟婿”，与唐代官员的佩饰有关。

《新唐书·志·卷十四·车服》记载：唐初，内外官五品以上皆佩鱼符、鱼袋，以“明贵贱，应召命”。鱼符以不同的材质制成，“亲王以金，庶官以铜，皆题其位、姓名”。装鱼符的鱼袋也是“三品以上饰以金，五品以上饰以银”。武后天授元年（690）改内外官所佩鱼符为龟符，鱼袋为龟袋，并规定三品及三品以上龟袋用金饰，四品用银饰，五品用铜饰。

由上可见，金龟既可指用金制成的龟符，还可指以金作饰的龟袋。但无论所指为何，均是亲王或三品以上官员所佩戴的装饰品。后世遂以“金龟婿”代指身份高贵的女婿。

北方冬至吃饺子的习俗与古代哪位医生有关？

北方冬至吃饺子的习俗是为了不忘“医圣”张仲景的“祛寒娇耳汤”之恩。至今南阳仍流传有“冬至不端饺子碗，冻掉耳朵没人管”的民谣。

东汉时期，南阳郡（今河南南阳）有一位名叫张仲景（著有《伤寒杂病论》，对中医学发展有重大贡献）的医生。他有句名言：“进则救世，退则救民；不能为良相，亦当为良医。”张仲景曾任长沙太守，访病施药，坐堂行医。后毅然辞官回乡，为乡邻治病。

张仲景返乡之时，正是冬季。他看到白河两岸乡亲面黄肌瘦，饥寒交迫，不少人的耳朵都冻烂了，便让弟子在南阳东关搭起医棚，支起大锅，在冬至那天舍“药”为乡亲医治冻疮。他把羊肉和一些驱寒药材放在锅里熬煮，然后将羊肉、药物捞出来切碎，用面包成耳朵样的“娇耳”，煮熟后，给来求药的人每人分两只“娇耳”，一大碗肉汤。人们吃了“娇耳”，喝了“祛寒汤”，浑身暖和，两耳发热，冻伤的耳朵都治好了。后人学着“娇耳”的样子，包成食物，称它为“饺子”或“扁食”。

“狗不理包子”这一怪名是谁起的?

“狗不理包子”创始于1858年。清咸丰年间，直隶武清县（今天津武清区）有个叫高贵友的人，乳名“狗子”。他十四岁时在天津南运河边上的刘家蒸吃铺做小伙计。由于心灵手巧又勤学好问，加上师傅们的精心指点，狗子逐渐练就了一手做包子的好活儿。

三年满师后，狗子已经精通了做包子的各种手艺，便自己开了一家包子铺——“德聚号”。他用鲜猪肉肥瘦三比七的比例加适量的水，包子皮用半发面，包入馅料时，用手指精心捏折，每个包子有固定的十五个褶，褶花疏密一致，如白菊花形，最后上炉蒸制而成。

由于狗子手艺好，从不掺假，他制作的包子口感柔软，色、香、味、形都独具特色，来吃他包子的人越来越多。狗子忙得顾不上跟顾客说话，这样一来，吃包子的人都戏称他“狗子卖包子，不理人”。后来，人们喊顺了嘴，都叫他“狗不理”，把他所经营的包子称作“狗不理包子”，因此，原店铺字号也就渐渐被人们淡忘了。

淮南王刘安创制豆腐的经过是怎样的？

风味独特、质地优良的淮南八公山豆腐的创始人，就是刘安。这个刘安是汉高祖刘邦之孙。公元前164年被封为淮南王，都邑设于寿春，名扬古今的八公山就在寿春城边。

刘安好道学，欲求长生不老之术，不惜花费重金广招方术之士，其中较为出名的有苏飞、李尚、田由、雷被、伍被、晋昌、毛被、左吴八人，号称“八公”。刘安在“八公”的陪同下，登北山而造炉，炼仙丹以求寿。他们取山中“珍珠”“大泉”“马跑”三泉清冽之水磨制豆汁，又以豆汁培育丹苗。没想到，炼丹不成，却将豆汁与盐卤阴错阳差地化合成一块芳香诱人、白白嫩嫩的东西。当地胆大的农夫取而食之，居然美味可口。

豆腐从此问世，北山亦更名为八公山，刘安也成了豆腐的鼻祖。自刘安创制出豆腐后，八公山方圆数十里的广大村镇，就成了名副其实的“豆腐之乡”。

馒头是诸葛亮发明的吗？

相传，蜀汉建兴三年（225）秋，诸葛亮采取攻心战，七擒七纵收服了孟获，与西南民族建立良好关系后，班师回朝。大军行到泸水，忽然阴云密布，狂风大作，巨浪滔天，军队无法渡河。非常了解这一带地理气候的孟获说：“由于连年打仗，很多士兵战死在这里，这些客死异乡的冤魂经常出来作怪，凡是要在这里渡水的，必须用七七四十九颗人头祭奠才会平安无事，而且来年肯定丰收。”

诸葛亮觉得祭奠这些冤魂是应该的，但他又想：如果用四十九颗人头去祭奠，又会平添四十九个冤魂，如此循环往复，冤魂就越积越多，泸水便永无宁日。诸葛亮决定不以人头祭泸水。他来到泸水边，只见阴气四起，恶浪汹涌，士兵和战马也处在惊乱之中，看来不祭是不行的。诸葛亮苦思冥想，终于想出一个用另一种物品替代人头祭泸水的绝妙办法。他命令士兵杀牛宰羊，将牛、羊肉做成肉酱，拌成肉馅，在外面包上面粉，并做成人头模样，入笼屉蒸熟。这种祭品被称作“馒首”。诸葛亮将用肉与面粉做成的“馒首”拿到泸水边，亲自摆在供桌上，拜祭一番，然后将“馒首”一个个丢进泸水中。受祭后的泸水顿时云开雾散，风平浪静，大军顺顺当当地渡了过去。

从此以后，人们经常用“馒首”作供品进行各种祭祀。由于“首”“头”同义，后来就把“馒首”称作“馒头”。馒头作了供品祭祀后被食用，人们从中得到启示，便在日常生活中以馒头为食品。

年糕有什么来历?

年糕这种美食的由来，相传与战国时期的伍子胥有关。

公元前489年，伍子胥建议吴王夫差联齐讨越，夫差却想举兵先灭了齐国。伍子胥心想：如果越国侵犯吴国，吴国因少了齐国这个同盟，将有亡国之灾；同时，自己反对吴王攻齐，而吴王得胜而归，自己必遭杀身之祸。于是，伍子胥悄悄地对亲信说：“我死后，如果国家有难，民饥无食，可到象门城下挖地三尺。”

公元前484年，伍子胥被吴王夫差赐剑自刎。没过多长时间，越国果真攻打吴国。吴王夫差连吃败仗，城池被困，民众断粮。危难之际，亲信想起了伍子胥生前的嘱咐，于是暗中率领军民前往象门挖地，这才发现象门的“城砖”原来是用糯米粉蒸煮后压成的。全城百姓就靠这成千上万块“城砖”度过了饥荒。

以后，每逢过年，吴国百姓家家户户都要蒸煮这种砖形的糯米粉糕，以纪念伍子胥的功绩。因为这种砖形糯米粉糕是在过年时制作的，人们便把它叫作年糕，同时也取“年年步步登高”的吉祥之意。

“东坡肉”是苏东坡发明的吗？

“东坡肉”是杭州传统风味菜肴中的一朵奇葩，以色泽红艳、汁浓味醇、肉烂而不碎、味香而不腻为特点。说起“东坡肉”，还流传着一段有趣的故事。

北宋文学家苏东坡于元丰二年（1079）触犯了宋神宗，被贬到黄州，常常亲自烧菜与友人共同品味。宋神宗驾崩后，苏东坡被重新起用调到杭州做官时，西湖已被葑草淹没了大半。他发动数万民工除葑田、疏湖港，把挖起来的泥堆筑成一条长堤，这条堤后来被称为“苏公堤”（今苏堤）。

老百姓为了赞颂苏东坡的功德，到了春节时就给苏东坡送猪肉，以表示自己的心意。苏东坡收到了猪肉，就叫家人把肉切成方块，用自家的烹调方法烧制，连酒一起送还给每家每户。但其家人在烧制肉块时，把“连酒一起送”领会成“连酒一起烧”。出乎意料的是，这样烧制出来的红烧肉更加香浓味美，食者盛赞之，此后被人们命名为“东坡肉。”

“叫花鸡”的名称是怎么来的？

“叫花鸡”，又名“煨鸡”。关于它的来历，有这样一个故事。

相传明末清初，在常熟虞山底下住着一个叫花子。一天，这个叫花子偶然得到一只鸡，但他没有炊具和调料，没法将鸡做熟了吃。他便将鸡宰了，除去内脏，连毛一起裹上泥巴。他又找来枯树枝，点成火堆，将鸡放进火中煨烤，等到泥烧得干裂了，敲去泥壳，鸡毛也随着泥壳脱落下来，鸡肉很香，叫花子美滋滋地吃起来。

这时，削职隐居在虞山的明朝大学士钱牧斋恰好路过，闻到香味。他从树隙中看到叫花子正在大口地吃着鸡肉，便命家人上前询问鸡肉的做法，并取了块鸡肉品尝，发觉鸡肉味道的确独特。回到家后，钱牧斋命家人稍加调料，如法炮制了一番。

过了几日，钱牧斋设宴款待江南名妓柳如是，其中就有一道香气四溢的“叫花鸡”。柳如是赞许不止。钱牧斋问柳氏：“虞山风味如何？”柳氏说：“宁食终身虞山鸡，不吃一日松江鱼。”钱牧斋问明缘由，当场将鸡肉命名为“叫花鸡”。

“烧卖”的名称是怎么来的？

“烧卖”，北京叫“烧麦”，是民间盛行的一种点心。在《朴事通》里，详细记载了“稍麦”食物的做法，和今天的“烧卖”差别不大。

关于“烧卖”一词的由来，有多种说法。

第一种说法是，北京的“烧麦”传到山东、浙江、安徽和广东等地后，因“麦”与“卖”京音相谐，传来传去传讹了。

第二种说法是，因为北京的“烧麦”大都是早晨卖得多，早晨称“晓”，故而得名“晓卖”，南方人“晓”和“烧”发音相近，后来就传成了“烧卖”。

第三种说法是，因为早年的“烧麦”都是在茶馆中，随着茶与糕点一起售卖，故称为“捎卖”，为“捎带着卖”之意。后约定俗成为“烧麦”。

“烧卖”自北至南，品种很多，各具风味，一般以馅料定名。如河南有切馅“烧麦”（河南人仍叫“烧麦”），安徽有用鸭肉拌糯米为馅的鸭肉“烧卖”，杭州有羊肉“烧卖”，广州有蟹肉、瑶柱干蒸“烧卖”等。广州还有几种不用面皮做的独特“烧卖”，如猪肝“烧卖”、牛肉“烧卖”和排骨“烧卖”等。

“四菜一汤”的规矩与古代哪位皇帝有关？

“四菜一汤”最初是明帝朱元璋的反腐倡廉之作。1368年，朱元璋当上皇帝后，遇上天灾，各地粮食歉收，百姓生活十分困苦，可一些达官贵人却穷奢极欲，过着花天酒地的生活。出身贫寒、讨过饭的朱元璋对此气愤不已，决心加以整饬。

一天，适逢皇后的生日庆典，朱元璋趁诸位大臣前来贺寿之机，有意摆出粗菜淡饭宴客，以此警示文武百官。当十多桌席位的人坐齐以后，朱元璋便令宫女上菜。第一道菜是炒萝卜，萝卜乃百味药也，民谚有“萝卜上市，药铺关门”之说；第二道菜是炒韭菜，韭菜生命力旺盛，四季常青，象征国家长治久安；第三、四道菜则是两大碗青菜，以此寓意要为官清廉、两袖清风；第五道菜是极普通的葱花豆腐汤。宴后，朱元璋当众宣布：“今后众卿请客，最多只能‘四菜一汤’。这次皇后的寿筵席就是榜样。谁若违犯，严惩不贷！”

从此，“四菜一汤”的规矩便从宫内传到民间。

“八大菜系”分别指的是什么？

菜系，也称“帮菜”，是指在选料、切配、烹饪等技艺方面经长期演变而自成体系，具有鲜明的地方风味特色并为社会所公认的菜肴流派。中国的菜系，是指在一定区域内由于气候、地理、历史、物产及饮食风俗的不同，经过漫长的历史演变而形成的一整套自成体系的烹饪技艺和风味，并被全国各地所承认的地方菜肴。菜肴在烹饪中有许多流派。鲁、川、苏、粤四大菜系形成历史较早，后来浙、闽、湘、徽等地方菜也逐渐出名，于是形成了中国的“八大菜系”。

过生日的时候人们为什么要吃长寿面？

在中国，人们有“过生日吃面条”的习俗。

传说远古时期，中国先后出了五个贤明的帝王，即黄帝、颛顼、帝喾、唐尧、虞舜。颛顼帝的玄孙姓錢名铿，“善调雉羹（即野鸡汤）以事帝尧，为尧所赞美，封之于彭城”。相传錢铿活了八百多岁（有一说谓其实际寿命为145岁左右，此说是按“小花甲计岁法”推断的，即60天为一年），人称“彭祖”。

汉武帝时，有一天君臣议完朝政，闲谈称寿。有人说，脸长寿就长；也有人说，人中长寿更长。大臣东方朔说，若人中长就寿长，“彭祖”活八百岁，脸不知多长呢！东方朔说得君臣都哈哈大笑。后来，东方朔的这些话传到民间，逐渐被说成“面长寿长”。为图吉祥、求长寿，民间就慢慢形成了“过生日吃面条”的习俗。

在中国食品中，以面条最为绵长，寿日吃面，表示延年益寿，故又称寿面。严格地说，寿面要求长三尺，每束须百根以上，盘成塔形，用红绿镂纸拉花罩上面作为寿礼，敬献寿星，必备双份，祝寿时置于寿案之上。

西瓜为什么叫“西瓜”而不叫“东瓜”？

四、五世纪时，西瓜由西域传入中国，所以称之为“西瓜”。明代科学家徐光启的《农政全书》记载：“西瓜，种出西域，故之名。”李时珍在《本草纲目》中记载：“按胡峤于回纥得瓜种，名曰西瓜。则西瓜自五代时始入中国，今南北皆有。”顺便提一下，由于冬瓜成熟后身披一层白霜，酷似冬日白雪落于其上，夏秋暑热之际，十分悦目，加上瓜肉也是白色，所以人们将其称为“冬瓜”，而不是“夏瓜”。

乌龙茶因为什么而得名？

乌龙茶，亦称“青茶”“半发酵茶”，是经过杀青、萎雕、摇青、发酵、烘焙等工序制出的品质优异的茶类。乌龙茶的茶名是怎么来的呢？

《福建之茶》《福建茶叶民间传说》记载，清朝雍正年间，在福建省安溪县西坪乡南岩村里有一个茶农，也是打猎能手，姓苏名龙，因他长得黝黑健壮，乡亲们都叫他“乌龙”。一年春天，“乌龙”腰挂茶篓，身背猎枪上山采茶。采到中午，一头山獐突然从他身边溜过，“乌龙”举枪射击，受伤的山獐拼命逃向山林中，“乌龙”紧追其后，终于捕获了猎物。当“乌龙”把山獐背到家时，已是掌灯时分，“乌龙”和全家人忙于宰杀、品尝野味，已将制茶的事全然忘记了。

第二天清晨，全家人才忙着炒制“乌龙”昨天采回的“茶青”。没有想到放置了一夜的茶叶已镶上了红边，并散发出阵阵清香。当茶制好时，滋味格外清香浓厚，全无往日的苦涩之味。“乌龙”一家人经过用心琢磨与反复试验，经过萎雕、摇青、发酵、烘焙等工序，终于制出了品质优异的茶类新品——乌龙茶。安溪也因此成为盛产乌龙茶的著名茶乡。

古代建筑为什么房屋“喜木”而陵墓“尚石”？

中国古代人的思维方式有时会受《易经》的影响，认为将一些事情放在易学的大背景中去认识，可以发现有规律性的东西。在建筑上就是这样，阴阳五行、八卦、风水等学说对中国古代建筑的用料、形式等都有诸多影响。

比如，中国古代房屋建筑材料为什么多用木而不用石材？有人想当然地认为这是技术问题，其实不然。中国古人房屋的木构建筑，实质上是一种社会文化现象。按照阴阳学说，在“金”“木”“水”“火”“土”中，“木”象征春天、绿色、生命，用于给生者建造房屋；而“土”即是砖、石，“此生归无，可再生”，因此多用于为死者修建陵墓、墓室。

既然提到五行中的“土”，那就顺带提一下，按照中国的阴阳五行学说，黄色在“五行”中为“土”，此“土”是宇宙的“中央土”，放在五行当中，“土为尊”。这种思想后来糅合了儒家的大一统思想，认为以汉族为主体的统一王朝就是这样一个处于“中央土”的帝国，而有别于周边的“四夷”。如此一来，“黄色”就通过“土”与“正统”“尊崇”取得了联系。

古建筑为什么常出现狮、鱼、鹿等形象？

汉朝时，狮子由西域传入中国。随着佛教传入中国，被佛教推崇的狮子成了人们心目中高贵、威严的灵兽。狮子的雕塑形象随之开始出现在重要建筑物的正门两侧。事实上，在深宅大院和陵寝神道中之所以常出现狮子的雕塑形象，不仅是因为狮子形象威武，也是因为“狮”和“事”谐音的缘故。所以，古代府第大门两侧的石狮子象征着该户人家事事如意。

◇ 守门石狮

按照传统习俗，成对的狮子雕像是左雄右雌。这也可以从狮子雕像脚下所踩之物来辨别：脚下踩球，象征统一寰宇和拥有无上权力，是为雄狮；脚下踩着幼狮，象征子孙绵延，是为雌狮。若是狮子与铜钱互配，则象征财源茂盛；狮子佩彩带，象征好事不断；将狮子与瓶接连的剪纸图案贴在窗上，象征事事平安。

此外，在古建筑装饰中，鱼的造型应用则是取“鱼”与“裕”或“余”的谐音，象征丰裕有余；“鹿”谐“禄”，鹿的造型装饰象征俸禄多多；“蝠”与“福”同音，“扇”与“善”同音，于是蝙蝠与扇子的形象也出现在古建筑装饰中，用以表达人们的美好意愿。

古代大型建筑前的华表是做什么用的?

华表是一种中国传统的建筑形式，是古代宫殿、陵墓等大型建筑物前面做装饰用的巨大石柱，又称“神道柱”“石望柱”等，一般由底座、蟠龙柱、承露盘和其上的蹲兽组成。柱身多雕刻龙、凤等图案，上部横插着雕花的石板。

华表既可以作为道路标志，又有让过路行人留言的作用。相传在尧舜时期就出现了，那时，人们在交通要道设立一根木柱，作为识别道路的标志。后来的邮亭、传舍也用它做标识，它的名字叫作“桓木”或“表木”，后来统称为“桓木”。因为古代的“桓”与“华”音相近，所以慢慢就读成了“华表”。

◇ 天安门前的华表

在这根木柱上，行人可以在上面刻写自己的意见，因此它又叫“谤木”或“诽谤木”。“诽谤”在古代是“议论是非”之意，即现代的提意见，所以它又具有“意见箱”的性质。史书记载，尧时的“诽谤木”以横木交于柱头，指示大路的方向，天安门前的华表就保留了尧时“诽谤木”的基本形状。

不过，天安门前的这对用汉白玉雕琢的华表上都雕有一只蹲兽，蹲兽的头朝向宫外；天安门后的那对华表，蹲兽的头则朝向宫内。传说这蹲兽名叫犼，有守望的习惯，犼头向内是希望皇帝不要成天待在宫内吃喝玩乐，希望他经常出去体察民情，意为“望君出”；犼头向外，是希望皇帝不要迷恋游山玩水，快回到皇宫来处理朝政，意为“望君归”。

为什么佛寺古塔悬铃铎，而北京天坛设回音壁?

说起中国古代的特殊建筑，主要有佛家建筑与皇家建筑。其活动主体在历史舞台上扮演的角色不同，因此，二者在建筑上也融入了各异的文化象征意义。

中国古塔上悬挂的铃铎，风动铃响，象征“梵音到耳”的佛法大意。比如，历史上著名的洛阳永宁寺，“角角皆悬金铎……宝铎和鸣，铿锵之声，闻及十余里”（《洛阳迦蓝记》）。佛寺铎音在佛教徒听来自有一番梵界的意境，可以唤起人们意识上的神秘感。

皇家建筑，以北京天坛为例。在天坛之圜丘坛的第三层太极石上轻声呼唤，能听到四方传来的回声。这本是声学原理在圜丘建筑上的应用，却被涂抹上了封建礼教与神学的浓重色彩。当一朝帝王在此祭天时，四方回应犹如“昊天上帝”的“训谕”，象征天赋王权，其实质是强化帝王统治的正统权威。天坛回音壁的象征意义正是如此，在中央甬道的“三音石”上能听到多重回音，以此显示“天人合一”以及天帝与皇帝的“明察秋毫”。

故宫为什么被称为“紫禁城”？

在古代，人们把天帝所居的天宫称为“紫宫”，有“紫微正中”之说。封建皇帝自称是天帝的儿子，是真龙天子，而他们所居住的皇宫，被比喻为天上的“紫宫”。他们希望自己身居“紫宫”，可以施政以德，四方归化，八面来朝，达到江山永固的统治目的。

明、清两代的皇帝，出于维护自己的权威、尊严及考虑自身安全的目的，把皇宫修建得既富丽堂皇又壁垒森严。这座城池，不仅宫殿重重，楼阁栉比，并围以城墙和护城河，而且岗哨林立，戒备森严。平民百姓别说是进去观赏楼台殿阁，就是靠它太近也是不被允许的。

明、清皇帝及其眷属居住的皇宫，除了为他们服务的宫女、太监、侍卫之外，只有被召见的官员和被特许的人员才能进入。因此，明、清两代的皇宫，既喻为“紫宫”，又是“禁地”，故旧称“紫禁城”。

◇ 故宫俯瞰图

中国古代的村落房屋为何要坐北朝南?

早在原始社会，中国先民就按照坐北朝南的方向修建村落房屋。考古发现的绝大多数房屋都是大门朝南。这是因为中国处于地球北半球，亚欧大陆东部，大部分陆地位于北回归线以北，一年四季的阳光都是由南方射入，朝南的房子便于采光。

坐北朝南，不仅便于采光，还能避风。中国属季风型气候，一年四季风向多有变换，而风又分为阴风和阳风。清末何光廷在《地学指正》

中指出："平阳原不畏风，然有阴阳之别，向东向南所受者温风、暖风，谓之阳风，则无妨。向西向北所受者凉风、寒风，谓之阴风，宜有近案遮拦，否则风吹骨寒，主家道败衰丁稀。"这就是说，要避免西北风，防寒保暖。

综上所述，坐北朝南的建筑原则，体现了人们对自然现象的正确认识。坐北朝南，顺应天道，得山川之灵气，受日月之光华，颐养身体。

出租房屋者为何称"房东"？

现在，出租或出借房屋的人常被称为"房东"，而不是"房南""房西""房北"。这是什么缘故呢？这得从古时的房屋建构说起。

中国自古以东为上、为大，所以东房就是上房。中国的老式房屋组成一般都是一座朝南的主屋，主屋的前面两侧再造东、西向的厢房，主屋的东首房间就是上房，而上房定是主人或家中最权威的人的住房，上房连主人家晚辈和下人都不能住，更别说是出租给外人住了。所谓的"房东"就是住在东首上房的人，也就是主人的意思。

至于古时为何以"东"为"主"，在《礼记·曲礼》中有相关记载："主人就东阶，客就西阶，客若降等，则就主人之阶。主人固辞，然后客复就西阶。"说的就是有关主、客之间的礼仪规定。由此可知，"东"位代表主人，词语"做东""东道主"中的"东"也包含"主人"之意。

如何理解"前不栽桑，后不栽柳"？

中国古代最忌讳的是门前栽桑，院中植杨，屋后种柳。民谚有云："前不栽桑，后不栽柳，院中不栽鬼拍手。"

所谓的"鬼拍手"，即杨树，民间又叫"呱哒手""鬼拍手"等。

刮起风来，杨树叶子“哗哗”响，吵得人心烦，也易为盗者遮音，故院中不可植此树。

“桑”与“丧”音近，民间忌讳。

“柳”与“流”谐音，屋后植柳，有金钱财宝流出之嫌。

不难看出，“前不栽桑，后不栽柳”的俗信，反映出古人的求吉心理，不足为信。

成语“祸起萧墙”中的“萧墙”是什么墙?

成语“祸起萧墙”常被人引用，那么，“萧墙”到底指什么墙呢?

“萧墙”，是古代国君宫殿大门内（或大门外）面对大门起屏障作用的矮墙，又称“塞门”“屏”。“萧墙”有遮挡视线，防止外人向大门内窥视的功能。《论语集解》转引郑玄的注释：“萧之言肃也；墙谓屏也。君臣相见之礼，至屏而加肃敬焉，是以谓之萧墙。”“萧墙”之内就是宫室，臣子进入宫室见君王首先要经过“萧墙”，在此需要整理仪范，换作严肃、尊敬的态度。由此，“萧墙”借指内部。

“祸起萧墙”源自《论语·季氏》。季孙氏是鲁国最有权势的贵族，把持着鲁国国政。季孙氏想要攻打小国颛臾，以扩大自己的势力。孔子听说后，认为季孙氏之忧在“萧墙之内”，即忧患在鲁国国君鲁哀公的宫内，孔子认为鲁哀公不会坐视季孙氏专横跋扈，会寻机惩治季孙氏的。后世用“祸起萧墙”来比喻祸患起于内部。

为什么寺庙、宫观多建在山上?

中国许多名山的山腰或顶部都建有佛寺、庙宇、宫观。中国的佛教、道教要进行修持、修炼，脱离尘俗，必然要找行人和车马稀少的地方，建设山寺、道院。

中国有句古话：“深山探古寺，平川看佛堂。”不论如何大的佛教庙宇，都要根据礼制建造一套非常完整的左右对称式的建筑。道教建筑则不然，他们尊奉老子、张天师等，建观求仙，自己修行，以求长生不老，所以在设计建筑时都要求建在深山中，选择天然胜地，利用人为与自然结合的设计手法，对建筑进行自由式的布局。所以道教建筑大都选址在山路难以攀登的山顶或山怀之中。

在山中或高山顶建造庙、观，主要目的是登高远望，僧人、道士进行修行，环境好，既可敬神，又方便迎神，还给人以一尘不染之感。同时，营造出的与世隔绝的氛围，亦能使广大信士遁入空门，使人神往；再有，能给人一种高不可攀的仙境之感，引人入胜。

古代衙门的建筑结构是如何成就社会上“走后门”风气的？

“走后门”的典故源于隋朝。隋朝承袭汉制，官府衙门都是坐北朝南。如果职位高到可携带家眷上任，那么这位官员的妻儿老小通常会被安置在衙门后宅。平素公务往来，客人走的全是前门，只有私交甚好的朋友或者自家晚辈才从后门入内。几百年后，官场贪佞之风大行，“走后门”一词也由此而生。

另有一说，认为“走后门”典出北宋年间。相传宋哲宗死后，宋徽宗继位，以蔡京为相。蔡京拼命贬谪和排斥旧吏，并规定其子女不得出仕和入京，甚至连其诗文也不准流传，人们对此甚为不满。一次，朝廷设宴，艺人们在宴间演出了这样一幕：一个大官居案中坐。有个和尚要求离京出游，因其戒牒是哲宗年间的，即被令还俗；一个道士遗失度牒要求补发，因为道士是哲宗年间出家的，立即被剥下道袍，复为百姓。这时，一个属官上前低声对大官说：“今国库发下的俸钱一千贯，皆为旧时钱文，如何处置？”大官略做沉思，低声说：“那就走后门，从后门搬进来吧！”

古代的州县衙门为什么又称为“六扇门”？

在历史小说或古装剧中，常可以看见“六扇门的人”。那么，这个“六扇门”是如何得来的？又有什么典故和含义呢？

古时候，整个衙门外墙唯一的出入口是位于中轴线正南方位的大门。这个大门也叫“头门”，它并不是一个简单的门洞，而是一座有屋顶的建筑物。这种屋宇式大门是中国古代建筑的一大特点，它的形制受到法律、礼制的严格限制，无论多大的州县，大门都只能是三开间（建筑物正面的开间，两根柱子之间的横向空间为一间）。每间各安两扇黑漆门，总共有六扇门，所以州县衙门也往往俗称“六扇门”。俗谚说：“衙门六扇开，有理无钱莫进来。”衙门的差役、书吏之类的人员俗称为“六扇门里的勾当”。

为了突出大门的重要性，大门前面建有照壁，两侧建有“八字墙”，门口有的还放置一对龇牙咧嘴的石狮。也有的州县把门屋升高为两层或三层的门楼，兼为全城报时的鼓楼或谯楼。“谯”字原义同“瞧”字，有“瞭望”之意。

古代县衙如何通过建筑来警醒官员？

中国古代县衙的建筑装修非常有特点，常常设有一些特殊的设施、物件，以此警醒官员要清正廉明、秉公办事。具体措施如下：

（1）照壁。县衙大门后的照壁背面，常画有形如麒麟的贪婪之兽。据说该兽能吞下金银财宝，但它仍不满足，还想吃掉太阳。此画意在警醒官员，不要做贪官。

（2）戒石。县衙二门之后往往立有一牌坊，上书“公生明”三个大字，名曰“戒石坊”。戒石背面刻有“尔奉尔禄，民膏民脂，下民易虐，上天难欺”十六个字，以劝诫县令要以民为本、秉公办事。

（3）大堂门匾。大堂门楣正中挂有金字匾额，有以其作用命名的，如正堂、正厅、公厅或公堂；有以其施政宗旨命名的，如忠爱堂、亲民堂、平政堂等。

（4）大堂堂匾。大堂堂匾一般书有“明镜高悬”四个大字，以警示县令要做清官、为民做主。

（5）宅门门匾。大堂之后、二堂之前的宅门背面，有一长条匾额，上面书有“天理国法人情”六个大字，以警示县令施政办案必须顺应天理、执行国法、合乎人情。

（6）二堂门匾。二堂门匾多为慎思堂、退省堂、退思堂，以警示县令在此处要对自己所理政务及时进行回顾反省，如有错误要及时弥补、纠正。

今天人们双脚垂直的坐姿在古代叫什么？

最初，古人在会客时都跪坐在席子上，或跪坐在一张叫榻的大床上。跪坐，也叫“跽坐”，即席地而坐，臀部放于脚踝上，上身挺直，双手规矩地置于膝上，气质端庄，目不斜视。这种坐姿，人虽然不大舒服，但在正式的场合下必须这样坐，否则就是失礼。

东汉末年，一种名叫“胡床”的折叠板凳（类似现在的马扎）从北方的游牧民族地区传入中原，第一次改变了人们的坐姿。人们开始逐渐放弃跪坐的姿势，转而采用臀部坐在凳子上，双脚垂直下来的坐姿。由于这种坐姿是从西域传来的，因此又称“胡坐”。

到了唐朝中期，“胡床”逐渐演化为有靠背、有扶手，可以让双腿自然下垂的椅子。这时，虽然正规礼仪仍然以“正坐”为主，但社会上已经风行起了“胡坐”，以至于到了宋朝，“胡坐”正式取代了“正坐”。

人们为何把如厕的行为称为“解手”？

在中国一些地方，人们把如厕的行为称为“解手”。绝大多数人也对“解手”一词心领神会。但要追本溯源，说起“解手”的由来，恐怕知晓的人就不多了。

在中国古代，每当爆发战争之后，通常都会发生大规模的移民，那时候的移民是强制性的，有些人留恋家乡，不肯离开故土，便想方设法逃避，但最终还是逃不过。在迁移的途中，负责护送移民的官吏担心迁移者中途逃跑，便用一根长绳拴住每个人的一只手，这样连成一串后，迁移者便不易逃掉。

然而，人多事也多。有人要大小便时，就央求护送的官吏把绳子解开。最初，央求的话语比较烦琐，诸如“长官，我要小便，请解开绳子”之类。后来，由于央求的次数多了，人们央求的话语也就化繁为简了，只说我要“解手”，负责护送移民的官吏便知其意了，接着便将央求者的手从绳子上解开，让其小便。

这就是如厕俗称“解手”的由来。

北方汉族人民为何在“本命年扎红”？

所谓“本命年”，就是十二年一遇的农历属相所在的年份，俗称“属相年”。

在传统习俗中，“本命年”常常被认为是一个不吉利的年份。“本命年犯太岁，太岁当头坐，无喜必有祸”的民谣，便是关于“本命年”不甚吉利的最好写照。故民间通常把“本命年”也叫作“槛儿年”，即度过“本命年”如同迈过一道槛儿一样。

每到“本命年”时，北方各地的汉族人民，不论大人小孩，都要买红腰带系上，俗称“扎红”。人们会穿红背心、红裤衩，或在手腕上缠系红绳，或戴红色项链，有的随身佩戴的饰物也用红丝绳系挂，认为这样才能趋吉避凶、消灾免祸。

上述为北方汉族人民在“本命年”用来辟邪的红色物品，即“本命红”。学者认为，对“本命年”用红色的讲究源自中国汉族人民的崇红心理。红色是太阳和血的颜色，也是火的颜色。红色还被汉族人民视为吉祥、喜庆、成功、忠勇和正义的象征，尤其有驱邪护身的作用。

轿子是何时成为重要的代步工具的？

轿子是中国古代的一种特殊的交通工具。《隋书·志·卷五》记载：“今辇制象轺车，而不施轮……用人荷之。”没有轮的“车”，用人抬着走，这便是轿子了。“辇”本是木轮手推车。从秦汉开始，“辇”成为君王、后妃乘坐的交通工具的专用名称。“步辇”，即“辇”车去掉车轮后让人抬行。

史书记载，轿子的雏形远在夏朝时期就已存在。《尚书·虞书·益稷》记载：“禹曰：‘……予乘四载，随山刊木。’”“四载”当中，就包括原始的轿子。

宋代以前，轿子常称“肩舆”。“舆”本义指车厢。顾名思义，“肩舆”就是扛在人肩膀上的车厢，这个名称准确地表明了轿子的特点。东晋顾恺之在《女史箴图》中生动描绘了汉成帝与班婕妤一同乘坐“肩舆”的情景。到了唐朝，“肩舆”除了供帝王乘坐之外，一般还为妇女和老弱有病的官员所享用。

轿子作为一种交通工具，得到较大普及是在宋朝。在《清明上河图》中，繁华的北宋京城汴梁大街上有许多人乘坐轿子出游。这些轿子虽仍由两人抬着，但以硬木为主，上雕飞龙花纹，样子与近代轿子大致相同。明清时期，轿子发展为四人抬或八人抬，成为一种普遍且重要的代步工具。

第六辑

法制、军事

监狱的首创者是谁？称“狱”为“监”起源于何时？

传说四千多年前舜帝时期，皋陶曾被任命为刑法官，历来他被视作监狱的首创者。

“狱”最初是原始人用来驯养野兽的井栏槛或者岩穴，到氏族社会后，用来关押俘虏，并驱使其劳动。国家产生后，监狱随之出现。“监狱”一开始并不称监狱，夏朝时称“夏台”，商朝时称“羑里”，周朝时称“圜土”，秦朝时称“囹圄”，汉朝时称“请室”。秦朝时期，不仅京城有“狱”，而且地方也开始设“狱”。南北朝时期的北朝，又开始掘地为“狱”，发明了地牢。宋朝时，各州都设置了类似周朝的“圜土”的“狱”，犯人白天服劳役，晚上被关入“狱”中受监禁。明朝时，京、州府、县都设有监狱，称“狱”为“监”也自明律开始。清朝将明律沿袭了下来。

在中国古代，监狱的职能是“以圜土聚教罢民”“任之以事，而改教之”，即核实犯罪的事实，并对犯人进行教育，使之改过自新。

“官司”一词是怎样成为诉讼用语的？

人们常把相互之间无休无止的辩论、争吵形容为“打嘴官司”，这是人们的习惯用语，是从“打官司”一词引申而来的。“官司”一词最早见于《左传·隐公·隐公五年》。该书记载，隐公五年（前718）春天，鲁隐公要去棠邑看射鱼，臧僖伯劝他：“若夫山林川泽之实，器用之资，皂隶之事，官司之守，非君所及也。”臧僖伯这番话的意思是：至于山林、水乡的物产，把它们拿来制作器物，那是杂役们的事，是官吏掌管的职责，国君没必要亲自去管理。

“官”最初是指“官府”“官吏”，“司”是指“掌管”，后来，人们把“官司”二字连用，作为诉讼的代称。而对于发生利害冲突的双方来说，他们到官府或长官那里去告状，请求裁决是非，维护自己的正当权益的活动，或者因为被人告到官府或者长官那里，同对方争论辩白以维护自己的正当利益的活动，则被称为“打官司”。

“官司”和“打官司”这种说法至今仍很普遍，有些地方甚至还把坐牢说成“吃官司”。

为什么要说“打官司”而不说“审官司”？

中国古代称诉讼不为“诉讼”，而为“打官司”。为什么“官司”往往和“打”分不开呢？据考证，“打官司”一词出现在清朝文人程世爵写的《笑林广记》中，官吏听讼断狱，“无是非，无曲直，曰打而已矣；无天理，无人情，曰痛打而已矣。故民不曰审官司，而曰打官司，官司而名之曰打，真不成为官司也”。

中国的封建法律制度向来实行有罪推定原则，官员往往先入为主地认定犯罪嫌疑人有罪，被告一旦确定并被逮捕，官府所关注的就不再是罪与非罪的问题，而是如何证实被告被控之罪的问题。为了取得口供以便早日结案，“人进衙门一通打”就成为传统司法制度中的一贯作风。所以在一般人眼里，“官司”往往与“打”分不开。

“五听断案法”中的“五听”指什么？

“五听”是中国古代司法官吏在审理案件时观察当事人心理活动的

五种方法。“五听”是辞听、色听、气听、耳听、目听的简称，最早见于《周礼·秋官·小司寇》。

据郑玄的注释，辞听是“观其出言，不直则烦”，即观察当事人的语言表达，理屈者则言语错乱；色听是“察其颜色，不直则赧然”，即观察当事人的面部表情，理屈者则面红；气听是“观其气息，不直则喘”，即观察当事人的呼吸，理屈者则喘息；耳听是“观其聆听，不直则惑”，即观察当事人的听觉，理屈者则听觉不清；目听是“观其眸子，不直则吒然”，即观察当事人的视觉和眼睛，理屈者则双目失神。周以后各朝代均以“五听”作为刑事审判的重要手段，例如，《唐六典》规定：“凡察狱之官，先备五听。”

为什么古代官吏在公堂上审案时多打犯人的臀部？

在中国古代历史上，公堂上的刑罚什么都有，以至于哪怕是被冤枉的人在公堂上被打死的也很多，直至唐朝时这种情况才有所改变。相传，唐太宗李世民有一次在太医院无意间看到一幅《明堂针灸图》，得知人体重要的器官和穴位差不多都在背部和胸部，如果对这些部位进行强烈的撞击和殴打，那么人一般都会有生命危险，而臀部的重要穴位就少得多了。这对他很有启发，后来他对刑罚中的打罚作了明确的规定：对犯人不能打胸部、背部，而应该打臀部。

从此，在公堂上打犯人的臀部就成了惯例，而这种刑罚的方式一直延续到清朝末期。

古代死囚为何多在秋、冬行刑？

综观中国古代历史，历朝通常都规定死囚在秋、冬行刑，这究竟是为什么呢？

古人认为天人是合一的，自然灾害、瘟疫、祥瑞、丰年都是上天赐予人间的，人们的一切行为都必须符合天意。春、夏之间草木茂盛、生机勃勃，人虽非草木，但亦属自然界的组成部分，其生死应合于自然法则。秋天草枯叶落，此时处决罪犯才合天地肃杀之时。这是宇宙的秩序和法则，人间的司法也应当遵循天意，顺乎四时，否则就要受到天神的惩罚。

西汉大儒董仲舒继承儒家“天人合一”的思想，提出“天人感应”之说。他指出，“天有四时，王有四政……庆为春，赏为夏，罚为秋，刑为冬”；天意是“任德不任刑”的，所以应当春、夏行赏，秋、冬行刑，因为这时天地始肃，杀气已至，便可申严百刑，以示所谓顺天行诛。

东汉章帝于元和二年（185）重申：“王者生杀，宜顺时气。其定律，无以十一月、十二月报囚。”除谋反大逆等“决不待时”者外，一般死刑犯须在秋天霜降以后、冬至以前执行死刑。从此，秋、冬行刑便被载入律令而制度化。唐、宋律规定，从立春到秋分，除犯恶逆以上及部曲、奴婢杀主之外，其他罪均不得春决死刑。清朝规定，经朝审应处决的犯人，也须在秋季处决。

还有一种说法是，之所以选择在秋、冬二季行刑，是考虑示警作用。因为百姓在秋、冬二季较为空闲，也方便地方官动员百姓观看行刑场面。

古代午时三刻“问斩”有何奥妙？

午时为中午十一点至十三点，午时三刻是将近正午十二点，此时太阳挂在天空中央，是地面上的日影最短的时候。

在古人看来，午时三刻是一天当中“阳气”最盛的时候。中国古人一直认为杀人是“阴事”，无论被杀的人是否罪有应得，他的鬼魂总是会来纠缠作出判决的法官、监斩的官员、行刑的刽子手等和他被处死有关联的人员。所以在“阳气”最盛的时候行刑，可以压制其魂魄不敢出现。这是习惯上在午时三刻行刑的最主要原因。再者，人们认为，无论在什么时间，皇城的午门“阳气”也最盛，所以对于重犯或十恶不赦之犯，皇帝有将犯人推出午门斩首的习惯。

然而，也许还有另一层意思。在午时三刻，人的精力最为不济，所以此刻处决犯人，犯人也是昏昏欲睡，脑袋落地的瞬间，或许痛苦会减少一些。如此说来，选择在午时三刻来处决犯人，还带有一丝体谅犯人之意。

古代行刑在时间上有什么禁忌?

古代行刑在时间上有所禁忌。唐宋时期的法律规定，每年从立春到秋分以及正月、五月、九月为断屠月，每月的十斋日为禁杀日（即每月初一、初八、十四、十五、十八、二十三、二十四、二十八、二十九、三十），即使是谋反重罪也不能在这些日子执行死刑。明朝也规定，十斋日禁止行刑，否则笞四十。在国家举行重大祭祀活动时也禁止行刑。行刑的具体时间，有的规定在下午一点到五点之间，过时则要等到第二天，并且还规定，在“雨未晴、夜未明”的情况下也不得执行死刑。

古代“株连九族”诛的是哪几族?

秦始皇时开始出现“族诛”的酷法，先是诛三族（父母、兄弟、妻子），后来越来越残酷，从三族、五族到九族。株连最广的是明成祖杀方孝孺，诛其“十族”。诛九族是指父族四、母族三、妻族二。

（1）父族四：指自己一族、出嫁的姑母及其儿子、出嫁的姐妹及外甥、出嫁的女儿及外孙。

（2）母族三：指外祖父一家、外祖母的娘家、姨母及其儿子一家。

（3）妻族二：指岳父的一家、岳母的娘家。

随着时代的变迁，九族之意有了很大变化，其亲属之意已经淡出，变成了对与之有关的一切人的泛称。

“十恶不赦”中的“十恶”指的是哪“十恶”？

“十恶不赦”，常用来形容恶贯满盈、罪无可恕之人。“十恶”作为古代刑法中的罪名，最早出现在《齐律》中，当时称为“重罪十条”。

《齐律》记载：“列重罪十条：一曰反逆，二曰大逆，三曰叛，四曰降，五曰恶逆，六曰不道，七曰不敬，八曰不孝，九曰不义，十曰内乱。”后来，经过隋朝的《开皇律》与唐朝的《唐律疏议》的进一步修订，统治者将佛学中的“十恶”之名引入律法，从而正式形成了“十恶不赦”的罪名，代替了之前的“重罪十条”。其主要内容包括：

（1）谋反，指妄图推翻朝政、危害皇帝的政权。这历来都被视为“十恶”之首。

（2）谋大逆，指毁坏皇室的宗庙、陵墓和宫殿。

（3）谋叛，指背叛朝廷、投向敌对政权。

（4）恶逆，指殴打和谋杀祖父母、父母、伯叔等尊长。

（5）不道，指杀害一家没有犯死罪的三人，而且将死者尸体肢解。

（6）大不敬，指冒犯皇室尊严。通常指偷盗皇帝祭祀的器具和皇帝的日常用品，伪造御用药品以及误犯食禁。

（7）不孝，指不孝祖父母、父母，或在守孝期间结婚、作乐等。

（8）不睦，即谋杀五服内的亲属，或女子殴打、告发丈夫等。

（9）不义，指官吏之间互相杀害，士卒杀长官，学生杀老师，女子闻丈夫死而不举哀或擅自改嫁等。

（10）内乱，亲属之间通奸或乱伦等。

由于“十恶”之罪直接危害了封建专制制度的核心——君权、父权、神权和夫权，所以自隋唐确立“十恶”之罪以后，历代封建法典皆将之作为不赦之重罪。

为什么阿Q用画圆圈表示画押？

鲁迅在小说《阿Q正传》中，用一百多字详尽地描写了被抓入狱的阿Q在被判定死刑时，要求画个圆圈表示画押。这一情景带有浓厚的国学色彩。阿Q不识字，所以只能以画圆圈来代替画押。那么，画圆圈是怎样成为个人署名或签名象征的呢？

话说唐朝初期，由于唐太宗下令不许群臣在奏折上以草书署名，于是群臣在其他文书上用草书署名。草书形体花哨，谓之“花押”。到了宋朝，人们在进呈公文或写书牍时，文末多不署名，仅书本人的字，谓之“押字”“草字”。

而画押最有特点的，应推北宋的王安石。王安石在署名时习惯只书“石”字，且写了一横一撇之后，于撇中腰画一圆圈，由于他性急，“作圈多不圆，往往窝扁，又多带过”，因而有人私下议论，说他所署的实际上是“反”字。于是王安石“加意作圈”，后人效仿并废去横撇，这就是画押用画圆圈表示的由来。在古时候，无论是画圆圈，还是画十字，都与签名一样具有同样的法律效力。

十字画押的符号是怎么来的？

在文书、字画、契约上署名或作私记，古时谓之“押”。“押印”起源于商周时期的“亚”字形图徽。“亚”字形图徽除了具有装饰作用，可能还具有凭信之功能。故“亚”字假借为“押”字。“亚”字内的十字空白（在商周金文中，现代的“亚”字为“亞”），为后世十字画押的原始符号。

古人进行身份验证有哪些方法？

古人进行身份验证主要应用以下几种方法：

（1）文字签名。它起源于原始的记号和一些手工制品上的标记。在原始氏族社会，很多刻在陶器上的图腾符号就是一个部落的标志。在中国，自从文字出现后，作为个人的标志，签名也开始被使用。

（2）印章。春秋末期，封建社会政权成分更加复杂了，表明身份、履行职能、上下沟通都需要凭证。由于当时签名识别水平不高，笔迹易被人模仿，大大降低了签名的防伪功能。因此，代表个人和国家权力机构的检验凭证被印章代替。后者工艺水平更高，制作难度更大，防伪性更强，使用更为简便，也更具象征性。从古至今，印章品类繁多，主要品类有官印和私印。官印包括皇帝的玉玺、王侯的玺印、各级文武官员的官印等，它是封建统治者、官员的权力和身份的象征；私印作为个人签名画押的取代物，在社会生活中具有十分重要的作用，有着不可替代的法律效应。后来，“文人治印”之风日益盛行，使得印章的防伪功能日益弱化。

（3）花押。宋朝出现一种花押签，这种手写的花押签是文人们笔走龙蛇的“鬼画符”一样的东西，将几个字连在一起写成一个字，很多难以辨别原字是什么。由于其难以模仿、独一无二，反而成了一种身份验证，古代没有相片，画像也不能完全体现个人样貌，而花押这种难以模仿的东西很容易识别真伪，由此逐渐被广大文人阶层乃至官僚体系所接受。自宋朝起，开始设立专门的签名馆，凡考中进士的人都要到京城的签名馆买签名（俗称“买花押”），然后闭门练习几天，把练好的花押交到吏部备案，换回官印。

此后，无论这个人到哪里做官，在其呈送给朝廷的文件上都要有他本人的花押，以便朝廷进行比对来验明其正身。

奴隶制五刑具体有哪些内容？

奴隶制五刑指的是：墨刑，又称“黥刑”“黥面”，即在犯人的脸上或额头上刺字或图案，再染上墨；刖刑，砍去双脚；劓刑，割鼻子；宫刑，毁坏生殖器，隋朝法律正式废除；大辟，死刑，秦朝以前的死刑种类很多，如烹、车裂、枭首、弃市等。除了大辟外，其余四种又统称为肉刑。奴隶制五刑是由五行相克而产生的，《逸周书》记载：“火能变金色，故墨以变其肉；金能克木，故剕以去其骨节；木能克土，故劓以去其鼻；土能塞水，故宫以断其淫；水能灭火，故大辟以绝其生命。”

封建制五刑具体有哪些内容？

从汉初的汉文帝废除肉刑开始，以自由刑为主的封建五刑产生了，直到清末才被废除。隋唐以后，五刑指的是笞、杖、徒、流、死五种基本的法定刑罚。

（1）笞刑。即用法定规格的竹、木板等责打犯人的臀或腿，自十下至五十下分为五等，每等加十下，是五刑中最轻的一刑，用于惩罚轻微或过失的犯罪行为。

（2）杖刑。即用法定规格的荆条、“常行杖”等击打犯人的臀、腿或背，自六十杖至一百杖分为五等，每等加十杖，稍重于笞刑（在封建制五刑中，笞刑和杖刑是较轻的。打十下至五十下为笞刑，打六十下至一百下为杖刑。宋代增加脊杖。元代至清末均只打臀部）。

（3）徒刑。即在一定时期内剥夺犯人的人身自由并强迫其戴着镣或枷服劳役，是一种兼具羞辱性和奴役性的惩罚劳动。隋代减轻徒刑，自一年至三年分为五等，每等加半年。

（4）流刑。即将犯人遣送到指定的边远地区，强制其戴枷服劳役一年，且不准擅自迁回原籍的一种刑罚。唐代规定，自两千里至三千里分为三等，每等加五百里，是仅次于死刑的一种较重的刑罚。妇女犯流罪的，按所犯罪行依法实际发配或在原地服劳役三年。

（5）死刑。即结束犯人生命的刑罚，分为斩、绞两等，绞因得以保全遗体而稍轻于斩。

古代处罚女犯人时有哪些刑罚？

除通用的刑罚外，唐、宋、明、清处罚女犯人还有五刑，分别如下：

（1）刑舂。古代对女犯人施行的一种刑罚。在施以黥、劓等肉刑后押送官府或边境军营，服晒谷、舂米之劳役。

（2）拶刑。古代对女犯人施用的一种酷刑。拶是夹女犯人手指头的刑罚，故又称“拶指”，唐、宋、明、清各代，官府对女犯人惯用此刑逼供。

（3）“去衣”杖刑。宋、明、清三代规定女子犯了奸罪，必须“去衣受杖”，除造成皮肉之苦外，还达到凌辱之效。

（4）赐死。古代对身份特殊的女犯人采用赐毒酒、赐剑、赐绫、赐绳等方式，由其自毙。多赐绫缎，历代沿用。

（5）幽闭。对女犯人施行的宫刑，开始于秦。即使用木槌击打女犯人的腹部，人为地造成女犯人子宫脱垂，是对犯淫罪者实施的一种酷刑。

从上述令人不寒而栗的刑罚里，我们能窥视出旧时女子的地位是何等的低下。

最先下诏废除肉刑的是哪位皇帝？

公元前167年，汉文帝下诏废除肉刑，着手进行刑制改革。此次刑制改革起源于一桩案件。当时齐国的太仓令淳于公犯罪要被处以肉刑，他只有五个女儿，没有儿子。小女儿缇萦便陪同父亲到了京城长安，向汉文帝上书，说愿意去做官奴，以赎父亲的肉刑。汉文帝感其德孝，遂让丞相张苍和御史大夫冯敬商议刑制改革方案，方案将原来要执行的墨刑、劓刑和斩左右趾改成笞刑和弃市。

这次刑制改革改变了原来包括肉刑的奴隶制五刑制度，是奴隶制五刑向封建制五刑过渡的开始。不过最初执行的时候，又出现了新问题：一是斩右趾改为弃市扩大了死刑范围；二是以笞代替劓刑、斩左趾，结果受刑者“率多死”。因此汉景帝即位后，两次下诏减少笞数，同时还确定了刑具的长短薄厚、受刑的部位，规定行刑中间不得换人等。但宫刑在这次改革中没有被废除。

这次刑制改革在中国法制史上具有重大意义，它标志着中国古代刑制由野蛮阶段步入较为文明的阶段。

宫刑起于哪个朝代？止于哪个朝代？

宫刑，即“丈夫割其势，女子闭于宫”，是阉割男子生殖器、破坏女子生殖机能的一种肉刑。宫刑又称“蚕室”“腐刑”“阴刑”和“椓刑”。从奴隶制五刑的排名看，宫刑仅次于大辟，这也从侧面反映出宫刑残留着古人对生殖器的崇拜。

宫刑的起源很早，在夏禹时代，宫刑已经出现。郑玄注《周礼》说：“夏宫辟五百。”夏朝的宫廷里有五百人被施以宫刑，说明当时的技术手段已足以实施大规模的宫刑。北朝西魏在大统十三年（547）下诏禁止宫刑：“自今应宫刑者，直没官，勿刑。”北齐在天统五年（569）也诏令废止宫刑："应宫刑者普免为官口。"隋文帝杨坚正式下诏废除宫刑。之后各代的刑律中再没有见到宫刑，直至明朝，才有把在战争中俘虏的男童施加宫刑后收入宫廷充当太监的记载，但也不是作为正式的刑罚而出现的。

综上所述，一般认为宫刑在夏禹时代就已出现，终于隋，延续了大约两千五百年。

令人毛骨悚然的古代酷刑主要有哪些？

在奴隶社会和封建社会，许多重刑犯会被施以严厉的酷刑，这些酷刑主要有以下几种：

（1）剥皮。剥的时候由脊椎下刀，一刀把背部皮肤分成两半，慢慢用刀将皮肤与肌肉分开。另外还有一种剥法，是把人埋在土里，只露出一颗脑袋，在头顶用刀割个十字，把头皮拉开以后，向里面灌水银。由于水银比重很大，会把肌肉跟皮肤拉扯开来，埋在土里的人会痛得不停扭动，又无法挣脱，最后身体会从割开的那个口"光溜溜"地跳出来，只剩下一张皮留在土里。最早的剥皮是在人死后才剥，后来发展成活剥。

（2）腰斩。由于腰斩是把人从中间切开，而人体主要的器官都在上半身，因此犯人不会一下子就死去，斩完以后仍神志清醒，得过好长一段时间才会断气。

◇ 袁崇焕

（3）车裂。即五马分尸，把受刑人的头跟四肢套上绳子，由五匹快马拉着向五个方向急奔，把人撕成数块。商鞅即受五马分尸之刑。

（4）俱五刑。即把砍头、刖、割手、挖眼、割耳合一。通常是把人杀死以后才把人的头、手、脚剁下来，再把躯干剁成三块。吕后就把她的情敌戚夫人制成了“人彘”。

（5）凌迟。最早是把人杀死之后再剁成肉酱，称为“醢”。子路、周文王的长子伯邑考即受此刑。后来发展到每次凌迟要由两个人执行，从脚开始割，一共要割一千刀，也就是要割下一千片肉片才准犯人断气。而据说犯人若未割满一千刀就断了气，执行人也要受刑。明朝太监刘瑾和军事家袁崇焕即受此刑。

（6）缢首。把弓套在受刑人的脖子上，弓弦朝前，行刑人在后面开始旋转那张弓，弓越转越紧，受刑人的气就越来越少，直到断气。

（7）烹煮。方法是将犯人投入装有沸水、热油的大锅、大鼎中，然后在锅、鼎下面用柴火加热。温度越来越高，受刑人也越来越受不了，如果不肯招供的话，往往就被烫死。

古代公堂高挂的“明镜高悬”牌匾是怎么来的？

古代县衙总喜欢在公堂之上悬挂一块上面写有“明镜高悬”四个字的牌匾，这有什么寓意呢？“明镜”又出自何处呢？

《西京杂记》记载，公元前206年，刘邦接受秦王子婴的投降，率军进入秦都咸阳。在咸阳宫内，刘邦巡视秦王室存放的珍宝，只见其中有一块功能特异的长方形镜子，刘邦赞叹不已。此镜“广四尺，高五尺九寸，表里有明。人直来，照之影则倒见；以手掩心而来，即见胃肠五脏。历历无疑。人有疾病在内者，则掩心而照之，必知病之所在；又女子有邪心，则胆张心动。秦始皇帝常以照宫人，胆张心动，则杀之也”。

◇ 明镜高悬

由于镜出于秦地，故又称

"秦镜"。又因其有察识人们内心世界的功能，凡遇有坏人、坏心肠都可照得一清二楚，因此，后来人们就把善于断案、能看透坏人面目的清官明吏喻为"秦镜"。然而，人们又愤恨秦朝的残暴统治，不愿意将这面宝镜与其联系在一起，于是"秦镜"慢慢地就被称为"明镜"。再后来，统治者为了警示官员要"请正廉洁""公正严明"，都在公堂之上悬挂起"明镜高悬"的牌匾。

古代的契约是怎样的？合同是怎么来的？

《周礼》记载："六曰听取予以书契。"取予，是指财物所有权的转移，在这种转换过程中应以书契为凭。书契在买卖交易中又称为"质剂"。

最早的契约，较重要者常被镌刻于青铜器皿上，一旦成立，极难作伪。

在用简牍做书写材料的年代里，人们想出将契约内容以一式二份的形式写在同一块简或牍上，并写上一个"同"字，然后从中剖开，交易双方各执一半，当两份合在一起时，"同"字的左半与右半是否完全相合，就成了验证契书真伪的标志。两半验之相合称为"契合"。如不写"同"字，由当事人在立契时另写其他字，或在简契、牍契上刻画出一些痕迹，然后一分为二，验证时将两契合在一起，符契相合的就是真契。

当书写材料演变为纸质材料后，契约内容便写在纸上，仍采取一式二份的做法，然后将两契各折叠一半，用两契的背面相对接后，写上"合同"二字，如此"合同"二字的右半在右边契纸的背面，左半便在左边契纸的背面。只有两契背面的"合同"二字完全吻合，才能证明都是真契。这种"合同契"，后来便简称为"合同"。

在订立契约时，双方当事人均应该在契文中亲自署名，或在契尾签名方始有效。不会写字的，也应在自己姓名位下亲自画上签押，或留下自己中指节印痕，有时还注明“手不解书，以指节为明”，以此证明契约的可信度。这种签约方式发展到近代，则由刻好的个人印章所替代，或印上自己的中指指纹为凭。

订立契约时，应有第三方人士在场，而且必须在契约上写明备案。到了唐朝，在契尾除了需要契约双方主人签名押署外，还要有“知见人”或“见人”“保人”的签名。“保人”不仅知见了契约的订立，还要担保契约义务人完成自己的义务，否则就要承担契约义务的连带责任。

古代在审判案件时有回避一说吗？

为了防止官员们在审判案件时徇私枉法，确保审判活动的公正性，中国古代法律在很早就确定了审判的回避制度。

早在唐朝，法律中就有关于审判人员回避的规定，如主审法官与被告有仇嫌，或与被告是亲属、亲戚关系，则需要换主审官，故被称为“换推制”。

宋承唐制，法律不仅规定了审判人员回避的制度，而且比唐律规定的审判人员回避制度更加具体、严密。依据宋朝有关法令的规定，宋朝审判人员回避的范围包括六个方面：（1）鞫狱官（审判人员）与被鞫人有亲属关系，包括内亲在五服者，外亲在大功以上者（即近亲）应当回避；（2）鞫狱官与被鞫人有故旧关系，包括授业师、原长官和原部属以及同年同科及第的官员，必须回避；（3）鞫狱官与被鞫人有某种仇恨或关系不睦者，应当回避；（4）籍贯回避，鞫狱官不得到原籍所在地审理案件；（5）案发起诉人和缉捕人也应回避；（6）司法

◇ 古代衙门里的“肃静”“回避”牌

官内部回避，包括上下级之间、同级之间的回避，以及后审法官与前审法官有亲嫌关系者也必须回避。

明、清法律则专设“听讼回避”制度，除官员外，将书吏也纳入了回避者之列。

“听讼回避”制的建立，在一定程度上防止了司法人员因个人感情、恩怨、利害或成见等因素的影响而先入为主或徇私舞弊，从而使案件审判具有相对的公正性。

中国古代法律对高利贷有哪些规定?

在中国古代，放贷取息是被普遍认可的经商方式。古时称利息为“子金”，称放高利贷者为“子钱家”。与春秋时期的贵族兼职放贷不同，西汉时期的“子钱家”已经有了专门的市场进行放贷，可以称之为中国最早的私人银行家。

《史记》记载：“吴楚七国兵起时，长安中列侯封君行从军旅，赍贷子钱，子钱家以为侯邑国在关东，关东成败未决，莫肯与。唯无盐氏出捐千金贷，其息什之。”说的是汉景帝三年（前154）爆发“七国之乱”，一位名叫无盐氏的“子钱家”出借一千金给政府。后来“七国之乱”平定，无盐氏一年中竟然收息十倍，成为“子钱家”中的首富！

到了唐朝，放债取利被称为“出举”“举债”“放债”等。放债、借债都可以称为“举”。唐朝对放债的利率从法律上作出了规定。武则天于长安元年（701）规定：“负债出举，不得回利作本，并法外生利。”即不得按复利计算利息，不得超过法定最高利率。

当时，有钱人经营高利贷的形式很多，“京债”便是其中一种。唐朝有些在京的新选官吏，赴任缺乏路费，放高利贷者就放债给他，待其到任后归还，这就是所谓的“京债”。借“京债”的官员为了还债，到任后就会加紧搜刮百姓。

唐律还规定：负债不还，债主如要没收债户的财产，必须告官听断；若不告官司而强夺债户的财物、奴婢、牲畜超过契约规定的，以赃物论罪。债主不得任意变卖抵押放款的抵押品，到利息超过本钱时，才可报官变卖，变卖所得超过本息的要归还原主。如债户逃走，则由保人代为还债。

不孝罪在古代主要涉及哪些行为？

“百善孝为先”，在古代，不孝是一种严重的犯罪行为。《孝经·五刑》中写道：“五刑之属三千，而罪莫大于不孝。”在隋唐法律中，不孝被归为“十恶”范畴。此后，宋、元、明、清各个朝代都一一沿袭。那么，不孝罪在古代主要涉及哪些行为呢？

据《唐律疏议》规定，不孝罪包括：告言、詈言、诅詈祖父母、父母；祖父母、父母在，别籍异财；供养有缺；居父母丧，身自嫁娶、作乐、释服从吉；闻祖父母、父母丧，匿不举哀；诈称祖父母、父母死。意思是说，检举告发祖父母、父母的犯罪行为，咒骂祖父母、父母；祖父母、父母尚且在世，自己另立户口、私攒钱财；对祖父母、父母不尽最大能力奉养，使其生活得不到满足；父母丧事期间，自己娶妻或出嫁，听音乐、看戏，脱掉丧服穿红挂绿；隐匿祖父母、父母死亡消息，不发讣告、不举办丧事；祖父母、父母未死谎报死亡。

上述几种情况，都属于不孝的犯罪行为，都应受到严惩。

中国传统法制许可的喊冤方式有几种？

中国古代的专制统治者为了巩固其统治秩序，表示愿意听取吏民谏议和冤抑之情，在传统的法制上允许喊冤制度的存在。纵观历史，中国传统法制所许可的吏民喊冤的方式有三种。

（1）击鼓喊冤。在皇宫的左侧置一大鼓，有冤者（往往是蒙冤被押犯人的家属）可击鼓喊冤，由官员加以记录上奏。这种制度起于汉朝，而且为以后历代所效法，并不断完善。如唐朝法律规定："有人邀车架及挝登闻鼓，若上表申诉者，主司即须为受，不即受者，加罪一等。"宋代设登闻鼓院，专门受理吏民申告冤情。清代改置登闻鼓厅，并且规定，如果吏民击鼓申冤被认为确系冤抑，由通政司奏请昭雪，否则，就认为是越级上诉，由通政司送刑部加一等治罪。

（2）拦驾或拦轿喊冤。一般是喊冤者手举状纸，跪在皇帝、大臣或官员所乘的车驾、轿子所经过的路上，拦驾诉冤，希望能够平反昭雪。但是，由于封建时期官吏贪赃枉法者居多，因此，多数官吏不问冤情虚实，一律先按"冲突仪仗罪"将拦驾喊冤者责打十大板，对于不实者更是加重处罚。

（3）临刑喊冤。一般是被执行死刑的人在临刑时喊冤，以求监斩官明察冤屈。这种喊冤大多不被监斩官所理会。

封建君主专制社会喊冤制度的实质是为了巩固统治阶级的统治。当然，若遇到开明帝王或像包拯那样的清官，确实也能平反一些冤案。

开创中国传统律学先河的是哪部作品？

在春秋时期，法律制度有了一个大的变革，即各国诸侯纷纷颁布成文法，保护私有财产，《竹刑》就是其中之一。

郑国大夫邓析不满子产所铸刑书，私自编了一部更能适应新兴地主阶级要求的成文法，把它写在竹简上，所以称为《竹刑》。《竹刑》的出现是一大进步，因为在这以前，公布的成文法都铸在鼎上，很笨重，不利于流通。而邓析所作的《竹刑》，交流、携带都很方便。

《竹刑》起初并没有法律效力。邓析被郑国的执政大夫杀害后，邓析的《竹刑》才被确认为国家法律。《左传》中曾有"郑驷颛（继子产、子大叔之后的执政大夫）杀邓析，而用其竹刑”的记载。有学者认为，《竹刑》乃中国传统律学的开山之作。

我国最早的比较完整的成文法典是哪一部？

战国时期李悝编著的《法经》是中国历史上第一部比较完整的成文法典，并且贯彻了法家“轻罪重刑”的法治理论。

《法经》共六篇：《盗法》《贼法》《囚（网）法》《捕法》《杂法》《具法》。《盗法》《贼法》是关于惩罚危害国家安全，危害他人及侵犯财产的犯罪行为的法律规定；《囚法》是关于囚禁和审判罪犯的法律规定；《捕法》是关于追捕盗贼及其他犯罪者的法律规定；《囚法》与《捕法》多属于诉讼法的范围；《杂法》是关于盗窃以外的其他犯罪与刑罚的法律规定；《具法》是关于定罪量刑中从轻、从重法律原则的法律规定，相当于近代刑法中的总则部分。

中国第一部和最后一部封建法典分别是什么？

秦朝创立封建专制主义中央集权制度，自此中国进入封建社会。所以说，中国进入封建社会后的第一部封建成文法典是《秦律》。

中国历史上最后一部封建法典是《大清律例》。明、清两代，封建专制主义中央集权日益强化，司法权更趋集中、完善，于中央设都察院、刑部、大理寺，合称“三法司”，分典刑狱；对重大案件实行“三司会审”，清代称“九卿会审”，皇帝对司法权进行了严格的控制。

中国第一部婚姻法典问世于何时？

西汉时期的《汉婚律》是中国第一部婚姻法典。《汉婚律》的内容主要包括：禁止直系亲属通婚，夫妻双方的权利和义务，以及关于后嗣、离婚和维护家族内部尊卑秩序等六个方面的法规。其中特别强调了维护家族内部尊卑秩序，集中体现了封建社会统治阶级的利益。

中国历史上由官方颁发的结婚证始于哪个朝代？

有史记载的由官方颁发的结婚证，最早出现在清代，称为龙凤帖。男女于定亲之后的第七天到第十天，去当地县衙领取龙凤官帖，遵章纳税交款。帖上要填写订婚人姓名、年庚，并填写双方家长、主婚人和媒人的姓名，而且均需签押、盖章，再经官府认可，盖上公章大印，证明婚姻已经取得合法手续。然后，男女双方选择吉日良辰，进行换帖仪式。

太平天国时期，出现过名为“合挥”的结婚证，其形式与清代的龙凤帖差不多。这个时期的结婚证办理与以后的结婚证办理有一点非常相似，那就是从由民间向官府私约申办转变为由官方收费发放。这时的结婚证更具有契约性和合法性。

到了民国时期，由于提倡男女平等的民主主义，结婚证更具现代意义了。

中国现存最早的行政法典是哪部法典？

《唐六典》全称《大唐六典》，是唐朝颁发的一部具有行政性质的法典，也是中国现存最早的一部行政法典，旧题唐玄宗撰、李林甫等注，实为张九龄等人编纂，所载官制源流自唐初至开元止。“六典”之名出自《周礼》，原指治典、教典、礼典、政典、刑典、事典，后世设六部即源于此。全书共三十卷。

开元十年（722），唐玄宗召陆坚修纂《唐六典》，以三师、三公、三省、九寺、五监、十二卫等为目，由丽正书院（后更名为集贤院）总管其事。在中书令张说、萧嵩、张九龄等人的先后主持下，徐坚、韦述、刘郑兰、卢善经等十余人参与修撰，于开元二十六年（738）撰成并加注释，次年由宰相李林甫奏呈唐玄宗。故书题为唐玄宗御撰，李林甫等奉敕注。

军事

两军打仗为什么把失败方称作“败北”？

两军打仗，一方失败了常被称作“败北”。是否失败的军队或士兵都向北方溃逃呢？答案当然是否定的。综观中国历史上的重大战事，失败的军队或士兵以向南方逃跑的情况居多，却从不说“败南”。不难看出，“败北”的“北”，不等于表示方位的“北”——胜败与方位无关。

那么，“败北”作何解释呢？如果稍加观察，我们不难发现，“北”字很像两个人背靠背之形，一个向左，一个向右，这个“北”字即古之“背”字，“背”字是后人为它加上“肉”旁而成。“北”既为“背”，“败北”就很好理解了。当两军兵戎相接时，是正面相向的，一番激战后，败方撤退，转身逃跑，就成了背向敌方，这就是“败北”了。胜方在败方背后衔尾穷追，就是“追奔逐北”——逐其背。“北”即“背”，“败北”就是背敌逃跑，逃的方向不管是东、南、西、北，一律称作“败北”。

人头被称为“首级”与古代的哪种制度有关？

“首级”中的“首”是象形字，本义就是头。可为什么人头又被称作“首级”呢？这与古代的军级制度有关。

古代将士征战沙场，无非是为了建功立业、封侯拜将。而战场上能够表明自己战绩的方式之一，就是割取敌人身体的某一部位以便于战后清点记功。先秦时期，曾以割敌人左耳计数报功。到了战国时代的秦国，商鞅确立了一套新的军级制度，以割取敌人头颅的数目作为评定个人爵位的基础。新制度规定：每斩获一个敌人头颅，士兵就可以获得爵位一级、田宅一处和仆人数个；斩获的头颅越多，获得的爵位也就越高，最高可至二十级。因为一“首”对应一“级”，久而久之人们就将头颅或人头称为“首级”了。

后来，北宋名将狄青所辖的将士数百人，为求封赏竟互相残杀，几乎酿成大祸。狄青处理完此事之后，上书仁宗皇帝陈述了“首级”制度的诸多弊端，并建议予以废除，“首级”制度自此被废除。不过，“首级”却作为人头的代名词而沿用至今。

中国古代军队里的等级是如何划分的?

中国古代有一套独特的武职官员等级制度。秦汉时期，以俸禄“石”之多寡作为官吏的等级，如“万石”“二千石”等。也就是说，此时官员的等级称“石”。魏晋以后，官员的等级称“品”。北魏时，开始在官品中分正、从两级。

隋唐以后，在品之外还设有“武阶”。阶数多少各朝不等，多则四十五阶，少则十八阶，每阶均有等级称号，如骠骑大将军、昭武校尉、陪戎副尉等。多数朝代的武职官员等级设九品十八级（每品分正、从两级，无上、下阶之称）。唐宋时期，武职官员等级设九品三十二级。

以不同颜色和图案的冠服佩饰标志官员的品阶，是中国古代武阶制度的一个显著特点，它表明中国封建社会武职官员的等级制度已趋完善。

清朝末年，清政府参仿西方的军事制度实行了兵制改革。

中国古代用来调兵遣将的兵符是什么样的?

兵符，是中国古代将领传达命令或调兵遣将用的一种凭证，大多为虎形，这与中国古人对虎的崇拜有关。虎符最早出现于春秋时期，盛行于战国、秦、汉。与虎符性质相近的还有节、牌等。现存最早的虎形符节是战国时期的“辟大夫虎节”和“韩将庶虎节”，其形制、作用与虎符皆同，可视为虎符前身。

虎符的使用有严格的规定，专符专用，一地一符，将领绝不可能用一个虎符同时调动两个地方的军队。在历史上，虎符的形状、数量、刻铭以及尊卑也有很多的变化。从汉朝开始至隋朝，虎符均为铜质，骑缝刻铭以右为尊。隋朝时改为麟符。唐朝因为讳虎，改用鱼符或兔符，后来又改用龟符。南宋时恢复使用虎符。元朝则用虎头牌，后来演变为铜牌。

虎符要与诏书同时使用，而节的使用则无地域限制。羽檄曾一度独立作为发兵信物，是一种表示情况紧迫、请求援助的信物。西汉时期，中央对地方控制力增强，调兵之权掌握在皇帝手中。东汉时期，地方统兵之权与调兵之权逐渐合一，虎符发兵制在很大程度上被破坏，节则流行起来。

◇ 虎符

古代的阴符、阴书是怎样传递军事机密的？

古人传递军事机密的方法很多，用阴符、阴书传递军事机密便是其中一二。

最初的阴符是竹制的，后又改用木片、铜片。用阴符传递军事机密的方法是：把竹节按需要截成不同的长度，临战前有关人士秘密约定机密标志及内容，即用不同长度的竹节表示不同的内容。如三寸表示全线溃退，四寸表示兵败将亡，五寸表示请粮增兵，六寸表示坚守城池，七寸表示阻击敌军，八寸表示破敌得城，九寸表示破阵擒将，一尺表示克敌制胜等。这种阴符，在前线由指挥将领掌握，在后方由朝廷兵部掌握，专人传送。传符人不知符中含义，即使被俘，叛变投敌，敌人也难以知道符的内容。

后又出现阴书，所谓阴书，就是一封竖写的完整的秘密信件或情报。用阴书传递军事机密的方法是：先把所要传递的机密内容完整地写在一编竹简或木简上，然后将竹简或木简拆开、打乱，分成三份，再派三名信使各传递一份到同一个目的地，送到目的地后，收件人拼合三份阴书，知晓内容。古人为了密上加密，还在阴书上用藏头诗、藏尾诗、回文诗、诗谜、哑谜、密写等方法传递信息。

古时为何把传递军情的烽火称作“狼烟”？

经观察，烧狼粪冒出的烟是浅棕色的，远不及普通烟囱冒出的烟显眼。当狼粪与干柴烧成明火时，连白烟都看不见，甭说是冲天的黑烟了。更何况，冲天的黑烟完全可以用干柴、湿柴和油脂烧出来，就是半湿的牛粪、羊粪也能烧出浓烟来，而湿柴，油脂，半湿的牛、羊粪要远比狼粪容易获取。因此，古代烽火台上的“狼烟”不是用狼粪烧出的烟。

既然“狼烟”不是用狼粪烧出来的，那么古代烽火台上燃起的冲天浓烟为何称作“狼烟”呢？原来，这里的“狼”是指打着上面绣有狼头图案的军旗的北方少数民族的骑兵，是崇拜狼，以狼为楷模，具有狼的战略战术、狼的智慧的匈奴、鲜卑、突厥、蒙古等草原民族的“狼性”骑兵。他们把中原人比作“羊”，一直凭以一当百的豪气藐视农耕民族的“羊性”；而古代华夏农耕民族也一直将草原骑兵视为最可怕的

"狼"。"狼烟"最初的本意应该是：在烽火台上点燃的、警报崇拜狼的草原民族骑兵进犯关内的烟火信号。

从烽火台到驿站，其间经历了哪些流变？

大约三千年前，中国就开始建立了一种用人力和畜力传送军事情报的机构——官邮。同时，还用铜制成直径达两米到三米的金鼓，放在不同的方向上，一旦外敌入侵，就以击鼓为令，调集分封的各诸侯小国的军队前来抵御。后来，随着封建主的领土逐步扩大，各国之间的距离较远，鼓声就不足以发挥作用了。于是，人们又在许多地方建造了用烟和火来通信的烽火台。

汉朝时，匈奴不断入侵，为了加强联络，人们用红布、白布做成的旌旗作为通信信号，配合烽火和金鼓传递军事情报，这对将领指挥作战起了很大的帮助作用。

◇ 烽火台

利用烽火、金鼓和旌旗作为互通信息的方式虽然切实可行，但它所表达的内容过于简单，难以完成较复杂的作战方案、指示、命令、计划等的传递。后来，人们就每隔大约十五千米设置一处驿站，传送情报的人员乘马进行接力传递，昼夜可行两百千米到两百五十千米。

“十八般兵器”与“十八般武艺”分别指什么?

古代的“十八般兵器”可分为“九长九短”。“十八般兵器”有很多版本的说法，近代戏曲界对“十八般兵器”的解说则是刀、枪、剑、戟、斧、钺、钩、叉、鞭、锏、锤、戈、镋、棍、槊、棒、矛、钯。

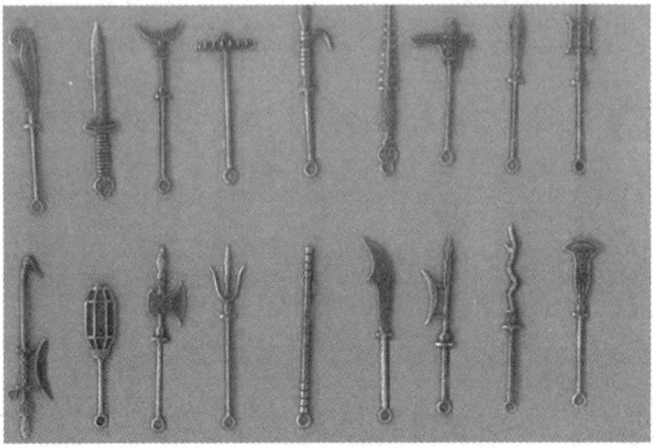

◇ “十八般兵器”

最早是汉武帝元封四年（前107），经过严格地挑选和整理，筛选出十八种类型的兵器：矛、镋、刀、戈、槊、鞭、锏、剑、锤、抓、戟、弓、钺、斧、牌、棍、枪、叉。

到了三国时期，著名的兵器鉴别家吕虔根据兵器的特点将“十八般兵器”重新排列为“九长九短”。

“九长”：矛、戈、戟、槊、镋、钺、棍、枪、叉。

“九短”：刀、斧、牌、弓、鞭、剑、锏、锤、抓。

“十八般武艺”的说法始见于元代杂剧《薛仁贵》《敬德不伏老》中。明代谢肇淛在他的《五杂组》中对“十八般武艺”的具体内容作了记述：“一弓、二弩、三枪、四刀、五剑、六矛、七盾、八斧、九钺、十戟、十一鞭、十二锏、十三挝、十四殳、十五叉、十六耙头、十七绵绳套索、十八白打。”前十七种都是兵器的名称，第十八般名目“白打”，就是“徒手拳术”。

古代的剑仅仅用于沙场作战吗?

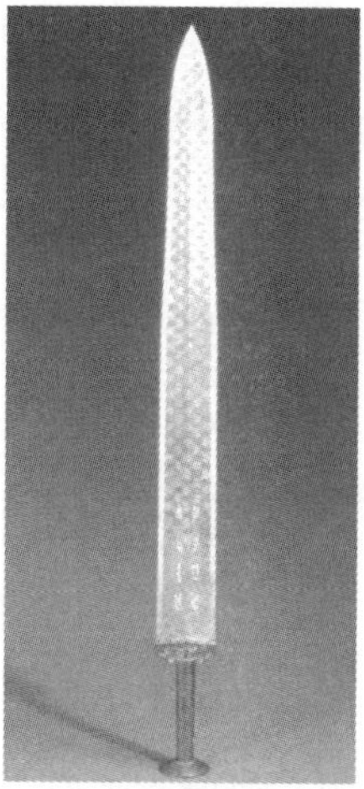

◇ 越王勾践剑

在中国古代，剑不仅用于沙场作战，也是中国古代人所喜爱的一种佩饰。

在周、秦、汉、唐时期，一直盛行佩剑之风。西周到春秋，剑主要用来佩戴防身，另外，腰间悬剑也是一种身份地位的象征，只有贵族才能佩戴剑，其他人是不许佩戴剑的。

战国时期，人们开始使用铁剑，剑的锻制技术达到了极高的水平，剑身从原来的短而厚向长而薄发展，最长的有一米多。剑长了有利于实战，但从剑鞘拔出时却很不方便。

到隋唐时期，佩剑之风尤为盛行。《隋书·志·卷六》记载："一品，玉具剑，佩山玄玉。二品，金装剑，佩水苍玉。三品及开国子男、五等散品名号侯虽四、五品，并银装剑，佩水苍玉。侍中已下，通直郎已上，陪位则像剑。带真剑者，入宗庙及升殿，若在仗内，皆解剑。一品及散郡公、开国公侯伯，皆双佩。二品、三品及开国子男、五等散品号侯，皆双佩。"唐代，剑被文人墨客视为饰物，常以其抒发凌云壮志或表现尚武英姿。

唐代的直刃兵器叫"唐刀"，由此可知，唐代已经不把剑作为实战兵器了。

从宋代一直到清代，在军队中，剑也只是用作装饰或地位的象征。

古代军事指挥系统中的"三官"是什么?

古代军事指挥系统中使用的器物以旗、鼓、金（铜质的打击或吹奏乐器）最为常见，它们号称"三官"。《左传》中的曹刿论战中曾提到旗、鼓："公与之乘，战于长勺。公将鼓之。刿曰：'未可。'齐人三鼓。刿曰：'可矣。'""对曰：'……望其旗靡，故逐之。'"《管子·兵法》记载："一曰鼓秉鼓所以任也，所以起也，所以进也；二曰金秉金所以坐也，所以退也，所以免也；三曰旗秉旗所以立兵也，所以利兵也，所以偃兵也。此之谓三官。有三令，而兵法治也。"

"三令""五申"最初指的是哪些作战原则？

成语"三令五申"出自《史记·孙子吴起列传》："约束既布，乃设鈇钺，即三令五申之。"

宋代曾公亮和丁度撰《武经总要》，对"三令五申"作了明确记载。所谓"三令"，一令观敌之谋，视道路之便，知生死之地；二令听金鼓，视旌旗，以齐其耳目；三令举斧钺，以宣其刑赏。所谓"五申"，一申赏罚，以一其心；二申视分合，以一其途；三申昼战，戒旌旗；四申夜战，听火鼓；五申听令不恭，视之以斧钺。

"三令"与"五申"的本源及其原意是教育将士应该在战阵中或军事行为中明确作战守则。随着时代的变化，"三令五申"的含义也有所改变。现在的"三令五申"的含义，并不是执行"令""申"的具体内容，而是再三地向下级命令、告诫。

如何区分古代兵法中的"五行阵""八卦阵"？

"五花八门"一词出自《虞初新志·孙嘉淦》（清张潮）："伏龙以西，群峰乱峙，四布罗列，如平沙万幕，八门五花。"这里的"八门五花"是指"五行阵"和"八门阵"，这是古代的两种战术变化很多的阵势，引喻变化多端或花样繁多。

"五行阵"，也称"五花阵"。春秋战国时期，许多战略家都懂得使用这种“五行阵”。五行指木、火、土、金、水，古人认为，构成各种物质的种种元素即是五行。五行又代表青、赤、黄、白、黑五种颜色，它们混合在一起还可变成多种颜色，能够使人眼花缭乱。

“八卦阵”，又称“八门阵”，最初是按照八卦的次第列为阵势的。但是，八卦又可演变成六十四卦，常使对方军队陷入迷离混乱之中。相传，春秋时期的孙武、孙膑是最早运用“八卦阵”的人。后来，三国时期的诸葛亮又将“八卦阵”改变为“八阵图”。

古代的“三军”指哪三军？

古代的“三军”起源于春秋时期。当时，诸侯国通常都设“三军”，但各国称谓有所区别，如晋国称中军、上军、下军；楚国称中军、左军、右军。“三军”各设将、佐等军衔，而中军将则是三军统帅。

随着时代的演进，上军、中军、下军渐渐被前军、中军、后军所代替。到了唐、宋，这样的编制已成为军队的固定建制。前、中、后三军是担任不同作战任务的各种部队，前军是先锋部队；中军是主将统率的部队，也是主力；后军主要担任掩护和警戒任务。

在中国古代的军队中，最大的编制单位就是军。军的编制，历代沿袭，但人数多少不一。汉代实行五人一伍，两伍为火，五火为队，两队为官，两官为曲，两曲为部，两部为校，两校为裨，两裨为军的编制。现在，前军、中军、后军编制已销声匿迹，而被陆、海、空三军所代替。

中国历史上第一个建立雄厚海军力量的是哪个朝代？

中国历史上第一个建立雄厚海军力量的是三国时期的东吴。东吴的水军主力在长江，共有五百艘战舰，大约划分为两类，即“蒙冲”和“斗舰”。它的活动范围曾北到朝鲜半岛，东至中国台湾岛。事实上，早在三千五百多年前，夏朝出兵攻打山东半岛上一个叫“斟寻”的小国时，双方就有武士持戈驾舟迎战。公元前六世纪，中国便有了比较完善的海军组织。伍子胥在太湖里帮吴国训练海军，他把战舰划分为“大翼”“小翼”“突冒”“桥舡”“楼舡”等种类，分担攻坚、驱逐、冲锋等任务。

中国有史记载的最早的海战发生于公元前485年，当时吴国军舰从海路进攻位于山东半岛的齐国，双方的舰队在黄海相遇，展开激战。其结果是吴国被齐国打败。十九世纪六七十年代，洋务运动兴起，清政府建立南洋、北洋、福建三支海军。其中，北洋海军是中国建立的第一支近代海军舰队。

中国最古老的军旗叫什么？

中国古代的军旗常带有图腾崇拜色彩。古人在进军打仗时会举一种旗，旗上面常画有鸟、兽图案。据《释名·释兵》记载：“熊虎为旗，军将所建，象其如猛虎。”里面所说的旗指的就是一种以虎为图案的军旗。将帅出阵，背后有旗叫“纛”，是最古老的军旗名称。“戎旃”亦是军旗的别称。

古代军旗旗色、旗幅大小、旗杆长短和装饰的不同，表明率兵者的地位不同。各朝代的军旗均在旗幅上绣有朝代简称的字样，如旗幅上绣“唐”字，则代表唐朝军队。另外，统帅和将领常在旗幅上绣上自己的姓，以与别的军队区别，比如，关羽的军队打“关”字旗，岳家军打“岳”字旗。也有以称号为旗的，如闯王李自成的起义军打“闯”字旗。

清太祖努尔哈赤的八旗军根据军旗上的图案，即画龙和不画龙的黄、红、白、蓝四色共八种军旗的图案来命名。清太宗皇太极时期，军旗上不再画龙，而是用正黄、正白、正红、正蓝和镶黄、镶白、镶红、镶蓝相区别。

中国古代的军旗有哪些用途?

至少在春秋战国时期，中国军队就已经使用旗帜了。各种各样的旗帜用途不一。

有的表示身份。如国君的旗帜称为“常”，上面画的是日月，寓意天明；主帅立黄牙旗，在军中居中央；其他将领也都有表示自己身份的旗帜。

有的表示方位。有青、赤、白、黑、黄五旗，青旗表示东方，赤旗表示南方，白旗表示西方，黑旗表示北方，黄旗表示中央。黄旗即帅旗。

有的指挥队形阵式。在战斗或操练时，举青旗布直阵，举白旗布方阵，举赤旗布锐阵，举黑旗布曲阵，举黄旗布环阵。

有的和鼓、金、角之类的器材互相配合，用作军中通信，保证上下联络畅通。

有的旗帜上缀有牦牛尾，下面有五彩析羽，是用于指挥和开道的。

另外，还有一些用于专门用途的旗帜。这些旗帜根据用途和表示身份的不同，有多种颜色、尺寸、图案、装饰和形状。

古代军队要求暂时休战或投降为什么会举白旗?

古代两军作战时，当陷入重围而走投无路的一方觉得再战下去已经无望时，往往会打出白旗（或白色的布，如被单、毛巾等），表示自动放下武器投降。这是为什么呢?

据《史记·十二本纪·高祖本纪》记载，公元前206年，刘邦率兵进入秦国都城咸阳，秦王子婴穿着白色衣服，骑一匹白马，领子上挂着一条白带子，表示向刘邦投降。按封建迷信五行之说，秦国以水作为国家昌盛的标志，而“水尚黑”，因而秦国的旌旗都是黑色的。如果战败了，就用相反的白颜色作为投降的表示。

于是，两军交战，逐渐形成这样一个惯例：用白旗表示要求休战、谈判。当交战的一方打出白色旗时，对方便知来意，下令停止一切进攻行动。持白旗的一方则要派出军使、号手、旗手和翻译，到对方指挥部说明谈判条件和意图。从军使打出白旗开始，直到谈判结束回到本方的时间为止，他享有不被侵犯的权利。当然，持白旗的军使必须携带一定的证件，说明自己确实是奉命来进行谈判的。否则，可能会被对方当作俘虏而被扣留。

中国是从什么时候开始出现“将军”的？

商周时期，没有“将军”，管民政的称作司徒，管经济的称作司空，管军事的称作司马。由于军队数量很少，天子也只有六军（每军两千五百人），诸侯最多不超过三军。当时每军的统帅也不称作“将军”，而称作卿，卿以下称作大夫，大夫以下称作士。

到了春秋时期，诸侯为了扩大自己的势力范围，不断增加兵力，因此，大国诸侯常常拥有三军以上的兵力，而编制上却只有三军，只能设三卿。于是，他们就把军队的统帅称为“将军”，意即将领一军的意思。《左传·昭公·昭公二十八年》记载：“岂将军食之而有不足。”此时的“将军”皆非正式官名，到了战国时代始为正式官名，而卿仍称“将军”。随着军队数量的增加，“将军”的数量也随之增加，作战时军队得由一人来统率，因此，诸侯国又在“将军”中选拔出“大将军”或“上将军”来全盘指挥军队作战。

到了汉代，军队的数量更多，于是又出现了“骠骑将军”（位次丞相）、“车骑将军”“中将军”等。此后，各朝“将军”的名称虽不尽相同，但“将军”分成许多级别这一原则却是相通的。

正史记载的中国古代唯一一位女将军是谁?

长久以来，在民间流传着许多古代巾帼英雄如花木兰、樊梨花、杨门女将、梁红玉等人的故事。但这些人要么是民歌或演义中的人物，要么就是非正式的将军。在数千年的中国古代历史上，正式被列入国家编制的女将军，实际上只有被明朝崇祯皇帝诗赞“鸳鸯袖里握兵符”的明朝女将秦良玉。

据《明史·列传·卷一百五十八·秦良玉传》记载：“良玉为人饶胆智，善骑射，兼通词翰，仪度娴雅。而驭下严峻，每行军发令，戎伍肃然。所部号白杆兵，为远近所惮。”秦良玉是中国古代历史上唯一一位凭战功封侯，被二十五史载入将相列传的女将军。

中国最早的“娘子军”产生于何时?

绝大多数人都想当然地认为，“娘子军”就是由女子组成的军事队伍。其实，中国最早的“娘子军”并不是由女子组成的，而是由男子组成的。

据唐朝刘悚的《隋唐嘉话》记载，隋炀帝大业十三年（617），太原留守李渊（后为唐高祖）在太原起兵反隋，其三女儿（后为平阳公主）在鄠县（今属陕西中部）散发家资，招集亡命徒数百人起兵响应，攻城略地，占领长安（今陕西西安）西部数县，队

◇ 平阳公主

伍很快发展到七万人。李渊率军进至关中时，他的三女儿与李世民的部队在渭北会合。接着，她与丈夫柴绍（在她起兵前已先去太原）“各置幕府，俱围京城，营中号曰‘娘子军’。京城平，封为平阳公主”（见《旧唐书·列传·卷八》）。

平阳公主所率领的队伍，由男子组成，因统帅是女子，故称“娘子军”。从此以后，人们便将由妇女组成的队伍称为“娘子军”了。实际上，中国历史上真正的第一支“娘子军”是由太平天国的杨宣娇（洪秀全的结拜妹妹）率领的女兵队伍。

中国最早的“步兵”部队产生于哪个时期？

“步兵”，春秋时期指徒兵或卒。《左传》记载：“兴徒兵以攻萑苻之盗，尽杀之，盗少止。”所谓徒兵，即“步兵”。“步兵”一词的正式应用，始见于《六韬》。《六韬·犬韬·战步》记载：“步兵、车、骑战奈何？”这是中国军事著作中首次使用“步兵”这一术语。到西汉初期，人们才使用“步兵”作为正式的军事术语。

据史书记载，中国最早的“步兵”部队产生于春秋时期的晋国，而第一次独立使用“步兵”作战的地点，则在今天山西省太原市附近。

春秋时期，中原一带诸侯的作战方式主要是车战。公元前632年，晋文公重耳为了对付戎狄的武装侵扰，建立了“三行为伍”的独立于战车建制以外的“步兵”。但在相当长的时间内，它主要是承担边防和卫戍任务，并不是军队中的主力。直到公元前541年，在太原附近发生的一次与戎狄的交战中，“步兵”的作用才第一次得到充分的发挥。

中国历史上的骑兵最早可追溯至何时？

春秋以前，中国军队作战以车战为主，步兵仅起辅助作用，兵车数量的多少成为衡量一国军事力量强弱的标准，基本没有骑兵这一兵种。到春秋时期，步兵开始兴起，各国的军队中也出现了少量的骑兵，同战车、步兵混编，仅是一种无足轻重的辅助力量。到了战国时期，随着战争规模的扩大，战术的多样化及同北边游牧民族作战的需要，骑兵作为一个独立的兵种正式登上战争舞台。

骑兵，顾名思义，就是骑马作战的部队。传统的看法是在战国赵武灵王实行“胡服骑射”改革以后才产生骑兵的。事实上，春秋时期秦穆公建立的“畴骑”才是中国最早的骑兵。《韩非子·十过》记载：“公因起卒，革车五百乘，畴骑二千，步卒五万，辅重耳入之于晋，立为晋君。”这是关于“畴骑”的最早记载。“畴骑”很少披甲，而是用机动、灵活的优点来弥补防御力不足的缺点。在战场上，这些轻骑兵总是不断游走在敌阵边缘，突袭敌人的弱点。

在马镫发明前，骑兵是如何骑马的？

马镫，是骑马者在骑马时用来踏脚的装置，悬挂在鞍子两边的皮带上。

考古材料充分表明，马镫是由中国古代人民独创的。马镫传入欧洲后，中世纪的欧洲进入了“骑士时代”。

在中国早期，马多数被用来拉车。春秋战国时期，各诸侯国的军队最初都是以步兵和兵车混合为主，骑兵数量很少，而且在当时骑马是一件十分辛苦的事，因为人们还没有发明马镫。没有马镫，当马飞奔或腾越时，骑马者只能用双腿夹紧马身，同时用手紧抓马鬃才能避免摔下马来。

后来，古人将登山用的绳环加以改进，用铜或铁打制成吊环形的脚镫，悬挂在马鞍两边，原始形态的马镫自此问世。马镫虽小，但能使骑兵和战马很好地结合起来，发挥出最大效力。1993年，在吉林市郊帽儿山墓地十八号墓中出土了一副马镫，该马镫用铜片夹裹木芯，以铆钉缀合加固，这是中国出土年代较早的马镫。该墓地年代处于西汉中晚期至南北朝。

军事沙盘是如何产生的？

◇ 马援

沙盘是根据地形图或实地地形，按一定的比例用泥沙、兵棋等堆制的模型。军事上，常供研究地形、敌情、作战方案，在组织协同作战和实施训练时使用。

沙盘的首创者是东汉猛将马援。据《后汉书·列传·马援列传》记载，东汉建武八年（32），陇西地方首领隗嚣屡犯内地，光武帝刘秀欲御驾亲征，召将军马援前来商议。马援在王莽败亡后，曾避地凉州，依附割据陇西的隗嚣，对陇西一带的地理环境极为熟悉。他见光武帝询问，于是“又于帝前聚米为山谷，指画形势，开示众军所从道径往来，分析曲折，昭然可晓”。也就是说马援在刘秀面前用米堆成一个与陇西一带实地地形相似的模型，形象具体，敌情尽在眼中。

次日清晨，刘秀率军大举进攻隗嚣，按沙盘作业的方案作战，打了隗嚣一个落花流水！

这便是马援“聚米为山”首创军事沙盘的始末。

中国古代士兵为什么要黥面？

所谓黥，是指在人体上刺刻出记号、文字或图案，并涂上墨汁，让其保留下来。黥有黥面、黥臂、黥手、黥胸、黥腹、黥背等多种形式。

最早的黥是一种肉刑。据史料记载，士兵黥面开始于唐朝末期，流行于五代十国时期。

唐末黄巢领导的农民起义军中，有位将领名叫朱温。后来他叛变降唐，在帮助唐朝政府镇压了农民起义后，又与其他割据势力展开了长期的争夺战。由于连年混战，士兵厌战，纷纷逃亡，朱温为了稳定军心，推行了一种残酷的军纪："将校有战没者，所部兵悉斩之，谓之跋队斩。"结果士兵逃亡的更多。朱温一怒之下，命令在军中士兵的脸上刻上文字，记下所在军队的称号，同时在通道设立关卡严格盘查过往人员，以缉拿逃亡者。逃亡者一旦被缉获，立即将其按脸上刻的军队称号送回原处，以酷刑处死。有的士兵躲关避卡，费尽心机回到老家，但因黥面难藏，被人发现，左邻右舍怕背负知情不报的罪，也不敢将其留下。

906年，朱温的劲敌刘仁恭规定：凡士兵必须在面部刻上"定霸都"（这里的"都"，是唐末五代期间军队的一种称号）；凡官员必须在手臂刺上"一心事主"四个字，以督其拼死作战，为自己效力。

黥面在军中成为定制以后，起初是强制执行，后来人们习以为常，成为多数人的自愿行为。特别是那些私人武装部队，在重金奖赏之下，士兵往往自愿黥面，以示忠诚。

元朝时，士兵黥面的现象渐渐消失，但军中仍有少数人自愿文身。

为什么称"当兵"为"吃粮"？

"吃粮"字面上的意思是吃粮食，其实它是中国古代的一个惯用语，指"当兵"。

"吃粮"一词最早出现于《全唐五代词》里面的"敦煌词"："十四十五上战场，手执长枪，低头泪落悔吃粮。"意思是十四五岁就到了边疆当兵，手执长枪东战西杀，虽然有了饭吃，可是想到离乡背井、生死未卜，不免低头落下了眼泪。

在中国古代封建社会中，吃饭问题是一个最普通也是最严峻的问题。一有灾荒，人们就不得不流离失所。那时最好的也是最无奈的出路，就是去“当兵”。人们也不知道为谁打仗，只是职业性地参军，觉得有饭吃就可以了。所以“当兵”就成了“吃粮”。

古代男子在什么情况下能算作“戍卒”？

战国时期，各诸侯国普遍实行征兵制，各国一般以郡县为单位征集兵员，男子服兵役的年龄为十五到六十岁。在长平之战中，秦国征集河内十五岁以上的壮丁全去前线，属于战时紧急征兵的做法。平时各国登记户籍，男子进入成年后得应征入伍并开始服徭役，称为“傅籍”。“傅籍”者一律服兵役两年，一年在本郡，一年去京师或边疆，服役者统称“正卒”，其中守卫边疆的士兵又称“戍卒”。

有的诸侯国采用考选、招募勇士的办法，作为组建军队的一种方式，如魏国的“武卒”考选、齐国的“技击”竞选、秦国的“锐士”选拔等。魏国考选“武卒”很严，参选者要全副武装，带三天的粮食，竞选半日内跑一百里，中试者不仅可以免除家庭的徭役，还可分得良田、良宅。

清兵衣服上的“兵”“勇”是什么标志？

在有关清朝的影视剧中，我们常看到清兵衣服上写有“兵”“勇”等字。那么，它们是什么标志呢？

史载，“兵”是清代朝廷的常备武装力量，包括“八旗兵”和“绿营兵”。“八旗兵”为满族兵，“绿营兵”则是为弥补满族兵的不足而建立的由汉族人组成的汉兵。这种军队以绿旗为标志，以营为建制单位，故称“绿营兵”，也叫“绿旗兵”，简称“绿营”。

朝廷对“八旗兵”“绿营兵”的倚重不同。“八旗兵”大部分卫戍京师，为国家精锐部队，掌管京师安全；“绿营兵”则遍布全国，数量是“八旗兵”的几倍乃至几十倍。

史载，“勇”也是清兵的一种，但不是清朝正式的军队。遇到战事，若“八旗兵”和“绿营兵”数量不足，则“就地取材”，临时招募乡勇组成军队，战事结束后立即解散。直到清末太平天国起义时，曾国藩才改非正式的乡勇为练勇（湘军），定兵制、发粮饷，称为“勇营”。从此，“勇”基本代替了“兵”，成为清朝的正规军。

清朝的军机处是个什么机构?

军机处是清朝中后期的中枢权力机关。

清雍正七年（1729）（一说八年），朝廷因用兵西北，设“军机房”。清雍正十年（1732），改称“办理军机处”。乾隆以后省去“办理”二字，简称为“军机处”。

军机处本为办理军机事务而设，但因它便于君主实行独裁统治，所以不但常设不废，而且其职权愈来愈大。军机处的职官有军机大臣（俗称“大军机”）、军机章京（俗称“小军机”）。

（1）军机大臣由皇帝从满、汉两族的大学士、尚书、侍郎等官员内特选，有些也由军机章京升任。军机大臣之任命，其名目为“军机处行走”或“军机大臣上行走”。所谓“行走”，即入值办事之意。军机大臣没有定额，军机处初设时为三人，最多十一人。

◇ 军机处

（2）军机章京初无定额，至嘉庆初年始定为满、汉章京各十六人，共三十二人，满、汉章京又各分两班值班，每班八人。

宣统三年（1911），军机处走下历史舞台。

中国最早的军事院校是哪个朝代的？

一般认为，中国军事院校的历史，最早开始于1043年北宋庆历年间的武学。但《资治通鉴》记载，在更早之前，前秦苻坚举兵征前燕、平前凉、灭代国，统一北方大部分地区后，为进一步训练军中诸将，以夺天下，于380年办过实属军事院校的教武堂。

教武堂的教员是通晓阴阳学、精通孙吴兵法的专家，学员是身经百战的骁勇战将，而校址则选在位于水陆交通要道的渭城，可见当时苻坚对这所军校是何等重视。

教武堂办起之后，却遭到了一些文武大臣的反对。前秦王朝的秘书监朱彤面谏苻坚，声称："建立学舍，教人战斗之术，是不能使国家升平泰安的。更何况诸将都是身经百战、精通兵法之辈，如果让其受教于文弱书生，无异于强他人之志，不仅无益于实，反而有损于名。在东征西讨之后，眼下应该稍缓武事，增修文德。"

苻坚经不住朱彤的诱劝，最终下令取缔了这所教武堂。

中国首部军事教科书《武经七书》具体有哪些？

《武经七书》是北宋朝廷作为官书颁行的兵法丛书，是中国古代的第一套军事教科书。它由《孙子兵法》《吴子兵法》《六韬》《司马法》《三略》《尉缭子》《李卫公问对》七部著名兵书汇编而成，其中，《孙子兵法》被列入《武经七书》之首。《武经七书》遵照宋神宗的旨意校定、颁行，是北宋朝廷在中国古代军事理论建设上的一个贡献。《武经七书》颁行后，成为自宋朝以来中国古代军事学校和武举考选的基本教材。

此外，宋朝施子美的《七书讲义》是中国现存最早的《武经七书》注本。

被誉为“世界第一兵书”“兵学圣典”的是哪部兵书？

《孙子兵法》被誉为“世界第一兵书”“兵学圣典”“百世谈兵之祖”。《孙子兵法》又称《孙武兵法》《吴孙子》《孙子》等，是中国现存最古老的兵书，也是世界三大兵书之一，另外两部是克劳塞维茨的《战争论》、宫本武藏的《五轮书》。《孙子兵法》的作者为春秋末年的齐国人孙武（字长卿）。

◇ 孙武

◇ 《孙子兵法》

三国时期著名的政治家、军事家曹操是第一个为《孙子兵法》作系统注解的人，其注解为后人研究、运用《孙子兵法》打开了方便之门。《孙子兵法》不仅被视为中国的谋略宝库，在世界上也久负盛名。《孙子兵法》于八世纪传入日本，十八世纪传入欧洲，现今已被翻译成二十多种文字，在全世界广为流传。

“三十六计”具体包括哪些兵法策略？

《三十六计》素以“谋略奇书”饮誉世界。事实上，“三十六计”的说法先于著书之年，语源可考自《南齐书·列传·卷二十六·王敬则传》中的一句话："檀公三十六策，走为上计，汝父子唯应急走耳。"里面的"檀公"指的是南朝宋名将檀道济。檀道济足智多谋，他根据自己多年的作战经验，归纳出了"三十六计"。因此，人们将"三十六计"编成口诀以助记忆时，便用"金玉檀公策"作开头。

"三十六计"的口诀为："金玉檀公策，借以擒劫贼。鱼蛇海间笑，羊虎桃桑隔。树暗走痴故，釜空苦远客。屋梁有美尸，击魏连伐虢。"口诀中除了"檀公策"三个字外，每个字（最后两个字"伐虢"被看作一字）都包含了一条妙计。

按照口诀的顺序，三十六计依次是：金蝉脱壳、抛砖引玉、借刀杀人、以逸待劳、擒贼擒王、趁火打劫、关门捉贼、浑水摸鱼、打草惊蛇、瞒天过海、反间计、笑里藏刀、顺手牵羊、调虎离山、李代桃僵、指桑骂槐、隔岸观火、树上开花、暗度陈仓、走为上计、假痴不癫、欲擒故纵、釜底抽薪、空城计、苦肉计、远交近攻、反客为主、上屋抽梯、偷梁换柱、无中生有、美人计、借尸还魂、声东击西、围魏救赵、连环计、假道伐虢。

古代兵书《六韬》的具体内容是什么？

《六韬》，亦称《太公六韬》，为周初太公望（姜子牙）所著，全书都是以太公答周文王、周武王之问的形式写作的。今本《六韬》共分六卷："文韬"，论治国用人的韬略；"武韬"，讲用兵的韬略；"龙韬"，论军事组织；"虎韬"，论战争环境以及武器与布阵；"豹韬"，论战术；"犬韬"，论军队的指挥训练。

《六韬》阐述了以爱民为基础的战争观；提出了以文伐为核心、"不战而屈人之兵"的全胜战略思想；对优秀将帅应具备的勇、智、仁、信、忠五种素质作了界定；强调战前要准确了解敌情，选择合适的战机，创造良好的战机，适时、适度地把握好战机；作战时要高度重视军事后勤工作，如人员配备、物资供给等；认为士兵的训练要根据战场的需要和士兵的自身条件来进行。

《六韬》既着眼于战争的根本性质，立足于仁德与道义，又细致地讨论了各种具体环境、具体条件之下的战争方略，先秦兵家的军事思想在《六韬》中基本上都有反映，它堪称中国古代的兵学大全。在宋朝，《六韬》被列入《武经七书》，成为武将们必读的兵学教材。

与《六韬》齐名的《三略》是一部什么样的书？

《三略》，全称《黄石公三略》，是中国古代的一部著名兵书，与《六韬》齐名。此书侧重于从政治策略上阐明治国用兵的道理，不同于其他兵书。它是一部糅合了诸子各家的某些思想而专论战略的兵书。北宋神宗元丰年间，《三略》被当时武学必读书《武经七书》编入。

关于《三略》的作者，三国魏明帝时期的李康曾说："张良受黄石之符，诵三略之说，以游于群雄。"他认为《三略》为黄石公所作，张良所传；唐朝的张守节认为黄石公给张良的《三略》为吕尚所作；清朝的姚际恒则认为《汉书·艺文志》没有收录《三略》，表明此书应成于汉后，是后人假托之作。

中国"古代十大兵书"都有哪些？

《孙子兵法》《孙膑兵法》《吴子兵法》《六韬》《尉缭子》《司马法》《太白阴经》《虎钤经》《纪效新书》《练兵实纪》，被称为"古代十大兵书"。

《孙子兵法》：春秋末期孙武著，今存十三篇。

《孙膑兵法》：战国中期齐国孙膑的弟子所述（其间似亦有孙膑自

著），亦称《齐孙子》，八十九篇，图四卷。

《吴子兵法》：战国时吴起与魏文侯、魏武侯论兵的辑录，该书在长期流传过程中为后人所整理和删补，有些篇目和内容有所亡佚，今存六篇。

《六韬》：又称《太公六韬》，传说为吕尚（姜子牙）所著，现存六卷，共六十篇。

《尉缭子》：战国中期尉缭撰，共三十一篇，今传世本即宋“武经”本。

《司马法》：我国古代重要的军事著作之一。著录为一百五十五篇，今存五篇。

《太白阴经》：唐代李筌著，共十卷。

《虎钤经》：宋代许洞著，二十卷，共二百一十篇。

《纪效新书》：明代戚继光著，有十八卷本和十四卷本，是戚继光对他的练兵方法和作战经验所作的总结。

《练兵实纪》：明代戚继光著，分三集九卷和杂集六卷两部分，涉及建军、训练和作战等方面。

第七辑

政制、职官

古代的禅让果真是温情脉脉、高风亮节的吗?

一提到“禅让制”，恐怕很多人脑海中浮现出的莫过于尧、舜、禹大公无私的形象。通常认为，禅让制是以传贤为宗旨的民主选举部落联盟首领的制度。据说尧、舜、禹三代统治权的交接，是通过遴选、推荐、考察和任用等一系列程序以和平的方式实现的。尧年老时，经民主推举和自己长期考察，确认舜才德出众，将首领位置让给舜；舜老时，如法炮制，传位于禹。

有学者解释说，“禅让”的“禅”字，本指任职届满后的权力交接仪式，而“禅让”的“让”字，便是另外一个表示禅让之意的术语。不过，也有学者认为，“禅”的同音字“擅”及与“让”字相通的“攘”，表明尧、舜、禹在对待权力的态度上则显得不那么开明，至少在后世的政治语汇中，这两个字分别有“垄断”与“窃夺”之意。

那么，尧、舜、禹之间的禅让，是温情脉脉、高风亮节，还是充满了尔虞我诈的暴力和残忍?历史的真相究竟如何?

史料显示，在尧执政后期，出现了很多的权力争夺者。舜发动政变将尧囚禁致死，而尧的儿子丹朱也被舜流放了，使得父子不能相见。这种说法是有案可稽的。《竹书纪年》记载：“舜囚尧，复偃塞丹朱，使不与父相见也。”另外《竹通·疑古》也记载：“案《汲冢琐语》云：‘舜放尧于平阳。’”

掌握权力之剑的舜，由于鲧治水九年而未有成果，便摄行天子之政，将禹的父亲鲧杀害。其实，治水不力、耗时过长只是舜用来杀人的借口。真正的缘由是，禹父是当时争夺氏族部落联盟首领职位的人中的一个强有力者。后来，禹取代舜成为新部落联盟的首领。对于自己的杀父仇人舜，禹又是怎样对待的呢？虽然《史记》中说舜是在南巡的路上病死的，但《竹书纪年》中却这样记述：禹迫舜巡查面方，舜因此死于途中，舜的两位妃子也不在其身边。而关于“大禹治水，三过家门而不入”的传说，从当时争权夺利的政治背景来看，与其说是禹公而忘私，不如说是禹担心引来杀身之祸，为了避嫌而不敢进家门与家人接触。

由此可见，尧、舜、禹之间的禅让，完全是先王在被逼无奈之下为保命而演的把戏。难怪魏文帝曹丕在接受汉献帝“禅让”后感慨：“舜禹受禅，我今方知。”曹丕身临其境，终于体察到先人禅让的真实面目。《韩非子·说疑》记载：“舜逼尧，禹逼舜，汤放桀，武王伐纣。此四王者，人臣弑其君者也！”这也反映出尧、舜、禹之间政权的更替并非是充满温情、催人泪下的禅让，而是一场场腥风血雨的权力角逐。

其实，尧和舜、舜和禹之间的争权夺利，就是部族之间的争斗。在禹死后，掌握政权的大禹部落为了不让权力落到其他部落手中，便杀害了当选的东夷部落首领伯益，由禹的儿子启继承父位，建立夏朝。就这样，世袭制取代了禅让制，开启了“家天下”的历史模式。

王位世袭制是始于夏启吗？

据说，禹到了晚年，四处查访，决定推举东夷部落首领皋陶作为自己的继承人，但是皋陶却先他而逝。无奈之下，禹推举伯益作为自己的继承人。《竹书纪年》记载，禹死后，部落联盟中一些有权势的大家族拥立禹的儿子启即位，纷纷起来反对伯益。伯益和启发生了争执，双方征战，最终伯益兵败被杀，启夺得了王位。之前的禅让制从此被破坏，代之以“家天下”的王位世袭制。

夏部落中的同姓邦国有扈氏反对王位世袭制，起兵叛乱，启亲自率领大军进行讨伐，双方于甘展开大战，有扈氏战败，启将他的部落全部消灭。于是众多邦国首领都到阳翟朝会，启在钧台（今属河南禹州）召开诸侯大会，这就是历史上有名的“钧台之享”。通过此举，夏启进一步巩固了新王权。因此，学者们认为王位世袭制始创于夏启。

随着王位世袭制的确立，以国王为中心的国家机构体制也随之建立起来。奴隶社会的王位世袭制，秦始皇首创的帝位世袭制，还有西汉初期同姓诸侯王的分封制，以及唐朝割据的藩镇都是世袭的。这种世袭制通常有父死子继和兄终弟及两种方式。

◇ 大禹

◇ 夏王启

为什么王位世袭制易导致“为王不贤”？

由远古“天下为公”的禅让制演变成后来父位子承的“天下为家”的世袭制，对解决王位的继承问题是有其优越性的，这至少可避免因对先王后代的杀殉而造成的社会动乱及人口减少。另外，“为王不贤”是导致夏、商和周亡国的重要原因，而“以个人意志取代众人的意志”的王位世袭制则是导致“为王不贤”的关键。

（1）传子不传贤，任人唯亲。商王传位的世袭方法有：父死子继和兄终弟及两种。商朝中期以前以兄终弟及为主，先长后幼，但不必轮及每一个弟，然后由长兄之子继承。到商后期康丁以后五世，才最后确立了传子制。

（2）极权统治会不可避免地激化社会矛盾。夏桀为政暴虐、荒淫，人民对他切齿痛恨，各诸侯国与夏王朝的矛盾日趋紧张，商汤见时机成熟，乃举兵灭夏。

（3）统治者安于享乐，腐化堕落。在王位世袭制下，君治则国治，君弱则国强。此外，王位世袭制易导致继位者腐化堕落。在夏、商和周时期，君王以天下为家，“赋敛天下”“以博我一人之欢乐”“始而惭焉，久而安焉”。商纣王即位，作“酒池肉林”为长夜之饮，沉湎酒色，加强搜刮百姓。各代无不因腐化而亡。在世袭制下，君王“亲小人，远贤臣”，加剧了各种社会矛盾。商纣王特别宠爱妲己，唯妲己之言是从，并重用奸臣，对有识之士却大肆排斥，加以迫害。凡此种种，使统治阶级内部陷入严重的危机，导致商朝处于风雨飘摇之中，并最终走向灭亡。

西周的异姓功臣有权享有分封的“盛宴”吗？

分封是古汉语“封建”的原始含义。《左传·僖公·僖公二十四年》记载：“封建亲戚以蕃屏周。”意思是说，把土地分封给亲戚（守卫四方），作为西周的屏障。西周通过分封制，形成了以周天子为首的等级制度，这也是周朝社会的基本结构。

周朝初期，由于灭商以及东征的胜利，周统治者为了巩固奴隶制国家政权，开始分封诸侯。受封的主要为同姓子弟，不过也有异姓功臣。通过分封，周天子把疆域土地及居民分赐给受封的诸侯，叫他们在自己的封地内建立诸侯国。周初分封制分封的对象大概有三种人，即王族、功臣、古代帝王的后代。周王分封的重要诸侯国有：鲁、齐、燕、卫、宋、晋等。

王族：伯禽，封于鲁地；叔虞（成王弟），封于唐地；周章，封于吴地；召公奭，封于燕地等。

功臣：姜尚，封于齐地等。

古代帝王后代：微子（殷商后代），封于宋地；妫满（舜的后代），封于陈地等。

在分封制下，国家土地不完全是周王室的，而是分别由获得封地的诸侯所有，他们拥有分封土地内的所有资源和收益，但须向周王室缴纳一定的进贡。周王是共主性质的（共主是氏族社会遗留的部落联盟首领模式，禹为最后的氏族共主）。理论上诸侯的土地在其死后可由周王室收回重新分配，但一般是世袭。被封诸侯的义务是：服从周王命令，并朝觐述职；向周王交纳贡赋；协助周王镇守疆土；派兵随从周王作战。诸侯有权管理封地内的居民；有权将自己的封地以及居民分封给自己的亲族，叫他们做诸侯的卿大夫；有权建立武装，并征收赋税。

分封制在历史舞台上是如何褪去其主角容颜的？

春秋时期，随着井田制的瓦解和争霸战争的发展，周朝王室日益衰微，“礼乐征伐自天子出”的局面被“礼乐征伐自诸侯出”取代，大诸侯国为争夺土地、人口及对其他诸侯国的支配权，不断进行兼并战争，形成了诸侯争霸的局面。周王“天下共主”的地位丧失，“分封制”开始被破坏。葵丘会盟，齐桓公的霸主地位正式得到承认，标志着分封制的崩溃。秦朝统一中国后，在全国推行单一的郡县制，分封制逐渐退出中国历史的舞台。

在周朝，优秀的庶子是否有资格继承王位？

中国人认为血浓于水，保有延续数代的家族谱系；中国人重视祖坟香火，企盼家族永继；中国人崇尚叶落归根、认祖归宗，喜好依照家谱所规定的辈分起名命字……凡此种种，都与我们传统文化中的宗法制有着千丝万缕的联系。

所谓宗法制，是指统治者利用血缘关系的亲疏来维护政治关系的上下尊卑、贵贱秩序的社会政治制度，是分封制和井田制的基础，是调整统治阶级内部权力、财产的继承与分配秩序的原则。早在原始氏族时期，宗法制就有所萌芽，但作为一种维系贵族间关系的完整制度的形成和出现，则是周朝的事情。

周朝在宗法制度下，“天子建国，诸侯立家，卿置侧室，大夫有贰宗，士有隶子弟”（《左传·桓公·桓公二年》），形成了系统而完整的社会制度。根据宗法制“传嫡不传庶，传长不传贤”的惯例，周王朝规定：只有嫡长子才是继承王位或爵位的唯一合格者，即使庶子比嫡长子年长或更有才能，也无权继承王位或爵位。

周朝宗法制的结构模式具体如下：

周王为周族之王，自称天子，奉祀周族的始祖，称“大宗”，由嫡长子继承王位。其余庶子和庶兄弟大多被分封为诸侯，对于天子来说，他们是“小宗”，在其本国则是“大宗”。诸侯也由嫡长子继位，其余庶子和庶兄弟大多被分封为卿或大夫，对于诸侯来说，他们是“小宗”，在其本家则为“大宗”，其职位也由嫡长子继承。从卿大夫到士，其“大宗”“小宗”的关系与上同。士是贵族阶级的最底层，不再分封。不难看出，世袭的嫡长子即宗子地位最尊。如此层层分封，大宗率小宗，小宗率群弟。大宗、小宗的宗法关系，同时也是政治隶属关系。另外，对于异姓有功的贵族，王室则通过联姻，与其形成甥舅关系，并将他们分封为诸侯，也纳入宗法关系。

就这样，在全体贵族内部，举国上下形成了以周天子为根基，由血缘亲疏不同的众诸侯国竞相拱卫的等级森严的宗法分封政治结构，从而使政权得到族权与神权的双重配合。

历史上把君主称为“皇帝”是从谁开始的？

◇ 秦始皇

在中国历史上，把君主称为“皇帝”是从秦始皇开始的。秦朝之前，中国的最高统治者称“王”，或单称“皇”和“帝”，如黄帝、炎帝、周文王、周武王等。春秋战国时期，周王室衰微，诸侯争霸，一些国力强大的诸侯国的国君也自称为王，如秦王、楚王、齐王、赵王、燕王等。

公元前221年，秦王嬴政灭掉六国，平定天下。嬴政自认为这是亘古未有的功业，甚至连三皇五帝也比不上他，如果不改变“王”的称号，“无以称成功，传后世”，于是他让李斯等人研究一下怎么才能改变自己的称号，以显示自己的“丰功伟绩”。李斯等人经过商议后报告嬴政说，上古有天皇、地皇、泰皇，泰皇最贵，可改“王”为“泰皇”。嬴政反复考虑，“自以为德兼三皇，功过五帝”（《资治通鉴·秦纪·秦纪二》），于是决定兼采“帝”字，更号为“皇帝”，命为“制”，令为“诏”，自称“朕”，以显示自己的尊贵。

秦朝建立后在地方实行什么制度？

春秋时期，一些诸侯国在新兼并的地区设县，后来又在边地设郡。商鞅变法时，秦国废除分封制，推行县制。秦统一天下后，经过朝廷上的两次辩论，秦始皇决定在全国范围内废除分封制，实行郡县制。

（1）郡，是中央政府以下最高一级地方行政机构。秦始皇兼并六国后，国土空前广袤，分天下为三十六郡。后来，秦朝南并五岭以南之南越地，置南海、桂林、象郡三郡，北取阴山以南地置九原郡，之后陆续分析出东海、常山、济北、胶东、河内和衡山等郡，增至四十余郡。

秦朝的郡设郡守（主持民政，对上承受中央命令，对下督责所属各县）、郡尉（主持军事）、郡监（主持监察事务），郡守下设郡丞，作为郡守的副职。而秦朝都城咸阳及其附近关中平原则由内史直接管理。

（2）县，是郡的下级行政机构。县的长官称县令或县长，由朝廷任命，主要任务是治理民众，管理财政、司法、狱讼和兵役。郡守通过每年的考核和平时的检查，对县令的工作进行考察。

秦朝的这套从中央延伸到地方的统治机构，在管制上有明确的职责分工，既相互配合，又彼此牵制，统治机构的最高统治权掌握在皇帝一人手中，最终巩固了统治阶级对广大劳动人民的专制统治。这套金字塔式统治机构的建立，标志着封建专制主义中央集权制度的确立。

“府”作为地方行政单位，有哪些演变？

作为一级地方行政单位，府经历了较长的演变过程。

在魏晋时期，州刺史常常带军职，兼任将军。州有州的衙门和幕僚，将军另外有将军的衙门和幕僚。将军的衙门，就叫作“府”。

唐朝的时候，朝廷在都城、陪都以及皇帝登基前任职的州设置府，例如，京兆府、河南府、太原府等。府的长官，称作“府尹”。

到了宋朝，府的设置逐渐多了起来，府隶属于路（路是介于中央与州之间的一级行政区划）。

明清时期，府固定为省、县之间的一级行政单位。除了京城、陪都所在地的府长官仍然称“府尹”外，一般的府长官都称作“知府”，意思是“知（即主持）某府事”。

秦始皇“焚书”采纳的是谁的建议？

“焚书坑儒”事件发生在中国古代的秦朝。在秦始皇三十四年（前

213），博士淳于越反对当时实行的郡县制，要求根据古制分封子弟。丞相李斯加以驳斥，并主张：焚烧除《秦记》以外的列国史记；不是任博士官之职的人，家中私藏的《诗》《书》及百家典籍都交由守、尉烧毁；私底下谈论《诗》《书》的人处以弃市，以古非今的人处以灭族；禁止私学，想学法令的人要以官吏为师；法令下达三十日仍不烧毁所禁之书者，“黥为城旦”；医药、卜筮、种树之书不属焚毁之列，可以保留。由上可知，秦始皇“焚书”采纳的是李斯的建议。

汉朝的“郡国并行制”是怎么回事？

秦始皇时期的丞相王绾是郡国并行制的最早倡导者，而汉高祖刘邦则是郡国并行制的最早推行者。

话说汉高祖刘邦建汉之初，吸取“周朝实行分封制，结果诸侯争霸，导致王室衰微；秦朝废除分封制，实行郡县制，结果皇室失去屏蔽，导致速亡”的教训，为加强中央集权、笼络人心，实行一种新的政治体制：中央机构继承秦制，皇帝之下设三公九卿；在地方上则实行“郡国并行制”，即一方面实行郡县制，另一方面分封同姓和异姓子弟为诸侯王，建立诸侯国。这种在一个中央政权之下推行的两种政治体制，就是后来人们所称的郡国并行制。

不料，诸侯国后来却逐渐成为割据一方的地方势力。文帝、景帝时，为消除地方势力对中央的威胁，采取了一系列措施。文帝采纳贾谊“众建诸侯而少其力”的建议，把齐国分成六个小王国，把淮南国分为三个小王国，以削弱其力量；景帝采纳晁错“削藩”的建议，削减了几个诸侯王的封区，导致了“七国之乱”。“七国之乱”平定后，景帝下令取消了诸侯王的治民权，又缩减诸侯王的统治机构，降低诸侯王官职的等级，使之成为由中央直接管理的一级地方行政单位，基本上解决了刘邦实行诸侯王制度的弊病。

后来，汉武帝刘彻为了进一步加强中央集权，在主父偃的建议下，推行“推恩令”和附益法。这样，汉朝廷“不行黜陟，而藩国自析”。其后，诸侯王辖地仅有数县，其地位相当于郡守，诸侯名存实亡。至此，诸侯王强大难管制的问题得到了真正解决。

中国古代的三省六部制是怎么回事?

三省六部制是在隋朝正式确立，在唐朝进一步完善的政治制度。

三省指中书省、门下省、尚书省。职责分别为：中书省，主要负责与皇帝讨论法案的起草，草拟皇帝诏令；门下省，负责审查诏令内容，并根据情况将诏令退回给中书省；尚书省，执行国家法令。

六部是隋唐时中央行政机构中“吏、户、礼、兵、刑、工”各部的总称。每部各辖四司，共为二十四司。其职务在秦汉时本为九卿所分掌，魏晋以后尚书分曹治事，由曹渐变为部。至隋唐时，尚书省下设左右丞，分管六部。六部的长官都称为尚书。元代六部改属中书省。明初废中书省，六部直接对皇帝负责，地位提高。清末逐渐添设新的部，六部之名被废除。

六部的职责分别为：吏部：负责考核、任免四品以下官员。户部：负责财政、国库。礼部：负责贡举、祭祀、典礼。兵部：负责军事。刑部：负责司法、审计事务（具体审判另有大理寺负责。重大案件组织刑部、御史台、大理寺会审，谓“三司审”）。工部：负责工程建设。

“政府”最初指的是什么?

现在一提到“政府”，很多人都知道指的是国家行政机关，但“政府”一词的本来意义并非如此。唐朝时，封建社会的各种体制已逐渐成熟，确立了负责中枢政务的“三省六部制”。“三省”即负责决策的中书省，负责审议决策的门下省，具体执行决策的尚书省。“三省”长官共同行使宰相职权，负责处理国家政务。这些长官们日常办公的地方叫“政事堂”，号称“政府”。“府”是官署的通称，也是百官会集之处。

北宋司马光在《资治通鉴》中指出：“李林甫领吏部尚书，日在政府。”胡三省对其作了注解：“政府即政事堂。”这大概是“政府”一词的最早出处。

古代女人当国，谁才是垂帘听政第一人？

一提到“垂帘听政”，很多人都会自然想到慈禧太后。那么，慈禧太后果真是中国历史上垂帘听政的第一人吗？答案是否定的。因为垂帘听政的制度可追溯到唐朝武则天时期。在武则天之前的朝代也有太后临朝，但不需要垂帘。比如，汉惠帝不理政事，吕后临朝；汉殇帝出生不过百日就继汉和帝为帝，邓太后临朝；南北朝时期，北魏冯太后也曾临朝称制。

《旧唐书·本纪·高宗纪下》记载：“时帝风疹不能听朝，政事皆决于天后。自诛上官仪后，上每视朝，天后垂帘于御座后，政事大小皆预闻之，内外称为‘二圣’。”这里的“帝”为唐高宗李治，“天后”则指的是武则天。

话说显庆五年（660）以后，唐高宗因“苦风眩头重，目不能视”，就将朝廷上的一些事情就交由武则天处理。唐高宗看到武则天心性明敏，智谋达变，涉猎文史，处事皆称旨，索性把国家政务委托于她。此时，走出后宫圈子、插手政事的武则天权力欲逐渐膨胀起来。起初，武则天处理政事还请示唐高宗，与唐高宗商议，后来逐渐自作主张，摆起至高无上的君王架子，这使得性格懦弱的唐高宗很是不满。

一次，唐高宗借口武则天引术士在宫中“行巫蛊”，欲废掉武则天。后来，伶牙俐齿、工于心计的武则天成功说服了唐高宗，唐高宗为开脱自己，便陈述此举乃“上官仪教唆”。因此，为唐高宗起草废后诏书的上官仪惨遭杀身灭门之祸。从此，武则天进一步参与国政，每当皇帝临朝，武则天必垂帘听政。

中国地方“省”制是从何时开始的？

行省制源于魏晋时的行台，当时为中央政权处理军国大事时的临时派出机构。金朝曾在边境广置行台尚书省。蒙古人入主中原时仿金制，设行尚书省统辖一个大区的路、府、州、县，演变成地方最高行政机构。元世祖中统年间，尚书省并入中书省，地方机构也改称“行中书省”，简称“行省”。从此，地方行政制度进入划省而治的阶段。

更确切地说，到元世祖忽必烈在位后期，行省制度基本定型，由临时性的中央派出机构转变为常设的地方大行政区。值得一提的是，即使在行省完全定型并地方化之后，它仍然带有中书省（都省）分支机构的色彩。

元朝行省制度的确立，是中国行政制度的一大变革。明朝建立后，虽然改行省为承宣布政使司，但习惯上仍称行省，一般简称“省”，也就是现在的省的前身。从此，省作为地方一级行政区的名称，一直沿用至今。

明朝皇帝朱元璋为何要设“内阁”？

鉴于历代宰相职权太重，容易对皇帝的统治形成一定的威胁，明朝的开国皇帝朱元璋决定废除宰相一职，并撤销中书省、尚书省，改由六部尚书分担国务，直接受命于皇帝，以期权力高度集中。但是皇帝个人毕竟不能万事通晓，又不得不在殿阁之内召集一群顾问。

洪武十五年（1382），朱元璋仿照唐宋旧制，设置华盖殿、武英殿、文华殿、文渊阁、东阁等大学士，以其常授餐于“大内”（天子宫殿之内)，常侍皇帝“殿阁”之下，起宰辅的作用，为避宰相之名，故名为“内阁”(见《明史·志·职官志》)。

然而内阁既非官署，亦非官名。开始时只是简任文臣入阁，参与机务。这些文人原官品级不高，亦无官属，不能直接管理行政事务，与唐代翰林学士性质略同。以后这些人逐渐得宠、升迁，却仍带着某某殿阁大学士之名，内阁才有了正式的办公处所。大学士本身品秩虽然只有五品，而其所升任的官职往往可至尚书、侍郎，内阁的地位逐步提高到六部以上。到了这种地步，内阁就又拥有似唐代掌管朝政的中书省、门下省重臣的权力了。唐代中书省、门下省的官员们互称阁老，于是明代的大学士也被一般人尊称为“阁老”。

清朝因循明制，建立内阁，但自雍正时设立军机处后，内阁不再干预机务。至宣统三年(1911)，将旧军机处并入内阁，设总理大臣，并以各部大臣为国务大臣，恢复内阁的形式，内阁成为行政最高机关。民国初，内阁改称国务院，设国务总理，以各部总长为国务员。一般人照旧习惯仍称之为“内阁”。

明朝的“厂卫”是做什么的?

“厂卫”是明朝各种直属皇帝的侦讯机构的总称，其作用是侦查各级官员的言行举止，在皇帝特许下可以不经由正式司法机构审判的过程而处理审判并处罚犯人，该机构反映了明朝皇帝个人独裁统治的特色。明朝的锦衣卫、东西两厂、内行厂都是特务机构，合称“厂卫”。

为了镇压人民和监视官吏，明太祖朱元璋设立了锦衣卫，作为侍从皇帝的军事机构，兼管侦查、逮捕和审讯等事。明成祖朱棣又设立东厂，这是一个缉捕“叛逆”的特务机关，起初直接受明成祖指挥，后来统辖权移到宦官手里，有事可直接向皇帝报告，权力在锦衣卫之上。明宪宗时增设西厂，用太监汪直为提督，其成员权力在东厂之上，活动范围自京师遍及全国各地。明武宗时又设立内行厂，除锦衣卫为外官，其长官指挥使通常由皇帝亲信就任外，这类机构多由宦官直接掌管，对各级官员有强烈的牵制作用。

清朝八旗制度中的“八旗”是怎么回事？

八旗制度是“以旗统人，即以旗统兵”的兵民一体、军政合一的社会制度，兵士“出则为兵，入则为民，耕战二事，未尝偏废”。八旗具体包括八旗满洲、八旗蒙古、八旗汉军。

努尔哈赤在统一女真各部落的过程中，创立了满八旗制度。它是满族入关前的政治制度、文化系统、社会基础，是从女真氏族公社末期的狩猎组织演变而来的。氏族成员在出猎时跟随族党屯寨而行，每人出箭一支，以十人为一单位，称“牛录”（满语，“大箭”），其首领称“牛录额真”（满语，“主”）。1601年，努尔哈赤对牛录制度进行了整编，将每一牛录扩大到三百人，分别以黄、白、红、蓝四色旗为标志，以五牛录为一甲喇，五甲喇为一固山，由甲喇额真、固山额真统领。1615年，由于统治区域扩大，兵力增加，努尔哈赤将以前的每牛录一旗改为每固山一旗。除原来的黄、白、红、蓝四色旗外，另增镶黄、镶白、镶红、镶蓝四旗，合四正四镶共八旗。努尔哈赤是八旗的最高统帅。

清太宗皇太极即位之后，增编八旗蒙古和八旗汉军。清军入关后，旗主固山额真改称“都统”，由中央八旗都统衙门掌管。

顺治入关以后的八旗，又分为上三旗（正黄、镶黄、正白）和下五旗（镶白、正红、镶红、正蓝、镶蓝）。上三旗又称“内府三旗”，由皇帝亲自统率，是“天子自将”的旗军，皇帝宿卫由上三旗中才武出众者组成。八旗旗上有龙形图案，因此亦称大龙旗，后来清朝的国旗黄龙旗也是由此而来。

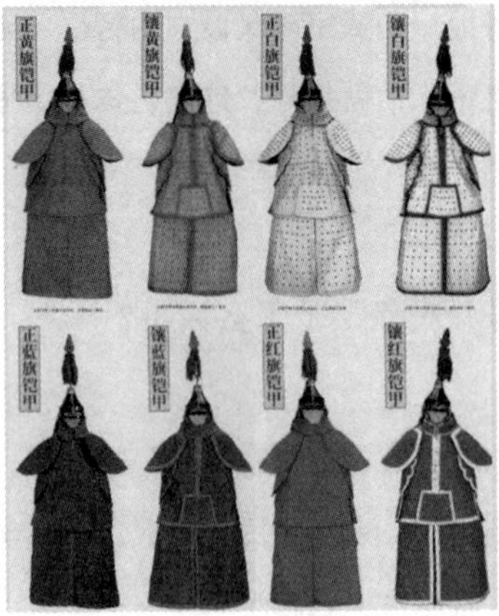

◇ 八旗将士铠甲

“尚方宝剑”是如何成为皇权象征的?

尚方宝剑，作为至高无上的皇权象征，出自《汉书·传·杨胡朱梅云传》。

汉成帝时，时为丞相的张禹因是皇帝刘骜的老师，受到汉成帝的宠幸，不仅占有大量的土地和财物，而且私生活甚为奢淫。一位敢于犯颜进谏的诤臣朱云上书：“臣愿赐尚方斩马剑，断佞臣一人以厉其余。”汉成帝大怒：“小臣居下讪上，廷辱师傅，罪死不赦。”朱云紧抱殿前栏杆，据理力争，以致栏杆为之折断。左将军辛庆忌为朱云求情，朱云才逃过一劫。

以上便是历史上著名的“朱云折槛”的故事，而这里所称的“尚方斩马剑”，即民间俗谓的“尚方宝剑”，又称“上方宝剑”。当然，朱云还只是把它作为皇权的借喻。真正把“尚方宝剑”作为皇权象征、赐给臣属的皇帝，是明太祖朱元璋。朱元璋将御史台改为都察院，使监察御史兼有监察各地官僚的职责，御史出巡时，朱元璋常赐以“尚方宝剑”，表示“如朕亲临”之意。

“奉天承运皇帝，诏曰”是从何时开始广泛应用的？

“奉天承运皇帝，诏曰”的广泛使用应该是在明代。明太祖宣扬自己的统治是出于天意，以此巩固统治。余继登《典故纪闻》记载，明太祖曾说：“见人言动皆奉天而行，非敢自专也。”因此，诏书的开头就是“奉天承运皇帝”。

◇ 圣旨

明代礼仪明文规定，亲王、群臣所上呈的表笺，上面都得有“皇天眷命，统驭万方”“承天受命，君师宇内”等字样；节日朝贺须称“奉天永昌”；皇帝郊祀称自己为“嗣天子臣”，其使用的音乐头一句是“荷蒙天地兮君主华夷”；皇帝结婚的纳采制词的首句是“朕承天序”；皇帝的宝玺上则有“皇帝奉天之宝”“奉天承运大明天子宝”等字样。

清承明制，其诏书多以“奉天承运皇帝，诏曰”开头，中间诏示内容，最后一般以“布告天下，咸使闻知”或“布告中外，咸使闻知”结尾。诏书以外，清代还有制辞（即制书），其开头一般是“奉天承运皇帝，制曰”云云。到了1912年，随着宣统皇帝发布退位诏书，“奉天承运皇帝，诏曰”随之终结。

中国历代王朝、帝王之“最”都有哪些内容？

历代王朝中，帝王最多的是商朝，自汤至纣，共历三十一王。

历代王朝中，帝王最少的是王莽的新朝、北朝的东魏，均仅历一帝。

历代王朝中，延续最久的是周朝，约八百年。

历代帝王中，寿命最长的是清高宗（乾隆皇帝）爱新觉罗·弘历，享年八十九岁（西周共和元年以前的计年不准确，故不计）。

历代帝王中，寿命最短的帝王是东汉殇帝刘隆，两岁即亡。

历代帝王中，即位时年龄最大的是武则天，时年已六十七岁。

历代帝王中，即位时年龄最小的是东汉殇帝刘隆，出生仅百余日即即位。

历代帝王中，在位时间最长的是清圣祖（康熙帝）爱新觉罗·玄烨，在位六十一年。

历代帝王中，在位时间最短的是金朝末帝完颜承麟，在位仅半日。

历代帝王中，对文艺最有贡献的是唐玄宗李隆基，他对戏剧、歌舞、音乐都深有研究，创建过戏剧活动中心——梨园，被戏曲界艺人尊为梨园祖师。

历代帝王中，最能赋诗的是三国时期的魏文帝曹丕，他赋诗甚多，后人收编成《魏文帝集》，其诗语言通俗，描写细致。

历代帝王中，最有文采、最善于作文、填词的是南唐后主李煜。他的词多用白描手法和贴切的比喻，前期之作多写宫廷华靡生活，后期之作多反映亡国之君的哀痛，留传至今有《南唐二主词》。

历代帝王中，最精于书画的是宋徽宗赵佶，他的书法自成一派，称“瘦金体”，在绘画方面他擅长画花鸟，作品流传至今。

古人当官为什么叫“释褐”？

褐，最早用葛、兽毛编制，后来通常用大麻、兽毛捻成线编织而成。但是即便是这样粗劣的衣服，古代的贫寒百姓也不一定能拥有，“短褐不完”“不得短褐”的情况也是常见的。《诗经·豳风·七月》记载：“无衣无褐，何以卒岁。”

古代的褐一般是贫贱的人或地位卑贱的人才穿的衣服。《史记·商君列传》记载：“夫五羖大夫……被褐食牛。”句中的五羖大夫叫百里奚，原为春秋时虞国的大夫，虞被秦灭，他沦为楚人的奴仆，后被秦国用五张黑羊皮赎回。“被褐”形容的正是当时“下等人”穿衣的情况。

“释”，意思是放下。“释褐”，指的是脱去平民衣服，喻始任官职。如《陈书·列传·沈炯传》记载：“炯少有隽才，为当时所重。释褐王国常侍。”沈炯的祖父、父亲都做过官，他从来不穿衣褐。褐既然是平民之服，平常人一做官就告别了平民生活，所以要说“释褐”。

旧时官员办公之处为何称为“衙门”？

旧时称官员的办公之处为“衙门”。其实，“衙门”是由“牙门”一词演变而来的。

猛兽的利牙，古时常用来象征武力。“牙门”系古代军事用语，是军旅营门的别称。当时战事频繁，王者打天下、守江山，完全凭借武力，因此特别器重军事将领。军事长官们以此为荣，往往将猛兽的爪、牙置于办公处。后来嫌麻烦，就在军营门外以木头刻画成大型兽牙作饰，营中还出现了旗杆端饰有兽牙、边缘剪裁成齿形的牙旗。于是，营门也被形象地称作“牙门”，是军中的办公之处。牙门的地位非常重要，在当时直接影响着军心和士气。

汉末时，“牙门”成了军旅营门的别称。这一名称逐渐移用至官署之门。在南北朝时期，“牙门”已经演变成后来的“衙门”之义了。据《武瓦闻见记》记载：“近俗尚武，是以通呼公府为公牙，府门为牙门，字谬讹变，转而为衙也。”唐朝以后，“衙门”一词广为流行。北宋以后，人们几乎就只知道“衙门”而不知“牙门”了。

古代官员的上朝时间是怎么规定的？

《诗经·齐风·鸡鸣》中说：“鸡既鸣矣，朝既盈矣……东方明矣，朝既昌矣。”意思是：“公鸡已经叫了，上朝的官员都已经到了……东方已经亮了，上朝的官员已经忙碌了。”由此可知，古代官员鸡鸣即起准备上朝的传统，至少在春秋时期业已产生。后来，这个时段逐渐定型为卯时（早晨五时至七时）。

至于官员朝会的时间，则根据议程多少而长短不等，一般多在辰时（午前七时至九时，这里多指九时）结束，称“散朝”“放班”或“退朝”。五代以后，常有这样的情况：早朝时，皇帝并不上殿与百官见面，而是将宰相或首辅等一些重臣召入内殿开小会。小会开完后，宰相或首辅出来，领着百官在廷殿行礼后，宣布退朝。

中国历史上的官吏考勤制度始于哪个朝代？

中国的考勤制度起源很早，但是当时所谓的考勤，主要是针对国家官吏而言的。至于何时开始使用考勤表，根据记载，应当不早于清朝。

清初，国家官吏实行坐班制，每日办公都在衙署里进行。到了乾隆时期，这种制度逐渐松弛下来了。后来许多官吏也待在家里办公，不坐班了。因此，清政府在国家机构中设置“画到簿”考司考勤。这就是考勤的重要凭据之一，它与红本一起存入内阁大库，以备查验。但是由于它反映不出迟到、早退的情况，所以没有多大的约束力。咸丰年间，中央设立了总理衙门，规定考核官员能否按时办公，并分别给予奖励和惩处。这就是我国历史上考勤制度的开始。

古代官吏上班时缺勤会受到处罚吗？

古代衙门里的官吏上班的时段为：春冬二季，清晨六点签到；夏秋二季，清晨五点半就得签到。如果谁无故旷工或迟到，就不是扣点钱那么简单的事情了，依缺勤天数和情节轻重，可处以笞刑或徒刑。内外官吏应上班而不到的，缺勤一天处以笞刑，打二十小板；满三天加一等；满二十天处以杖刑，打一百大板；满三十五天判处徒刑一年。倘是在军事重镇或边境地区供职的“边要之官”，还要罪加一等。由此可见，古代官吏上班迟到或旷工是要遭受皮肉之苦的。

古代官员被授职、荐举常涉及哪些词语？

任：担当，担任。

授：授官，任命。

除：任命，授职。

拜：授给官职。

征：特指君召臣，由君王征聘社会知名人士充任官员。

召：征召。

辟：征召，由中央官署征聘，然后向上荐举，任以官职。

荐：推荐，由地方向中央推荐品行端正的人，任以官职。

举：推荐，推举，也指由地方向中央推荐品行端正的人，任以官职。

起：起用某人任以官职，或重新起用某人任以官职。

提：提拔。

拔：提升没有官职的人。

封：封赐，封授，帝王授予臣子土地、封号或爵位。

补：补充缺职或由候补转为正式任命。

赠：追封已故者以爵位。

赐：赏赐有功之臣以爵位。

赏：指皇帝特意赐予有功之臣以官职、官衔或爵位。

铨：铨选，选拔。

策：策试。

衡：权衡，比较。指主管选拔官吏，亦指主管选拔官吏的部门之长。

选：推选。

进：引荐，进荐。

古代官员升降或被免职常涉及哪些词语？

擢：在原官位上提拔。

升：升官。

拔擢：用于由低级职务到高级职务的升迁。

进：用于较高职务的升迁。

超迁、超擢：越级破格提升。

起复：恢复原职务。

罢、免、解、黜、夺：解除官员的职务。

放：委任，委派，有时也指京官调任外地。

贬、谪：官员因过失而被降级。

革、褫：革除，指撤职查办。

左迁：降职，贬官。

削：削免。

古代官员调职、兼职常涉及哪些词语?

转、移、调、徙：转任，改任，调动，调迁。

迁：调动官职，一般多为升官。

出：指出京受任。

改：改任。

放：外放，外调。

领：本职之外兼较低的他职。

摄：暂时兼代本职外更高的职务。

假：暂时代理。

行：代理官职。

署：指代理无本官的职务。

护：原官员短期离职，临时守护印信。

判：高位兼低职。

古代官员到任、离任常涉及哪些词语?

下车：官吏初到任。

视事：官员到职工作。

就：就任。

到官：官员到任。

宦：做官。

仕：做官。

乞骸骨：官员年老请求辞职。

致仕：官员由于年老或健康原因而退休。

中国历史上的第一个防火官是谁封的？

五千年前，生活在中原地区的黄帝注意到百姓在进行刀耕火种时，由于放火烧荒、开垦田地，时有火灾发生。于是，黄帝便提出了“节用水火林物”的主张，设置了和火有关的官职，加强了对百姓用火和防火的管理。中国历史上的第一个防火官（又叫“行火官”）名叫秦龙。此人本为一乡村百姓，一天，他经过一处着火的房子，便奋不顾身冲上前去灭火。黄帝听说此事后，便召见秦龙，并任命其为“行火官”。

世卿世禄制始于何时？又废于何时？

卿是对古代高级官吏的称呼。世卿就是天子或诸侯国君之下的贵族，父死子继，世世代代连任卿这样的高官。禄是官吏所得的财物。世禄就是官吏们子孙世代享有所封的土地及其赋税收入。世袭卿位和禄田的制度在古代曾十分盛行。以西周为例，辅佐周王的周公与召公，其子孙长期在朝廷辅佐周王，为周王朝卿士。不过，世袭官职和继承祖父、父亲的采邑、爵位均需履行一定的手续，须得到周王或其上级的重新册命。世卿世禄制是周代统治者为笼络亲属、功臣使他们世代享有特权而实施的制度。

世卿世禄制的废除是在商鞅变法时期。据《史记》记载，秦国规定“宗室非有军功论，不得为属籍。明尊卑爵秩等级，各以差次名田宅，臣妾衣服以家次。有功者显荣，无功者虽富无所芬华”。即依军功大小定贵族身份之尊卑、地位之高低，等于否定了世卿世禄制的合法性。

古代的“射策”也是一种选官制度吗？

射策是中国古代的一种以经术为内容选士的考试方法。主试者提出问题，书之于策，覆置案头，受试者拈取其一，叫作“射”。汉代射策之法，一般用于选拔太学诸生、选补博士的考试以及明经、察举科目的考试。魏、晋、南北朝时期，孝廉、明经等选士科目的经术考试仍称“射策”，但也常常称“对策”。

西汉时期，射策分甲、乙、丙三科，射策者随意解答，按其难易而分优劣。东汉只分甲、乙两科。颜师古认为汉朝主试者在出题时依题之难易而预设甲、乙等科，而《汉书音义》则认为汉朝主试者在出题时不分科，到评卷时依成绩高下分科。答题不合格，当时称为“不应令”或“不中策”。落选的可以再射。比如，西汉的匡衡多次射策不中，直到第九次才中丙科。分科是为了择优录取，按成绩安排中选人的官职。如中甲科者可为郎中，中乙科者可为太子舍人，中丙科者只能补文学掌故。

宰相作为官职是从哪个朝代开始的？

宰相是中国历史上一个泛指的官职称号，是中国古代最高行政长官的通称。“宰”是主宰，“相”是辅助之意，太宰与相合称为宰相。宰相的正式官名，随着朝代的更替，先后出现过相、丞相、相国、大司徒、中书令、尚书令、内阁大学士、军机大臣等多达几十种的官名。

据记载，早在商周时代已有太宰、尹、太师之称，这些官职虽有辅佐天子管理国家之意，但在当时尚不具备国家机器中幕僚长的性质。到了春秋战国时代，相的名称出现了。例如，管仲为齐国相，蔺相如为赵国相。由于当时养士之风盛行，不少有知识的人被各国招聘为相。秦国发展迅速，是战国时期第一个设立郡县制的国家，并于秦武王二年（前

309）任樗里疾、甘茂为左右丞相。丞相之名由此而始。

秦始皇统一六国后，宰相作为官职首次被确定下来。在秦以前的商周时代，国家的最高统治者是通过分封诸侯的方式进行统治的，商朝的王或周朝的天子不能干涉分封国的内政，又因分封国的国君由贵族世袭，所以天子无权解除他们在分封国的统治权力。

秦始皇统一六国之后，废除分封制和诸侯，设立郡县制和官吏，不再通过宗法亲缘关系进行统治，改为通过任命官吏的方式向全国发号施令，因此他觉得有必要建立一套官僚机构，并借助宰相大臣辅佐政务。宰相就在这一历史条件下产生了。

谁是中国历史上空前绝后的“六国宰相”？

战国时期，诸侯争霸，七国称雄。如果说在七国中谁能够位于一人之下万人之上并出尽风头，首推的应是做了“六国宰相”为合纵大业鞠躬尽瘁的苏秦。

苏秦师从名震天下的鬼谷子先生。起初至秦，不被用。苏秦不气馁，继续追寻自己的理想，开辟自己的人生舞台，最后在燕国成功打动燕文侯而一举成名，并最终促成了六国（齐、楚、燕、赵、魏、韩）国君结盟于洹水，苏秦也成了佩有六国相印的风云人物，成为中国历史上空前绝后的“六国宰相”。

能与“六国宰相”苏秦比肩的，是数次出任秦相又做过魏相，最终促成秦国建立连横大业，为秦国一统天下立下汗马功劳的张仪。

九品中正制是哪个皇帝制定的选官制度？

东汉后期，以门阀世族为代表的大地主贵族，依仗权势操纵了地方选举，从而与要求参与政治的中小地主及知识分子产生了矛盾。地主阶级内部的这种冲突，使得双方在采取怎样的选官制度上展开了激烈的斗争。“九品中正制”应运而生。

曹丕称帝以后，制定了九品官人法，即九品中正制。其具体内容为：通过品评，将人分为上上、上中、上下、中上、中中、中下、下上、下中、下下九等，朝廷任命中正官到各地主持人才品评，品评标准有三：家世、道德、才能，被评为上等的人士将被推荐到各级政府中去做官。

初期实行的九品中正制，是“盖以论人才优劣，非谓世族高卑”。后来，各级中正官由实力雄厚的门阀世族任命或直接担任。在世族们极为注重家世、谱系的情况下，各中正官也就把门第出身作为品评一人才的唯一标准，从而形成“上品无寒门，下品无势族”的局面。

古代的翰林学士是一种什么样的官职?

翰林院是唐朝设立的官署机构。

唐初常由名儒学士起草诏令而无名号。唐玄宗任用文人为翰林待诏，撰拟文辞，并于开元（玄宗年号）年末于翰林院之外另设学士院，供职者称翰林学士，入值内廷，批答表疏，应和文章，随时宣召撰拟文字。唐德宗以后，时事多艰，翰林学士成为皇帝最亲近的顾问兼秘书官，经常值宿禁中，承命撰写任免官员、册立太子、宣布征伐或大赦等重要文告，有“内相”之称。

北宋承唐制，翰林学士仍掌制诰，其主要职责是在内朝起草诏旨。此后，翰林学士地位渐低。

明朝将修史、著书等事务归并翰林院，翰林院正式成为外朝官署。

清代沿袭明制设翰林院，掌编修国史，记载皇帝言行的起居注，进讲经史，以及草拟有关典礼的文件。其长官为掌院学士，以大臣充任，所属职官如侍读、侍讲、编修等统称翰林，无单称翰林学士的。

节度使的官职名产生于哪个朝代？

节度使的官职名称始用于唐朝。

唐朝沿袭隋朝的制度，在国内重要的地区设总管，后改称都督，管理几个州的军事。景云年间唐睿宗任命薛纳为幽州镇守经略节度大使，贺拔延嗣为河西节度使，从此出现了节度使的称号。后来，朔方、陇右、河东等边镇也相继设置了节度使。

节度使是地方的最高军政长官，管辖数州，总揽辖区内的军事、民政、财政，权力极大。因此，节度使上任时八面威风，皇帝亲自派大员为其饯行，属下州县官吏要举行隆重的仪式迎接节度使。彩楼高耸，旌旗招展，鼓角齐鸣，节度使骑在高头大马上，由武装仪仗与五彩缤纷的旗帜簇拥而来，象征着权力的旌节高擎。

宋代的提刑官是什么官职？

电视剧《大宋提刑官》讲述的是南宋人宋慈判案的传奇故事。那么，宋代的提刑官是个什么样的官？“提刑官”即“提点刑狱公事”的简称。“提点”就是负责、主管的意思。该官职始设于北宋太宗朝，到真宗朝设置了提刑司的衙门，实现了制度化。

据史料记载，提刑司多设在占据交通要道的州府，是地方诉讼案件的最高审理机构。提刑官则每年定期到所辖的州县监察地方官吏，并督察、审核所辖州县官府审理和上报的疑难案件，负责审问州县官府的囚犯；对于地方官判案拖延时日，不能如期捕获盗犯的渎职行为进行弹劾；州县的死刑犯一般要经过提刑官的核准；提刑官在巡查州县的监狱时，除查看囚犯人数、囚禁时间外，还需要受理民众的上诉，维持地方治安。

由此可见，宋代的提刑官具有今天的省人民检察院检察长、公安厅厅长、省高级人民法院院长、省军分区司令等多重身份和职能。

古代什么样的人称为“捕快”？

在电影《十面埋伏》中，刘德华、金城武二人所扮演的捕快功夫卓越、侠肝义胆，刀光剑影的职业生涯与缠绵悱恻的爱情相得益彰，令人赞叹不已。尤其是温瑞安笔下的“无情”“铁手”“追命”“冷血”这四大名捕形象，更是给人留下了深刻印象。那么，在古代，什么样的人才称为“捕快”呢?

“捕快”，原来分为捕役和快手。捕役，“捕拿盗匪之官役也”，快手，“动手擒贼之官役也”，因二者性质相近，故合称为“捕快”。捕快主要负责缉捕罪犯、传唤被告和证人、调查罪证。

捕快所承担的侦破任务都是有时间限制的，叫“比限”，一般五天为一“比”，重大的命案三天为一“比”。过了一个“比限”无法破案，捕快便要受到责打。

捕快作为封建统治阶级的鹰犬，在不少文学作品中成为被鞭挞的对象。捕快常会应官长之令，参与诸如催租、抓丁、捕人之类的勾当。捕快在古代属于“贱业”，捕快的后代不能参加科举考试，以免有辱斯文。就算他们脱离了捕快行业，也只有其三代以后的子孙才有资格参加科举考试。

中国历史上的言官的职责是什么?

在中国古代，言官员（又称台谏）是监官和谏官的统称。其中，监官是代表君主监察各级官员的官吏；谏官是对君主的过失直言规劝并使其改正的官吏。另说，谏官又称言官，职在讽议左右，以匡人君，其监察方式主要是谏诤封驳、审核诏令章奏。

由于是皇帝自己让言官“骂”的，因此，魏征“骂”唐太宗，唐太宗再恼火也得忍着。唐穆宗即位不久，言官郑覃劝谏他：“陛下新基，当全心于政，然则，日嬉戏，宴乐无休。”批评唐穆宗“鬼混”，唐穆宗还得称赞郑覃：“直陈寡人之失，忠也。”宋代司马光曾指出，选拔言官的标准是不爱富贵、重惜名节、晓知治体。明初朱元璋则从制度上赋予言官拥有规谏皇帝，左右言路，弹劾、纠察百司、百官，巡视、按察地方吏治等重要职权。

历史上，言官在澄清吏治、拨乱反正、除暴安民、发展经济以及维护边防等方面起过积极的作用。当然，言官群体中不乏附势苟全、趋利避害甚至枉法害民之辈。他们为了个人或集团利益，党同伐异，对国家的衰败起到了推波助澜的作用。

“知府”“知州”“知县”中的“知”作何解释?

南宋陆游在家闲居六年后，被起用为严州（今浙江建德）知州；清康熙年间，有位叫祖应世的葫芦岛籍官员在知县任上与民同甘苦；清乾隆年间，张船山考中进士后，被朝廷派去做莱州知府。这里提到的“知州”“知县”“知府”官职，前面都加了一个“知”字，如何理解它呢?

“知”是管理、主持的意思。《左传》记载：“子产其将知政矣。”意思是说，子产将要主持政事了。唐宋以后，“知府”“知州”“知县”“知事”中的“知”，都是管理、主持的意思。《宋史·苏轼传》中说苏轼“知徐州”“知湖州”“知杭州”，就是说朝廷派苏轼去主持徐州、湖州、杭州的政事，即任这些州的知州。

知府和知州哪个官更大?

知府：古代地方政权中的府一级，始于唐代，其长官称为“尹”。宋代的朝臣出外任府的长官，称为“知某府事”，简称“知府”，后成为定制。明代始正式称为“知府”，知府管辖数州县，为一府的最高行政长官。清代沿袭明制不改。知府，又尊称“太守”“府尊”，亦称“黄堂”，为从四品官。

知州：宋代的州一级地方行政长官，带“权知某军州事”衔，兼掌军事，简称“知州”。明代始正式称“知州”，为一州的行政长官。清代沿袭明制不改，直隶州知州为正五品官，各省知州为从五品官。

从四品官比从五品官大，所以知府比知州官大。

“天府”最初是官名吗？

据考证，“天府”一词本是一种官名，是专门保管国家珍宝、库藏的一种官吏，后人用以比喻自然条件优越、形势险固、物产富饶的地方。

历史上最早称四川为“天府”出自陈寿的《隆中对》：“益州险塞，沃野千里，天府之土，高祖因之以成帝业。”汉代的益州包括今四川盆地和汉中盆地。晋代著名史学家常璩在其所著的《华阳国志》中称：“蜀沃野千里，号为‘陆海’。旱则引水浸润，雨则杜塞水门，故记曰：水旱从人，不知饥馑，时无荒年，天下谓之‘天府’也。”在历代文人学者笔下，“天府之国”逐渐成了四川盆地的代名词。

古代的州的长官最初称什么？

州，在其最初出现时还不属于正式的行政区建制。西汉时期，汉武帝将全国划分成十三个监察区，称为“十三刺史部”设长官，称为“刺史”（亦称“州牧”），刺史负责监察郡、县的官吏。东汉为十三州，末年州才逐渐演变为地方行政区。州管辖郡、县。

隋朝时，郡的建制被取消，只存州、县，又改州为郡。唐又改郡为州地方分州、县两级。

唐太宗李世民十分重视地方吏治，他把全国州刺史的名字都写在屏风上，随时记下他们政绩的优劣，作为对他们进行赏罚的依据。州的建制一直延续到清朝。

在宋代，州的行政长官才开始称“知州”。

明清两朝，州有两个级别：直隶州和散州（又称属州）。直隶州隶属于京师或各布政使司，级别与府相同；散州隶属于府，级别与县相同。

知州下属的官员有州同、州判，分别掌管财政、刑法、治安等。到清朝时，全国有直隶州七十六个，散州四十八个。

现在的郑州、杭州、福州、徐州、温州、泉州等地名，均是从历史上延续下来的。

锦衣卫这种官职最初是谁设置的?

锦衣卫是明代官署名，即锦衣亲军都指挥使司，1382年5月29日由明太祖朱元璋设置。它原是护卫皇宫的亲军，掌管皇帝出入仪仗。朱元璋加强专制统治，使锦衣卫的权力扩大，特令他们兼管刑狱，赋予他们巡察地方吏治、缉捕盗贼与奸党、监视文武百官的权力。最高长官为指挥使，常由功臣、外戚担任，另设同知、佥事等官职，其下有官校，专司侦察。

锦衣卫所属镇抚司分南、北两部。南镇抚司负责本卫的法纪、军纪。北镇抚司专理诏狱，直接取旨行事，用刑极为残酷。锦衣卫屠杀文武大臣，镇压群众，罗织大狱，捕人甚多。

明中叶后，锦衣卫活动加强，成为与东厂、西厂并称的特务组织。古人惯以“朝廷鹰犬”暗中称呼锦衣卫与东厂、西厂。

传统意义上，锦衣卫三大特征为飞鱼服、鸾带和绣春刀。

古代皇帝派遣的钦差大臣是干什么的?

钦差大臣是中国的古代官名。从明代开始，凡由皇帝亲自派遣到某地专门办理重大事情的官员称“钦差”。旧时对帝王的决定、命令或其所做的事冠以“钦”字，以表示其崇高神圣，同时带有尊敬之意。“差”表示差遣。清代沿袭明制，由皇帝特命并颁授关防者称“钦差大臣”，一般简称“钦使”，统兵者则称“钦帅”。驻外使节亦称“钦差出使某国大臣”。

清朝末年，英国企图利用鸦片在中国聚敛财富。林则徐上奏道光帝：“如果继续让鸦片泛滥下去，数十年以后，中国将会没有可以抵御敌人的军队，也将会没有可以充当粮饷的银子。”道光帝听后大为触动，于1838年召林则徐进京，任命他为钦差大臣，叫他到广东查禁鸦片，并负责节制广东的水师。1839年6月3日，林则徐利用他的钦差大臣身份，在虎门海滩当众销毁收缴来的鸦片。

古代的驸马原本是一种官职吗?

驸马，全称是“驸马都尉”。三匹马拉一辆车，左右两边的马称为“驸”。驸马则是掌管皇帝之“驸”的人，官职很大。汉武帝时开始有“驸马都尉”这种官职，掌管皇帝舆车之“驸”，年俸两千石。

起初，驸马都尉多由皇室、外戚或达官之子孙担任。到三国时，魏国的何晏因与公主结婚，被授予驸马都尉之职。其后，杜预与司马懿（晋宣帝）的女儿高陆公主结婚，也被拜为驸马都尉。魏晋之后，皇帝的女婿照例加“驸马都尉”称号，简称“驸马”。到南北朝时，凡做了皇帝女婿的人，无论是否擅长训马，都被拜作驸马都尉。据《宋书·列传·卷五十二》记载：“秀之弟湛之，字休玄，尚高祖第七女始安哀公主，拜驸马都尉、著作郎。”此时，驸马已不是官职，仅是称号而已。

到了清朝，驸马改称“额驸”，含义与驸马基本相同。

中国最早有关女官制度的记载始于哪部著作？

中国古代有关女官制度最早的记载始于《周礼·天官》：“周制天子后立六宫、三夫人、九嫔、二十七世妇、八十一御妻……其内则九嫔、世妇、女御、女祝、女史供宫中之职，外又有典妇功、典丝、典枲掌女工之事；内有司服、缝人掌王后之服，外又有染人、追师、屦人供服饰之物。皆统于天官冢宰。”在外廷，“天子立六宫、三公、九卿、二十七大夫、八十一元士，以听天下之外治，以明章天下之男教”，九嫔以下既是嫔妾，也是各方面的女官。

世妇掌祭祀、宾客、丧纪之事；女御掌御叙王之燕寝（即负责安排嫔妃们依次到帝王的起居所陪侍帝王过夜），以岁时献功事，又是各种仪式中世妇的助手；女祝掌后宫祭祀、祷祠以及有关鬼神之事；女史掌王后之礼职，是王后内治的辅助和秘书。

都督和提督指的是同一种官职吗？

都督，官名，本意为统领、总领。始称于东汉末年。魏文帝于黄初三年（222）置都督诸州军事，或领刺史，而都督中外诸军及大都督权位最重，其实为全国最高军事统帅。两晋南北朝沿袭了这种制度。北周改都督诸军为总管，又有大都督、帅督、都督之称。隋文帝时，三都督并为散官。唐朝恢复旧称，设大都督府，后又分都督府为上、中、下三府。大都督（上都督）由亲王担任，也常用为赠官。唐朝中叶以后，以节度使、观察使为地方最高长官，都督之名于是废除。元朝置大都督府，统领诸卫。明朝置五军都督府，各有左右都督及都督同知、都督佥事，分领京卫与各地卫所，为全国最高军政机关。后各卫所仅余空名，都督成了虚衔。清初沿袭明制，后废除。

提督为清朝武官官职名称，位阶为从一品官，比巡抚文官高一级，与文官尚书或总督平级。提督通常为清朝各省绿营最高官，称得上是封疆大吏。若以职能分，提督分为陆路提督与水师提督，掌管区域达一至两省（数万平方公里）。清朝共在全国设置十二名陆路提督，三名水师提督（福建水师提督、广东水师提督及长江水师提督）。

只有清朝才有总督和巡抚的官职吗？

总督和巡抚，合称“督抚”，最早出现于明朝。

明朝时期，朝廷派大臣外出处理地方军政事务，分别给予两种头衔，全称分别是“总督某地等处地方提督军务粮饷兼巡抚事”“巡抚某地等处地方提督军务兼理粮饷”。前者即总督，后者即巡抚。这两个官衔在初期都属于临时性的，事罢还朝，头衔自然也卸去。

到了清朝，总督和巡抚才正式成为地方最高行政长官。总督管辖一省，而两广总督则管辖广东、广西两省。总督负责管理辖区内的军民要务。巡抚是省级地方长官，总揽一省的军事、吏治、刑狱等事务。总督的官品高于巡抚。

鸦片战争之前，清政府在全国设置八总督、十六巡抚。其中，直隶、四川两省只设总督，不设巡抚。1884年，建新疆省，设甘肃新疆巡抚，福建巡抚由闽浙总督兼任。1906年，设东北奉天、吉林、黑龙江督抚。

古代的使节具体指什么？

在中国古代，使节并不是对人的称谓，而是一种官职凭证。卿大夫受聘于诸侯时，国君要授给任职凭证，这种凭证就叫“使节”，又叫

“符信”。使臣受命出使他国时，国君也要给予他出使凭证，这种凭证叫“符节”。作为任职凭证的使节大多用铜铸成，并根据任职者任职地区的不同，分别铸成不同的动物图像。在山区任职的，授给他虎节；在平原任职的，授给他人节；在湖泽地任职的，授给他龙节。

出使凭证一般都用竹子做柄，上面缀些牦牛尾等装饰品，亦称“旄节”。张骞、苏武出使匈奴时，持的就是这种使节。

清朝的国子监祭酒主持什么工作？

国子监祭酒，中国清朝中央政府官职之一，品阶为从四品。中国四大名著之一的《红楼梦》记载，“金陵十二钗”之一李纨的父亲就曾经任国子监祭酒，“这李氏亦系金陵名宦之女，父名李守中，曾为国子监祭酒……”该官职隶属于清朝最高学府国子监，主要任务为掌大学之法与教学考试，其上为监事大臣，辖下有监丞等辅佐官职。清朝灭亡后，该官职被废除。

该官职名称的由来是这样的：古代祭祀礼仪有一种叫“浇奠祭祀”，就是举起酒杯向天祝祷并洒酒于地。执行这个礼仪的人叫“祭酒”。国子监是当时国立最高学府，传授儒家思想，其中最重要的礼仪是祭祀，故国子监的主管被命名为“祭酒”。东汉的胡广说：“官名祭酒，皆一位之元长者也。古礼，宾得主人馔，则老者一人举酒以祭于地，旧说以为示有先。”

清朝“改土归流”中的“土”“流”是官名吗？

“改土归流”，即将世袭的土司改为由朝廷任免的流官。该政策始于明朝中后期，雍正年间开始大规模推行。“改土归流”中的“土”“流”均是官名，“土”即土司，“流”即流官。所谓“流官”，是指任职者来来去去、不断流动的意思。

土司作为一种官职名，始置于元朝。当时主要用于封授给西北、西南地区的少数民族部族首领。土司的职位可以世袭，但袭官要获得朝廷批准。元朝的土司有宣慰使、宣抚使、安抚使等职务。

明、清两朝沿置土司，增加土知府、土知州、土知县三种文官职务。土司对朝廷承担一定的赋役，并按照朝廷的征发令提供军队；对内维持其作为部族首领的统治权。

清朝为了推行“改土归流”的政策，多次发动了对少数民族的战争，但是直到清朝结束，土司制度也没有完全消失。中华人民共和国成立后，经过剿匪、土地改革、民族区域自治等阶段，土司制度彻底被废除。

古人把什么样的人称作“清客”？

“清客”一词出现在明清之际。清客是从早前的门客、食客演化而来的。战国时期，一些权贵为称霸天下，招揽各种有特长者寄食门下，以为己用。如孟尝君就有食客三千，其中既有雄才大略之辈，又有鸡鸣狗盗之徒。清客其实就是门客、食客的一种，但清客含有清俊雅逸之意，因为梅花的别称也叫“清客”。

虽然清客常被人轻视，但当好清客并非易事。清人梁章钜在《归田琐记》中曾这样描述：“都下清客最多，然亦须才品稍兼者方能自立。”当时有人特将清客必须具备的本领编成十字令，其文为：“一笔好字，二等才情，三斤酒量，四季衣服，五子围棋，六出昆曲，七字歪诗，八张马钓，九品头衔，十分和气。”

不过，有人认为如此还不够，又在其下各添两字，成为“一笔好字不错，二等才情不露，三斤酒量不吐，四季衣服不当，五子围棋不悔，六出昆曲不推，七字歪诗不迟，八张马钓不查，九品头衔不选，十分和气不俗”。这实际上已是从诗文到吃喝玩乐件件齐全，可以想象，要是清客没有一点能耐，是很难做得到这些的。

中国古代的官媒权力究竟有多大?

中国古代的媒人有官媒和私媒之分。所谓“私媒”，就是民间的婚姻介绍人，而“官媒”则是代表政府行男女婚姻之事的机构，实即官方的婚姻介绍所。

“官媒”即官方的媒人，古代称作“媒官”“媒氏”“媒互人”等，最早出现在西周。《周礼·地官·媒氏》记载，媒氏的主要职责是掌握全国男女的姓名和出生时间，督促适龄男女结婚。

《管子·入国》记载，春秋战国时代的官媒除了为年轻人安排嫁娶外，还要帮助鳏夫和寡妇重新组织家庭，并整合他们的财产和田地。

从秦朝至清朝，官媒的权力仍然很大。如《晋书·武帝纪》记载：女子凡年满十七岁，其父母尚未给她选择婆家的，一律交官媒，由“媒官”配给丈夫。再如，清朝曾将大批罪犯流放到西北边疆去，为解决这些人的婚姻问题，特地“立媒官两人司其事，非官媒所指配，不得私相嫁娶”。由此看来，官媒权力的确不小。

古代什么样的女人能被称为“诰命夫人”?

诰命，又称“诰书”，是皇帝封赠官员的专用文书。所谓“诰”，是以上告下的意思。古代以大义谕众叫诰。古代授一品至五品官员称“诰”，六品至九品官员称“敕”。诰命夫人跟其丈夫官职有关，有俸禄，没实权。

明清时期形成了非常完备的诰封制度，一品至五品官员如果功绩超群都有机会被授以诰命，六品至九品官员被授以敕命，夫人从夫品级，故世有“诰命夫人”之说。

汉代以后，王公大臣（即官在“执政”以上者）之妻称夫人，唐、宋、明、清各朝还对高官的母亲或妻子加封，称“诰命夫人”，从高官的品级。一品诰命夫人的丈夫是一品高官，她是皇封的一品诰命夫人。

《清会典》记载，诰命针对官员本身的叫“诰授”；针对曾祖父母、祖父母、父母及妻时，存者叫“诰封”，殁者叫“诰赠”。清代诰命用五色丝织品精制，上书满、汉两种文字，皇上钤以印鉴。通览之下，色彩绚丽，有一种华贵喜庆的气氛。

清朝的“答应”在宫中处于什么地位?

在清代，紫禁城的三宫六院内居住着皇帝的一大群妻妾，其中地位最高的是皇后，她主管内宫，声名显赫，而地位最低的则是答应。

答应虽然地位低下，但也有登上高位的可能性，不过这种机遇很是渺茫。实际上，明代皇宫中便有答应，而且有大小之分，但在当时，答应还不是指皇帝的小妾。明代的答应不仅仅指地位低下的宫女，有时也指干粗活的太监。

入清以后，“答应”成为女性的专称。康熙朝宫规规定：“皇贵妃一位，贵妃二位，妃四位，嫔六位，分居东西十二宫，佐内治。自贵妃以下封号，俱由内阁恭拟进呈，钦定册封。贵人、常在、答应俱无定位，随居十二宫，勤修内职”。可见，从康熙朝开始，答应便成为皇帝的小妾的称呼，答应跟随妃嫔居住在后宫，“勤修内职”。答应虽处于下层，但大小也是个“主”，因而也享有一定的待遇。不过，清代的答应绝大多数生活凄凉。

古代的宦官和太监是同一类人吗?

在一般人的印象里，宦官和太监似乎是同一类人。这种理解实在欠妥。其一，最初的宦官并不都是阉人；其二，“宦官”和“太监”自古以来并非就是同一概念。

“宦官”之称，古已有之。宦官是指在皇宫中为皇帝及皇族服务的官员的总称。东汉以前，充当宦官的并非都是阉人。“悉用阉人”，是东汉以后的事情。

“太监”一词，最早见于辽代，指政府机构中的官员。辽代太府监、少府监、秘书监皆设有太监。元代因袭辽制，所设各监也多有太监。元代的太监是诸监中的二级官吏，并非尽是刑余之人。

直到明代，太监才和宦官发生较固定的关系。充当太监者必是宦官，但宦官却不尽是太监。太监是宦官的上司，是被授予一定品级和俸禄的高级宦官。

“太监”成为宦官的专称始于清代。因为清代将侍奉皇帝及皇族的宦官都冠以“太监”之称。就这样，宦官与太监便混为一谈了。

古代官员都有俸禄，皇帝有没有呢？

以北宋为例，自太宗赵光义以后，几乎每位皇帝（宋仁宗自己放弃）都有一千二百贯的月薪，期薪由左藏库送过去。所以从形式上来讲，古代皇帝的俸禄是左藏库给发放的。

左藏库在隋唐时就有，是太府寺的下属机构，太府寺掌管天下财赋，左藏库则储存天下财赋。北宋初年，朝廷沿袭五代做法，设盐铁、度支、户部三司，管理国家财政，左藏库即在三司之下，与右藏库、内藏库一起，对盐铁专卖、度支盈余、户部税赋、皇庄租税、各地方长官进贡、各附属国进贡以及各项专卖所带来的货币与实物集中进行收支管理。

其中，皇庄租税、地方进贡、附属国进贡以及宫廷主持的专卖收益是交由左藏库管理的，这些财物集中于左藏库，用来给京官发补贴，给御前侍卫发饷，给太子、公主、后妃们发生活费，以及给皇帝发俸禄。

古人辞官也是因为俸禄太低吗？

现在的上班族会因为薪水低而辞职。古人也会辞官，但却不是因为俸禄低。大体来说，他们辞官有以下几个原因：

（1）回避权力斗争。比如，春秋战国时越国的大夫范蠡，在辅助越王勾践复国之后，为了避免功高震主，引来灾祸，便主动辞官归隐了。

（2）厌倦官场生活。《世说新语·识鉴》记载，晋朝有一位大司马张翰，因一日秋风乍起，触景生情思念起家乡吴地的特产菰菜、莼羹、鲈鱼脍来了，回到府上他喃喃自语：人生在世，最重要的是图个快快乐乐，又何必为了官名而离乡数千里，还备受羁绊呢？于是第二天他上朝时，就给天子递了一份辞职书。

（3）客观条件所致。如体弱多病，难当重任；抑或父母离世，按惯例要回家守孝三年。这时就会出现两种情况：有些人在守孝三年后继续回去当官，这也是大多数朝代的制度所允许的。如宋朝的苏洵父子，清朝的刘墉、纪晓岚，在其仕途中都曾有守孝三年后继续当官的经历。但也有很多人从此“金盆洗手”，辞官御任，自得其乐了。

中国首位驻外外交官是谁？

郭嵩焘，太平军兴起时，因赞助曾国藩办团练、建立湘军，人称“湘军财神”。他不仅是清朝政府正式派出的第一个驻英法公使，也是中国历史上的首位驻外外交官。郭嵩焘开启“西洋之行”时，清朝的王公大臣和名士们正处于“闻洋人之长便怒、闻洋人之短则喜”的状态，因此把出使看成有损大清帝国名声之事。更何况，清政府此次派使是为

◇ 郭嵩焘

"马嘉理案"向英国道歉，所以郭嵩焘的很多湖南同乡为他此行感到羞耻。

郭嵩焘吸取鸦片战争失败的教训，认为单纯靠义愤填膺和空洞议论是于事无补的，如果中国能多几个"了解洋人情伪、谙习其利病"的人，自然可以多一重应变之术。所以，他决心到西方去学习他们的"强兵富国之术""尚学兴艺之方"。也正因为如此，他被清廷守旧派批判得体无完肤，被视为"汉奸""大逆不道之人"。1891年，中国近代化的先驱，后半生再未摆脱"汉奸"之名的郭嵩焘郁郁而终。虽有官员请求朝廷按惯例赐予郭嵩焘谥号，为其立传，但朝廷颁旨说："郭嵩焘出使西洋，所著书籍，颇滋物议，所请著不准行。"

中国古代有类似驻京办事处的机构吗？

在中国古代，一般只有省一级的官署才有设立驻京机构的资格。汉朝初建时，地方行政机构的驻京办事处称"邸"，唐宋时期称为"进奏院"。进奏院是各州镇官员到京师朝见皇帝或办理其他事务时暂居的寓所，也是本镇进京官员的联络地。进奏院设有进奏官，进奏官向朝廷报告本镇情况，呈递本镇表文，向本镇及时报告朝廷及其他各镇情况，传达朝廷诏令、文牒，办理本镇向朝廷上供赋税之事宜，向朝廷请示裁夺本镇不能擅自决定的大事。

进奏院人员一般由政府设立的道（大小相当于今天的省）或节度使的藩镇派出，其生活费用也由地方承担。由于唐中期以后地方节度使独揽军权、财权，皇帝也忌惮三分，因此其驻京办事处也受到重视。那时的进奏院设在京城要地，鼎盛时期，进奏院长官拥有副宰相的地位。

宋朝初年，各州府于京师设置进奏院，宋太宗于太平兴国六年

（981），设置都进奏院管理各州府进奏官，以京朝官监领。掌承转诏敕及朝廷各部门公文于诸路，并转呈章奏，分送文书至朝廷各有关部门。南宋属门下省给事中，元朝时废止。

古代有退休制度吗？何时出现“退休”一词？

退休制度是中国古代官吏制度的一个重要组成部分。何谓退休？依古代而言，即辞官于朝、赋闲于家、颐养晚年之意。“退休”一词，始见于唐宋文籍。唐代散文家韩愈的《复志赋》序中有“退休于居，作《复志赋》”一句。《宋史》中说：“退休十五年，谢绝人事，读书赋诗以自娱。”中国古代的“退休”仅限于官吏，雅称“致仕”。从字面上来看，是去当官，走仕途，其实本义是“把官职还给君王”，也就是不当官，退休了。除了“致仕”这个称呼，还有“致事”“致政”等雅称。

中国古代官员的退休年龄是多少岁？

退休制度的核心是退休年龄的界定，历朝历代对此有不同的规定。

《礼记》记载，周朝时“大夫七十而致事”。这里的“致事”就是“致仕”。其后历代基本上都沿袭了这一退休年限，如元朝规定：“诸职官年及七十，精力衰耗，例行致仕。”到了明、清两代，才逐步改为六十岁退休。清朝低级武官的退休年龄皆根据职务大大提前了：“参将五十四，游击五十一，都司守备四十八，千总、把总四十五。”也就是官越小退得越早。这与两宋时期文官年满七十岁退休，武官则可延长十年到八十岁退休形成了鲜明的对比。

虽然历朝对官员的退休年龄有具体规定，但也有很多例外。比如元朝的天文学家郭守敬，年逾七旬屡次申请退休，但皇上就是不准，结果他在八十六岁时卒于知太史院事任上。还有清朝的名臣纪晓岚，八十二岁时仍任协办大学士、加太子少保。

中国从什么时候开始有了休假制度？

中国的休假制度，可以说是历史悠久、源远流长。据《汉律》记载，早在西汉时就有明文规定："吏员五日一休沐。"到了东汉，这个制度又有了放宽："官员每五日洗沐归谒亲。"官员在休假时不但可以洗澡更衣，还可以回家看望老小、探亲访友、夫妇团聚。

到了唐期，休假制度从五日休一天改为十日休一天，除此之外，每年的清明、冬至还放四至七天假，让官员回家祭祀祖宗。宋朝官员的休假制度则更加宽松。《文昌杂录》记载："祠部休假，岁凡七十有六日，元日、寒食、冬至各七日，天庆节、上元节……夏至……腊各三日；立春、人日……各一日，上中下旬各一日……腊皆前后一日。"宋朝还有一个特殊规定，各级官署每年于十二月二十日"封印"停止公务，公务人员回家过年省亲，要到次年正月二十日才返回衙门"开印"办公。

明朝的休假制度较之宋朝有所改变。月假天数是三天，加上元旦、元宵、中元、冬至等节日可放假十八天，每年的休假天数只有五十多天。清朝的休假制度前期基本上沿袭明朝，后期开始变化。鸦片战争以后，国人对西方每星期休假一天的制度很是认同。到了1910年，清朝政府上层基本上实行了以星期天为公休日的休假制度。

中国古代官员的服色制度起于何时？废于何时？

中国古代官员的服色制度始于唐朝：三品以上官员穿紫袍，佩金鱼袋；五品以上官员穿绯（大红）袍，佩银鱼袋；六品、七品官员穿绿袍，无鱼袋；八品、九品官员穿青袍。官员职务高而品级低的，仍须按照原品服色。如任宰相而不到三品的，其官衔中必带赐紫金鱼袋。州的长官刺史，亦不拘品级都穿绯袍。这种服色制度，到清朝完全废除，只在帽顶及补服上分别体现出品阶。清朝的官服原则上都是蓝色的，在庆典时可以用绛色，外褂平时都是红青色的，素服时改用黑色。

清朝官员所穿的袍、服有哪些讲究?

清朝的官员所穿的服饰尤为繁杂，依官位大小不许滥用。仅就其袍、服来说，有蟒袍和补服。

◇ 清朝文官补服

蟒袍，是官员穿的上面绣有蟒形的长袍。只有皇子亲王是五爪金黄色蟒九；一至七品按品级为四爪蟒八至五，不得用金黄色。

补服，是加在蟒袍之外的外褂，正中用金线绣织鸟兽形的正方形图案。文官所穿的补服上的图案为鸟形：一品仙鹤；二品锦鸡；三品孔雀；四品雪雁；五品白鹇；六品鹭鸶；七品为鸂鶒；八品鹌鹑；九品练雀；未入流为黄鹂。武官所穿的补服上的图案为兽形：一品麒麟；二品狮子；三品豹；四品虎；五品熊；六品、七品彪；八品犀牛；九品海马。

以上是一般的讲究，也有例外的讲究，如御史和按察史等监察、司法官员一律穿绣有獬豸图案的补服。因为古人认为“獬豸”是一种神羊，能辨曲直。

通过古代官场的座次，如何看出尊卑之别?

古时官场座次尊卑有别，十分严格。官高为尊居上位，官低为卑处下位。古人尚右，以右为尊，例如，右丞相比左丞相大。《史记·廉颇蔺相如列传》记载："以相如功大，拜为上卿，位在廉颇之右。"而在座次上，古人则以左为尊，空着左边的位置以待宾客称"虚左"。《史记·魏公子列传》记载："公子于是乃置酒大会宾客。坐定，公子从车骑，虚左，自迎夷门侯生。"由此可见信陵君对侯生持有的尊敬之情，故有"虚左以待"一语。

古代皇帝聚会群臣，其座位定是坐北向南。因此，古人有"南面为君""北面称臣"的说法。古代的建筑通常是堂室结构，前堂后室。在堂上举行的礼节活动是南向为尊。室东西长而南北窄，因此室内最尊的座次是坐西面东，其次是坐北向南，再次是坐南面北，最卑是坐东面西。《史记·鸿门宴》记载："项王、项伯东向坐，亚父南向坐……沛公北向坐，张良西向侍。"其中，项王座次最尊，张良座次最卑。

第八辑

书画、戏曲

隶书是秦朝哪位官员创制的?

隶书，又名“佐书”“史书”，是秦末出现的一种比篆书书写速度更快的新书体，字体呈方形，线条平直，粗细有致，奠定了楷书的基础。

隶书的创造者相传为秦朝书法家程邈。

程邈，字元岑，起初他在一个县衙里当狱吏，后来因得罪秦始皇，被幽禁入狱。那时，由于中央政权集中，文书繁多，许多军中急事往往因篆字难以速成而被延误。程邈深知这是当务之急。早年他就倾注精力于文字改革，虽身陷囹圄，却仍然用心钻研大小篆的书法。每个字他都用不同字体写上数百个，然后从中选取最满意的一个。最终他将大小篆简化，创制出三千多个美观实用的隶书字。

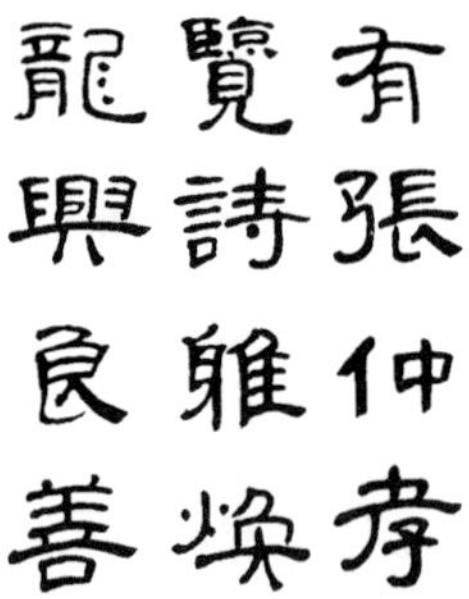
◇ 隶书《张迁碑》

据说，秦始皇看到程邈创制的隶书后大喜，不仅赦免其罪，还提升其为御史。其实，从已出土的文字资料来看，早在秦始皇推行小篆之前，隶书就有萌芽，程邈只是做了一番整理工作，但历史上一般认为程邈是隶书的创造者。

“一波三折”适合形容哪种书体?

隶书（一般把中国文字的书写形式分为篆、隶、草、行、楷五大类）由小篆的书体去其繁复、增减其体而成，结体更为端正整齐，呈秀丽端庄之美。其用笔，如以汉朝隶书为例，主要是横画长而直画短，讲究“蚕头燕尾，一波三折”，尽情地舒展，呈委婉波状之势。如果说篆书以弧笔著称，那么隶书则以波势见长。

隶书相传为秦末的程邈在狱中整理而成。他去繁就简，字形变圆为方，笔画改曲为直，改“连笔”为“断笔”。关于隶书的起名还有这样一种说法：由于这种字体当时在下层小官吏、差役、工匠、奴隶中较为流行，所以称为“隶书”。

隶书大致可以分为秦隶和汉隶两类。秦隶指秦始皇时期使用的简体字。汉代日常应用仍是隶书，但是形体、笔势不断发展，东汉中期出现庄重典雅的新体，隶书达到顶峰。书法界有“汉隶唐楷”之称。

被称为书法“草圣”的是谁？

中国书法史上的第一位巨匠张芝，字伯英，东汉人，有“草圣”之誉。

张芝，善章草，后脱去旧习，省减章草点画、波磔，创“一笔书”（又称“今草”）。张怀瓘在《书断》中称他：“学崔、杜之法，温故知新，因而变之，以成今草，转精其妙。字之体势，一笔而成，偶有不连，而血脉不断，及其连者，气脉通而隔行。”三国时曹魏书法家韦诞称他为“草圣”。晋王羲之对汉、魏书迹唯推钟（钟繇）、张（张芝）两家，认为其余不足观。张芝无墨迹传世，仅北宋《淳化阁帖》中收有他的《八月帖》等刻帖。

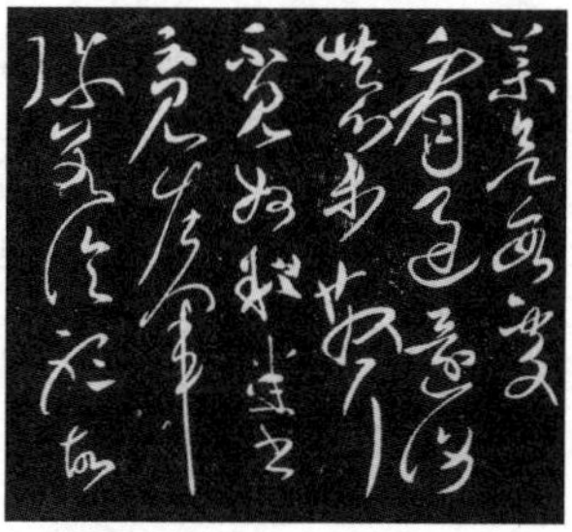
◇ 张芝草书

据晋卫恒的《四体书势》记载，张芝刻苦学习书法，“凡家之衣帛，必书而后练（煮染）之；临池学书，池水尽墨”。当时的人们珍爱其墨宝，甚至到了“寸纸不遗”的地步，对其书法评价相当高，尤以草书为最。

张芝季弟张昶，也是当时著名的书法家，尤善章草，书类伯英，时人谓之“亚圣”。

在中国书法史上摘得“书圣”桂冠的是谁？

说起中国书法，不能不提及东晋书法家王羲之。

王羲之，字逸少，原籍琅琊人（今属山东临沂），出身于书法世家。其伯父王导，叔父王廙，堂兄弟王荟、王洽等都是书法名家。因其官至右军将军、会稽内史，人称“王右军”。

◇ 王羲之

◇ 王羲之书法

王羲之七岁那年，拜著名的女书法家卫铄为师，十二岁时其父亲传授他笔法论，“语以大纲，即有所悟”。后渡江北游名山，博采众长，草书师法东汉张芝，楷书得力于钟繇。他“兼撮众法，备成一家”，达到了“贵越群品，古今莫二”的高度。

王羲之在书法上的最大成就在于增损古法，变汉魏质朴书风为笔法精致、美轮美奂的书体。草书浓纤折中，楷书势巧形密，行书遒劲自然，总之，他把汉字书写从实用引入一种注重技法、讲究情趣的境界。后来的书家几乎没有未临摹过王羲之法帖的，因而王羲之有“书圣”美誉。

其子王献之，人称“小圣”，和王羲之合称“二王”。

“初唐四大家”指的是哪四位书法家?

“初唐四大家”指的是唐朝初期欧阳询、虞世南、褚遂良、薛稷四位书法家。前三位，有人将其并称为“初唐三大家”。

（1）欧阳询：官至太子率更令，世称“欧阳率更”。精学秦汉篆隶、魏碑，楷法独尊。楷书劲险刻厉，于平正中见险绝，世称“欧体”“率更体”。

（2）虞世南：入唐后曾封永兴县子，世称“虞永兴”。唐太宗称其有“德行、忠直、博学、文词、书翰”五绝。他得王羲之七世孙智永传授笔法，字外柔内刚，笔致圆润遒丽。

（3）褚遂良：曾封河南郡公，世称“褚河南”。书法学欧阳询、二王，融会汉隶，变隶书为楷书，使书法方圆兼备、婉美华丽，世称“青琐婵娟、不胜罗绮”。

（4）薛稷：历太子少保，世称“薛少保”。是褚遂良的得意门生，但其“用笔纤瘦，结字疏通又自成一家”。用笔纤瘦，正是宋徽宗“瘦金书”所效法。

“初唐四大家”书法的共同特点即楷书的风格都是“清秀瘦劲”。其中欧阳询的楷书更为突出，欧阳询与后来的颜真卿、柳公权、赵孟頫并称“楷书四大家”，他的《九成宫醴泉铭》历来被人们奉为学习楷书的典范。

唐代哪位书法家被誉为“书中仙手”？

李邕，唐玄宗时封为北海太守，故世称“李北海”。

李邕书法的个性特点比较明显，字体左高右低，笔力遒劲舒展，给人以险峭爽朗的感觉。他反对机械地模仿前人的书法风格，提倡创新，有“学我者死，似我者俗”的名言传世。魏晋以来，碑铭刻石都用楷书撰写，入唐以后，李邕改为用行书写。李邕大多自撰自书，也有少数碑刻是别人撰文由他书写的。据说他一生撰文并书写了碑文八百多篇。

李书碑刻中以《李思训碑》最为有名，开元八年（720）立，现存陕西省蒲城县。此碑刻用笔自然，瘦劲异常，规模宏大，因此历来被视为李书精品而饮誉于世。其次是《麓山寺碑》（亦称《岳麓寺碑》），开元十八年（730）立，现存湖南长沙岳麓公园。此碑刻笔势雄健，和《李思训碑》并称杰作。李书碑刻《云麾将军李秀碑》沉雄遒劲，深得二王书法之妙。李邕的书法在当时就影响很大，著名书法家李阳冰称李邕是“书中仙手”。

因推出狂草而被誉为“草圣”的唐代书法家是谁?

在中国古代书法史上，有“圣”之称号的，除书圣王羲之外，还有张芝、张旭、怀素，三人都被人们尊为“草圣”。东汉的张芝因开创了草书而被人们称为“草圣”。唐代的张旭、怀素因推出了狂草也被人们誉为“草圣”。张旭、怀素被公认为“草圣”的代表人物，他们使得唐代书法完全摆脱汉字的实用功能，变成了纯艺术的创作，二人并称“颠张醉素”。

张旭，字伯高，一字季明。官至金吾长史，人称“张长史”，擅长草书。据说他写字前总要先喝酒，常喝得酩酊大醉，醉后呼叫狂奔，然后挥笔书写，有时竟用头发蘸着墨汁疾书。故又有“张颠”的雅称。

怀素，俗姓钱，字藏真。因他三家为僧，书史上称他为“零陵僧”或“释长沙”。有“颓笔成冢”的传说。怀素继承和发展了张旭的笔法，因此也以草书得名。

“狂”是二人的共性，至于二人书法风格的区别，北宋著名书法家黄庭坚评价为“旭肥素瘦”。从内在笔势上说，怀素更为不羁；从意境上说，张旭激越，怀素趋于空灵。一个是儒家情怀，一个是禅释心境；

一个入世，一个出世。

宋代书法家“苏、黄、米、蔡”分别指谁?

在中国书法史上，论及宋代书法，素有“苏、黄、米、蔡”四大书家的说法。“宋四家”中，前三家学者一致认为分别指苏轼（东坡）、黄庭坚（涪翁）和米芾（襄阳漫士）。从书法风格上看，苏轼的书法丰腴跌宕、天真烂漫，黄庭坚的书法纵横拗崛、昂藏郁拔，米芾的书法俊迈豪放、沉着痛快。

至于“蔡”究竟指谁，历来莫衷一是，并无定论。

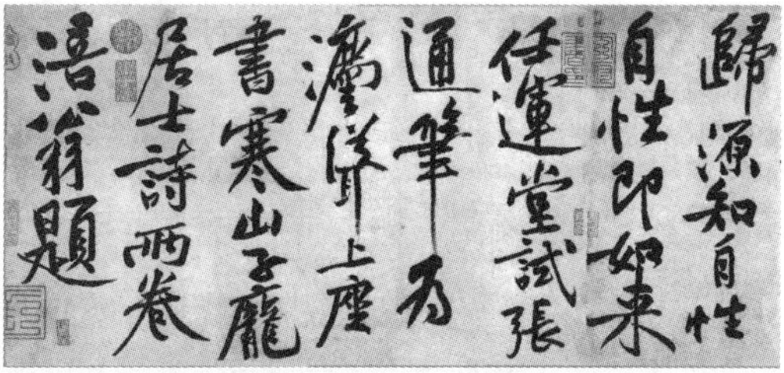

◇ 黄庭坚书法

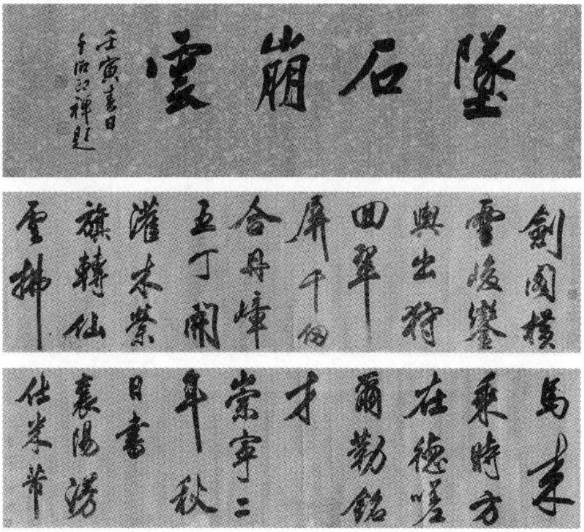

◇ 米芾书法

多数学者认为，“蔡”指的是蔡襄（君谟），他的正楷端庄沉着，行书淳淡婉美，草书参用飞白法，谓之“散草”。黄庭坚曾说：“苏子美、蔡君谟皆翰墨之豪杰。”欧阳修亦称赞他：“君谟独步当世，然谦让不肯主盟。”如此说来，蔡襄应无愧于“宋四家”之一。

然而，明清以来另有一说，认为“蔡”原指蔡京，后人因厌恶其为人，遂用忠厚正直的蔡襄取代。“蔡京说”并非无稽之谈，蔡京之书姿媚豪健、痛快沉着，与蔡襄之书比，蔡京之书似乎更富新意，也更能体现宋代“尚意”的书法美学情趣。

“天下行书前三甲”指的是哪些书法作品？

王羲之的《兰亭序》、颜真卿的《祭侄文稿》和苏轼的《寒食帖》并称为“天下行书前三甲”。

《兰亭序》是王羲之于东晋永和九年（353）三月三日，在和一些文人举行的“修禊”宴会上为他们书写的序文手稿。又名《兰亭集序》《临河序》，全文共三百二十四字，文章清新优美，书法遒劲飘逸。后人评道：“右军字势，古法一变，其雄秀之气出于天然，故古今以为师法。”誉之为“天下第一行书”。

《祭侄文稿》是颜真卿为祭奠他的侄子颜季明所作的一篇祭文。唐天宝十四年（755），安禄山谋反，平原太守颜真卿联络其从兄常山太守颜杲卿起兵讨伐叛军。次年正月，叛军史思明部攻陷常山，颜杲卿及其少子颜季明被捕，并先后遇害。颜真卿命人到河北寻访颜季明的首骨携归，挥泪写下这篇祭文。元鲜于枢称：“《祭侄季明文》（即《祭侄文稿》），天下行书第二。”

《寒食帖》（即《黄州寒食诗贴》）是苏轼在被贬黄州第三年的寒食节时所发的人生之叹。诗写得苍凉多情，表达了苏轼当时的惆怅、孤独的心情。此诗书法起伏跌宕，光彩照人，气势奔放，而无荒率之笔。

《寒食帖》被称为“天下行书第三”。

唐朝并称“颜筋柳骨”的书法家是哪两位?

唐代为中国书法鼎盛时期，凡及楷书，人们言必称“颜柳”。“颜”指颜真卿，“柳”指柳公权。中国古代书法史上著名的楷书四大家是唐代的颜真卿、柳公权、欧阳询和元代的赵孟頫，颜真卿、柳公权占据了其中一半的席位。

“颜筋柳骨”形容的是颜真卿、柳公权二人的书法风格分别像筋、骨那样挺劲有力而又有所差异——颜体书法丰满、端正；柳书笔画清晰、有骨感。颜真卿的楷书，气宇轩昂，反映出一种大唐盛世风貌。史学家范文澜在著述中每言及唐书，皆称“盛唐的颜真卿，才是唐朝新书体的创造者”。柳公权所写楷书，则“方折峻丽，骨力劲健”，较之颜体，柳字稍清瘦，故有“颜筋柳骨”之称。

中国古代哪位书法家被誉为“神笔”?

王铎，字觉斯，明末清初人，博学好古，诗文书画皆有成就，尤其以书法独具特色，世称“神笔王铎”。其书法与董其昌齐名，明末有“南董北王”之称。

王铎的书法用笔，出规入矩，张弛有度，却充满流转自如、力道千钧的力量。王锋擅长行草，笔法大气，劲健洒脱，淋漓痛快。戴明皋在《王铎草书诗卷跋》中说：“元章（米芾）狂草尤讲法，觉斯则全讲势，魏晋之风轨扫地矣，然风樯阵马，殊快人意，魄力之大，非赵、董辈所能及也。”

王铎的墨迹传世较多，不少法帖、尺牍、题词均有刻石，其中最有名的是《拟山园帖》和《琅华馆帖》。王锋的书法作品在日本、韩国、新加坡等国深受欢迎，他的《拟山园帖》传入日本时，曾轰动一时。日本人对王铎的书法极其欣赏，还因此衍发成一个派别，称为“明清调”。他们把王铎列为第一流的书法家，甚至提出“后王（王铎）胜先王（王羲之）”的看法。

清初敢于创新的“浓墨宰相”是谁？

清初时期，帖学风行，翁方纲、梁同书等人的书法更是风靡一时。当时还有一位与翁方纲、梁同方齐名的人物，他就是刘墉。

刘墉，号石庵，山东诸城人，祖籍江苏。乾隆十六年（1751）进士，官至吏部尚书、体仁阁大学士，职同丞相，其书法以浓墨著称，因此时人称之为“浓墨宰相”。

刘墉不仅博通经史百家，还善于学习历代书法名家的长处，大胆创新，因而他的书法韵味特殊，备受世人赞赏。他先取法董其昌的书法，后又专研颜体，因此锻炼出饱满的线条，这些线条在浓墨的外衬下，使得他的书法更加浑厚而具质感。另外，刘墉的书法初看圆软轻滑，若团团棉花；细审则骨骼分明，劲力内聚，坚实地架住丰润的线条。

刘墉尤善小楷。后人称赞他的小楷不仅有钟繇、王羲之、颜真卿和苏轼楷书的法度，还深得魏晋小楷的风骨，貌丰骨劲，味厚神藏，超然独出，自成一家。

以“淡墨探花”享誉清朝书坛的是谁？

清朝书坛有“浓墨宰相，淡墨探花”一说，“浓墨”上文已作介绍，指的是刘墉，“淡墨”则指的是王文治，这二人都是清初书法名家。

王文治，号梦楼，江苏丹徒（今江苏镇江）人。乾隆二十五年

（1760）以探花官至翰林侍读，其书法字迹清淡秀逸，与喜用浓墨的刘墉的书法成鲜明对照，因此被誉为“淡墨探花”“淡墨翰林”，其书法与刘墉齐名。

清初，由于康熙帝对董其昌书法的大力推崇，因此很多书家的书学历程都受到董其昌书法的深刻影响，王文治也不例外。王文治的楷书虽然以褚遂良为根基，行书学《兰亭序》《圣教序》，但主要还是承袭了董其昌书法的平淡雅秀的基调，一派端庄，而又风神潇洒，具有浓厚的文人气息。当时朝鲜人来华，专门以饼金购得王文治的书法作品而归。其书法声名远播海外，日本很多博物馆都珍藏着王文治的书法作品。

“文房四宝”中的毛笔传说是谁发明的?

相传，“文房四宝”中的毛笔是秦朝大将蒙恬发明的。公元前223年，秦国大将蒙恬带兵在外作战时，都要定期写战报呈送秦王。当时，人们用竹签写字，很不方便，蘸了墨没写几下又要蘸。一天，蒙恬在打猎时看见一只兔子的尾巴在地上拖出了血迹，不由来了灵感。

蒙恬立刻剪下一些兔尾毛插在竹管上，试着用它来写字。可是兔毛油光光的，不吸墨。蒙恬又试了几次，效果还是不佳，于是他随手把那支“兔毛笔”扔进了门前的石坑里。

过了一段时日，蒙恬无意中看见了那支被自己扔掉的毛笔。他顺手捡起毛笔，发现湿漉漉的兔毛变得更白了。他将兔毛笔往墨盘里一蘸，兔尾竟变得非常“听话”，写起字来非常流畅。原来，石坑里的水含有石灰，经碱性水的浸泡，兔毛变得更加柔顺。

这就是蒙恬造毛笔的始末。对此，史书也有一些记载。《太平御览》引《博物志》说：“蒙恬造笔。”崔豹在《古今注》中也说：“蒙恬始造，即秦笔耳。以枯木为管，鹿毛为柱，羊毛为被。所谓苍毫，非兔毫竹管也。”事实上，出土的文物已证明，毛笔在蒙恬造笔之前就出现了。但蒙恬作为毛笔制作工艺的改良者，同样功不可没。

篆刻最初是做什么用的？历史上有哪些篆刻名家？

篆刻是书法、章法、刀法的完美结合。一方印中，可称得上“方寸之间，气象万千”。由于印章最早采用的是篆体，故称“篆刻”。篆刻源于春秋战国时代。篆刻最早的作用是受命做官的凭信和封固简牍。

先秦、两汉、魏晋时期，印章都由制印匠人镌刻，治印风格各代虽有不同，但都有很高的艺术水平。汉代是印章发展的极盛时期，魏晋以后至唐宋，篆刻艺术日趋衰落。战国、秦汉、魏晋六朝时期，篆刻用料主要为玉石、金、牙、角等。

元朝出现了吾丘衍、赵孟頫等文人刻印，篆刻艺术开始复兴。

相传元末明初，画家王冕发现浙江丽水县天台宝华山所产的花乳石不仅色彩斑斓，而且刻画如意，于是开始用石刻印。后人纷纷效仿，石料便成了治印的理想材料。

明清以来，唐伯虎、文徵明等文人不仅书画技艺高妙，而且亦是治印能手。之后又出现了程邃、丁敬、邓石如、黄牧甫、赵之谦和吴让之等篆刻艺术家，一时间篆刻艺术繁花似锦。近现代篆刻大师吴昌硕、齐白石等人又将篆刻艺术发扬光大，从而形成了一部完整的中国篆刻史。

中国绘画史上哪四人合称“六朝四大家”？

曹不兴、顾恺之、张僧繇和陆探微合称中国绘画史上的“六朝四大家”。

（1）曹不兴：三国时期东吴画家。曹不兴亦名曹弗兴，擅画龙、虎、马和人物。相传孙权命曹不兴画屏风，曹误落墨点，因绘成绳，孙权疑为真，举手弹拂。

（2）顾恺之：东晋画家。擅画人像、佛像、禽兽、山水等，其作画意在传神。有《洛神赋图》传世。

（3）张僧繇：南朝梁画家。擅画释道人物、龙、鹰、花卉、山水等。相传在金陵安乐寺画四龙，二龙点睛，有“乘云腾去”之说，而未点睛者仍在壁间。与顾恺之、陆探微一笔画之“密体”相较，史家称其为“疏体”画派。

（4）陆探微：南朝宋画家。擅画肖像、山水、荦木。唐张怀瓘将其与顾恺之、张僧繇合称为“南朝三大家”。加上唐代吴道子，又被誉为“画家四祖”。南齐高帝萧道成收藏的三百八十四卷名画中，陆探微的画作被放在首位。对于陆探微所绘的人物形象，张怀瓘评价道：“秀骨清像，似觉生动，令人懔懔若对神明。”

唐代画家阎立本为何有“丹青宰相”之称？

唐朝画家阎立本出身贵族，其父阎毗在北周时为驸马。因为阎毗擅长工艺，多巧思，工篆、隶书，对绘画、建筑都很擅长，隋文帝和隋炀帝均爱其才艺。隋朝时，阎立本凭门荫入仕，官至朝散大夫、将作少监。其兄阎立德亦擅长书画、工艺及建筑。阎立本工于写真，朝野驰名，大受唐高宗赏识。父子三人以工艺、绘画驰名隋唐之际。

668年，阎立本任右相。当时，大臣姜恪因作战有功被升为左相。时人评论说：“左相宣威沙漠，右相驰誉丹青。”于是，阎立本被人们誉为“丹青宰相”。

阎立本善于画人物、车马、台阁，尤擅长画历史人物。他的绘画线条刚劲有力，色彩古雅沉着，笔触较顾恺之细腻，人物神态

◇ 阎立本《历代帝王图》（局部）

刻画细致，其作品被时人列为“神品”。阎立本曾为唐太宗画《秦府十八学士》《凌烟阁功臣二十四人图》。有《步辇图》《历代帝王图》《职贡图》《萧翼赚兰亭图卷》等画作传世。

阎立本的传世名画《步辇图》反映的是什么事件？

◇　阎立本《步辇图》（局部）

《步辇图》是唐代画家阎立本的作品，反映的是贞观年间吐蕃（西藏）王松赞干布遣使臣禄东赞来唐都长安拜见唐太宗，迎接文成公主入吐蕃与松赞干布成亲的事。

640年，即唐贞观十四年，吐蕃王松赞干布派大相（相当于宰相）禄东赞向大唐求亲，第二年禄东赞到达长安。当时大唐帝国国泰民安，各民族友好相处，因此，当时竟有五个兄弟民族的首领向大唐求亲，太宗请五位大使参加考试，谁考试通过了，就把公主嫁给谁家的首领。吐蕃使臣禄东赞过关斩将，最终通过考试。唐太宗遂决定将文成公主嫁与松赞干布。

《步辇图》的右侧是在宫女簇拥下坐在步辇中的唐太宗，左侧三人，前为典礼官，中为禄东赞，后为通译者。唐太宗的形象是全图焦点。太宗目光炯炯，接见吐蕃使臣，充分展露出盛唐一代明君的风范与威仪。虽然画中并未出现文成公主，但人们可以在太宗与使臣会谈的和谐气氛中，感受到这是一桩完美的婚姻。

享有“百代画圣”美誉的是唐代哪位画家？

在中国绘画史上，唐代的吴道子被人们誉为“画圣”。杜甫亦尊吴道子为“百代画圣”。

苏东坡在《书吴道子画后》中说：“诗至于杜子美，文至于韩退之，书至于颜鲁公，画至于吴道子，而古今之变，天下之能事毕矣！”吴道子是位全能画家，凡人物、鬼神、山水、楼阁、花木、鸟兽，他无所不画，无所不精。

◇ 吴道子《孔子行教像》

吴道子是中国山水画的开山祖师。他创造了笔间意远的山水“疏体”，使得山水画成为一个独立的画种，从而结束了山水画只作为人物画背景的附庸地位。此外，历代从事油漆、彩绘、塑作职业的工匠们也奉吴道子为祖师。

“吴带当风”是对吴道子画作风格的最好评价。人们公认的吴道子的代表作有《送子天王图》《八十七神仙卷》《孔子行教像》《菩萨》《鬼伯》等。当时，张旭的草书、吴道子的画作和裴旻的舞剑并称“三绝”。

“曹衣出水”“吴带当风”分别形容的是?

“曹衣出水”“吴带当风”主要是指古代人物画中衣服褶纹的两种不同的表现方式，一种笔法刚劲稠叠，所画人物衣衫紧贴身上，犹如刚从水中出来一般；一种笔法圆转飘逸，所绘人物衣带宛若迎风飘曳之状。

“曹衣出水”“吴带当风”中的“曹”“吴”有两种说法。一说“曹”为曹仲达，“吴”为吴道子；一说“曹”为曹不兴，“吴”为吴暕。

曹仲达，北齐人，以画梵像著名，其画风在绘画史上有较大影响。素有“曹家样”之誉，其画衣衫褶纹被人们称作“曹衣出水”。吴道子，又名吴道玄，阳翟（今河南禹州）人。其创作活动时期约在唐玄宗开元及天宝年间，是继阎立本之后最著名的画家，有“画圣”之称。

曹不兴为三国时期东吴人，擅长画龙、马、虎及人物，画史有“误墨于素，因势成蝇”一说。吴暕为南朝宋人，擅长画佛像罗汉。

“曹衣出水”“吴带当风”一般多指曹仲达和吴道子。

《清明上河图》描绘的是清明时节的景象吗?

《清明上河图》是北宋画家张择端的名作，不少人都以为这幅画描绘了当年汴京（今河南开封）近郊清明时节的生活景象。事实果真如此吗?

其实，只要仔细观察此画就不难发现，画中有卖西瓜、买新酒、送木炭、打团扇的情景。还有光着上身、露着膀子的大人、小孩及戴着草帽的市民与劳动者。由此可以看出，《清明上河图》描绘的是秋季景象。

◇　张择端《清明上河图》（局部）

事实上，在清明时节人们是很难看到有卖西瓜的，也很少有人赤身露膀打团扇的。此外，《宋会要辑稿》记载，当时汴京外城及郊区共划分一百三十六坊，第一坊名为“清明坊”。可见，名画《清明上河图》

中的“清明”二字，并非指清明节，而是指清明坊，该画描绘了当时清明坊到虹桥这一段上河的秋景。

《清明上河图》泄露了宋朝怎样的军事秘密？

看似包罗万象的《清明上河图》中，却没有两种市井常见动物——马和羊。马匹，往往用毛驴和黄牛代替。这是为什么呢？原来，马和羊牵扯到北宋的“军事秘密”。

北宋是典型的民富国穷之国，开国皇帝赵匡胤在建国伊始，便确定了重文轻武的基本国策。北方虎视眈眈的游牧民族对“三秋桂子，十里荷花”的中原垂涎三尺，于是，北宋朝廷不得不加紧对战备物资的控制，马和羊即在控制之列。马匹是必不可少的交通工具，羊皮则用于制作营帐、军服。

黄仁宇在《中国大历史》中写道：辽与宋互市时，马与羊不许出境，同时也提及辽与金决战时不失去战马之来源关系极为重大。这也可以从张择端的《清明上河图》中看出一二：画幅上，开封之大车都用黄牛、水牛拖拉，可见当时的北宋马匹短少。马匹原来也可以在华中地区繁殖，只是受当地农业经济的限制，其耗费极难维持，而且在精密耕作地区所育的马匹一般较为瘦瘠。

“吴门四家”与“吴中四才子”有关系吗？

“吴门画派”简称“吴派”，一般认为始于沈周，成于文徵（征）明，加上唐寅和仇英，是为“吴门四家”，又称“明四家”。

（1）沈周：早年多作盈尺小景，以细笔画为主，晚期则以粗笔画为主。其画作中描绘江南一带佳景胜迹的卷、轴、册页占有相当大的比重。如《东原图卷》《东庄图》册等，描绘的都是苏州当地的景色，其作品真实、质朴。

（2）文徵（征）明：绘画创作以画山水为主。画作有《春深高树图》《湘君湘夫人图》等。画花卉以画兰竹为主，所绘墨兰潇洒飘逸，世人称之为“文兰”。

（3）唐寅：擅画山水、人物，写意花鸟绘画也有独到之处。画作有《山路松声图》《落霞孤鹜图》《梅花图》《雨竹图》等。人物画除表现文人雅士的生活面貌外，多以仕女为题材，还有一些表现歌伎生活的作品。

（4）仇英：临摹古画的高手。画作有《职贡图》《浔阳琵琶图》《剑阁图》《秋原猎骑图》等。从《秋原猎骑图》中可以看出仇英在画鞍马人物方面有特殊的才能。

“吴门四家”有别于“吴中四才子”，《明史》记载：“祯卿少（周文宾）与祝允明（祝枝山）、唐寅、文徵（征）明齐名，号‘吴中四才子’”。

◇ 沈周《清溪垂钓图》

◇ 文徵（征）明《春深高树图》

◇ 唐寅《落霞孤鹜图》

◇ 仇英《秋原猎骑图》

“十全十美”与明代唐寅作画有何关联?

“十全”一词出于《周礼·天官冢宰·亨人/兽医》：“十全为上，十失一次之。”意思是医治十人十人痊愈为上等，医治十人九人痊愈次之。“十美”一词出于《虞初新志》，宸濠请六如居士（唐寅）画《十美图》呈献皇上，当时宫中只“觅得九人”，唐寅便画《九美图》。唐寅献图前请人观赏评析，有人说：“十美欠一，殊属缺陷。”于是唐寅又“举一人以充其数”，凑成“十美图”。后人将两个典故合而为一，称为“十全十美”。

明代哪两位画家并称为“青藤白阳”？

在“吴门画派”风潮的影响下，明代绘画有了许多突破，主要表现在花鸟画创作上，出现了两位水墨写意画名家。他们是自号青藤道士的徐渭和自号白阳山人的陈淳，人称“青藤白阳”。

徐渭，初字文清，后改字文长，号天池山人、青藤道士。小时候就以“神童”闻名家乡。徐渭擅长行草，运笔一如泼墨花卉，不拘绳墨，腾挪多姿。他的写意花鸟画注重人格内心情绪的抒发，他所独创的花鸟样式，对后世影响极大。徐谓现存作品有《杂花图》《墨葡萄图》等。《墨葡萄图》收藏在北京故宫博物院，画面藤条错落，葡萄晶莹透亮，真实生动地展现了水墨大写意花卉震撼人心的魅力。朱耷、石涛、郑板桥等知名书画家对他甚为佩服。

陈淳，字道复，后更字复甫，号白阳、白阳山人。少年时学习作画，深受水墨写意画风的影响。他的花鸟画、淡墨欹毫、水墨淋漓。陈淳不讲究画面的外表形象，而是追求画面的生动。他的人物画也很精彩，简单几笔，令人回味。

明末清初的哪几位画家被称为“画中九友”？

吴伟业，明末清初著名诗人，与钱谦益、龚鼎孳并称“江左三大家”，又为娄东诗派开创者。长于七言歌行，初学“长庆体”，后自成新吟，后人称之为“梅村体”。

乾隆帝曾作诗《题吴梅村集》：“梅村一卷足风流，往复披寻未肯休。秋水精神香雪句，西昆幽恩杜陵愁。裁成蜀锦应惭丽，细比春蚕好更抽。寒夜短檠相对处，几多诗兴为君收。”对吴伟业的诗歌给予了恰当、中肯的评价。

吴伟业作有《画中九友歌》，称赞明末清初的董其昌、杨文聪、程嘉燧、张学曾、卞文瑜、邵弥、李流芳、王时敏、王鉴九位画家为“画中九友”。董其昌提出了山水画的南北宗论，崇南抑北，以南宗清幽淡远之风为画家正脉，当时的画家李流芳、程嘉燧、杨文骢等受到了其较多的影响。清初王时敏、王鉴等也传其脉络。“画中九友”非属同一画派，而是以友谊为纽带、相互切磋画艺的九位画家，在明末清初的画坛中占主导地位。

明末清初“金陵八家”分别是谁？

在中国绘画史上，有“金陵八家”一说。他们分别是：龚贤、樊圻、高岑、邹喆、吴宏、叶欣、胡慥、谢荪。龚贤为“金陵八家”之首，成就最大。清代的《上元县志》中另指陈卓、吴宏、樊圻、邹喆、蔡霖沧、李又李、武丹、高岑为“金陵八家”，但多以前说为准。

“金陵八家”从事绘画艺术活动的时间主要在明末天启、崇祯到清初康熙年间，是生活在金陵的八位画家，后世称为“金陵画派”。其实在“八家”之外，当时生活金陵地区的画家还有陈卓、陆日为、陈舒等。

大致说来，“金陵画派”的特点是：不受清初画坛摹古之风的影响，而且能从生活经历和大自然环境中得到灵感，作品的写实性较强。他们大都隐居不仕，往来于江淮之间，以卖画为生，常常聚在一起，以诗文书画相与酬唱。

“清初四僧”指的是哪四位画家？

“清初四僧”是指原济（石涛）、朱耷（八大山人）、髡残（石溪）、渐江（弘仁）。前两人是明宗室后裔，后两人是明代遗民。

这四位画家均抱有强烈的民族意识，借画抒写自己的身世之感和抑郁之情，寄托自己对故国山川的思念之情。他们冲破当时画坛摹古的樊篱，标新立异，在艺术上主张“借古开今”，反对陈陈相因，重视生活感受，强调独抒性灵，创造出奇肆、豪放、昂扬而独具风采的画风，振兴了当时的画坛。“清初四僧”中以石涛、朱耷的成就最为显著。

（1）石涛不宗一家，戛然自立。他画的山水画景色郁勃新奇，构图大胆新颖，笔墨纵肆多变，格调昂扬雄奇，是一位富有创造性的画家。

（2）朱耷以花鸟画著称。其作品往往缘物抒情，以象征、寓意和夸张的手法塑造奇特的形象，抒发愤世嫉俗之情和国破家亡破之痛。笔墨洗练雄肆，构图简约空灵，景象奇险，格调冷隽，达到了笔简意赅的艺术境地。

（3）髡残擅画山水。其画作以真景为粉本，描绘重山复水，繁密而不迫塞，用渴笔秃毫层层皴染，厚重而不板滞，具有雄伟壮阔、苍茫浑厚的气势。

（4）渐江则多绘名山大川，尤擅画黄山真景。其画作构图简洁，丘壑奇倔，干笔渴墨劲峭整饬，境界荒寂，富有清新静穆之致。

清代画僧苦瓜和尚就是“八大山人”吗？

清代画僧石涛，明藩靖江王朱守谦后裔。俗姓朱，名若极，小字阿长，号大涤子、清湘老人等，晚号瞎尊者。当和尚后，法名原济，亦作元济（后人误传为“道济”）。自称苦瓜和尚、济山僧、石道人。石涛是其常用号。

八大山人，原名朱耷，八大山人是他晚年的文号。他是明太祖朱元璋第十七子宁王朱权的后裔。其祖父、父亲、叔父均擅长作画。八大山人从小受到家庭艺术的陶冶，又聪明好学，八岁能诗，十一岁能画青山绿水。

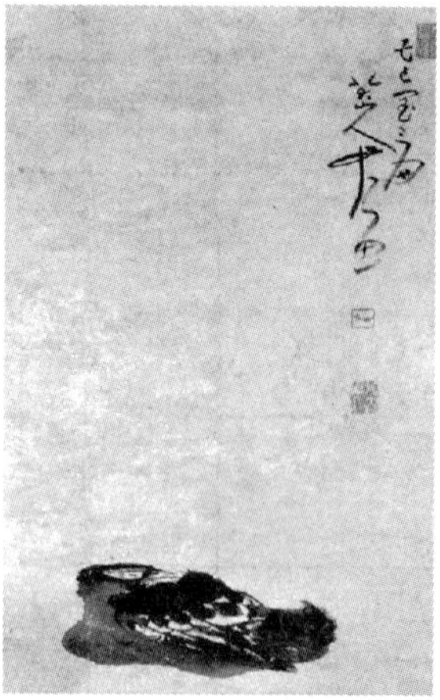

◇ 八大山人画作

1644年，明朝灭亡，满洲贵族入关统治全国。八大山人时年十九岁，不久父亲去世，他内心极度忧郁，悲愤之下，削发为僧，法名传綮，字刃庵。后又用过雪个、个山、个山驴、驴屋、人屋、道朗等号。后来又隐居青云谱（今属江西南昌）

为道。

八大山人在其画作上署名时，常把“八大”和“山人”竖着连写。此外，还常可以看到一种奇特的签押，仿佛像一鹤形符号，其实它是由“三月十九”四字组成的，八大山人借以寄托自己怀念故国的深情（甲申年三月十九日是明朝灭亡的日子）。

清朝画坛上的“娄东画派”有什么来历？

在太湖进入东海的三条主要河流之一的娄江东面，是著名的历史名城太仓，也称“娄东”。这里不仅是郑和七下西洋的始发地，也是昆曲和江南丝竹的发源地。清代，在这里还产生了一个以王时敏、王原祁、王鉴、王翚四人为核心的“娄东画派”。

娄东画派的代表人物为“四王”。其中，王时敏、王鉴、王原祁都出生在太仓。王翚则出生在离太仓不远的虞山。王翚年轻时就追随王鉴学画，后经王鉴介绍，到太仓做了王时敏的入室弟子，日后自成一派，称为“虞山画派”。

在绘画风格与艺术思想上，娄东画派深受董其昌的影响，他们大量临摹古人作品，在借鉴古人绘画的立意、布局、运笔、色彩、线条等方面达到了登峰造极的地步。他们重视笔墨的趣味和美感，在作品中表现出平淡天真、超逸的文人画审美特征。

“扬州八怪”指的是画风相似的八位画家吗？

扬州八怪，指的是清代康熙中期至乾隆末年活跃于扬州一带的趣味相投、画风相似的一批画家。一般指黄慎、汪士慎、高翔、金农、郑燮、李鱓（鱓，一作觯）、罗聘、李方膺（见李玉棻《鸥钵罗室书画过目考》）。也有将汪士慎、罗聘、高翔换成高凤翰、边寿民、杨法的，或将易高翔、李方膺换成闵贞、高凤翰的，又有将陈撰或李葂列入的（见汪鋆《扬州画苑录》）。其中以郑燮、金农、汪士慎更著名。郑燮曾说：“凡吾画兰画竹画石，用以慰天下之劳人，非以供天下之安享人也。”他还在《潍县署中画竹呈年伯包大中丞括》中说：“衙斋卧听萧萧竹，疑是民间疾苦声。些小吾曹州县吏，一枝一叶总关情。”

在古汉语中，“八”往往用作虚数词，表示数量多，“扬州八怪”并不意味只有八个人。这些人做人不合时宜、我行我素，并且绘画我从我法、推陈出新，因此，主流画家和上层人士大多攻击他们，并蔑称其为“丑八怪”。不过，这些人虽然作画怪异，但又入情入理，颇受广大百姓喜爱。

诗、书、画“三绝”的清朝文学家、画家是谁？

郑燮，号板桥，清代画家、书法家、文学家，号板桥。其诗、书、画世称“三绝”。

◇ 郑板桥《墨竹》

郑燮所作的诗，特点是多用白描，流畅，通俗易懂。《悍吏》《私刑恶》《逃荒行》等篇反映社会黑暗，同情人民疾苦。其他如《扬州》《野老》等，自抒所见，表现真率性情。所作之词多写景状物以及酬赠之作，佳篇有《满江红·田家四时苦乐歌》《渔家》等。郑燮的散文，率真自然，富有风趣，其家书传诵尤广。

郑燮工书法，用隶体掺入行楷。传说他学书，夜间以指在徐氏体肤上练习，徐氏说：“人各有体。”这句话触动了板桥，于是他从古人的书体中学一半、撇一半，创立了“六分半书”。

郑燮擅画兰、竹、石、松、菊等，而画兰、竹五十余年，成就最为突出。他取法于徐渭、石涛等人，但自成家法，画作体貌疏朗、风格劲峭。

古代的中国画是如何分类的？

中国画，又称“国画”，主要是用毛笔、软笔或手指，用国画颜料和墨在帛或宣纸上作画的一种中国传统的绘画形式，是“琴、棋、书、画”四艺之一。

唐代张彦远的《历代名画记》将中国画分为六门，即人物、屋宇、山水、鞍马、鬼神、花鸟。北宋《宣和画谱》将中国画分为十门，即道释、人物、宫室、番族、龙鱼、山水、畜兽、花鸟、墨竹、蔬菜。南宋邓椿的《画继》将中国画分为八类（门），即仙佛鬼神、人物传写、山水林石、花竹翎毛、畜兽虫鱼、屋木舟车、蔬果药草、小景杂画。

元代汤垕的《画鉴》记载：“世俗立画家十三科，山水打头，界画打底。”明代陶宗仪的《辍耕录》所记载的“画家十三科”分别是：佛菩萨相、玉帝君王道相、金刚鬼神罗汉圣僧、风云龙虎、宿世人物、全境山水、花竹翎毛、野骡走兽、人间动物、界画楼台、一切傍生、耕种机织、雕青嵌绿。

上面所说的门和科，均为中国画名词。

谁是中国历史上最早的文人画家？

文人画，泛指中国古代社会中文人、士大夫所作之画，以别于民间画工和宫廷画院职业画家的绘画。北宋苏轼称其为“士夫画”，明代董其昌称其为“文人之画”。

中国最早的文人画家，可以追溯到东汉时期的南阳人张衡。

晋代的《异物志》和宋代的《太平广记》记载，在张衡家乡的水潭里，有一种叫“骇神”的动物，外貌奇特，长有猪耳人脸，喜欢坐在水边的石头上。张衡听说以后，就隐藏在水潭附近，趁这个怪兽出水时，为其画像。由于此怪兽见到人出手动笔便潜入水中，张衡便弃用手，而用脚趾在地上画下了怪兽的形象。可惜张衡所画的“骇神”像未能传世。

唐朝大诗人王维以诗入画，“诗中有画，画中有诗”，妙不可言。他的绘画作品成为后世文人画家的范本，因而多奉他为文人画的鼻祖。后世文人画的题材多为梅、兰、竹、菊、高山、渔隐之类，文人们往往借描绘目之所及的自然景物，抒发自己的内心感受。

中国古代规模最大的风俗画是哪幅画?

所谓“风俗画”，即以社会生活风习为题材的人物画。

风俗画始于汉代，如辽阳、望都等地墓室壁画和画像石、画像砖等。

唐代韩滉的《田家风俗图》，五代李群的《孟说举鼎》，北宋张择端的《清明上河图》，南宋左建的《农家迎妇图》，朱光普的《村田乐事图》，李嵩的《货郎图》等，均为一代风俗画名作。

南宋时在临安（今浙江杭州）流行一种“堂画”，亦称“风俗画”。

清末吴友如的《点石斋画报》中有很多作品，均属风俗画。

年画中的《姑苏万年桥》《大庆丰年》《万家村》等也属于风俗画。

《清明上河图》是中国古代规模最大的风俗画。画卷宽0.248米，长5.287米，绢本设色。由于画上内容繁多，很难精确统计画中人、物的数量。有一种说法是，画中有行人八百一十五人，牲畜六十多匹，船只二十八艘，房屋楼宇三十多栋，车二十辆，轿八顶，桥十七座，树木约一百七十多棵，往来行人衣着不同、神情各异，其间还穿插各种活动，构图疏密有致，笔墨章法都甚为巧妙。

中国古代的人物画仅满足于外形的肖似吗?

所谓“人物画”，是以人物形象为主体的绘画之通称。中国古代人物画对于人物的描绘，不仅仅满足人物外形的肖似，更注重人物性格与内心世界的揭示，即所谓的“传神”。

中国的人物画，出现的时间较山水画、花鸟画早，大体分为道释画、仕女画、肖像画、风俗画、历史故事画等。人物画重视人物个性的刻画，追求人物性格的逼真传神，气韵生动，形神兼备。其传神之法，常把对人物性格的表现寓于环境、气氛、身段和动态的渲染之中。

历代著名的人物画有东晋顾恺之的《洛神赋图》，唐代韩滉的《文苑图》，五代十国时期南唐顾闳中的《韩熙载夜宴图》，北宋李公麟的《维摩诘像》，南宋李唐的《采薇图》，南宋梁楷的《李白行吟图》，元代王绎、倪瓒的《杨竹西小像》，明代仇英的《仕女图》，清代任伯年的《高邕像》，以及现代徐悲鸿的《泰戈尔像》等。

中国古代山水画的来龙去脉是怎样的?

所谓“山水画”，即以描写山川自然景色为主体的绘画。

中国古代山水画艺术形成于魏晋南北朝时期，是魏晋“崇尚自然”风度的渗透。这一时期的画作尤以人物为主体形象，自然山水为背景。这在晋代顾恺之的《洛神赋图》中可见一二：山川景物皆小于人，作为人物的背景。

山水画在隋唐时期开始独立，五代、北宋时期步入辉煌。以唐朝

◇ 王维《江干雪霁图卷》（局部）

的王维为代表的文人画家开创了诗情画意的境界，并把儒、释、道的思想融入画中。代表作如王维的《江干雪霁图卷》、北宋郭熙的《早春图》等。

元代山水画风格渐渐趋向清逸、荒寒、空灵，提倡笔墨情趣，由写境而转为写意，以虚代实，开创新风。杰出代表人物为王蒙，其代表作如表现晋代道士葛洪隐居罗浮山的《葛稚川移居图》。

明代及近代，山水画又有发展。明代的董其昌及清初的“四王”为山水画走向绘画理论及绘画手法的完备做出了重大贡献。进入二十世纪，中国传统山水画在西方绘画的冲击下发生了新的变革，代表画家有李可染等。

◇ 郭熙《早春图》（局部）

◇ 王蒙《葛稚川移居图》（局部）

中国首幅独立存在的山水画是哪幅画？为何人所作？

东晋画家顾恺之出身江南显族，生长于山水秀丽的无锡，是魏晋南北朝时期唯一有画迹传世的画家，又是中国绘画史上第一个著有画论的理论家，因而被推至“苍生以来，未之有也”的极高地位。

◇ 顾恺之《洛神赋图》（局部）

《洛神赋图》代表了顾恺之绘画的最高成就。这是一幅人物与山水合一的梦幻题材画。尽管有些论者将《洛神赋图》视作中国最早的一幅山水画，但严格地说，它不能算作完全独立的山水画。顾恺之所创作的《庐山图》才是中国绘画史上第一幅独立存在的山水画。

顾恺之曾在大司马桓温的幕下做过参军，后官至通直散骑常侍。政事之余，他喜欢游览长江沿岸的山水名胜，徜徉于奇峰秀水之中，对山水之美有独特的体味。山水画《庐山图》便是顾恺之以庐山为载体，借助绘画这一艺术形式所作的山水审美的表述。

被视作山水画“南北宗之祖”的分别是谁？

明代董其昌把李思训和王维视为“青绿”和“水墨”两种山水画风格之祖，首倡中国山水画分“南北宗”之说。

那么，什么是“南北宗”呢？清代画家方薰解释说：“画分南北宗，亦本禅宗‘南顿’‘北渐’之义，顿者概性，渐者成于行也。”“南北宗”原是指佛教史上的宗派，所谓“南顿”“北渐”，把“顿悟”和“渐识”（苦功修炼）作为彼此的主要区别。“南北宗”之说，标榜“南宗画”即文人画出于“顿悟”，而“北宗画”只能从“渐识”，也就是从勤习苦练中产生。

董其昌的《容台别集·画旨》记载，南宗王摩诘（即王维）始用宣纸，变勾勒之法渲染山水，其画法传至张璪、荆（浩）、关（仝）、董（源）、巨（然）、郭忠恕、米家父子（米芾和米友仁），以及元代四大家（黄公望、王蒙、倪瓒、吴镇）等；北宗李氏父子（李思训和李昭道）着色山水，风骨奇峭，挥扫躁挺，传至宋代赵伯驹、赵千、伯骕以及马远、夏圭等辈。

松、竹、梅为何有“岁寒三友”的美誉？

无论是古代还是现代的瓷制器物，上面最常见的纹饰就是由松、竹、梅合成的岁寒三友图。古人为什么要把不同属科的松、竹、梅称为“岁寒三友”呢？这是因为苍松坚忍不拔、翠竹直节中空、寒梅傲雪凌霜，三者都有不畏霜雪、刚毅、坚韧的高洁风格。苍松被列为“岁寒三友”之首。

◇　岁寒三友图

关于松、竹、梅，文人骚客多持赞美之辞。《论语·子罕》记载：“岁寒，然后知松柏之后凋也。”赞颂松柏在寒冬中依然屹立不摇，四季常青，且坚毅耐寒。唐人白居易的《池上竹下作》诗说：“水能性淡为吾友，竹解心虚即我师。”隐喻竹茎中空，表示人要谦虚。另外，竹节分明则表示人要有节操；竹常年不凋，坚贞挺拔，故常用来象征君子的品格高风亮节。北宋王安石的《梅花》诗说：“墙角数枝梅，凌寒独自开。”写出了梅花不畏寒冬、傲然卓立的高贵品格。

中国花鸟画的题材涉及鱼虫、畜兽吗？

在中国画中，花鸟画是一个宽泛的概念，其题材除了本意花卉和禽鸟之外，还包括了畜兽、虫鱼等动物以及树木、蔬果等植物。

早在原始社会，中国花鸟画便已萌芽。东汉的陶仓楼上的壁画《双鸦栖树图》是已知最早的独幅花鸟画。南齐谢赫的《画品》中记载的东晋画家刘胤祖是目前已知的中国第一位花鸟画家。

到了唐代，花鸟画业已独立成科，花鸟画家层出不穷，薛稷画鹤，曹霸、韩幹画马，韦偃画牛，李渐画虎，卢弁画猫，齐旻画犬，李逖画昆虫，张立画竹等等。

五代时期，逐渐形成了以黄筌、徐熙为代表的两大花鸟画流派，确立了花鸟画发展史上的两种不同风格类型，即“黄筌富贵，徐熙野逸”。

北宋的《宣和画谱》中的《花鸟叙论》是我国第一篇花鸟画论文。

元代出现了一批专门画水墨梅竹的画家，以柯九思、倪瓒、吴镇、王冕为代表。

清代石涛、恽寿平、朱耷等人的花鸟画也很不错。

在近现代画坛，吴昌硕、齐白石等花鸟画大师亦独成高峰。尤其是齐白石，其绘画造诣令后人却步，他画有许多前人从未画过的题材，如虾、老鼠、蚊子、苍蝇等。

什么是宫廷画？朱元璋的画像属于宫廷画吗？

宫廷画，指主要由宫廷画家所创作的绘画作品及由此形成的风格和流派。历代宫廷画的题材内容和审美意趣都与当朝帝王的喜好、崇尚密切相关。宫廷画或显示当时帝王的英明神武、文治武功，或为皇帝与贵族的审美需要服务，或反映社会风气。

宫廷画形成于五代，在北宋徽宗朝和清代乾隆朝最为盛行。宫廷画一般以工笔设色的写实风格为主，画面雍容华贵，工整精丽。在题材上，宫廷画内容广泛，既有一般常见的山水、花鸟、人物等国画题材，更有文人画和民间绘画所无法涉及的表现宫廷生活、礼仪、外交、军事等特殊内容的题材。

关于明太祖朱元璋的长相，流传在世的有面貌迥异的画像：一丑一俊。据说丑的那种是他长相的真实写照，而面容俊美的那种则是宫廷画手根据朱元璋本人的意愿美化而成的宫廷画。

清朝的宫廷画，从署款形式看，大都用楷书竖写“臣××恭画（恭绘、奉敕恭画）”等字样，画家姓名前必冠以“臣”字，表示此画是为皇帝而作。

中国现存最早的年画是哪个朝代的?

年画，是中国特有的一种绘画体裁，大都用于新年时张贴，装饰环境，含有祝福新年吉祥喜庆之意。旧时，大抵比较富厚的人家，过年时总喜欢在厅房悬挂上面画有福禄寿三星图像的年画。梅、兰、竹、菊、喜鹊等花鸟图也在列。

年画始于古代的“门神画”，宋朝叫“纸画”，明朝叫“画贴”，清朝前期叫“画片”“画张”“卫画”，直到清道光年间始称为“年画”。因每年要更换，或张贴后可供一年欣赏之用，故名。

中国现存最早的木版年画是宋版的《隋朝窈窕呈倾国之芳容》，习称《四美图》，画的是王昭君、赵飞燕、班姬、绿珠四大美人。旧年画中，整张大的叫“宫尖”，一纸三开的叫“三才”，加工多而细致的叫“画宫尖”“画三才”，颜色上用金粉描画的叫“金宫尖”“金三才”，六月以前制作的叫“青版”，七八月以后制作的叫“秋版”。

◇ 杨柳青年画

中国著名的四大年画之乡是：四川绵竹、苏州桃花坞、天津杨柳青、山东潍坊。

为什么唐卡卷轴画有“藏族百科全书”之称？

唐卡，又称“唐嘎”“唐喀”（系藏文音译），是在松赞干布时期兴起的一种新颖的绘画艺术，即用彩缎装裱后悬挂以供奉的宗教卷轴画。传世唐卡大都是藏传佛教和苯教作品，题材内容涉及藏族的历史、政治、文化和社会生活等诸多领域，堪称藏民族的百科全书。

根据制作唐卡所用的材料，可将唐卡分为两大类：一类是用丝绢制成的，叫作“国唐”，一类是用颜料绘制的，叫“止唐”。“国唐”又有绣像、丝面、丝贴、手织、版印国唐之分。“止唐”依据画背景时所用颜料的不同可分为彩唐（用各色颜料画成背景）、金唐（用金色颜料画背景）、朱红唐（用朱红色颜料画背景）、黑唐（仅用墨色画背景）等。

唐卡内容繁多，既有多姿多态的佛像，又有反映藏族历史和民族风情的画面。唐卡构图严谨、均衡、丰满、多变，画法主要以工笔重彩与白描为主。多数唐卡是在布面和纸面上绘制的。另外也有刺绣、织锦、缂丝和贴花等织物唐卡，有的还在五彩缤纷的花纹上将珠玉宝石用金丝缀于其间，珠联璧合，璀璨夺目。

“虎溪三笑图”为何被视作儒、释、道三教亲和的象征？

“虎溪三笑”在中国历史上非常有名。相传，晋僧慧远居住在庐山的东林寺中，鉴于静修，他有个不成文的习惯，即从不送客过庐山东林寺前的那条虎溪。一天，晋朝儒者陶潜（即陶渊明）、道士陆修静相携来到东林寺，与慧远交谈甚欢。待慧远送客途中，他们谈笑而行，慧远不觉间跨越了自我禁足的虎溪。听闻虎辄号鸣，于是三人开怀大笑，之后告别。后世视之为儒释道三教亲和的象征，并在此建三笑亭。

关于“虎溪三笑”的说法起于唐朝，至宋朝李龙眠首作三笑图，智圆并为之作图赞，成为中国历史故事中的一段美谈。还有不少人以此题材也作过三笑图，现存者以宋朝石恪所绘最为古老。

为什么人们将胡写乱画称为“涂鸦”？

“涂鸦”的说法，来自唐代卢仝《示添丁》中的诗句：“忽来案上翻墨汁，涂抹诗书如老鸦。”这很好理解，古人用墨汁写字，写出来的东西自然也是黑色的，与乌鸦的颜色一样。卢仝说自己的作品“如老鸦”，真是既生动又风趣。后人便由此沿用“涂鸦”一词，比喻书法拙劣、胡写乱画（多用作谦辞）。

传统的皮影戏发源于哪个地方?

中国传统的皮影艺术发源于陕西，是中国的戏曲剧种之一，堪称当今影视艺术的鼻祖。据史书记载，皮影戏始于西汉，兴于唐朝，盛于宋期，元期时期传至西亚和欧洲，极盛于清朝，可谓历史悠久、源远流长。

◇ 皮影戏

皮影戏又称“羊皮戏”俗称“人头戏”“影子戏”。顾名思义，皮影是以皮革为材料制成的，出于坚固性和透明性的考虑，又以牛皮和驴皮为佳。上色时主要使用红、黄、青、绿、黑等五种纯色的透明颜料。正是由于这些特殊的材质，使得皮影人物及道具在后背光的照耀下，投影到布幕上的影子显得瑰丽而晶莹剔透，具有独特的美感。

沿袭传统戏曲的习惯，皮影人物被划分为生、旦、净、末、丑五个类别。每个人物都由头、上身、下身、两腿、两上臂、两下臂和两手共十一个件物连缀组成，表演者通过控制人物脖领前的一根主杆和在两手端处的两根要杆来使人物做出各式各样的动作。

“双簧戏”的名称有什么来历?

双簧戏起源于清朝，一说是乾隆时期，一说是咸丰时期。

较为普遍的说法是：咸丰帝死后，慈禧太后专权擅政。她除爱看戏外，也爱听曲艺说唱。当时在京城的说唱名角中，有个唱单弦的，名叫黄辅臣。慈禧太后甚是欣赏他所唱的滑稽戏。一天，慈禧太后传黄辅臣进宫演出，恰逢黄辅臣喉咙闹毛病，他想推辞又怕有“抗旨不遵”的嫌疑，他急中生智，带儿子一起进宫。

上场时，老黄弹弦子做面，小黄藏在椅子后面演唱做里，谁知被慈禧太后看穿了，黄辅臣父子吓得不敢抬头，生怕慈禧太后来个杀无赦。不料慈禧太后见他父子俩配合得天衣无缝、妙趣横生，化怒为喜，开玩笑道：“你俩这叫双黄啊！”

“双黄”本是两个姓黄的意思，后来人们为和京剧的二黄相区别，将黄字加个“竹”字头，从此有了“双簧”之名。这种传说在民间广为流传。事实上，不经允许，黄辅臣是不能将他的儿子带进宫的，在太后面前暗中演唱更是不可能。这也说明双簧戏是由清末黄辅臣创造的一种曲艺形式。

压轴戏就是最后一出戏吗?

戏曲界称最后一出戏为“大轴戏”。有人认为压轴戏就是大轴戏的同义词，认为压轴戏就是最后一出戏，这种理解是错误的。

压轴戏多为由戏班头牌演员或名角演出、唱做兼重的文戏。因为紧挨大轴的戏才称为“压轴戏”，也叫“倒二”，是指倒数第二出戏，其名意为“紧挨大轴”。

在旧中国的戏剧演出中，尤其是在大型的义务戏演出中，往往名家云集，同台献艺，多以折子戏组台演出。剧目少则五出戏，多则七出、九出、十一出戏。以七出戏为例，第一出戏叫“开场戏”或“开锣戏”，往下依次第二、第三、第四出戏叫“中轴戏”，第五出戏叫“贴轴戏”，第六出戏叫“压轴戏”或“倒二”，最后一出戏叫“大轴戏”“轴子戏”或“压台戏”。

值得一提的是，“轴”字的读音戏剧界统读去声（四声），不读阳平（二声）。

中国的木偶戏起源于什么时候？

木偶戏，又称“傀儡戏”，是指用木偶来表演故事的戏剧。表演时，演员在幕后一边操纵木偶，一边演唱，并配以音乐。根据木偶形体和操纵技术的不同，有布袋木偶、提线木偶、杖头木偶、铁线木偶等。

据考证，木偶戏起源于春秋时殉葬用的木质俑人，孔子说：“始作俑者，其无后乎！”那时人们在举行丧葬仪式时，“舞俑为乐，执偶为戏”。不过，这一时期的木偶戏主要是冲丧之用，还不具备娱乐的性质。

目前人们普遍认为，真正的木偶戏源于汉、兴于唐。汉代已有“作傀儡”的记载。三国时，马钧发明了一种用水力推动木制小人自动做出各种动作的木偶器具“水转百戏”。北齐时的“机关木人”表演，技艺高超，尤其是出现了像“傀儡子”演“郭秃”故事这样别具一格的木偶艺术。依据历史可以推断，最晚在550年至577年的北齐时代，中国已出现了由人直接操纵、木偶装扮具体人物、当众表演简单故事的木偶戏。北齐之后，木偶戏的表演形式和内容日渐丰富。

◇ 铁线木偶

黄梅戏是怎么形成的？发源地在哪里？

黄梅戏，旧称“黄梅调”或“采茶戏”，与京剧、越剧、评剧、豫剧并称“中国五大剧种”。它发源于湖北黄梅县，与鄂东和赣东北的采茶戏同出一源，其最初形式是湖北黄梅一带的采茶歌。

清道光以后，湖北省黄梅县一带的采茶调传入毗邻的安徽省怀宁县等地区，与当地的民间艺术结合，并用安庆方言歌唱和念白，逐渐发展为一个新的戏曲剧种，当时称为“黄梅调”“怀腔”“怀调”等。这就是早期的黄梅戏。

在剧目方面，黄梅戏号称“大戏三十六本，小戏七十二折”。大戏主要表现的是旧社会人民对阶级压迫、贫富悬殊的现实不满和对自由美好生活的向往，如《告粮官》《天仙配》等。小戏大都表现的是农村劳动者的生活片段，如《点大麦》《纺棉纱》等。

“变脸”是哪个剧种的绝活儿？

“变脸”，相传是古代人类在面对凶猛野兽的侵袭时，为了生存在自己脸部勾画出不同的形态以吓唬入侵的野兽的一种手段。川剧把“变脸”搬上舞台，用绝妙的技巧使它成为一门独特的艺术。变脸之于川剧，有如喷火之于秦腔，皆属招牌路数、看家绝活儿！

清乾隆、嘉庆年间，逢年过节，在四川乡镇、村落、码头处林立的庙堂处，人们都会搭起戏台举行庆典活动，久而久之，川剧就在街头巷尾之中渐成气候。清代“两湖填四川”，为蜀地的文化带来了诸多新元素，昆腔、高腔、胡琴、弹戏、灯调等诸腔戏班汇集在巴蜀各大城市的酒肆街坊之中，生、旦、净、末、丑一同亮相于茶馆的小戏台之上，日久逐渐形成共同的风格，清末时统称“川戏”，后才改称“川剧”。

川剧变脸的种类颇多，方法也不少，概括起来有扯、揉、抹、吹、画、戴、憋和扯八种。

享有“中国戏曲之祖”雅称的是哪个剧种？

昆曲又称“昆剧”，许多地方剧种，像晋剧、蒲剧、上党梆子、湘剧、川剧、赣剧、桂剧、越剧、粤剧、闽剧、滇剧等，都不同程度地受到昆曲艺术的哺育和滋养。因此，人们常把昆曲称为“中国戏曲之祖”。

昆曲，于元末明初发源于江苏的昆山，清康熙乾隆年间为昆曲的极盛时代。2001年5月，联合国“教科文组织”把昆曲列为“口述非实体人文遗产杰作”。

昆曲的唱腔轻柔婉转、优美动听，念白儒雅，表演细腻，舞蹈飘逸，舞台置景高雅精湛，在戏曲表演的各个方面都达到了极高的境界，剧本也有较高的文学价值，不愧其“中国戏曲之祖”的雅称。

“昆曲”的中“昆”是什么意思？

昆曲是中国古老的戏曲剧种，原名“昆山腔”，或简称“昆腔”，清代以来被称为“昆曲”，现又称为“昆剧”。昆曲的伴奏乐器以曲笛为主，辅以笙、箫、唢呐、三弦、琵琶等。昆曲早在元末明初之际（十四世纪中叶）即产生于江苏昆山一带，它与起源于浙江的海盐腔、余姚腔和起源于江西的弋阳腔并称为“南戏四大声腔”，同属南戏系统。

“梨园弟子”最初就是戏曲演员的称谓吗？

戏剧界雅称“梨园”，戏曲演员雅称“梨园弟子”。事实上，“梨园弟子”的称谓最早并不是指戏曲演员，而是指乐器演员。

《新唐书·志·礼乐十二》记载，唐玄宗李隆基喜欢音乐，精通音律，尤其欣赏清雅的“法曲”，他挑选了三百多名乐工在皇宫里的梨园专门教他们演奏“法曲”。李隆基亲临指导，称这些乐工为“皇帝梨园弟子”。御口一开，天下仿效。后来，人们就把乐工统称为“梨园弟子”。以后法曲发展为歌舞，歌舞又发展为戏剧。

到了元末明初，随着朝代的兴衰和民间艺术的发展，“梨园弟子”的含义也发生了变化。高则诚的著名戏曲《琵琶记》中有一句开场白：“今日梨园弟子，唱演琵琶记。”看来，当时“梨园弟子”不只是指乐工，也包括戏曲演员。自那以后，戏曲界常被称为“梨园行”，而唐朝的梨园可谓“中国第一座国立戏曲学校”。

“南戏之冠”指哪部戏曲？“南戏四大传奇”又指哪四部戏曲？

南戏，又称“戏文”，是于北宋末年至元末明初流行于中国南方的一种戏曲艺术。因其最初形成于温州，故也称“温州杂剧”“永嘉杂剧”。南戏萌芽于民间歌谣、小曲，曾受诸宫调和宋杂剧的影响，音乐上以南曲为主。

元末的《琵琶记》是一部享誉海内外的南戏名著，历来被认为是“南戏之冠”。它的作者高明，字则诚，号菜根道人，浙江瑞安人。《琵琶记》叙述的是汉代书生蔡伯喈与赵五娘历经悲欢离合的故事，共四十二出。

元末明初出现的著名南戏《荆钗记》《刘知远白兔记》《拜月亭》《杀狗记》，被并称为“南戏四大传奇”，简称“荆、刘、拜、杀”。

戏曲表演中有哪“四功五法”？

“四功五法”是戏曲界经常说的一句术语。“四功”，就是唱、念、做、打的四项基本功，是戏曲舞台上一刻也离不开的表演手段。戏曲界经常说的“五法”，一般是指手、眼、身、法、步。

归纳起来，“五法”有几种不同的说法：（1）手、眼、身、法、步。手指手势，眼指眼神，身指身段，步指台步，法指以上几种技巧的规格和方法。有艺术家认为，“手为势，眼为灵，身为主，法为源，步为根”。其中，“法”是指戏曲表演所不能背离的规矩和法度，是演员在舞台上表演戏曲意境和神韵的技法。（2）手、眼、身、发、步。发指甩发的技巧，此说认为“法”是“发”的讹传。（3）口、手、眼、身、步。“口”指发声的口法。此说源自程砚秋。

徽班进京为何被视为京剧诞生的前奏?

京剧，又称“皮黄”，由西皮和二黄两种基本腔调组成，也兼唱一些地方小曲调（如柳子腔、吹腔等）和昆曲曲牌。

四大徽班进京，常被视为京剧诞生的前奏。所谓“四大徽班”，指清乾隆年间北京剧坛的四个戏班，即三庆班、四喜班、和春班、春台班。因其多以安徽籍艺人为主，故名“徽班”。

清乾隆五十五年（1790），为给乾隆帝祝寿，朝廷从扬州征召了以戏曲艺人高朗亭为台柱的三庆班入京，以唱“二黄”声腔为主，是徽班进京演出之始。之后又有四喜、启秀、霓翠、和春、春台等安徽戏班相继进京。在演出过程中，这些戏班逐渐合并为四大徽班。

清嘉庆、道光年间，汉调（又称“楚调”）进京，参加徽班演出，因此徽班又兼习汉调之长，为汇合二黄、西皮、昆、秦诸腔向京剧衍变奠定了基础，汉调与徽班促成了西皮与二黄的合流，形成了所谓的“皮黄戏”。在京师里形成的皮黄戏，受到北京语音与腔调的影响，有了“京音”的特色。这种带有北京特点的皮黄戏叫作“京戏”，也叫“京剧”。

一般认为，清道光年间的徽班领袖程长庚（安徽安庆人）是中国京剧的鼻祖，陕西是京剧主调声腔西皮的发源地，安徽是京剧二黄的发源地。

戏曲中的生、旦、净、末、丑分别指什么？

生、旦、净、末、丑是中国戏曲里扮演人物角色的五个主要行当，各司其职，虽任务不同却都不可或缺。

（1）生行。简称“生”。分为老生（须生）、红生、小生、武生、娃娃生等。

老生：即中年以上的生角，口戴胡子（髯口），因性格与身份的不同，可分为安工老生或唱工老生（如扮演帝王、官僚、文人等）、靠把老生或长靠老生（如扮演武将）、衰派老生（如扮演穷困潦倒之人等）。

红生：为勾红脸的生角，如扮演关羽、赵匡胤等。

小生：指演剧中的翎子生（戴雉翎的大将、王侯等）、冠生（官生）、扇子生（书生）、穷生（穷酸文人）等。

武生：是武角，穿厚底靴的叫长靠（墩子）武生，穿薄底靴的叫短打（撇子）武生。

（2）旦行。简称“旦”。分正旦（青衣）、花旦、武旦、刀马旦、老旦等角色。旦角全为女性。

正旦：以唱为主，扮演贤妻良母型角色。

花旦：主要扮演天真活泼或放浪泼辣的青年妇女。表演上着重念白和做功。

武旦、刀马旦：以武功见长的女性角色。

老旦：用本嗓演唱，多为老年妇女角色。

（3）净行。简称“净”，亦叫“花脸”。指脸画彩图的花脸角色，并不干净，故反其意称“净”。

净行分如下几种角色：以唱功为主的大花脸，包括铜锤花脸与黑头花脸；以功架（动作、造型）为主的二花脸或架子花脸（如扮演大将、和尚、绿林好汉）；以武打为主的武花脸或摔打花脸。大花脸称“正净”，架子花脸叫“副净”，武花脸叫“武净”，武二花脸叫“红净”。

（4）末行。简称“末”。该行当多为中年男性。实际末行专司引戏职能，如打头出场者，反其意称“末”。

（5）丑行。简称“丑”。常勾画“三花脸”。丑行又分文丑、武丑。文丑中又分为方巾丑、茶衣丑、巾子丑等。武丑专演跌、打、翻、扑等武技角色。

近代以来，由于不少戏曲剧种的“末”行逐渐归入“生”行，通常又把生、旦、净、丑作为戏曲行当的四种基本类型。

戏曲中生、旦、净、末、丑的名称是怎么来的?

关于戏曲中生、旦、净、末、丑五大角色名称的由来，历来说法不一，较权威的是以下的说法：

（1）生。明朝文学家祝枝山提出：“生即男子。”先生、后生、儒生以及张生、李生中“生”的本来含义都是对男性的称谓。

（2）旦。戏曲舞台上的女性为何称“旦”？戏剧史家周贻白认为，“旦”字由“姐”字演变而来。顺序是先有“姐”，由“姐”讹为“妲”（宋杂剧中有《老孤遣妲》《双卖妲》），再由“妲”简笔为“旦”（金元院本中有《旦判孤》《酸孤旦》，原来的《老孤遣妲》演变为《老孤遣旦》）。“姐”历来是对女性的称谓，“旦”又是“姐”的讹称，“旦角”自然专演女性了。

（3）净。元人柯丹丘认为“净”即“靓”的讹传，并指出：“傅粉墨献笑供谄者，粉白黛绿，古谓之靓装，今俗讹为净。”脸谱中的“净”，确是粉白黛绿，符合“靓”的含义。

（4）末。戏曲中的末角大都由中年男子扮演，又名“末尼”“末尼色”，是戏曲中最先出场的引戏演员，为不重要的角色，所以人们称他们为“末角”。

（5）丑。顾名思义，是相对于“俊”而言的。“丑角”扮演的人物虽不全是坏人，但大都在鼻梁上抹一块白粉，其形象毕竟是丑的。

被誉为京剧“四大名旦”的是哪四人？

梅兰芳、程砚秋、尚小云、荀慧生被誉为京剧“四大名旦”。

梅兰芳：擅长演青衣，兼演刀马旦。他对旦角的唱腔、念白、舞蹈、音乐、服装、化妆等各个方面都有创造、发展，世称“梅派”。梅派代表作有《宇宙锋》《贵妃醉酒》《霸王别姬》《穆桂英挂帅》等戏。

程砚秋：演青衣。他追求“声、情、美、永”的高度结合，并根据自己的嗓音特点创造出一种幽咽婉转、起伏跌宕、若断若续、节奏多变的唱腔，世称“程派”。程砚秋擅长演悲剧，编演过《鸳鸯冢》《荒山泪》《英台抗婚》《窦娥冤》等戏。

尚小云：初习武生，后改学旦行，兼演刀马旦。他嗓音宽亮，唱腔以刚劲著称，世称“尚派”。代表作有《二进宫》《祭塔》《昭君出塞》《梁红玉》等戏，塑造了一批巾帼英雄和侠女烈妇的舞台形象。

荀慧生：扮演花旦、刀马旦。他汲取梆子戏旦角艺术之长，熔京剧花旦的表演艺术于一炉，形成自己的艺术风格，世称“荀派”。他擅长扮演天真、活泼、温柔一类的妇女角色，《红娘》《金玉奴》《钗头凤》《荀灌娘》等剧较为著名。

一般戏曲表演中都有哪些手势？

在中国的戏曲表演中，几乎都离不开手势语，每个行当的手势都有其特定的规范和含义。

净角：五指张开，谓“虎爪势”，表示雄伟、勇猛。

小生：五指并合，拇指微屈，表示稳重。

老生：中指、食指微伸，其余三指皆屈，表示衰老、迟钝。

旦角：中指倒下搭住拇指，食指挺直，无名指、小指微屈，状若“兰花”，谓“兰花指”，表示温柔、矜持。

此外，抖手动作也有许多讲究，向外抖手表示厌恶、拒绝；向内抖手表示惊恐、慌张；上下左右抖手表示喜悦。

手势这种“语言”在表情达意方面有时比口头言语更快速。比如，舞台上没有门，演员却以手势虚拟开门、关门的动作。虚拟的手法给戏曲艺术家带来表演上的自由。

“龙套”是什么行当？“跑龙套”是怎么回事？

龙套，指在戏曲中扮演士兵、夫役等群众角色的演员，因其所穿的衣服上绣有龙纹或花纹而得名。四个龙套为一堂，用以表现人多势众。如果表现的是对战场面，需两堂龙套。

龙套在台上跟着主帅跑上跑下。营造各种舞台气氛，摇旗呐喊，这些都要靠龙套“跑”出来，故而也叫“跑龙套”“打旗的”。龙套的表演除了“跑”，还有一种以静为主。即使演武将的随从兵丁，也和武行的翻打不一样，他们着重走阵式、摆队形或站门助威。有时，整出戏龙套在官员后面一直站着不动，故又称“文堂”。

几乎每出戏里都有龙套这一角色，因此，在旧时学戏曲表演的人，开始就是跑龙套，无论他准备学哪个行当，都要从跑龙套开始，等到不怯场后，再慢慢学表演。跑龙套的人离主角近，可以近距离地听主角怎么唱，有益于自己学习演唱技巧。龙套跑好了，慢慢演旗、锣、伞、报，再演配角、主角。

综上所述，说龙套是戏曲中不可或缺的行当，并不为过。

脸谱的颜色各代表什么意思?

中国传统戏曲演员面部画的各种图案，用来表现人物的性格和特征。

通常认为，脸谱源自假面具。脸谱常应用于净、丑两个行当，其中各种人物大都有自己特定的谱式和色彩，借以突出人物的性格和特征，具有“寓褒贬、别善恶”的艺术功能，使观众能目视外表，窥其心胸。所以，脸谱被誉为角色“心灵的画面”。

戏曲脸谱是根据某种特殊类型人物的性格、性情而采用某些色彩的。

（1）红色的脸谱。表示忠义、勇猛、刚烈，如关羽（关公）、姜维、常遇春的脸谱；用作辅色暗示人物命运，如华雄、蒋忠、高登的脸谱。

（2）黑色的脸谱。表示刚烈、正直、勇猛、粗率鲁莽，如项羽、张飞、包拯、李逵的脸谱。

（3）黄色的脸谱。表示彪悍、阴险、凶狠残暴，如庞涓、典韦、宇文成都的脸谱。

（4）蓝色或绿色的脸谱。表示刚强、骁勇、粗犷、桀骜不驯，如马武、程咬金、窦尔敦的脸谱。

（5）白色的脸谱。一般象征阴险狡诈的坏人，如赵高、曹操、司马懿、秦桧的脸谱。

◇ 京剧脸谱

京剧界的“三大贤”“四块玉”分别指哪些人?

“三大贤”是二十世纪二三十年代京剧界的一种习称。“三大贤”有两种说法：一种是指当时老生行中的三位代表人物余叔岩、马连良、高庆奎；另一种更为普遍的说法是指旦行的梅兰芳、老生行的余叔岩、武生行的杨小楼（又称武生宗师）这三位具有代表性的人物。

“四块玉”是指中华戏曲专科学校的四位女演员，她们在校时即已崭露头角，后来即被人称为“四块玉”。这四人是侯玉兰（工青衣，习程派）、白玉薇（工花衫、青衣）、李玉茹（工花衫、花旦、青衣）、李玉芝（工花衫）。

戏曲清唱为什么俗称“冷板凳”？

“坐冷板凳”喻指不受重视，遭遇冷落。“冷板凳”原指戏曲清唱。旧时，在戏剧舞台一侧放有几张板凳，供乐队演奏人员坐。若演员清唱，没有乐队伴奏，这几条板凳便无人坐了，板凳自然是冷的，故在旧时戏剧界的行话里，称清唱为“冷板凳”。明朝魏良辅的《曲律》中有这样的记载：“清唱，俗语谓之‘冷板凳’。”

关于“冷板凳”还有这么一个故事。民国初年，有个叫小三儿的北方名演员赴沪演出。当时，上海滩不少戏院被地痞流氓把持，艺人常受欺诈。而小三儿不清楚这个情况，抵沪后没去巴结买通这些地痞流氓，结果在他演出之前，戏院非但没出戏报，就连通常的戏单也没印发。开演这天，戏场里冷冷清清。演出中，坐在前排的地痞流氓们不时群起喝倒彩。幕间更换布景时，地痞流氓们竟将小三儿扮演高贵身份角色所坐的太师椅换成了一条原本是琴师坐的板凳，让小三儿哭笑不得。小三儿硬着头皮坐在这条板凳上，把戏演完。观众见此，嘘叹不已。

事后，这批搞恶作剧的地痞流氓们还到处说：“小三儿坐冷板凳啦！”此事在上海滩传开，人们纷纷为戏剧名角小三儿遭受这样的冷落打抱不平。此后，“坐冷板凳”便成为形容一个人不受重视、遭遇冷落的俗语。

京剧《贵妃醉酒》改编自哪部戏曲？

《贵妃醉酒》又名《百花亭》。关于《贵妃醉酒》的来源说法不一，其中一种是源于乾隆时期地方戏《醉杨妃》这一京剧剧目，经京剧大师梅兰芳倾尽毕生心血精雕细琢、加工点缀，成为梅派经典代表剧目之一。剧中，杨玉环的饮酒动作从一开始的掩袖而饮变为后来的随意而饮，梅兰芳以外形动作的变化来表现这个失宠贵妃从内心苦闷、极力克制到不能自制、沉醉失态的心理变化过程。

另一种说法是，该剧改编于一部以安史之乱为背景，以唐玄宗和杨贵妃的爱情为核心的戏曲巨著《长生殿》。全曲共五十出，一方面演绎了一段发生在皇宫内苑、帝王之家、帝妃之间的刻骨铭心、至死不渝的爱情，表现了作者的爱情理想；另一方面则再现了安史之乱期间唐朝社会动荡的局面，表达了作者对唐王朝盛世消失的惋惜、慨叹。

《长生殿》中的片段被改编成各种戏剧，梅兰芳的京剧《贵妃醉酒》亦在其中。而清初孔尚任的《桃花扇》，演绎的是明末清初时期复社名士侯方域与秦淮名妓李香君的爱情故事，孔尚任借此反映了南明一代的兴亡历史。

中国十大古典悲剧、喜剧分别有哪些？

中国十大古典悲剧分别是：《窦娥冤》（元·关汉卿）、《赵氏孤儿》（元·纪君祥）、《汉宫秋》（元·马致远）、《琵琶记》（元末清初·高则诚）、《精忠旗》（明朝·冯梦龙）、《娇红记》（明·孟称舜）、《清忠谱》（清·李玉）、《桃花扇》（清·孔尚任）、《长生殿》（清·洪昇）、《雷峰塔》（清·方成培）。

中国十大古典喜剧分别是：《救风尘》（元·关汉卿）、《西厢记》（元·王实甫）、《看钱奴》（元·郑廷玉）、《墙头马上》（元·白朴）、《李逵负荆》（元·康进之）、《幽闺记》（元·施惠）、《绿牡丹》（明·吴炳）、《玉簪记》（明·高濂）、《中山狼》（明·康海）、《风筝误》（清·李渔）。

中国十大古曲分别指的是哪些曲目?

中国十大古曲分别指以下一些曲目：

（1）《高山流水》。传说春秋战国时期的琴师伯牙一次在荒山野地弹琴，樵夫钟子期竟能领会他弹的曲子是在描绘“峨峨兮若泰山”和“洋洋兮若江河”。

（2）《广陵散》，又名《广陵止息》。三国魏嵇康善弹此曲，《晋书》记载，嵇康因不满当时专政的司马氏被害，临刑前曾弹奏此曲。

（3）《平沙落雁》，又称《雁落平沙》。曲调悠扬流畅，描写沙滩上群雁起落飞鸣，回翔呼应的情景。

（4）《十面埋伏》，又名《淮阴平楚》。描述的是楚汉相争中垓下之战的情景。

（5）《渔樵问答》，表现了渔樵在青山绿水之间自得其乐的情趣。

（6）《夕阳箫鼓》，明清时就已流传。1923年被改编成丝竹合奏曲《春江花月夜》。

（7）《汉宫秋月》。意在表现古代受压迫宫女幽怨、悲泣的情绪。

（8）《梅花三弄》，又名《梅花引》《玉妃引》。表现梅花洁白、傲雪凌霜的高尚品性。

（9）《阳春白雪》。相传为春秋时期晋国的师旷或齐国的刘涓子所作。“阳春”取万物知春、和风骀荡之意，“白雪”取懔然清洁、雪竹琳琅之音。

（10）《胡笳十八拍》。相传为蔡文姬所作，一章为一拍，共十八章，由琴伴唱，表现了蔡文姬思乡、别子的凄楚心情和浩然怨气。

“下里巴人”“阳春白雪”最初分别指的是什么？

“下里巴人”和“阳春白雪”原是春秋战国时期楚国的歌曲名，是当时较普及的音乐作品。关于“下里巴人”和“阳春白雪”的记载，始见于宋玉的《对楚王问》：“客有歌于郢中者，其始曰《下里》《巴人》，国中属而和者数千人。其为《阳阿》《薤露》，国中属而和者数百人。其为《阳春》《白雪》，国中有属而和者，不过数十人。”唐人李周翰对此作了注解：“《下里》《巴人》，下曲名也。《阳春》《白雪》，高曲名也。”

“下里巴人”后来泛指通俗的文学艺术，常与代表高雅艺术的“阳春白雪”相对。

《阳关三叠》最早是哪个朝代的琴曲？

《阳关三叠》是根据唐代诗人王维的诗《送元二使安西》谱写的一首琴曲。王维的这首诗在唐代就曾以歌曲形式广为流传，并被收入《伊州大曲》作为第三段。

由于当时人们在演奏时曾将其中某些诗句反复演奏三遍，故名《阳关三叠》，也因为诗中有“渭城”“阳关”等地名，所以又名《渭城曲》《阳关曲》。这首琴曲在唐代非常流行，不仅是由于短短四句诗句中饱含着作者极其深沉的与友人惜别的情绪，也因为曲调情意绵绵、真切动人。李商隐曾用“红绽樱桃含白雪，断肠声里唱阳关”的诗句形容它。

大约在宋代，《阳关三叠》的曲谱失传。目前所见的古曲《阳关三叠》则是由一首琴曲改编而成的。最早载有《阳关三叠》琴曲的是明代弘治四年（1491）刊印的《浙音释字琴谱》，而目前流行的曲谱原载于明代的《发明琴谱》（1530），后经改编载于清代张鹤所编的《琴学入门》（1876）。

为什么不健康的歌曲被称为“靡靡之音”？

“靡靡之音”一词起源于商朝。传说当时有一个叫师涓的乐师，专门搜集、整理乐曲，并能演奏动听的乐曲。一次，残暴的商纣王把师涓抓去，要师涓专门为他演奏。可师涓演奏的乐曲都不合商纣王的口味，商纣王要杀死他。

师涓觉得，像商纣王这样的暴君怎能理解激发人们斗志的好乐曲呢？他冥思苦想，创造出“靡靡”之乐、“北里”之舞来应付商纣王（《史记·殷本纪》载，殷纣王“使师涓作新淫声，北里之舞，靡靡之乐”）。商纣王听了却很高兴，免师涓一死。从此，商纣王整天陶醉在这种歌舞之中，没有心思治理国家，不久便被周武王打败了。

后来，人们便把那种软绵绵的、使人丧失斗志的音乐、歌舞称为“靡靡之音”。“郑卫之声”常常与“靡靡之音”同时出现。据文献资料记载，郑声之“淫”，一是指过分、不节制，不合中和之美；二是指郑声里有黄色音乐，有引人入邪的意思。

“五音不全”中的“五音”指什么？

人们常常称一个人发音不准或唱歌“跑调”为“五音不全”。那么，“五音”到底指的是什么呢？

传说在远古时代，有一个叫神农的音乐家创造了五弦琴。当时用五弦琴弹奏的音乐使用五声音阶，即宫、商、角、徵、羽，分别相当于现行简谱的1、2、3、5、6。“五音”的形式随着历史的变迁延续了下来。到了唐代，“五音”的指称发生了变化，称“合、四、乙、工、尺”为“五音”，于是音乐史上又有了“工尺”之说。

在音韵学上，“五音”是指五类声母在口腔中的五类发音部位，即喉音、牙音、舌音、齿音、唇音。

中国古代乐器的“八音”指什么？

“八音”，是中国古代对乐器的分类，通常为金、石、土、革、丝、木、竹、匏八类。《周礼·春官宗伯·大司乐／小师》记载：“皆播之以八音：金、石、土、革、丝、木、匏、竹。”郑玄注解道：“金，钟镈也；石，磬也；土，埙也；革，鼓鼗也；丝，琴瑟也；木，柷敔也；匏，笙也；竹，管箫也。”

乐府最初是掌管音乐的机构还是音乐形式？

乐府原本是汉代封建王朝建立的一个管理音乐的宫廷官署。乐府最初始于秦代，汉代沿用秦代的名称。公元前112年，汉武帝正式设立乐府，其任务是搜集、编纂各地的民间音乐，整理改编与创作音乐，进行演唱、演奏及训练音乐人才等。

《汉书·志·礼乐志》记载，汉武帝时，设有采集各地歌谣和整理、制定乐谱的机构，名叫“乐府”。乐府规模很大，八百余人。皇帝为了能听到各地的好音乐，常派乐府官员去各地搜集民歌。有时连诗歌也搜集来，人们将之称作“乐府歌辞”“乐府诗”“乐府”。到了唐代，这些诗歌的乐谱虽然早已失传，但这种诗歌形式却相沿下来，成为一种没有严格格律，近于五言、七言古体诗的诗歌体裁。

二胡名曲《二泉映月》《听松》的作者是谁？

二胡，源自中国古代北部地区的一个少数民族奚族，那时叫“奚琴”，又叫“胡琴”“嵇琴”。

唐代诗人岑参曾作有“中军置酒饮归客，胡琴琵琶与羌笛”的诗句，说明胡琴在唐代已开始流传。

宋末学者陈元靓在《事林广记》中记载，嵇琴本嵇康所制，故名“嵇琴”。宋代沈括的《补笔谈·乐律》记载：“熙宁中，宫宴，教坊伶人徐衍奏嵇琴，方进酒而一弦绝，衍更不易琴，只用一弦终其曲。”说明在北宋时二胡演奏就已有了很高的水平。

二胡既适宜表现深沉、凄悲的内容，也能表现气势壮观的意境。

二胡名曲《二泉映月》《听松》《寒春风曲》均为清光绪年间的盲人阿炳（原名华彦钧）所作。此外，黄海怀的《江河水》、刘文金的《三门峡畅想曲》也是优秀的二胡曲目。

三弦这种弹拨乐器可追溯到哪个朝代？

三弦，中国传统弹拨乐器。柄很长，音箱多呈椭圆圆方形，两面蒙皮，弦三根，侧抱于怀演奏。音色粗犷、豪放。可以独奏、合奏或伴奏。

秦始皇灭六国统一天下后，就征发百姓去边疆修筑万里长城。为了调剂繁重的劳役，中国北方各民族人民曾把一种有柄的小摇鼓加以改造，在上面拴了丝弦，制成了圆形、皮面、长柄、可以弹拨的乐器，当时称为“弦鼗”。这就是三弦的前身，最早在北方边疆的军队中使用。

唐代崔令钦的《教坊记》中出现过“三弦”之名。元朝时，三弦盛传于中原。《北西厢弦索谱》（元王实甫词、清沈远曲）即以三弦为伴奏乐器。从宋元墓中出土的演奏三弦的图像和乐俑来看，三弦在当时已广为流传。

现当代的萧剑声是著名的三弦改革家和演奏家。

弹奏乐器琵琶是如何得名的？

琵琶，又称“批把”“枇杷”。汉代刘熙的《释名·释乐器》记载：“枇杷本出于胡中，马上所鼓也。推手前曰枇，引手却曰杷，象其鼓时，因以为名也。”意思是说，琵琶出产于胡中，是骑在马上弹奏的乐器，向前弹出称作“枇”，向后挑进称作“杷”，根据它演奏的特点而命名为“枇杷”。在古代，敲、击、弹、奏都称为“鼓”。当时的游牧人骑在马上喜好弹琵琶，因此为“马上所鼓也”。

大约在魏晋时期，这种乐器正式称为“琵琶”。唐朝诗人白居易的《琵琶行》中说：“千呼万唤始出来，犹抱琵琶半遮面。转轴拨弦三两声，未成曲调先有情。”说明琵琶在唐朝已广为流行。

琵琶曲中，大曲有文武之分。文曲宜于表现文静细腻、柔和美妙的情趣，如《夕阳箫鼓》《汉宫秋月》等曲；武曲适于表现威武雄健、豪放爽朗的气概，如《十面埋伏》《海青拿天鹅》等曲。此外，盲人阿炳的琵琶曲《大浪淘沙》《龙船》《昭君出塞》亦是佳曲。

拨弦乐器瑟有什么来历？

瑟，中国古代的拨弦乐器，形状似琴，有二十五根弦，弦的粗细不同。每弦瑟有一柱。最早的瑟有五十弦，故又称“五十弦”。

《诗经·小雅》中说：“琴瑟击鼓，以御田祖，以祈甘雨，以介我稷黍，以穀我士女。”“窈窕淑女，琴瑟友之。”这是中国最早的见于古籍的关于瑟的记载，说明瑟流传至今至少有三千多年的历史了。孔子擅鼓瑟，在当时，孔子鼓瑟是独立成家的，号称“孔门之瑟”。

《仪礼》记载，古代乡饮酒礼、乡射礼、燕礼中都用瑟伴奏唱歌。战国至秦汉之际，盛行“竽瑟之乐”。汉朝时，瑟亦流行很广。魏晋南北朝时期，瑟是伴奏相和歌的常用乐器。隋唐时期，瑟用于演奏清乐。以后，瑟则只用于演奏宫廷雅乐和丁祭音乐。

筝为何被俗称为“古筝”？

筝，又称“古筝”“秦筝”，是中国传统拨弦乐器，流传至今已有两千多年的历史，故被俗称为“古筝”。筝在汉、晋以前，设十二弦，后增至十三弦、十五弦、十六弦及二十一弦。

唐代赵璘的《因话录》记载：“筝，秦乐也，乃琴之流。古瑟五十弦，自黄帝令素女鼓瑟，帝悲不止，破之，自后瑟至二十五弦。秦人鼓瑟，兄弟争之，又破为二。筝之名自此始。”

清代朱骏声的《说文通训定声》记载：“古筝五弦，施于竹，如筑。秦蒙恬改为十二弦，变形如瑟，易于木。唐以后为十三弦。”

东汉应劭的《风俗演义》记载：“筝，五弦筑身也。”

东汉许慎的《说文解字》（宋代徐铉校定重刊本）记载：“筝，鼓弦竹身乐也，从竹，争声。”

东汉刘熙的《释名》进一步指出：“筝，施弦高急，筝筝然也。”由此可知，筝是由其自身发出的“铮、铮”音响而得以命名的。

古筝名曲有《渔舟唱晚》《高山流水》《寒鸦戏水》《汉宫秋月》等。

箫与笛的差别在哪？羌笛是箫还是笛？

箫，分为洞箫和琴箫，皆为单管、竖吹，属极为古老的乐器。一般由竹子制成，上端有一吹孔，有六孔箫和八孔箫之分，以音孔数量区分，六孔箫的按音孔为前五后一，八孔箫的按音孔则为前七后一。八孔箫为现代改进的产物。

箫、笛同源于远古时期的骨哨，新石器时代，人们开始以竹制作竹哨。“横吹笛子竖吹箫”，是笛、箫之间最基本的差别。箫，历史上亦称为“笛”，唐以后才专指竖吹之笛。箫音色圆润轻柔，幽静典雅，适于独奏和重奏。

箫在汉代时称为“篴”“竖篴”“羌笛”。羌笛原为古代居住在四川、甘肃一带的羌族人民使用的乐器，最初只有四孔（三个音孔加管口一孔），西汉的京房（字君明）在三音孔后面加了一个最高音孔，成为五孔箫。

西晋的列和、荀勖所改革的笛为六孔（前五后一），其形制与今天的萧很相似。

魏晋南北朝时，箫已用于独奏、合奏，并在伴奏相和歌的乐队中使用。

清代，箫的形制与现在的萧完全一样。

锣是什么乐器？

锣，是一种中国传统的金属类的打击乐器。锣不仅在民族乐队、民间器乐合奏、各种戏曲、曲艺以及歌舞伴奏中使用，而且也是庆祝集会、赛龙舟、舞狮子、欢庆丰收和劳动竞赛等活动中不可缺少的乐器。

锣是用铜冶炼而成的，它的结构比较简单，锣身呈一个圆形的弧面，四周以锣身的边框固定，演奏者用木槌敲击锣身正面的中央部分，使锣产生振动而发音。

最早使用铜锣的是居住在我国西南地区的少数民族。随着各民族间文化交往的日益加强，铜锣逐渐向中国内地流传。那时候，铜锣常用于礼仪活动和战争中。古代的军事首领们指挥军队作战的用具之一即为铜锣。锣曾称为“金”，故有“鸣锣开道”和“鸣金收兵”之说。

◇ 锣

在古代，鼓除了用来伴奏还有什么功能？

鼓，是一种中国传统的打击乐器。《礼记·明堂位》记载，传说伊耆氏（神农，一说尧）时就已有“土鼓”，即用陶土制作的鼓。远古时期，鼓被尊奉为通天的神器，其用途主要是作为祭祀的器具。除此之外，鼓在驱除猛兽的狩猎活动和乐舞活动中亦被广泛应用。鼓还曾是重要的报时、报警工具。

鼓结构比较简单，由鼓皮和鼓身两部分组成。鼓皮是鼓的发音体，通常是将动物的皮革蒙在鼓框上，经过敲击或拍打使之振动而发声的。由于鼓有良好的共鸣作用，声音激越雄壮而传声很远，所以很早就被华夏民族的祖先作为军队作战的助威工具。

相传黄帝在征服蚩尤的涿鹿之战中曾使用鼓，“黄帝杀夔，以其皮

◇ 鼓

为鼓，声闻五百”（《太平御览》引《帝王世纪》）。《荀子·议兵》中亦有“闻鼓声而进，闻金声而退”的记载，意思是击鼓号令进攻，鸣金号令收兵。

随着科学技术的进步以及通信手段的发展，鼓原本的如报时、祭祀、作战助威等功能渐渐退出历史的舞台。现在人们大多将鼓作为打击乐器使用。

相声最早可追溯至哪个朝代?

有学者指出，相声最初就是一种模仿各种声音，如模仿人声、鸟声、兽声、风声、水声及其他宇宙间声音的口技。战国时孟尝君的门客学鸡叫以解其危，就是口技在军事上的实际应用。

相声的历史，要从古时候的俳优讲起。“俳优”是古代以乐舞谐戏为业的艺人。春秋战国时期就有关于俳优的记载。这种艺术形式多用诙谐的语言、尖酸的嘲弄以达到引人捧腹大笑的目的。

唐代时相声叫“弄参军”。参军，即军帐前的幕僚、食客。表演者多为军营中的幕僚，故称“弄参军”。弄参军是对口相声，一人穿绿色衣服，手持简策，扮作机灵滑稽的参军；另一人穿着破烂，扮作愚蠢可笑的苍头，双方互相笑骂、嬉弄，甚至扑打。

宋代则流行群口相声。

清道光年间的张三禄是目前见于文字记载的中国最早的相声艺人。据一些老艺人说，“相声”二字是由“学四相”和“学四声”的尾字合成的。“学四相”，即指学大姑娘、老太太、哑巴和聋人四种人的动作；“学四声”，即学山东、山西、北京城里、城外的四种声音。

谁是中国相声的祖师爷？

著名的曲艺杂家崔琦指出，全堂八角鼓的演员张三禄与其他演员一起将全堂八角鼓进行了改革和创新，形成了相声的雏形。张三禄在表演中还加入了“贯口”（相声术语，以很快的语速说话，比如“报菜名”）。因此，张三禄被认作最早说相声的人。

然而，现在相声界公认的相声开山祖师是清末号称“穷不怕”的朱绍文。原因是张三禄并没有正式的入门弟子，其相声艺术未形成体系传承下来，而与朱绍文同辈分的相声艺人还有阿彦涛和沈春和，但是由于这二位先生的弟子很少，到现在阿先生和沈先生的后辈也不多，大部分相声演员都是朱绍文这支的，所以相声界公认朱绍文为相声的祖师爷。

朱绍文扮个小花脸演出，由唱太平歌词、数板说笑话或小段故事发展成为单口相声。他又根据评书、戏曲的故事情节编成段子，传下来“说、学、逗、唱”四门技巧，并且带了四个徒弟，最终形成了相声这一行当。

值得一提的是，过去曾有人推西汉的文学家东方朔为相声界的祖师爷。

第九辑

天文、历法、地理

中国古代除了“天圆地方说”还有哪些天地模型说?

关于天地的模型，中国古代流行以下几种学说：

（1）盖天说。这是古代汉民族的宇宙学说，即“天圆地方说”。这种学说认为，天像盖着的斗笠，地像个扣着的盘，它们都是中间高、四周低的半球形，北极位于天穹的中央。

（2）浑天说。这种学说认为，大地是球形，外裹着一个球形的大穹，地球浮于天表内的水上，天和地的关系好像蛋壳与蛋黄一样；日月星辰附在天壳上，天球的内壳对于地球来说，是倾斜的；天球绕着北极和南极这个轴线像车轮般永无休止地转动着，一半常在水上，一半常在水下，所以嵌在天球壳上的日月星辰就这样绕地球运转。

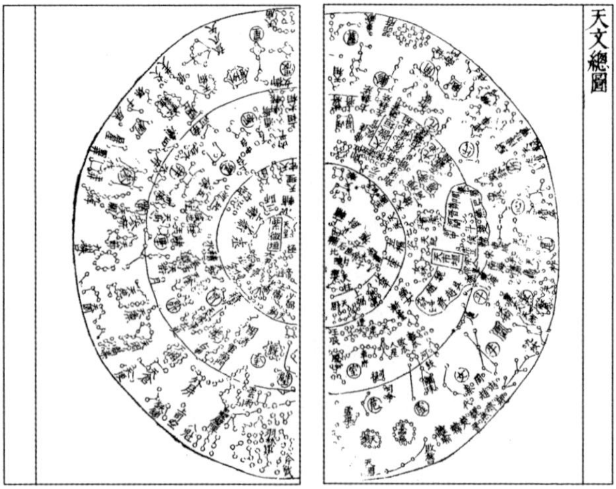

◇ 天文总图

（3）宣夜说。据东晋虞喜的解释：“宣，明也；夜，幽也。”意谓阐明深奥之道理，这种宇宙学说主要记载在《晋书·天文志》中。这种学说认为，天不是一个实体的物质，而是无边无涯的气体，高远无限，天呈蓝色是因为远望的结果；日月星辰飘浮在大气之中，自然飘浮着，并没有嵌在天体上，所以才能有或快或慢的飘浮、转动的速度，疾迟不一。

古人是如何认识天上的日、月、星辰的?

古人把日、月、星辰叫作“三光”。

太阳是个巨大的火球，由一个巨大的车载着，六条螭龙拉车，御者叫羲和。羲和载日，每天从旸谷出发，经过咸池、扶桑、曲阿、曾泉、桑野、衡阳、昆吾等地，最后入于崦嵫。这是《淮南子》中对太阳运行的描述，大体上可以代表中国古人对太阳的认识。

对于月亮，《淮南子》记载：“月，一名夜光，月御曰望舒，亦曰纤阿。”张衡在《灵宪》中说：“月者，阴精之宗。积而成兽，象兔。”意思是月亮是阴气的宗主，阴气变化生成兽，如兔。另外还有射日英雄后羿的妻子嫦娥窃仙药升天奔到广寒宫的传说。

对于星辰，《释名》说：“星，散也，列位布散也。”《汉书》中说：“星者，金之散气，与人相应，凡万物之精，上为列星、长庚，太白星也。”春秋说题辞云：“阳精为日，日分为星，故其字日生为星。”一言以蔽之，认为星辰是由日生出的，散列在空中，与人相应。如《水浒传》就把一百零八位起义好汉附会成三十六天罡星、七十二地煞星下凡。其他小说中有关文曲星、武曲星的说法举不胜举。

中国古人所说的“二十八宿”具体指什么？

古人观测日、月、五星的运行是以恒星为背景的，以恒星为标志说明日、月、五星运行的位置。经过长期观测，古人选择了黄道、赤道附近的二十八个星宿作为“坐标”，称为“二十八宿”，即：

东方青龙七宿——角、亢、氐、房、心、尾、箕。

南方朱雀七宿——井、鬼、柳、星、张、翼、轸。

西方白虎七宿——奎、娄、胃、昴、毕、觜、参。

北方玄武七宿——斗、牛、女、虚、危、室、壁。

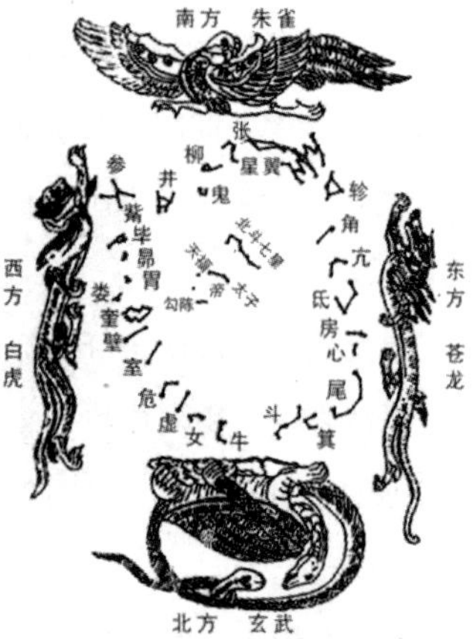

◇ 古代的二十八星宿

唐代的温庭筠在《太液池歌》中写道：“夜深银汉通柏梁，二十八宿朝玉堂。”夸张地描写了星光灿烂、照耀宫阙殿堂的景象。唐代王勃在《滕王阁序》中写道：“物华天宝，龙光射牛斗之墟。”是说物产华美有天然的珍宝，龙泉剑光直射牛宿、斗宿的星区。唐代刘禹锡的诗句“鼙鼓夜闻惊朔雁，旌旗晓动拂参星”，形容的是雄兵出师惊天动地的场面，里面的“参星”即“参宿”。

“十二星次”指的是什么？各自又对应哪些星宿？

我国古人为了量度日、月、行星的位置和运动，把黄道带分成十二个部分，叫作“十二星次”。《汉书·律历志》记载，“十二星次”的名称分别是：星纪、玄枵、娵訾、降娄、大梁、实沈、鹑首、鹑火、鹑尾、寿星、大火、析木。

“十二星次”，又称“十二度”。《史记·太史公自序》中记载：“夫阴阳四时、八位、十二度、二十四节各有教令……”《集解》引张晏注说：“八位，八卦位也。十二度，十二次也。”里面的“十二次”说的也是“十二星次”，又简称为“星次”。

每一星次都有二十八宿中的某些星宿作为标志，如星纪有斗、牛二宿，玄枵有女、虚、危三宿等。“十二星次”是等分的，且与十二时辰相配。由于二十八宿的广狭不一，所以“十二星次”的起讫界限不能和宿与宿的分界一致，也就是说有些宿是跨属于相邻的两个星次的。

“十二星次”，既可用来指示一年四季太阳所在的位置，以说明节气的变化，还能用来说明岁星每年运行所到的位置，并据以纪年。如说某年“岁在星纪”，次年“岁在玄枵”等。

天地“分野”是怎么回事？

“分野”，是与星次相对应的地域。古人以“十二星次”的位置划分地面上州、国的位置。就天文而言，称作“分星”；就地面而言，称作“分野”，又称“十二分野”。

《晋书·天文志》记载，十二州为兖州、豫州、幽州、扬州、青州、并州、徐州、冀州、益州、雍州、三河、荆州，分别由郑、宋、燕、吴（越）、齐、卫、鲁、赵、魏（晋）、秦、周、楚十二古国瓜分，如箕、尾二宿代表燕之幽州。

早在春秋战国时代，人们就根据地上的列国、州域来划分天上的星宿，把“二十八宿”分配给地上的各国或各州域，认为某星是某国或某地的，使之相互对应，这就是“分野”。例如，“鹑首”对应“秦”；“鹑火”对应“周”；“寿星”对应“郑”；“析木”对应“燕”；“星纪”对应“吴越”等。当天空某个星宿的区域中有变化或出现异常现象时，人们便推测它所属的那个分野的州域会发生相对应的灾害。

中国古人划分星空的“三垣”是指哪三垣?

三垣，是中国古人所划分的三个恒星组合区域的总称，与黄道带上的二十八宿合称“三垣二十八宿”。三垣，即上垣之太微垣、中垣之紫微垣及下垣之天市垣。每垣都是一个比较大的天区，内含若干（小）星官（或称为“星座”）。紫微垣和天市垣的名称最先于《甘石星经》中出现，太微垣的名称见于唐初的《玄象诗》。

《清会典》所载，甘氏、石氏、巫氏（甘德、石申、巫咸）的划分互有不同。各垣都有东、西两藩的星官，左右环列，其形如墙垣，故称为“垣”。在《史记·天官书》中，也可见到和这三垣相当的星官，但其名称和星数不同。可见三垣的形成曾经历了演变和调整。

在《步天歌》中，三垣成为三个天区的主体，这些天区也以三垣的名字作为名称。紫微垣包括北天极附近的天区，大体相当于拱极星区；太微垣包括室女、后发、狮子等星座的一部分；天市垣包括蛇夫、武仙、巨蛇、天鹰等星座的一部分。

中国俗称的“扫帚星”的学名是什么?

中国俗称的“扫帚星”，学名是彗星，以后拖拽长尾而得名。

《天文略论》记载：“彗星为怪异之星，有首有尾，俗象其形而名之曰扫把星。”《春秋》中记载，公元前613年，“有星孛入于北斗”，这是世界上公认的首次关于哈雷彗星的确切记录，比欧洲的相关记录早六百多年。

◇ 扫帚星

旧时迷信说扫帚星主扫除，天上出现“扫帚星”则预示有战祸或天灾。现代人们多用其形容将会带来灾难或厄运的人，是骂人的说法，主要针对女性。相传，帮助文王兴周的姜子牙的妻子（马氏要求姜子牙休了自己，于姜子牙发达后上吊自杀，所以只能算是前妻）马氏在死后被封为“扫帚星”。所以，后世视“扫帚星”为晦气女子的象征。

金、木、水、火、土五星在古代各有哪些别称？

金星。古名“长庚星”“启明星”“太白星”。光色银白，亮度甚强。除日月外，是天空看起来最亮的天体。金星于黎明见于东方，叫“启明星”，于黄昏见于西方，叫“长庚星”。

木星。古名“岁星”。木星每十二年运行一周，故名“岁星”。木星的活动周期和太阳的活动周期相近。古人把木星的活动周期与农事联系起来，并用岁星所在的次名作为纪年标准。

水星。古名“辰星”。离太阳最近，看上去总是在太阳两边摆动，离开太阳最远不超过三十度。中国古代把一周天分为十二辰，每辰约三十度，故称水星为“辰星”。

火星。古名“荧惑”。以其红光荧荧似火而得名。火星在天上的运动，时而由西往东，时而由东往西，很迷惑人，故名“荧惑”。

土星。古名“镇星”。土星约每二十八年绕天运行一周，每年进入二十八宿中的一宿，叫“岁镇一宿”，好像轮流坐着二十八宿一样，故名“镇星”。也有写作“填星”（“镇”与“填”通假）的。

福、禄、寿三星分别指的是哪三颗星？

福、禄、寿三星的说法起源于远古人类的星辰崇拜。

福星指木星（古称“岁星”），古人认为其所在有福，故称“福星”。《天官·星占》中说：木星照耀的国度，赐福于君王，保佑他政

◇ 南极星辉

权稳定。星相家引申为："岁星所照，能降福于民。"说岁星照耀之地，百姓亦能得到好运和幸福。

在北斗星之上有六颗星合起来称为"文昌宫"，其中的第六颗星即是人们所崇拜的禄星。禄星掌管人间的荣禄贵贱。《史记·天官书》记载："曰文昌宫：一曰上将，二曰次将，三曰贵相，四曰司命，五曰司中，六曰司禄。"司禄，即职司功名利禄的禄星。自隋唐实行科举制度后，禄星逐渐成为士人命运的主宰神，天下士人莫不对之顶礼膜拜。

寿星又叫"南极老人星"。十二星次之一。寿星是夜晚天空中亮度仅次于天狼星的恒星，也是南极最亮的星。寿星在夜空中能持续不断地发光，正应人寿长久的意愿。

古代皇帝对"紫"的青睐与天上的哪个星座有关？

北京故宫称"紫禁城"，古代京师郊野的道路称"紫陌"，皇帝的诏书称"紫诰"……中国古代皇家何以喜用"紫"字？追根溯源，"紫"原指天上的星宿。

如前所述，天上的恒星分为"三垣"：紫微垣、太微垣、天市垣。紫微垣位居中央，太微垣和天市垣陪设两旁。古时，人们认为天皇是住在天宫里的，天宫当然在天中央，紫微垣因居于天中央的位置，成了古人心目中的天宫应在的场所。

因此，天宫又叫"紫微宫"。人间的皇帝自称"天子"，故人们以紫微垣星代称皇帝，使皇帝与"紫"结下了不解之缘。

古人是怎样利用北斗星定季节、辨方向的？

古人很重视北斗星，因为可以利用它来辨方向、定季节。

北斗星是由天枢、天璇、天玑、天权、玉衡、开阳和摇光七星组成的。古人把这七星联系起来想象成为古代舀酒的斗形。天枢、天璇、天玑、天权组成为斗身，古称“魁”；玉衡、开阳、摇光组成为斗柄，古称“杓”。北斗星其实是大熊星座中排成勺形的七颗星。

北斗星在不同的季节和夜晚不同的时间，出现于天空不同的方位，所以古人就根据初昏时斗柄所指的方向来决定季节——斗柄指东，天下皆春；斗柄指南，天下皆夏；斗柄指西，天下皆秋；斗柄指北，天下皆冬。

夜间，人们在野外迷路时，可以利用北斗星中的指极星辨明方向。因为北斗星与北极星总是保持着一定的位置关系不停地旋转。通过北斗星斗口的两颗星（即指极星）连线，朝斗口方向延长约五倍远能看到一颗亮星，这颗星就是北极星。北极星所在的方向就是正北方。

关于流星雨的最早记录可追溯到哪个朝代？

流星或流星雨都是天体小块从地球外部闯入地球大气层与大气摩擦燃烧而发光所形成的。未烧完的流星落到地面，便是陨石。若有许多块落到地上，就称为“陨石雨”。

《竹书纪年》记载，帝禹夏后氏八年“雨金于夏邑。”这是公元前2133年降落在今河南省的一场铁陨石雨，是人类历史上最早的一次关于陨石雨的记录。《竹书纪年》中亦有夏桀十年（前1580）“夜中，星陨如雨”的记载。

此后，史书中关于流星雨的记录总数有三百条之多，常用“星陨如雨”“众星交流如织”“流星如织”等比喻加以形容。有些记录甚为完整全面，包括流星雨的出现时间、流向、在天空中的位置、流星个数，有时还记录流星的颜色和响声。北宋沈括就在自己的名著《梦溪笔谈》中记载了陨石陨落的全部过程，从陨石与大气摩擦生热发光，光球的大小，爆炸声，陨石飞行的方向，陨石的余热，陨石的形状、大小，陨石坑，直到陨石的性质和收藏经过均有所表述。

《甘石星经》记录了哪些行星的出没规律？

《甘石星经》是世界上最早的天文学著作。战国时期，齐人（一说楚人，亦说鲁人）甘德、魏人石申各自在本地进行天文观测，在长期观测天象的基础上各写出一部天文学著作。甘德的著作名为《天文星占》，石申的著作名为《天文》，都是八卷。汉朝时，这两部著作还是各自刊行的。后人把这两部著作合并，并定名为《甘石星经》。

可惜它在宋代以后失传了，今天我们只能从唐代的天文学书籍《开元占经》里见到它的一些片段摘录。这些片段摘录表明，甘德和石申当时曾系统地观察了金、木、水、火、土五大行星的运状况，初步掌握了五大行星出没的规律。他们还记录了八百颗恒星的名字，测定了一百二十一颗恒星的方位。后人也将甘德和石申测定的恒星记录称为《甘石星表》，这不仅是中国最早的恒星表，也是世界上最早的恒星表。

古时的占星术是怎么回事？

占星术，亦称“星占学”，是指通过观察日月星辰在天空中的相对位置和相对运动来解释或预言人世间祸福吉凶的一种巫术。

古代的天文学在很大程度上是跟占星术联系在一起的。占星家们对某些天象不能作出科学的解释，就把它们归结为上天的旨意，认为天象的变化预示着人间的吉凶。

比如，占星家们把日食看成上天对最高统治者发出的警告。《左传·昭公十七年》记载："日有食之，天子不举，伐鼓于社。"《礼记·昏义》记载："日食则天子素服而修六官之职。"

又如，占星家们把天上出现彗星看作人间兵灾的凶兆。他们还认为，当岁星运行到某星宿所在的位置时，地上的国家五谷丰登。当荧惑运行到某星宿所在的位置时，地上的国家要发生灾祸。

除此之外，占星家们还迷信某星主水旱，某星主饥馑，某星主疾疫，某星主盗窃等，注意观察这些星星的隐现出没和光色变化而加以占验。

"日食"一词见于中国古代的哪部作品？

中国的日食观测历史源远流长，《尚书》记载："乃季秋月朔，辰弗集于房。"指约4000年前发生的日食，为世界最早的日食记录。但最早的"日食"一词则见于《诗经》中的《十月之交》。

这首诗的开篇八句写道："十月之交，朔月辛卯。日有食之，亦孔之丑。彼月而微，此日而微。今此下民，亦孔之哀。"大概意思是说，进入十月，在辛卯这一天发生了日食，这很不好。过去发生过月食，今天又发生日食，天下的老百姓真是可怜啊。

据学者考证，这首诗作于周幽王时期。虽然古人尚无法科学解释日食现象，将其视为一种不祥之兆，但他们对日食的观察和记录还是准确的。据现代天文学家推算，在这首诗所写的日子里确实发生过日食现象。

中国最早的日食记录见于哪部作品？

日食是目前人类肉眼所能观察到的最壮观的天文现象，所以人类自古就对日食重视有加。中国的日食观测记录历史悠久、内容丰富。

《尚书》记录了在约4000年前发生的一次日食，这是目前已知的世界上最早的日食记录。据统计，从春秋时期到清乾隆年间，中国史书上记载的日食近千次，居世界首位。

在中国古代，人们主要用水盆反射太阳倒影的方法来观察日食。这种日食观察方法最早见于公元前一世纪。到了宋代，人们用油盆代替了水盆。元朝的郭守敬用小孔成像法准确测量出食分（食分是指被月亮遮住的太阳部分的视直径与整个太阳视直径的比）。到了明朝末年，天文学家徐光启开始用望远镜观察日食。

古人所说的“黄道吉日”有科学依据吗？

“黄道吉日”属旧时的迷信类星象之说。在古代，人们利用星象来推算人间的吉凶祸福，把青龙、明堂、金匮、天德、玉堂、司命六个星宿视为吉神，六神值日之时，诸事皆宜，不避凶忌，即为“黄道吉日”。与“黄道吉日”相对应的是“黑道凶日”。

古人将太阳在天图上位移的路径称为“黄道”，这是一条波形路径，夏至时太阳落在波形曲线的最高点，冬至时太阳则落在波形曲线的最低点。太阳日行一度，每天在黄道上所处的位置都不同，它在黄道上所处位置的旁边还有很多星星，太阳与这些星星之间形成某种局面、影响力，可以影响地球上的人，有时是好的影响，称为“吉”；有时是坏的影响，称为“凶”。当太阳运行到黄道的某个位置，并与星星形成吉祥影响力时，就是所谓的“黄道吉日”。

中国古代的吉凶之说虽然充满神秘色彩，甚至显得荒诞不经，但它包含了中国古代哲学、天文、地理、自然生态等诸多方面丰富的内容，并蕴含着人们关于如何顺应自然方面的论述。

历法时令

古人是如何建立起“日”“月”“年”概念的?

古人观察太阳的升起、降落和昼夜的循环，从而产生了“日”的概念。所谓“日”就是一个昼夜。

古人观察月亮圆缺的变化（从月圆到月缺，再到月圆），由月的圆缺变化产生了“月”的概念。所谓“月”就是月亮圆缺的一次循环。

古人通过栽培种植农作物，观察到寒来暑往，草木枯荣，产生了“年”的概念。所谓“年”就是寒来暑往、草木枯荣的一个周期。《说文解字》中说：“年，谷熟也。”

“年”“月”“日”概念的建立是历法得以产生的基础。《尚书·尧典》中说：“期三百有六旬有六日，以闰月定四时，成岁。”

中国古代的历法是一种阴阳合历，以太阳的运行周期作为一整年，以月亮的圆缺周期作为一整月，以闰月来协调年和月之间的关系。

阴历、阳历、公历三者的主要区别在哪?

以朔望月为单位的历法叫阴历，它是根据月亮圆缺的变化规律制订的。月亮又叫“太阴”，所以阴历全称为“太阴历”。月亮绕地球一周的时间约为二十九天半。为了计算方便，阴历把大小月交替为三十天和二十九天。月相（在地球上看到的月亮被太阳照亮的部分）的变化是人们最容易看见的天象，因此各国的历法大都先有阴历后有阳历，随着农牧业的发展，这种历法逐渐被淘汰。

以太阳年为单位的历法叫阳历，全称为“太阳历”。阳历把春、夏、秋、冬四季的变化定为一年，也就是以地球绕太阳一周的时间定为一年。一年分十二个月，每月的日数为三十一天、三十天、二十九天、二十八天不等。因此，在阳历里每月十五的月亮并不一定是最圆的。

目前全世界通用的历法叫“公历”，又叫“格里历”，是一种阳历。先由埃及创制，后传入欧洲。公元前46年，罗马统治者儒略·恺撒主持制订了儒略历，规定单月为大月，三十一天，双月为小月，三十天，一年共三百六十六天。由于一年实际上只有三百六十五天多一点，于是把二月减去一天，用四年置闰补上一天，放在二月里。它是公历的前身。

恺撒死后，他的侄儿盖乌斯·屋大维对儒略历作了修改。因为他出生的八月是小月，于是他就把八月改成大月，硬给八月加上一天，成了三十一天，把九月改成小月，以此类推。但这样一年又多出一天，于是他只好把二月又减去一天，变成二十八天，每遇闰年，就变成二十九天。

后来，罗马教皇格雷果里十三世在1582年对此历法加以修订，称为“格里历”。格里历在二十世纪初被全世界普遍使用，故称“公历”。公历纪年亦称“公元”。中国是从1912年辛亥革命以后开始采用公历的，但用民国纪年。新中国成立后，采用公元纪年。

中国的农历是阴历还是阳历?

农历是目前在中国与格里历（即公历）并行使用的一种历法，人们通常称之为“阴历”，但并不等同于阴历。农历其实是一种典型的阴阳历。

在阴阳历中，历月的平均长度接近朔望月，历年的平均长度接近回归年，是一种“阴月阳年”式的历法。它既能使每个年份基本符合季节变化，又使每一月份的日期与月相对应。它的缺点是历年长度相差过大，制历复杂，不利于记忆。

阴阳历是一种兼顾月亮绕地球运转的周期和地球绕太阳运转的周期而制订的历法。在农历中，虽然平均历月接近一个朔望月，但设置闰月以使平均历年为一个回归年，设置二十四节气以反映季节（太阳直射点的周年运动）的变化特征，所以又有阳历的成分。

什么是黄历？为何它又有“通胜”的别称？

黄历，是在中国农历基础上产生的带有二十四节气的日期表以及表示当天吉凶宜忌、生肖运程等内容的历法。

黄历相传由黄帝创制，故称为“黄历”。由于其中有指导农民选择耕种时机的内容，故又称“农民历”。民间俗称为“通书”，但因“书”跟“输”同音，为避忌故又名“通胜”。

古时黄历由钦天监计算制订。在黄历中，不但包括了天文气象、时令季节，而且还包含了人民在日常生活中要遵守的一些禁忌。由于它是由皇帝颁布、供皇帝家族使用的，故称为“皇历”。1911年辛亥革命爆发，帝制被推翻后又改写成“黄历”。

祖冲之创制的《大明历》是一种什么样的历法？

《大明历》，是由南北朝时期的祖冲之创制的历法，也称“甲子元历”。

在祖冲之之前，人们使用的历法是由天文学家何承天编制的《元嘉历》。祖冲之经过多年的观测和推算，发现《元嘉历》存在很大的误差，于是着手制订新的历法。宋孝武帝大明六年（462），祖冲之创制出了《大明历》，于梁武帝天监九年（510）颁布施行。《大明历》的主要成就如下：

（1）定一个回归年为365.24281481日（近代测定的回归年长度为365.24219878日）。

（2）区分了回归年和恒星年，测得岁差为45年11月差一度（今测约为70.7年差一度）。

（3）定交点月日数为27.21223日（今测为27.21222日）。交点月日数的精确测定使得准确的日月食预报成为可能。祖冲之曾用《大明历》推算了从元嘉十三年（436）到大明三年（459）二十三年间发生的四次月食时间，结果与实际情况完全符合。

（4）定木星公转周期为11.858年（今测为11.86年）。

（5）提出了用圭表测量正午太阳的影长以定冬至时刻的方法。

农历的闰月是怎么回事？又何谓“失闰”？

中国古代的历法不是纯阴历的，而是一种阴阳历。阴阳历一年为十二个月，大月三十天，叫“大尽”，小月二十九天，叫“小尽”，全年三百五十四天或三百五十五天。而朔望月的长度为29.5306天，全年天数与太阳年365.2422天相差约10.875天，故须置闰，即三年闰一个月，五年闰二个月，春秋中叶后规定十九年闰七个月。每逢闰年加一个月，叫“闰月”，闰月加在某月之后就叫“闰某月”。

古人很重视置闰，置闰可使历年的平均长度约等于一个太阳年，并和自然季节大致吻合。当闰而不闰，叫作“失闰”。

从现有文献看，殷周时代已经置闰，闰月一般放在年终，称为“十三月”。当时置闰尚无定制，有时一年闰两个月，所以会有“十四月”。春秋时期就没有这种情况了。秦至汉初，在九月之后置闰月，称为“后九月”。“后九月”即“闰九月”。这是因为秦至汉初以十月为岁首，以九月为岁末，所以闰月仍置于年终。

朔、朏、魄、弦、明、望、既望、晦分别指什么？

朔：农历每月初一为朔。

朏：农历每月初三为朏。

魄：农历每月初三的月光。

弦：农历初七、初八，月亮缺上半，叫上弦；二十二、二十三月亮缺下半，叫下弦。

明：日月相映为明。

望：农历每月十五为望（月大十六，月小十五），即满月。清代袁枚在《祭妹文》中说："此七月望日事也。"

既望：望后一天为既望。宋代苏轼在《赤壁赋》中说："壬戌之秋，七月既望。"

晦：农历每月最后一天为晦。清代姚鼐在《登泰山记》中说："戊申晦，五鼓，与子颖坐日观亭。"

十二个月份在古代都有哪些别称？

一月：正月、陬月、端月、孟春、华岁、新正。

二月：竹秋、杏月、仲春、仲阳、如月、丽月、酣月。

三月：桃月、蚕月、桐月、季春、莺月、桃良。

四月：余月、槐月、孟夏、阴月、梅月、初夏、正阳、清和月。

五月：皋月、榴月、蒲月、仲夏。

六月：荷月、伏月、季暑、且月、焦月、暑月、精阳。

七月：相月、巧月、霜月、孟秋、兰月、凉月、瓜月、初秋。

八月：壮月、桂月、仲秋、正秋、仲商。

九月：玄月、菊月、季秋、穷秋、抄秋、青女月。

十月：孟冬、良月、初冬、开冬、小阳春。

十一月：葭月、仲冬、畅月。

十二月：涂月、腊月、季冬、暮冬、嘉平月。

民间为什么把一月又称为“正月”？

正月，“正阳之月”。原指我国古历（夏历、殷历、周历）一年的第一个月，即通常意义上的岁首。在中国古代，每年以哪一个月做第一个月，有时是随着朝代的更换而变化的。在汉朝以前，往往每换一个朝代，月份的次序就要更改一次。据说，商朝把夏朝规定的十二月算作每年的第一个月，而周朝又把十一月算作每年的第一个月。秦始皇统一天下以后，又把十月算作每年的第一个月，直至汉朝的汉武帝才恢复夏朝的月份排列法，并且一直沿用到现在。

既然“正”是改正的意思，那么正月的“正”字原本就应该读作“改正”的“正”字音，但是到了秦代，因秦始皇姓嬴名政，为避“正”字的读音同他的名字同音的讳，“正月”自此即读作“正（征）月”，后来就一直沿用到现在。

古人是如何划分一年四季的？

古时的四季也叫“四时”，指一年之中的春、夏、秋、冬四个季节。

后来人们又按夏历把十二个月分为：正月、二月、三月为春，分别为孟春、仲春、季春；四月、五月、六月为夏，分别为孟夏、仲夏、季夏；七月、八月、九月为秋，分别为孟秋、仲秋、季秋；十月、十一月、十二月为冬，分别为孟冬、仲冬、季冬。孟春等名称，古人常作相应月份的代称。《楚辞·九章·哀郢》中说：“民离散而相失兮，方仲春而东迁。”《古诗十九首》中说：“孟冬寒气至，北风何惨栗。”

古代又有“四孟”（孟春正月、孟夏四月、孟秋七月、孟冬十月）的说法。但在商代和西周前期，一年只分春、秋二季，所以后来“春秋”就意味着称一年。《庄子·逍遥游》中说：“蟪蛄不知春秋。”意思是说蟪蛄生命短暂，活不到一年。后来历法日趋详密，由春、秋再分出冬、夏，所以有些古书中所排列的四时顺序并不是“春夏秋冬”，而是“春秋冬夏”。

二十四节气歌诀是怎么来的？

二十四节气是中国古代劳动人民在农业生产实践中逐渐创立的。开始的时候是把一年分为春、秋两季，到了周代才进一步分为春、夏、秋、冬四季。大约在两千五百年前的春秋战国时代，逐渐有了二至（冬至、夏至）、二分（春分、秋分）四个节气。以后又经过不断补充、完善，到西汉时期就已有了和现在一样的二十四节气了。

二十四节气在中国历法史上具有重要的地位。按阳历，二十四节气排列为：二月，立春、雨水；三月，惊蛰、春分；四月，清明、谷雨；五月，立夏、小满；六月，芒种、夏至；七月，小暑、大暑；八月，立秋、处暑；九月，白露、秋分；十月，寒露、霜降；十一月，立冬、小雪；十二月，大雪、冬至；一月，小寒、大寒。

为便于记忆，广大人民群众将其编成二十四节气歌诀：春雨惊春清谷天，夏满芒夏暑相连。秋处露秋寒霜降，冬雪雪冬小大寒。每月两节不变更，最多相差一两天。上半年来六廿一，下半年是八廿三。

二十四节气的具体含义是什么？

立春、立夏、立秋、立冬中的“立”字就是即将开始的意思，表示春、夏、秋、冬四季将临；夏至、冬至中的“至”字则表示盛夏和寒冬已经到来；春分、秋分中的“分”字即是平分的意思，这两天昼夜时长相等，正好处于夏至和冬至的中间。

雨水表明降雨开始，雨量渐增；清明则表示天气晴和，万物滋生；谷雨标志着雨量的增加，谷物苗壮成长；小满表明麦类等夏熟作物即将成熟。

芒种则是麦类等有芒作物成熟和晚季作物抢种的时期；小暑、大暑是一年中的炎热季节，所谓“三伏天”就是指这一时期；处暑中的“处”字是终止的意思，表示暑天结束，气温开始下降；白露表示气温降低，出现露水。

寒露表示天气转冷，露水很凉；霜降表示开始结霜；小雪、大雪天开始下雪，直至形成积雪；小寒、大寒是一年中的寒冷季节，人们一般用“数九寒冬”一词来说明这一时期的寒冷程度。

立春为什么又俗称“打春”？

立春，俗称“打春”。有时在农历十二月，有时在农历正月。自古以来，朝廷与民间在立春时都有很多祭祀、庆贺活动，除大家熟知的吃春卷、春饼外，还有打春牛活动。

立春日打春牛的习俗早在周朝时就产生了。每年的立春前，各地的官府事先制好泥塑芒神和土牛。立春这天，官府带着迎春队伍，浩浩荡荡地来到东郊八里处事先准备好的芒神亭和土牛台。迎春队伍中的人一律穿青色衣服，用青色车子，擎青色旗帜，吹着牛角号，唱着“青阳曲”，舞动羽毛仪仗，跳着云翘舞，举行隆重的迎春仪式。

上述打春牛仪式发展到了明清时期，更是隆重。清人的《燕京岁时记》记载：“立春先一日，顺天府官员至东直门外一里春场迎春。立春日，礼部呈进春山宝座，顺天府呈进春牛图。礼毕回署，引春牛而击之，曰打春。”打春牛头象征吉祥，打春牛腰象征五谷丰登，打春牛尾象征四季平安，无论鞭打春牛的哪个位置，都象征着驱寒和春耕的开始。

这就是立春为什么又俗称“打春”的原因。

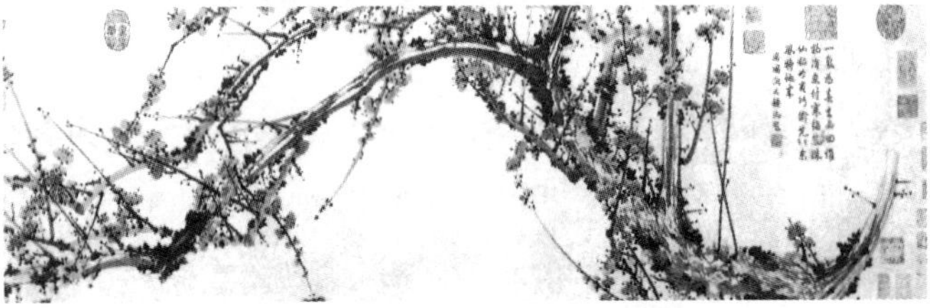

◇ 邹复雷《春消息图》（局部）

立夏这一天民间有什么习俗？

立夏这一天，民间有吃蛋的习俗。俗话说：“立夏吃了蛋，热天不疰夏。”

相传从立夏这一天起，天气晴暖并炎热起来，许多人特别是小孩会有身体疲劳、四肢无力的感觉，食欲减退，逐渐消瘦，这称为“疰夏”。在神话传说中，女娲告诉百姓，每年立夏之日在小孩的胸前挂上煮熟的鸡、鸭、鹅蛋，可避免疰夏。因此，立夏节民间人们就有了吃蛋的习俗。

立夏这天，民间还有“称人”的习俗。这天，人们竖起一杆大木秤，在秤钩上悬一张凳子，大家轮流坐到凳子上面称自己的体重。司秤人边称人，边讲着吉利话。

这一习俗的由来，相传与三国时期刘备的阿斗有关。据说孙尚香回江东时，刘备让她带上阿斗，以便照料阿斗。过段日子，赵云奉命过江来探望阿斗。那天正是立夏。孙尚香当着赵云的面给阿斗称了体重，说好来年立夏再称一次，看阿斗的体重是否增加，由此表示自己对阿斗的精心照顾。此说法传入民间，演变成在立夏这天称了体重就不怕夏季炎热、不会消瘦，不称则易病灾缠身的说法。

古人为何把冬季称为“玄冬”？冬季还有哪些别称？

玄冬：“玄”为黑色，古代以四方为四季之位，北方为冬位，其色黑，故有此称。

三冬：古人以农历十月为孟冬，十一月为仲冬，十二月为季冬，并将这三个月份合称“三冬”，用以代指冬季。

九冬：冬季三个月共九十天，于是冬季又别称“九冬”。

严冬：“严”有程度深之义，故“严冬”也就成了极其寒冷的冬天的又一代称。

清冬：冬季万物萧条，天地间一片清寒，故又有“清冬”之别称。

穷冬：“穷”，尽也。冬季为一年中的最后一个季节，故有“穷冬”之别称。

穷阴：古代以春夏为阳，秋冬为阴，冬季又是一年中的最后一个季节，故称。

北陆：本指太阳在冬季时所在的方位，后来被人们用来代称冬季。

玄序：玄，冬之色；序，季节。唐朝许敬宗在《奉和守岁应制》中说：“玉王官玄序，金奏赏彤闱。”

此外，冬季的别称还有“玄英”“岁馀”等。

“数九”是什么意思？《九九消寒歌》有什么内容？

“数九”又称“冬九九”，是中国民间的一种计算寒天与春暖花开日期的方法。数九寒天，即从冬至日算起，每九天算一“九”，数到九“九”八十一天，“九尽桃花开”，天气就暖和了。

民间广为流传的《九九消寒歌》，俗称《九九歌》，生动形象地记录了冬至到来年春分之间的气候、物候的变化情况，同时也表述了农事活动的一些规律。广泛流传的《九九消寒歌》说：“一九二九不出手，三九四九冰上走，五九六九沿河看柳，七九河开，八九雁来，九九加一九，耕牛遍地走。”

由于各地气候寒暖不一，《九九歌》的内容在各地也就有些区别。如河北流传的《九九歌》为：“一九二九不出手；三九四九缘凌走；五九半，凌碴散；春打六九头，脱袄换个牛；七九六十三，行人把衣宽；八九不犁地，只待三五日；九九杨花开，以后九不来。”

古代的“九九消寒图”是用来做什么的？

从冬至那天开始“数九”，经过九九八十一天方能寒尽春来。在古代，数九寒天是人们一年中较难度过的日子，而大地回春则是人们共同向往的，所以古人便设计了各式的“九九消寒图”用来计算时日，帮助消寒迎春。

（1）文字消寒图。其图由九个汉字组成，例如，“亭前垂柳珍重待春风”“春前庭柏风送香盈室”，每字九画（繁体），正好八十一画。字呈双钩体，笔画中间是空白的，每过一天用红笔描一画，待到九个字描完，春天便来临了。

（2）梅花消寒图。其图是一枝梅花，共八十一瓣，每天用红笔涂染一瓣，待到素梅变成红梅时便“出九”了。

（3）圆圈消寒图。其图是九个大圈，每个大圈中又有九个小圈，小圈旁标明日期，每天用墨涂画一个小圈，阴天涂掉小圈的上半部，晴天涂掉小圈的下半部，刮风涂左半部，下雨涂右半部，下雪则涂中央部分。这种消寒图不仅可以计日，还可兼记气候的变化状况。

民间为何习惯称农历十二月为“腊月”？

农历十二月，俗称民间“腊月”。为什么民间习惯称农历十二月为

“腊月”呢?

《说文解字》记载:“腊,冬至后三戌,腊祭百神。”

《太平御览》引《玉烛宝典》:“腊者祭先祖,蜡者报百神,同日异祭也。”

可见,“腊”是古代人们祭拜祖先的一种活动。因为腊祭多在农历十二月进行,因此自周代开始,人们便把农历十二月称为“腊月”。到了汉代,人们又按“干支纪日”的方法,把冬至日后的第三个戌日定为“腊日”,即“腊八”。

何谓“天干地支”?干支纪年是怎么回事?

“天干地支”简称“干支”,是夏历中用来编排年号和日期用的。天干共十个字,因此又称为“十干”,其排列顺序为:甲、乙、丙、丁、戊、己、庚、辛、壬、癸。地支共十二个字,其排列顺序为:子、丑、寅、卯、辰、巳、午、未、申、酉、戌、亥。其中甲、丙、戊、庚、壬为阳干,乙、丁、己、辛、癸为阴干。子、寅、辰、午、申、戌为阳支,丑、卯、巳、未、酉、亥为阴支。

以一个天干和一个地支相配,排列起来,天干在前,地支在后,天干由甲起,地支由子起,阳干对阳支,阴干对阴支,形成以六十年为一个循环周期的甲子回圈,称为“六十甲子”或“花甲子”。中国古人就是以“六十甲子”的循环来纪年、纪月、纪日、纪时的,此即“干支纪年法”。

十天干、十二地支有什么具体含义?

十天干的含义:甲是铠甲的意思,指万物破其甲而出;乙是轧的意思,指万物初生,屈曲伸长;丙是炳的意思,指万物炳然著见;丁是壮的意思,指万物丁壮;戊是茂的意思,指万物茂盛;己是纪的意思,指万物有形可纪识；庚是更的意思，指万物收敛有实；辛是新的意思，指万物初新皆收成；壬是任的意思，指阳气任养万物，万物怀妊；癸是揆的意思，指万物闭藏地下，揆然萌芽。

十二地支的含义：子是孳的意思，指阳气始萌，万物孳生于地下；丑是纽的意思，指万物在寒土中屈曲；寅是演津的意思，指万物冒地而出；卯是茂的意思，日照东方，万物滋茂；辰是震的意思，指万物经震动而长；巳是起的意思，指万物盛长无起，阴气消尽，纯阳无阴；午是仵的意思，指万物丰满长大，阳气充盈，阴气开始萌生；未是昧的意思，指万物皆成有滋味；申是身的意思，指万物的身体都已成就；酉是老的意思，指万物犹缩收敛；戌是灭的意思，指万物衰灭；亥是劾的意思，阴气刻杀万物，到此已达终点。

天干地支纪年法以哪一天作为一年的开始?

自周朝建立到汉朝初叶，帝王是没有年号的，只称某王、某帝之某年，如周宣王九年、汉惠帝五年等。换句话说，在汉朝以前，人们用天干地支纪年，以立春而不是以农历的正月初一作为一年的开始。

古代皇帝正式启用年号，始于汉武帝刘彻，有清人赵翼的《陔余丛考》中的记载为证："年号纪元自汉武始。"汉武帝在其即位的第二年（前140）开始用年号纪年，定年号为"建元"。从此以后，凡新皇帝登位，依例都要启用新的年号，称为"改元"，直至清朝末代皇帝溥仪的年号"宣统"为止。老皇帝驾崩后，新皇帝需要服满当年的丧期，一般第二年才能改年号，或者从本年年中算起。

古人是用虚岁还是用实岁来记岁?

中国人在说到年龄时常常使用一个词——"虚岁"。什么是虚岁?

虚岁是与实岁（现在统称作“周岁”）相对的一种记岁方法。

顾名思义，“虚”是虚假之意，“实”是真实之意。虚岁记岁这种中国传统计算年龄的方法，是一种以年为单位的舍小求大的概算法。一个人出生的当年记为一岁，以后每过一个春节增加一岁。古时候，虚岁记岁是唯一的记岁方法，古人说的“岁”即“虚岁”。

虚岁中，没有以零为起点的理念，没有以个人生日为起点的记岁方法。按照民间的习俗，一个刚出生的婴儿，只有在百天之前会以天为单位来计算他的日龄或月龄，一过百天，就再不会计算他的日龄或月龄，而是以年为单位来计算的年龄。

例如，一个在2020年8月14日出生的男孩，到2021年1月1日，虽然出生才不足五个月，但依照古人的记岁法，已一岁了。

为何在大年三十出生的人，到次年三月就两岁了？

中国古人注重的是“生辰”“诞辰”，并非“生日”。

古人把一天分为十二个时辰，分别以十二地支表示，称为“十二时辰”。

与生辰密切相关的是属相。人人都有一个固定的属相。

民间的算命先生知道一个人的属相后，会使用天干地支纪岁法，通过掐指来推算他的年龄。其方法是：以拇指以外的四个手指为依托，以四指的十二条横纹和四个指尖为基点，以食指最下端（与掌心连接处）的横纹为起点，沿四指周边的正方形分别记数，以大拇指的指尖一一点击子鼠、丑牛、寅虎、卯兔、辰龙、巳蛇、午马、未羊、申猴、酉鸡、戌狗、亥猪，每一个指尖或横纹都有一个固定的对应点。

由上可知，天干地支纪岁法的特点是：以年为单位，一年对应一个属相，不计月日和时辰；无空缺位置，没有零的概念。哪怕一个人出生的年份只剩下最后一天，他也必有一个固定的属相。同样地，没有零概念的虚岁便是这种纪岁法导致的结果。

古代的十二时段和五更是怎么划分的?

古人用十二地支子、丑、寅、卯、辰、巳、午、未、申、酉、戌、亥把一天划分为十二时辰，每个时辰相当于现代的两小时，如巳时相当于上午九时至十一时。那时候，人们在白天靠测量太阳的影长测时，夜晚依据漏壶滴水的次数测时，然而这不是最早的测时方法。

在这以前，人们根据太阳的起落和人兽的活动来计时，将昼夜分为十二时段：夜半、鸡鸣、平旦、日出、食时、隅中、日中、日昳、晡时、日入、黄昏、人定。

另外，古代还有报更（又叫“打更”）的计时法。这种计时方法把夜间分为五更：七点到九点一更，九点到十一点为二更，午夜十一点到凌晨一点为三更，凌晨一点到三点为四更，凌晨三点到五点为五更。

两个钟点间的时间间隔为什么叫“小时”？

人们每天都要和时间打交道，“几点钟”“几小时”这些词语一天也不知要说几遍。那么，现代的人们为什么要把两个钟点之间的时间间隔称为“小时”呢？既然有“小时”一词，那么又有没有“大时”一词呢？其实，“大时”一词的确有过，“小时”一词也是从“大时”一词引申而来的。

在中国古代，人们用“铜壶滴漏”的方法计时，把一昼夜分为十二个时辰，即子、丑、寅、卯、辰、巳、午、未、申、酉、戌、亥。半夜十一点到凌晨一点为子时，凌晨一点到三点为丑时，凌晨三点到五点为寅时，其余的依此类推。

古代的一个时辰相当于今天的两个小时，所以，当钟表刚刚传入中国时，就有人把一个时辰叫作“大时”，把新的时间一个钟点叫作“小时”。以后，随着钟表的普及，“大时”一词也就消失了，而“小时”一词却沿用至今。

“无时无刻”中的“刻”是一种怎样的单位?

古人除了用日晷来计时外，还用漏刻来计时。漏刻计时法将一昼夜分为一百刻，一刻相当于今天的14.4分钟，因而古代语言中就有“刻”的说法。

“漏刻”中的“漏”指漏壶，“刻”指刻剑。漏刻是一种比日晷用途更大的计时器，它可以用来计时、守时，而且不受夜晚和天气变化的限制。

最早的漏刻很简单，就是一只带提梁的壶，壶的下边有一小孔，箭杆上有刻度，看水退到哪一刻度就知道是什么时间。

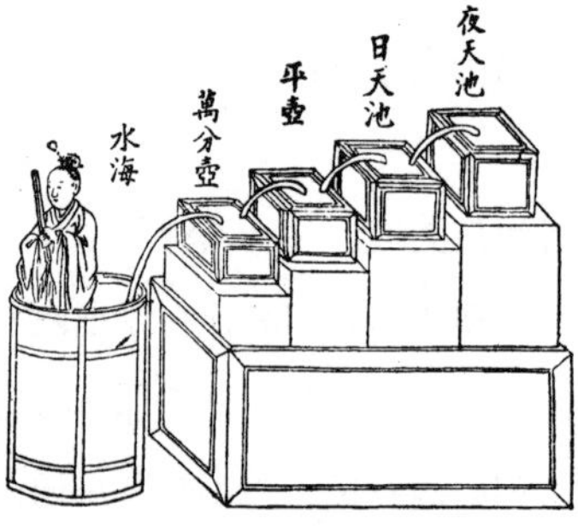

◇　漏刻图解示例

经过不断改进，漏刻的结构日臻完善。我国现存最完整的一件古代计时漏刻制造于元朝，现收藏于中国历史博物馆。这套漏刻由四个漏壶组成，安放在阶梯式的座架上。由上而下，最上层的漏壶叫作“日壶”，第二层的叫作“月壶”，第三层的叫作“星壶”，最下层的叫作“受水壶”。日、月、星壶的下部都有一个滴水龙头，水依次沿龙头下滴。在受水壶的铜盖中央，插着一把固定的铜尺，自上而下刻有从子时到亥时的十二个时辰。另外还有一个木质的浮箭，固定在浮舟上，紧靠铜尺，指向时辰刻度。

漏刻在我国古代的计时工作中一直扮演着重要的角色，直到近代西方的钟表传入中国后，它才逐渐退出历史舞台。

“弹指一挥间”究竟是多长时间?

人们常用“弹指一挥间”来形容时光短暂。那么，“弹指一挥间”究竟是多长时间呢？“弹指”是佛教中的一个时间量词，出自印度的梵语。《摩诃僧祇律》上解释说：“二十念名一瞬，二十瞬名一弹指。二十弹指名一罗豫，二十罗豫名一须臾。日极长时有十人须臾。衣极短时有十二须臾夜极长时有十八须臾。日极短时有十二须臾。”

依照上述记载，二十四小时是三十须臾，那么一须臾就是四十八分钟；四十八分钟是二十罗豫，一罗豫就是一百四十四秒；一百四十四秒是二十弹指，一弹指就是7.2秒。还可以继续换算，7.2秒是二十瞬，一瞬间是0.36秒；二十念为一瞬，一念间就应该是0.018秒。一转念竟然是如此短暂的时间，佛家常说的“一念成佛，一念成魔”就更让人感慨了。

十二生肖与十二时辰是如何相配的?

中国农历中使用天干、地支的组合来编排年号、月份和日期，即甲子、丙寅……其中地支共有十二个字，可用于代表一天中的十二个时辰。为了形象化，人们用十二种动物符号分别与地支的十二个字相配。其配合的情况如下：

地支：子 丑 寅 卯 辰 巳 午 未 申 酉 戌 亥

动物：鼠 牛 虎 兔 龙 蛇 马 羊 猴 鸡 狗 猪

比如说，对于乙丑年丁卯月丙寅日酉时，可称为牛年兔月虎日鸡时。因此，属相一般指年份属相。地支与二十四节气也有关。

一个人的属相是由其出生的农历年的地支决定的，以立春为界，立春前为上一年属相，自立春时起为当年属相。出生于酉年的属鸡，出生于寅年的属虎，依此类推。此外，十二属相还分为阴、阳两类，鼠、虎、龙、马、猴、狗属阳性；牛、兔、蛇、羊、鸡、猪属阴性。

十二生肖纪时法是怎么来的?

十二生肖，又称“十二属相”。十二生肖纪时法，是一种用十二种动物作为名称的纪时方法。

一些史学家认为，中国古人之所以用十二生肖来纪时，是因为古人非常崇敬动物，对大自然中或活泼或凶悍的动物有一种图腾崇拜情结。在漫长的历史演变过程中，古人的这种图腾情结就与天干地支联系了起来，并用于纪时。

关于某一种动物和一个特定的地支互相对应的原因，历来有不同的说法。有人认为古人是以十二地支的奇偶数和动物足爪的奇偶数相对应。如子、寅、辰、午、申、戌都是奇数，鼠、虎、龙、猴、狗的脚掌都是五指，马则是单蹄，因此，子、寅、辰、午、申、戌分别与鼠、虎、龙、马、猴、狗对应。

明朝藏书家郎瑛在他的《七修类稿》一书中则认为其是古人按照动物的性情来配合的，如“子为阴极，幽潜隐晦，以鼠配之，鼠藏迹也”。当然，这些说法都有些穿凿附会。

中国的十二生肖中为何没有猫?

中国的十二生肖中为何独独没有猫呢？原来，在十二生肖产生时，猫（今日之家猫）还未加入“中国籍”呢。中国的干支纪年法传说产生于夏朝，这个传说是否可信，无史可证，但最迟也不会晚于商朝，因为甲骨文中已有相关记载。从生物进化史来看，猫的生存历史比人类的要长，但在汉朝以前，中国只有野猫，即《礼记》中所说的山猫，或许还有如《诗经》中“有熊有罴，有猫有虎”的诗句所说的豹猫等。中国今天的家猫，据说来源于印度的沙漠猫。印度猫进入中国大约是在汉明帝后期，因为直到那时，中印之间的交往才因为佛教传入中国而变得频繁起来。这离干支纪年法的产生已经相去千年了，因此猫没能纳入十二生肖中。

与天气有关的谚语，通常有哪些?

早看东南，晚看西北。日出云彩虹，上午没个晴。老云接驾，不是阴就是下。日头戴耳环，刮风要变天。太阳笑一笑，阵雨要来到。太阳露一露，有雨在后头。太阳亮亮响，阴雨在后晌。日昏三更雨，月昏午间风。日落乌云起，明天必有雨。公鸡高处啼，准是好天气。小鸡早进窝，明天把工歇。小鸡愁，雨水流。天上浮云走，地上晒死狗。天上浮云变，下雨连成遍。雾下地晴了天，雾上天雨连绵。漫阴雨下不完，云层越厚越能连。先下牛毛没大雨，后下牛毛不晴天。早雨不过午，雷雨三后晌。久雨起风要晴天，阴天住风雨窗前。

“五雷轰顶”中的“五雷”指什么?

在遭到了巨大的打击时，人们往往喜欢用成语“五雷轰顶”来形容，“五雷轰顶”中的“五雷”指的是什么呢?

“五雷”的说法是从中国传统的“五行学说”中衍生而来的。“五行”代表金、木、水、火、土五种物质，所以“五雷”也就指金雷、木雷、水雷、火雷、土雷。

金雷是指由刀剑、金属、铁器造成的祸事等；木雷是指棒打、从高处摔下、树木压身等；火雷是指火烧、电击、雷击等；水雷是指溺水、水淹、庄稼遭受水涝灾害等；土雷是指土埋、房屋倒塌、高处掉物等。被此五雷击倒者必定是罪孽深重的人。

“五雷”还有一说为道教方术。《太平广记》引《神仙感遇传》说：“如其言至彼，雷公亦来以墨篆一卷与之，曰：‘依此行之，可以致雷雨，祛疾苦，立功救人。因我兄弟五人，要闻雷声，但唤雷大雷二，即相应……’”因雷公有兄弟五人，故以五雷称之。

古时代称方位的“四象”分别是什么？

现在人们常用东、南、西、北表示地理方位，而在古代，人们往往以“青龙”“朱雀”“白虎”“玄武”来代表东、南、西、北。

（1）青龙。青龙是东方之神。如位于东海之滨的历史名镇青龙镇，此外尚有青龙河、青龙塔等，都代表着它们的位置在东方。

（2）朱雀。朱雀是南方之神。中国诸多旧城的南门均以朱雀冠名。金陵（今南京）的朱雀门、朱雀桥，长安（今西安）内街的朱雀门等，都是著名的历史古迹。

（3）白虎。白虎是西方之神。古人认为白虎是一种祥瑞，《宋书》中说：“王者不暴虐，则白虎仁，不害物。”

（4）玄武。玄武在中国古代神话中通常指北方之神。其具体形象是龟的身上缠绕一条蛇。南京的玄武湖在东晋初年被称为“北湖”。此外，唐朝长安的玄武门也指北门。

◇ 四象

“两肋插刀”中的“两肋”指哪里？

“为朋友两肋插刀”，本来说的是秦琼（秦叔宝）为救朋友染面涂须去登州冒充响马，路过两肋庄时在岔道想起老母和妻儿，岔道有三条，一条通历城，一条通登州，一条通家门，秦琼犹豫片刻，最终还是为救朋友视死如归去了登州。两肋庄走岔道体现出秦琼的深重义气，后被人们传为“两肋岔道，义气千秋”。如今，很多人误以为是在两肋上插刀，实则谬也。

“楚河汉界”以今天的哪个地方为界？

中国的象棋棋盘上有“楚河汉界”。史书记载，历史上的“楚河汉界”指的是河南省荥阳市黄河南岸广武山上的鸿沟一带。现在，鸿沟两边还有当年楚军与汉军对垒的城址，东边是霸王城，西边是汉王城。鸿沟沟口宽约八百米，深达两百米。

荥阳鸿沟一带，北临黄河，西靠邙山，东连平原，南接嵩山，为历代兵家兴师动众的战场。楚汉相争时，刘邦和项羽仅在荥阳一带就“大战七十，小战四十”。公元前203年，刘邦出兵攻打项羽，项羽粮缺兵乏，不得已提出“乃与汉约，中分天下，割鸿沟以西为汉，以东为楚”的要求，从此就有了“楚河汉界”的说法。

“西出阳关无故人”中的“阳关”在哪里？

《渭城曲》是唐代王维的诗作。诗中写道：“渭城朝雨浥轻尘，客舍青青柳色新。劝君更尽一杯酒，西出阳关无故人。”诗中提到的“阳关”位于现在的哪个省份呢？据考证，“阳关”位于甘肃省敦煌市西南古董滩附近。

阳关居玉门关之南，古以南为阳，故称“阳关”，为汉武帝在开辟河西时“列四郡，据两关”的两关之一，是汉武帝设在河西走廊西端的重要关隘，在军事上有着极为重要的地位，更是古代中西陆路交通的咽喉之地，自古为丝绸之路西出敦煌、通西域南道的必经关卡，为西部边境之门户。

其实，王维还有一首提到“阳关”的诗作：“绝域阳关道，胡沙与塞尘。”因为当时的阳关是西域和内地的分界线，出了阳关就是茫茫沙漠，视觉上同中原腹地有很大差异，人的心理状态也相应会发生变化。

“明修栈道，暗度陈仓”中的“陈仓”在哪里？

公元前207年，秦朝被推翻后，项羽拥兵自重，迫使先入秦都咸阳的刘邦退出咸阳，自己率兵进入咸阳，自称“西楚霸王”。接着，项羽封刘邦为汉王，让他统治偏远的汉中（今陕西南部）和巴蜀（今四川）地区。为防备刘邦再次入关，项羽还派秦军降将把守关中。

刘邦在去封地的途中，采用张良的计策，烧掉长达好几百里的栈道，以示再无回关中之意，以蒙蔽项羽。同年八月，有人起兵反抗项羽。刘邦认为这是个出兵关中的良机，于是采纳韩信的建议，一方面派人修复栈道，以迷惑敌方；另一方面暗地里为攻打陈仓积极地做准备。不久，韩信迅速出兵，攻下了陈仓。守卫关中的秦国降将章邯得知后非常恐慌，但为时已晚。刘邦军队借道于陈仓，攻打并占领了关中，为以后建立汉朝奠定了基础。

以上便是成语“明修栈道，暗度陈仓”的由来。“栈道”，是在陡峭的崖壁上凿孔支架木桩铺上木板而成的路。“陈仓”，古地名，在今陕西省宝鸡市东。

京杭大运河沟通了哪五大水系？

京杭大运河北起北京，南达杭州，流经北京、天津、河北、山东、江苏和浙江六省市，沟通了海河、黄河、淮河、长江和钱塘江五大水系，全长约一千七百九十七公里，相当于苏伊士运河的十倍多，巴拿马运河的二十二倍，是世界上最长的人工运河，也是世界上古老的运河之一。它和万里长城并称为“中国古代两项伟大工程”，闻名于全世界。

京杭大运河的开凿经过了三个历史阶段：公元前486年，吴王夫差首次在扬州开挖邗沟，沟通了长江和淮河，到隋炀帝时期和元朝时期，又先后两次大规模地开凿运河，终于建成了这条沟通中国南北漕运的大动脉。

九华山是“中国佛教四大名山”之一吗？

坐落于安徽省境内的九华山，素有“东南第一山”之称。它与山西五台山、浙江普陀山、四川峨眉山合称“中国佛教四大名山”。

九华山原名“九子山”。《太平御览》说，九华山奇秀，高出云表，峰峦异状，其数有九，故名“九子山”。唐朝大诗人李白的诗说：“昔在九江上，遥望九华峰。天河挂绿水，秀出九芙蓉。”从此九子山更名为“九华山”。

唐开元年间（一说永徽年间），新罗国国王近宗金乔觉（金地藏）来到九华山，辟地藏王道场，大规模建筑庙宇，历经宋、元、明、清各代兴建，日益鼎盛。鼎盛之时，仅佛寺便达三百余座，僧众四千余，香烟缭绕，常年不绝，所以九华山又有“佛国仙城”“蓬华佛国”之称。今日九华山已辟为游览区和佛教朝拜圣地。

被称为“天下第一奇山”的黄山因何而得名？

被誉为“天下第一奇山”的黄山因何而得名？众说纷纭，莫衷一是。近千年来，因黄帝炼丹而定名黄山一说流传甚广，影响深远。

黄山古名“黟山”，因峰岩青黑，遥望呈苍黛色而得名，唐改名为黄山。北宋景祐年间（1034—1038），黄山祥符寺住持释行明刻印的《黄山图经》解释说：“东南黟山，据得其中；云凝碧汉，气冠群山，神仙止焉……”唐玄宗崇尚道教，特于天宝六年（747）六月十七日敕改为黄山。

还有人认为，元人赵访依据阴阳五行学说，结合黄山盘踞于崇山之中，而中央正色是黄色，故而起名黄山。

明清两朝，又有黄山即黄檗山一说。康熙八年（1669）印行的《黄山志》附录《黄山辨》一文中说：“今乡俗称为黄檗山，山川出黄檗也。曰黄山，省辞也。”提出因山产黄檗而得名。

中国五大名山因何得名？又各具什么特色？

“五岳”是中国的五大名山，“五岳”即东岳泰山、南岳衡山、西岳华山、北岳恒山、中岳嵩山。其中，东岳泰山为“五岳”之首。“五岳”是远古人类的山神崇拜（传说盘古死后头和四肢化为“五岳”）、五行观念和帝王仰天功之巍峨而封禅祭祀相结合的产物，更是封建帝王受命于天、定鼎中原的象征。

学者经过研究，认为“五岳”的说法始于汉朝，可能是当时的一些经学家根据殷商时的五方（东、南、西、北、中）和五色（青、赤、白、黑、黄）等观念加以附会而成。晋朝道士葛洪在《枕中书》中融合五行所代表的方位和颜色的说法，称太昊为青帝，治东岳岱宗山（泰山）；祝融为赤帝，治南岳衡霍山（衡山）；金天氏为白帝，治西岳华阴山（华山）；颛顼为黑帝，治北岳太恒山（恒山）；轩辕氏为黄帝，治中岳嵩高山（嵩山）。

民间有“恒山如行，泰山如坐，华山如立，嵩山如卧，衡山如飞”的说法。论景观，泰山雄，衡山秀，华山险，恒山奇，嵩山奥。东岳泰山位于山东；西岳华山位于陕西；南岳衡山位于湖南；北岳恒山位于山西；中岳嵩山位于河南。

山西五台山的“五台”分别指什么？

五台山位于山西东北部，由五座顶如平台、屹立环抱的山峰组成。五座山峰以“台”命名：东台望海峰，西台挂月峰，南台锦绣峰，北台叶斗峰，中台翠岩峰。五峰之外称台外，五峰之内称台内，台内以台怀镇为中心。

《清凉山志》记载：“五峰耸出，顶无林木，有如垒土之台，故曰五台。”《五台新志》记载：“五台之名，北齐始见于史，北齐以前则称清凉山。”根据两书记载，“五台山”之称始于北齐，以前称“清凉山”。

地质学家根据考察认为，在两三千万年以前，这些台子的顶面原是地面，后来山地慢慢上升，地面被高高抬起，再经长期风化和各种剥蚀，形成了如今的高山台顶。五台山以其神奇的传说与诗情画意交织的美景吸引着各地的游客前来浏览。

庐山的名称有什么来历？

自古以来，庐山就被人们传为“神仙之庐”。“庐山”这一名称是怎么来的呢？

第一种传说。相传在周朝，有个叫匡俗（一作“匡裕”，又作“匡续”）的人，在此山盖茅庐数间为舍，学道求仙。周王知道此事后，想请匡氏下山为官，派人来访。但是匡氏已无影无踪，只剩下一栋空庐，有人说他成仙了。因为“成仙”的人姓匡，所以庐山一开始称“匡山”“匡庐”。到了宋朝，为了避宋太祖赵匡胤“匡”字的讳，改称“庐山”。

第二种传说。在周武王时候，有一位方辅先生。他同老子李耳一道，骑着白色驴子入此山炼丹，二人也都“得道成仙”，山上只留下一座空庐。人们把这座“人去庐存”的山称为“庐山”。因“成仙”的先生名辅，所以人们又称此山为“辅山”。但老子与周武王并不处于同一时代，因此这种说法不足为信。

第三种传说。说是匡俗的父亲东野王曾经同鄱阳县令吴芮一道辅佐刘邦平定天下，东野王不幸中途战死。汉朝建立后，刘邦为了表彰东野王的功勋，封他的儿子匡俗于鄡阳，号“越庐君”。越庐君入此山学道求仙，庐山因“越庐君”而得名。

“九州”到底指哪些地方？

在中国的民歌、民谣中，常有“九州”之说，人们也经常用“九州”来指代中国的疆域。那么，“九州”到底指哪些地方呢？

《尚书·禹贡》记载，夏朝时的九州是冀州、兖州、青州、徐州、扬州、荆州、豫州、梁州、雍州。《周官》记载，西周时多了幽州、并州，而少了徐州、梁州，总体来说还是九州。可见，“九州”之说是春秋战国以前的行政区划，这种古代的称呼一直流传至今。

事实上，自秦朝以后中国的行政区划多有变动，秦初设郡县，汉朝实行郡国并行制。南北朝时，州的数字大增，合计有二百零八州。唐宋时期，全国行政区划道路。从元朝以后实行行省制，道、省辖范围内有些城市名继续称州。在中国的三十四个省级行政区中，称州的城市名，省会一级的就有广州、福州、杭州、郑州、兰州，其他市、县称州的就更多了。不过现在的州，除了自治州以外不再是行政区划，而是城市名称的组成部分了。

“三秦大地”中的“三秦”在哪里？

春秋战国时，陕西是秦国的属地，故后人将陕西简称“秦”，将横贯陕西中部的主要山脉称“秦岭”，将渭河平原称“秦川”。至于陕西为何又称“三秦”，这还得从项羽说起。

公元前207年，经过巨鹿之战，项羽消灭了秦军主力。第二年，项羽引兵进入咸阳，杀了已归降刘邦的秦王子婴，并火烧咸阳宫，自立为西楚霸王，以中国最高统治者自居，大封诸侯。刘邦被项羽封为汉王，都南郑（今陕西汉中市南郑区），辖陕南及巴、蜀之地。为防刘邦扩张势力，牵制刘邦，项羽将陕西的关中和陕北一分为三：封秦降将章邯为雍王，都废丘（今陕西兴平市东南），辖咸阳以西及甘肃东部地区；封司马欣为塞王，都栎阳（今陕西西安市临潼区东北），辖咸阳以东；封董翳为翟王，都高奴（治所在今陕西延安市城东），辖陕西北部地区。

由于项羽将关中之地分封给秦朝的三个降将，故后世泛称陕西为“三秦”，咸阳成了三秦的分界点。事实上，当年的三秦之地不包括陕南，只是后来人们所理解的“三秦”的概念发生了变化，将陕北、关中、陕南合称为“三秦”。

“塞外”在地理位置上指的是哪些地方？

“塞外”中的“塞”是指长城要塞，“塞外”为长城以北地区。如宁夏平原为中国水稻集中产区之一，且河湖众多，颇似江南风光，所以叫作“塞上江南”。

唐代王昌龄曾作有《出塞》诗：“秦时明月汉时关，万里长征人未还。但使龙城飞将在，不教胡马度阴山。”诗中提到的“阴山”，位于今内蒙古自治区中部及河北北部，在汉代为北方天然屏障。诗人抓住月照关塞的典型环境，高度概括地从秦汉时代的边境战争写到唐代的边塞战事，又借对历史上的名将的怀念，表现了自己对朝廷不能平定边患的不满。全诗音韵铿锵，气势雄浑壮阔。

中国首次阐述人地关系的文献是哪部？

《禹贡》是中国第一部详尽记载全国山脉、水道、风土、民情等情况的地理文献，是中国自有文字以来首次阐述人与地之间关系的经典。它仅用一千二百字左右便把当时中国主要的山川、土壤、物产、贡赋等情况描述清楚。后来的《汉书·地理志》《水经注》以及唐宋以来的许多地理专著都遵循这一地理纪实，并加以引申和发展。

《禹贡》是《尚书》中的一篇，它以地理实体为标志，分当时的天下为九州，这是撰著者理想中的政治区划。此外，对于山脉、河流、土壤、田地、物产、道路以及各地的部落，《禹贡》也无不详加论列。《禹贡》中说：“禹别九州，随山浚川，任土作贡。禹敷土，随山刊木……”因而孔颖达等旧注疏家认为这本书是大禹在治水之后划分九州、制定贡赋由史官记录而成的经典，故称《禹贡》。

《禹贡》虽然托名大禹所作，但其实它是战国后的作品。史念海认为它是战国时的魏国人士托名大禹所作；王国维认为它为西周人所作；顾颉刚认为它出自战国时秦国人之手。对此，学术界尚未达成一致的看法。

被誉为“万园之园”的是哪座园林？

圆明园，始建于清康熙四十八年（1709），以后几代皇帝又精心营造。圆明园由圆明、长春、绮春三园组成，是中西合璧的杰作。园中有数以千计的宫殿、楼阁、亭台、馆榭、长廊、墙垣、桥梁、湖沼、河泉。所以，圆明园被誉为“万园之园”和“东方博物馆”。

雍正帝对“圆明”的解释是：“圆而入神，君子之时中也；明而普照，达人之睿智也。”意思是说，“圆”是指个人品德圆满无缺，超越常人；“明”是指政治业绩明光普照、完美明智。这也是封建时代统治阶级标榜明君贤相的理想标准。

事实上，“圆明”也是雍正帝从他还是皇子时就一直在使用的佛号。雍正帝崇信佛教，自号“圆明居士”。在清初的佛教宗派格局中，雍正帝以禅门宗匠自居，并以“天下主”的身份对佛教施以影响，努力提倡“三教合一”和“禅净合一”。康熙帝在把园林赐给胤禛（雍正）时，亲题园名为“圆明园”，就取意于雍正的佛号“圆明”。

◇ 圆明园遗迹

中国古代帝王的“三宫六院”具体指什么？

一提起中国古代帝王骄淫奢华的生活，很多人都会联想到“三宫六院七十二嫔妃”。据考证，“三宫六院”确实存在。下面以中国现存的最完整的古建筑群故宫为例，阐释一下什么是“三宫六院”。

故宫以乾清门为界，南为外朝，北为内廷。内廷即皇帝和嫔妃们生活起居的地方，范围从乾清宫一直到神武门。乾清宫是皇帝的寝宫，坤宁宫是皇后的寝宫，在这两宫之间，有一个小殿叫交泰殿。上述三处总称为“后三宫”。

在“三宫”两侧，有“东六宫”和“西六宫”。“东六宫”为景仁宫、承乾宫、钟粹宫、景阳宫、延禧宫及永和宫；“西六宫”为储秀宫、翊坤宫、永寿宫、长春宫、咸福宫及启祥宫。因各宫均为庭院格局建筑，故总称“六院”。六院是嫔妃们的住所。

“姑苏城外寒山寺，夜半钟声到客船”写的是哪处名胜？

唐代著名诗人张继在途经寒山寺时，写下了千古名诗《枫桥夜泊》。诗中写道：“月落乌啼霜满天，江枫渔火对愁眠。姑苏城外寒山寺，夜半钟声到客船。”枫桥，在今苏州市阊门外；江枫，指寒山寺旁边的两座桥——江村桥和枫桥（又作封桥）；姑苏，苏州的别称，因城西南有姑苏山而得名。自此诗问世后，寒山寺的大名便逐渐响彻大江南北，成为游览胜地，更使得在除夕之夜听钟声成为苏州迎新年中的传统节目。

寒山寺，又称“枫桥寺”，始建于南朝梁天监年间，旧名“妙利普明塔院”。相传因唐代高僧寒山、拾得来此任住持，更名为“寒山寺”。南宋绍兴四年（1134），僧人法迁重建寺院。该寺曾多次毁于战火。现存殿宇多为清代重建。1954曾进行全面整修，并移建宋仙洲巷某宅花蓝楼于寺中，恢复“枫江第一楼”旧额。

孔府、孔庙和什么一起统称为“曲阜三孔”？

在山东省的西南部，有一个孔姓人口占五分之一的县级市，它就是有着五千多年悠久历史的“东方圣城”——曲阜。“千年礼乐归东鲁，万古衣冠拜素王”，曲阜因其是中国儒家学派的创始人孔子的故乡而闻名遐迩。

孔府、孔庙、孔林统称为曲阜“三孔”。“三孔”是中国历代纪念孔子、推崇儒学的表征，以其丰厚的文化积淀、悠久的历史、宏大的规模、丰富的文物珍藏、很高的科学艺术价值而著称。因其在中国历史和东方文化中具有显著的地位而被联合国教科文组织列为世界文化遗产，于1994年被收入《世界文化遗产名录》，被世人尊崇为“世界三大圣城”之一。

既然提到孔庙，就顺便说一下，相传孔子和孟子去世时的虚龄分别是七十三岁、八十四岁，两个圣人都没跃过这两道年龄关。所以，民间有“七十三，八十四，阎王不请自己去”的谚语。

“三十年河东，三十年河西”里的“河”指哪条河？

“三十年河东，三十年河西”里的“河”指的是黄河。

黄河沿途的地理环境复杂，河水从上游携带大量泥沙进入平原地区后，泥沙沉淀，形成了“地上河”，致使黄河经常改道。有记载的最早的一次黄河大改道出自《汉书·沟洫志》：“《周谱》云，定王五年河徙。”后历经新莽魏郡改道、北宋澶州横陇改道、明洪武至嘉靖间的河道变迁、清咸丰铜瓦厢改道等大的改道。因此，有的村庄原来在黄河东面，若干年后可能会因黄河改道而变为在黄河西面。后来，“三十年河东，三十年河西”就被人们用来比喻人世的盛衰兴替、变化无常、难以预料。

“大雅之堂”在中国的什么地方？

北宋时期，文学家黄庭坚因“修先帝《实录》，类多附会奸言，诋斥熙宁以来政事”，被贬谪至涪州（治所在今重庆市涪陵区）。在涪州期间，他“欲尽将杜子美两川双峡诸诗，刻碑藏蜀中”。眉州丹棱县名士杨素闻之，专门去请黄庭坚挥毫落墨，由他在家乡丹棱笔架山刻碑建堂珍藏。

元符三年（1100），大堂建成。黄庭坚为大堂题名“大雅堂”，并作《大雅堂记》。他认为杜诗与《诗经》《离骚》一脉相承，只有这些作品才是“大雅”之作，才有资格登堂入室，书写杜诗，刻碑建堂，是为了使“后之登大雅堂者，能以余说而求之”。

此举一经传扬开来，震动诗坛文苑。此后，人们遂借能不能“登大雅之堂”来评说一件作品是高雅还是粗俗。

在中国享有“天府之国”美称的是哪个地区？

“天府之国”之称由来已久，这是由它自身所处的独特地理位置和优越的自然环境所决定的。历史上所说的“天府之国”主要是指四川盆地，并不包括现今的川西高原和川南山地。四川盆地周围都是崇山峻岭，交通闭塞，具有易守难攻的特殊战略地位，在历史上多次避免了战争的破坏，从而得到了一个相对安定的社会环境，有利于社会经济的发展。加上四川盆地土地肥沃、气候温和、雨量充沛，特别是自秦朝修建了都江堰水利工程之后，成都平原逐渐成为中国历史上农业和手工业都十分发达的地区，成了中央王朝的主要粮食供给基地和赋税的主要来源，故称“天府之国”。

“上有天堂，下有苏杭”的说法有什么来历？

人们常说：“上有天堂，下有苏杭。”苏州、杭州被人并称“天堂”的重要原因之一便是其名胜古迹、风景园林多而且美：杭州主要以山湖胜，苏州则主要以园林胜。

唐代的白居易似乎是“苏杭比较论”的提出者。他既当过杭州刺史，又当过苏州刺史，其《咏怀》诗开篇第一句就是“苏杭自昔称名郡”，把苏、杭二州相提并论。宋代的范成大在《吴郡志》中写道：“谚曰：‘天上天堂，地下苏杭。’又曰：‘苏湖熟，天下足。’湖固不逮苏，杭为会府，谚犹先苏后杭……”

元代，“天堂”之谚进入了《双调·蟾宫曲·咏西湖》：“西湖烟水茫茫，百顷风潭，十里荷香。宜雨宜晴，宜西施淡抹浓妆。尾尾相衔画舫，尽欢声无日不笙簧。春暖花香，岁稔时康。真乃‘上有天堂，下有苏杭。’”明代苏州才子唐寅写《江南四季歌》，第一句就是“江南人住神仙地”。所谓“神仙地”，也可视作“天堂”的同义词。

名句“桂林山水甲天下”是怎么产生的？

最早赞美桂林山水的文字，是南北朝诗人颜延之的“未若独秀者，嵯峨郭邑开”。但他的文字只是着眼独秀峰，没有提到水。

唐代的杜甫曾写有诗句“宜人独桂林”，一个“独”字把桂林与外地作了比较。

宋代的李师中说：“桂林天下之胜，处兹山水……”他首次在“天下”的范围内说桂林。之后，类似的说法渐多。如张洵的“桂林山水冠衡湘”，曾几的“江山清绝胜中原”，张孝祥的“桂林山水之胜甲东南”等。

南宋乾道、淳熙年间，曾任桂林地方官的诗人范成大写下了“桂山之奇，宜为天下第一”的赞语，把对桂林山水的评价提高到了一个前所未有的高度。南宋末年的李曾伯沿着范成大的思路，在《重修湘西楼记》中直书“桂林山川甲天下”。

到了清代，诗人金武祥把“桂林山川甲天下”中的“川”字改为“水”字。于是乎，名句“桂林山水甲天下”呱呱落地，流传至今。

传说中的“鬼城”在哪个地方？

鬼城，即丰都名山，古称“平都山”，位于重庆市下游丰都县的长江北岸，系道家七十二洞天福地之一。据北宋大文豪苏东坡在游览丰都时所写的诗句“平都天下古名山”而改称“名山”，流传至今。

在把丰都名山称为“鬼城”的众多传说中，有两个人功不可没。这两人一个叫阴长生，一个叫王方平。相传从汉代起，他们曾先后在丰都县城东北角的平都山修道成仙，白日飞升。到了唐代，有人误将“阴”和“王”两人的姓连在一起，成为“阴王”，再讹传为“阴间之王”，阴间之王的居所即“鬼都”。

李白的诗句“下笑世上士，沉魂北罗酆”使鬼城之名远扬。经明清小说的渲染，鬼城更加神秘怪诞。“鬼城”仿阳间司法体系，营造了一个等级森严，融逮捕、羁押、庭审、判决、教化功能为一体的“阴曹地府”，惩治生前作奸犯科者，以此宣扬弃恶扬善的观念。

每年农历三月三的“鬼城庙会”上，游人如织，“阴天子娶亲”“钟馗嫁妹”等民俗表演，惊奇谐趣，令人叹为观止。

“五湖四海”是指哪“五湖”哪“四海”？

五湖四海，现在泛指全国各地、四面八方，当然有时也指全世界。

“五湖四海”这个词在很早以前就有了。《周礼·夏官·司马》中说：“其浸五湖。”《论语·颜渊》中说：“四海之内皆兄弟也。”唐人吕岩的《绝句》中说：“斗笠为帆扇作舟，五湖四海任遨游。”

《史记河渠书集解》记载：“五湖，湖名耳，实一湖，今太湖是也。”在宋朝王应麟的《通鉴地理通释》卷十“山川考”中，原先的“五湖”名称是：彭蠡、洞庭湖、巢湖、太湖、鉴湖。其中，彭蠡即鄱阳湖，鉴湖到了清代则被洪泽湖代替。如今对于“五湖”，大众广泛认可的是洞庭湖、鄱阳湖、太湖、青海湖、洪泽湖。当然也有别的说法，如鄱阳湖、洞庭湖、巢湖、太湖、洪泽湖。

“四海”为渤海、黄海、东海、南海。

“泾渭分明”中的“泾河”“渭河”发源于何地？

泾渭分明，说的是在泾河、渭河汇合处清浊分明，两河分界清楚而不混，用以比喻界线清楚。渭河是黄河最大的支流，发源于甘肃，经陕西而入黄河；泾河是渭河的支流，发源于宁夏。两河在西安市高陵区相汇。

古人认为泾河浊而渭河清。据考证，杜甫《秋雨叹》中的诗句“浊泾清渭何当分”，大概是这则成语的雏形。现在人们在两河交汇处仍能见到清水与浊水同流一河、互不相融的景观，只是看到的是渭河浊于泾河。这到底是怎么回事？难道是古人写错了吗？

实际上，从两河流经的地域来看，渭河自甘肃鸟鼠山流经陕西入黄河，流经的是关中平原、八百里秦川之地；而泾河全程流经的是黄土高原，是水土流失严重的地区。就河水含沙量而言，应该是泾河大于渭河的，也就是说泾浊渭清，尤其是在枯水季节。到了现代，由于渭河流域尤其是上游地区环境破坏严重，水土流失，最终导致渭河水色深于泾河。

“不敢越雷池一步”中的“雷池”在哪个省？

雷池坐落于长江中下游北岸的安徽省望江县雷池乡境内，是由雷水汇积而成的。古时的雷池源自湖北省黄梅县境，经安徽宿松县入泊湖，穿湖后流至望江县城东南十五里处，积而为池，故曰“雷池”。又因其居于九江至南京的长江水道要冲，扼黄梅、宿松、太湖内河航运之咽喉，形势险要，因此历来是兵家必争之地。

然而，雷池并不是靠这个而家喻户晓的，而是因为那句“不敢越雷池一步”的成语而家喻户晓的。这则成语讲述的是：东晋咸和二年（327），历阳（安徽和县）镇将苏峻叛乱，举兵进犯建康（南京），江州刺史温峤欲领兵东下，中书令庾亮恐荆州刺史陶侃乘虚而入，在《报温峤书》中说：“吾忧西陲，过于历阳，足下无过雷池一步也。”庾亮写信叫他切勿越过雷池一步，因为雷池一旦失守，历阳也就保不住了。

“无事不登三宝殿”中的“三宝殿”是什么地方?

中国有句“无事不登三宝殿”的俗语。意思是没有重要的事情不登门，或是没有重要的事情不敢来麻烦对方。那么，何谓“三宝”？“三宝殿”指的又是什么地方?

所谓“三宝”，指的是佛、法、僧。其中的佛是指大知大觉的人，即释迦牟尼；法是指佛法及佛所说的道义；僧是指继承和宣扬佛教教义的人。

明代学者归有光解释说，“三宝殿”是佛、法、僧三大活动场所。佛的活动场所，指佛教徒办事的地方；法的活动场所，指佛家珍藏经书的楼阁；僧的活动场所，指和尚睡觉的禅房。这三处地方，外人不能随便进去，进出的都是佛门弟子，故称“三宝殿”。

还有一说，“三宝殿”在佛教寺庙中又被称为“寺中之寺”，只有规模较大的寺庙才有三宝殿。像普陀寺、少林寺都有藏经楼，里面存放着佛学书籍和释迦牟尼佛像。每天，僧侣除在大殿诵经拜佛外，还要到“寺中寺”中朝拜释迦牟尼佛像，故藏经楼又被叫作“三宝殿”。

中国道教的四大名山分别在什么地方?

青城山、龙虎山、武当山、齐云山，合称“中国道教四大名山”。

（1）青城山。位于四川省成都市都江堰市西南。全山林木青翠，四季常青，诸峰环峙，状若城郭，故名“青城山”。青城山分为前山和后山，群峰环绕，林木幽翠，享有“青城天下幽”的美誉。

（2）龙虎山。位于江西省鹰潭市，由外形酷似龙、虎的二山组成，原名“云绵山”。相传因道教第一代天师在此炼丹，丹成而龙虎见，故改名“龙虎山”。

（3）武当山。位于湖北省西北部丹江口市境内，有七十二峰、二十四涧、十一洞、十石、十池、九泉、九井、九台、三潭等风景胜迹。

（4）齐云山。又名“白岳”，位于安徽省境内，因最高峰齐云岩得名，以幽深奇险著称。与黄山、九华山合称“皖南三秀”，素有“天下无双胜境，江南第一名山”之誉。

中国古代的“丝绸之路”以哪个地方为起点？

丝绸之路，简称“丝路”，是指西汉时期由张骞出使西域开辟的以长安（今西安）为起点，经甘肃、新疆，到中亚、西亚，并连结地中海各国的陆上通道。这条道路也被称为“西北丝绸之路”。因为由这条路西运的货物中丝绸制品的影响最大，故得此名。

丝绸之路的基本走向定于两汉时期，包括南道、中道、北道三条路线。

海上丝绸之路形成于秦汉，兴于隋唐，盛于宋元，明初达到顶峰，明中叶因海禁而衰落。海上丝绸之路规模最大的港口是广州和泉州。从秦汉直到唐宋，广州一直是中国最大的商港。明清实行海禁，广州又成为中国唯一对外开放的港口。泉州发端于唐，宋元时成为东方第一大港。

历代的海上丝绸之路亦可分三大航线：东洋航线由中国沿海港口城

市至朝鲜、日本；南洋航线由中国沿海港口城市至东南亚诸国；西洋航线由中国沿海港口城市至南亚、阿拉伯和东非沿海诸国。

“茶马古道”有哪几条线路?

茶马古道是唐宋以来汉、藏民族之间进行商贸往来的重要通道，它主要穿行于今滇、藏、川横断山脉地区和金沙江、澜沧江、怒江流域，以茶马互市为主要内容，以马帮为主要运输方的一条古代商道。它也是中国西藏地区连接内地并外延至南亚、东南亚的重要纽带，更是中国西南各民族自古以来交往、融合的走廊。

茶马古道主要有三条线路：即青藏线、滇藏线和川藏线。其中以川藏线影响最大，滇藏线和川藏线必经昌都。茶马互市是茶马古道繁荣和发展的重要推动力。早在唐代，唐与吐蕃便开始了茶马互市，到了宋代茶马互市进一步发展，明代达到了繁荣。

茶马古道运行的范围，在中国主要包括滇、藏、川三大区域，外围可延伸至广西、贵州等省，而国外则直接到达印度、尼泊尔、锡金、不丹和东南亚的缅甸、越南、老挝、泰国，进一步涉及南亚、西南亚、东南亚的另外一些国家。

中国古代建都最多的省份是今天的哪个省?

文献记载，历代帝王、诸侯曾在河南境内建立的都城有数十处之多。

古代都邑现为城市的有十三个：郑州市，是商朝仲丁迁“敖”和西周管国、春秋战国时期郑、韩建都之地；洛阳市，曾是自夏桀至五代计十三朝建都之地；开封市，曾是自东周魏、梁到宋金八朝的国都；安阳市，曾是自殷代盘庚到后赵、北齐共七朝的都邑；许昌市，曾是周代许国和东汉献帝的都城；商丘市，曾为商汤和春秋宋国的都城；濮阳市，曾为春秋时卫国的都城；南阳市，曾为周代申、吕国的都城；三门峡市，曾是南虢建都之地；辉县市，曾是共国的都城；济源市，曾为古原、樊国的都城；禹州市，曾是夏初和战国时代韩国建都之地；汝州市，曾为春秋时代戎蛮子国的都城。

建都处的现址在城镇的有三十余处。例如，淮阳曾是西周、春秋战国时陈国和秦末陈胜建都之地；新郑曾为郑国、韩国建都之地；上蔡县城曾为周代蔡国之都城；杞县曾为杞国之都城；息县城曾为息国都城；密县城曾为密国之都等。

综上可知，中国古代建都最多的省份是今天的河南省。

中国古代帝王为什么喜欢在长安定都？

长安（今西安），是公认的中国历史上在此建都的朝代最多、最大的城市。据统计，中国先后有十三个朝代在此建都。长安由于历史的原因有过迁徙，但都位于现在中国陕西省的西安和咸阳附近的渭河平原腹地。

班固在《西都赋》中曾这样描述长安：左据函谷关和崤山之险阻，以华山合中南山为标志。右邻褒斜谷和龙首山之险要，以大河泾渭之水为带。众川弯曲之处，流水聚集停蓄，向右奔涌而出，直向西方流去。果树结果累累，是九州中最富饶的地方；防御顽敌有险可守，是天地间可居之地，且是连通四面八方之地。

要知道，在科学技术不太发达的古代，地理位置往往是一个王朝选址建都所要考虑的最重要的条件。由班固的描述可知，长安具有得天独厚的地理位置，这正是诸多帝王喜欢在此定都的关键。而且，长安取“长治久安”之意，亦在主观上符合帝王治国的心态。

我国古代主要朝代的都城分别在什么地方？

商（后期）：殷（今河南安阳）

西周：镐京（今陕西西安）

东周：洛邑（今河南洛阳）

秦：咸阳（今陕西咸阳）

西汉：长安（今陕西西安）

东汉：洛阳

三国：魏：洛阳

蜀：成都

吴：建业（今江苏南京）

西晋：洛阳

东晋：建康（今江苏南京）

隋：大兴（今陕西西安）

唐：长安（今陕西西安）

北宋：东京（今河南开封）

南宋：临安（今浙江杭州）

西夏：兴庆府（今宁夏银川）

辽：上京（今内蒙古巴林左旗）

金：中都（今北京）

元：大都（今北京）

明：北京

清：北京

中国历史上的“六大古都”指的是哪些城市？

中国历史上的人“六大古都”，通常是指西安、洛阳、北京、南京、开封和杭州。

据记载，在“六大古都”中被一些朝代作为都城次数最多的是洛阳。其中将洛阳作为都城的朝代有：东周、东汉、三国曹魏、西晋、北魏、隋、唐、武周、后梁、后唐和后晋等；将洛阳作为陪都的朝代主要有：西周、新莽、唐、后梁、后晋、后汉、后周和北宋等。

西安据记载约有十七次被作为都城，在西安建都的朝代主要有：西周、秦、西汉、新莽、东汉、西晋、前赵、前秦、后秦、西魏、北周、隋和唐等。另外，东汉末绿林、赤眉和唐末黄巢及明末李自成均在此建都。

在南京建都的朝代主要有：三国东吴、东晋、南朝的宋齐梁陈、五代十国的南唐、明朝、太平天国和“中华民国”等。

在北京建都的朝代主要有：春秋战国时是燕国的都城；辽时为陪都，叫“燕京”；金时称“中都”；元时称“大都”；明清时通称“北京”；中华人民共和国。

在开封建都的朝代有：战国时魏国，称“大梁”；五代十国的后梁、后晋、后汉、后周；北宋；宣帝以后的金。

杭州先是五代十国的吴越之都，后来是南宋王朝的都城，称“临安府”。

除了“六大古都”外，有人又把安阳（殷商都城，即殷墟）加上，称“七大古都”，又有人再加上秦代的咸阳，称“八大古都”。

中国古代帝王定都选址为何偏爱北方？

任何一个政权在创立或更迭时，大凡都要选定一座城市建都，作为其权力中枢的所在。纵观中国古代历史，王朝统治者大多选在北方建都，而少有在南方建都的。这是为什么呢？

众所周知，华夏农耕文明的主要发祥地是地处黄河流域的中原，按疆域概念来说，属于中国的北方。南方则长期被古人视为南蛮之地。唐宋以前，中国封建社会的经济中心主要集中在北方，北方比南方较先开化，文明程度也较南方高。黄河流域土地的肥沃、水源的充足成就了北方的农业，进而奠定了北方在中国疆土中的地位。再者，从风水的角度来说，古人说“坐北朝南”是帝王君临天下、统治四方的象征。所以，中国古代国家的都城大多选在北方。

但是，随着后来迁入南方的人越来越多，南方的生产力也得到了比较大的发展，甚至超过北方，成为国家经济的重心。因此，南方的一些城市也曾成为都城，比如南京，但是定都在南方的王朝寿命基本上都不太长。

纵观中国历史，政治中心所在地大体上保持渐渐北移的趋势。尤其是自蒙元至今，国家的政治中心几乎一直设在传统上游牧文明与农耕文明交界的北京，而经济中心地带则从西向东、由北至南逐步转移。有学者指出，一个王朝最突出的问题就是安全与财富的抵牾。北方在前者似乎得分较多，南方在后者则占据绝对优势。政治中心与经济中心的不完全重合，从侧面体现了统治者的选择——安全的砝码重于经济的砝码。

第十辑

医药、科技

为何中医被誉为“中国三大国粹”之一

享誉中外的中医被誉为“中国三大国粹”（京剧、国画、中医）之一。

中医历史悠久，最早可追溯到原始社会。中医承载着中国古代人民同疾病作斗争的经验和理论知识，是在古代人民通过长期的医疗实践的基础上逐步形成并发展起来的医学理论体系。

据史料记载，早在春秋战国时期，中医理论就已基本形成，之后经过历朝历代的发展，形成如今中医的博大精深。中医对汉字文化圈国家也有较为深远的影响，如日本医学、韩国韩医学、越南东医学等都是以中医为基础发展起来的。

中医学的理论基础为阴阳五行学说，将人体看成是气、形、神的统一体；中医诊察疾病的主要方法为望、闻、问、切，即“四诊合参”的方法，探求病因、病性、病位，分析病机及人体五脏六腑、经络关节、气血津液的变化，判断邪正消长，进而得出病名，归纳出证型，辨证论治；中医透析疾病主要以八纲来辨证，就是指从阴、阳、表、里、寒、热、虚、实等八个方面来归纳和概括病变的部位、性质以及印证彼此力量消长等情况，探求制定汗、吐、下、和、温、清、补、消等治法；中医的主要治疗手段是中药、针灸、推拿、按摩、拔罐、气功、食疗等，使人体达到阴阳调和进而康复；“圣人不治已病治未病”的思想在中医史上源远流长。

四诊法的鼻祖是谁?

扁鹊，春秋战国时期的名医。姓秦，名越人，渤海郡鄚（今河北任丘北）人，是中国传统医学的鼻祖。扁鹊在总结前人医疗经验的基础上，创造总结出望（看气色）、闻（听声音）、问（问病情）、切（按脉搏）的诊断疾病的四诊法，奠定了中医临床诊断和治疗方法的基础。当时，扁鹊的切脉技术高超，名扬天下。

扁鹊看病行医有“六不治”原则：一是依仗权势、骄横跋扈者不治；二是贪图钱财、不顾性命者不治；三是暴饮暴食、饮食无常者不治；四是病深不早求医者不治；五是身体虚弱不能服药者不治；六是相信巫术，不相信医道者不治。

扁鹊遍游各地行医，擅长各科医术，在赵国为“带下医”（妇科），至周国为“耳目痹医”（五官科），入秦国则为“小儿医”（儿科），医名甚著。后他因医治秦武王的病，遭到秦国太医李醯妒忌，被害而亡。

中医把人的器官分为哪五脏六腑?

中国传统医学根据人体内脏器官功能的不同而将它们分为脏和腑。脏，包括心、肝、脾、肺、肾五个器官（五脏），主要指胸腹腔中内部组织充实的一些器官。腑，包括胆、胃、大肠、小肠、膀胱、三焦六个器官（六腑），大多指胸腹腔内一些中空有腔的器官，它们具有消化食物、吸收营养、排泄废物的功能。除五脏六腑之外，还有一类在生理功能方面不同于以上脏腑的器官，包括脑、髓、骨、脉、胆和女子胞，此六者称为“奇恒之腑”。

中医学中有关脏腑的理论称为“藏象学”。藏，通“脏”，指藏于体内的内脏；象，是征象或形象。这就是说，内脏虽存于体内，但其生理、病理方面的变化都有征象表现在外。所以，中医学中的脏腑学说是通过观察人体的外部征象来研究内脏活动规律及其相互关系的学说。

经络是什么？有哪些作用？

中国早在两千年前就发现了经络（或称“经脉”）但经络是不可见的。经络系统由经脉、络脉组成。《黄帝内经》记载：“十二经脉者，人之所以生，病之所以成，人之所以治，病之所以起。”

“经”，有路径之意，经脉贯通人体上下，沟通脏腑内外，是经络系统的主干；“络”，有网络之意，络脉是经脉的分支，较经脉细小，纵横交错，遍布全身。经络内属于脏腑，外络于肢节，沟通于脏腑与体表之间，将人体脏腑、组织、器官联结成一个有机的整体，并借此行气血、营阴阳，使人体各部的功能活动得以保持协调和相对平衡。

中医把经络的生理功能称为“经气”。其生理功能主要表现在沟通人体表里上下，联系脏腑器官；通行气血，濡养脏腑组织；感应传导；调节脏腑器官的机能活动四个方面。经络学说包括经络系统各组成部分的循行部位、生理功能、病理变化及其表现，经络中血气的运行与自然界的关系，经脉循行路线上的穴位及其作用，经络与脏腑的关系等。

什么是十二正经？什么是奇经八脉？

中医认为，人体经络系统包括十二正经、奇经八脉、十五络脉、十二经别等。

十二正经又称“十二经脉”，是经络系统的主体，分别隶属于十二脏腑，各经用其所属脏腑的名称，结合循行于手足、脏腑内外与前中后的不同部位，并依据阴阳学说加以命名。十二经脉包括：手太阴肺经、手厥阴心包经、手少阴心经、手阳明大肠经、手少阳三焦经、手太阳小肠经、足太阴脾经、足厥阴肝经、足少阴肾经、足阳明胃经、足少阳胆经、足太阳膀胱经。

至于武侠小说或影视剧中常提到的“奇经八脉”，其实只是中医里关于人体经络走向的一个类别。奇经八脉是督脉、任脉、冲脉、带脉、阴维脉、阳维脉、阴跷脉、阳跷脉的总称。它们与十二正经不同，既不直属脏腑，又无表里配合关系，“别道奇行”，故称“奇经”。

其中，六条正经、三条奇经从足部经过，双脚共有六十六个穴位，故称足为“人体的第二心脏”。但足部离心脏最远，又处在人体的最低位置，属于末梢血液循环比较差、血液容易滞留的部位，所以又有“上病取下，百病治足”之说。

人体共有多少个足以致命的穴位？

人体周身约有五十二个单穴，三百零九个双穴，五十个经外奇穴，共七百二十个穴位。人体中联结五脏六腑的正经的经络有十二条（实际上左右对称共有二十四条）。另外，身体正面中央有任脉，身体背面中央有督脉，各有一条特殊经络纵贯全身。这十四条经络上所排列的人体穴道称为“正穴”，一共有三百六十五个。其中有一百零八个要害穴，这一百零八个要害穴中有七十二个穴一般采用点、按、揉等按摩手法不至于伤害人体，其余三十六个穴是致命穴，俗称“死穴”。平常按摩这三十六个致命穴一般不会有任何不良影响，意外的重力、非正常力道或危险物品才是造成致命伤害的必要条件。死穴又分软麻、昏眩、轻和重四穴，各种皆有九个穴，合起来为三十六个致命穴。

中医针灸起源于何时？又有哪些器具？

中医针灸源于新石器时代。原始人类在劳动或与野兽搏斗当中，偶然刺伤、碰伤或烧伤了身体的某一个部位的时候，不自觉地用手按摩、捶拍，甚至用尖锐的石器按压疼痛不适的部位，却使原有的某些病痛得以解除，后来中国人逐渐从实践中创造出独有的针灸疗法——通过经络、腧穴的作用，应用一定的手法“从外治内”疗治疾病。

在石器时代，砭石（一种楔形的石头）发挥了“针”的作用，后来人们相继发明制造了铜针、铁针、银针、金针。古代医疗用的针有九种，即民间传说中的伏羲制造的九种针。在这九种医疗用针中，鑱针（像箭）、鍉针、大针、铍针、圆针属于破痈疮、排脓血的器械，现代医学实践中早已弃而不用。现代医学实践中常用的有毫针、锋针、长针及圆利针，临床上最常用的是毫针。

针灸医学最早见于两千多年前的《黄帝内经》。西晋的皇甫谧撰有《针灸甲乙经》，明代的杨继洲撰有《针灸大成》。此外，还有《针灸资生经》《针灸聚英》等针灸著作。

中医针灸中的“针”和“灸”分别指哪种治疗手法?

针灸是针法和灸法的合称。针法是把毫针按一定穴位刺入患者体内，运用捻转与提插等针刺手法来治疗疾病。灸法是把燃烧着的艾绒按一定穴位熏灼皮肤，利用热的刺激来治疗疾病。针灸由“针”和“灸”构成，是中医学的重要组成部分之一，其内容包括针灸理论、腧穴、针灸技术以及相关器具，在形成、应用和发展的过程中，具有鲜明的汉族文化与地域特征，是基于汉民族文化和科学传统产生的宝贵遗产。

稀世珍宝针灸铜人是怎样炼成的?

中国古代最为精巧名贵的医学模型，莫过于宋代的针灸铜人。

宋仁宗天圣四年（1026），北宋著名针灸学家王惟一曾受诏负责编撰一部全国性的针灸学专著。天圣五年（1027），王惟一主持设计并铸造了针灸铜人，用以针灸教学与考试。其高度与正常成人相近，内铸脏器，外铸经络腧穴，穴位之旁标有穴名。相传铜人穴内注有清水（一说水银），以黄蜡封涂铜人外表的孔穴。如应试者针法取穴精确，刺中穴位即有清水流出；取穴不准，针不能刺入。

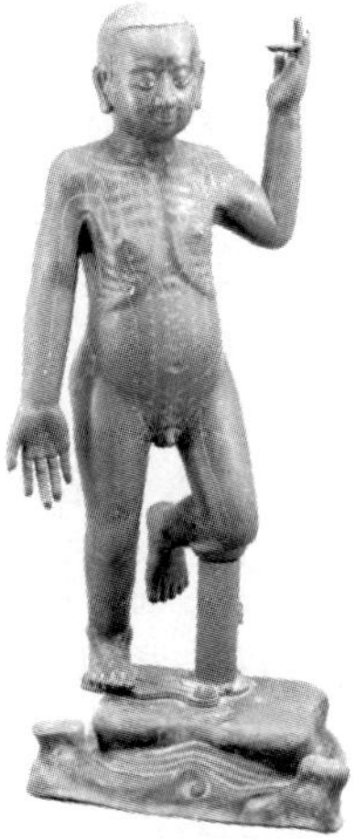

◇ 针灸铜人

至明嘉靖年间，针灸学家高武又铸男、女、儿童针灸铜人各一座，作为定穴之用。到了清代，又有数种针灸铜人问世。1742年，清政府令吴谦等人编辑医学丛书《医宗金鉴》。两年后，清政府为奖励该书主要编辑人员，特铸造若干座小型针灸铜人，每人奖铜人一座，外加《医宗金鉴》一部。

历代保存至今的针灸铜人，皆是针灸史上的珍贵文物。

中医拔火罐疗法是怎么回事？

“拔火罐”是在中国民间流传很久的一种治病方法，俗称“拔管子”“吸筒”，在《本草纲目拾遗》中叫作“火罐气”，在《外科正宗》中叫作“拔筒法”，古代多用于治疗痈肿。起初并不是用罐，而是用磨有小孔的牛角筒罩在人体的患部排吸脓血。所以有的古籍又称之为“角法”。

关于拔火罐治疗疾病最早的文字记载，见于晋代葛洪著的《肘后备急方》。

后来，牛角筒逐渐被竹罐、陶罐、玻璃罐替代，治病范围也从早期的外科痈肿扩大到风湿痛、腰背肌肉劳损、头痛目晕、腹痛、哮喘、一般伤风感冒、外伤淤血、痈、疮等症状。

拔火罐是一种充血疗法，即利用热力排出罐内空气，形成负压，使罐紧吸在施治部位，造成充血现象，从而产生治疗作用。外国人称它为“淤血疗法”。由于这种疗法简便易行、效果明显，所以在民间历代沿袭，至今不衰。

为什么人们常把中医界比作“杏林”？

人们常把中医界比作“杏林”，这个典故是怎么来的呢？《神仙传·董奉》中记载了这么一个故事：

东汉的董奉，既有道术，又精通医术。他住在山里不种田，每天免费给人治病。得重病的患者经他治好的就栽五棵杏树，病轻的患者经他治好的栽一棵杏树，这样过了几年就栽了十万多棵杏树，成了一大片杏林。山中的鸟兽都在杏林中嬉戏，树下不生杂草。杏子熟后，董奉就在杏林里用草盖了一间仓房，并告诉人们，想要买杏的不用告诉他，只要拿一罐粮食倒进仓房，就可以装一罐杏子走。董奉把卖杏得来的粮食，全部拿去救济了贫困的人和在外赶路缺少路费的人，一年散发出去两万斛粮食。

后来，人们看到杏林便想起为百姓消除疾苦、医术高明、医德高尚的董奉，遂将中医界称作“杏林”还常用“杏林春满”“杏林春暖”等词语赞颂医家医德高尚、医术高明。

中国古人行医为何又有“悬壶”的雅称呢？

古代郎中行医，喜欢在腰间悬挂一个葫芦，或在诊所门前高悬葫芦，有些中药店门前也常挂药葫芦作为标志，此举称为“悬壶”。据查，古人行医“悬壶”与东汉的方士费长房有关。

《后汉书·费长房传》记载，一次，费长房见市中有一老翁卖药，悬一壶（葫芦）于市头，及市罢，老翁跳入壶中，费长房惊讶不已，便用酒脯招待老翁。壶翁知道费长房的意思，便对他说："你明日可来。"第二天，费长房拜见了壶翁，两人一起进入壶中。费长房发现外表看起来小小的葫芦，里面竟宽敞、明亮，有层层叠叠的楼阁，如神仙世界一般。从此，费长房即拜壶翁为师，学行医修仙之道。数年后，费长房辞壶翁而归，得壶翁所赠竹杖一根，此杖既能医治百病，又能鞭笞众鬼。费长房随即悬壶四处行医，经他之手皆药到病除。

后来，中医诊所和中药店门前都挂一个药葫芦作为标志。这就是中医中"悬壶"一词的由来。

"岐黄之术"中的"岐黄"指什么？

中医的医术往往又称"岐黄之术"，"黄"指的是轩辕黄帝，"岐"是指他的臣子岐伯。

相传黄帝常与岐伯、雷公等臣子坐而论道，探讨医学问题，对疾病的病因、诊断以及治疗等原理设问作答，予以阐明，并记载于《黄帝内经》中。后世的人们出于对黄帝、岐伯的尊崇，于是便用"岐黄之术"指代中医医术，并认为《黄帝内经》是中医药学理论的渊源，是最权威的中医经典著作。

相传黄帝时期出现了三位名医，除了雷公和岐伯两人外，名气最大的是俞跗。他的医术非常高明，尤其在外科手术方面颇有经验。在俞跗晚年，仓颉、雷公、岐伯三人受黄帝委托，耗时颇久才把俞跗的医术整理出来，纂成一书。可惜的是，这本书还没有来得及公布于众，仓颉就去世了。后来，俞跗的儿子俞执把这本书带回来交给父亲修订。不幸的是家中遭遇大火，房屋、医书和俞跗全家人一起化为灰烬。这也许就是《黄帝外经》失传的原因吧。

古代被誉为“儿科之圣”的是谁?

北宋人钱乙，字仲阳，祖籍浙江，后到郓州（治今山东东平）定居。其著作《小儿药证直诀》（由其弟子阎季忠编集而成）是中国最早的儿科学专著，被视为中医儿科学的经典著作。钱乙被后人视为“儿科之圣”“儿科鼻祖”。

《小儿药证直诀》归纳出小儿的生理、病理特点为“脏腑柔弱，易虚易实，易寒易热”；在四诊应用中尤重望诊；对“面上证”“目内证”和痘疹类出疹性疾病的鉴别诊断等都有较详细的论述。该书建立了儿科五脏辨证体系，提出心主惊、肝主风、脾主困、肺主喘、肾主虚等观点，对中医儿科临床实践有直接指导意义。

人们为什么尊称医生为“大夫”?

“大夫”，是人们对医生的尊称。人们何以称医生为“大夫”？溯其源，大夫本是官名。

周代时，天子及诸侯皆设大夫一职，分为上大夫、中大夫、下大夫三级。

秦汉以来，有御史大夫、谏议大夫、太中大夫、光禄大夫等官职。

清代文官阶自正一品至五品，亦称“大夫”。旧时，太医院专称“大夫”，于是人们便尊称医生为“大夫”，加之自唐末五代以后官衔泛滥，以官名相互称呼逐渐形成社会风气，为了区别于官名，人们便将称医生为“大夫”的“大”读成dài，而不读dà。

为什么人们习惯把庸医叫作“蒙古大夫”?

称庸医为“蒙古大夫”的原因有多种说法，其中一种认为这是从海外（西方）传入的带贬义的词语。旧时，中医利用针灸、草药等不为洋人所熟悉的方式为人们治理疾病，洋人本就觉得这些治疗手段怪异，且确也有些不负责任的游医医术马虎，不能治愈病人的疾病，于是洋人以为中医不过如此。又因为他们对中国人的印象还停留在成吉思汗西征的时期，对同属“蒙古利亚种”的中国人一概呼之为“蒙古人”，故贬称中医医生是“蒙古大夫”。

“铃医”是指什么样的医生？

“铃医”亦称“走方医”，指游走江湖的民间医生。相传“铃医”产生于宋代。铃医奔走乡间，栖宿寺庙，医治民众疴疾。他们始终恪守着“扬仁义之德，怀济世之志”之教诲，妙术施治，求取薄利，屡化沉疴恶疾，深受百姓信赖。

华佗编创的保健体操为何被称作“五禽戏”？

最早记载“五禽戏”名目的著作是南北朝陶弘景的《养性延命录》。

相传，五禽戏由东汉名医华佗模仿熊、虎、猿、鹿、鸟五种动物的动作创编而成，因此得名“五禽戏”。它是一种外动内静、动中求静、刚柔并济、内外兼练的仿生功法，具有防病、治病、延年益寿的医疗效用。

传统的五禽戏共有五十四个动作。由中国体委新编的简化五禽戏，每戏分两个动作，分别

◇ 五禽戏

为：虎举、虎扑；鹿抵、鹿奔；熊运、熊晃；猿提、猿摘；鸟伸、鸟飞。每个动作都是左右对称地各做一次，并配合气息调理。

人的脉搏状况能否通过绒线传递给太医？

悬线诊脉也叫“走线切脉”，相传是太医为皇帝的后妃诊脉辨症的方法。具体地说，即后妃和太医各居一室，由太监或宫女将一条红绒线拴在后妃的手腕上，另一端交给太医，让其通过绒线辨别病情。这样做是为了维护宫廷礼制。

那么，人体内动脉的搏动状况能否通过绒线传递给太医呢？有人曾就此问题专门请教过清末四大名医之一的施今墨老先生。他曾给皇室内眷看过病。他介绍说，这悬线诊脉亦真亦假，真者，确曾有其事；假者，悬线诊脉纯粹是一种形式。

原来，大凡后妃们生病，总要由贴身的太监介绍病情，太医们也详细地询问胃纳、舌苔、二便、症状、病程等情况。当这一切问完，太医凭借自己丰富的治疗经验，对于如何治疗后妃的疾病已经成竹在胸了。到了悬线诊脉时，太医只需屏息静气，安静等待片刻即可。这样做，一是谨守宫廷礼仪，表示臣属对皇室的恭敬；二是利用此时在心中构思处方腹稿，字斟句酌，以免用药不当或言语不当而招来灾祸。

中国现存最早的脉学专著是哪部著作？

脉诊是中医诊断学的组成部分。三世纪左右，西晋著名医学家王叔和汇集了前代的脉学著述，结合个人的临床经验编撰了《脉经》十卷，共九十七篇，列述了二十四种脉象的意义，使中国古代的脉学进一步规范化和系统化。《脉经》是中国现存最早的一部脉学专著。

切脉之法，始于《素问》。自《黄帝内经》《难经》《伤寒论》以来，虽然都以诊脉治病，但终未明“脉理”。王叔和的《脉经》集汉以前脉学之大成，论脉分门别类，在阐明脉理的基础上联系临床实际。清代医家徐灵胎曾这样称颂《脉经》：“王叔和着《脉经》，分门别类，条分缕晰，其原亦本《内经》，而汉以后之说，一无所遗。其中旨趣，亦不能划一，使人有所执持，然其汇簇言，使后世有所考见，亦不可少之作也。”

《脉经》原有手检图三十一部，今已亡佚。该书曾经宋代林亿等人校订，卷数未变，而篇次和内容均有所变动，此书刻本颇多。

中国传统医学四大经典有哪些著作?

通常认为，《黄帝内经》《难经》（原名《黄帝八十一难经》，“难经”即问难《内经》之意）与《神农本草经》《伤寒杂病论》是中国传统医学四大经典著作。

上述四部医学著作的成书年代相对久远，其内容涉及生理学、病理学、诊断学、药物学的治疗原则，在理论上建立了中医学上的“阴阳五行学说”“脉象学说”“藏象学说”“经络学说”“病因学说”“病机学说”“病症”“诊法”“养生学”“运气学”等学说。

还有一种说法，中医四大经典是《黄帝内经》《神农本草经》《伤寒杂病论》《金匮要略》。还有学者去掉《难经》，将清朝吴鞠通所著的《温病条辨》列入其中，不过，多数学者并不认为它能替代《难经》的分量和地位。

《黄帝内经》是一本怎样的书?

《黄帝内经》包括《灵枢》和《素问》两部书。该书名最早见于

《汉书·艺文志》，《汉书》由东汉的班固以西汉末年的刘歆所撰的《七略》为蓝本编辑而成。这表明在西汉末年《黄帝内经》已问世。关于其成书年代，历来未能确定，但一般认为《黄帝内经》中的大部篇章成于春秋战国时期，个别篇章成于两汉时期。此书并非一时一人之手笔，实为众多医家经过搜集、整理、综合前人的医疗经验和医学理论而成，其中亦包括秦汉乃至隋唐时期某些医家的修订和补充。

《黄帝内经》书名中的“内”字怎么理解？

中国古代有三大以“经”命名的奇书，分别是《易经》《道德经》《黄帝内经》。

相关专家认为，《黄帝内经》是一本讲“内求”的书。“内”，即往内求之意。该书指出，要使生命健康长寿，关键是要往里求、往内求，首先要内观（内视），即往内观看我们的五脏六腑，观看体内气血的运行情况；然后要内炼，即通过调整气血、经络、脏腑来达到健康、长寿的目的。

《黄帝内经》总结了春秋至战国时期的医疗经验和学术理论，同时吸收了秦汉以前有关天文学、生物学、地理学、人类学和心理学的内容，并运用阴阳、五行、天人合一的理论，对人体的解剖、生理、病理以及疾病的诊断、治疗与预防作了比较全面的阐述，确立了中医学独特的理论体系，成为中国医药学发展的理论基础和源泉。

李时珍的《本草纲目》主要有哪些内容？

明嘉靖三十一年（1552），李时珍开始编撰《本草纲目》，历时二十余载得以完成。他参考了八百多种医籍，拜访各地名医，跋涉山川林海，搜寻民间验方，采集药物标本，几番易稿，在明万历六年

（1578）完成此书。

《本草纲目》全面总结了十六世纪以前中国医学的用药经验，全书共五十二卷，分十六部、六十类，收载药物一千八百九十二种，其中新增药物三百七十四种，另附药方万余首，插图一千多幅。该书以《经史证类备急本草》为蓝本，并仿朱熹《通鉴纲目》“以纲挈目”“纲举目张”之编写体例，堪称“博而不繁，详而有要”。

该书编写完成后，并未立即刊行，直到1590年左右方由金陵（今南京）私人刻书家胡成龙刻印。1596年，即李时珍逝世后三年，该书的第一版刻本问世，通称“金陵本”。从此，《本草纲目》在国内得到广泛传播，并先后被节译或全译成拉丁、英、法、德、俄、朝鲜等国文字传播到世界各地，至今仍被誉为“中药宝库”“东方医学巨典”。

“水银有毒”是李时珍首创的观点吗？

李时珍在《本草纲目》中首次提出了“水银有毒”的理论。

水银，在李时珍以前的书籍言其无毒，言其久服成仙，言其为长生不老之药。李时珍通过调查，认识到水银是由丹砂加热后分解出来的（“汞出于丹砂”）；水银和硫黄一起加热，可以变成银朱（硫化汞）；水银加盐等，又可以变成另一种物质，名叫轻粉（氯化汞）。由此，他认为水银是一种“温燥有毒”的物质。

李时珍还明确指出：“若服之过剂，或不得法，则毒气被蒸窜入经络筋骨，莫之能出……变为筋挛骨痛，发为痈肿疳漏，或手足皲裂，虫癣顽痹，经年累月，遂成痼疾，其害无穷。”

李时珍又根据过去人们久服水银而造成终身残废的历史事实，驳斥了久服水银可以长生不老的无稽之谈，并写道：“方士固不足道，本草其可妄言哉！”

张仲景的《伤寒杂病论》着重阐述了哪些内容?

东汉名医张仲景基于伤寒病的猖獗流行，刻苦攻读《黄帝内经》《难经》等古代医书，并结合当时医家以及个人长期积累的医学经验，在200年左右完成了《伤寒杂病论》的撰写。

《伤寒杂病论》原先共十六卷，经过兵火战乱，内容多散佚。后经晋人王叔和重编整理，复经北宋校正医书局校订为《伤寒论》十卷及《金匮要略方论》三卷。千百年来，该书一直是人们学习中医必读之经典，亦是中国医学方书的鼻祖。

张仲景论治伤寒的基本原则是“六经辨证”体系。它把疾病发展过程中所出现的各种症状，根据病人体质的强弱、病理和生理的变化，以及病势进退的缓急等情况加以综合归纳，用三阳经、三阴经之概念将伤寒病归纳为太阳、阳明、少阳、太阴、少阴、厥阴六个症候类型。

中国第一部法医学专著是哪部著作?

中国第一部法医学专著是由南宋宋慈所著的《洗冤集录》，成书于南宋淳祐七年（1247）。此书系统地总结了尸体外表检验经验，集宋以前法医学尸体检验经验之大成，是一部系统指导人们进行尸体外表检验的法医学专著，同时也是世界上现存的第一部系统阐述尸体检验、死伤鉴定的法医学专著。它比国外最早由意大利人菲德里撰写的法医学著作要早三百五十多年。

《洗冤集录》记述了人体解剖、检验尸体、勘查现场、鉴定死伤原因、自杀或谋杀的各种现象、各种毒物和中毒急救、解毒方法等十分广泛的内容；它区分溺死、自缢与假自缢、自刑与杀伤、火死与假火死的方法至今还在应用；它记载的洗尸法、人工呼吸法、迎日隔伞验伤以及银针验毒、明矾蛋白解砒霜中毒等方法都很合乎科学道理。

中国现存最早的老年医学专著是哪部著作？

宋代陈直撰写的《养老奉亲书》是中国现存最早的老年医学专著。该书是一本专门论述老年人食治之方、医药之方、摄养之道的医学、养生学著作。《养老奉亲书》的主要内容如下：

（1）主张饮食调治。对于老年人来说，饮食调治尤为重要。只有在平时注意饮食调治，才能达到延年益寿的目的。而饮食调治的关键在于调理脾胃、培补后天。

（2）强调精神摄养。陈直根据老年人心常自壮、性多孤僻的精神情态特点，强调要注意老年人精神状态，使其保持清静、乐观、坚强、开朗的心态，特别要注意防止和避免其因受强烈的精神刺激而引发疾病。

（3）提倡四时养老。陈直根据《黄帝内经》中的四时养生的观点，认为人与自然环境相适应，顺应自然环境的变化则健，违逆自然环境的变化则病，详细论述了春、夏、秋、冬四时的摄养方法。

（4）重视起居将护。该书对老年人的行、住、坐、卧、衣着等有严格要求。

中国现存最早的药物学专著是哪部著作？

《神农本草经》简称《本草经》或《本经》，是中国现存最早的药物学专著。全书分三卷，载药三百六十五种，每卷分上、中、下三品，其文字简练古朴，是中药理论的精髓。书中对每一味药的产地、性质、采集时间、入药部位和主治病症都有详细记载，对各种药物怎样相互配合应用，以及简单的制剂方法都作了概述，被誉为“中药学经典著作”。

《神农本草经》成书于东汉，并非出自一时一人之手，而是一部由秦汉时期众多医学家搜集、整理、总结当时的医疗经验和药物学成果而撰成的专著。

在中国古代，大部分药物是植物药，故称为“本草”，此书也以“本草经”命名。由于汉朝盛行托古之风，人们尊古薄今，为提高该书的地位，增强人们对该书的信任感，编撰者便借用“神农遍尝百草，发现药物”这一妇孺皆知的传说，将“神农”冠于书名之首，定名为《神农本草经》。

隋唐时期的孙思邈为何享有“药王”之美誉?

隋唐时期的著名医学家、药物学家孙思邈著有《千金要方》《千金翼方》，这两部书合称为《千金方》。书中收集了大量的医药资料，是对于唐代以前中国医药成就的系统总结。由于孙思邈在医药方面有着突出的功绩，因而博得“药王”之美誉。

《千金要方》是《备急千金要方》的简称，分医学总论、妇人、少小婴孺、七窍、诸风、脚气、伤寒、内脏、痈疽、解毒、备急诸方、食治、平脉、针灸等门类，共计二百三十二门，收方五千三百余首。书中首创“复方”。《伤寒论》的体例是一病一方，而孙思邈在《千金要方》中发展为一病多方，还灵活变通了张仲景的“经方”，有时两三个经方合成一个复方，以增强治疗效果；有时一个经方分成几个单方，以分别治疗某种疾病。

《千金翼方》是对《千金要方》的补编。书名含有和《千金要方》相辅相成的意思。其中收录了唐代以前的本草书中所未记录的药物，补充了很多方剂和治疗方法，辑录药物八百余种。

中药店为什么大多都称“堂”呢？

中国各地的中药店大多称“堂”，比如上海的童涵春堂、北京的同仁堂、长沙的九芝堂……这是为什么呢？有关文献记载，“堂”的用法源于汉末医圣张仲景“坐堂行医”的故事。

张仲景是河南南阳人，自幼聪颖好学，尤喜攻医书，崇拜扁鹊，后学医于同郡人张伯祖。他钻研《黄帝内经》《难经》《胎胪药录》等古代医书，著有《伤寒杂病论》，经后人多次收集整理，集成《伤寒论》《金匮要略》。医术高明的张仲景被时人尊称为“经方大师”。汉献帝建安中期，张仲景被调任长沙太守，当时这里瘟疫流行。为拯救黎民百姓，张仲景打破官府的清规戒律，在办公大堂上行医，为病人诊脉开方，还常在自己的名字前冠以“坐堂医生”四字，以示自己为民治病之决心。

后人敬仰这位“医圣”，便效仿其坐堂行医之法，在中药店行医时沿用“坐堂医生”之称呼，而中药店称“堂”也由此而来。

第一个将中药甘草称为“国老”的人是谁？

在浩如烟海的中药王国里，甘草是本草国里的“国老”。关于“国老”这个美称，据说是由南朝齐、梁时期的著名医药学家陶弘景最先提出来的。

相传梁武帝年间，医学造诣颇深的陶弘景隐居句曲山（即茅山），研究老庄哲学和葛洪的神仙道学。梁武帝多次礼聘他出山做官，他却坚持隐居，而朝廷每遇大事时就要向他咨询，时人称他为“山中宰相”。一日，梁武帝侍从又到句曲山请陶弘景火速面君，不得有误。陶弘景情知事急，迅速进京。原来，梁武帝连日来不思饮食，上吐下泻，众御医会诊均无良效。

陶弘景见梁武帝荣卫气虚，脏腑怯弱，心腹胀满，肠鸣泄泻，便为他开一处方："国老、人参、茯苓、白术各等份，研为细末，每服二钱，水煎服。"众御医见之，不解"国老"为何物。陶弘景笑着说："国老者，甘草之美称也。甘草调和众药，使之不争，堪称国老矣。"众御医点头叫好。梁武帝经陶弘景诊治，身体日渐康复。

用于外科手术的麻醉药是谁发明的？

用于外科手术的麻醉药是东汉末年的华佗发明的，最初叫"麻沸散"。《后汉书·方士列传下》记载："若疾发结于内，针药所不能及者，乃令先以酒服麻沸散，既醉无所觉，因刳破腹背，抽割积聚。"可惜的是，华佗发明的麻沸散处方后来失传。传说系由曼陀罗花一斤，生草乌、香白芷、当归、川芎各四钱，南天星一钱，共六味药组成；另一说由羊踯躅三钱、茉莉花根一钱、当归一两、菖蒲三分组成。

据后人考证，上述均不是麻沸散的原始处方。二十世纪七十年代末，中国香港中外出版社出版了一本由唐代孙思邈编集的《华佗神方》，里面即提及麻沸散的配方。它的组成成分是：羊踯躅九克、茉莉花根三克、当归三十克、菖蒲零点九克，水煎服一碗。

中药"牛黄"取自牛身上的哪部分？

牛黄，别名"丑宝"，是指牛科动物黄牛或水牛的胆囊结石。牛黄完整者多呈卵形，质轻，表面金黄至黄褐色，细腻而有光泽。中医学认为牛黄气清香，味微苦而后甜，性凉，可用于解热、解毒、定惊，内服治高热、神志昏迷、癫狂、小儿惊风、抽搐等症；外用治咽喉肿痛、口疮痈肿、热毒等症。由于天然牛黄很珍贵，国际上的价格要高于黄金价格，现在临床上大部分使用的是人工牛黄。

蒙汗药最初的用途是什么？其主要药物成分是什么？

传说中经人服用后可迅速致人昏迷的蒙汗药是否存在于世？如有的话，其主要药物成分是什么？我们不妨从中医典籍里寻得一些破解蒙汗药成分的线索。

《列子·汤问》中记述了春秋战国时代的名医扁鹊为鲁公扈和赵齐婴治病的事情："扁鹊遂饮二人毒酒，迷死三日，剖胸探心，易而置之；投以神药，既悟如初。"可见，在实施外科手术前让病人服用一种药物，病人能迅速昏睡，且疼痛全无，即使开膛破肚，也不会有知觉。

明代的李时珍在《本草纲目》中记载了一种叫作曼陀罗花的草药具有麻醉的神奇功效。现代中医则把曼陀罗花称为"洋金花"，明确指出该花有强致幻和麻醉作用，可以作为麻药使用。

由此可见，从药性特点看，蒙汗药若果真存在，洋金花可能就是其主要组成成分。通过化学分析，洋金花的成分有东莨菪碱、莨菪碱、阿斯托品等，此三种成分在临床上都有麻醉、致幻的作用。此花医生采之制麻药用来救人，盗贼采之则作为蒙汗药使用。

传说中的剧毒之物鹤顶红实际上是什么东西？

自古以来，丹顶鹤头上的"丹顶"常常被认为是一种剧毒物质，称为"鹤顶红"，一旦入口，便会致人死地，无可救药。

据说中国古代皇帝在处死大臣时，有时就在其赐给大臣喝的酒中放入"鹤顶红"。大臣们也都置"鹤顶红"于朝珠中，以便在急难时服之以自尽。在武侠小说中，武林中人常用这种剧毒之物来施展其下毒的高超本领。其实，这些说法都是毫无根据的。

有人曾经做过试验，在小动物的食物中加入丹顶鹤的"丹顶"细屑，小动物们吃了以后并没有什么异常的反应，这至少说明了"丹顶"

并没有剧毒。

那么，古人所说的“鹤顶红”到底是什么物质呢？其实这些东西就是砒霜，即不纯的三氧化二砷（含有少量的硫化物），呈红色，又叫“红矾”，有剧毒，“鹤顶红”不过是古时候人们对砒霜的一个隐晦的说法而已。

“五毒俱全”中的“五毒”是哪五毒？

“五毒俱全”中的“五毒”是什么？一直以来存在很大争议，堪称众说纷纭。有人认为是“吃、喝、嫖、赌、抽”，有人认为是“坑、蒙、拐、骗、偷”，有人认为是“蛇、蝎、蜈蚣、壁虎、蟾蜍”。

其实，真正意义上的“五毒”是指五种主治外伤的、药性猛烈的良药。《周礼・天官》中说：“疗疡，以五毒攻之。”这里的“五毒”就是石胆、丹砂、雄黄、礜石、慈石。在这五种药材中，石胆主治金创、诸邪毒气，丹砂主治身体五脏百病，雄黄主治鼠瘘，慈石主治周痹风湿。一般认为，所谓的“五毒”并不是每种药材都有剧毒，譬如丹砂、慈石并无太大毒性，但是五种药材通过加工之后合成，其药性就极其猛烈。很显然，“五毒”之名虽然张牙舞爪、面目狰狞，但却有救人性命的效能。说是五毒，由于可以毒攻毒，就成了五味良药。

中医所说的“三伏天”中的“伏”指的是什么？

中医所说的“三伏天”中的“伏”，就是指“伏邪”，即所谓的“六邪”（指“风、寒、暑、湿、燥、火”）中的暑邪。在夏天，暑邪会逐渐地深伏于体内，而不为人知。如暑邪不除，到了秋天，火邪克金而伤肺气，导致人的免疫力下降，人易患感冒、咳嗽、发热等疾病。进入冬季以后，这些病会反复发作。

科技发明

中国最早的指南针“司南”是怎么发明的？

指南针的“老祖宗”最初制成北斗七星的形状，名叫“司南”。“司南”一词最早出现在战国时期的《韩非子》一书中，“先王立司南以端朝夕”。东汉的王充在《论衡》一书中更是详细记述了“司南”的具体形状：“司南之杓，投之于地，其柢指南。”

“司南”为什么要制成北斗七星的形状呢？因为古人常用北极星辨别南北方向。北斗七星中的四颗组成斗形，另三颗组成斗柄，而且借助北斗七星很容易找到位于北极的、十分耀眼的北极星。用北极星指北是中国人的常识和习惯。借助北极星这个指北的标志物来辨识北方，只要夜空晴朗，便万无一失。

指南鱼和指南龟是如何指示方位的？

指南鱼是中国古代用于指示方位和辨别方向的一种器械。

指南鱼是用一块薄钢片做成的鱼形物件，有两寸长、五分宽，鱼的肚皮部分凹下去一些，经人工磁化后能浮在水面指示南北方向。此外，还有木质的指南鱼：用木头刻成鱼形，有手指那么大，木鱼腹中置入天然磁铁，磁铁的S极指向鱼头，用蜡封好后，从鱼口插入一根针，就成为指南鱼。将其浮于水面，鱼头指南。

使用指南鱼，不需要另做一只光滑的铜盘，只要有一碗水就可以了。即使盛水的碗放不平，也不会影响指南的效果，因为碗里的水面是平的。而且，由于液体的摩擦力比固体小，指南鱼在水面转动起来比较灵活，所以它比司南更灵敏、更准确。

古人还用木头刻成指南龟。放磁铁的办法和木头指南鱼的一样，在木龟的腹部下方挖一小穴放入磁石，然后将木龟安装在竹钉上，使其能够自由旋转，当其静止时，龟头、龟尾分别指向南方、北方。

◇ 指南鱼

◇ 指南龟

造纸术是哪个朝代的发明？发明者是谁？

造纸术是中国古代的四大发明之一。据《后汉书·蔡伦传》记载，其发明者是东汉的宦官蔡伦，“自古书契多编以竹简，其用缣帛者谓之为纸。缣贵而简重，并不便于人。伦乃造意，用树肤、麻头及敝布、鱼网以为纸。元兴元年奏上之，帝善其能，自是莫不从用焉，故天下咸称‘蔡侯纸’。”后来，人们把蔡伦向汉和帝献纸的105年作为纸的诞生年。

有人指出，蔡伦只是纸术的改进者，并非发明者。因为早在蔡伦以前，就有一些关于纸的记载。如《三辅故事》上曾记载，卫太子刘据鼻子很大，汉武帝不喜欢他。江充教他再去见汉武帝时“当持纸蔽其鼻”。太子听了江充的话，用纸将鼻子掩盖住，汉武帝见后大怒。此事发生在公元前91年。而那些坚持认为蔡伦为造纸术发明者的人，则是根据汉代许慎的《说文解字》中有关纸的解释，认为在蔡伦之前的古代文献中所提到的纸都是用丝质纤维所造的，实际上不是纸，只是漂丝的副产品。

雕版印刷及活字印刷分别发明于何时？

中国现存最早的标有年代的雕版印刷品，是1907年匈牙利人斯坦因在敦煌石室盗取的于唐懿宗咸通九年（868）印制的《金刚般若波罗蜜经》。

其实早在隋代，雕版印刷就已开始流行，陆深的《燕闲录》记载："隋文帝开皇十三年十二月八日，敕废像遗经，悉令雕撰。"沈括的《梦溪笔谈》卷十八记载，《九经》的雕版印刷始于932年，由后唐宰相冯道雕造。

沈括的《梦溪笔谈》卷十八记载，北宋庆历年间（1041—1048），布衣毕昇发明了活字印刷术，这是中国"瓦字"（毕昇发明的用泥烧制的字，元朝人称之为"瓦字"）活字印刷之始。

元王祯的《农书·造活字印书法》记载，木活字印刷、锡活字印刷始于宋代。

铜字活字印刷始于明代。

近代则盛行铅字，由毕昇发明的瓦字发展到近代的铅字，其间经历了几百年。

为什么说中国古代的炼丹家是火药的发明者？

中国古人发明的火药是硝石、硫黄和木炭三种粉末的混合物，呈褐色。当把它们塞进某种容器里并使之燃烧时，由于体积突然膨胀达几千倍，就会产生爆炸。

对于本炭、硫黄、硝石三种物质性能的认识，是火药产生的先决条件。中国古代的炼丹家是发现这三种物质性能的先行者。

古代炼丹家们发现，硫黄能和水银发生反应，生成红色的硫化汞，另外硫黄还能与铜、铁等金属化合。但在丹药的炼制过程中，硫黄极易着火飞溅。炼丹家们为了设法擒住这条“火龙”，便将硫黄和其他易燃物混合加热或使硫黄发生某种程度的燃烧使硫黄变性，这种方法便是有名的“伏火法”。

经过长期实践，炼丹家们逐渐掌握了硝石作为强氧化剂的化学性能。硝石的引入，成为制取火药的一个关键。七世纪时，唐朝的炼丹家们就已经掌握了火药的初步配制方法。《诸家神品丹法》《铅汞甲庚至宝集成》《真元妙道要略》等著作中都有这方面的记载。

中国历史上谁是尝试用火箭飞天的第一人?

唐代人将硝石、硫黄和木炭按一定比例混合制成黑色火药，成为中国四大发明之一。

唐哀帝时（十世纪），郑王番率军攻打豫章（今江西南昌，“发机飞火”），烧毁该城的龙沙门。

宋朝时，军队的士兵在箭杆上绑上一个小火药筒，让燃烧的热气流向后喷出，箭被推动着向前飞去。这种喷火的箭称“火箭”。

明朝时，中国出现了并联式“神火飞鸦”火箭，射程达三百米远。后来人们又发明了“火龙出水”，这是最早的串联式二级火箭。

到了明朝，有一名叫万户的官吏，他在一只座椅的背后装上四十七枚当时能买到的最大火箭。他把自己捆绑在椅子上面，两只手各拿一个大风筝，然后叫仆人同时点燃四十七枚火箭，想借火箭向前推进的力量，加上风筝上升的力量飞向前方。不幸的是，火箭发生爆炸，万户为此献出了生命。二十世纪，人们将月球上的一座环形山命名为“万户”，以纪念试图利用火箭飞行的第一人万户。

欧洲人发明螺旋桨是受了中国什么东西的启发？

竹蜻蜓是中国古老的玩具，其外形呈“T”字形，横的一片像蜻蜓的翅膀，当中有一个小孔，其中插一根笔直的竹棍子，用两手搓转这根竹棍子，竹蜻蜓便会旋转飞上天，当升力减弱时，竹蜻蜓就会落到地面。今天，我们在制作和玩耍竹蜻蜓的过程中，可以领略中国古老儿童玩具的趣味和科学技术的奥妙。

公元前500年，中国人从对大自然中蜻蜓飞翔的观察中受到启示，制成了会飞的竹蜻蜓，两千多年来竹蜻蜓一直是中国孩子手中的玩具。十八世纪，竹蜻蜓传到欧洲，并且在法国科学院进行了飞行表演。被誉为“航空之父”的英国人乔治·凯利对竹蜻蜓着迷了一辈子，他的第一项航空研究就是在1796年仿制和改造了竹蜻蜓，并由此悟出了螺旋桨的一些工作原理，设计出了螺旋桨。

杆秤是谁发明的？中国古代有哪些计量单位？

杆秤是利用杠杆平衡原理来称量物品重量的简易衡器。秤杆有骨杆、木杆、金属杆（铜杆、铝杆）；秤砣有石砣、金属砣；提绳有二提绳、三提绳。

据民间传说，木杆秤是鲁班发明的，根据北斗七星和南斗六星在杆秤上刻制13颗星花，定13两为一斤；秦始皇统一六国后，添加“福禄寿”三星，正好十六星，改一斤为16两，并颁布统一度量衡的诏书；另一种说法是范蠡所制，他由一个鱼贩的难处那得到启示先用根竹竿，一边放水筒，一边放鱼，利用杠杆原理发明，后来他进行改造根据北斗七星和南斗六星在杆秤上刻制13颗星花，定13两为一斤，但因为有些商家缺斤少两，便添加“福禄寿”三星，表明，缺一两少福，缺二两少禄，缺三两少寿。

中国古代的计量单位，由夏商时期的铢和两发展到周朝时期的铢、两、金、均、石。直到新中国成立之后，为了方便买卖双方计算，才改为十两为一斤。现在也采用国际通用的千克为计量单位。

中国古代的圭表、日晷、漏刻分别指什么？

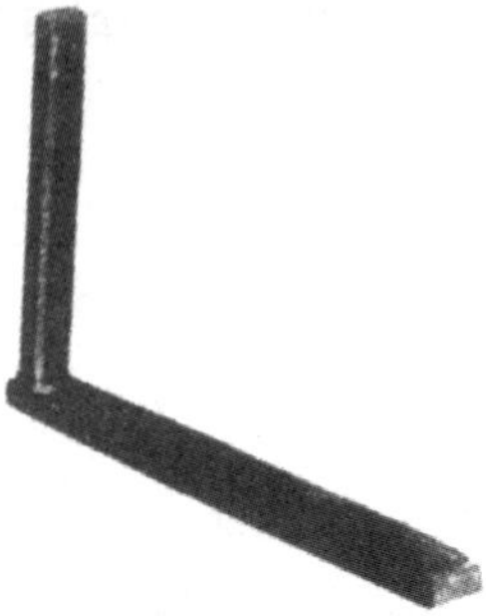

◇ 东汉铜圭表（示意图）

中国古代的圭表、日晷、漏刻都是一种计时仪器。

（1）圭表。古代典籍《周礼》中就有关于土圭的记载。圭表是利用太阳射影的长短来判断时间的。它由两部分组成，一是直立于平地上用于测量日影的长短变化情况的标杆或石柱，叫作“表”；二是正南正北方向平放的用于测定表影长度的刻板，叫作“圭”。既然日影可以用长度单位计量，那么光阴之“阴”及时间的长短，用“分”“寸”表达就顺理成章了。

（2）日晷。是一种通过观测日影的长短变化情况来计时的仪器，主要是根据日影的位置以确定当时的时辰或刻数。主要部件是一根晷针和刻有刻线的晷面，随着太阳在天空运行，晷针的投影像钟表的指针一样在晷面上移动，就可以指示时辰。

（3）漏刻。是一种白天、黑夜都能计时的水钟。漏，指漏壶；刻，指刻箭，是标有时间刻度的标尺。漏刻是以壶盛水，利用水均衡滴漏原理，观测壶中刻箭上显示的数据来计算时间的。在机械钟表传入中国前，漏刻是在中国使用最普遍的计时器。

古人发明面具起初是用来做什么的？

面具起初被用来驱鬼。

上古时期，人们认为自然界里有各种各样的鬼神，其中有一种专使人害瘟疫的疫鬼。瘟疫是古人对各种急性传染病的称呼，没有什么卫生条件可言的先民们一旦染上瘟疫几乎就等于死亡，而且还会祸及部族中的其他成员。因此，他们对瘟疫谈虎色变，唯恐避之不及。在这种情景下，用来驱除疫鬼的仪式——“驱傩”便应运而生。

周朝的方相氏是专职驱傩的，“方相”的意思是仿效可怕的相貌。驱傩在春节的前一天举行。届时，方相双手蒙上熊皮，头戴面具，面具上有四只金色的眼睛，一副狰狞的样子。他率领一百多个手下人在宫室里到处奔跑，希望吓走疫鬼，并祈求来年平安健康。

上述驱鬼仪式在以后的朝代一直延续了下去，而且规模日益庞大。

算盘有什么来历？它有什么用途？

算盘是中国古人在长期使用算筹的基础上发明的。古时候，人们用小木棍进行计算，这些小木棍叫“算筹”，用算筹作为工具进行的计算叫“筹算”。后来，随着生产的发展，用小木棍进行计算受到了限制，于是人们又发明了更先进的计算器——算盘。

随着算盘的使用，人们总结出许多计算口诀，使计算的速度更快了。这种用算盘进行计算的方法叫“珠算”。东汉末年，徐岳在《数术记遗》中记载，他的老师刘洪在访问隐士天目先生时，天目先生解释了十四种计算方法，其中一种就是“珠算”，采用的计算工具很接近算盘。这种算盘每位有五颗可动的算珠，上面一颗相当于五，下面四颗每颗相当于一。

到了明代，珠算不但能进行加减乘除的运算，还能计算土地面积和各种形状的东西的大小。随着算盘的普及，论述算盘的著作也应运而生，流行最久的珠算书是1593年明代程大位所辑的《新编直指算法统宗》。书中载有算盘图式和珠算口诀，并举例说明如何按口诀在算盘上演算。程大位首先提出了开平方和开立方的珠算法。

数学史上的伟大发明十进制是何时创制的？

《卜辞》记载，商朝时人们已经学会用一、二、三、四、五、六、七、八、九、十、百、千、万这十三个单字记十万以内的任何数字，但是现在能够证实的当时最大的数字是三万。甲骨卜辞中还有奇数、偶数和倍数的概念。

十进位位值制记数法包括十进位和位值制两条原则，“十进”即满十进一；“位值”则是指同一个数位在不同的位置上所表示的数值也就不同，如三位数“111”，最右边的“1”在个位上表示1个一，中间的“1”在十位上就表示1个十，最左边的“1”在百位上则表示1个百。这样就使极为困难的整数表示和演算变得简便易行，以至于人们往往忽略了它对数学发展所起的关键作用。

文明古国巴比伦使用的是六十进位制（这一进位制到现在仍留有痕迹，如1分=60秒等），还有采用二十进位制的。古代埃及倒是很早就使用十进位制，但他们却不知道位值制。所谓“位值制”就是一个数码表示什么数，要看它所在的位置而定。零是位值制记数法的精要所在，但它的出现却并非易事。

中国是世界上最早使用十进制记数法并且认识到位值制的国家，中国的口语或文字表达的数字也遵守这一原则，比如一百二十七。

十进制是中国人民的一项杰出创造，在世界数学史上有重要意义。英国著名科技史学家李约瑟教授曾对中国商代的记数法予以很高的评价：“如果没有这种十进制，就几乎不可能出现我们现在这个统一化的世界了”“总的来说，商代的数字系统比同一时代的古巴比伦和古埃及的数字系统更为先进、更为科学”。

九九表的发明和使用有什么来历？

九九表，又称“九九歌”，是中国古代筹算中进行乘法、除法、开方等运算的基本计算规则。

虽然九九表的最初创始人目前还难以考证，但是在诸子百家的《荀子》《管子》《淮南子》等古籍中，都能找到“三九二十七”“六八四十八”“四八三十二”“六六三十六”等句子。由此可见，早在春秋战国的时候，《九九乘法歌诀》就已经开始流行了。

如今小学生背诵的“小九九”口诀，是从“一一得一”开始，到“九九八十一”止，而在古代，却是倒过来，从“九九八十一”起，到“二二得四”止。因为口诀的开头两个字是“九九”，所以人们就把它简称为“九九”。十三至十四世纪的时候才倒过来像现在这样，“一一得一……九九八十一”。现在人们一般把那些有心计、会算计、善谋划的人形容为心里有“小九九”。

是谁迈出了圆周率计算过程中的关键一步？

圆周率是数学中最重要的常数之一。对它的计算，是衡量一个国家古代数学发展水平的尺度之一。而中国古代数学在这方面取得了令世人瞩目的成绩。

中国古代最初把圆周率取作3，虽然这应用起来简便，但太不准确。在推算准确的圆周率数值的征途中，首先迈出关键一步的是刘徽。他创立了割圆术，利用圆内接正多边形无限逼近圆的性质来求取圆周率数值。用这种方法他求得圆周率的近似值为3.14，也有人认为他得到了更好的结果：3.1416。

南北朝时期，数学家祖冲之利用割圆术得出了准确的小数点后七位数，而且他还给出了约率与密率。密率的发现是世界数学史上一项卓越的成就，保持了一千多年的世界纪录，是一项空前的杰作。

勾股定理的陈述可追溯至哪个朝代？

勾股定理是由距今三千多年前的周朝人商高发现的，汉代的数学著作《周髀算经》中以商高回答周公旦提问的方式陈述了这个定理：“若求邪至日者，以日下为句，日高为股，句股各自乘，并而开方除之，得邪至日。”又有“勾广三，股修四，经隅五”的说法，即今人讲的“勾三股四弦五”。《周髀算经》和《九章算术》两本书中都已明确给出了勾股定理的一般形式。

张衡发明的漏水转浑天仪是怎么工作的？

在汉代以前，中国的宇宙理论大体分为三种，分别是盖天说、宣夜说和浑天说。浑天说被认为是正统的官方学说。浑天说认为地在天之中，天似蛋壳、地似蛋黄，日月星辰附着在天壳之上。为了演说浑象并观测天体方位，西汉的耿寿昌发明了浑天仪。东汉的张衡在前人制作的浑天仪的基础上，大胆创新，于117年设计并制造了可以完整演示浑天说思想的漏水转浑天仪。

漏水转浑天仪的主体是一个代表天球的球体模型。球里面有一根铁轴贯穿球心，轴转动的方向就是天球运转的方向，也是地球自转的方向。轴和天球有两个交点，一个是北极（北天极），一个是南极（南天极）。北极高出地平面并与地平面呈三十六度角，这正是当时东汉都城洛阳的地理纬度。在天球的外表面上刻有二十八星宿和其他恒星的图案。在球面上还有地平圈和子午圈，天球半露在地平圈之上，半隐在地平圈之下。此外，球面上还有黄道圈和赤道圈，两圈互成二十四度的交角。在赤道圈和黄道圈上，各刻有二十四节气名称，并从冬至点起刻分成三百六十五又四分之一度，每度又分四格，太阳每天在黄道上移动一度。

为了能让浑天仪自己转动，张衡采用齿轮系统把浑象和记时用的漏壶联系起来，用漏壶滴出来的水的力量带动齿轮，齿轮带动浑象绕轴旋转，一天一周，与天球同步转动，这样就可以准确地把天象的变化表示出来。人在屋子里看着仪器，就可以知道某星正从东方升起，某星已到中天，某星就要从西方落下。

漏水转浑天仪是有明确历史记载的世界上第一架用水力发动的天文仪器。遗憾的是，这套复杂的传动系统因为年代久远没有流传下来。

世界上第一台用于观察地震的仪器是谁的杰作？

132年，东汉的张衡发明了世界上第一台用于观察地震的仪器——候风地动仪，从此，人类开始了使用仪器观察地震的历史。

张衡发明的地动仪是用纯铜制成的，直径八尺，盖子中间隆起，看起来很像酒樽，外面用篆文以及山龟鸟兽等图案雕饰。

仪器里面有精巧的结构，中间有一根上粗下细的铜柱，这是地动仪的中枢机械。

仪器外面对准东、南、西、北和东南、西南、东北、西北的八个方向铸有八条龙，每条龙嘴里衔着一只铜球，龙嘴下面又各有一只蟾蜍，张着嘴，可接住落下的铜球。

在铜柱和八条龙嘴之间各有机械连接。由于地震纵波的先行到达，哪个方向发生了地震，铜柱就倒向哪一方，使对准那个方向的龙嘴张开，龙嘴里的铜球就落到蟾蜍的嘴里。铜球跌落时发出声响，观察者凭听到的清脆声响，就会知道发生地震的准确方位。

由于历史久远，张衡发明的地动仪已经失传，没有留下实物与图样，只留下一些简略的文字记载。

第十一辑

国学典故、行业杂谈

“三皇五帝”是指哪些人?

古语有云:“自从盘古开天地,三皇五帝到如今。”那么,“三皇五帝”是指哪些人呢?

关于“三皇”,有七种说法:(1)天皇、地皇、人皇(徐整《三五历纪》);(2)天皇、地皇、泰皇(司马迁《史记》);(3)伏羲、神农、女娲(《风俗通·皇霸》引《春秋纬运斗枢》);(4)伏羲、神农、祝融(《白虎通义》);(5)燧人、伏羲、神农(《风俗通·皇霸》引《礼纬含文嘉》);(6)伏羲、神农、黄帝(《帝王世纪》);(7)伏羲、神农、共工(《通鉴外纪》)。

关于“五帝”,有五种说法:(1)太昊(伏羲)、神农、黄帝、少昊、颛顼(《礼记·月令》);(2)黄帝、颛顼、帝喾、尧、舜(司马迁《史记·五帝本纪》);(3)少昊、颛顼、帝喾、尧、舜(皇甫谧《帝王世纪》)(4)太昊、神农、黄帝、尧、舜(《易·系辞下》);(5)黄帝、少昊、帝喾、帝挚、尧(《道藏·洞神部·谱录类·混元圣经》引梁武帝说)。

由上可见,由于时代和典籍记载的不同,“三皇五帝”所指亦有所差异。事实上,“三皇五帝”是中国上古时期部落或部落联盟的首领。

◇ 天皇

◇ 地皇

◇ 人皇

◇ 伏羲女娲

◇ 伏羲

◇ 神农

◇ 黄帝

◇ 少昊

◇ 颛顼

◇ 帝喾

◇ 尧

◇ 舜

为什么中国人常称自己为“炎黄子孙”？

根据古代传说，远古时代的人们逐水草而居。当时，有三个大的氏族部落进入黄河中下游流域：一是从西方来的以炎帝为首的氏族部落；二是从东方来的以蚩尤为首领的夷族部落；三是从西北来的以黄帝为首的氏族部落。

炎帝部落来自陕西，沿着黄河向东而来，到了河南、山东，传说炎帝姓姜，号神农氏。

黄帝部落自陕西北部过黄河到了山西，沿着太行山迁移到达黄河之滨的河北涿鹿地区。传说黄帝姓姬，号轩辕氏。

传说蚩尤是九黎族首领。他们自东向西移动，和炎帝部落打了多年的仗，炎帝败北，退到河北，和黄帝部落结合，共同对抗蚩尤。蚩尤战败被杀后，其族人向南退至荆楚一带。从此，九黎人和南方苗蛮人相结合，共同定居下来。

后来，黄帝、炎帝两族又争斗多年，结果炎帝失败。于是这两大氏族部落结合起来，共同开发黄河流域，创造了古代中国光辉灿烂的文化。

这就是我们常称自己为“炎黄子孙”“炎黄世胄”的原因所在。

中国古代民间四大爱情传说有什么来历？

中国是一个地大物博、历史悠久的国家，在民间蕴藏着极为丰富的民族文化遗产。其中，最具有中国特色、流传最广的是“牛郎织女”“孟姜女”“梁山伯与祝英台”“白蛇传”这四大传说，它们并称为“中国古代四大民间爱情传说”。

“牛郎织女”的传说始于《诗经·大东》中“跂彼织女”“睆彼牵牛”的记载。

“孟姜女”的传说起源于《左传》中杞梁妻拒绝齐侯郊吊，遵守礼法的记载，后来加上《檀弓》中的“齐庄公袭莒于夺，杞梁死焉，其妻迎其柩于路而哭之哀”的情节组成故事的雏形。

“梁祝”的故事最早见于唐代梁载言的《十道四蕃志》，书中记载了梁、祝二人尝同学、同冢的故事。

关于“白蛇传”故事起源的说法有多种，一说源于唐传奇《白蛇记》，一说源于《西湖三塔记》，还有其他，此外不再一一列举，到明代冯梦龙的《白娘子永镇雷峰塔》（《警世通言》）时，故事已初步定型。

龙、凤、麒麟、龟，哪个是“四灵”之首？

“四灵”是指中国古代象征吉祥之物，分别是龙、凤、麒麟和龟。

龙是“四灵”之首，象征着中国各民族长期互相影响、融合和团结。人们想象中的龙长着牛头、鹿角、驴嘴、象耳、虾眼、虎掌、鹰爪、蛇身、狮尾，通身还长满了鳞甲，是由多种动物复合而成的。在中国古代的君主专制社会里，龙是皇帝的象征。龙作为“四灵”中最大的吉祥物，已经成为中华民族的象征。世界各地的中国人都认为自己是龙的传人。

凤，即凤凰，是中国传说中的“百鸟之王”，有道是“龙凤呈祥”，凤凰象征着吉祥、太平和政治的清明。凤和龙一样，被历代帝王当作权力和尊严的象征。在很长一段时间里，与凤有关的东西只有皇家才能使用。后来，凤凰也成为民间百姓的吉祥物。

麒麟，被认为是有德行的仁兽，历代帝王都把麒麟看作太平盛世的象征。古代“麒麟送子”这一说法的流传，即是人们想借助麒麟祈望子孙繁荣和生活幸福美满的体现。

龟，因其寿命长而成为长寿、健康的象征。龟是“四灵”中唯一真正存在的生物。在古代，巫师会烧龟甲，根据龟甲上爆裂的纹路来占卜吉凶。因此，人们又称龟为“神龟”“灵龟”。

中国人称自己是“龙的传人”有什么来历？

中国人称自己是“龙的传人”，来源于古代的图腾和传说。

相传，黄帝在统一中原以前是以“熊”为图腾的。在打败蚩尤统一中原后，黄帝为了安抚归附的部落，放弃了原来的“熊”图腾，使用了一种新图腾，这种新图腾就是“龙”，它由原来的“熊”图腾的头部和一种“蛇”图腾的身子组合而成，是黄帝父族和母族图腾的形象结合。

于是，围绕“龙”产生了“感天而生”的传说，说炎帝是一位叫登的女子感动上天的神龙而生的，黄帝是其母附宝感动“北斗”而生的，尧是庆都感动“赤龙”而生的。既然中华民族的始祖是“龙”的传身，那么，中华民族的子孙当然都是“龙的传人”了。

钟馗是怎样成为“头号打鬼门神”的？

在重庆市丰都县长江北岸的“鬼城”天子殿前左侧，有一座钟馗殿，殿中供奉的主神是民间传说中专门捉鬼、斩鬼、吃鬼的鬼王钟馗。钟馗能有这般显赫的地位，传说是拜唐明皇李隆基所赐。

传说有一年，唐明皇李隆基从骊山校场回宫，忽然疟疾大发，御医们费尽心思忙活了一个多月，唐明皇的病情也不见好转。一天深夜，唐明皇梦见一牛鼻子小鬼身穿红衣，一脚穿靴，一脚光着，靴子挂在腰间，这个小鬼偷偷盗走了杨贵妃的紫香囊和唐明皇的玉笛。唐明皇大怒，大声呵斥。这时突然出现一个大鬼，头戴破帽，身穿蓝袍，束角带，一下捉住小鬼，用手指剜出其两眼，然后把小鬼撕成两半吞吃了。唐明皇赶紧问大鬼名讳，大鬼奏道：“臣钟馗，到长安应试考中状元，因其貌不扬被废，愤而触殿阶而亡，死后成为鬼王，决心歼除天下妖魔鬼怪。”

唐明皇从梦中醒来，疟疾不治而愈，于是传召大画家吴道子，命吴道子依照他梦中所见画《钟馗捉鬼图》。图画好后，唐明皇瞪着眼睛瞧了半天，说道：“莫不是先生跟我一块儿做梦来着？画得怎么这么像！”他马上重赏了吴道子，并将此画悬于后宰门，用以镇妖驱邪，宫中遂得安宁。唐明皇加封钟馗为“驱魔大神”。由于唐明皇的大肆宣扬，钟馗像遍行天下，钟馗的“头号打鬼门神”的地位自此确立。

中国现存最早的一部神话小说集的书名叫什么？

中国现存最早的一部神话小说集是东晋干宝辑录的《搜神记》。

干宝，字令升，新蔡（今属河南）人。《晋书·干宝传》说他有感于生死之事，“遂撰集古今神祇灵异人物变化，名为《搜神记》”。可惜，干宝辑录的原书已散佚，现存二十卷本是后人从《法苑珠林》《太平御览》等书中辑录相关内容而成的。

《搜神记》是魏晋出现的志怪小说的一种主要类型。该书以辑录神仙鬼怪的故事为重点，内容涉及神仙术士的变幻、精灵物怪的神异、妖祥卜梦的感应、佛道信仰的因果报应，以及人神、人鬼间的交往纠葛等，其中保留了相当一部分从西汉传下来的历史神话传说和魏晋时期的民间故事。神话如“盘瓠神话”“蚕马神话”；历史传说如“干将莫邪”“紫玉显魂传说”；民间故事如“东海孝妇”“韩凭夫妇”。

“东山再起”来自哪个故事？

383年农历八月，前秦第三位君王苻坚亲自带领八十七万大军从长安出发，向南行进，步兵、骑兵再加上车辆、马匹、辎重，队伍浩浩荡荡，大路上烟尘滚滚。过了一个月，苻坚的主力到达项城，益州的水军也沿江顺流东下，黄河北边来的人马也到了彭城，从东到西一万多里长的战线上，前秦水陆两路大军向江南逼近。消息传到建康，东晋孝武帝和文武官员都惊慌不已，期盼宰相谢安拿主意。

谢安是陈郡阳夏（今河南省太康县）人，在东晋士大夫阶层中名望很大，大家都认为他是个很有才干的人，但是他多次辞官，隐居在会稽（今浙江绍兴）的东山。当时在士大夫中间曾流传“谢安不出来做官，叫百姓怎么办”诸如此类的话。谢安到了四十多岁的时候，才出来做官。因为谢安长期隐居在东山，故人们把他重新出来做官这样的事称为“东山再起”。

“东床快婿”原本是指谁？

东晋时期，武将郗鉴奉旨平叛，立了大功，被封为太尉。在朝廷里，除了文官丞相王导，就数他这武官太尉地位崇高了。郗鉴的爱女郗璿眉清目秀、聪明伶俐，妙龄待嫁。郗鉴觉得丞相王导家子侄甚多，听说个个都才貌俱佳，希望能在王家子侄中择婿。王导同意后，郗鉴便命管家带上厚礼，到王导家中觅婿。

郗府管家回到府中，对郗鉴说：“王府的年轻公子二十余人，听说郗府觅婿，都争先恐后，精心打扮。唯有东床上有位年轻人，袒腹躺着若无其事。”这个年轻人就是王导的弟弟王旷的儿子。郗鉴听后说道：“哈哈，此人真是佳婿！”郗鉴来到王府，见这个年轻人既豁达又文雅，才貌双全，当场下了聘礼，择为快婿。

“东床快婿”一说就是这样来的。这“东床快婿”便是历史上大名鼎鼎的被后人称为“书圣”的王羲之。他的书法被形容为“飘如浮云，矫如惊龙”。

“笔耕”一词与哪位名人有关?

“笔耕”一词，现在常指某人勤奋写作。但它最初的意思却指的是识字的人以用笔给人抄抄写写为生，寓意抄写工作跟农夫耕种田地一样辛苦。“笔耕”一词，典出《后汉书·班超传》，说的是班超“投笔从戎”的故事。

东汉的班超年轻时就有为国立功的抱负，因为没有机会，所以他未能施展自己的才能。有一年，他的哥哥班固被汉明帝召到洛阳去做校书郎，班超和母亲也跟着去了。由于他们家庭经济不宽裕，班超就常给官府抄抄写写，获取一点报酬，借以维持生活。

日子久了，班超感到厌烦和苦闷。有一天，他抄着抄着突然把笔摔在地上激动地说：“大丈夫应效法傅介子、张骞，立功异城，以得到封侯，怎能长久与笔墨纸砚打交道呢？”班超于是弃笔从军，跟随大将窦固出征，大败匈奴，立了大功。

从此，“笔耕”一词便流传开来。

“腹稿”一词由何来历?

说起“腹稿”一词的由来，不得不提到唐代的诗人王勃。

王勃，字子安，绛州龙门（今山西河津）人。据说，他从小聪明伶俐，六岁便能作诗，十几岁就成名了。在短暂的一生中，王勃给后世留下了文采斐然的《滕王阁序》。他和杨炯、卢照邻、骆宾王并称“初唐四杰”。

相传王勃所到之处，都有人请他写文章。王勃在写文章的时候，往往不打草稿，也没有穷思极想，而是先磨好墨，备好纸笔，有时还喝一点酒，然后蒙头大睡。等到一醒来，他马上跳下床，挥笔疾书，一气呵成，可以不用改动一字。当时人们说，王勃在蒙头而睡时，其实并没有真睡，而是在构思，在肚子里打草稿。《新唐书·王勃传》记载："勃属文，初不精思，先磨墨数升，则酣饮，引被覆面卧，及寤，援笔成篇，不易一字，时人谓勃为'腹稿'。"

后来，人们就把预先想好而没有写出来的文稿统一称为"腹稿"。

"入木三分"有何来历?

晋朝王羲之能成为中国历史上著名的书法家之一，固然与他的天资有关，但更重要的还是因为他的刻苦练字。他曾在池塘边练习写字，每次写完字，就在池塘里洗涤笔砚。时间一久，整个池塘的水都变黑了。由此可知，他在书法练习上所下的功夫之深了。

王羲之曾从鹅的体态、姿势上领悟到书法执笔、运笔的道理。有一次，他到某道观看到一群鹅非常可爱，便要求道士将这群鹅卖给他。观里的道士很早就钦慕他的书法了，便请他写部《黄庭经》作为交换。王羲之给观里写了部《黄庭经》，道士便把那些鹅都送给了他。还有一次，当时的皇帝要到京城的北郊去祭祀，让王羲之把祝词写在一块木板上，再派工人雕刻。雕刻的工人在雕刻时非常惊奇，原来王羲之写的字，笔力竟然渗入木头三分多。他赞叹地说："右军将军的字，真是入木三分呀！"

成语"模棱两可"跟古代的哪位宰相有关?

苏味道是初唐的政治家、文学家，他与李峤以文辞齐名，二人并称"苏李"。有一次，一个人向苏味道请教当官的诀窍，他得意地说："要想当好官，必须记住一点：处理任何事情，都不要决断得清楚明白。否则一有错误，就必定受罚。应该像用手摸棱角那样，这一面可以，那一面也过得去，就不会出事了。"史料记载："处事不欲决断明白，若有错误，必贻咎谴，但摸（模）棱以持两端可矣。"故苏味道世号“苏模棱”。

“才高八斗”最初是用来称颂谁的?

南朝宋诗人谢灵运的诗，大都描写会稽、永嘉、庐山等地的山水名胜，善于刻画自然景物，开创了文学史上的山水诗一派。谢录运写的诗艺术性很强，尤其注意形式美，颇受当时的文人雅士们的喜爱。他的诗篇一传出来，人们就竞相抄录，流传甚广。

宋文帝很赏识他的文学才能，特地将他召回京都任职，并把他的诗作和书法称为“二宝”，常常要他边侍宴，边写诗作文。谢灵运受到这种礼遇后，更加自命不凡。有一次，谢灵运一边喝酒一边自夸道：“天下的文学之才共有一石，其中曹子建独占八斗，我得一斗，天下其他的人共分一斗。”

由此可知，谢灵运除佩服曹植外，其他人的才华都不放在眼里，自我评价甚高。后来人们便用“才高八斗”来比喻文才高超的人。唐代诗人李商隐在《可叹》诗中写道：“宓妃愁坐芝田馆，用尽陈王八斗才。”诗中便借用了“才高八斗”的典故。

◇ 刘俊《雪夜访普图》

“半部《论语》治天下”的说法有什么来历?

北宋初年的宰相赵普是一位杰出的政治家，但绝不是一个学问家。乾德五年（967），一天君臣谈起年号来，赵普拍马屁，列举了几年来天下出现的不少好事，然后将之归功于赵匡胤改的这个“乾德”

年号。站在一旁的翰林学士卢多逊等赵普拍完马屁后说："可惜，'乾德'是伪蜀用过的年号。"赵匡胤大吃一惊，马上命人去查，发现"乾德"果真是前蜀的年号，而且是亡国的年号。赵匡胤想到赵普身为宰相，却读书甚少，让自己出这么大丑，便骂道："赵普，你不学无术，怎么比得上卢多逊？"还用笔墨在赵普脸上涂抹。

赵普受此奇耻大辱，开始发愤读书。他有一个大书匣，不许别人动。人们只是看到他每天从里面拿出一本书来读，但是谁也不知道那是什么书。等到这位宰相死后，人们打开书匣，发现里面只有《论语》的前半部分。从此以后，赵普以"半部《论语》治天下"的故事就传遍天下了。

"司空见惯"与唐朝哪位大诗人有关？

"司空见惯"这个成语，意指对某一事物见多了也就不足为奇。这个成语的由来，和唐朝著名诗人刘禹锡有关。

据说，刘禹锡在当刺史时，有位卸任的司空李绅，因为久仰刘禹锡的盛名，便邀请刘禹锡到他的家中做客。刘禹锡欣然接受了李绅的邀请。宴会上，李绅叫来一名妙龄歌伎，只见这位歌伎高髻云鬟，宫样装束，十分艳丽。歌伎一边翩翩起舞，一边用轻柔、婉转的声音一扬一抑地唱起名曲《杜韦娘》。

生平第一次遇此情景的刘禹锡，感触很深，当即赋诗一首，赠给李绅。诗中写道："高髻云鬟宫样妆，春风一曲杜韦娘。司空见惯浑闲事，断尽苏州刺史肠。"意思是说，如此妖艳的歌伎、动人的曲调、奢华绮丽的场面，都是他从来没有见过的，而对司空李绅来说，却并不稀奇，是见惯了的东西。

后人由此典故提炼出成语"司空见惯"。

“鸿雁传书”中的“鸿雁”何以代称书信?

“鸿雁”是书信的代称，有时亦代称传送书信的人。关于古人为何常用“鸿雁”代称书信和传送书信的人，大致有以下两种说法。

一种说法是，汉朝时期，苏武出使匈奴，被单于流放北海去放羊。十年后，汉朝与匈奴和亲，但单于仍不让苏武回汉。与苏武一起出使匈奴的常惠，把苏武的情况密告汉使，并设计让汉使对单于讲：汉朝皇帝打猎射得一雁，雁足上绑有书信，书信上叙说苏武在某个沼泽地带牧羊。单于听后，只得让苏武归汉。

另一种说法是，唐朝大将薛平贵远征在外，王宝钏苦守寒窑十数年矢志不移。一日，王宝钏正在挑野菜，忽闻空中鸿雁连声呼唤，遂请求其代为传书于薛平贵。情急之下，王宝钏撕下罗裙，咬破指尖，写下血泪书信，在信中表达了自己对爱情的忠贞和盼望夫妻团圆的心情。

前者是对国家的忠心，后者是对感情的忠贞。这两个故事的流传，使得“鸿雁”成为古代书信或通信使者的代称，也让这两个故事本身成为流传千古的佳话。

“八字没一撇”的说法是怎么来的?

说起俗语“八字没一撇”的由来，必须提到一个名叫朱熹的人。

南宋理学家朱熹在《与刘子澄书》中说：“圣贤已是八字打开了，但人自不领会，却向外狂走耳。”意思是说，通向圣贤的大门早已敞开，可是人们并不理会，不但不进门，反而朝外走。这句话流露出朱熹对人们不认圣贤之门而感到惋惜、遗憾却又无可奈何的心情。朱熹的这句话便是俗语“八字没一撇”之源。

此外，还有一种说法。相传，古代男女在结婚前要把各自的生辰八字报给算命先生看。古人的生辰八字不轻易示人，自出生后报八字便用红纸包起，一旦报给了某个人，一般都是同意了婚事的意思。“八字没有一撇”，意思对方的报八字还没有拿过来。

“青梅竹马”“两小无猜”为什么与爱情有关？

“青梅竹马”“两小无猜”源于唐代大诗人李白的一首五言古诗《长干行》。这首爱情诗描写的是一位女子思夫心切，不惜长途跋涉数百里到长风沙（在今安徽安庆市东的长江边上）去迎接丈夫。

诗的开头回忆他们从小在一起亲昵的嬉戏：“妾发初覆额，折花门前剧。郎骑竹马来，绕床弄青梅。同居长干里，两小无嫌猜。”在诗人的描述中，这样一幅画面自然映入眼帘：一个额前覆着刘海的小女孩，手里拿着一枝花，站在门前戏耍；一个头上扎着丫角的小男孩，胯下骑着竹马，在小路上又跳又跑。

后来，人们便用“青梅竹马”和“两小无猜”表明男女间天真、纯洁的感情长远深厚。“青梅竹马”“两小无猜”一起使用，意思不变。

“江郎才尽”中的“江郎”指谁？

江郎，即宋、齐、梁三朝的文人江淹。据说，江淹年纪轻轻就成了鼎鼎有名的文学家，可年纪大了以后，他的文章退步不少。因此，人们称其为“江郎才尽”。

这种现象与江淹在官场上如沐春风有莫大的关联。萧道成篡宋建齐后，江淹便步步高升，历任显职。萧衍篡齐建梁后，对江淹继续重用，江淹曾一度官至金紫光禄大夫。入仕的江淹逐渐被权力腐蚀，不肯在文学上用功夫，故再无类似《恨赋》《别赋》的出色作品问世。

还有人认为，齐、梁“永明体”带来的创作新风，转移了当时读者的欣赏习惯。江淹跟不上文学潮流的转型步伐，于是落伍了，以致编出一段自欺欺人的梦话，给自己找台阶下。

南朝梁钟嵘的《诗品》记载：“初，淹罢宣城郡，遂宿冶亭。梦一美丈夫，自称郭璞，谓淹曰：‘我有笔在卿处多年矣，可以见还。’淹探怀中，得五色笔授之。尔后为诗不复成语，故世传江淹才尽。”

《南史·江淹传》亦记载：“淹乃探怀中得五色笔一以授之。尔后为诗绝无美句，时人谓之才尽。”

为什么用“学富五车”形容饱学之士?

“学富五车”和“才高八斗”都是称誉一个人学识渊博的成语。“五车”其实就指五车竹简书。古人早先用竹片或木片作为文字载体，用以书写的竹片叫作“简”，又称“策”；用于书写的木片叫作“方”，又称“犊”。《庄子·杂篇·天下》中说：“惠施多方，其书五车。”

惠施是战国时期的哲学家，很有才学，是名家的代表人物。引文的意思是说，惠施是个有学问的人，道术很多，他读的书要用五辆车子拉。后来，人们便用“学富五车”来表示对饱学之士的称赞。王安石《赠外孙》诗中的“年小从他爱梨栗，长成须读五车书”一句，就化用了这一典故。

“鲁鱼帝虎”“三豕涉河”分别有何典故?

《意林》卷四载《抱朴子》：“谚云：‘书三写，鱼成鲁，帝成虎。’”意思是说，文字在多次传抄过程中容易写错，“鱼”容易错写成“鲁”，“帝”容易错写成“虎”。原本《抱朴子·遐览》中是“虚成虎”，后误传为“鲁鱼帝虎”。

《吕氏春秋》中记载了这样一件事：孔子的弟子子夏到晋国去，路过卫国，听有个读历史书的人说：“晋国的部队三豕渡过黄河。”子夏说：“不对，应该是己亥。因为‘己’跟‘三’字形相近，‘豕’和‘亥’字形相像。”子夏到了晋国后向晋国人求证，得到的回答果然是：“晋国军队在己亥日渡过黄河。”

后来，人们就用“鲁鱼帝虎”与“三豕涉河”这两个成语指代在书籍传写或刻印过程中出现的文字错误。

“一丝不挂”最初是什么意思？

“一丝不挂”之“丝”有两解。

一解一缕衣饰。《五灯会元》卷十二中记载：“诸上座终日著衣吃饭，未曾咬著一粒米，未曾挂著一缕丝。”

另一解为一根钓丝。《五灯会元》卷十四中记载：“僧问：‘一丝不著时如何？’师曰：‘合同船子并头行。’”意思是说，“一丝不著”，便达到了船子和尚超脱的境界。船子和尚有诗偈说：“金鳞不遇空劳力，收取丝纶归去来……钓竿斫尽重栽竹，不计功程便得休。”可见“一丝不挂”本是禅语，比喻超然洒脱、绝无患得患失的念头，丝毫不受尘俗的牵挂，是很高的修持境界。后用以泛指毫无牵挂，现用来形容赤身裸体。

“对牛弹琴”中的弹琴之人是谁？

对牛弹琴，比喻对不懂道理的人讲道理，是白费口舌，也常用来讥笑说话不看对象的人。“对牛弹琴”说的是战国人公明仪的故事。

战国时期，有一个名叫公明仪的音乐家，既能作曲又能演奏，尤其擅长弹奏七弦琴。他痴迷于音乐，不但在室内弹琴，遇上好天气时还喜欢带着琴到郊外弹奏。

一年春暖花开时节，公明仪来到郊外，看见一头黄牛正在草地上低头吃草。公明仪一时兴起，摆上琴，拨动琴弦，给这头牛弹起了自己引以为傲的乐曲《清角》，但黄牛却无动于衷，仍然一个劲儿地低头吃草。公明仪心想可能是曲子太高雅了，便弹起了小曲。黄牛仍然毫无反应，继续悠闲地吃草。公明仪继续换曲子，但老黄牛就是不为所动，只是偶尔甩甩尾巴，驱赶着牛虻，照样低头闷不吱声地吃草。公明仪非常沮丧。旁边的人劝他说："不是您弹的曲子不好听，是您弹的曲子不对牛的耳朵！"公明仪叹口气，怅然而归。

"吉光片羽"中的"吉光"是什么意思？

吉光，指古代神话中的神兽；片羽，即一片羽毛。古代传说，吉光是神兽，毛皮为裘，入水数日不沉，入火不焦。"吉光片羽"指神兽的一小块毛皮，比喻残存的珍贵文物。不少人望文生义，将"吉光"理解成"珍贵的时光""吉兆"等，实在是大错特错。

"嫁鸡随鸡，嫁狗随狗"有什么来历？

"嫁鸡随鸡，嫁狗随狗"这一俗语原为"嫁得鸡逐鸡飞，嫁得狗逐狗走"比喻女子嫁人后，无论丈夫好坏，都要永远跟从。随着时代的变迁，这一俗语转音成"嫁鸡随鸡，嫁狗随狗"。

"名落孙山"有什么来历？

宋朝时期，有个名叫孙山的人，因善于说笑话而被冠以"滑稽才子"的绰号。

有一次，他和一个同乡的儿子一同到京城去参加举人的考试。发榜时，孙山的名字虽然被列在榜单中的倒数第一名，但仍然是榜上有名，而那位和他一起去参加考试的同乡的儿子，却没有考上。不久，孙山先回到家里，同乡便来问他儿子有没有考上。孙山既不好意思直说，又不便隐瞒，于是就随口念出两句诗来："解名尽处是孙山，贤郎更在孙山外。"

解名，即古代科举考试制度所规定的举人第一名。孙山诗里所谓的"解名"，乃是泛指考取的一般的举人。他这句诗的意思是，举人榜上的最后一名是我孙山，而令郎的名字却还在我孙山的后面。从此，人们便把某人投考学校或参加各种考试没有被录取，叫作"名落孙山"。

"飞黄腾达"的由来与谁有关？

"飞黄腾达"出自唐代韩愈的《符读书城南》一诗："飞黄腾踏去，不能顾蟾蜍。"

唐宋八大家之首韩愈的儿子韩符少年时十分贪玩，不喜欢读书，韩愈专门写诗教育儿子要立志飞黄腾达，诗文内容为："两家各生子，提孩巧相如。少长聚嬉戏，不殊同队鱼……三十骨骼成，乃一龙一猪。飞黄腾踏去，不能顾蟾蜍。"

"好马不吃回头草"最初是什么意思？

"好马不吃回头草"的典故，说的是良骥走出马厩，奔向宽阔无垠的草原，一眼便能瞥见鲜美可口的嫩草，于是就沿着一条选定的线路吃下去，直吃到肚大腰圆才把"家"回，而绝不会东啃一嘴，西吃一口，丢三落四地再回头去补吃遗漏的嫩草。换句话说，并不是所有身后的草都不好，也并不是所有眼前的草都是好草，只是良骥会很仔细吃掉眼前的草，就没有"回头草"而言了。

“金屋藏娇”与古代哪位皇帝有关？

汉武帝刘彻四岁时，太子是他的哥哥刘荣。刘彻之所以能当上太子，全靠汉景帝的姐姐长公主的帮助。长公主原想把自己的女儿陈阿娇许给太子刘荣，好让自己的女儿将来当皇后。但是太子的母亲栗姬却不领情，于是长公主把目光转向了刘彻。有一次，长公主问刘彻愿不愿意娶阿娇做妻子，刘彻也很喜欢阿娇，见姑姑问，便大方地说：“以后如果能娶阿娇做妻子，我就要亲自造一栋金屋子送给她。”汉景帝见儿子有这样的气魄，也同意了这门亲事。后来，刘彻做了皇帝，也娶了阿娇，建造了富丽堂皇的宫殿，实现了他小时候的诺言。

“举案齐眉”最初说的是哪对夫妇？

“举案齐眉”是赞美夫妻美满婚姻的专用词。“举案齐眉”源自汉时梁鸿和妻子孟光的故事。故事说的是，每当丈夫梁鸿回家时，妻子孟光就托着放有饭菜的盘子，恭恭敬敬地送到丈夫面前。为了表示对丈夫的尊敬，妻子不敢仰视丈夫的脸，总是把盘子托得跟眉毛齐平，丈夫也总是彬彬有礼地用双手接过盘子。后人便以“举案齐眉”来形容夫妻两人相互尊敬、相敬如宾。

“弱水三千”中的“弱水”是指什么水？

古时有许多浅而湍急的河流，其不能用舟船而只能用皮筏过渡，古人认为是由于水羸弱而不能载舟，因此把这样的河流称为“弱水”。所以，古文学中逐渐用“弱水”一词来泛指险而遥远的河流，比较有名的是苏轼的《金山妙高台》中的诗句：“蓬莱不可到，弱水三万里。”

《红楼梦》中的“弱水”一词引申为爱河情海。贾宝玉对林黛玉说："任凭弱水三千，我只取一瓢饮。"这句话后成为男女之间信誓旦旦的爱情表白。其字面意思为，弱水有三千里那么长，水量虽然丰沛，但我只舀取其中一瓢来喝。其引申义为：可以交往的对象有很多，但我只喜欢你一个。

"脱颖而出"中的"颖"是指什么？

"脱颖而出"语出《史记·七十列传·平原君虞卿列传》："使遂蚤得处囊中，乃颖脱而出，非特其末见而已。"这里的"颖"，指的是尖子。

战国时期，秦国攻打赵国。赵国平原君奉命到楚国求助，毛遂请求跟着去。平原君说："有本事的人，在人群中就如锥子放在布袋中，尖儿立刻露出来。你在我家已有三年，但我未听说过你的名字，看来你没有什么能耐，还是不要去了。"毛遂说："若我真的能如锥子，放在布袋里就会连锥子上面的环也露出，岂止露出尖儿！"后来毛遂就跟着平原君一道去了楚国，并起到了非常重要的作用。"毛遂自荐""脱颖而出"的典故也被传为佳话。

"小时了了，大未必佳"最初说的是谁？

"小时了了，大未必佳"出自《世说新语·言语》，说的是三国时期的孔融的故事。孔融十岁时，随父亲到洛阳。当时李元礼任司隶校尉，名气很大。到他家去的人，只有那些才智出众的人、有很高称誉的人或李元礼的亲戚才会被通报。

孔融到李元礼家门前，对下边的人说："我是李府君的亲戚。"李元礼见到孔融后，疑惑地问："您和我有什么亲戚关系？"孔融回答："过去我的祖先仲尼曾经拜您的祖先伯阳为师，所以我和您是世代友好往来的亲戚关系。”李元礼和宾客们闻此都甚为惊诧。

太中大夫陈韪后来才到，别人就把孔融说的话讲给他听，陈韪听后就说：“小时了了，大未必佳。”意思是说，小的时候很聪明，长大了未必很有才华。孔融听后说：“我猜想您小的时候一定很聪明吧。”一句话就把陈韪难住了，陈韪半天说不出话来。

后人引用上述故事中的两句话，将“小时了了”引为成语，来说明小孩子从小便生性聪明，懂得的事情很多。但因为下文有“大未必佳”一语，故这句成语的意思便变成了：小时虽然很聪明，长大了却未必能够成材。

“梅开二度”最初是什么意思？

“梅开二度”最初源于戏曲《二度梅》。这部戏曲说的是，主人公梅良玉的父亲被奸臣陷害，他侥幸被人救出，并被送到其父好友陈日升家中寄居。陈日升视梅良玉如同己出，常带他在花园的梅树边拜祭故友。梅良玉勤学苦读，决心考取功名，出人头地，将来好为父亲报仇。

一日，盛开的梅花被夜晚的风雨吹打得凋谢了。陈日升带梅良玉诚恳地再拜，祈求让梅花重开。二人的诚心感动天地，结果真的满园芬芳，“梅开二度”！这是个吉兆，梅良玉最终学成进京，中了状元，还和陈日升的女儿结为夫妻。由此可见，“梅开二度”最初表达的意思是好事再现。

为什么用“倾国倾城”形容绝色美女？

中国第一部诗集《诗经》中有“哲夫成城，哲妇倾城”“赫赫宗周，褒姒灭之”的诗句。哲夫、哲妇，即明达、才智者。倾城，是指城邦覆灭。“哲夫成城，哲妇倾城”意思是：智慧的丈夫能成就国事，智慧的妇人坏城。后一句意在讥讽周幽王因宠幸绝代佳人褒姒荒废朝政而导致亡国。

再有，唐代著名诗人胡曾也写有描写褒姒倾国的诗篇："恃宠娇多得自由，骊山举火戏诸侯。只知一笑倾人国，不觉胡尘满玉楼。"一笑倾城，再笑倾国，除周幽王宠幸褒姒外，商纣王、汉成帝、唐玄宗三位君主也被苏妲己、赵飞燕、杨玉环的美色所迷惑，导致国家灭亡，所以，后人多以"倾城倾国"或"倾国倾城"来形容绝色美女。

"天之骄子"最初说的是谁？

"天之骄子"语出东汉班固的《汉书·传·匈奴传上》："南有大汉，北有强胡。胡者，天之骄子也。"汉朝人因匈奴极为强盛而称其为"天之骄子"，意思是匈奴为天所恩宠。现指自身条件极其优越、特别幸运的人，也指非常勇敢或有特殊贡献的人。

"退避三舍"中的"三舍"是多少里？

古代行军计程以三十里为一舍。三舍，即九十里，也就是四十五千米。

《左传·僖公·僖公二十三年》记载，春秋时期，晋献公听信谗言，杀了太子申生，又派人捉拿申生的弟弟重耳。重耳闻讯，逃出了晋国，在外流亡十几年。历经千辛万苦，重耳来到楚国。楚成王认为重耳日后必有大作为，便以国君之礼相迎，待他如上宾。一天，楚成王设宴招待重耳，两人饮酒叙话，重耳对楚成王许诺："如果能回国当政，愿与楚国交好。假如有一天晋楚之间发生战争，我一定命令军队先退避三舍。"

四年后，重耳回到晋国果真当上了国君，是为晋文公。公元前632

年，楚国和晋国的军队在作战时相遇。晋文公为了兑现他对楚成王许下的诺言，下令军队后退九十里，驻扎在城濮。楚军见晋军后退，以为对方害怕了，马上追击。晋文公利用楚军骄傲轻敌的弱点，集中兵力，大破楚军，取得了城濮之战的胜利。

“妇人之仁”最早是用来形容谁的?

“妇人之仁”，最早见于西汉司马迁的《史记·七十列传·淮阴侯列传》：“项王见人，恭敬慈爱，言语呕呕，人有疾病，涕泣分食饮；至使人有功当封爵者，印刓敝，忍不能予。此所谓妇人之仁也。”

对当政者而言，“仁”是“仁爱”之情，更是“仁政”之术；“仁”是用来收买人心的，不能收买人心的“仁”就一文不值；如果理解错了，糊里糊涂地实行起“仁爱”来，便大为不妙。项羽之错不在于他有“妇人之仁”，而在于他未能把这种“仁”转化为政治上的优势。“妇人之仁”也成为项羽最后在乌江边饮恨自刎的重要原因之一。

“高抬贵手”的由来和什么事情有关?

旧时乡下演戏，往往先由乡绅们出钱，包下戏班子在祠堂、庙宇中演出，然后他们再向群众卖票赚钱，群众凭票进场看戏。

戏场只开一扇边门，由一个五大三粗的壮汉把门收票。无人进场时，壮汉双腿跨在门槛上，双手把住门框，以防无票的人溜进戏场。农村的孩子很想看戏，但又无钱买戏票。

有的孩子便瞅着空当边向守门壮汉哀求，边察言观色，掌握“火候”，伺机轻轻托起壮汉的胳膊说：“叔叔，请您把胳膊抬高一点吧！”若那壮汉不加阻拦，孩子便趁势从壮汉胳肢窝下钻过去看戏了。后来，文人便把“请抬高胳膊”雅化为“高抬贵手”，意思就是请人

"开恩"，推而广之，便应用于各种场合的求情。

"河东狮吼"有何来历？

陈慥，字季常，北宋眉州（一说永嘉）人，其父乃是当时的太常少卿、工部尚书陈希亮。陈慥虽出身名门，却豪侠不羁，视金钱名利如粪土。一年，恰逢苏轼因乌台诗案被贬至黄州，两个性格豪放洒脱的人便成了好朋友，二人纵论古今成败、天下大事，也时常对酒当歌、相伴出游。陈慥的家里养着一些歌伎，每逢客人来访，陈慥就以歌舞大宴宾客。而陈慥的妻子柳氏性情暴躁凶妒，一到欢歌宴舞之时就醋性大发，拿着木杖大喊大叫，用力敲打墙壁，弄得陈慥极为尴尬。

苏轼见状，就写了一首诗《寄吴德仁兼简陈季常》取笑陈慥，诗中写道："龙丘居士亦可怜，谈空说有夜不眠。忽闻河东狮子吼，拄杖落手心茫然。""河东"是柳氏的郡望，暗指柳氏。"狮子吼"一词来源于佛教，形容佛陀讲法如狮子威服众兽一般，能伏众生，可见苏轼赋诗时并非全是贬义。后来这个故事被南宋的洪迈写进《容斋三笔》中，在后世广为流传，"河东狮吼"的典故也从此确立，至今仍然是悍妻撒泼的代名词，借以讥讽惧内的人。

"三生有幸"中的"三生"是指哪三生？

"三生"，佛教指前生、今生、来生。"三生有幸"来自宋人苏东坡写的《僧圆泽传》一文，讲的是唐朝的故事。

圆泽是位得道的禅师，为惠林寺住持。圆泽有一位俗家朋友，姓李名源，二人知心知音，相交至深。一日，二人相约去参拜峨眉山，却在路线问题上发生了分歧。圆泽希望走陆路，取道长安斜谷入川，李源却坚持从湖北沿江而上。或因早年李源捐家产改建惠林寺，二人有约定，意见一致，则唯圆泽是听，意见不一致，悉由李源定夺，所以二人最终决定乘船入川。圆泽自知后果，叹道："行止固不由人。"船到南浦泊岸。河边有位身着花缎衣裤的妇人正在取水。圆泽流着眼泪对李源说："我不愿走水路就是怕见到她。""那是我下一辈子的亲娘，她姓王。因为我不肯来，所以她怀孕三年还生不下来。我得走了，给她做儿子去了。三天后你来王家看我，我会对你一笑作为证明。再过十三年的中秋夜，请你到杭州天竺寺外，我一定来与你见面。"李源将信将疑。到了黄昏，圆泽圆寂，王家的婴儿也呱呱落地。三天后，李源去看那婴儿，那婴儿果然冲他微笑。李源回到惠林寺，寺里的小和尚说圆泽早已写好了遗嘱。十三年后，李源如约从洛阳到杭州天竺寺去赴与圆泽的约会，果然看到了化作牧童的故人。

"半老徐娘"中的"徐娘"指的是谁？

"半老徐娘"源于南北朝，徐娘名叫徐昭佩，是南朝梁元帝的妃子。她年过芳龄，却还着意打扮。于是有人评价说："徐娘半老，犹尚多情。"有关"徐娘"的"风骚"之事，《南史·后妃传》中有极简要的记载。宋陈与义的诗《书怀示友十首》中有"开窗逢一笑，未觉徐娘老"两句，足见"徐娘"之"风骚"。后人便用"半老徐娘"或"徐娘半老"来比喻那些过了一定年纪还过度打扮的妇女。亦有人自称"徐娘"，含有自谦、自重之意。

"阳关三叠"里的"三叠"是指什么？

"阳关三叠"是根据唐代诗人王维的诗《送元二使安西》谱写的一首琴曲。王维的这首诗是为送友人去关外服役而作的，在唐代就曾以歌曲的形式广为流传，谱入琴曲后又增添了一些词句，加强了惜别的感觉，表达了作者对即将远行的友人无限留恋的诚挚情感。全曲分三大段，基本上用一个曲调作变化反复，叠唱三次，故称“三叠”。琴曲结尾处渐慢、渐弱，抒发了一种惜别感叹的情绪。

“烂泥扶不上墙”最初形容的是谁？

传说孔门弟子三千，学成六艺、毕业拿到“文凭”的有七十七人（有名有姓），比较知名的有子路、子贡、子渊、冉求、子若、子骞、子张、仲弓等人。当然，孔子虽然有众多优秀的弟子，但也不是个个、时时都令他满意，比如宰予（子我）。宰予能言善辩，刚开始倒很得孔子的赏识，只是其人表面一套、背后一套。有一次，孔子发现宰予白天睡大觉，便很生气地说：“朽木不可雕也，粪土之墙不可圬也！”这个典故说的就是宰予。

“劳燕分飞”中的“劳燕”是什么意思？

“劳燕分飞”中的“劳燕”，指的是伯劳和燕子两种鸟类，“劳”是伯劳的简称，和“辛劳”无关。“劳”和“燕”分别朝不同的方向飞去，因此，形容它们的飞行是“分飞”而不是“纷飞”。

伯劳俗称“胡不拉”，是食虫鸟类，大多栖息在丘陵开阔地带的林地中，为中国较为常见的鸟类。因为较常见，所以也就被诗人写进了诗里。和伯劳一起走进诗里的还有燕子。

在传统诗歌的天空下，伯劳遇见燕子后，伯劳匆匆东飞，燕子急急西飞，瞬息的相遇无法改变飞行的姿态，二者相遇总是太晚，离别总是太疾。东飞的伯劳和西飞的燕子，合在一起构成了感伤的分离，成了夫妻、情侣离别不再聚首的象征。

为什么用“断袖之癖”指代男同性恋？

“断袖之癖”的来历与西汉的董贤有关。

有一天，汉哀帝下朝回宫，看到殿前站着一个人，便随口问：“那不是舍人董贤吗？”那人忙叩头道：“正是小臣董贤。”董贤是御史董恭的儿子，在汉哀帝刘欣还是太子时曾当过太子舍人。就是这一瞥，汉哀帝忽然发现，几年不见，董贤越长越俊俏了，比六宫粉黛还要漂亮，他不禁大为喜爱，命董贤随身侍从。从此，汉哀帝对董贤日益宠爱，与董贤同车而乘，同榻而眠。

董贤不仅长得像美女，言谈举止也十足像女人，“性柔和”“善为媚”。汉哀帝对董贤的爱之深，可用一个例子来说明。一次午睡，董贤枕着汉哀帝的袖子睡着了。汉哀帝想起身，却又不忍惊醒董贤，随手拔剑割断了自己的衣袖。后人将同性恋称为“断袖之癖”，便是源出于此。

为什么事情败露称作“露马脚”？

据传，明太祖朱元璋自小家境贫寒，年轻时与一位同样是平民出身的马姑娘结了婚。这位马姑娘长着一双未经缠过的“大足”，这在当时是一大忌讳。朱元璋当了皇帝以后，念马氏辅佐有功，将她封为明朝第一皇后。“龙恩”虽重，但深居后宫的马氏却为自己脚大而深感不安，在人前从来不敢将脚伸出裙外。一天，马氏忽然游兴大发，乘坐大轿上街。在一些大胆者偷瞄之际，恰好一阵大风将轿帘掀起一角，马氏搁在踏板上的两只大脚赫然入目。于是，一传十，十传百，顿时轰动了整个京城。后人由此引申出“露马脚”之说。

“信口雌黄”中的“雌黄”是指什么？

《晋书·列传·第十三章》记载，西晋人王衍是一位有名的清谈家，他喜欢老庄学说，每天谈的多半是老庄玄理，但是往往前后矛盾、漏洞百出，别人指出他的错误或提出质疑，他也满不在乎，甚至不假思索，随口更改。于是人们说他“口中雌黄”。《颜氏家训》中也有“观天下书未遍，不得妄下雌黄”之论。

那么，“雌黄”是什么东西呢？“雌黄”是一种矿物，其成分为三硫化二砷，柠檬黄色，为细粒状、片状或柱块状，多呈珍珠光泽。过去人们用黄纸写字，如果把字写错了，用这种矿物在错字上涂一涂，就可以重写。常常与“雌黄”共生在一起的矿物叫雄黄，其成分为二硫化二砷，为橘红色，多为粒状、致密块状，也有皮壳状者，晶面反射光线很强，常为金刚光泽，又叫“鸡冠石”。

“一言九鼎”中的“九鼎”是指什么？

“一言九鼎”语出《史记》：“毛先生一至楚，而使赵重于九鼎大吕。毛先生以三寸之舌，强于百万之师。胜不敢复相士。”其中的“九鼎”与“大吕”都代表国家的宝器。“九鼎”，相传为夏禹所铸。“一言九鼎”是说一句话抵得上“九鼎”重，比喻说话分量很重，能起很大作用。

“三百六十行”具体指的是哪些行业?

中国有句俗谚:“三百六十行,行行出状元。”“三百六十行”,即是指各行各业的行当,也就是社会的工种。

据徐珂的《清稗类钞·农商类》记载:“三十六行者,种种职业也。就其分工而约计之,曰三十六行;倍则为七十二行;十之则为三百六十行。”可见,“三十六行”是实有行当,“七十二行”和“三百六十行”都是虚数。此书将唐代社会的主要行业分为“三十六行”,即肉肆、宫粉、成衣、玉石、珠宝、丝绸、纸、海味、鲜鱼、文房用具、茶、竹木、酒米、铁器、顾绣、针线、汤店、药肆、扎作、陶土、仵作、巫、驿传、棺木、皮革、故旧、酱料、柴、网罟、花纱、杂耍、彩舆、鼓乐、花果、首饰。

民间流传的“三百六十行”只是个统称,多年来人们习惯成自然,说起来方便,听起来顺耳,所以,现在人们说起社会上的行业还是会笼统地称为“三百六十行”。

“三姑六婆”指的是哪些人?

关于“三姑六婆”的由来,最早可追溯到明代。元末明初有位叫陶宗仪的学者,他的笔记中便记载了“三姑六婆”的身份。清代李汝珍在《镜花缘》中写到,“吴之祥道:‘吾闻贵地有三姑六婆,一经招引入门,妇女无知,往往为其所害,或哄骗银钱,或拐带衣物。’”

那么，“三姑六婆”指的是哪些人呢？所谓“三姑”，指的是三种宗教的出家女性：佛教的尼姑；道教的道姑；专门占卦的卦姑。所谓“六婆”，指的是牙婆、媒婆、师婆、虔婆、药婆、稳婆。“六婆”中，牙婆是专门贩卖人口的人口贩子，专为人买卖奴婢、妾侍；媒婆是专为人说合婚姻的女性；师婆是专门画符施咒、请神问命的巫婆；虔婆是妓院内的鸨母；药婆是专门卖药的女人；稳婆则是专门接生的接生婆，如果发现女尸，亦会由稳婆负责验查是否被人先奸后杀。“六婆”是这六种职业的名称，有时一人可以身兼数职。

“五花八门”是哪“五花”，哪“八门”？

“五花八门”原指“五花阵”与“八门阵”，都是古代兵法中的阵法名称。后来人们用“五花八门”来比喻各行各业，也指花样繁多或变幻多端。

“五花”为：金菊花——卖茶的女人；木棉花——上街为人治病的郎中；水仙花——酒楼上的歌女；火棘花——玩杂耍的艺人；土牛花——某些挑夫。

“八门”为：一门金——算命占卦的；二门皮——卖草药的；三门彩——变戏法的；四门挂——江湖卖艺的；五门评——说书评弹的；六门团——说相声的；七门调——搭棚扎纸的；八门柳——高台唱戏的。

何谓“三教九流”？

“三教九流”旧时泛指社会上各阶层、各行业的人。“三教”，指儒、释、道；“九流”，在封建社会，人们把“九流”分为上、中、下三种。

（1）上“九流”：一流佛祖二流仙，三流皇帝四流官，五流员外六流客，七烧八当九庄田。其中，“客”指商客（商人），“烧”是烧锅的（酿酒的），“当”是开当铺的。

（2）中“九流”：一流举子二流医，三流风水四流批，五流丹青六流相，七僧八道九琴棋。其中，“风水”就是看风水的阴阳先生，“批”是批八字的，即算命的。

◇ 三圣图

（3）下“九流”：一修脚，二剃头，三从四班五抹油，六把七娼八戏九吹手。其中，“班”是班头衙役，“抹油”指开饭馆的，“把”是江湖卖艺的人。

“三教九流”还有一种说法，指的是三种宗教和九种学术流派。据记载，“三教”起源于三国时期，吴国国主孙权和上书令阚泽在谈话中所提到的“三教”指儒教、道教、佛教；“九流”，是先秦的九个学术流派，见于《汉书·艺文志》。这九个学派分别是儒家、道家、阴阳家、法家、名家、墨家、纵横家、杂家、农家。

中国纺织业的祖师是谁？

黄道婆，又名“黄婆”，汉族，元代女纺织技术革新家。松江乌泥泾（今属上海）人。她出身贫苦，少年受封建家庭压迫流落崖州，以道观为家，同黎族妇女一起劳动、生活，并学会了运用制棉工具和织崖州被的方法。

十三世纪末，黄道婆重返故乡，在松江以东一带的乌泥泾镇，教人制棉，传授和推广“捍、弹、纺、织”之具和“错纱配色，综线挈花”等织造技术。她所织的被褥巾带，“其上折枝团凤棋局字样，粲然若写”。由于乌泥泾和松江一带人民迅速掌握了先进的织造技术，一时间“乌泥泾被”不胫而走，广传于大江南北。

虽然黄道婆在回乡几年后就去世了，但她的辛勤劳动推动了当地棉纺织业的迅速发展。后来，松江一带成为全国最大的棉纺织中心，松江布亦有“衣被天下”的美称。后人为黄道婆立祠，并奉其为纺织业的祖师。

中国丝绸业、蚕农的祖师是谁？

嫘祖，亦作“累祖”“雷祖”，据传为西陵氏之女，是传说中的北方部落首领黄帝轩辕氏的正妃。她生了玄嚣、昌意二子。玄嚣之子为蟜极，其孙为五帝之一的帝喾；昌意娶蜀山氏女为妻，其子高阳为五帝之一的颛顼帝。嫘祖被后人奉为“先蚕”圣母，与炎帝、黄帝生活在同一时代，同为华夏民族的人文始祖。

◇ 浴蚕

◇ 捉绩

◇ 分箔

神话传说中把嫘祖说成养蚕治丝方法的创造者。《史记》中提到黄帝娶西陵氏之女嫘祖为妻，她发明了养蚕法。北周以后，嫘祖被祀为“先蚕”（蚕神）。唐代著名韬略家、大诗人李白之师赵蕤所题的《嫘祖圣地》碑文称：“嫘祖首创种桑养蚕之法，抽丝编绢之术，谏诤黄帝，旨定农桑，法制衣裳，兴嫁娶，尚礼仪，架宫室，奠国基，统一中原，弼政之功，殁世不忘。是以尊为先蚕。”

中国经商业的鼻祖是谁?

◇ 范蠡

一说为范蠡，范蠡是春秋末年著名的政治家、思想家、军事家，又是一位实业家、商业家，是中国早期商业理论的开创者。他前半生帮助越王勾践卧薪尝胆、发愤图强、灭吴称霸；后半生审时度势，急流勇退，定居于陶（今山东肥城西北陶山，一说山东菏泽市宝陶区西北）一带。他因看中陶乃“天下之中，诸侯四通，货物交易”之地，遂更名为“陶朱公”，在山前发展实业，开展经商贸易。因其经商有道、致富有方、资累巨万、富甲天下，故被历代称为“经商鼻祖”。

一说为白圭，根据司马迁的《史记·货殖列传》的记载，有一些学者认为白圭才是中国经商业的鼻祖。宋景德四年（1007），真宗皇帝还封白圭为“商圣”；民间则称白圭为“人间财神”，并设神牌供奉。事实上，中国从商朝至晚清，曾涌现出很多大商人，其中，陶朱公（范蠡）、白圭和胡光墉（胡雪岩）被学界公认为“商圣”。

生意人为何被称为“商人”

在中国，生意人常常被称为“商人”。那么，“商人”这一名词究竟是怎么来的呢？这得从商朝说起。

商朝的商业非常繁荣，有“商邑翼翼，四方之极”的美称。以肉食品为例，从黄牛的养殖、贩运、屠宰、加工到销售的全过程，在商朝时已经形成一个相当成熟的产业。商朝以贝为货币，在市场上流通。商朝农业和手工业的进步促进了商品交换的发展，当时出现了许多牵着牛车和乘船做长途贩运商品的商贾。到商朝后期，都邑里出现了专门从事各种交易的商贩。

商民善于经商，后人遂将经商的人称为“商人”。今日河南的商丘就有中国商业、商人、商品起源地之说，被称为中国“三商之源”。

公元前十一世纪，武王伐纣，商为周所取代后，商朝的遗民不断造反，遭到周朝统治者的大肆迫害，故不少商人沦为奴隶。没有成为奴隶的人也被没收了一切财产和土地。这些商人迫于生计，只好做买卖，利用商品差价混口饭吃。西周取代商朝后，把商部落分到了河南，后称宋国。周朝的绝大多数人普遍瞧不起商朝的遗民，这些人居然当上了“二道贩子”，周人自然更加鄙视他们。宋国的农民去集市卖东西，常常被误认为是商朝的遗民。

久而久之，做生意的人便成了“商人”，而做生意本身则被称为“经商”，这一称呼一直沿用至今。

人们为什么把做买卖称为“做生意”？

把经商、做买卖称为“做生意”，见于《艺文类聚·卷六十九》，“中国莫有生意，灭吴之后，翕然贵之”。其中记载了这样一个故事：孙吴时期，曾有人把鸟翼用剪刀剪下，扇起来风力不减，如同圆扇一样，但中原地区的人对它不感兴趣，直到晋灭吴后，这个羽毛扇才一下火爆起来。这里“生意”一词是感兴趣的意思。

“生意”一词是说物品能够引起人的兴趣，才会被人买去，后世遂将经商、做买卖之事称为“做生意”。《京本通俗小说》中有“先前读书，后来看看不济，却去改业做生意”的话，这是把经商、做买卖称为“做生意”的首次记载。

关羽后来为何成了经商者的保护神?

忠、义、仁、勇的关羽，是怎样成为经商者的保护神的呢?

据史料记载，明万历二十年（1592），洛阳关林庙会规模宏大，庙会中人们焚香祭祀，唱戏娱乐，商品极为丰富，庙会逐渐成为当地的商品贸易集市，关羽便成为经商者的保护神，“忠关羽”演变成“商关羽”。

后来，很多经商者的店铺及家里逐渐供奉起了“关羽神”“关财神”。作为“财神”，关羽的“义不负心”又形成了以“仁义”“公正”为核心的商品交易道德，并成为关公文化的重要内容。

大写汉字用于记账始于哪个朝代?

用大写汉字“壹贰叁肆伍陆柒捌玖拾”记账的做法始于明代，是明太祖朱元璋为了预防经济犯罪而采取的一项重大改革措施。

明朝的郭桓曾任户部侍郎，任职期间利用职权勾结地方官吏，大肆侵吞政府钱粮、渔盐等物，折米计算达两千四百万石精粮。此案于洪武十八年（1385）被人告发，牵连十二个政府高官、六个部的大小官员和许多地方官僚、地主。朱元璋对此大为震怒，下令将六部左右侍郎以下涉案官吏全部处死。

与此同时，朱元璋还制定了严格的惩治经济犯罪的法令，并在全国的财务管理上实行了一些有效措施，其中有一条就是把记载钱粮、税收数字的汉字“一二三四五六七八九十百千”改用大写的“壹贰叁肆伍陆柒捌玖拾陌阡”，以杜绝财物混乱。

后来，人们在使用大写汉字的过程中，逐渐用“佰仟”取代了“陌阡”。财务记账金额用大写汉字的做法就一直沿用至今。

铜钱为何被称为“孔方兄”？

秦朝之前的商人乃至普通人家，通常手里有五六种“外汇”。从嬴政自号始皇帝那一年起，所有“外汇”像刀币、铲子币等一律废止，所有珠宝、龟贝之类的货币也一律废止。

在秦朝的疆域上，只有两种货币可以通行，一是“上币”，就是黄金；一是“下币”，就是铜钱。铜钱还必须是由秦朝统一生产的，上写“半两”两个字，重量也正好是半两。这种秦朝的铜钱，后人就叫它“秦半两”。“秦半两”的推广对统一币形具有重大意义。

秦朝的铜钱是圆钱，外圆内方，从此“钱”的形状就固定了，一直流行了两千多年，到民国初年才被禁用。这个带方孔的圆形铜钱还影响了日本、朝鲜、越南、印度尼西亚、缅甸等国，它们的货币都跟了“秦半两”的风。

有人要问了，铜钱的中间为什么要有一个方孔？这是个技术问题。古代的铜钱在铸好以后要打磨毛边，为了方便加工，人们就把半成品的铜钱穿在一根筷子上，打磨时它就不会乱转了。这就是方孔的作用。正是因为铜钱中间开有方孔，所以铜钱被人们称为“孔方兄”。

北宋的“交子”是用来做什么的？

北宋初年，四川成都出现了专为携带巨款的商人经营现钱保管业务的“交子铺户”，存款人把现金交付给铺户，铺户把存款人存放的现金的数额临时填写在用楮纸制作的卷面上，再交还存款人，当存款人提取现金时，每贯付给铺户三十文钱的利息，相当于付3%的保管费。这种临时填写存款金额的楮纸券便称作“交子”。“交子”是中国最早的纸币，可兑现，也可流通。

宋仁宗天圣元年（1023），政府设益州交子务，由京官一二人担任监官，主持“交子”发行，并“置抄纸院，以革伪造之弊”，严格监管其印制过程。这便是中国最早由政府正式发行的纸币——官“交子”，它比美国、法国等西方国家发行的纸币要早几百年，因此也是世界上发行最早的纸币。“交子”的流通范围基本限于在四川境内，后来在陕西、河东有所流行，但不久被废止。宋崇宁四年（1105），北宋政府改“交子”为“钱引”。

宋代发行量最大的纸币是什么？

宋代自宋仁宗天圣元年（1023）将纸币印刷收归官办之后，前后二百五十多年里先后发行了交子、钱引、小钞、关子、公据、会子，以及地区性的两淮交子、湖北会子、银会子等多种纸币。其中，发行量最大的是会子。

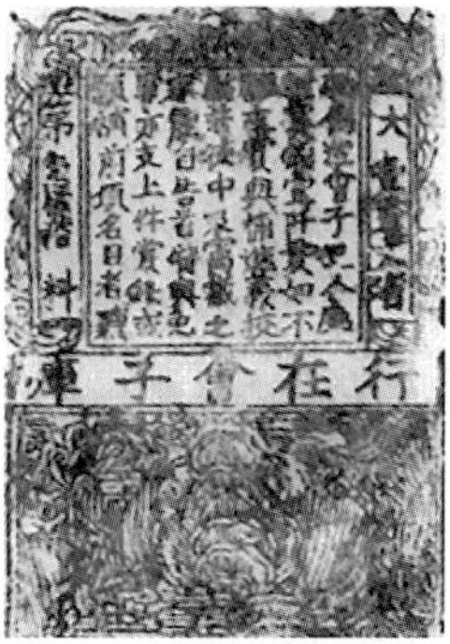

◇ 会子

南宋时期通行的会子印样，名为“行在会子库”。“行在会子库”中的“行在”，指的是当时的都城临安；会子库即原会子务，是主管会子的机构。会子为铜质版材，长方形版面，长17.4厘米，宽11.8厘米。版面正中横书“行在会子库”五个大字。上部左边刻“大壹贯文省”，右边刻“第壹佰拾料”，中间方框内刻有“敕伪造会子犯人处斩，赏钱壹阡贯。如不支赏，与补进义校尉。若徒中及窝藏之家能自告首，特与免罪，亦支上件赏钱，或愿补前项名目者听”字样。印版下方为山泉花纹图案。

“阿堵物”如何成为“钱”的代名词？

“阿堵物”，又称“阿堵”，是钱的又一代名词。旧时的文人墨客都是些自命清高之人，视钱为世间最不堪之俗物，认为提及钱便玷污了自己的清名，不肯直言之，便用代名词唤之，如上文说的“孔方兄”便是其中最普通的代表。

“阿堵物”的创始人是六朝时的夷甫。夷甫是当时士大夫阶层中清高者的代表，一向视钱为俗不可耐之物，无论在怎样的场合，他都绝口不提“钱”字。一天，家人趁他熟睡之际，用钱将他的睡榻团团围住，心想他要起床，必然会唤人把钱搬走，否则他就下不了床，这样他一开口就一定得说“钱”字，无法回避。谁料，次日他醒来后却唤仆人说：“快把‘阿堵物’搬走。”实际上，这个“阿堵物”是他在急切中随意找的代名词，跟“这个东西”没什么区别。后来，“阿堵物”就成为钱的又一别称。

中国古代的典当行业是如何运行的?

中国古代有这样一种高利贷机构，它以收取粮食、衣物等动产或不动产作为抵押，对押当人进行放款，这种机构就是当铺。当铺有很多称谓，如“质库”“解库”“解铺”“解典库”“解当铺”“典铺”“典当”“长生库”等。

据现存史料记载，中国最早的当铺出现在南朝，其经营者是佛寺僧人。当铺根据规模不同，分为“大当”“小押当”等，其中规模较小而取利重者，称“押当铺”，亦称“小押当”或“小押典”。

当铺开展业务，要先查验押当物品真伪、质量优劣，当面评价，有意低估，值十当五，或按值八扣，再打对折，作为当价。一般收当价格为押当物品价值的百分之四十至百分之五十。物品成交后，付以收据，称为“当票”，载明所当物品及抵押价款，交押款人收执。质押期限六到十八个月不等，过期不赎，当铺即没收其质押品。

截止到康熙三年（1664），全国约有两万多家当铺。

“飞毛腿”一词最初用于哪个领域?

“飞毛腿”一词的由来，源自古代的“邮务系统”。古时候交通不像现在这么便利，所以相隔两地的讯息往来是件很不容易的事。

中国自汉朝以来就发展出一套“邮务系统”。古代的驿站有点像现代的邮局加旅馆，让传递讯息的人员和坐骑有休息的场所，其一开始是专属官方公务使用（元朝以后才开始处理民间往来的书件）的，通常是军事用途。当有十分紧急的情报需要传递时，官方就会派出信使连日连夜马不停蹄地赶路，即使到了驿站，也是换马不换人，务必以最短时间将信件送达。这种紧急的军事文书通常在信封一角会粘根羽毛，称为“羽檄”。对于马匹无法到达的地方，官方就派出善于快跑的人想办法将“羽檄”送达，这些人被称为“健步”“急脚子”“快行子”。

后来人们将那些健步如飞的人称为“飞毛腿”，意思是说这些人的脚力足可以承担送“羽檄”的责任，因为他们跑起来像是在送紧急军情，速度非常快。

中国正式开放夜市始自哪个朝代?

中国的夜市，在唐代的长安曾一度萌发，但很快就被禁止了。入宋后，汴京夜市日益兴旺，逼得宋太祖赵匡胤下令：“京城夜市至三鼓己未不得禁止。”自此以后，夜市不断发展，至宋徽宗政和、宣和年间尤为兴盛。也就是说，真正由统治者发布明令正式开放夜市是在北宋，夜市发祥地即北宋都城汴京。

北宋名画《清明上河图》所描绘的汴京街道，两旁并列着各种店铺、作坊，其中有酒楼、饭店、金银铺、质库和医铺，至于街上的小商小贩更是数不胜数，从侧面反映出北宋的商业活动异常繁荣。

那时，除夜市外还有日市、早市和定期市等。另外，“草市”在宋代亦得到空前发展，表明宋代城市的商业贸易不仅打破了唐代坊市制度的限制，还打破了城郭的限制，进一步发展到城郭以外的地区。

宋朝为什么非常重视“茶马互市”？

“茶马互市”是中国历史上汉、藏民族间一种传统的以茶易马或以马换茶为中心内容的贸易形式。“茶马互市”大约起源于唐朝，宋朝时进一步完善，设置“茶马司”专门管理茶马交易。

宋朝统治阶级为什么如此重视“茶马互市”呢？究其原因，主要是为了维护宋朝的边疆安全。宋朝初年，内地百姓用铜钱向边疆少数民族购买马匹，但是这些地区的牧民却渐渐用卖马换来的铜钱铸造兵器，这在某种程度上威胁到了宋朝的边疆安全。因此，宋朝在太平兴国八年（983）正式禁止人们以铜钱买马，改用布帛、茶叶、药材等来进行物物交换。为了使边境贸易有序进行，还在交易的地方专门设立了“茶马司”，其职责是“掌榷茶之利，以佐邦用；凡市马于四夷，率以茶易之”。

明朝基本沿袭宋朝做法。清代尤其是在乾隆以后，“茶马互市”逐渐淡出历史舞台，取而代之的是边茶贸易制度。

宋朝的娱乐场所瓦肆为什么又叫“瓦舍”“勾栏”？

瓦肆，是随着宋朝市民阶层的形成而兴起的游乐商业集散场所，相当于现在的戏院。

瓦肆，又称“瓦舍”“勾栏”。取名“瓦舍”，是勾画其特征，与建筑无关。吴自牧的《梦粱录》记载：“瓦舍者，谓其来时瓦合，去时瓦解之义，易聚易散也。”孟元老的《东京梦华录》记载：“街南桑家瓦子，近北则中瓦，次里瓦。其中大小勾栏五十余座。内中瓦子、莲花棚、牡丹棚、里瓦子、夜叉棚、象棚最大，可容数千人。”

由上可知北宋都城瓦肆之多、规模之大。南宋的临安也一样，《西湖老人繁胜录》记载：临安有名的瓦肆有清冷桥畔的南瓦、三元楼的中瓦、众安桥的北瓦、三桥街的大瓦等。北瓦最大，内有“勾栏”十三座。为了便于表演和分隔观众，瓦肆中常用栏杆或布幔隔挡，当时人称“勾栏”，并非后世专指妓院的那种“勾栏”。

周朝实行的“工商食官”制度是怎么一回事？

《国语》记载：“庶人食力，工商食官。”意思是说，庶人依靠出卖劳力生活，工商依靠服务官府的所得而生活。当时的工商阶级职业世袭，其身份、居住区、经营商品的种类甚至服务对象都受到官府的严格管制。“工商食官”便反映了这种社会现象。

西周时期，商业是由国家控制的，每个行业都设有官吏进行管理，国家统一调度，即使是家庭手工业也由官府来管理，所以有“工商食官”的说法。对此，三国时的韦昭的解释是：“工，百工；商，官贾也。《周礼》曰府藏皆有贾人，以知物价。食官，官禀之。”在这种制度下，西周的手工业者和商贾必须按照官府的规定和要求从事生产和贸易。

中国最早见于记载的人工运河开凿于何时？

邗沟，汉后又名“渠水”“中渎水”“邗江”等，是联结长江和淮河的古运河，是中国最早见于明确记载的人工运河。邗沟南起扬州以南的长江，北至淮安以北的淮河。

春秋时期，吴王夫差北上争霸，于公元前486年—前484年派人筑邗城，开通邗沟，南起邗城以南的长江，北经樊良湖等一系列湖泊，折向东北，入射阳湖，以较短的人工渠道相连接，航道弯曲，再向西北经淮安入淮河。

后来由于自然条件的变化，江水已不能引入运河。至隋大业元年（605），隋炀帝派人开挖通济渠，又开邗沟，自山阳至江都入扬子江，沟通长江、淮河，成为隋代大运河的重要组成部分。

古代的漕运指的是什么？

漕运，是中国历代封建王朝将征自田赋的部分粮食运往京师或其他指定地点的运输方式。运送粮食的目的是供宫廷消费、百官俸禄、军饷支付和民食调剂。这种粮食称“漕粮”，漕粮的运输称“漕运”，方式有河运、水陆递运和海运三种。狭义的漕运仅指通过运河并沟通天然河道转运漕粮的河运。

漕运的起源很早，秦始皇北征匈奴时，曾自山东沿海一带运军粮抵于北河。汉建都长安后，每年都将在黄河流域所征的粮食运往关中。隋初除自东向西调运粮食外，还从长江流域转漕运粮北上。隋炀帝动员大量人力开凿通济渠，联结黄河、淮河、长江三大水系，形成沟通南北的新的漕运通道。唐、宋、元、明、清均重视漕运，为此疏通了南粮北调所需的网道，建立了漕运仓储制度。

宋朝时运送物资的主要方式是什么？

北宋时期，全国各地的货物往都城开封运送时，都要编成一组一组的，往往以同类物资编组，一组就称为“一纲”。这种成批运输货物的方法，称为“纲运”。如当时把运牛的叫“牛纲”，运马的叫“马纲”，运粮的叫“粮纲”。

纲是一种运输货物的组织编制。北宋政府以纲作为计量单位，制定有关纲运的各种法令，其中包括对押纲人员的奖惩。由于纲运的物资种类庞杂，装载的形式也多种多样，对于米、盐、茶等散装物需进行包装，或装袋、装箱等，而马、牛、羊等则不需此举。这些物品各以不同的计量标准分纲运发。此外，对于水路纲运和海道纲运，在时间方面也有一定限制。

宋徽宗痴迷太湖石，便下令把天下有名的美石、奇石编入“花石纲”运送到都城开封供自己玩赏。因此，当时运送太湖石的船只日夜不绝，为了使较大的石头能顺利通过，经常要拆毁桥梁或者城郭。运送“花石纲”对于百姓而言是一种灾难，这也加速了北宋的灭亡。

“中国古代五大农书”是指哪五部书？

《汜胜之书》《齐民要术》《陈敷农书》《王祯农书》《农政全书》统称为“中国古代五大农书”，是中国古代农学著作中的杰作。

《汜胜之书》，西汉汜胜之著，是中国历史上最早的农学著作。书中总结出一种叫“区田法”的耕作方法，还介绍了“穗选法”“溲种法”等选种方法和育种方法。

《齐民要术》，北魏贾思勰著，是一部系统完整的农学著作。书中对农、林、牧、副、渔等各方面都有详尽的论述，被誉为“中国古代农业百科全书”。

《陈敷农书》，宋代陈敷著，是中国古代第一部谈论水稻栽培种植方法的农学著作。

《王祯农书》，元代王祯著。全书分为《农桑通诀》《百谷谱》和《农器图谱》三个部分，是对当时农业生产技术的总结。

《农政全书》，明代徐光启著，是一部集前人农学成果之大成的著作。全书共六十卷，七十多万字。分为农本、田制、农事、水利、农器、树艺、蚕桑、蚕桑广类、种植、牧养、制造、荒政共十二类，辑录了有关农作物的种植方法、各种农具制造方法以及水利工程等农业技术和农学理论知识。具有重要的科学价值。

西汉时谁将税收“十五税一”降到“三十税一”？

《汉书·志·食货志》记载：“汉兴，接秦之敝，诸侯并起，民失作业而大饥馑。凡米石五千，人相食，死者过半……于是约法省禁，轻田租，十五而税一。”这就是说，从汉高祖时起汉朝就实行“十五税一”的政策。后来，汉文帝下诏说：“农，天下之本，务莫大焉。”意思是说，农业是天下的根本，治理国家没有比它更重要的了。为了发展农业生产，汉文帝采取了一系列措施，首先是减轻田租，下“田租减半”之诏，也就是采取“三十税一”的政策，后又下令“除民田之租税”，即免收田租。为进一步提高农民的生产积极性，后来的汉景帝又把田租“三十税一”正式定为制度。

宣布“滋生人丁，永不加赋”的是清朝哪位皇帝？

康熙五十一年（1712）二月二十九日，清圣祖玄烨（康熙）宣布“滋生人丁，永不加赋”，将全国人丁税额固定下来，规定以康熙五十年（1711）全国的丁银数额为准，此后男子达到成丁年龄的，不再承担丁役，对以后新增人丁不征钱粮，丁银不按丁计算，丁多的家庭也只交纳一丁钱粮，从而减轻了农民的负担。

◇ 康熙

康熙五十五年（1716），户部在研究编审新增人丁补足旧缺额时，除照地派丁外，仍实行按人派丁政策，即一户之内，如果减少一丁，又新添一丁，以新添抵补减少。如此一来，出现了新增人丁不征税，旧额人丁不减税的矛盾，而且新增人丁很多，用谁来补充旧丁缺额也很难做到苦乐平均。“滋生人丁，永不加赋”实际上为雍正实行“摊丁入亩”政策奠定了基础，也是中国封建社会中徭役向赋税转化的重要标志。

农历腊月三十称“年关”有何由来？

从前，人们将农历腊月三十称为“年关”。这一天，很多人忧心忡忡，担惊受怕。为什么会这样呢？

相传，在很早之前有一种凶猛的怪兽叫作“年”。它每年在腊月三十都要出来捣乱，吃人伤畜。玉帝派遣天神把它捉拿，关进山里。有一年农历腊月三十的晚上，“年”挣断了铁索，又窜出来吃人伤畜。在与“年”斗争的过程中，人们逐渐摸透了“年”的秉性，最终制服了“年”。但由于“年”给人们留下的印象太深刻了，因此每到腊月三十，人们都会担心它再出来害人，感觉过年就像过关一样，因此有“年关”一说。

当然，传说毕竟是传说，认真研究一下，就可得知“年关”一说与古代的经济活动相关。在封建社会中，财主们放债以农历腊月三十为期，到时利本全清。但借债的穷苦人民生计困难，到了农历腊月三十，大多无力还清债务。因此，穷苦人民普遍认为农历腊月三十是一个很难过去的关口，便将它称作“年关”。

称谈恋爱为“拍拖”最初来自什么行业？

“拍拖”不是外来语，而是源自粤语方言。

大约在清朝末期，在广东内河航行的客船都由一艘形体较小的蒸汽火轮船用绳索拖着航行，两船之间保持一定的距离，这种航行方式就是“拖渡”了。当客船行到下游的珠江三角洲时，河道变窄，小火轮便要靠在客船旁边并列拖着客船航行。粤语中将靠在一起称为“拍”，于是人们便将大小两船相靠并行称为“拍拖”。后来男女在街上牵手散步或相伴而行，人们便称他们为“拍拖”。渐渐地，“拍拖”演化成男女之间谈恋爱的代名词。

第十二辑

考古、娱乐

中国古代现存最大的青铜器是什么？

◇ 后母戊鼎

鼎，早在新石器时代就已出现了。它本来是陶制炊器，到了奴隶社会时期成为所谓“藏礼于器”的礼器，是奴隶主阶级的一种专用品，象征着他们所享有的特权。

考古发现，在商周时期，人们已经制造了好几件大型鼎。1939年在河南安阳武官村出土的后母戊鼎（原称“司母戊鼎”），是中国古代的青铜器中体积最大、重量最重的，也是目前世界上所仅见的大型鼎。该鼎重832.84千克，高1.33米，口长1.12米，口宽0.79米。鼎身四周铸有精巧的饕餮纹，内里有“后母戊”三字铭文。

西周还有一种列鼎，即在一组鼎中，每个鼎的形制、花纹相同，但大小有别，尺寸依次递减，形成有规律的序列。西周各奴隶主贵族使用列鼎的数目需遵守“名位不同，礼亦异数”的规定。在安阳殷墟中出土的另外一些鼎上还铸有长篇铭文。这些鼎是中国文物中 的珍品。

四羊方尊属于祭祀用品吗？它是如何制成的？

四羊方尊是商朝晚期的青铜器，属于礼器，是一种祭祀用品。四羊方尊是中国现存的商代青铜器中最大的方尊，高0.583米，边长为0.524米，重34.5千克，1938年出土于湖南宁乡。

“尊”是古代的一种盛酒器。一般为圆形、鼓腹、大口，也有少数是方形的。“尊”是一种常与“彝”并称成组的青铜礼器。羊在古代寓意吉祥。四羊方尊以四羊、四龙相对的造型显示了青铜礼器的至尊气象。它集线雕、浮雕、圆雕于一器，把平面图像和立体雕塑结合起来，把器物和动物形状结合起来，匠心独运。

据考古学家分析，四羊方尊是用分铸技术分两次铸造的，即先将羊角与龙头单个铸好，然后将其分别配置在外范内，再进行整体浇铸。整个器物用块范法浇铸，一气呵成，鬼斧神工，显示了中国古代工匠高超的铸造水平。在商代的青铜方尊中，此尊造型简洁、优美雄奇、寓动于静，可谓巧夺天工，其器形的端庄典雅是无与伦比的。

唐三彩最初是用来做什么的?

三彩釉陶源于南北朝，盛行于唐。因为常以黄、白、绿三色为基本釉色，又在唐代形成特点，所以后人把这类陶器称为“唐三彩”。唐三彩的胎质松脆，防水性能较差，实用性远不如青瓷和白瓷。唐三彩在唐代主要作为随葬品使用，用于殉葬。

唐三彩种类很多，有人物、动物、碗盘、水器、酒器、文具、家具、房屋，甚至还有装骨灰的壶坛。唐三彩马俑或扬足飞奔，或徘徊伫立，或引颈嘶鸣，均表现出栩栩如生的姿态。人物造型有妇女、文官、武将、胡人、天王等，并根据人物的社会

◇ 唐三彩胡人牵骆驼俑

地位和等级刻画出不同的性格特征。比如，贵妇面部丰圆，梳成各式发髻，穿着色彩鲜艳的服装；文官彬彬有礼；武将刚烈勇猛；胡人高鼻深目；天王怒目威武、雄壮气概，堪称中国古代雕塑中的典范之作。

从制作工艺上说，唐三彩是一种经低温烧制成的铅釉陶器。其制作方法主要是在陶坯上涂上色釉，然后在色釉中加入不同的金属氧化物进行焙烧，便形成浅黄、赭黄、浅绿、深绿、天蓝、褐红、茄紫等多种色彩，但多以黄、褐、绿三色为主。色釉浓淡变化、互相浸润、斑驳淋漓，色彩自然协调，花纹流畅。

景泰蓝工艺品全是蓝色的吗？

景泰蓝产生于元朝时的古老京都，盛行于明朝景泰年间（1450—1457），因其釉料颜色以蓝色（孔雀蓝和宝石蓝）为主色调，并且包含了红、黄、绿、白等色调，所以称为景泰蓝。由于色料里含有钴元素，所以经过焙烧后，景泰蓝就呈蓝色。

制作景泰蓝时，先用紫铜制胎，接着工艺师在上面作画，再用铜丝在铜胎上根据所画的图案粘出相应的花纹，然后用色彩不同的珐琅釉料镶嵌在图案中，最后经反复烧结、磨光镀金而成。景泰蓝的制作既运用了青铜和瓷器工艺，又融入了传统的手工绘画和雕刻技艺，堪称中国传统工艺的集大成者。

陶瓷花釉是怎么产生的？

在久负盛名的彭城瓷中，有一种窑变花釉状似流云，斑斓夺目，非常奇特。关于这种花釉的由来，还流传着一个非常有意思的故事。

相传，古时候彭城有一位深通瓷艺的老匠人赵大成，他死后留下两个窑。南窑又新又赚钱，留给了小儿子赵德宝；北窑又破又旧，留给了大儿子赵德昌。赵德昌夫妇心地善良，勤劳肯干，自幼学得一手好手艺，没过两年破窑焕然一新，夫妇俩的收入越来越多。可是，赵德宝由于娇生惯养，好吃懒做，只知挥霍享受，结果南窑生意冷淡，逐渐入不敷出。

赵德宝看到兄嫂发了家，嫉恨难忍。一天，在妻子的怂恿下，他深更半夜跑到哥哥的窑场，把黄土、颜料乱七八糟弄了一大堆，倒入釉子缸里乱搅一气。哪知阴差阳错，赵德昌烧制出的全是珠光宝气、瑰丽诱人的五彩花釉瓷器。

后来，赵德昌知道事情的来龙去脉后，非但没有责怪弟弟，还鼓励他精心研制花釉，最终搞出了花釉的配方。

后来，哥哥将窑场门上“德昌号”的木字匾改换成“仁义窑”的金字匾，挂了起来。在一家人的同心协力经营下，“五彩花釉”瓷器越产越好，名扬四海，传遍五洲。

青花瓷是如何得名的？又经历了哪些发展阶段？

青花瓷，又称“白地青花瓷器”，简称“青花”。相传是人们为了纪念元代的廖青花，遂把画在瓷器上的蓝花称为“青花”，把描绘蓝花的彩料称为“青花料（廖）”。

青花瓷的出现，突破了中国瓷器以单色釉为主的框架，把瓷器装饰推进到釉下彩绘的新时代，形成了鲜明的景德镇瓷器的风格。其瓷白中泛青，其花青翠欲滴，是典雅素静的“人间瑰宝”。

青花瓷以含氧化钴的钴矿为原料，在陶瓷坯体上描绘纹饰，再罩上一层透明釉，经高温还原焰一次烧成。钴料烧成后呈蓝色，具有着色力强、发色鲜艳、烧成率高、呈色稳定的特点。目前发现最早的青花瓷标本是唐代的；元代出现了成熟的青花瓷器；明代“青花”成为瓷器的主流；清康熙时以“五彩青花”使青花瓷发展到了顶峰。明、清时期，人们还创烧了“青花红彩”“孔雀绿釉青花”“豆青釉青花”“黄地青花”“哥釉青花”等品种。

我国烧制瓷器的五大名窑是指哪五窑？

我国五大名窑指的是官窑、定窑、哥窑、汝窑和钧窑。

官窑瓷器胎土呈黑灰或黑褐色，胎体较薄，施釉较厚。它创造出粉青、淡黄、青灰等釉色，这些釉色色泽幽深，透明感降低，釉层厚而匀净。

定窑瓷器以产白瓷出名，胎体洁白，釉是象牙白色，质地坚实。此外，定窑还烧制少量的酱釉或绿釉瓷，其中酱釉瓷是传世稀少的珍品。

哥窑瓷器采用多次施釉的工艺，使青釉浓厚青翠，创造出了粉青、梅子青等绝顶釉色。

汝窑瓷器的釉色为天青釉，色彩青幽含蓄，釉质厚如凝脂，釉面开片为细碎的冰裂纹。传世的汝窑器物目前不足百件。

钧窑瓷器是专门为宫廷烧制的御用品，以豪华奢侈为尚，选料严格，不计成本，瓷质细腻，釉色多变化。钧窑瓷器都由官府派职官把关监选，不合格者一律砸碎并就地深埋。钧窑瓷器造型端庄，技艺娴熟，以玫瑰紫、海棠红和月白等釉色最负盛名。

被誉为“中国十七世纪的工艺百科全书”的是哪部作品？

《天工开物》有“中国十七世纪的工艺百科全书”的美誉，作者是明朝的科学家宋应星。该书收录了诸如砖瓦、陶瓷、硫黄、烛、纸、兵器、火药、纺织、染色、制盐、采煤、榨油等农业和手工业方面的生产技术。

该书名取自《尚书·虞书·皋陶谟》中的“天工，人其代之”及《易传·系辞》中的“开物成务”，作者说是“盖人巧造成异物也”

（《五金》）。全书的写作思想为“贵五谷而贱金玉”，分为《乃粒》（谷物）、《乃服》（纺织）、《彰施》（染色）、《粹精》（谷物加工）、《作咸》（制盐）、《甘嗜》（食糖）、《陶埏》（陶瓷）、《冶铸》《舟车》《锤锻》《燔石》（煤石烧制）、《膏液》（食油）、《杀青》（造纸）、《五金》《佳兵》（兵器）、《丹青》（矿水颜料）、《曲蘖》（酒曲）和《珠玉》十八篇，包括当时许多工艺部门世代相传的各种技术，并附有大量插图，注明工艺关键，具体描述生产中的各种实际数据（如重量准确到钱、长度准确到寸等）。

金缕玉衣是用什么制作的？诸侯入葬可以穿吗？

金缕玉衣，也叫“玉匣”“玉柙”，是将许多四角穿有小孔的玉片用金丝、银丝或铜丝相连制成的殓服。汉代皇帝和高级贵族死时穿“玉衣”入葬。汉代人认为玉是“山岳精英”，将金玉置于人的九窍，人的精气不会外泄，就能使尸骨不腐，可求来世再生。

依据东汉史书的记载，东汉有严格的丧葬制度，玉衣是必需的丧葬品，只有帝王才有资格在驾崩时穿金缕玉衣，而诸侯死去时只能穿银缕玉衣，一般的贵族和长公主只能穿铜缕玉衣。而此前的西汉则没有严格的规定，就是一般的贵族死去时也可以穿金缕玉衣。到了三国时期，曹丕专下诏书，废除金缕玉衣随葬制度，此后再没有金缕玉衣随葬的形式。也就是说，只有汉代才有金缕玉衣随葬的形式。

楚帛书和汉帛书有什么来历？

帛书是中国古代写在绢帛上的文书。汉代称丝织品为“帛”或“缯”，或合称“缯帛”，所以帛书也叫“缯书”。现存实物以在湖南长沙市子弹库楚墓中出土的帛书为最早。

子弹库楚帛书上下高0.385米，左右宽0.462米，为墨书，共九百余字，文字为楚国文字，图像为彩绘图像，分为天象、灾变、四时运转和月令禁忌，不仅记录了楚地流传的神话传说和风俗，还包含阴阳五行、天人感应等方面的思想。在文字的四周绘有十二个怪异的神像，帛书四角有植物枝叶图像。

在湖南长沙马王堆汉墓中出土的大量帛书，通常被称为汉帛书。在汉帛书的文字墨迹中，篆、隶、楷、行、草五书体兼备；楷、行、草诸书体的笔势形态大量出现。由此可知，隶、楷、行、草诸书体同源于篆，它们在篆向隶演变阶段是同时进行演变的，只不过帛书上的字体的演变完成得快些，而其他各书体的成熟、完善和定型时间有先后。

古人都用什么来镇守“墓葬”？

安置尸体的方式，称为“葬”。用以安置尸体的固定设施，称为“墓”。在考古学上，常将二者合称为“墓葬”。

古人把青龙（苍龙）、白虎、朱雀、玄武视作掌管四方的神。四神之中，青龙与白虎因为体相勇武，主要被人们当作镇邪的神灵，其形象多出现在宫阙、殿门、城门或“墓葬”建筑及其器物上。从初唐到盛唐，一般是在贵族、官僚的墓道两壁各绘青龙、白虎图案。在古代的“墓葬”建筑中，青龙、白虎的作用已不是助墓主升天，而是震慑邪魔，保卫墓主人的灵魂。

受佛教影响，在盛唐时，镇守墓门的一对武士俑演变为天王俑，其特点是脚踏伏兽或鬼魅。唐代的镇墓兽继承北魏后期以来镇墓兽的形态，一为人面，二为兽面，而至武周时期则又进一步演变为头生角、肩附翼或手握蛇的怪兽。隋代开始出现人身禽兽首的十二时辰俑。

古代陵墓大致有哪些防盗措施?

总结历代的陵墓防盗措施，大致可分为人文手段和技术手段。

人文手段主要包括道德宣传、立法禁止和守陵护墓。例如，唐王朝规定，凡有大赦令，其中十恶忤逆、挖掘坟墓等均不得包括在赦内。明代的《大明律》中规定，凡盗掘陵墓者，一律以谋反罪论处，不论是首犯还是从犯，统统处以“凌迟”这一极刑。为了加强陵墓的守卫力量，明代还专门安排人员负责陵墓的保卫工作。

技术手段主要包括加固陵墓（加固封土、加固墓室、加固棺椁、依山建陵）、增设防盗设施（如用流沙护墓，在墓室内放暗器、翻板、毒气、毒液等）、秘密埋葬、建疑冢假坟、厚养薄葬等。

此外，历代王朝普遍会杀害建造陵墓的工匠，以免其泄露墓葬秘密。秦二世在埋葬秦始皇时，没等参加修造墓室的工匠出来，便强行封闭墓门，将其全部活埋在陵墓中。

古代墓葬中出土的买地券是做什么用的?

2005年10月，在河北邯郸的一座古墓中出土了一道阴间地契。该地契为砖质朱书地券，其中的契文详细记录了墓主人的生卒年月。

墓葬中出土的阴间地契，又称买地券，是封建社会土地私有制的反映——世间的土地契约是保护封建主土地财产私有权的手段，而买地券是人间契约的模拟，借以保护封建主阴宅的私有权。在封建迷信思想中，买地券是冥府公验的凭证，象征着神权，在墓中起着震慑邪魔、保护墓主魂灵的作用。

买地券有三类：一是“做地”（阴宅）用的阴契（阴府契书）；二是“做屋”（阳宅或寺庙、宗祠）用的阴阳契；三是度亡（超度、做功德）用的阴厝契，也称“灵厝契”“地基厝契”“卖厝契”。阴契属买地券的本初形态，阴阳契和阴厝契大多属于买地券的变体。“阳卖”和“阴卖”的辩证统一，是中国古人“事死如事生，事亡如事存”等观念的生动反映。

古代有对食物进行防腐、保鲜的器皿吗？

◇ 冰鉴

中国古籍中载有冰鉴这种器物，《周礼·天官冢宰》记载：“春始治鉴，凡外内饔之膳羞，鉴焉。凡酒浆之酒醴，亦如之。祭祀，共冰鉴。”这种冰鉴貌似盒子，内部是空的。只要把冰放在里面，再把食物放在冰的中间，就可以对食物起到防腐、保鲜的作用了。1978年在湖北随县擂鼓墩1号墓中出土了一件青铜冰鉴，冰鉴上还放着一柄专门用来舀冷饮的长勺。

这件青铜冰鉴被誉为世界上最早的“冰箱”。其设计奇巧、铸造精工，由盛酒器尊缶与鉴组成，尊缶被置于鉴正中，鉴有镂孔花纹的盖子，盖子中间的方口正好套住尊缶的颈部。鉴的底部设有活动机关，牢牢地固定着尊缶。鉴与尊缶之间有较大的空隙，是夏天用来盛放冰块的。

栩栩如生的泥塑是如何制作出来的？

泥塑艺术是中国一种古老而又常见的民间艺术。它以泥土为原料，用手工捏制成形，或素或彩，造型以人物、动物为主。人们一般选用带些黏性又细腻的泥土，有时还要在泥土里加些棉絮、纸或蜂蜜。泥塑的制作工序一般分为四步：制子儿、翻模、脱胎、着色。

（1）制子儿，即制出原型。找一块和好的泥，运用雕、塑、捏等手法塑造好一个形象，经过修改、磨光、晾干后即可，有些地方还要用火烧一下，加强强度。

（2）翻模，即把泥土压在原形上印成模子。常见的有单片模和双片模，也有多片模。

（3）脱胎，即用模子印压泥人坯胎。通常是先把和好的泥擀成片状，然后压进模子，再把两片压好泥的模子合拢压紧，再安一个“底”，即在泥人下部粘上一片泥，使泥人中空外严，在胎体上留一个孔，使胎体内外空气流通，以免胎内空气压力变化破坏泥胎。

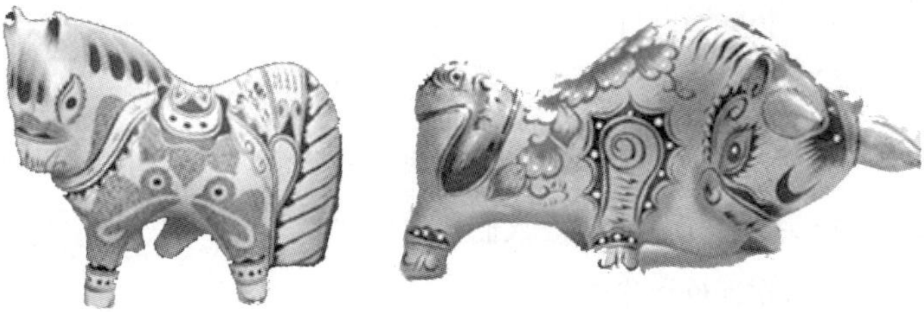

◇　泥塑

（4）着色。泥塑素有“三分塑，七分彩”之说，可见着色这道工序的重要性。一般在着色之前要先在胚胎表面上一层底色，使胚胎表面保持光洁，便于其吸收彩绘颜色。彩绘的颜料多用品色，调以水胶，以加强颜色附着力。

“中国四大名绣”是指哪四大刺绣工艺品？

刺绣，古称“针绣”，是用绣针引彩线，按设计的花纹在纺织品上刺绣运针以绣迹构成花纹图案的一种工艺。在中国传统的刺绣工艺品中，湖南的“湘绣”、四川的“蜀绣”、广东的“粤绣”和江苏的“苏绣”合称为“中国四大名绣”。

（1）“湘绣”。是以湖南长沙为制作中心的刺绣工艺品的总称。用长短针法，分远近层次来表现立体感。曾有“绣花花生香，绣鸟能听声，绣虎能奔跑，绣人能传神”的美誉。

（2）“蜀绣”。亦称“川绣”，是以成都为制作中心的四川刺绣工艺品的总称。“蜀绣”具有悠久的历史，以软缎和彩丝为主要原料，运用独特的绣技绣制被面、枕套、衣、鞋及画屏等。针法有晕针、切针、拉针等百余种，特点是短针细密、针脚平齐、片线光亮、变化丰富，具有浓厚的地方色彩。

（3）“粤绣”。指广东地区的刺绣。其特点是花纹图案繁而不乱、色彩富丽浓艳、对比强烈、针法多变、纹理分明。喜用凤凰、锦鸡、牡丹、松鹤为题材。

（4）“苏绣”。是江苏苏州地区刺绣工艺品的总称。在艺术上形成了图案秀丽、色彩和谐、线条明快、针法活泼、绣工精细的地方风格，被誉为“东方明珠”。人们往往以“平、齐、细、密、匀、顺、和、光”八字评价“苏绣”。

宣纸为什么能获得“千年寿纸”的美誉？

宣纸因原产于宣州（今安徽宣城）而得名，是中国古代用于书写和绘画的纸。宣纸源于唐代，历代相沿。宣纸的原产地是安徽省的泾县。到宋代，徽州、池州、宣州等地的造纸业逐渐转移并集中到泾县。当时这些地区均属宣州府管辖，所以这里生产的纸被称为“宣纸”，也有人称之为“泾县纸”。现在，中国三大宣纸产地是安徽、四川、浙江。有人称赞宣纸“薄似蝉翼白似雪，抖似细绸不闻声”。

宣纸纯白细密，柔软均匀，棉韧而坚，光而不滑，透而弥光，色泽不变，而且久藏不腐，百折不损，耐老化，防虫防蛀，故有“千年寿纸”的美誉。宣纸的原料以皖南山区特产的青檀树韧皮为主，配以部分稻草，二者需要经过浸泡、灰腌、蒸煮、洗净、漂白、制浆、水捞、加胶、贴烘等十八道工序和一百多道操作过程，历时一年多，方能制造出优质宣纸。

中国剪纸经历了怎样的流变？

剪纸，是一种用剪刀或刻刀在纸上剪刻花纹的艺术，是用镂空透雕来创造美的一种艺术形式。早在新石器时代，人们就已经有了美的观念，并且产生了对镂空透雕美的追求。例如，在黄河流域的大汶口文化遗址中出土的陶豆，它的圈足就是镂空的花纹。

真正用纸剪成的剪纸，目前发现最早的是北朝时期的作品。在新疆吐鲁番阿斯塔那地区的古墓葬中，先后出土了一批剪纸，包括八角形团花剪纸、忍冬纹团花剪纸、菊花形团花剪纸、对马团花剪纸、对猴团花剪纸、对蝶团花剪纸、人形剪纸等，剪纸层次交错，变化繁复，颇有韵律感。对马团花剪纸和对猴团花剪纸尤为复杂，在几何形内圈之外，分别剪出一圈对马和对猴，将动物很巧妙地组合在图形的画面中，给人一种清新之感，其艺术表现之成熟，绝非原始萌芽状态。

◇ 剪纸

中国剪纸艺术发展到宋代，在民间已经得到了普及，并出现了专业的剪纸艺人。明代剪纸艺术已达到很高的水平，到清代，剪纸艺术才走出民间，进入宫廷。

古代士大夫常玩的投壶游戏是一种怎样的游戏?

投壶是中国古代士大夫在宴饮时常玩的一种投掷游戏。这种游戏以盛酒的壶口作标的，人在距酒壶一定的距离处向壶口投矢，以投入多少计筹决胜负，负者罚酒，以助酒兴。

春秋战国时期，诸侯在宴请宾客时所采用的礼仪之一就是请客人射箭。那时，成年男子将不会射箭视为耻辱，主人请客人射箭，客人是不能推辞的。后来，有的客人确实不会射箭，就用箭投酒壶来代替射箭。久而久之，投壶就代替了射箭，成为古人在宴饮时所玩的一种游戏。

投壶游戏在战国时得到快速发展，当时的文人倾向于修养内心，投壶这种从容平和、讲究礼节的游戏，正好迎合了他们的需求。此外，由于社会的发展，以投壶为乐的现象越来越普遍。《左传》中就记载了晋昭公大宴诸国君主，举行投壶之戏的事。

秦、汉以后，投壶游戏在士大夫阶层中盛行不衰，每逢宴饮，必有“雅歌投壶”以助兴。投壶游戏在流传过程中，不仅游戏的难度增加了，还产生了许多新名目，比如在壶外设置屏风盲投，或背坐反投等。

◇ 投壶

“琴棋书画”中的“棋”指的是什么？

中国古代四大艺术“琴棋书画”之“棋”，指的是“围棋”。

围棋历史悠远，有关围棋起源的传说甚多，比较公认的是最早起源于尧帝。宋代罗泌《路史·后纪》记载，古人制作围棋是为了开发智力、陶冶性情。相传，尧娶散宜氏为妻，散宜氏生下儿子丹朱。丹朱行为不好，尧至汾水之滨，见二仙对坐翠柏之下，划沙为道，以黑白行列如阵图。尧上前请教教育丹朱的方法，一仙说：“丹朱善争而愚，当投其所好，以闲其情。”又指沙道、石子说：“此谓弈枰，亦名围棋，局方而静，棋圆而动，以法天地，自立此戏，世无解者。”据说，丹朱从尧那里学会围棋后果真有了长进。

在甘肃永昌鸳鸯池出土的原始社会末期的陶罐上绘有黑色、红色甚至彩色的条纹图案，线条均匀，纵横交错，格子齐整，形状很像现在的围棋盘，但纵、横线条数少于现在围棋盘上的纵横十九条。考古学家称其为“棋盘纹图案”。

“收官之战”中的“收官”最初指的是什么？

“收官”是围棋用语，表示下围棋到了最后阶段，虽还没有结束，但已接近结束。围棋，以双方占领棋盘地域的多寡论输赢。下一盘围棋，开始是“布局”，就是抢占“战略要点”。然后是“中盘”，就是在贯彻全盘战略思想之下的局部作战。如果一战或数战后一方明显失利，认为没有可能扭转败局而主动认输时，这盘棋就结束了；如果双方优劣局势不明朗，或者差距不是很大，就要在双方地盘的各个分界处争夺，这个过程就是“收官”，又称作“官子”。

后来，“收官”引申到其他一些体育比赛或某项活动中，指比赛临近结束或活动已近尾声，也称“收官之战”。很多高手之间的围棋比赛的胜负是在“收官”战之后才见分晓的。这就是说在围棋里，“收官”同“布局”“中盘”一样，是非常重要的环节，是双方经过“中盘”的战斗，地盘及输赢已经大致确定之后确立、竞逐边界的阶段。

中国象棋从什么时候开始设有河界?

一般认为，象棋起源于中国。

战国时期，已经有了关于象棋的正式记载。《楚辞·招魂》中记载：“菎蔽象棋，有六簙些。分曹并进，遒相迫些。成枭而牟，呼五白些。”但当时的“象棋”指的是用象牙做的六博棋。六博棋由两人对弈，每方六子，有枭、卢、雉、犊、塞五种棋子，前四种棋子双方各一枚，最后一种棋子双方各两枚。枭为首，即主帅。

唐朝以前，象棋只有将、车、马、卒四种棋子。唐朝以后，火器开始用于军事。《新唐书·列传·卷九·李密传》记载，李密“命护军将军田茂广造云旝三百具，以机发石，为攻城械，号‘将军砲’。”那时的“砲”字还是以“石”为偏旁的。火器的发展使模仿战斗场面的象棋逐渐拥有将、车、马、炮、士、象、卒七个“兵种”，从而与现代象棋的“兵种”基本相似。

北宋以前的象棋棋盘没有河界，棋盘有河界的象棋是在北宋末定型的。这时，三十二枚棋子，棋子名称和下法与现代象棋相同。

南宋诗人刘克庄作五言古诗《象弈一首呈叶潜仲》，第一次以比较完整的篇章描述了象棋的下法。相传为南宋洪迈所著的《棋经论》是最早的象棋理论著作。

中国古代象棋四大名局分别指什么?

“七星聚会”“蚯蚓降龙”“野马操田”“千里独行”被称为“中

国古代象棋四大名局”，被记载于《百局象棋谱》《竹香斋象戏谱》《心武残编》与《渊深海阔象棋谱》等诸多象棋古谱中。为便于记忆，人们又将其概括成“七星聚会降龙，野马千里独行”两句。

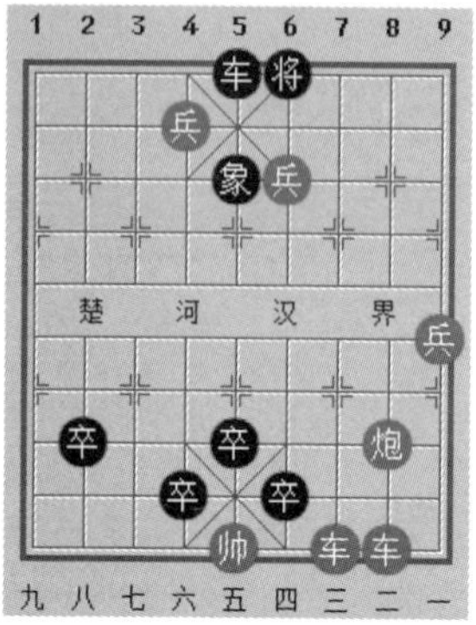

◇ “七星聚会”

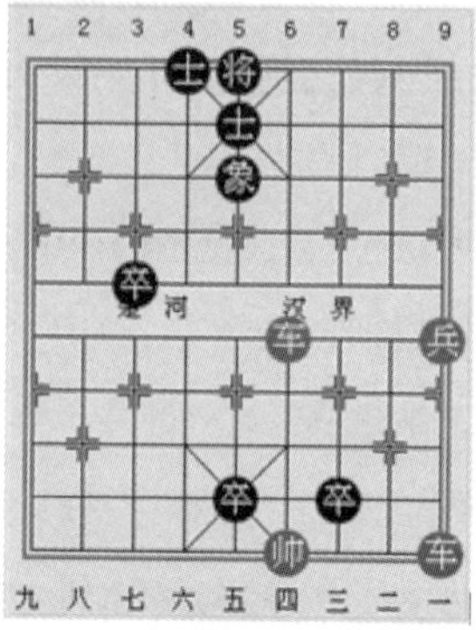

◇ “蚯蚓降龙”

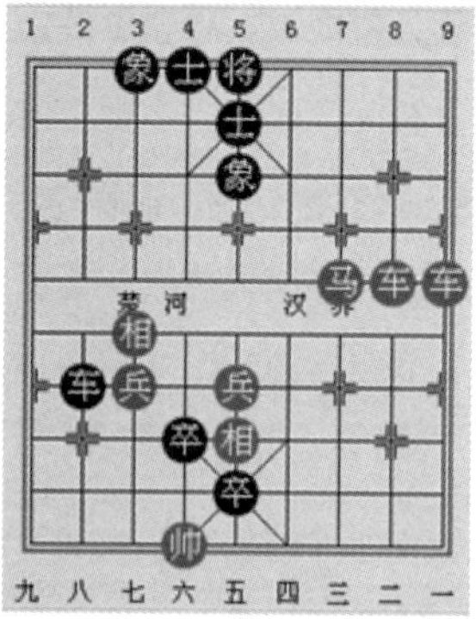

◇ “野马操田”

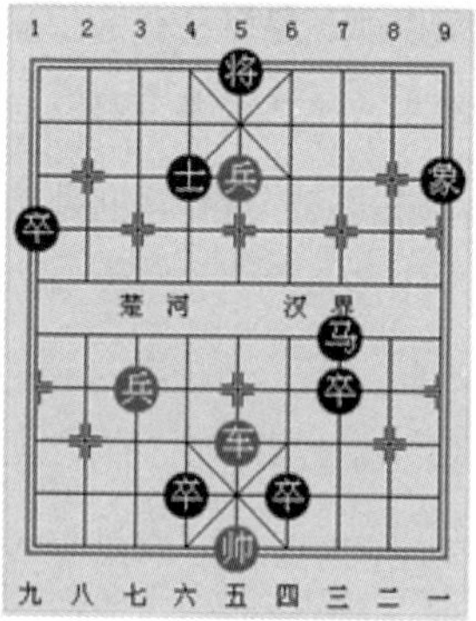

◇ “千里独行”

中国象棋术语“二鬼拍门”是什么意思？

“二鬼拍门”是中国象棋的一种杀法，指的是双兵（卒）或车侵入对方九宫禁区，分列对方中心士的两旁，即分别占于四、六路两条肋道，有火并中士、逼杀老将的作用。因小兵（卒）有“小鬼”之称，故这种杀法称为“二鬼拍门”。

“二鬼拍门”具有巨大的杀伤力，它至少可以控制九宫的三个点，而且这三个点包括了将门的两个点和九宫的中心点。另外，进行攻击的棋子本身至少占有两个点，所以可以说没有给将（帅）留下什么行动的空间。然而“二鬼拍门”的威胁还不只这些，因为它可以塞住两个中路的象眼，从而使防守方的象无法进行有效的防守。因此，如果再有第三子辅助进攻，对手必败无疑。

麻将是谁发明的？

麻将，又称“麻雀”“雀牌”，是一种非常普及的娱乐活动。

麻将的起源有说是明朝中叶，也有一种说法来自唐朝。相传，唐朝有个叫张遂的人，自幼聪明过人，后出家为僧，取法名一行。722年前后，僧一行编制了一套供人娱乐用的纸牌，纸牌宽0.035米、长0.15米，上印“万”“索”“筒”的字样。后来又增加了类似东、南、西、北、中、发、白七大种类，麻将形制初备。

麻将中的“万”“索”“筒”，本身是古代货币量的概念。筒就是铜钿（由外形圆中间有一个四方孔的铜质材料制成），一百铜钿相串而成一索；一万即一万个铜钿，为一百个索之和。后来，人们发现纸牌拿在手中不方便，且难以理顺，便用硬质的东西来代替纸牌，于是纸牌的图案被刻于竹片或骨料之上，出现了新的硬质牌，制牌材料逐渐也由原来的竹片、骨料发展成为今天的硬塑料与有机玻璃。

中国古代哪位才女酷爱打麻将？

宋代著名词人李清照曾专门写过一篇《打马图经序》，介绍各种赌博方法。

《打马图经序》一开始就教训人说：你们赌博为什么就不能像我一样精通呢？其实赌博没什么窍门，找到抢先的办法就行了，只有专心致志地赌，才能立于不败之地，所谓“博者无他，争先术耳，故专者能之”也。随后，李清照在她的文章中列了二十多种赌博游戏方式，俨然一副“赌博专家”的模样。在这些财博游戏中，李清照最喜欢玩的是“打马”。

北宋灭亡以后，天下兵荒马乱。为躲避金兵，李清照在跟着达官贵人们一起逃难时，还对赌博念念不忘。只要稍一安定，她便赶紧把赌具找出来，赌一把再说，颇有点“赌神”的劲头。

骰子的一点与四点为什么被涂成红色？

相传，唐玄宗李隆基与贵妃杨玉环平日喜欢玩掷骰子游戏。一次，杨贵妃先掷出了两个一点，按照规则，唐玄宗需要掷出两个四点才能胜过她。唐玄宗在掷骰子的过程中不停地喊：“重四！重四！”果然掷出了四点，龙颜大悦的他立刻命高力士用朱漆将骰子上的四点涂成红色。杨贵妃哪里肯依，唐玄宗为了取悦杨贵妃，就把一点也涂成了红色。从此，骰子有了红、黑两色的区分，民间也纷纷效仿，骰子在民间也就有了一个新名字：色子。

现代扑克起源于古代的什么游戏？

如今，被中外学者所普遍接受的观点是：现代扑克起源于中国唐代的一种名叫“叶子戏”的游戏纸牌。相传在楚、汉相争时期，大将军韩信为了缓解士兵的思乡之愁，发明了一种纸牌游戏，因为牌面只有树叶大小，所以被称为“叶子戏”，据说这就是扑克牌的雏形。十二世纪时，马可·波罗把这种纸牌游戏带到了欧洲，立刻引起了西方人的极大兴趣。一开始纸牌只是贵族们的奢侈品，但是因为它造价低廉、玩法多样，又容易学，于是很快就在社会上流行开来。

古人所谓的“角抵”指的是哪项运动？

摔跤是传统的竞技体育运动之一。摔跤在秦汉时称为“角抵”，后来称为“相扑”“争交”“摔角”“掼交”等。

最简单的摔跤技术产生于原始社会，后来变为对抗性的游戏。到了周代，摔跤、射箭和驾车被列入军事体育项目。三国时，曹操整编各种杂技，把摔跤列入百戏之一。晋代人们多于正月十五日，农耕之暇举行摔跤比赛。

宋、元、明代继承了唐、五代的摔跤规则。宋代还有女子摔跤项目。摔跤能手每年参加比赛，比赛时所筑的台称作“露台”，上台去比赛称作“露台争交”。这种“露台争交”，有裁判员，称作“部署”。比赛结束后，获胜者可以得到类似现代的奖杯那样的“银碗”等奖品。《水浒传》第七十四回中“燕青智扑擎天柱”就反映了当时摔跤比赛的情况。

古人所谓的“牵钩之戏”指的是哪项运动？

“牵钩之戏”，指的是拔河，是人数相等的双方对拉一根粗绳以比较力量的对抗性体育娱乐活动。

拔河源于春秋战国时期的楚国。据唐代封演撰的《封氏闻见记》记载，春秋时楚国一军中已出现拔河运动，当时称为“牵钩”或“钩强”。《隋书·志·卷二十六》记载，楚地南郡、襄阳一带“有牵钩之戏，云从讲武所出。楚将伐吴，以为教战，流迁不改，习以相传”。由此可知，“牵钩”最初主要用以训练兵卒的作战能力。这一活动后来被水乡渔民仿效，成为一项体育娱乐活动。

最初的拔河活动以拉扯竹索为主，到了隋唐时期，竹索已改为大绳。拔河时，大绳正中插一根大旗，旗的两边画两条竖线，称为河界线。比赛时，以河界线为胜负标志，故改称“牵钩之戏”为“拔河”。裁判员一声令下，河界两边选手紧挽绳索，“使相牵引”，围观者欢呼鼓劲。

作为一项简单易行的团体性运动，拔河直到现在也很流行。

“秋千”最初是游艺竞技用具吗？

荡秋千是中国传统的游艺竞技项目。据现有文献记载，它源自先秦。

《古今艺术图》记载：“寒食秋千，本北方山戎之戏”山戎是中国古代北方的一个少数民族，属地在今天的北京市及其周围地区，秋千原本是其用于军事训练的工具。春秋五霸之首的齐桓公带兵打败山戎后，将其国土划归燕国，秋千也随之向南流传，后来逐渐演变成游戏的用具。

汉武帝时期，宫中盛行荡秋千活动。唐朝人高无际在《汉武帝后庭秋千赋》中说：“况秋千者‘千秋’也，汉武祈千秋之寿，故后宫多秋千之乐。”在当时人们荡秋千主要是为了强身健体。

唐代称荡秋千为“半仙戏”。宋代则出现了“水秋千”。唐宋以后，随着城市经济的发展，市民阶层大量涌现，荡秋千演变成节日中广场的狂欢节目。杜甫曾写诗说：“十年蹴鞠将雏远，万里秋千习俗同。”刘禹锡亦写诗道：“秋千争次第，牵拽彩绳斜。”

古人放风筝仅仅是出于娱乐之需吗？

风筝，古称“鹞”，又称“鸢”。

相传，中国最早的风筝是用木材做的。墨子“斫木为鹞，三年而成，飞一日而败”。隋唐时期，由于造纸业发达，民间开始用纸来裱糊风筝，这种风筝称为“纸鸢”。到了宋代，放风筝成为人们喜爱的户外活动。

◇ 放风筝图

除了娱乐需求外，古代风筝还曾被用作军事侦察工具。比如，墨子把制风筝的技术传给鲁班（也称“公输班”）后，鲁班曾“制木鸢以窥宋城”（《鸿书》）。风筝还用于测查天空风向和传递信息等，据《南史·卷八十·贼臣传·侯景传》记载，南朝梁武帝被侯景围困，就曾放风筝向外求援。古籍中甚至还有风筝载人的记载。

中国古人将足球称作什么？

中国古人将足球称作“蹴鞠”“蹋鞠”“蹴球”“蹴圆”“筑球”“踢圆”等。“蹴”即用脚踢，“鞠”系皮制的球，“蹴鞠”就是用脚踢球。它是中国一项古老的体育运动，在古代有直接对抗、间接对抗和白打三种形式。

“蹴鞠”这种竞技方式最早载于《史记》中。据《史记·七十列传·苏秦列传》记载，苏秦在游说齐宣王时形容临淄：“临菑甚富而实，其民无不吹竽鼓瑟，弹琴击筑，斗鸡走狗，六博蹋鞠者。”《史记》和《战国策》的记载都表明，在当时的齐国故都临菑（今山东淄博市东北），“蹴鞠”已发展成一种成熟的游乐方式，并且在民间广为盛行。

由于以儒家思想为核心的中国传统文化讲求“和”与“中庸”，多数情况下，社会文化重文治、轻武功，人们推崇温文尔雅，鄙视争强好胜。

在这种社会文化背景下，“蹴鞠”由对抗性比赛逐步演变为表演性竞技。

宋太祖赵匡胤擅长的是哪种球技？

从历史上流传下来的画像看，宋太祖赵匡胤心宽体胖，给人以笨重的感觉。实际上，赵匡胤不仅马上功夫了得，足下功夫也是万里挑一。

在现存的《宋太祖蹴鞠图》（原作者为北宋的苏汉臣，现藏上海博物院的是宋末元初画家钱选的临摹品）中，就有宋太祖赵匡胤与其弟赵光义、宰相赵普等六人用白打方式蹴鞠嬉戏的场景。

赵匡胤的球技在当时是十分有名的，他尤其擅长白打（现在人们通常称为“花式足球”），即踢球时，可以头、肩、背、腹、膝、足等部位接触球，灵活变化，随心所欲。

◇ 宋太祖蹴鞠图

中国女子足球运动最早可以追溯到哪个朝代？

唐代开始有了女子足球运动。女子足球的踢法是不用球门的，以踢高、踢出花样为能事，称为“白打”。唐代诗人王建写有一首《宫词一百首》诗，诗中说在寒食节这一天，女子以踢球为乐。唐太宗、唐玄宗都爱看足球比赛，当时的足球比赛情形是“植两修竹，高数丈，络网于上，为门以度球；球二分左右朋，以角胜负”。唐代不仅有了女子足球运动，而且有的女子踢球技术还很高超。

古代的“驴鞠”是一种什么样的体育活动？

唐宋时期，有一种别开生面的体育活动——“驴鞠”。大约在唐代宗时期，出现“驴鞠”。据唐朝人段成式的《酉阳杂俎》记载：“崔承宠，少从军，善驴鞠，豆脱杖捷如胶焉。”《旧唐书·郭英乂传》中写道，剑南节度使兼成都尹郭英乂“聚女人骑驴击球”。《新唐书·郭知运传》中也提到，“教女伎乘驴击球”。《新唐书·敬宗纪》记载：“甲子，观驴鞠、角觝于三殿。”

所谓“驴鞠”，就是古代的一种马球运动。具体来说，就是人骑在驴背上挥杖击球。驴比马身体矮小，而且性格特别温顺，非常适宜于女子骑乘。因此，古时的一些宫女、富家闺秀都喜欢以驴代马，挥杖打球。

中国古代有专门踢球的组织吗？

宋时，体育开始从士大夫和军队中逐渐脱离出来，一些娱乐、健身活动开始在社会各个阶层中得到广泛的开展，城市里出现了一些专供市民和军卒消闲、娱乐的游艺场所——瓦舍，又称“瓦子”“瓦肆”“瓦市”。

瓦舍提供的服务多种多样，里面经常开展各种技艺表演、体育活动。在瓦舍的基础上，产生了类似今天的运动俱乐部或运动协会的团体——“社”。“圆社”就是蹴鞠组织，它是由“富室郎君、风流子弟”与闲人所组成的踢球组织，入社者都是踢球的佼佼者。

古籍中提到的“击鞠”是今天的哪项体育运动?

中国古籍中提到的“击鞠”，又称“击毬”“打毬”，是一种人骑在马上持棍打球的运动，今天称之为“马球运动”。这项运动在中国唐、宋时期非常盛行，至于起源于何时，至今尚无定论。

近人唐豪先生认为，就现存的文献来说，曹植的诗作《名都篇》中所记载的京洛少年的“击鞠”活动，为中国创造马球运动以后对于这项运动的最早的记载。该诗作描写“京洛出少年”穿着鲜丽的服装，佩着宝剑，挟着雕弓，每天一清早就到东郊去斗鸡，然后“走马长楸间”“长驱上南山”去打猎。打猎回来之后，“列坐竟长筵”，饮宴以后又去“连翩击鞠壤”，直到“白日西南驰”才停止。诗作中还形容京洛少年“击鞠”的技术达到了“巧捷惟万端”的熟练程度。

《名都篇》的写作时间在曹丕代汉称帝后，由此可知“击鞠”这项运动至迟在东汉末年就已经出现了。

学术界关于高跷起源的说法是怎样的?

◇ 踩高跷

高跷，也称“拐子”，由表演者脚踩木跷表演。在原始社会，人们为采摘树上的野果，在腿上绑两根木棍以增加身高，这是高跷的最初形式。

据《列子·说符》记载：“宋有兰子者，以技干宋元。宋元召而使见其技。以双枝长倍其身，属其胫，并趋并驰，又弄七剑，迭而跃之，五剑常在空中。元君大惊，立赐金帛。”从文中可知，高跷早在先秦时已在民间流行。

《武林旧事》记载，两宋时期的“踏跷”（高跷）技艺高超，动作惊险，扣人心弦。

后来，高跷又发展成为一种民间舞蹈，称“高跷秧歌”。高跷秧歌在紧锣密鼓中配演小戏，即高跷戏，在春节和元宵节演出，很受人们喜爱。

据历史学家的考证，尧舜时代以鹤为图腾的丹朱氏族，在举行祭礼时人们要踩着高跷拟鹤跳舞。因此，关于高跷的起源，学者们多认为与原始氏族的图腾（鹤）崇拜有关。

关于高跷的来历，民间有哪些传说？

关于高跷的来历，在民间流传以下几种说法：

传说一：以滑稽著称的春秋时期齐国的大夫晏婴，一次出使邻国，邻国君臣都嘲笑他身材矮小，他就装了一双木腿，使自己顿时高大起来，弄得邻国君臣啼笑皆非。他又借题发挥，把邻国君臣挖苦一顿，使得他们很狼狈。踩高跷活动由此在民间流传开来。

传说二：从前，有座县城叫两金城，城里和城外的人民非常友好，每年春节都联合办社火，互祝生意兴隆、五谷丰登。不料来了个贪官，他把这看作一个使自己发财的机会，就对人们说，凡是进出城办社火，每人都要交三钱银。人们不交钱，他就关城门、挂吊桥。但贪官的做法仍难不住聪明的人，他们就踩着高跷过护城河，翻越城墙，继续欢度春节，乐在其中。

传说三：古时候，一连三年大旱，颗粒无收，很多人饿死了。皇帝闻之，下旨开仓放粮，并令家有存粮者开仓赈济灾民。有一知府存粮百石，不仅一粒不放，还狠抬粮价，大发灾荒财。一位姓高名跷的青年，决心偷其粮食救济灾民。可是知府粮仓外围筑有高墙，该如何是好？一个偶然的机会，他悟出用树木攀缘高墙，并练就用树木绑在脚上行走自如、蹦跳如飞的本领。此后，他便总在夜间翻过知府粮仓外的高墙，窃取粮食救济灾民。此后，人们为纪念高跷，就将踩树木取名为“踩高跷”。

古人是如何斗鸡的？为什么会“斗鸡破百万”？

◇ 斗鸡

斗鸡是我国民间的传统娱乐活动，最早起源于夏朝少康年间，到了春秋时已相当流行。公元前679年，齐桓公以宋国违背“北杏之会”为由，率诸侯国讨伐宋国，取胜后筑高台以斗鸡庆祝胜利。

据史书记载，西汉大臣袁盎因病免官，在家无事，遂搞起斗鸡活动来。三国时，魏明帝亦喜欢斗鸡，曾专门筑台，进行大规模的斗鸡活动。南北朝时梁简文帝等人亦写有关于斗鸡的诗文，说明斗鸡活动在当时的上层社会中已很普遍。唐朝时，斗鸡活动普及城乡，以斗鸡为事者数不胜数，甚至一些养不起鸡的人也用木鸡来斗鸡。韩愈曾用诗句“对起何急惊，随旋诚巧给”描写当时的斗鸡场面。到了宋朝，斗鸡成了全民性的娱乐活动。

所谓斗鸡，是用两只公鸡相斗，让它们冲前啄斗，以退避逃遁者为输。慢慢地，斗鸡由娱乐活动演变成一种夸豪比富的赌博活动。赌时双方拿出相同的赌注，经过两鸡争斗，赢方将所有赌注一掠而去。若时运不济，“破百万”就不难理解了。

人们为何把斗蟋蟀视作“秋兴”？

斗蟋蟀，亦称“斗促织”“斗蛐蛐”。雄蟋蟀性勇好斗，叫声响亮，耀武扬威，人们利用它们的特性，捉养它们以相斗为嬉。蟋蟀大致生长在处暑至立冬期间，入冬后渐趋死亡，也就是说蟋蟀主要活动在秋季，所以人们把斗蟋蟀视作“秋兴”。

宋代陈槱的《负暄野录》记载：“斗蛩之戏，始于天宝间。”蛩，蟋蟀；天宝，为唐玄宗年号（742—756）。清朝人斗蟋蟀，要求蟋蟀无“四病”（仰头、卷须、练牙、踢腿），外观颜色“白不如黑，黑不如赤，赤不如黄”。两蟋蟀初遇，往往并不马上厮杀，须由人加以引逗才开始较量。几经交锋，败者落荒而逃，胜者挺胸腆肚，趾高气扬，张翅长鸣。

斗蟋蟀最初只是一种纯娱乐性的游戏，并没有用于赌博，但很快人们就发现用斗蟋蟀进行赌博更方便、更具刺激性，遂赌之以钱，玩家上至达官贵人，下至平民百姓。旧时城镇、集市多设有斗蟋蟀的赌场，今已被废除，但民间仍保留此娱乐活动。

太极拳是在何时由何人所创？

太极拳是具有中国民族特色的体育项目之一，也是一种重要的健身与预防疾病的手段。

太极拳，早期曾称为“长拳”“棉拳”“十三势”“软手”。而明朝王宗岳所著的《太极拳论》一书，正式确定了太极拳的名称。“太极”一词源出《周易》，含有至高、至极、绝对、唯一的意思。

太极拳讲究“以柔克刚、以静制动、以弱胜强”，以“掤、捋、挤、按、采、挒、肘、靠、进、退、顾、盼、定”等为基本方法。动作徐缓舒畅，要求练拳时正腰、收颌、直背、垂肩，有飘然腾云之意境。清代拳师称太极“拳如大海，滔滔而不绝”。同时，太极拳还很重视练气，所谓练“气”，就是修炼人体自身的精神力。

关于太极拳的起源，目前有两种说法，一种是以武当道士张三丰为其鼻祖，但无史实依据；一种是太极拳创自陈王廷。现在多数拳家支持后一种说法。

八卦掌因何得名？与“八卦”有无关系？

八卦掌是在中国流传很广的拳种之一，又有“游身八卦掌”“龙形八卦掌”“形意八卦掌”“阴阳八盘掌”等名称。“八卦”一词最早见于《周易》：“两仪生四象，四象生八卦。”“八卦”原指八个方位，即北、南、东、西、西北、西南、东北、东南。

八卦掌以掌法为主，其基本内容是八掌，合于“八卦”之数。在行拳时，要求以摆扣步走圆形，将八个方位全都走到，而不像一般拳术那样，或来去一条线，或走四角，所以称为八卦掌。其实，八卦掌与“八卦”并无内在联系。

八卦掌起源于何时“何地”何人，其说不一。《八卦掌源流之研究》一文认为，八卦掌为清朝人董海川所创。另有一说，认为八卦掌是由明末清初四川峨眉山一带的碧云、静云两位道士传下来的。

中国传统剑术有什么特点？

剑术既是一种为大众所喜爱的、富于民族特色的体育运动形式，也是男女老幼皆宜的体育休闲活动项目。长期习剑，不仅可以强身健体，而且可以陶冶情操。

剑术的历史同剑是分不开的，有了剑，也自然就产生了剑术。剑是短兵器的一种，和刀、枪、棍一起被称作武术中的四大名器，是由古兵器演化而来的。《释名·释兵》中说：“剑，检也。”剑是一种防范、卫体武器。

春秋后期，史籍中出现了关于剑术家的记载。汉代是剑术发展的黄金时代，钢铁剑以全新面貌取代了青铜剑，并已成形。武术谚语“刀如猛虎，剑如飞凤”就体现了剑术的特点，即灵活、敏捷、潇洒、飘逸，气势连贯，演练起来变化多端，剑神合一，一气呵成。比赛中的剑术有“腾空跳跃”“立劈横抹”等动作。

中国最早的表演艺术是哪门艺术？

中国最早的表演艺术是杂技。如今，中国许多杂技艺术团先后出国访问，并屡获国际大奖，中国也享有“世界杂技大国”的美誉。事实上，杂技艺术在中国已经有两千多年的历史了。

杂技在汉期称为“百戏”，隋唐时期称为“散乐”，唐宋以后，为了区别于其他歌舞、杂剧才称为杂技。据《史记·七十列传·李斯列传》记载，秦二世曾在甘泉宫看角抵戏——当时的角抵戏，就是今天的摔跤表演。《列子·说符》还介绍了民间曾有在空中掷投五剑、七剑的表演。东汉的张衡在《西京赋》里生动地描写了跳剑丸、走绳索、爬高竿的表演情景。隋炀帝时，朝廷设立太常寺，教授杂技技艺，并于大业六年（610）在长安端门外的天津街举行过百戏演出。

此外，杂技在许多唐诗中也都有所反映。白居易的诗作《立部伎-刺雅乐之替也》中有“舞双剑，跳七丸。袅巨索，掉长竿”的诗句；元稹的诗作《和李校书新题乐府十二首·西凉伎》中也有“前头百戏竞撩乱，丸剑跳踯霜雪浮”的诗句。杂技在宋朝进一步发展，当时已有人能表演挑一担水在绳索上行走的绝技。

中国民间为何盛行舞狮表演？

据说中国的狮子是在汉朝时从西域通过丝绸之路输入中国的。时人模仿狮子的外貌、动作作戏，至三国时发展成舞狮。还有人认为舞狮活动引自西凉的“假面戏”，但也有人认为舞狮活动于五世纪时产生于军队中，后来传入民间。这些说法各有依据，难判孰是孰非。

不过，在唐代时舞狮已成为盛行于宫廷、军队、民间的一项活动。唐人段安节在他的《乐府杂录》中说：“戏有五方狮子，高丈余，各衣五色，每一狮子，有十二人，戴红抹额，衣画衣，执红拂子，谓之狮子郎，舞太平乐曲。”诗人白居易的《西凉伎》一诗中对此有生动的描绘：“西凉伎，假面胡人假狮子。刻木为头丝作尾，金镀眼睛银帖齿。奋迅毛衣摆双耳，如从流沙来万里。”诗中描述的是当时的人们舞狮的情景。

狮子形体威武，被誉为“百兽之王”。中国民间认为狮子象征着威勇与吉祥，并希望用其威猛的形象驱魔辟邪，因此，舞狮活动逐渐在民间流行开来。